都 市 文 化 研 究 译 丛

都市文化研究译丛编委会

主编

詹丹

编委

毛尖 倪伟 董丽敏 薛毅

水晶之城

窥探洛杉矶的未来

[美] 迈克·戴维斯 著

林鹤 译

上海人民出版社

出版说明

　　都市文化研究是一门新兴的前沿学科，主要研究现代都市文化的缘起、变化和发展的规律。它与文化研究、都市研究、社会学、地理学、历史学、文学等学科紧密相关。都市文化研究在中国的兴起，也与中国经济、社会、文化的发展密不可分，我们期待着这门学科在中国生根、发展，能以中国经验为基础，放眼世界，取得新的突破，并积极参与到中国的都市文化建设中去。为达到此目的，大规模地译介国外的都市文化研究成果，不仅是必需的，而且也是很紧迫的。他山之石，可以攻玉，学科的自主和创新，必定要建立在全面了解已有成果的基础之上。

　　都市文化研究译丛不仅包括一批都市文化研究、文化理论的经典著作，也包括显示出最新发展动向的近作，我们注重在理论方法上有重要启示意义的名家名著，也注重对某种现象作实证性研究的学术专著，同时计划译介一些概论性的著作。总之，只要是对中国的都市文化研究有参考价值的作品，都在我们译介的范围内。我们吁请海内外的学者、专家对我们的工作提出意见和建议，吁请更多的翻译家加入到我们的行列中。

上海师范大学中文系

2018 年 6 月

目录

致　　谢

　　在我写作本书期间，完全没碰上过像研究资助、带薪休假、教学助手诸如此类的好事，惟有索菲·斯波尔丁（Sophie Spalding）馈我以她的爱心、耐心和智慧，我曾试图投桃报李。想当年，我还住在英国的时候，是个思乡成病的天涯过客，安东尼·巴尼特（Anthony Barnett）最先建议我，就洛杉矶这道"大菜"写一本食谱配方；迈克·斯普林克（Mike Sprinker）则鼓动着我一直留在灶间"烹饪"不停。戴维·里德（David Reid）把伯克利诸君的鼓励带到了我的身边；迈克尔·索金（Michael Sorkin）则帮我联络了朋友们展开国际交流。在我跟戴维·迪亚兹（David Diaz）和埃玛·赫尔南德兹（Emma Hernandez）一起住在埃尔·塞雷诺①的日子里，他们二位起到的作用活像萨尔萨调味汁②。罗伯特·莫罗（Robert Morrow）③曾陪我漫步走过简陋的街头；他的摄影作品自能表达其独有的内涵。罗杰·基尔（Roger Keil）、苏珊·鲁迪克（Susan Ruddick）、迈克尔·津尊（Michael Zinzun）和努通吉拉·马西莱拉（Ntongela Masilela）诸君，都坚定了我对五朔节花柱那种神效的信心。④

　　哈维·莫洛奇（Harvey Molotch）、埃里克·蒙肯能（Eric Monkon-

---

①　El Sereno，位于洛杉矶的东北大道上。
②　salsa，墨西哥食物中用番茄、洋葱做成的辣味调味汁。
③　莫罗是本书英文版所配照片的摄影师。
④　意即对最终的丰收怀有信心。May pole，民俗传统，用山楂树或桦树的树干做成木柱子，装饰着缤纷彩带和花朵、树枝，在五朔节即五月一日立起来，人们围绕着它翩翩起舞，在古代，这是一种企望丰收的春季仪式。

nen）、约翰·霍顿（John Horton）、斯蒂法妮·平采特（Stephanie Pincetl），还有伯克利《社会主义评论》杂志（*Socialist Review*）的诸君都审阅过第三章的草稿。我要感谢他们提出了无比珍贵的建议和尖锐的批评。

为提供我在第一章中引用的文字，法兰克福大学的罗杰·基尔阅读并翻译了相关的德文参考文献。他还写出了第一稿的《流亡》一节，对其他几处文字及观点也有贡献。我向他深表谢意。

正当我写作本书时，我的表兄吉姆·斯通和我的母亲玛丽（瑞安）·戴维斯去世了，这让我十分伤心。希望我的女儿能明白，是他们那种叛逆精神支持着我这支笔，不断地写了下去。

浮面的刺激、异国的情调、如画的风景，这些都只能打动外国人。如果有个本地人会想起来要刻画家乡的城市，他必定另有一种更深刻的动机，这动机让他靠近历史，而不是拉远距离。

本乡人描写故里的书总会牵扯到回忆；作者不是白白在那儿长大的。

——瓦尔特·本雅明①

---

① Walter Benjamin(1892—1940)，犹太望族出身，20世纪上半叶德国最重要的文学评论家、理论家。 他的思想植根于犹太教卡巴拉传统，后接受马克思主义，并受到超现实主义等思潮的影响。 他以"资产阶级世纪"为批评研究对象，其著作多在身后出版发行，对当代的批评理论有很大影响。 ——译者注(本书脚注均为译者注)

莫哈维沙漠

圣克拉利塔

洛杉矶

文图拉县①

圣费尔
南多山谷

西山

圣莫尼卡群山

好莱坞 市

西区

圣莫尼卡

1988年的城中城

西班牙姓氏达到或超过30%的地区

20英里

南湾区

港湾区

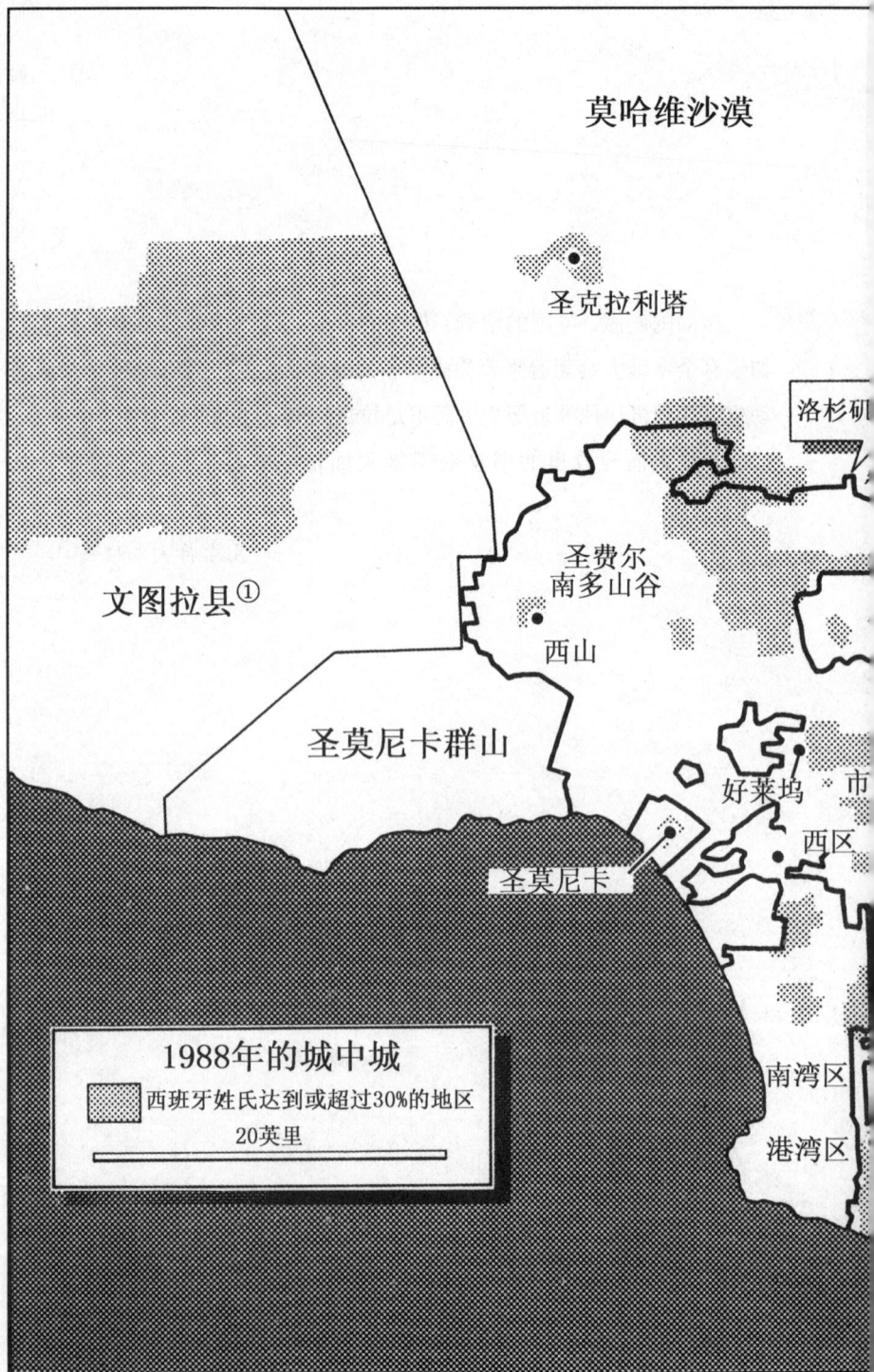

———————

① 美国的 county 中文规定译法是"县",中国港台地区或译为"郡"。 不同于我国"县"属"市"辖的行政惯例,美国的 county 通常比 city 大,但是他们的 city 与中国的"市"也未必属于同一级别,有时很小。

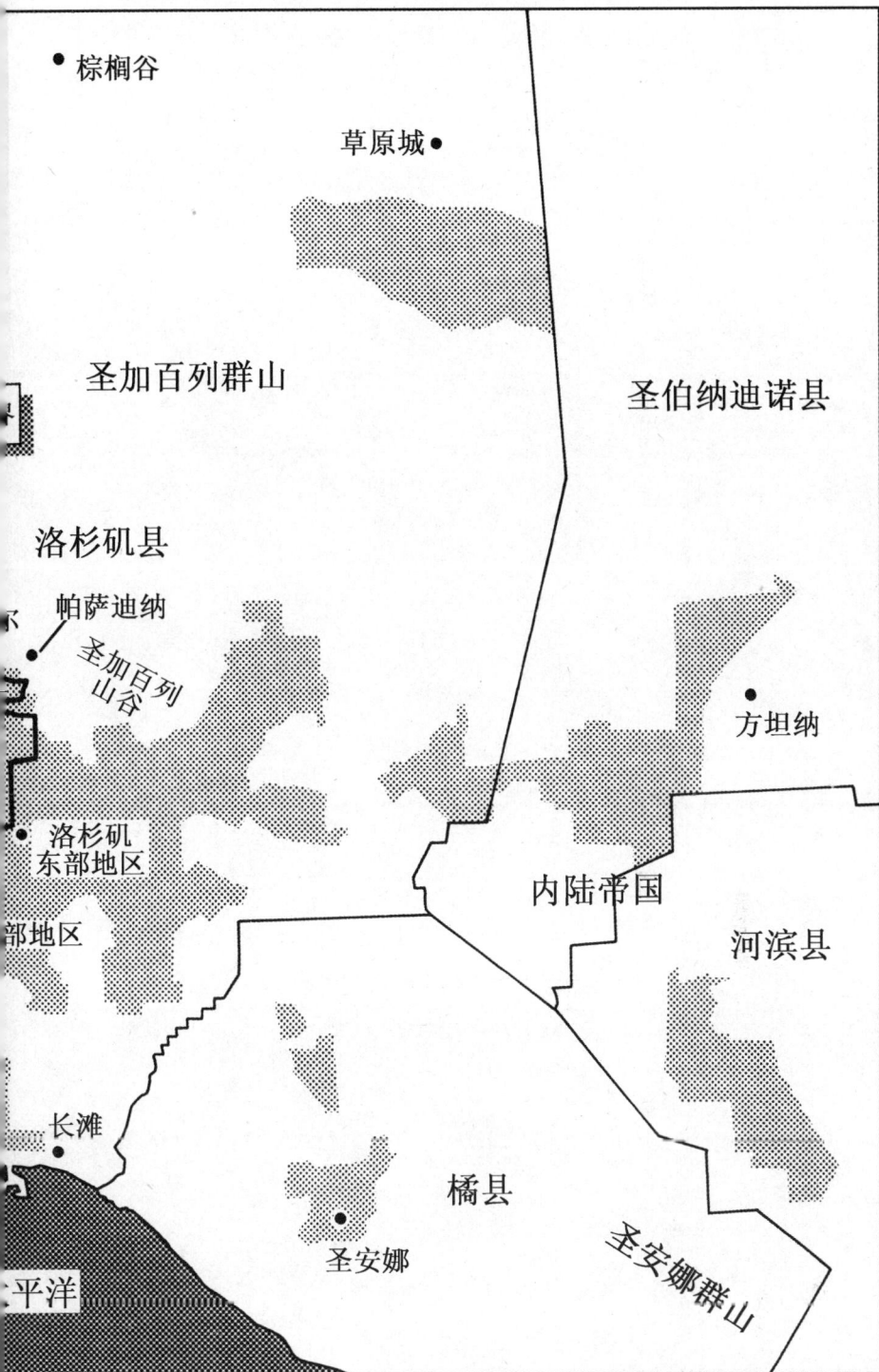

棕榈谷

草原城 •

圣加百列群山

圣伯纳迪诺县

洛杉矶县

帕萨迪纳

圣加百列
山谷

方坦纳

洛杉矶
东部地区

内陆帝国

部地区

河滨县

长滩

橘县

圣安娜

圣安娜群山

平洋

前　言

根据昔日的前景所做的展望

　　要想展望未来一千年的洛杉矶，最好先去站在某一片特殊的废墟　　3
上，这片废墟代表着洛杉矶原本有可能争取到的另一种前景。　与放纵
自由雇佣企业①的洛杉矶市比起来，社会主义者建起的小城"大河草
原"②就是个乌托邦，充当了与洛杉矶相对立的另一极端；站在"草原
城"的大礼堂那片坚实的圆石地基上，时而会看见碧空下的航天飞机，
正对准了罗杰干湖③，优雅地完成最后的降落动作。　在地平线上朦胧闪
现着空军42厂的巨型厂房，那里装配的产品有隐形轰炸机（每架隐形轰
炸机的成本都相当于一万户公共住宅单元的建设成本），还有其他一些尚
属顶级机密的绝杀版高速汽车。　近在身旁，越过绵延数英里的木馏油树

---

　　①　自由雇佣企业指既可以雇佣工会会员也可以雇佣非工会会员工人的企业，劳动条
件和报酬都要差很多，对工人的剥削也就深重许多。
　　②　Llano del Rio，社会主义者从1914年开始在南加州的羚羊谷里白手起家建设起
来的集体定居点。　它的创始人是洛杉矶市的市长候选人哈里曼（Job Harriman）。　这个定
居点的每个成员都拥有同样份额的股份，每天获4美元报酬。　1917年"草原城"遭到
废弃。
　　③　Rogers Dry Lake，在洛杉矶东北大约100英里处的莫哈维沙漠里，是羚羊谷的
一部分，那里地面干硬，是全球最大的天然着陆场，属于最先进的飞行实验与研究中心即
爱德华空军基地。　美国军方从1993年开始利用此地，航空航天史上最重要的突破（比如
1947年第一架打破音障的飞机 Bell X-1 和1981年的哥伦比亚航天飞机等等）都是在这里
完成飞行的。

和刺果灌木丛，越过惊鸿一现、摄人心魂的丝兰花丛也就是约书亚树①，能看见郊区的前沿正在步步逼近，盖出了千篇一律的开发小区住宅。

"草原城"周边的沙漠地带就像个盛装打扮的处女新娘，正在静静等候着与大都会的最终结合：上百平方英里的空地被划分成了网格，期待着今后有无数的居民搬家到这儿来；那些名称古怪的路牌读起来全像是预言，比如"第 250 街与 K 大道交道口"之类的叫法，它们所标示的路口其实尚在虚悬之中。近在"草原城"的南边，岌岌危岩之上是圣安德列亚斯断层②，就连这一片面目怪诞的深槽地段也被人详尽测量过了，以备建筑师在这里盖起专意设计的住宅。每天有上万辆的过路车飞驰在"梨花高速公路"③上，从"草原城"身旁呼啸而过，似乎在为这场"婚礼"伴奏，而这段路程恰恰是加州致命车祸最为频仍的一段双车道柏油路。

1914 年，有八名青年初次抵达了协作联邦普利茅斯岩岸，他们就是"草原城"最早的居民，全都是社会主义青年同盟④的成员。人们错误地把莫哈维沙漠的这一部分称为"羚羊谷"[1]，当时本地有几千人口，住着牧场工人、硼砂矿工和铁路工人，还有一些武装警卫，守护着刚刚建成的引水渠怕人破坏。那时候洛杉矶有三十万的城市人口（正好和羚羊谷现在的人口数量差不多），城市边界的位置在好莱坞的新郊区，现在从"草原城"这边就能看得见。就在这片好莱坞的新郊区

---

① Joshua tree，拉丁名 *Yucca brevifolia*，即短叶丝兰，是一种小型的树状丝兰，剑形叶片、丛生白花，比一般的丝兰植株高大很多，现存最古老的树龄超过 700 年。这种树原产美国西南部沙漠地区，尤以莫哈维沙漠为其特产地，这里专门在 1994 年创办了约书亚树国家公园。为约书亚树取名的人大概是 19 世纪中期的摩门教拓荒者，其名缘于圣经人物约书亚，因为这种植物枝条的形状如同一个人举手祈祷，正如带领以色列人入迦南地的约书亚一样，为饥渴困顿的摩门教拓荒者指引了路径，又像约书亚向艾城伸出手里的短枪，见《约书亚记》8：18。

② San Andreas Fault，地壳中的一道主要断层，穿过加州南部，沿西北向延伸，长达 1 050 公里，经旧金山入海。1906 年沿断层发生的地壳运动曾引起了旧金山大地震。据大地板块构造学说，该断层系由东太平洋板块和北美洲板块邻接而形成。

③ 即加州 138 号公路的东半段，因为艺术家霍克尼（David Hockney）在 1986 年以之为主题的摄影系列作品取名为 "Pearblossom Highway" 而得名。这条路沿着圣加百列群山北麓，呈东西走向，蜿蜒曲折而且经常有超载的卡车，因此事故频发。

④ YPSL，即 Young People's Socialist League，是社会民主党的青年团体，原属于美国社会党，1907 年成立于芝加哥，第一次世界大战爆发时在全美国有近万名成员。

里，D·W·格里菲斯①带着他手下的上千名演职人员，眼看着就快要拍完了描写三K党的浪漫史诗《一个国家的诞生》（*Birth of a Nation*）。他们开车从洛杉矶市中心的劳工礼堂出发，到"草原城"这儿来要开过九十多英里崎岖的牛车路，得花掉一整天的时间；而社会主义青年同盟的成员们则开着红色的福特T型卡车，沿路只见甜菜地和胡桃园里矗立着几十块广告牌，上面说，圣费尔南多山谷的土地即将分块出售。（这片山谷的主人在洛杉矶算是顶级富豪，次年，就在著名的"水阴谋"最盛的时候，这片山谷即被并吞；波兰斯基拍摄的电影《唐人街》[*China-town*，1974]以虚构的情节纪念了这一事件。）

　　过了75年以后，羚羊谷里住着四万名通勤者，他们每天早晨车头挨车尾地穿过索莱达山口②，路途迢遥地奔去上班，奔向圣费尔南多山谷里那些尘雾弥漫、开发已甚的地方。遥想"草原城"盛期（1914—1918年间），莫哈维的高地曾是一片红色沙漠，可它在过去五十年间却一直是五角大楼最好的游戏场。巴顿将军曾在这儿训练过迎战隆美尔的部队（旧日的坦克履带印迹至今依然清晰可见），而且正是在羚羊谷上空，查克·耶格尔③驾驶着他的贝尔X-1型火箭式飞机首度打破了音障。在1.8万平方英里无与伦比的蓝色穹隆之下，"世界头号空军力量"R-2508部队④每年仍要完成九万架次军事训练的飞行起降任务。

　　然而，由于在整个太平洋沿岸平原地区以及内陆盆地里，所有可供开发的土地已经全部消耗殆尽，同时土地价格也在飞涨，导致新增住宅的数量逐步下降，甚至不及人口增长数量的15%，因此，军事色彩浓厚的沙漠突然变成了南加州之梦的最后一片疆域。羚羊谷在20世纪50

4

①　David Wark Griffith(1875—1948)，美国著名的电影制片人兼导演，1915年拍摄的《一个国家的诞生》是他的代表作，有严重的种族偏见，但片中的技术手段对电影语言的创新做出了很大贡献。

②　Soledad Pass，洛杉矶通向莫哈维沙漠的山口，南太平洋铁路、羚羊谷高速公路和西拉大道都经过这里。

③　Chuck Yeager(1923—)，在第二次世界大战和越战期间担任战斗机飞行员，1947年10月4日驾驶飞机打破音障。曾协助训练美国最早的一批宇航员。

④　它的全称是R-2508美国空军特种联队，包括爱德华空军基地及空军飞行实验中心、欧文要塞全国训练中心、中国湖的海军航空武器中心等三个部分。

年代本属典型的郊区边缘地带，住宅售价仅 10 万美元，比住在圣费尔南多山谷里要便宜些，可过去十年之间，羚羊谷的人口翻了一番，预计在 2010 年以前还会再搬来 25 万人。仅在 1988 年这一年里，就有 1.1万户新住家破土动工。但是，羚羊谷里的经济单位除了房地产机构以外，几乎只有高墙拱卫的冷战综合体之类，亦即爱德华空军基地和 42厂（它们一共提供了大约 1.8 万个平民就业岗位），因此，大多数新近在这儿买房安居的人只会让羚羊谷高速公路早晨的通勤量雪上加霜。

这里的都市化模式，正好符合了设计批评家彼得·普拉艮斯（Peter Plagens）某次论及的所谓"魔鬼生态学"。[2]此地不是马拉喀什①，甚至也比不上图森市②，开发商并不是在沙漠里栽种着住宅，他们所做的事情只不过是清理地块、进行分级、铺设道路、从当地的人工河接出一些管道（所谓人工河，指的是得到联邦政府津贴资助的加州引水渠）、盖起防护围墙，然后便把"产品"插进地里去。这些开发商分别属于十来家大公司，都把总部设在新港海滩或者贝弗利山之类的地方，在过去几代人的时间里，他们不断在橘县和圣费尔南多山谷里扫平拔光柑橘园，在他们眼里，沙漠只不过是又一处不义之财的来源，只不过是美元的代号而已。这个地区有一片约书亚树林，是本地最重要的自然奇观，其中经常能看到高达 30 英尺的单株样本，它们的岁数比《末日审判书》③还要古老，却也照样要送命在推土机下。华丽的约书亚树是这一片沙漠独有的景致，在开发商看来，却只是些高大的有害杂草，与青葱家园的幻想格格不入。哈里斯家园公司的老板是这么解释的："这种树非常古怪。它不如松树或其他什么树种那么美。大多数人不

---

① 摩洛哥城市，以美丽的公园著称，有闻名的旅游地和冬季运动场，是上阿特拉斯山地和撒哈拉沙漠地带的商业贸易中心。

② 美国亚利桑那州城市，矿产丰富、阳光充足、气候干燥、环山带水、沙漠景色独具情趣，是科罗拉多国家森林管理处所在地，也是一处疗养胜地，附近设有戴维斯-芒桑空军基地。

③ Domesday Book，是英格兰国王威廉一世即征服者威廉（1066—1087）于 1086 年完成的大规模调查记录。他委派调查员到全英格兰各地，召集当地的十二名知情人彻底清查当地的土地、财产、牲畜和农民的情况，类似于现代的人口普查。

喜欢这些约书亚树。"[3]

既然开发商们这么讨厌自然风景，他们在拟订名号的时候不肯多给沙漠留点儿面子也就不足为奇了。他们专门针对住宅买家和亚洲的投资商人拟订了宣传文案，在文案里，本地区开始被委婉地称做"洛杉矶北县"。广告宣传里还有用彩色蜡笔画成的小型组画，描绘出一种使用空调、超量用水、饮用夏敦埃酒①的生活方式，这些画全都自带标题，其香艳名称有如商标一般，比如"狐狸溪"、"四旬斋之夕"、"喝彩"、"剑桥"、"旭日"、"新视界"，诸如此类。考夫曼和布罗德公司是 20 世纪 70 年代非常出名的住宅建造商，他们那会儿之所以出名，是因为他们把好莱坞特有的一种攀缘蔷薇成功地输出到了巴黎的郊区。他们建的门禁社区最能让买家五迷三道的。现在，他们反过头来把法国气度（毋宁说是法式包装的加州住宅）带进了这片沙漠，带来了壁垒森严的迷你 banlieu②，里面有绿茸茸的草坪、旧大陆的灌木丛、仿造的孟夏式屋顶，还有散发着暴发户气味的名号比如叫做"城堡"什么的。

不过事实明摆着，洛杉矶市的沙漠地区显然正在疯狂行动中，考夫曼和布罗德公司无非是从中找到了最优牟利方法罢了。被人弃绝的约书亚树、遭到大肆挥霍浪费的水源、会诱发幽闭恐怖症的高大围墙、荒唐不经的住区名号，凡此等等，既威胁着濒临绝境的荒原，又与刚刚起步的都市化进程背道而驰。本地的详细规划思路是乌托邦（其字面意思是"乌有乡"）式的——设计总体布局时只考虑私有化的家庭消费模式，剥离了自然和历史在土地上留下的烙印，只剩下一望无垠的不毛地块——这让人回想起了南加州以往的演化历程，举目皆是千篇一律的开发小区住宅。然而，开发商的所作所为不单是把旧日的神话（"郊区的美好生活"）重新漂亮地包装起来，卖给全新一代的买主，他们同时也在迎合着人们心中正在萌生着的全新的城市恐惧症。

---

① 这是一种类似夏布利酒的干白葡萄酒，文中用以指代附庸风雅、冒充法国上流社会的生活态度。
② 法语，郊区。

传统的都市社会学理论可能会指出，有人之所以会发生社会焦虑，只是因为他没能适应身边发生的变化。但是，在过去的十五年间，南加州发生了翻天覆地的变化，对此，有谁曾预见过、有谁曾适应了呢？综观所有的工业化发达国家，洛杉矶所占的这一片都市星系是增长速度最快的大都会，它的建筑占地面积逼近爱尔兰、国民生产总值高过了印度，现在，它的疆界从圣巴巴拉那些附带乡村俱乐部的高档居住区开始，延伸到恩塞纳达①的简陋 *colonias*②，延伸到沙漠高地里的"草原城"边际，延伸到沙漠低地里的科奇埃拉山谷③边际。洛杉矶目前包括了六个县和加利福尼亚冲击平原的一角，已经有1 500万人口，围绕着两个超级核心（洛杉矶中心和圣迭戈-蒂华纳中心）成簇成团地散布着，建成了十几个仍在不断扩展的大型地铁中心，预计在下一代人的时间里会再增加七百万到八百万人口。在这些新搬来的居民当中，将有绝大多数人都不属于盎格鲁族裔，于是导致种族构成关系进一步失衡，从 WASP④独揽霸权的一端，倒向了21世纪种族多元化的另一端。（在1980年代这段时期里，盎格鲁族裔在洛杉矶市和洛杉矶县里都变成了少数族裔，到2010年以前，它将在整个加州范围内变成少数族裔。）[4]

社会两极分化几乎像人口增长一样飞速。最近有人调查过20世纪80年代洛杉矶家庭的收入变化趋势，结果显示，富裕家庭（年收入五万美元以上）的数量几乎增加了两倍（从9%增加到了26%），贫困家庭（年收入1.5万美元或不足）的数量增加了三分之一（从30%增加到了40%）；不出大家的预料，中等家庭的数量却减少了一半（从61%减少到了32%）。[5]与此同时，让上一代人忧心忡忡的问题终于如期而至，受

---

① Ensenada，墨西哥北部下加利福尼亚州西北部一城市，临太平洋托多斯桑托斯海岸，是墨西哥在太平洋海岸上最重要的港口之一。
② 西班牙语：定居地、城市扩建区。
③ Coachella Valley，位于洛杉矶东部的沙漠山谷，靠近棕榈泉，以农业及旅游业为主。这条山谷属于河滨县，从圣伯纳迪诺群山出发，长约72公里，连接到索尔顿湖。
④ 这是"白人、盎格鲁-撒克逊族裔、新教徒"的简称。

到市场驱策的过度开发果真造成了可怕的后果。 几十年来对住宅建设和城市基础设施的建设在各方面均投资不足，再加上给予投机商的各种津贴千奇百怪、施用于商业开发的法规非常宽松、有效的区域规划付之阙如、富人缴纳的财产税低到荒谬可笑的程度，这些因素累积在一起，必然会损害人们的生活质量，无论是住在旧郊区里的中产阶级，还是住在内城的穷人，都无一得获幸免。

具有讽刺意味的是，羚羊谷既能护庇着人们躲开这一增长与危机兼备的大漩涡，同时又是在这个大漩涡里增长最快的一处核心点。 新搬来的通勤居民对这个设有门禁的居住区放心得死心塌地，他们试图在此地恢复那种 20 世纪 50 年代风格的郊区，那"失落的伊甸园"。 另一方面，这片山谷里的老住户们则疯也似地想要拉起护城河上的跳板，阻挡住这股逃出城市的人流；这些老资格们所倚仗的，是专门在增长中推波助澜的自家生意，还有政界的头面人物们。 老居民日益恼火地看到，自从 1984 年以来，土地价格飞涨，唯一的结果无非是交通拥堵、烟尘弥漫、犯罪率上升、职位竞争、噪音充斥、土壤污染、水源短缺，还毁掉了无与伦比的乡间生活方式。

1918 年，社会主义者离开了这片沙漠，搬到路易斯安那州兴建的"新草原城"定居点那儿去了。 从那时候算起，直到最近才第一次有人狂热地说起了"全面的乡村革命"。 有人宣布了一些宏大的新设想：他们想设计出一种速生城市，可以插入到谷地现有的空置地块里，这类城市的尺度从 8 500 户人家到 35 000 户人家规模不等。 这种想法引燃了民粹主义的怒火，倒是让人始料不及。 近日，"里特农场"开发项目派人下乡到莱昂内山谷去介绍方案，"怒气冲冲的一票人伏击了他……人们尖叫着，谩骂着，威胁着要干掉他"。 这片谷地里有两处社团化的自治小城，即兰开斯特市（地平研究协会①的国际总部就设在

8

----

① Flat Earth Society，美国一个反对科学、反对进化论的组织，自称是世界上最古老的协会、历史延绵六千余年，坚持认为"世界是扁平的"、"科学家无非巫师之类人物"，如此等等。

该市)和棕榈谷(它在20世纪80年代的多数时间里都是增长最快的小城)。 在这两个自治小城里,有六十多家各自独立的私房屋主协会同心协力,既要延缓城市化的进程,同时也要抵制政府新建监狱的计划。官方计划在米拉·洛玛①一带为洛杉矶新建一座有2 200床位的监狱,用来关押毒贩子和帮派分子。[6]

正当此时,就在1990年元旦过后不久,关于沙漠中的庇护所的神话土崩瓦解了。 除夕那天,有个黑帮分子一枪打偏,射杀了一名很有人缘的高中运动员。 随后不久,被广告吹嘘成沙漠里新兴的"贝弗利山"的时髦的石英丘市②也遭到了破坏,因为本地的"五平帮"与一群外来的"瘸子帮"成员展开了一场枪战。 突然之间,由洛杉矶的街头帮派引起的 *grand peur* ③ 横扫了沙漠高地一带。 警长们牵着警犬,四下追猎夺路而逃的少年人——就像追捕从佐治亚州逃出来的带镣罪犯似的——与此同时,本地商人则创办了半民团性质的"立即驱逐帮会"组织(简称GON)。 官方发布警告说,谷地里有650名"已被确认的帮派成员",当地高中听了这一警告,就想推行一项严格的衣着规定,禁止学生的衣服上带有"帮派的颜色"(蓝色和红色)。 继而,愤怒的学生们上街抗议去了。[7]

正当孩子们在"正确行事"的时候,全国有色人种协进会(简称NAACP)在本地的分会也没闲着,他们要求彻查警方犯下的三宗情形可疑的有色人种被杀案。 案件之一,几名副警长开枪打倒了一名手无寸铁的亚洲大学生;案件之二,一名黑人被打了八枪,警方说他当时正挥舞着一柄三尖头的园艺叉子。 最让人触目惊心的是贝蒂·琼·阿博恩的被杀案,这名无家可归的黑人中年妇女有精神病史。 她从某家便利店里偷了一只冰淇淋,随即被七名身材魁梧的警察围上了,据说她挥

---

① Mira Loma,位于河滨县的居住小城,人口不及两万、居民的收入水平属于中等。

② Quartz Hill,位于洛杉矶县的居住小镇,靠近兰开斯特和棕榈谷,人口不及一万,比米拉·洛玛略富。

③ 法语:大恐慌。

舞着一把切肉刀。警方报之以令人错愕的 28 轮齐射，其中的 18 轮齐射打穿了她的身体。[8]

沙漠地带奏响了推土机与枪战间隔更替的一段序曲，就此宣告了世纪末的来临。此刻，有些老者则在沉思，莫哈维沙漠很快就要丢掉自己遗世独立的特性，投入拥堵不堪的郊区生活了，他们开始大声惊问，洛杉矶到底有没有另一种选择。

五朔节花柱

据说，洛杉矶的社会主义者是被阶级斗争和阶级压迫赶进了沙漠。不过，他们之所以热切地来到这里，另一个原因也同等重要，他们希望自己这辈子能品尝到合作劳动结出的甜蜜果实。1911 年，乔布·哈里曼差之毫厘，几乎当上了洛杉矶的第一位社会党人出身的市长，他这样解释说：“我开始明显看出，无论人们谋生的手段是好是坏、是属于资本主义还是属于别的什么制度，除非能找到别的替代方法，确保它至少不比目前的谋生手段差，人们就绝不会放弃当今的现状。”“草原城”保证的是每人每天能拿到 4 美元的工资，还有机会“向世界展示他们所不知道的诀窍，告诉人们怎么才能让生活中没有战争、没有金钱利益、没有土地租金、没有任何形式的牟取暴利”。[9]

不光哈里曼和社会党，还有中央劳工理事会（Central Labor Council）的主席 W·A·恩格尔以及砖瓦匠工会（Bricklayers’ Union）的弗兰克·麦克马洪，他们都在为此话题摇旗呐喊，在这般多方鼓吹之下，成千上万失去了土地的农夫、失业的工人、上了黑名单的机械工、敢作敢为的文员、世界产业工人组织受迫害的街头演说家、躁动不安的小店主、眼睛闪闪发亮的波希米亚人，各色人等全都追随着社会主义青年同盟成员的足迹，来到了雪水汇成的草原河（现在叫做大岩溪）与沙漠交界的地方。尽管他们“尽情推行民主……建设成了桀骜不驯、冲劲十足的民主堡垒",但他们狂热的劳动同时也把莫哈维沙漠里几千英亩的地界改造成了一个小小的社会主义文明社会。[10]到了1916年,靠着一整套复杂而卓有成效的灌溉系统,他们成功地建成了紫花苜蓿地、现代化养牛场、梨树园和蔬菜地,自给自足地满足了这个定居点90%的食品需求(此外还为大家提供了鲜花)。 同时,他们还兴办了几十家小型作坊,制作鞋子、加工水果罐头、清洗衣物、理发、修理汽车,还出版了杂志《西部战友》(*Western Comrade*)。 甚至还有人创办过一个草原城电影公司,还做过一次时运不济的航空试验(结果那架土制的飞机坠毁了)。

草原城充满了肖陶扩①和马克思的精神,因此这里还是一所大型的红房子学院②。 婴儿们在托儿所里戏耍(其中有日后的现代舞者贝拉·刘易茨基),孩子们进了南加州的第一所蒙台梭利式学校(其中有日后的现代主义建筑师格雷戈里·艾恩)。 与此同时,少年们也有自己的"小孩定居点"(这是一所模范工业学校),而成年人不是去上夜校,就是在莫哈维那座特别大的图书馆里舒服地读书。 除了到定居点里那所声名狼藉的拉格泰姆剧场去跳舞以外,这儿的人夜间最喜欢的消遣就是七嘴八舌地谈论着由艾丽斯·康斯坦斯·奥斯丁(Alice Con'stance Austin)为草原城设计的发展方案,即"社会主义城市"。

尽管奥斯丁的设计受到了与她同时代的城市美化运动以及花园城市理论的影响,但是,就像建筑历史学家多洛雷斯·海登(Dolores Hayden)强调指出的那样,这些图纸和模型还是表现出了"鲜明的女性主义

---

① Chautauqua,位于纽约市西南郊。 1874年春天,文森特(John Vincent)和米勒(Lewis Miller)共同在此创办了一家主日学校,很快成为中产阶级的社交、学习中心,就此创始了美国著名的文化普及运动即"湖区运动",分别包括肖陶扩学院(主办函授教育、暑期班和出版社)和肖陶扩巡演团(通过商业演出在中西部农村地区普及现代文化生活)。 湖区运动曾广泛影响了普通美国人的社会生活,被认为是美国第一个全国规模的成人教育项目。 由于大众媒体的竞争、交通方式的改进以及大学教育内容的改善与扩充,这个运动在1930年代以后逐渐衰落。

② Little Red School House,位于纽约市曼哈顿的一所公私合营的教育机构,1921年由欧文(Elisabeth Irwin)创办,遵循美国教育学家杜威(John Dewey)的教育理念。1932年学校转为纯私营,包括小学、中学和高中部分。

色彩和加州特色"。 奥斯丁企图反映出南加州特有的文化价值观和到
处盛行的狂热情绪，相应设计出一种精心规划的、平均主义的社会景
观；后来在 20 世纪 40 年代，草原城长大的孩子格雷戈里·艾恩在规划
设计比较普通的集合式住宅时，走的也是这个路子。 1916 年的五朔节
那天，奥斯丁向草原城的居民们展示了一件设计模型，草原城被她描画
成了一座花园城市，这里的一万人口都住在工艺美术风格的优雅公寓
里，各家都有自己的花园，不过用的是公共厨房和洗衣房，可以把妇女
从家务劳动中解放出来。 市民活动中心和这个"光明城市"很般配，
里面建有"8 个很像厂房的矩形大厅，侧墙几乎全用玻璃，通往一间有
玻璃穹顶的集会大厅"。 她采用最经典的南加州姿态，在社会团结的
基础上圆满实现了个人的审美选择：为每户人家都配备了一辆汽车，绕
着草原城的周围修建了一条环路，这条环路还将拓宽一倍："成为一条
高速车道，它的两边都为看客设有看台"。[11]

　　奥斯丁设计了上千户自带天井的公寓住家，它们的中心位置上有一
个类似于"好运旅馆"那种风格的集会大厅，公寓呈放射状向四外展
开，周围环绕着集体共有的果园、工厂以及一条尺度恢弘的高速车道。
如果说这番景象在今天看起来似乎有点不自然的话，不妨想象一下，如
果草原城的居民们盖了考夫曼和布罗德公司推崇的那种城堡，又能建
设成怎样的一种未来，那时城堡的周围就该围满了小型购物中心、监
狱和隐形轰炸机工厂了。 反正，无论采用哪一种方案，"社会主义
城"的 900 名先驱在莫哈维沙漠里狂欢庆祝五朔节的机会都只剩下一
次了。

　　　1917 年的五朔节庆典从早上 9 点整开始，先是举办了一些
社团内的体育比赛，其中包括一项"胖女比赛"。随后，定居点的
全体居民列队参加"大游行"，走到旅馆那儿去继续进行"文学项
目"。在彩旗垂幕的主看台上，乐队在演奏，合唱团吟唱着《马赛

曲》之类合乎时宜的革命颂歌,然后,大家移师到杏子林中去吃烧烤大餐。晚饭过后,一群妙龄女郎围绕着五朔节花柱翩翩起舞,又为革命传统增添了英国风味。7 点 30 分,在布景修葺一新的集会大厅里,戏剧俱乐部演出了《密纳娃的厄运》。随后,众人一直都在跳舞,消磨残夜。[12]

尽管草原城明显富于幽默感,但它在 1917 年的后半年里却开始了分裂。 成员大会和所谓的"灌丛帮"之间经年累月纷争不断,这本已让定居点烦恼丛生,更何况还有外来的攻击也在火上浇油,债权人、征兵局、心怀妒意的邻人和《洛杉矶时报》都在喋喋不休。 草原城输了一场官司,丢了水权,他们的灌溉设施因此遭受了一次灭顶之灾。 随后,哈里曼领着一小群居民在 1918 年搬家去了路易斯安那州,在那儿把一座勉强拼凑起来的"新草原城"坚持办到了 1939 年(它只是原版草原城的苍白影子而已)。 在这批居民动身后的一天之内,当地的农场主们("荒原中不很靠得住的资本主义的代表")就动手拆除了"草原城"的宿舍和作坊,显然是想把红色威胁遗留下的所有印迹都擦拭得一干二净。 但是事实证明,草原城高耸的筒仓、牛栏,还有集会大厅的卵石地基和成对的壁炉都是毁不掉的:等到当地人的爱国义愤平息之后,这些遗迹都变成了浪漫的地标,被吸纳到传奇色彩日益浓重的环境中去了。

偶尔,富于哲学家气质的哪个人在南加州的巨大悖论中挣扎不已时,会重新发现草原城,认为它是属于某种错失前景的珍奇法宝。 在 20 世纪 40 年代初的那几年里,阿尔都斯·赫胥黎①曾住进一户农庄住家,这所房子从前属于草原城,俯瞰着定居点的墓场,赫胥黎喜欢在

---

① Aldous Huxley(1894—1962),多产的英国作家,一生写过五十多部小说、诗歌、散记和哲学著作,其中包括著名的"反面乌托邦"文学代表作《美丽新世界》。

"几乎是超自然的静谧"中苦思冥想着乌托邦的命运。 最终他得出结论，"社会主义城"是一个"可悲的小型奥西曼蒂亚斯王国①"，但看哈里曼带着"格莱斯顿立式硬领②"，再加上他对人类本性的"匹克威克式的"③误解，这些都从一开始就注定了"社会主义城"没有前途——它的历史"可悲地毫无教益可言……除非从某种完全消极的方面来看"。[13]

还有其他人偶尔也会来拜访草原城，他们不像赫胥黎那副吠陀式的犬儒主义腔调，通常都比较慈悲为怀。 在 20 世纪 60—70 年代形成的社群崩溃以后（特别是把人引向圭亚那丛林的致命死路），看着这个滑稽的乌托邦种出来的成片梨树，觉得它们倒更像是一项感人的成就。 再说，研究草原城的历史学家最近也曾指出，赫胥黎在很大程度上低估了战争期间的仇外心理，也低估了《洛杉矶时报》因为草原城竟能存活下去而勃发的冲天怒气。 也许，如果当初的运气稍好一点儿（另外还得哈里·钱德勒④肯援手），今天在莫哈维沙漠里就会屹立着一座勇敢的红色集体农庄了，它能诱导人们投票给杰西·杰克逊⑤，还能保护约书亚树免遭推土机的杀戮。[14]

开发商的千禧年？

然而，问题仍然是，我们并没能站在通向社会主义新圣地的大门口，而是站在了开发商的千禧年那严冷的边际线上。 草原城这片土地　12

---

①　Ozymandias，古埃及的法老王，文治武功都达到极盛，相传他建立了世界上第一座规模庞大的图书馆。
②　以英国政治家格莱斯顿命名，是向两侧张开的立式硬领，配以丝质围巾式领结，系在衬衣的领口。
③　这个词源自狄更斯小说《匹克威克外传》中的主人公匹克威克先生，形容某人的性格天真善良、宽厚轻信。
④　Harry Chandler，《洛杉矶时报》巨头哈里森·格雷·奥蒂斯的女婿及报业继承人。
⑤　Jesse Louis Jackson(1941—)，浸信会牧师，民权运动中的黑人活动家，是马丁·路德·金的亲密伙伴，直到 2000 年还活跃在政治舞台上。

自己也落入了一名芝加哥的委托投资商之手，他正坐等考夫曼和布罗德公司给他提一个天价，让他无法拒绝卖出这片地。附近的圣安德列亚斯断层一旦苏醒，就会造成世界末日般的灾难，除此而外，靠着偷来的水源、廉价的移民劳工、亚洲的资本、急的住房买家，谁都能想得出，洛杉矶会在整个沙漠地带里无穷无际地自我复制，买家们宁愿把自己的人生都耗在高速公路上，以此兑换成价值五十万美元的"梦幻之家"，住进死亡谷的腹地。

这就是人们传说中的资本主义在世界历史上的胜利吗？

1990 年的劳动节这一天，戈尔巴乔夫被成千上万白眼相向的莫斯科人嘘下台来，也正是在这同一天，我回到了"大河草原城"的废墟上，来看看这里的断壁残垣会不会跟我交谈。我倒是发现这个"社会主义城"里重新住上了人，有两名从萨尔瓦多来的二十岁的建筑工人在老牛场的废墟里安营扎寨，他们热切地想跟我聊会儿天，并不在乎我们各自能做的表达都是支离破碎的。他们活像杰克·伦敦的小说里那些四处流浪的主人公，已经走遍了加州的南南北北，只不过到处追寻的全都是住宅建筑工地，并不是铸造银币或者收获谷物的景象。他们还得到棕榈谷去找工作，却满口盛赞着沙漠里天空清澈湛蓝、容易搭到顺风车、还有就是 *La Migra*① 相对少见。我发起了议论，说他们住的地方是一座 *ciudad socialista*② 的废墟，这时其中的一个小伙子问我，是不是"富人们坐着飞机过来把他们全炸光了"。我解释道，不是这么回事儿，是因为定居点的信用破产了。他们显得大惑不解，随即就换了个话题。

我们谈了一会儿天气，然后我问他们，觉得洛杉矶怎么样，这个没有边界的城市吞噬着沙漠、砍倒了约书亚树、放翻了五朔节花柱，还梦

---

① 美国境内的拉美裔移民特别爱用的西班牙语词汇，指专门负责甄别与遣返工作的移民官。

② 西班牙语：社会主义城市。

想着要成为无极的城市。 我在草原城遇上的新 *companero*①说，洛杉矶已经无处不在了。 萨尔瓦多每天夜里都要没完没了地重播译配过的电视剧《我爱露西》和《星空与茅屋》，他们每夜从电视剧里看着洛杉矶，这儿的每个人都是既年轻又富有，开着新汽车，看着自己在电视上亮相。 如此这般的白日梦上演过一万次以后，他从萨尔瓦多军队里开了小差，搭着顺风车走了 2 500 英里的路，到了蒂华纳。 一年以后，他站在洛杉矶市中心区附近的麦克阿瑟公园区，站在艾尔瓦拉多大街和第七大街的路口上，身边站着的全都是跟他一样满怀渴望、辛勤劳动的中美洲人。 跟他一样的那群人里，除了可卡因贩子以外，没有一个人是富人，没有一个人开着新车，而警察就像老家的条子一样刻薄。 更重要的是，跟他一样的那群人里，没有一个人能上得了电视；他们全都是隐身人。

他的朋友笑起来了："如果你上了电视，你就该被驱逐出境了，还得在蒂华纳给一些 *coyote*② 交上差不多五百美金，好再偷偷摸摸地混回洛杉矶。"他执拗地认为，最好尽可能待在室外空旷的地方，最好像现在这样待在沙漠里，离市中心远远的。 他把洛杉矶和他熟知的墨西哥城都比作火山，会把灾祸和欲望的圈子在不毛的乡间流泻得越来越大。他断定，住得离火山太近总归不算聪明。 "以前的老外 *socialistas*③ 想出来的主意真对。"

我赞成他的话，尽管我知道，现在要把草原城搬个地方或者重新建设起来都已经为时太晚。 接下来，轮到他们来盘问我了。 为什么我会一个人孤零零地待在这儿，跟五朔节的幽灵为伍呢？ 我又觉得洛杉矶怎么样呢？ 我试着向他们解释，我刚刚写完了一本书……

14

注释：
　[1] Lynne Foster 在她为山区俱乐部新写的指南手册《加州沙漠探险》（*Adventuring*

---

　① 西班牙语：伙伴。
　② 西班牙语：掮客、骗子、蹩脚律师。
　③ 西班牙语：社会党人。

in the California Desert，San Francisco 1987）里粗枝大叶地宣称，19 世纪曾有"数千只叉角羚羊游荡在这一地区"，尽管如此，却绝对找不出相关的证据；正相反，在太空时代里，人们向这一地区少量引进了叉角羚羊，部分目的是要让这个山谷名副其实！

[2] 'Los Angeles：The Ecology of Evil'，《艺术论坛》杂志（*Artforum*）1972 年 12 月号刊登。

[3]《洛杉矶时报》（Los Angeles *Times*）1988 年 1 月 3 日报道；《羚羊谷新闻报》（Antelope Valley *Press*）1989 年 10 月 29 日报道。

[4] 关于人口统计预测，见 Southern California Association of Governments (SCAG)，*Growth Management Plan*，Los Angeles，February 1989。SCAG 组织划定五县地区时相当武断，所以我加上了对圣迭戈和蒂华纳两地所做的预测。

[5] 关于对该县的研究，引述于 KCET 电视台 1990 年 5 月制作的节目，"A Class by Itself"。

[6]《洛杉矶商务新闻》（Los Angeles *Business Journal*）1989 年 12 月 25 日报道；《羚羊谷新闻报》1990 年 1 月 14 日及 19 日报道。

[7] 同上，1 月 17 日及 19 日报道。

[8]《每日新闻》（*Daily News*）1989 年 6 月 4 日报道。（《洛杉矶时报》过了好几个月才用主要版面报道了阿博恩谋杀案。）

[9] 对哈里曼的引述见 Robert Hint，*California's Utopian Colonies*，San Marino，Calif. 1953，p. 117；又见 Dolores Hayden，*Seven American Utopias*，Cambridge，Mass. 1976，pp. 289—290。

[10] 对"草原城"编年史学家伍斯特（Ernest Wooster）的引述见 Nigey Lenon，Lionel Rolfe，and Paul Greenstein，*Bread and Hyacinths：Job Harriman and His Political Legacy*，未经出版的手稿，Los Angeles 1988，p. 21。

[11] 参看 Hayden，pp. 300—301（论及奥斯丁的设计方案）；又见 Sam Hall Kaplan，*L. A. Lost and Found*，New York 1987，p. 137（论及艾恩想要设计的集体生活方案）。

[12] Hines，p. 127。

[13] 'Ozymandias，The Utopia that Failed'，in *Tomorrow and Tomorrow and Tomorrow…*，New York，1956，pp. 84—102.

[14] 当然，我有意回避了当年为建草原城砍掉约书亚树的问题（很不吉利的是，这些树再也没能重新长起来过），更何况还有其他问题：按照奥斯丁的设计停放在各家红色车库里的汽车会引起何等后果，从哪里又能"借"来足够多的水，用以支撑欢歌笑语的未来一万天呢。

第一章

是阳光璀璨还是黑色笼罩？

洛杉矶的知识分子：导言

> 应该明白，洛杉矶不仅仅是一个城市。恰恰相反，自从 1888 年
> 那时起，它就一直是一件商品，而且至今依然如故。会有人做广告来
> 推销它，就像卖汽车、卖烟草、卖漱口水一样，把它卖给美国人。
>
> 莫罗·梅奥①[1]

有一份著名的时尚杂志，历年来始终热衷于搜求最新的流行生活方式，1989 年夏天，这份杂志报道说，洛杉矶出现了一种最新的时髦，就是"知性主义"。既能见到名流们大把选购"戴上显得聪明的眼镜"，又能见到"洛杉矶市民极力推崇知性主义，竟至于把它变成了一种生活方式……"，似乎这个城市为了自己的好，满处都是遍地开花的向学之举："身处此地可以真切地感受到，人们想要变得更知性，想要根除浅薄行为、获取文化。"[2]这家杂志的西海岸主编赞许地指出，"新的知性主义"正在席卷洛杉矶，本地居民以前也曾见识过类似的救世主般的大肆宣扬，彼时却是为了"完美的躯体"和"新时代的灵性"而沉迷不

---

① Morrow Mayo，《洛杉矶时报》的新闻记者，本书中多次引述他的评论及观点。

醒。 再说，洛杉矶的居民们已经意识到了时新消遣的关键要点，亦即"书是拿来卖的"，与文化的势头相伴而来的还将有商品崇拜和狂热的企业浪潮，一同大举袭取本地。[3]

这则逸闻同时还有另一层意味，如果有谁想到"洛杉矶的知识分子"这个称号，即使不是干脆发笑的话，起码也会心生疑窦。 如此说来，我们最好先来谈谈某种荒谬神话。 据说，在洛杉矶烈日烘灼的平原上，知识分子的理智都被毁掉了。 这一神话比较符合人们既有的印象，而且它至少有一部分是真的。 首先，人们通常都认为，从文化意义上讲，洛杉矶这片土壤特别贫瘠，至今没能孕育出本地出品的知识界。 比如旧金山就稍强些，那里曾产生了一段独特的文化历史，既有"阿尔戈英雄"①，又有"垮掉的一代"，而洛杉矶则望尘莫及，真正土产的知识分子一向都是徒有虚名。 然而出于某种妙不可言的原因，这个天生缺少根基的城市却在全球统领着绝妙的文化产业，自从 20 世纪 20 年代开始，这种文化产业就为洛杉矶引来了成千上万最有天分的作家、电影制作人、艺术家和梦想家。 另外还有一种情况与此类似，自从 20 世纪 40 年代开始，南加州的航天工业及其附属的智囊团吸引无数的博士科学家和工程师汇聚到洛杉矶，他们已经构成了全世界人数最多的一个精英团体。 移居本地的脑力劳工在洛杉矶集结后化作巨型设备，直接为大企业所用。 无论是谁来到这里，如果还没列名在某家公司的工资单上，就是正充满希望地守候在电影制片厂的大门外。

当然，人们认为，"真正的"知识分子仍以手艺人自居，或是享受着由自己独特的精神产品带来的好处，而这种"纯粹资本主义"的关系万变不离其宗，只会毁掉他们的个性。 "上钩的"天才或身陷在好莱坞的罗网中，或受到了导弹工业那种核战狂人逻辑的诱骗，他们"被浪

① Argonauts，原出典于伊阿宋求取金羊毛的古希腊神话故事，阿尔戈英雄是指跟着伊阿宋同船历险的伙伴们。 1849 年从美国东部出发到加州淘金的人群也被称作"加州的阿尔戈英雄"，其中有一条路线是乘船绕过合恩角和麦哲伦海峡，在旧金山登陆。1916 年曾有同名美国电影讲述这段历史。

费了"、"堕落了"、"变得琐碎平庸了"、"被毁掉了"。 要想移居安逸乡，就要对国家的现实状况不闻不问，就要抛开历史和经验两方面的根基，就要弃守临界距离，就要自我淹没在洋相和骗术当中。 他们融入某一个蒙太奇画面里的结果，就是菲茨杰拉德[①]退化成了一个酗酒的雇佣文人，韦斯特[②]冲向了他个人的世界末日（他误以为那是一场夜宴呢），福克纳[③]在改编二流的剧本，布莱希特[④]狂怒地抗议自己的作品遭到肢解，好莱坞十人[⑤]正往蹲大狱的路上走，狄迪翁[⑥]眼看着就要神经崩溃了，如此等等。 洛杉矶（及其另一个"自我"即好莱坞）成了名副其实的马哈哥尼城[⑦]：这个城市充满诱惑、充满挫折，与批评的智慧背道而驰，势同水火。

至晚从 20 世纪 20 年代起，素来描写洛杉矶的大量文章中就一直充斥着华丽的文辞，然而它恰恰说明，某些强大的批评力量在起作用。因为一方面可以说，洛杉矶变成了某一种场所的典范，演示着产业化的知识阶层全都俯首帖耳地听命于资本计划，另一方面，这里同时也变成了一片富饶的土壤，滋生着对晚期资本主义文化最敏锐的批评，更滋生

---

① F. Scott Fitzgerald（1896—1940），美国作家，著有《人间天堂》（1920）、《爵士时代的故事》（1922）、《了不起的盖茨比》（1925）、《夜色温柔》（1934）等。 他一举成名以后过着挥金如土的日子，导致个人健康、文学创作和财务状况都陷入了困境。 20 世纪30 年代后半期，他移居好莱坞，靠编写电影剧本谋生，不久即因心脏病猝发而去世。

② Nathanael West（1903—1940），美国作家，著有《寂寞芳心小姐》、《整整一百万》等，他写的《蝗虫的日子》是描写好莱坞电影圈最成功的小说。

③ William Faulkner（1897—1962），美国南方作家，著有以《萨托里斯》开始的约克纳帕塔法世系小说、《喧哗与骚动》、《押沙龙！押沙龙！》等。

④ Bertolt Brecht（1898—1956），德国诗人、剧作家、戏剧改革家。 著有《夜半鼓声》、《三分钱歌剧》、《伽利略传》、《高加索灰阑记》、《戏剧浅论集》等。

⑤ 由美国剧作家、演员和导演组成的小团体，成员均为美国共产党员。 这十个人是：贝西（Alvah Bessie）、比博曼（Herbert Biberman）、马尔茨（Albert Maltz）、斯科特（Adrian Scott）、特伦博（Dalton Trumbo）、科尔（Lester Cole）、迪米特里克（Edward Dmytryk）、奥尼茨（Samuel Ornitz）、劳森（John Howard Lawson）。 1950 年，在二战结束后的"红色恐慌"期间，他们由于"藐视国会"的罪名分别入狱服刑半年到一年。

⑥ Joan Didion（1934— ），美国作家，毕业于加州大学伯克利分校。 她的作品风格简洁，主要描写当代美国生活中由于道德与价值观的土崩瓦解造成的绝望情绪。 著有《急流的河》（1963）、《民主》（1984）、《他最后的愿望》（1996）、《我来自何方》（2004）。 她还定期为《纽约客》和《纽约书评》杂志写稿。

⑦ Mahagonny，布莱希特写于 1927—1929 年的歌剧《马哈哥尼城的兴衰》中的地名，剧中虚构的三名罪犯创造了这座由金钱主宰的娱乐消费城市，城里的居民生活腐化堕落，剧终时马哈哥尼城毁于大火。

着此地的中层分子故意追求堕落的行为(这个主题从韦斯特一直到罗伯特·汤恩①都保持不变)。 最突出的范例是我们所谓的(文学界和电影界的)"黑色"作品这一蔚为大观的洋洋总汇:美国的"硬汉"现实主义、魏玛的表现主义、存在主义版本的马克思主义等等诸多元素的精彩大全——它们全都集中了火力,揭露着这个名叫洛杉矶的"明媚而又罪恶的地方"(这话是威尔斯说的)。

当然,具体而言,洛杉矶总的来说是充当了资本主义的替身。 洛杉矶在世界历史上的终极意义、同时也是它的奇妙之处就在于,它同时扮演着发达资本主义的乌托邦以及反面乌托邦的双重角色。 正如布莱希特所言,这同一个地方同时象征着天堂和地狱。 相应地,20世纪末的所有知识分子都要走向同一个根本目标,他们终归得去深入探究、表明观点:究竟是"洛杉矶团结一切"(这是本地的官方口号),还是不如说,洛杉矶是美国历史终点上的梦魇(黑色小说里就是这么描写的)。 洛杉矶极度刺激了论战双方的意见对立,其分歧程度远甚于纽约、巴黎或者东京:它既是意识形态发生激烈斗争的地点,本身又是这场斗争的主题。

如此粗率的概览总归要有个浓缩的大纲,我下面就做些说明来勉强充数。 我所探讨的第一个问题是,在洛杉矶神话获得建构、又被解构的过程中,一代又一代的知识分子移民面对着自己所处时代的主流文化体制(比如《洛杉矶时报》、好莱坞、新生的大学-博物馆联手的巨型综合实体等等),分别扮演了何种角色(无论他们的身份是游客、侨民还是受雇的写手)。 换言之,我所感兴趣的不是在洛杉矶出产的文化产品的历史,而是关于洛杉矶的文化产品的历史,特别引我好奇的是,在本市的实际演变过程中,上述文化产品究竟是在哪个环节上变成了一种物质力量。 迈克尔·索金曾强调指出,"洛杉矶大概是全美国最依赖居间调停的一个城镇,如果不是透过它的神话叙述那层虚构的柔光罩,人们

---

① Robert Towne(1934—),美国演员、编剧、导演。 作品有《唐人街》(*China-town*,1974)和《碟中谍》(*Mission Impossible*)及其续集等。

就几乎无从看见它。"[4]

我首先讲到所谓的"河谷帮"（Arroyo Set）：世纪转换之际，在查尔斯·弗莱彻·拉米斯①的影响下（《洛杉矶时报》和商会都在给拉米斯发薪水），"河谷帮"这批作家、考古学者和政论写手对南加州进行了全方位的虚构，把它写成了盎格鲁－撒克逊族裔历经千年之久的奥德赛旅程寻寻觅觅的应许之地。新英格兰地区的生活再加上地中海情调，变作新的田园牧歌，他们把这牧歌种进了一片淳朴然而次一等的"西班牙"文化的芬芳废墟里。在此过程中，他们描写了20世纪初的巨型房地产开发投资，正是这些投资让洛杉矶从蕞尔小镇升格成大都市。继而，他们笔下的形象、主题、价值观以及传奇，都被好莱坞没完没了地一再复制，同时也不断渗透进南加州郊区那种人造的景观。

大萧条摧毁了洛杉矶耽溺梦想的中产阶级这个巨大的阶层，大萧条也在好莱坞聚成了一片上好的移居地，铁硬心肠的美国小说家和反法西斯的欧洲侨民都住在此地。这群人一起彻底重塑了该市的神话形象，通过描写（工人或穷人都很罕见的）中产阶级的危机，揭示往昔的梦想怎生变成了梦魇。尽管直接攻击制片厂体制的作品寥寥无几[5]，但无孔不入的"黑色"作品还是含沙射影地批评了那种颓废的商业文化，同时它也不断探寻着，在该种商业文化背景下写文章、拍电影时，能采取哪些批评模式。虽说像钱德勒之类的重量级"黑色"电影创作者并不比小布尔乔亚芸芸众生走得更远，也仅限于愤愤不平南加州美梦的破灭而已，但是自居同情"人民阵线"②的多数人，还有像威尔斯③和迪米特

21

---

① Charles Fletcher Lummis(1859—1928)，美国记者、作家、杂志主编、摄影师、民俗学者、历史学家，是《洛杉矶时报》的第一任城市版主编。他热爱加州的风土人情和文化，创办了洛杉矶西南博物馆，毕生都为争取本土印第安人的基本权益作出努力。他于1898—1910年间在沙漠河谷里亲手建造了自己的住家，名叫El Alisal，意思是"枫树之家"。

② Popular Front，历史上由左翼政党和中间政党为保卫民主制度、抵御法西斯进攻而结成的联盟。20世纪30年代中期，在法国、西班牙第二共和国和智利等国都出现过人民阵线政府。这个运动在1939年苏德联盟成立之后逐渐衰落，但在希特勒入侵苏联后又重新出现。

③ Georges Orson Welles(1915—1985)，美国电影导演、演员、制片人、编剧。执导并主演《公民凯恩》(1941)等片。

里克①这些人，却已经影射到阶级斗争的压迫现实。 尽管"黑色"小说在战后遭遇了大量摧毁好莱坞进步力量的政治迫害风潮，但它还是熬过了20世纪50年代的难关，并在60年代和70年代的新一波浪潮中卷土重来。 狄迪翁、邓恩②、万堡③、《唐人街》、《刀锋行者》④、钱德勒⑤和凯恩⑥的改编作品，凡此等等的巨大声望，最后还得加上标志着"后黑色"小说诞生的代表作，詹姆斯·埃尔罗伊⑦写的《洛杉矶四重奏》（*Los Angeles Quartet*），它们无不验证了这一文类的生命力。 虽然"黑色"小说复苏时的气质已经全无它在20世纪40年代的激进魅力，可它终归照样热门，而且，尽管"黑色"小说故意夸大了精英的优越感，但它总算是延续了"民粹主义"的洛杉矶那种反传统的神话。

根据洛杉矶的"黑色"小说改编的电影，牵扯到20世纪40年代住在好莱坞的一批欧洲顶级作家和导演（他们拿这类作品当作无以伦比的手段，表现自己在政治、审美等方面的抵制态度），与此同时，还有一点也很值得分开来单独探讨：本市与反法西斯侨民社群之间的关系究竟如何。 从南加州和欧洲各自的文化历史来看，这对双方都是一种强大的机遇，它孕育了自己独有的传奇，在战后欧洲变得美国味儿的时候，

---

① Edward Dmytryk（1908—1999），生在加拿大、长在旧金山的乌克兰裔美国电影导演，"好莱坞十人"之一。 作品包括改编自钱德勒小说《别了我爱》的《谋杀，我的甜心》（1944）、《交火》（1947）、《术士》（1959）等。 由于他的证词，导致"好莱坞十人"中的其他一些成员被控有罪。

② Dominick Dunne（1925— ），美国作家，参与过大量电视剧集的创作。

③ Joseph Aloysius Wambaugh Jr.（1937— ），美国作家，曾担任洛杉矶警察局的探员，主要以虚构及纪实方式描写美国警察故事，著有《蓝色骑士》、《合唱队男孩》、《黑色大理石》、《洋葱田》等。 曾有多部小说被改编成电影，强烈影响了其后电影和电视剧的叙事风格。

④ *Blade Runner*，又译《银翼杀手》。

⑤ Raymond Thornton Chandler（1888—1959），美国侦探小说作家，著有《长眠不醒》、《湖中夫人》、《别了我爱》等。

⑥ James Mallahan Cain（1892—1977），美国小说家。 著有《米尔德里德·皮尔斯》、《邮差总按两次铃》、《小夜曲》、《同类的三个》等。

⑦ James Ellroy（1948— ），原名 Lee Earle Ellroy，出生在洛杉矶的侦探小说作家，以其"电报式"简洁扼要的文风、黑色幽默的态度而独树一帜。 著有《月亮上的血迹》（1984）、《马路杀手》（1986）、《黑色大丽花》（1987）、《洛杉矶机密》（1990）、《好莱坞夜曲》（1994）、《美国小报》（1995）、《终点：停尸房！》（2004）等。

该传奇帮人们相应批评了这一变化趋势。 洛杉矶的侨民们或则基本认同"黑色"小说中描写的"梦魇"般的反传统传奇，或则始终沉浸在悲观厌世的情绪里。 洛杉矶是资本造就的终极城市，绚丽而又浅薄，它否定着欧洲都市所具备的每一种古典价值。 在圣莫尼卡海湾沿岸进行的启蒙运动遭到了划时代的失败，在此影响下，最悲观的侨民们认为，自己亲眼目睹了洛杉矶遭到的又一场失败，这是"未来情况的构形"，反映着资本主义的前景。

"黑色"小说描写了洛杉矶演化成反面乌托邦的过程，另外，侨民们也在谴责此地那种赝品式的城市文化特性，对于本地区的热心拥趸们积聚起来的意识形态资本而言，他们的做法造成了难以言表的严重损害。 "黑色"小说时常径自与旧金山或纽约的精英主义联起手来，把洛杉矶塑造成了美国知识分子最喜欢去痛恨的一个城市（然而矛盾的是，这似乎却让它在战后欧洲知识分子的心中更有魅力，尤其对英国和法国的知识分子而言更是如此）。 正如理查德·利罕（Richard Lehan）强调指出的，"西方世界里可能惟数这个城市的形象最消极"[6]。 为了修补该市的形象，尤其是要在文化精英面前挽回形象，本地的企业团体为多达三分之一的重要知识分子移民提供了资助，其人数比得上好莱坞圈子在 20 世纪 30 年代养活的犹太人侨民，差别只不过是现在占上风的是建筑师、设计师、艺术家和文化理论家而已。

靠着金融、房地产和军事繁荣的推动，洛杉矶飞速地发展着，（在越来越多海外资本的支持下）它的天际线变成了曼哈顿的模样，此刻，它还想把自己的文化上层建筑也变出曼哈顿的特色来。 顶级的土地开发商和银行家协同发动了重大的文化攻势，艺术资本突然滚滚而来，其中包括空前的一笔大钱，也就是由盖蒂家族捐赠的让人难以置信的三十亿美元，在几十年的空谈之后，它大大地加强了开发商和银行家的影响力。 其结果是，精锐的大学各科系、博物馆、艺术杂志和基金会都被团结在一起，形成了一个富裕的、体制化的基体，一门心思只想建成一座不朽的文化纪念碑，好帮着把本市推销给海外投资商和富裕的移民群

22

体。 在这层意义上，20 世纪 80 年代的文化史扼要地重演了 20 世纪初被人热心鼓吹的房地产与艺术相结合的模式，只不过这一回在周围环伺着的奖金无比庞大，足可以买得起国际著名的建筑师、画家和设计师，比如迈耶[①]、格雷夫斯[②]、霍克尼[③]，诸如此类；这批设计名流能用自己的文化声望帮着塑造"世界城市"，还能给它涂上一层虚饰的"波普"外表。

如此说来，在洛杉矶文化的形成过程当中，知识分子构成的集体干预力量主要就是以下三个分支：极力推销洛杉矶的人、黑色小说作家、逐利而动的人，这是我多少有点儿笨拙的简单说法。 此外还有连带性较强的第四支干预力量，即侨民，它为本地孕育城市神话的进程染上了黑色小说的特性，而这种特性与欧洲知识分子对美国及其西海岸的认识正好是背道而驰。 人们从根本原则出发争论着现代主义的命运、争论着战后的欧洲在美国福特主义的左右之下将会前景如何，侨民们则把"洛杉矶"的幽灵添加到这些争论当中去了。

或许有人会提出异议，说这种历史分类的方式是朝着文学家、电影制片人、音乐家和艺术家一边倒——也就是说，朝着奇异景象的杜撰者们一边倒——同时却忽视了那些着实在建设城市的实干的知识分子——也就是说，忽视了规划师、工程师和政治家。 而南加州最宝贵的收获，即科学家，那群帮着该市建设出火箭发动的战后经济的人，又被放在了什么位置上呢？ 实际上，科学在洛杉矶的命运恰好例证着，实用理性的角色变成了迪斯尼公司所谓的"想象工程"。 人们或许会期盼着，既然此地拥有了全世界最大的一群科学家和工程师，就能孕育出一

① Richard Meier(1934—)，美国建筑师，采用现代主义风格，是 20 世纪 60 年代纽约"白派"的一员。 曾设计过多座美术馆建筑以及加州的盖蒂中心。
② Michael Graves(1934—)，美国建筑师，曾是纽约"白派"的一员，后来他的设计风格发生变化，成为后现代主义建筑的代表人物。 曾为迪斯尼公司设计过多处办公楼和酒店等大型商业建筑。
③ David Hockney(1937—)，英国艺术家。 早期是波普艺术的重要代表人物，后来对具象派绘画与光影手法之间的历史渊源发生兴趣。 他长期居住在南加州，曾在加州大学授教。 涉猎绘画、版画、摄影、舞台布景设计和服装设计等多个领域，著有《Secret Knowledge：Rediscovering the Lost Techniques of the Old Masters》(2001)。

次区域范围的启蒙运动，可是，科学却在这儿结交上了低俗小说、庸俗心理学甚至邪教，造就了加州迷信王国全新的一个层面。"魔法师"一节简单阐述了科学变到科幻、科幻变到宗教这两次反讽的变形。

　　人们难免归结道：洛杉矶的文化冲突主线总要落在如何建构与诠释城市神话这一点上，这种城市神话融入了物质景观，变成了为投资和统治而做的设计（正如阿兰·西格①的论断，"不像空想出的幻景，却像亲眼目睹的幻景"）。[7]从沙漠中冒出来的洛杉矶始终是靠规模浩大的公共劳动才创造出来的人工产物，即便如此，市场力量总归会导致城市建设的其他方面落入无政府状态中去，极少受到州政府、社会运动或者公共领袖的干预。本市普罗米修斯气质最浓厚的人物要数水利工程师威廉·马尔霍兰②，此人莫测高深、沉默寡言到了极点［他的全部作品：洛杉矶引水渠，以及号令《认了吧》（Take it）］。虽则前文也曾约略提过，居住建筑偶尔也能凝聚着文化领域的地方主义（例如，20世纪10年代工艺美术风格的廊式平房、20世纪40年代"个案研究"项目的住宅、20世纪70年代建筑师盖瑞的家宅），可这个地区要想完成自我表达，主要还得靠电影胶片或者电子屏幕之类媒体。比起其他大城市，洛杉矶经历过的规划或者设计可能都颇为支离破碎（主要只触及其基础设施而已），但是，人们对它的想象却是无穷无尽的。

　　不过，我们绝不能以为洛杉矶最终只不过是水仙自恋的镜子，或者只不过是麦克斯韦电磁媒递的巨大扰动。抛开它那变化无尽的花言巧语和空中楼阁不谈，仍可以假定，这座城市实际上还是个现实的存在。[8]因此，通过对阳光与"黑色"的逻辑总论证，我将论述由几代人相继做过的三种尝试，据此为洛杉矶建立一套可靠的认识论。

---

　　① Allan Seager(1906—1968)，美国小说家。
　　② William Mulholland(1855—1935)，市政工程师，出生于北爱尔兰的贝尔法斯特，1877年定居加州。1886—1928年间，他设计建造了洛杉矶的供水系统，包括从内华达山脉到洛杉矶长达500英里的引水渠以及27处水坝。洛杉矶著名的马尔霍兰大道即Mulholland Drive就是以他的名字命名的。

首先，"揭穿洛杉矶真相的人"一节相当详尽地写到，我深入研究了移民作家路易斯·阿达米克①，在洛杉矶社会、文化景象的形成过程中，阶级暴力占据了核心地位，他对这种局面坚持抱着反罗曼蒂克的立场，还有他的密友凯里·麦克威廉斯②更进一步详细地推演了他这种诠释。我还分析了麦克威廉斯的著作《南加州乡间（陆地上的一个岛）》[*Southern California Country（An Island on the Land*）]，我认为它是一部巅峰之作——同时也是终极之作，体现了"人民阵线"做出的努力，要揭穿极力推销洛杉矶的人所吹嘘的神话的真面目，重新确立劳工和受压迫的少数族裔起到的历史作用。

其次，我纵览了几个彼此之间大相径庭的前卫运动的历程（包括黑人艺术运动③、菲鲁斯画廊群体④、肯尼思·安杰⑤的另类好莱坞、品钦⑥的单飞），在 20 世纪 60 年代的一些年份里或者说在整个 20 世纪 60 年代，上述诸多运动构成了好莱坞的一支地下文化。这些志同道

---

① Louis Adamic（1899—1951），美国小说家、记者，以 20 世纪初的移民遭遇为题材，著有《丛林中的笑声》、《回乡记》、《在安提瓜的房子》、《我的美国》等书，还主编了《共同基础》杂志。

② Carey McWilliams（1905—1980），美国记者、杂志主编、律师，擅长于描写加州的社会问题，比如移民农场工人的生活以及二战期间日裔美国人的集中营经历等内容。

③ Black Arts Movement，发生于 1965—1975 与 1976 年，有时被称为"黑人力量运动的艺术姐妹"，是非裔美国人文学史上最有争议的一场运动。核心地点分别在加州的海湾区和芝加哥－底特律联线区。他们组织黑人戏剧团体、黑人诗歌表演，发行诗歌杂志，在 *Black Dialogue*（1964）和 *Soulbook*（1964）的基础上出版了《黑人诗歌杂志》、《黑人文摘/黑人世界》、底特律的《侧面新闻》和芝加哥的《第三世界新闻》；出版的书籍包括《黑火》（1968）、《纪念马尔科姆·X》（1969）、《黑人妇女》（1970）、《黑人美学》（1971）、《解读黑人新诗》（1972）、《黑人新声》（1972）、《鼓声：非裔美国人诗歌的使命》（1976）。

④ Ferus Gallery 是洛杉矶的一家著名画廊，由号称"美国艺坛伯乐"的艺术策展人霍普斯[Walter Hopps（1933—　）]联合凯恩霍兹（Edward Kienholz[1927—1994]）创办于 1957 年，专门支持前卫艺术家的创作，曾主办过多次轰动一时的重要画展。其中在 1962 年为安迪·沃霍尔举办的首次个展正式宣告了波普艺术在洛杉矶登场。

⑤ Kenneth Anger（1932—　），美国电影制片人、作家，生长在洛杉矶，曾是好莱坞童星，15 岁时已经在拍摄实验性电影，随后旅居欧洲多年，成为前卫电影人，擅长于拍摄残暴晦涩主题的电影。于 1964 年拍摄了电影《天蝎座升起》，为他赢得了广泛声誉，著有《好莱坞巴比伦》（1975）。

⑥ Thomas Pynchon（1937—　），美国黑色幽默小说家，又被称为后现代主义小说家，以丰富的想象力和幽默感著称，擅长于结合现实与幻想描写现代社会中人的异化现象，著有《V.》（1963）、《拍品第 49 号》（1966）、《万有引力之虹》（1973）、《葡萄园》（1990）、《梅森与狄克逊》（1997）等。

合的人们（*Communards*）①到了 70 年代初就已分道扬镳或是移居他处了，而 60 年代则标志着由洛杉矶哺育出来的第一代波希米亚艺术家走向了成熟（说真的，在某些情况下，追溯他们的渊源就会回溯到本地高中在 20 世纪 40 年代里的不同派系），他们全都立足于自己的经历去分析南加州日常生活中的典型现象，而他们所借重的经历则是各自迥异的，从黑人爵士音乐家、白人飙车手到同性恋摩托车手，无所不包。

　　第三，在总括性的一节里，我极其试探性地、简明厄要地勾勒出，"后现代"的洛杉矶正流行着企业庆典，（继 20 世纪 70 年代发生的知识和文化中断之后）已经有过哪些人企图就此现象进行羽毛未丰的论述。我坚持认为，无论是"洛杉矶学派"的新马克思主义理论，还是"黑帮饶舌乐队"里的黑人社群知识分子，都尚未做到彻底弃绝官方的造梦机器。而另一方面，正当 2000 年来临之际，从文化意义上定义多种族的洛杉矶，这项工作还几乎未曾发轫呢。

极力推销洛杉矶的人

　　　　除了我们这儿的气候及其带来的相应后果以外，南加州所拥有的最佳资本就是传教区了。

　　　　　　　　　　　　　　　　　　　　查尔斯·弗莱彻·拉米斯[9]

　　1884 年，在俄亥俄州的奇利科西，有个记者得了疟疾，他决心要到南加州去，借此获得好运气，养出好身体。当时还有另外几千人也在寻求健康之道，他们都开始意识到了阳光地带在医疗方面的功效，而查尔斯·弗莱彻·拉米斯跟他们可不一样，他没坐火车去。他是一路走

---

　　① 法语：公社社员们。

25　着过去的。143 天之后他走到了洛杉矶，《洛杉矶时报》的所有人奥蒂斯上校（此人后来升格成将军了）①被他的旅程深深感动，于是委任拉米斯当了该市的《时报》编辑。

想当年，奥蒂斯正在欢迎那位走疼了脚的拉米斯的时候，洛杉矶尚依附于威严堂皇的旧金山市，只不过是个穷乡僻壤的小镇而已（在 1880 年的人口普查中，按照城市规模的排名顺序，洛杉矶位居全美国第 187 位），几乎没有水源也没有资本，完全没有燃煤更没有港口。过了 35 年，等奥蒂斯去世的时候，洛杉矶已经是西部最大的城市，居民人口将近一百万，有一条从加州山脉间引来的人工河，有一个得到联邦政府资助的海港，有一片丰产的油田，还有成区连片正在兴建中的摩天大楼。美国的其他城市都在极力扩大自己作为交通枢纽、资本中心、海港或制造中心的相对优势，而洛杉矶却不一样，它首先是房地产资本主义的产物：实际上，极力推销、大肆鼓吹洛杉矶的几代人掀起了兴旺发达的投资活动，从坎伯兰山口②到太平洋之间，西部所有的地块全都被他们详细规划之后卖了出去。

第一波的繁荣到达洛杉矶要比拉米斯晚几年，而且把几十万人引到了洛杉矶县，他们全都是来此追逐财运和健康的。等这一波由于兴建铁路而引起的土地抢购热潮崩盘以后，新定居者当中最强悍的人物奥蒂斯上校开始代表那些惊慌失措的投机商们，控制了本市的商业组织。为了重新造就繁荣，为了不惜代价地与旧金山一较短长（旧金山的工会势力在全世界所有城市中是最强大的），他把洛杉矶的劳资关系改造出了军事化的味道。现有的工会被轰出门去，工会纠察队实际上不再合法，而政见分歧者则遭到了恐吓。有了普照的阳光和自由雇佣企业作为自己的主要资产，再勾连上横跨美洲大陆的"伟大铁路公司"（这是

---

① Harrison Gray Otis(1837—1917)，美国新闻记者，于 1882 年买下《洛杉矶时报》，成为报业巨头。
② Cumberland Gap，位于肯塔基、弗吉尼亚、田纳西三州交界处，是向西移民的主要通道。

该地区最大的土地持有者），开发商、银行家和交通业大亨组成了一个辛迪加，在奥蒂斯及其女婿哈里·钱德勒的率领下，开始把洛杉矶卖给中西部那群跃跃欲试的、富庶的巴比特①市侩，这般出售城市的举动真是前所未有。 在超过四分之一世纪漫长的时段里，发生了一波史无前例的大规模移民，其中裹胁着退休的农庄主、小镇上的牙科医生、富裕的老处女、得了结核病的学校教员、卑微的股票投机商、爱荷华州的律师、献身于肖陶扩教育巡回团的热心人，他们全都把自己的积蓄和小笔财产换成了南加州的不动产。 不同地区间发生了这场大规模的财富转移浪潮，由此形成的人口结构、收入结构和消费结构，好像都远远超出了洛杉矶的实际生产基础所能承受的极限；在此出现了一对矛盾，洛杉矶本是头一个“后工业化”的城市，可它的外表看上去却是前工业化的。

凯文·斯塔尔（Kevin Starr）写过一本广受赞誉的书，《创造梦境》（*Inventing the Dream*），讲述了南加州在极力推销洛杉矶那段时期（即1885—1925年间）的文化史。 他在书中强调指出，这场社会变局同时对制造传奇、创作文学的活动提出了要求，要它们始终与拙劣粗鲁地叫卖土地价值、健康疗效之类货色的促销行动交互作用。 在他看来，拉米斯和奥蒂斯之间的合伙关系体现出一种原型，整整一代东部知识分子（通常都是很有教养的文雅之士）被征召过来，为这段繁荣时期充当了文化代言人。 最初的骨干中包括记者和浪游的 *litterateurs*②，为首的是奥蒂斯在镀金时代里为《洛杉矶时报》招募到的拉米斯，旗下还有罗伯特·伯德特（Robert Burdette）、约翰·史蒂文·麦克格罗蒂（John Steven McGroaty）（他号称“弗杜格山的诗人”③）、哈里·卡尔（Harry Carr）等人。

靠着这么一群人的才华，奥蒂斯宣扬着一种南加州形象，它

---

① Babbitt，美国作家辛克莱·刘易斯同名小说中的主人公，后指自满、庸俗、短视、守旧的中产阶级实业家或自由职业者。
② 法语：文人。
③ Verdugo Hills, 位于洛杉矶县格伦代尔镇附近。

左右了大众在世纪转换之际的想象，而且至今仍有生命力：这种
形象是个大杂烩，其中混杂了传教区的神话传奇（始作俑者是杰
克逊夫人①写的《雷蒙纳》）、对气候的迷恋、（以自由雇佣企业为
象征的）政治保守主义、略作掩饰的种族主义，凡此种种全都效命
于极力推销洛杉矶的风潮以及寡头政治。[10]

在描写传教区的文学作品中，对种族关系史的讲述变成了一套充斥
着俯首帖耳配上家长作风的牧歌仪式："感恩戴德的印第安人像意大利
歌剧里的农夫一样快乐，他们恭顺地跪在圣芳济各教士的面前，接受一
种优越文化的洗礼，而在背景上，从群燕翻飞的钟塔传出了祈祷的钟声
轰鸣，修道士合唱队吟诵赞美诗的歌声在空中回荡。"[11]传教使团的
领地和大庄园里都存在着压迫劳工的体系，这一体系与生俱来的残酷性
是提不得的，更休想提到种族恐怖主义和动用私刑的现象，正是因为这
两条因素，早年间由盎格鲁族裔统治的洛杉矶才在1860—1870年代之
间成了西部暴力最为肆虐的城镇。

如果说，杰克逊夫人写的《雷蒙纳》利用本地历史的精炼元素，变
出了浪漫主义的神话（这种神话至今依然广受欢迎），那么，拉米斯则仿
佛一位乐队指挥，他大肆铺陈着这种神话，把它变成了一片纯粹人工景
象中的主题。1894年联邦军队曾占领过洛杉矶②，当时奥蒂斯也焦虑
万分，生怕本地的普尔曼铁路公司罢工工人可能会引得其他企业的工人
也参与进来，扩大成总罢工，恰在这当口，拉米斯组织了一场公共娱乐
活动，也就是首届"洛杉矶节"。次年，由于阶级斗争暂时趋于缓和，
他组织"洛杉矶节"时受到《雷蒙纳》的影响，选取了包罗万象的"传

①　Helen Hunt Jackson(1830—1885)，美国女诗人、小说家，1881年发表《可耻的
世纪》，讲述美国政府亏待印第安土著的历史，她的代表作是1884年发表的《雷蒙纳》，
对印第安人表达了更深切的同情。
②　1894年，在Eugene Debs的领导下，美国铁路工会在芝加哥市举行了一场针对
普尔曼铁路公司的罢工，当局为平息这场罢工动用了联邦军队，结果打死了34名工人，
Debs等多人被捕。当骚乱蔓延到洛杉矶时，官方再次调集联邦军队来此平定局面。

教区"主题作为核心。 它在本地区造成的反应如同过电一般，唯一堪
相比拟的是芝加哥市当时主办的哥伦比亚博览会引起举国上下的颤栗：　27
这届博览会为新古典主义开辟了复兴之路，而"洛杉矶节"则在本地激
起了同等狂热的"传教区复兴浪潮"。

　　　　经销商们但凡看见某样好东西都能认出它来，这个浪漫的牧
　　　歌主题很快就被他们拿来牟利了。从成套的家具、蜜饯水果，到
　　　商业建筑和居住建筑，每样货品都在强调着传教区这个母题。[12]

　　有些本来属于教区的领地被整修成了开风气之先的主题公园，特别
是在"天使长圣加百列"那个地方①，特意紧挨着原来的老教堂兴建了
一座剧场，在里面上演了由麦克格罗蒂编剧的*传教使团剧*，这出戏称得
上是"美国版的上阿默高戏剧"②，最终看过该戏的观众总数达到了好
几万人。 20 世纪 30 年代初曾在纽约召开过一次广告大会，这次大会高
度评价了"充满历史和浪漫气息"的传教区情调，认为它的强大吸引力
甚至超过了气候和电影工业产生的魔力，对于推销南加州很有帮
助。[13]当然，正如斯塔尔所指出的，洛杉矶神话里的"西班牙"历史
元素被转化成了一种资本，不仅让那个时代的阶级斗争显得高贵起来，
而且，每当加州高地的子孙们想要表述自己面临着的真实境况时，还要
遭受它的审查，观点受它的压制。 墨西哥治下的最后一任加利福尼亚
长官皮奥·比科曾是本市的首富，可是，就在拉米斯的游行花车驶过百

────────

　　① San Gabriel Arcangel，位于圣加百列河岸平原上，是一处创办于 1771 年 9 月 8
日的西班牙传教区，现在也被称为"Mission Vieja"即"老教堂"，这里的老教堂一直被
沿用到 1908 年。 1987 年的一场地震造成严重损害后，老教区有许多旧建筑得以重建。
后来它被建设成了橘县的一个郊区居住小城，以独户住宅为主，有少量共管式公寓，大量
公园。
　　② Oberammergau 是德国巴伐利亚的小镇，位于阿尔卑斯山麓，人口仅五千余。
在 1633 年发生的一场瘟疫中村民向神许愿，从 1634 年开始，这里每隔十年就要组织一场
由村民演出的"耶稣受难剧"，历史上只被战争中断过三次，最近一次演出是在 2000
年。 "耶稣受难剧"是从中世纪流传至今的"奇迹戏剧"体裁中的一种，主题是基督的
受难、死亡以及复活。

老汇之际，他却刚好正被人埋进一处乞丐的墓园。[14]

自从 19 世纪 90 年代中期以来，拉米斯一直主编着一份重要杂志《来自西部（阳光地带）》[Out West（Land of Sunshine）]，"它的报头……读起来就像是……加州文学界的名人录"，[15]沿着重岩叠嶂的河谷断层，在洛杉矶和帕萨迪纳之间（众所周知，该地是东部百万富翁的冬季休闲胜地），他统览着四外各个羽翼丰满的沙龙，它们全都团团围绕着他家那座著名的廊式平房"枫树之家"。在这个总体说来力比多意味更浓厚的场景中，拉米斯手下的"河谷帮"重新集结了亨利·詹姆斯①所指的北佬知识分子：说真的，这帮人最主要的一则信条就是，阳光的能量足以复兴盎格鲁-撒克逊人的种族力量（把洛杉矶比拟成"新罗马"，诸如此类的说法），格雷斯·埃勒里·钱宁斯（Grace Ellery Channings）写过一本书描写意大利风味的南加州，对上述信条的表达最为淋漓尽致。

拉米斯热衷于西南地区的考古研究（他创办了著名的西南博物馆，与"枫树之家"只隔着几个街区）、传教区的遗迹保护、体育运动（模仿着想象中的西班牙贵族那种骑士般的生活方式）、关于种族的玄想，"河谷帮"的其他成员也大略效仿着他所热衷的这些事儿。因此退休的烟草厂老板兼散文作家艾博特·金尼②才会满怀激情地同时致力于教区印第安人③问题、大规模种植桉树、宣扬柑橘文化、保护约塞米蒂峡谷④、通

---

① Henry James(1843—1916)，出生在纽约市的小说家、批评家，被推为意识流小说的先驱、现代派小说评论的鼻祖。1876 年开始定居伦敦，1915 年入籍英国。著有《贵妇肖像》(1881)、《悲惨的缪斯》(1890)、《鸽翼》(1902)、《专使》(1903)、《金碗》(1904)等。他还写过几本游记、若干剧本和三本自传。

② Abbot Kinney(1850—1920)，出生于新泽西州的中产阶级家庭，1873 年曾加入由耶鲁大学教授 Marsh 率领的美国地质测量队，为达科他州的苏族印第安人保留地绘制地图，随后又在北加利福尼亚加入了约塞米蒂峡谷探测队。他在结识作家杰克逊夫人之后走遍了整个加州，同时还热衷于投资不动产，在圣莫尼卡兴建了一处海滨度假胜地"海洋公园"，1902 年后又开始在这块地的南半边兴建加州的威尼斯市，该市于 1905 年 7 月 4 日落成揭幕。

③ Mission Indians，指加利福尼亚南部和中部的美洲土著人，因为被归在 1769—1823 年间创办的大约 21 个西班牙传教区的管辖范围内，由此得名。教区对这些土著进行启蒙教育，并强迫他们参加教区的农业劳动。据 1990 年的美国人口普查，共有超过两千名土著人自认为是教区印第安人。

④ Yosemite Valley，位于加利福尼亚中部内华达山脉的风景区，有陡立石壁、瀑布群、巨大穹丘等地质构造奇观以及丰富多样的动植物资源，1890 年，美国政府在这里创办了约塞米蒂国家公园。

过优生来净化盎格鲁－撒克逊人的种族血统等等多种事业。 身为一名投机商兼开发商，他还建成了象征地中海文化的超级化身：加州的威尼斯市，自己有运河，还引进了冈朵拉船夫。 约瑟夫·威德尼（Joseph Widney）跟金尼一样具有学识渊博的情致，他曾做过南加州大学的老校长，也热情洋溢地极力推销洛杉矶[见《南方的加利福尼亚》（*California of the South*，1888）]，此外还写出了史诗《雅利安人的种族生活》（*Race Life of the Aryan Peoples*，1907），他在书中坚持认为，洛杉矶命中注定要成为雅利安人占据至高无上地位的世界首都。 同时，在奥蒂斯的热心支持下，《洛杉矶时报》的文学编辑、"河谷帮"里的神童威拉德·亨廷顿·赖特（Willard Huntington Wright）还把尼采的学说也染上了南加州的味道。（赖特后来当上了杂志《时髦一族》（*Smart Set*）的主编，从一个极力推销洛杉矶的人摇身一变，成了揭穿洛杉矶真相的人，他抓住一切机会抨击洛杉矶的"地方风尚"，同时却颂扬着性乱交能起到的滋补功效。）

"河谷帮"还确立了洛杉矶的视觉艺术以及建筑学在 20 世纪初的面貌。 乔治·沃顿·詹姆斯（George Wharton James）和拉米斯一样是个追捧沙漠保健时髦的人，他组建的"河谷行会"很短命，不过这个行会倒是促使教区神话的浪漫色彩交织进了著名的格林兄弟①左右着的帕萨迪纳独特的工艺美术运动。 当然，这两种流行风尚相结合后的产物，就是典型的工艺美术风格的廊式平房，其室内装饰既有点儿纳瓦霍印第安人的风格，又有点儿"教区橡木"的风格。[16] 如果说最终建成的廊式平房真像一座"木头大教堂"（比如像格林兄弟兴建的精妙绝伦的甘博住宅那样），只有顶级富豪才能住得起的话，那么，普通大众则可以去买一些小型的、然而同样很时髦的模仿版本，它们被打成了"自己动手"的产品包，只要找到一片空地就可以拔地而起。 这种"装饰

---

① Charles Sumner Greene(1866—1957)，Henry Mather Greene(1870—1954)。 这对兄弟建筑师的设计形成了加州独特的地方风格，他们因此闻名于世。

风格的廊式平房"从居住建筑的角度具体而微地体现了"河谷帮"的美学准则，整整一代人对它大加褒扬，不单是因为它把洛杉矶变成了一座以独院住宅为主的城市（到 1930 年为止，在所有住宅中有 94%是独院住宅，这个数据大得惊人），还因为它确保实现了"产业自由"①。于是在 1914 年美国劳资关系部来访洛杉矶的时候，就听到了商人与制造商联合会里的 F·J·齐哈德拉吹牛，说是工人阶级拥有自己的住家是一条基本要旨，靠它才能维持自由雇佣企业，拢住一批"心满意足的"劳动力。而另一方面，苦闷的工会领袖们则在公开谴责着为小型廊式平房提供的抵押付款，说它造成了一种"新的农奴制度"，导致洛杉矶的工人面对自己的老板时胆小如鼠。[17]

30　　"河谷帮"定义了开发洛杉矶时的文化条件，并为房地产投机生意和阶级冲突染上了一丝浪漫神话的气息，不过，等到第一次世界大战结束之后，他们在这些方面的卓著功劳就告终了。1917 年以后，哈里·钱德勒并没把拉米斯和奥蒂斯之间的特殊关系延续下去。《洛杉矶时报》不再给拉米斯发津贴，电影工业开始落地生根，比"阳光国度"对移民的刺激更有效，而且南加州反正是在迅速都市化，到处挤满了汽车，教区的浪漫故事相形之下过于古旧，它的魔力已经烟消云散。陶斯②和卡梅尔③夺取了河谷的地位，变成了西南地区的精英文化中心。到了 20 世纪 20 年代初，廊式平房和粗犷的户外生活方式已经落伍，石油投资或者好莱坞养肥了一群上中层阶级，他们更偏爱的是仆役成群、体量巍峨的"西班牙殖民复兴风格"的住宅。然而事实证明，西班牙殖民风格的奢华流行却是"河谷帮"最有生命力的两项遗产之一：这段被他们凭空捏造出来的历史，由于被彻底结合在本地的风景及消费

---

①　Industrial Freedom，由"基尔特社会主义"（Guild Socialism）即"行会社会主义"提出的主张，要求在工资水平、劳动环境、利润分配、工厂迁移、解雇工人等等各个问题上给予工人发言权。
②　Taos，美国新墨西哥州的城市，小说家劳伦斯曾在此居住，后来成为作家和画家的聚居地。
③　Carmel，加州西部城市，一度是艺术家聚居地。

当中，就变成了洛杉矶文化中一片扎实的历史堆积层[18]（当今仍有小型购物中心和快餐经营特许店在采用圣芳济会教堂式样的拱券和红瓦屋顶，依旧从教区神话中借用着只字片句的建筑语言——更不用说在西米山谷（Simi Valley）里新建成的罗纳德·里根总统图书馆那种教区风格的设计方案了）。当然，"河谷帮"的另一笔重要遗产是一种意识形态，它把洛杉矶当成了雅利安人君临一切的乌托邦——在遍地劳工骚乱、从东欧和南欧有大批天主教徒和贫苦犹太人移民过来的这个年代里，洛杉矶却是美国的白人新教徒在阳光普照下的庇护之地。

揭露洛杉矶真相的人

> 这似乎多少有点儿荒谬，可它不管怎样却是事实，在四十年间，微笑的、繁荣的、阳光普照的天使城，变成了西方世界里资方与劳工最血腥的斗兽场。
>
> 莫罗·梅奥[19]

"天气真美……"

1921 年在圣佩德罗①举行的言论自由运动中，一名世界产业工人组织的成员只来得及说了这么一句话就被捕了。

路易斯·阿达米克就在这批移民当中，而且他也第一个成了美国的 31 大作家（至少他在非犹太裔里是第一个）。他个人的奥德赛漫游把他从奥匈帝国的卡尼奥拉②带到了宾夕法尼亚州的工业小镇上，随后又跟着

① San Pedro, 位于帕洛弗迪半岛南端、圣佩德罗海湾的西岸，是洛杉矶地区的一个重要海港。
② Carniola, 现为斯洛文尼亚的西部城市。

美国远征军来到了索姆①的战壕里。 跟其他很多退伍大兵一样，他决心到洛杉矶去碰碰自己的运气，结果却是破了产，无家可归地流落在潘兴广场（原来的中央公园刚刚换了这个名字）。 日后将被《洛杉矶时报》称作"四十年战争"的劳资斗争正在临近痛苦的终局。 社会主义运动一度在本市势头强劲（1911 年，社会主义者以一线之差，差点儿就在竞选中赢得了洛杉矶的市长职位），可它现在已经退守到了莫哈韦沙漠里的"草原城"，与此同时，伴随着一连串极端激烈的暴力冲突，金属行业罢工，街道交通关闭，在美国劳工联合会属下的工会组织接二连三地全被破坏了。 只有世界产业工人组织所属的海员和码头装卸工抵挡住了商人与制造商联合会，没让自由雇佣企业如愿渗透进所有的角落。 在本地这场阶级斗争的最后一战里，阿达米克牺牲了一切，他很亲近世界产业工人的组织者们，真心喜爱他们那种可怕的幽默感和违纪犯规的习惯，最后，他写了本书《丛林中的大笑》（*Laughing in the Jungle*，1932），记录了他们那种自我毁灭式的勇敢——这本书是"一个移民在美国的自传"，同时也采用洛杉矶的最底层以及失败的理想主义者的视角，准确地记录了 20 世纪 20 年代的洛杉矶。

阿达米克的"认识论立场"很古怪。 尽管他勇气十足，敢跟世界产业工人组织并肩投入前途渺茫的斗争，但他从理智上还是疏远着他们那种对革命和"一个大工会"的"天真的信念"。 照他说来，"我不是个合格的社会主义者，只不过是一名'门肯党人'罢了②。"他很快加入了一个气味相投的洛杉矶波希米亚人的沙龙，书商杰克·蔡特林在艾柯公园的住家是他们这群人的大本营，吸引着建筑师劳埃德·赖特、摄影师爱德华·韦斯顿、图书馆员兼批评家劳伦斯·克拉克·鲍威尔、艺

---

① Somme，位于法国北部，第一次世界大战的西线上发生索姆河战役的战场。1916 年 7 月 1 日—11 月 13 日，协约国军队在这里发起了一场代价巨大的失败攻势，最终导致德军损失 45 万人、法军损失 20 万人、英军损失 42 万人。
② Henry Louis Mencken（1880—1956），美国评论家、新闻记者，对 20 世纪 20 年代的美国小说有很大影响。 他创办了《美国信使》并担任了十年主编，经常针对自负的中产阶级写一些辛辣讽刺的杂文。

术家罗克威尔·肯特，此外还有好几十人。[20]不过，阿达米克跟这批上流社会的叛逆者相处得还是不甚融洽；这个圈子里的一名年轻成员凯里·麦克威廉斯后来评论说，他"显然反感典型的中产阶级观念"。最终，他退到了圣佩德罗那儿的斯拉夫人的街坊里，住进了这个熙熙攘攘的洛杉矶港口["（圣佩德罗）是个普普通通的海港小镇……在那儿见不到游客，也见不到从爱荷华或密苏里来的病病歪歪的老年人"]。[21]

　　一只脚跨着文人阵营（门肯的《美国信使》杂志已经开始发表阿达米克的文章了），另一只脚则跨着普罗大众，阿达米克在这个海港基地里编年史式地记录着 20 世纪 20 年代里为了石油和上帝而发疯的洛杉矶。在他看来，洛杉矶的形象难以置信、滑稽可笑，正反映着柯立芝总统①治下的美国特有的庸俗无知和盗窃成性（"更证实了马克思归纳总结得何等正确，历史是会自我重复的，先是表现为悲剧，随后就变成了闹剧"）。[22]麦克威廉斯在追忆时说：

　　　　他靠洛杉矶发迹了。他酷爱那些疯子、托钵僧和骗人精。他在杂志上给一群古灵精怪的人做传，其中包括奥托曼·巴-阿祖什·拉尼什（Otoman Bar-Azusht Ra'nish）和麦克弗森②这等人。你若埋头在霍尔德曼－朱利叶斯③出版的种种怪诞的杂志堆里，就能发现阿达米克为洛杉矶做出的一长串贡献。他是本地的先知、社会主义者，是这儿的史官。[23]

----

　　① John Calvin Coolidge(1872—1933)，1923—1928 年任美国总统，他主张的保守的共和党政策是第一次世界大战与大萧条时期之间的时代象征。
　　② Aimée Semple McPherson(1890—1944)，美国基督教五旬节宗女布道家。出生于加拿大安大略湖区，曾随丈夫到中国传教，1909 年回美国后决定以旅行方式传播福音，并以神奇治愈病患著称。她也是最早在广播上做福音传道的人。1923 年 6 月，她在洛杉矶开办小祈祷教堂，可以容纳 5 000 名教徒的集会。在大萧条期间，她率领祈祷教堂为无数饥民提供食物。她还创办了圣经学院。现在祈祷教堂在二十多个国家都有传教使团，在美国境内的会众人数超过 10 万人，特别是新移民从中获益良多。
　　③ Emanuel Haldeman-Julius(1889—1951)，美国社会主义者、改革家、出版商，主办过几种杂志，但他最著名的成就是为低收入阶层出版了经典文学的廉价大众读本"小蓝书"，1919 年开始发行时每本仅售 5 美分。

阿达米克揭穿了极力推销洛杉矶的人所鼓吹的神话，他最独到的贡献在于，他着重于集中体现城市建设过程中的阶级暴力。 早有其他人抨击过洛杉矶的庸俗无文，还用门肯式的挖苦话把为洛杉矶辩护的人穿在了烤肉叉子上。（说真的，早在1913年，威拉德·亨廷顿·赖特就已经在他的杂志《时髦一族》里抱怨："伪善就像成片的蘑菇，蔓生到了本市的整个表面。"）[24]厄普顿·辛克莱①在1927年写了一本小说《石油！》（Oil!），从历史角度看很有趣，可惜文字写得索然乏味（他带头参加了世界产业工人组织在圣佩德罗港湾举行的那次言论自由斗争），他在书里揭露了石油繁荣的真相，并回顾了工人在洛杉矶受到的压迫。 不过要说详细描绘"四十年战争"那段肮脏而血腥的历史画面，首开风气的人还得数阿达米克，他试着用揭露丑闻的方式重新建构"四十年战争"的核心事件，也就是1910年的《洛杉矶时报》爆炸案，以及此案后来的审理过程，控方说，这是麦克纳马拉兄弟领头谋划的劳工阴谋。 尽管《炸药：美国阶级暴力记》（Dynamite：The Story of Class Violence in America，1931）这本书也有极偶然的段落向加州劳工管理机构做出了示好的媚态，但它塑造出了奥蒂斯将军恶魔般的形象，刻画了统治阶级把劳工驱入绝境的残酷行径。 同时，它还在大萧条的早期就警告读者，除非雇主真心实意地与工会展开协商，否则，不同阶级之间在所难免地要爆发暴力斗争。

《炸药》的第一版面世之后不久，阿达米克把自己在霍尔德曼－朱利叶斯的杂志上发表的各式各样的短文以及部分日记节选综合了一下，写成了一篇著名的随笔《洛杉矶！ 喷薄而出！》（Los Angeles! There She Blows!），发表在1930年8月13日的《瞭望》（Outlook）上，后来还曾被引用在《丛林中的大笑》的"巨型村落"那一章里。 这篇随笔引起了苛刻的文学界的广泛注意，它对麦克威廉斯和纳撒内尔·韦斯特都产生了深刻的影响，在《蝗虫的日子》（The Day of the Locust，1939）

33

---

① Upton Sinclair(1878—1968)，美国小说家，他的《屠场》是自然主义的无产阶级小说的一个里程碑，此外还著有《世界的终点》、《美国的前哨：回忆录》等。

里，韦斯特将会进一步对阿达米克叙述过的形象进行深入的描摹，刻画洛杉矶那些"在精神上和智力上都饥渴交加"的小人物，即所谓的"老乡们"。 同样对此印象深刻的还有作家兼讽刺家莫罗·梅奥，他在自己的作品《洛杉矶》(*Los Angeles*，1933)中，"诠释"并融合了阿达米克发表在《瞭望》上的文章和描述麦克纳马拉的作品片段。 尽管《丛林中的大笑》具有无可比拟的力度，不过梅奥笔下写出了骇人听闻的史纲(比如，从《西部的地狱之境》到《村民惨事》)，他对洛杉矶的商会评价颇差。 梅奥有一段文字重新推衍了阿达米克的"巨型村落"主题，尤其令人过目不忘：

> 强气流把这座人造的城市泵了起来，膨胀得就像一只气球，这里挤满了乡下人，犹如鹅肚子里塞满了稻谷……这大都会沐浴在阳光之下，竭力想要一口吞没眼前飞快地奔涌而来的类人品种的动物，它抬起身子、绷紧肌肉、汗流浃背、双目暴突，就像一条年轻的巨蟒想要吞吃一头山羊。纷至沓来的人众从没见它透露过半点城市的特性，原因很简单，因为它从不曾拥有过什么城市特性值得向人透露。然而另一方面，这个地方仍然维持住了一个巨型村落的全套做派、文化气度和大体外观。[25]

不单是文学界在努力揭露这个"巨型村落"的真面目。 "洛杉矶独立艺术家团体"在1923年举办了首次展览，他们代表着本地艺术中一波立场相近、年代更早的批评潮流。 包括立体主义、动态主义和表现主义在内，这群艺术家在"新形式"的大旗下组成了一个联合阵线，抨击浪漫主义的风景画家用水彩凝固了杰克逊夫人笔下的主题——那些画家的题材有桉树、拉古纳海滩①的海景、教区主题，如此等等不一而

---

① Laguna Beach，位于太平洋海岸上，是橘县境内创办于1887年的一处小城。 此地是以居住和度假为主的社区，聚居着许多艺术家。

足。 "色彩交响主义画家"斯坦顿·麦克唐纳-赖特①曾在第一次世界大战之前在巴黎跟那群立体主义者一起狂欢滥饮，再加上激进的立陶宛流亡者鲍里斯·多伊奇②，这两人领着独立艺术家团体，在 20 世纪 20 年代末遭遇了革命的墨西哥壁画画风，从而发生了变革。[26]戴维·西凯罗斯③在大萧条初期路过洛杉矶，贡献出了一幅著名的"折损之作"④，它大致跟阿达米克的《炸药》一样，也对洛杉矶的历史持一种马克思主义观点。 1930 年，有人委托他给奥尔维拉大街装点一幅"欢快的壁画"——这条街紧挨着老广场，是专设的"墨西哥风情"旅游区——可西凯罗斯却画了一幅《热带的美洲》（*Tropical America*）：画面上有个苦工被钉在十字架上，头顶上方画着一枚纠结的鹰饰，让人回想

34 起在盎格鲁人占领之初那种帝国主义暴行。 尽管西凯罗斯的壁画杰作吓坏了他的赞助人，很快就被人用石灰水涂抹尽净，不过这幅画幸存的时间倒也足够长了，让年轻的杰克逊·波洛克⑤深有感触，据说，杰克

---

① Stanton Macdonald-Wright(1890—1973)，美国艺术家，是在美国最早采纳彻底抽象手法的画家之一，和 Morgan Rusell 一起在 1912 年创立了"色彩交响主义"画派，亦称"俄耳普斯主义"（Orphism），主张以抽象色彩图案为绘画的正当目的，通常在巨大的画幅上画出五光十色的图案。 代表作有《蓝绿色东方色彩交响主义》（*Oriental Synchromy in Blue-Green*，1918），由纽约市惠特尼博物馆收藏。

② Boris Deutsch(1895—1978)，现代主义画家，加州立体主义绘画风格的创始人之一。 他出生于立陶宛，曾在里加、拉脱维亚和柏林学习艺术，1916 年为逃避第一次世界大战移民到美国西雅图，1919 年定居洛杉矶度过余生。 他曾在 20 世纪 20 年代为派拉蒙电影制片公司设计布景，也做一些商业设计谋生。 从 20 世纪 30 年代末开始创作了许多壁画作品。 他的画作被多家重要博物馆收藏。

③ David Alfaro Siqueiros(1896—1974)，墨西哥最有独创性、最著名的画家之一，积极参与社会主义革命运动。 他和迭戈·里维拉、何塞·克莱门特·奥罗斯科并称为墨西哥壁画三杰。 他最著名的壁画作品包括墨西哥城国立预科学校的《工人葬礼》(1922—1924)、洛杉矶广场艺术中心壁画(1932，已毁)、智利墨西哥学校的《智利的解放》(1942)、墨西哥城国立美术学院的《新民主》(1945)、墨西哥城墨西哥旅馆的《人类的进军》(1971)等。 他在 1932 年创作于洛杉矶的壁画《今日墨西哥肖像》现在被收藏在圣巴巴拉艺术博物馆。

④ 指西凯罗斯为洛杉矶广场艺术中心创作的壁画，作者这么说是因为它后来被毁掉了，详见下文。

⑤ Jackson Pollock(1912—1956)，美国抽象表现主义画家，经常以颜料滴溅在巨大的画幅上做成复杂的线条节律，以此闻名。 对当时及日后的美国绘画影响很大。 他早年在纽约市学画，师承于 Thomas Hart Benton，不过 A. P. Ryder 和墨西哥画家西凯罗斯的影响更大。 后来他受到超现实主义和毕加索的影响，转向了极其抽象的艺术风格，以求表达感情而非描绘感情。 1947 年以后他的风格形成了个人特色。 他的作品包括《西去》(1935)、《男人与女人》(1942)、《第 10 号》(1949)、《第 29 号》(1950)、《回音》(1951)、《肖像与梦境》(1953)、《白光》(1954)、《芬芳》(1955)等，被许多重要博物馆收藏。 波洛克死于车祸。

逊·波洛克"在他的后期作品里呼应了那种意象"。[27]

阿达米克和梅奥对洛杉矶那种"赝品式的城市文明"的指斥，以及独立艺术家团体对浪漫风景画派的抨击，既揭示了一种不言而喻的真理，同时也催生了一种永恒的原型。"河谷帮"所推崇的那种抵制城市的"花园城市"思潮开始反过来暴露出自身有害的一面。20世纪30年代初，从欧洲来的许多知识分子移民都深深困惑于一桩事实：这片城市区域里住着两百万居民，可它居然没有城市文化。阿尔弗雷德·德布林①曾用自己的文学作品描绘过柏林的肖像，他就当真会公开贬损好莱坞是个"盖了无数住宅的致命沙漠……一座可怕的花园城市"。（碰上有人请他对郊区生活方式发表意见时，他还要多加上几句："说真的，这儿的人总是呆在开阔的空地上的……只不过，难道我是头奶牛么？"）[28]

可惜阿达米克没在旁边为这些侨民的觉醒站脚助威，也没能换种做法，指点他们深入本市比较"健全"的工人阶级地区，他对这些地区可是有着密切的了解。大萧条刚刚开始那会儿，古根海姆基金会提供费用，赞助他去描写新移民，他就搬家去了纽约。等他离开以后，揭穿洛杉矶真面目的衣钵便传给了他的朋友，律师、作家兼记者凯里·麦克威廉斯。阿达米克深刻地影响了麦克威廉斯对洛杉矶的看法，这一点表露在麦克威廉斯于1935年发行的一小卷随笔集里：《路易斯·阿达米克与阴暗的美国》（*Louis Adamic and Shadow-America*）。麦克威廉斯细细反思了阿达米克用门肯式思路以洛杉矶充当美国的化身来做的批评，同时也评点了他的阶级觉悟与"农民意识"之间的差别，正是这点差别让他有别于20世纪20年代洛杉矶的其他波希米亚人。（麦克威廉斯还提出了一些自家见解，都是些让人惊讶的左翼观点，比如他曾提到

---

① Alfred Döblin(1878—1957)，德国表现主义小说家，犹太人后裔，出生在现属波兰的波拉美尼亚地区斯德丁市，一度学医，在此过程中对德国哲学特别是康德、叔本华、尼采的学说发生兴趣，开始写作。纳粹上台后，他辗转移居美国，为好莱坞的米高梅公司写剧本，战后回到欧洲。著有《王伦三跳》(1915)、《华伦斯坦》(1920)、《柏林，亚历山大广场》(1929)、《不予赦免》(1935)等。

了"罗斯福先生那份精美讲究、折衷中平的法西斯主义"。)[29]没过几年,与斯坦贝克轰动一时的小说《愤怒的葡萄》(*Grapes of Wrath*,1939)恰巧同时,麦克威廉斯出版了一部才华横溢的著作,《田野中的工厂》(*Factories in the Field*),揭露了洛杉矶农工企业的丑恶面目,这本书导致他被新当选的加州州长民主党人卡伯特·奥尔森①委任为移民与住宅专员。 战争期间,麦克威廉斯在洛杉矶的进步政治力量中也一

35 直都是领军人物,1943年,他组织人力为声名狼藉的睡湖案②里被拘捕的东区奇卡诺人③辩护,还在《民族》(*Nation*)和《新共和》(*New Republic*)杂志上撰文,报道了成功扫清自由雇佣企业的斗争。

等麦克威廉斯以文学方式和政治方式介入本地区事务将近二十年之后,作为他的巅峰成就,他于1949年出版了一部权威著作:《南加州乡间:陆地上的一个岛》,当时这本书是由厄斯金·考德威尔④主编的《美国民俗系列》中的一卷。 麦克威廉斯自己说,他把这当成一件"心甘情愿的工作",在这本书里完成了几乎整整一代人以前肇始于阿达米克的随笔《洛杉矶! 喷薄而出!》的揭露主题。[30]它全然毁灭性地解构了教区神话及其创造者,一开场就说起了很少有人提到的发生在19世纪50—60年代期间的种族灭绝、土著抵抗的故事,重新追溯了南加州的墨西哥根基。 然而,麦克威廉斯并不只是抨击过洛杉矶就算完

---

① Culbert Levy Olson(1876—1962),美国政治家、民主党人,1939年1月—1943年1月担任加州州长。 继任者是华伦(Earl Warren)。

② Sleepy Lagoon,睡湖位于洛杉矶的东南部,是洛杉矶河畔的一个水库,主要用于灌溉河边的威廉斯牧场,进不了市属公共游泳池的墨西哥裔孩子经常在这儿游泳。 睡湖案是洛杉矶社会历史上最重要的事件之一。 1942年8月1日傍晚,38街的一群年轻男女与在威廉斯牧场上聚会的青年发生了短暂的暴力冲突。 一名墨西哥裔青年 José Díaz 受伤不治身亡。 当时执政的奥尔森州长一向关注青少年犯罪问题,借机命令洛杉矶警察局拘捕了六百多名年轻人,其中大多数是"阻特装打扮"的墨西哥裔,并以谋杀 Díaz 的罪名起诉 Hank Leyvas 等22人,Hank Leyvas 被判终身监禁。 在判决宣布后几个月,1943年,洛杉矶爆发了"阻特装暴动",事态平息后,洛杉矶市议会禁止市民再穿阻特装。1944年,Hank Leyvas 上诉成功,以陪审团持有偏见、证据不足等理由推翻原判,获得释放。 睡湖水库后来在洛杉矶的城市蔓延过程中被填埋掉了。

③ Chicano,指墨西哥裔美国人或在美国的讲西班牙语的拉丁美洲人后裔。

④ Erskine Caldwell(1903—1987),美国作家。 主要作品是描写南方乡村的现实主义乡土小说,包括《烟草路》(1933)、《上帝的一小亩》(1933)、《这片土地》(1948)、《夏天的岛》(1969)。 另有短篇小说集 *Jackpot*(1940)、*Gulf Coast Stories*(1956)。

事,也没有局限于门肯那种高高在上的立场,他走得更远。 麦克威廉斯从阿达米克讲述洛杉矶劳工故事时中断的地方接过手来,力求在叙述历史时结合了经济分析和文化分析。 《南加州乡村》隐约勾勒出了一套羽翼丰满的理论,探讨着当时奇特的历史条件——从军事化的阶级组织到"超级推销风潮"各色不等——由于这些历史条件的作用,洛杉矶才能完成了险象环生的城市化进程,却并未随之伴生出大型的制造业基地或是商业腹地。 麦克威廉斯仔细地解说了,对于本市反对都市化的偏好以及城市蔓延的形式,"以景气繁荣为对象的社会现象研究"应该担负起什么责任("它映射出了一个没有工业基础的大型都会城市的壮丽景象")。

三年后,麦克威廉斯出版了《加利福尼亚:了不起的特例》(California: The Great Exception),把加利福尼亚看成是文明体系与社会体系所经历的某一段独特的演变过程,在这个更广阔的框架中讲述了南加州的崛起。 同是在 1949 年,他还出版了那本以墨西哥移民为主题的石破天惊的历史著作:《从墨西哥北上》(North from Mexico),这回,该书采用了史诗尺度,重申了在现代西南部的形成过程中,墨西哥劳工和匠人所做出的根本贡献。 再加上加利福尼亚作家以前的研究成果(即安布罗斯·比尔斯①和阿达米克的著作),这非凡的书籍四重奏便构成了美国地区传统中最重要的一项成就,由此导致麦克威廉斯的地位即使还谈不上是加州的费尔南德·布罗代尔②的话,起码也相当于本地的沃尔特·普雷斯科特·韦布③。 换言之,他的杰作已经不再局限于揭露加

① Ambrose Gwinett Bierce(1842—1914),美国作家、记者、杂志主编,以惊新立异、风格怪诞著称。 曾参加过南北战争,从中获得了大量素材和愤世嫉俗的态度。 战后去旧金山担任杂志主编和专栏作家,其间一度旅居伦敦,后来到华盛顿去负责赫斯特报业的出版工作。 1913 年前往墨西哥,次年失踪。 著有 *The Haunted Valley*(1871)、*Nuggets and Dusts Panned Out in California*(1872)、*In the Mist of Life*(1898)、*The Devil's Dictionary*(1906)等。

② Fernand Braudel(1902—1985),法国历史学家,年鉴学派的创始人。 第二次世界大战期间在德军战俘营里写出了《菲利普二世时代的地中海和地中海世界》(1949),另著有《15 至 18 世纪的物质文明、经济和资本主义》。

③ Walter Prescott Webb(1888—1963),美国历史学家,主要研究美国西部的历史,著有 *The Great Plains*(1931)、*The Texas Rangers*(1935)、*Divided We Stand*(1937)、*The Great Frontier*(1952)、*An Honest Preface and Other Essays*(1959)等。

州的真相，更已开始居高临下、纵览全局地诠释着这个地区。

36　　　　然而，这一切并没形成个"麦克威廉斯学派"随之跟进。《南加州乡间》被错误地归入"指南"体裁，尽管它一直广受欢迎，却几乎没有引来多少诠释，后继者更是寥寥无几。由加州的劳工改革家组成的人民阵线是麦克威廉斯的著作原有的政治基础，却已毁于冷战的歇斯底里之中。麦克威廉斯被叫到纽约去给《民族》杂志主编一期紧急特刊《公民自由》，就此一去不回，在接下来的四分之一世纪里，他都住在那儿，当起了杂志主编。[31]与此同时，南加州研究重新退化成了琐碎通俗的谱系研究，只关注当年那场极力推销的风潮，直到20世纪70年代末，戈特利布（Gottlieb）和沃尔特（Wolt）已经写出了介绍《洛杉矶时报》的大部头历史，[32]关于这个地区每年却还是写不出什么严肃的专题著作，更不用说概要性的研究，比其他任何一个重要的大都会地区都自愧不如。[33]实际上，在美国大城市当中，惟独洛杉矶还没出现过一部学术性的城市史——只有陈词滥调、痴人梦呓在共同维持着这片研究空白。当代没有哪部作品比得上《南加州乡间》，并为它充当续集；然而，却有另一种途径可以解读洛杉矶的历史，这就是一类粗野无文的小说，名为"黑色小说"。

黑色小说

从好莱坞山上望去，洛杉矶封在一层色彩变幻的薄薄雾霭中，显得棒极了。实际上，无论这儿的阳光和清微的海风是多么有益于健康，它却是个糟糕的地方——满目皆是濒死的老朽之辈，全都是疲累的拓荒者的父母，全都是美国的牺牲品——满目皆是奇怪的野生动物、有毒的植物、颓废的时髦宗教和伪科学，盲目投机的无数企业一心只想尽快发财，命里注定将要破产，还会把大批人众一起拖下水……这里是一片丛林。

路易斯·阿达米克[34]

你在这儿会不知不觉地烂掉。

约翰·利奇①[35]

1935 年，原名路易斯·弗雷纳的著名激进作家刘易斯·科里②在他的著作《中产阶级的危机》（*Crisis of the Middle Class*）中宣称，杰弗逊式的梦想已经江河日下了："中产阶级的那种理想已经奄奄一息。今日的美利坚合众国是由失业者和一无所有、受人赡养的人群组成的一个国度。"失业的会计师、破产的证券经纪人都跟卡车司机、钢铁工人一起排队，等着领取救济食品，因此，20 世纪 20 年代的多数巴比特市侩都只剩下了那份陈腐的阶级自豪感，没剩什么能糊口的。科里警告说，中产阶层向下滑落的过程即"自我斗争的过程"正在逼近一个彻底转向的十字路口，它的未来要么转向社会主义，要么转向法西斯主义。[36]

在 20 世纪 30 年代初的那几年里，中产阶级一方面落入悲惨的困境，一方面转向激进的立场，这双重的咒语用在洛杉矶比用在美国的其他任何地方都更名副其实、恰如其分。以往南加州的长期繁荣依赖中产阶级的储蓄火上浇油，将其投入到房地产和石油投资中去，正是这种繁荣结构引生了一个充斥着危机和破产的险恶圈子，大批退休农场主、小生意人和身家卑微的发展商都身陷其中。的确，随着上万名失业的体力劳工被赶回了墨西哥，重工业的缺失也就意味着，洛杉矶的大萧条最触目、最夸张地表现在中产阶级阶层里，由此导致的政治骚动时或露

---

① John Francisco Rechy（1934—　），墨西哥裔同性恋美国作家。他出生在得克萨斯州，成名之后住在洛杉矶和纽约两地。他的小说主要探讨同性恋和双性恋主人公追寻爱情、确立自我身份的主题。作品有《夜之城》（1963）、《灵与肉》（1983）等。
② Lewis Corey，原名 Luigi Carlo Fraina（1892—1953），出生在意大利的马克思主义理论家、经济学家。1894 年随家人移民美国纽约市，曾在 1919 年担任美国共产党的国际部长。1920—1922 年游历苏联后对共产主义政治感到失望，转而研究经济学。著有 *The Decline of American Capitalism*（1934）、*Meat and Man*（1950）等。

37

出怪诞的面目来。

政治观察家们对南加州由中西部移民构成的那种保守主义温床本已习以为常，他们在 1934 年看着本地区名气最大的社会主义者厄普顿·辛克莱不禁满腹疑虑，此人抓住了上万名改弦易辙的共和党员来投票支持自己的"结束加州的贫困"计划（简称 EPIC①），同时还近乎革命性地鼓吹着"应需求而生产"（在三十年后的一次访谈中，EPIC 运动在洛杉矶的组织者鲁本·伯勒斯承认，该运动最初只想着要"与破产的中产阶级对话"，几乎没想过劳工或者失业人群）。[37] 过了四年以后，许多记者都发出警告，说本地出现了法西斯主义的苗头，因为选民们的投票倾向转向了含糊其辞的"火腿鸡蛋运动"②，而它那古怪的组合里正包括了养老金改革计划和褐衫党的蛊惑宣传。[38] 受到煽动的中产阶级选民同样也很欢迎耸动一时的专家治国有限公司③、乌托邦社团以及汤森计划④。 有

---

① 即 End Poverty in California，由厄普顿·辛克莱于 1933 年在大萧条时期发起的加州民主党社会改革运动。 他提出了一项"十二点计划"，其中包括改善养老金供给、由政府征用闲置的工厂和农场、为失业者提供就业机会等条款，企图靠它重振加州经济，并以此竞选 1934 年加州州长。 商界领袖和共和党人都极度反对这项提议，为阻止辛克莱的提议获得通过，他们发明、动用了现代媒体政治的各种手段。 由于辛克莱竞选失败，EPIC 计划也没能获得实施。

② Ham and Eggs：从 1870 年到 1930 年，全美国 65 岁以上人口在总人口中所占比例增加了六倍，"退休"概念开始普及，并有许多退休老人移居加州。 大萧条期间，这些老人赖以为生的积蓄、投资和养老基金都呈现负回报，生存受到严重威胁。 为此加州到 1938 年为止共有大约 80 种不同的老年人福利项目在竞相争取政治支持，其中最突出的就是"火腿鸡蛋运动"，它的首倡者是广播界名流 Robert Noble，计划要在每星期一上午向每名超过 50 岁的失业者发放 25 美元。 这个计划很快由 Lawrence Allen 和 Willis Allen 两兄弟接手，他们成立了"退休生活支付协会"（RLPA），要求通过"加州生活支付法案"，改进为每星期四上午向每名超过 50 岁的失业者发放 30 美元。 这就是 1938 年进行投票表决的 25 号提案，1938 年竞选获胜的民主党州长 Culbert Olsen 公开支持这个计划，但该提案以微弱差额未获通过。 "火腿鸡蛋运动"最终在 1940 年结束。

③ Technocracy Inc.，一个非赢利组织，致力于教育那些信奉科学和逻辑的普通人。 其创始人是 Howard Scott。

④ Townsend Plan，加州影响最大的老年人救助计划。 首倡者 Francis Everett Townsend（1867—1960）是加州长滩的一名医生，这里号称美国的"老人之都"，居民中有三分之一都是老人。 汤森自己在大萧条期间也落入了晚年失业的困境。 1933 年 9 月 30 日，汤森致信长滩《新闻快报》，提出解决老年人困境的一整套计划，要求从联邦政府收取的营业税中提取 2%，用来向每名超过 60 岁、无惯犯记录的老年人提供每月 200 美元的养老金，条件是要在收到钱的一个月之内在美国境内花掉。 汤森运动就此开始，它使人们对退休金问题的关注持续了十余年，还进入了国家政治的主流议程，其顶点就是"火腿鸡蛋运动"。 试图推行汤森计划的法案从 1935 年起一直无法在国会获得通过，待经济开始复苏、社会保障开始奏效以后，汤森运动逐渐走向衰落，但它对罗斯福政府在 1937 年积极建立社会保障体系的决策起到了很大的推动作用。

迹象表明，这次动荡的震中地带就是萌生于喧嚣的 20 年代的郊区生长极点：格伦代尔（那里是 EPIC 运动的温床）和长滩（那里住着四万名爱荷华州银发族，是汤森计划的诞生地，也是"火腿鸡蛋运动"的要塞）。

被大萧条逼疯了的南加州中产阶级变成始作俑者，以种种不同的方式宣扬起了通常被人称为"黑色小说"的伟大的反面神话。从 1934 年开始，继詹姆斯·M·凯恩①写成《邮差总按两次铃》（*The Postman Always Rings Twice*）之后，涌现了一系列"透过窗户阴郁观望"②的小说，把洛杉矶的形象重新涂抹成了一个与世隔绝的都市地狱，这些小说的作者全都是电影制片公司麾下的签约作家。"他们的作品与黄金国的神话背道而驰，变到了它的反面，不再梦想沿着加州的海岸扬帆远航……（他们创造出了）本地区特有的一种小说，着迷似地一心只想戳穿南加州机遇遍地、从头再来的黄金宝地的傲慢形象。"[39]

黑色小说就像一种转换式语法，从摇旗鼓吹者的嘴里听来的世外桃源每一项迷人的成分，在黑色小说里都变成了险恶的对立面。于是，在霍勒斯·麦科伊③写的《他们射杀马，不是吗？》（*They Shoot Horses Don't They?*，1935）中，位于海洋码头的马拉松舞厅④实际上变成了迷

①　James Mallahan Cain(1892—1977)，美国小说家，曾为纽约的《世界》杂志撰写政论文章。他的小说集中描写中产阶级恋人的犯罪及暴力行为。著有《邮差总按两次铃》(1934)、《双重赔付》(1936)、《米尔德里德·皮尔斯》(1941)、《魔术师的妻子》(1966)、《彩虹尽头》(1974)等。

②　through the glass darkly，美国习语，意为"对事情真相或事物的天真无邪视而不见，只看见其邪恶恐怖的一面"。

③　Horace McCoy(1897—1955)，美国作家，曾在第一次世界大战中服役于美国空军，获得由法国政府颁发的战争十字勋章。他在 20 世纪 20 年代末开始发表作品，大萧条时期移居洛杉矶，写过各种类型的电影剧本。除了 1935 年的《他们射杀马，不是吗？》（又译《孤注一掷》）以外，著名代表作还有《吻别明天》(1948)。

④　马拉松舞指长时间连续不停地跳舞，可以是狐步、华尔兹、查尔斯顿等各种舞厅舞。这种运动加娱乐的狂潮始于 1923 年，在 20 世纪 20—30 年代非常流行，全美的俱乐部和剧场都举办这类比赛。它很符合当时打破一切运动纪录、挑战人体耐力极限的风潮。根据吉尼斯纪录，马拉松舞持续的最长时间为 5 152 小时，这是从 1930 年 8 月 29 日到 1931 年 4 月 1 日期间在芝加哥市的快乐花园舞厅创下的纪录。这种比赛最初只由普通人下班后参加，以图赢得名气或奖金，后来比赛逐渐走向专业化，并形成了专门的比赛场地即马拉松舞厅。在大萧条期间，马拉松舞为很多人提供了工作、住处、食物和挣大钱的机会，同时也对参与者的身体和精神造成了损害，有时甚至置人于死地。因此它在大萧条时期也意味着伤痛和不幸。1933 年，纽约州的州长签署法令，将马拉松舞的时间限制在 8 小时以内，还有一些州则干脆取缔了这项活动。《他们射杀马，不是吗？》这部小说讲述的就是马拉松舞厅的故事。

茫的灵魂在大萧条期间的灭绝营。 在威廉·福克纳的黑色短篇小说《金土地》（*Golden Land*，1935）里，"千篇一律、永无尽头的优美天气……不曾被雨水或气候玷污过"，却是个西西弗斯式的永远熬不出头的监狱，捏在因洛杉矶的成功而腐化的中西部家庭里的高贵老主妇手中。 与此相仿，凯恩在他的《双重赔付》（*Double Indemnity*，1936）和《米尔德里德·皮尔斯》（*Mildred Pierce*，1941）里都描写了监狱般的廊式平房，白墙、红瓦是它的常态（"跟隔壁邻居一样好，说不定还稍微更好一点儿"），却几乎遮掩不住里面藏着的致命婚姻。 在纳撒内尔·韦斯特写的《蝗虫的日子》里，好莱坞成了"梦想的垃圾堆"，这片造梦的景色衬在世界末日的图景上摇摇欲坠，与此同时，在钱德勒的一连串小说里，天气（"地震气候"和诱使人犯下伤害重罪的圣安娜风）都越来越怪诞了；他甚至还写出了《湖底女人》（*Ladies in the Lakes*）。

总体来看，这些小说里描写的落魄的中产阶层既没有一以贯之的意识形态，也没有付诸行动的实际能力，只能去扮演麦科伊的梦游患者或者韦斯特那些任人践踏的"蚁民"。 然而单个来看，他们笔下这些卑微的布尔乔亚反面主人公都很典型地流露出了自传式的多愁善感，黑色小说在 20 世纪 30 年代和 40 年代所起到的作用后来又在 60 年代故态重萌，深陷在电影制片公司体制这个天鹅绒陷阱中的作家们可以借此渠道发泄怨愤。 因此，30 年代发表在《黑色面具》杂志（*The Black Mask*）上的系列小说中的主人公，最早亮相的好莱坞硬汉侦探本·贾丁，就反映着其创造者即厌倦了制片公司的犬儒主义者拉乌尔·惠特费尔德①的形象，从一个小演员摇身一变，当上了受人雇佣的剧作家。[40] 同样，《蝗虫的日子》刻画托德·哈克特的形象时，采用的背景环境也很像韦斯特本人的境遇：由一名为电影制片公司选秀的星探带到西海岸来，被

---

① Raoul Whitfield（1898—1945），另有笔名 Ramon Decolta、Temple Field，与加德纳齐名的"低俗小说"作家。 早年游历远东，1916 年回美国在好莱坞担任默片演员。 第一次世界大战期间曾在法国任飞行员，这段经历成了他后来小说里的素材。 他在《黑色面具》上发表了大量作品，著有《绿冰》、《碗中之死》等。

迫生活在"让自己的创作适应于商业劳动的矛盾困境中"。[41]钱德勒笔下的马洛也有同样的象征意义，象征着困境中的小生意人只好跟黑帮、腐败的警察以及寄生的富人做斗争（通常这些富人同时又是他的雇主）——小说里的这种困境其实是个经过浪漫处理的翻版，反映着作家与电影制片公司的雇佣文人和大亨之间的关系。[42]

另一方面，巴德·舒尔伯格①则仔细研究了作家与大亨之间自上而下的剥削关系。 舒尔伯格本是个制片公司出身的乳臭未干的小子（他的父亲是派拉蒙公司的首席制片人），后来却变成了一名社会主义作家，他写的《萨米为什么跑》（*What Makes Sammy Run?*，1940）采用了几乎纪实式的现实主义手法，描绘了好莱坞的资本主义现状。 故事里正在发迹的年轻大亨萨米·格利克凭借朋友和雇员的创造力自肥，而他的回报却是出卖他们、压垮他们。 诚如舒尔伯格笔下的一个角色所言，"他是我们这个社会的自我"。[43]

然而，舒尔伯格那种心理分析的视角只是个特例。 第一代"洛杉矶小说"最突出的特点之一，就是重点强调经济方面的自私自利，并不追究深层的心理学因素。 因此，在钱德勒和凯恩的小说里，像劳工价值理论之类的内容就成了一种始终如一的说教利器。 书中的角色分为"从事生产的"中产阶级（如马洛、米尔德里德·皮尔斯、尼克·帕达基斯之类的人）和"不事生产的"落魄者或是游手好闲的富人（如斯坦伍德一家、伯特·皮尔斯、蒙蒂·贝拉贡之类的人），他们之间的紧张关系恒久不变。 由于黑色小说里的落魄者没本事靠投机买卖或赌博的方法继续敛财，或是丢掉了继承到的遗产（或是只想更快地花光这些遗产），他们的选择几乎无一例外地全是去谋杀，而不是埋头苦干。 同样，小说中描写的各个不同中间阶层之间的对立，无一例外地反映着

40

———————

① Budd Schulberg(1914—   )，美国作家。 其父效力于派拉蒙影业公司，所以他熟知电影工业的腐败内幕。 他在 1941 年写的《萨米为什么跑》描述了一名残酷无情的影业大亨的发迹史。 他的其他作品还有小说 *The Dischanted*(1950)、*Sanctuary V*(1969)、电影剧本《码头风云》(*On the Waterfront*，1954)。 他于 60 年代末参与创办了洛杉矶道格拉斯作家工作室，于 1971 年协助创办了纽约市道格拉斯创作艺术中心。

"懒惰的"、投机的南加州经济特色（房地产推销宣传和好莱坞），与美国心脏地带的埋头苦干作风形成了鲜明的对比。

　　20世纪30年代这些"洛杉矶小说"中的母题——对腐朽、沦落的中产阶级从道德角度进行现象学研究；含沙射影地刻画半无产阶级地位的作家；描述南加州的寄生本性——都在40年代的黑色电影里经历了有趣的转换。有时候，人们会把黑色电影简略地说成是美国的冷硬小说遇上了流亡的德国表现主义电影所产生的结果，其实这个定义过于简单化，忽略了其他决定性的影响，比如心理分析学以及奥逊·威尔斯的影响。然而，我们真正关注的是，洛杉矶的形象究竟是如何被人从小说里移植到了电影剧本中去（有时候这种移植过程活像近亲婚配，比如由钱德勒来改编凯恩的小说，或者由福克纳来改编钱德勒的小说），随后又是如何被一些偏左翼的黑色电影创作者（其中有些人是移民）搬上了银幕，这类人里包括爱德华·迪米特里克、小林·拉德纳①、本·马多②、卡尔·福曼③、约翰·贝里④、朱尔斯·达辛⑤、亚伯拉罕·波朗斯基⑥、艾尔

　　① Ring Lardner Jr.（1915—2000），美国新闻记者、电影编剧，作品有《小姑独处》（*Woman of the Year*，1942）、《罗娜秘记》（*Laura*，1944）、《兄弟亲情》（*Brotherhood of Man*，1946）、《永恒的琥珀》（*Forever Amber*，1947）、《陆军流动医院》（*M＊A＊S＊H*，1970）等。曾作为"好莱坞十人"之一入狱服刑一年。
　　② Ben Maddow（1909—1992），美国作家、导演，另有笔名David Wolff。曾积极参与30年代美国的纪录片运动。作品有《祖国》（*Native Land*，1942）、《坟墓闯入者》（*Intruder in the Dust*，1949，改编自福克纳小说，又译《趁火打劫》）、《沥青丛林》（*The Asphalt Jungle*，又译《夜阑人未静》，1950）、《不可饶恕》（*Unforgiven*，1960）、《靡非斯托华尔兹》（*The Mephisto Waltz*，1971）等。
　　③ Carl Foreman（1914—1984），美国电影编剧、制片人，美国共产党员。作品有《锦标》（*Champion*，1949）、《正午》（*High Noon*，1952）、《桂河大桥》（*The Bridge on the River Kwai*，1956）、《胜利者》（*The Victors*，1963）等。
　　④ John Berry（1917—1999），波兰裔美国导演、编剧、制片人，另有笔名Jack Sold。曾为逃避40年代末的政治迫害长期在法国工作。作品有《从今往后》（*From This Day Forward*，又译《蓝桥残梦》，1946）、《紧张》（*Tension*，1949）、《一路狂奔》（*He Ran All the Way*，1951）《塔曼果》（*Tamango*，1957）等。
　　⑤ Jules Dassin（1911—2008），美国作家、导演、制片人，另有笔名Perlo Vita。后因政治迫害移居欧洲。作品有《血溅虎头门》（*Brute Force*，1947）、《裸城》（*The Naked City*，1948）、《男人的争斗》（*Rififi*，1955）、《别在星期天》（*Never on Sunday*，1959）等。
　　⑥ Abraham Polonsky（1910—1999），美国小说家、导演、律师，30年代末加入美国共产党。著有小说《敌海》（*The Enimy Sea*，1943）。电影作品有《邪恶力量》（*Force of Evil*，1948）、《追凶三千里》（*Tell Them Willie Boy Is Here*，1969）等。在40年代名列好莱坞政治迫害的黑名单后，他移居纽约，转而从事电视行业并大获成功。

伯特·马尔茨①、达尔顿·特朗博②及约瑟夫·洛西③等人。 在他们手里，黑色电影有时会近乎某种马克思主义的 *cinema manqué* ④，若非其叙事策略巧妙机变、拐弯抹角，它就会变成颠覆性的现实主义作品了。[44]

　　自从改编过了凯恩和钱德勒的作品以后，黑色电影就开始采用新的方式来发掘利用洛杉矶的场景。 从地理角度看，它日益远离凯恩笔下的廊式平房和郊区地带，转向了市中心区的班克山那片无主之地，象征着不断扩张的大都会却在其核心地区日渐腐烂。[45]从社会学角度看，20 世纪 40 年代的黑色作品最典型的特色是着眼于底层帮派分子和腐化的官员，并不重视中产阶级的病理学分析；从政治角度看，它不再盲目沉迷于卑微制片人的不幸命运，却开始再现政治上的反动倾向和两极分化的社会现象。 当然，黑色电影在审美方面的意识形态立场只不过是模棱两可的，容许人们选取各自迥异的操纵方式。 因此，霍华德·霍克斯⑤宁可扁平化地处理《长眠不醒》中的深沉阴暗（这是钱德勒的仇富倾向最强烈的一部小说），却让演员鲍嘉和白考尔去演出一种色情气氛；而意志坚强的爱德华·迪米特里克和阿德里安·斯

41

---

　　① Albert Maltz(1908—1985)，美国作家，另有笔名 John B. Sherry。 第二次世界大战期间拍摄过多部宣传片和特写片。 1950 年曾作为"好莱坞十人"之一入狱，1952—1962 年间移居墨西哥，以笔名写了几部美国电影剧本，与 Philip Dunne 合写了电影剧本《圣袍千秋》(*The Robe*, 1953)。

　　② Dalton Trumbo(1905—1976)，美国电影编剧，另有笔名 Ian McLellan Hunter、James Dalton Trumbo、Millard Kaufman、Robert Rich。 30 年代中期开始写剧本，后作为"好莱坞十人"之一入狱十个月。 随后以笔名写作，作品有《罗马假日》(*Roman Holiday*, 1953)、《勇敢的人》(*The Brave One*, 1953)，执导过用自己的小说改编的电影《约翰尼拿起了枪》(*Johnny Got His Gun*，又译《无语问苍天》，1971)。

　　③ Joseph Losey (1909—1984)，美国导演、制片人，批评家，另有笔名 Andrea Forzano、Joseph Walton、Victor Hanbury。 他被称为"最欧洲化的美国导演"，受到布莱希特、品特、意大利新现实主义和德国表现主义的影响，曾在 1935 年师从麦森斯坦。1951 年后受到政治迫害，被迫移居英国。 他最成功的作品是与作家哈罗德·品特合作的《仆人》(*Servant*, 1963)、《车祸》(*Accident*, 1967)和《中间人》(*The Go-Between*, 1971)。

　　④ 法语：蹩脚电影。

　　⑤ Howard Winchester Hawks(1896—1977)，美国电影导演、编剧, 制片人，作品有《流沙》(*Quicksand*, 1923)、《光荣之路》(*The Road to Glory*, 1926)、《育婴奇谭》(*Bringing Up Baby*, 1938)、《红河》(*Red River*, 1948)、《猴子生意》(*Monkey Business*, 1952)、《里约狼》(*Rio Lobo*, 1970)等。

科特①（这两人日后都是"好莱坞十人"的成员）则在他们拍摄的《别了我爱（谋杀，我的甜心）》[*Farewell，My Lovely（Murder，My Sweet*）]一片中描摹了法西斯主义和政治洗脑的先兆。

20世纪40年代，洛杉矶冷硬小说的写作中出现了新的发展方向，也反映出黑色电影的实验。 约翰·范特②跟阿达米克和凯恩一样，也是在大萧条之初被门肯的《美国信使》杂志发掘出来的，他形成了单枪匹马的"酒鬼写作"学派，以自传体逐年逐月地记录了大萧条和第二次世界大战期间亲历的生活，不是发生在班克山上的SRO旅店③里，就是发生在配有计时收费舞女的大街舞厅里。[46]查尔斯·布科夫斯基④推衍了范特式的手法，用来描写沦落成"酒吧明星"的好莱坞风尘女子，日后他将因此获得一个躁动不安的名声（还有两部"自传"电影）。 至于对酒吧世界更精准的描述，则要去读爵士音乐家兼瘾君子阿特·佩珀⑤那部幻象百出的自传。[47]

另一方面，阿尔都斯·赫胥黎写了两部洛杉矶小说（《长夏之后天鹅死了》[*After Many a Summer Dies the Swan*，1939]和《猿与本质》[*Ape and Essence*，1948]），最早透露出了战后幻想小说的迹象（在幻想小说的领域里有托马斯·品钦写的《拍品第49号》[1966]和金·斯坦

---

① Adrian Scott(1912—1973)，美国电影制片人、编剧，效力于雷电华电影公司(RKO)。 作品除《谋杀，我的甜心》以外还有《交火》(*Crossfire*，1947)。 他曾作为"好莱坞十人"之一入狱服刑一年，其后被迫退出电影界。

② John Fante(1909—1983)，美国小说家、剧作家。 最畅销的作品有半自传小说《去问尘土》，里面的主人公 Arturo Bandini 明显带有范特自己的影子，在《等到春天》、《班迪尼》、《通向洛杉矶的路》、《班克山之梦》等一系列小说里一直是主角。

③ 指分租卧室、共用厨房和卫生间的旅店，一般靠近市中心，建筑年代在20世纪初期前后，租价低廉，可以每周或每月付费，住客通常是学生、离婚人士，还有长期贫困、操劳过度、有不良嗜好如酗酒吸毒的人，也有奄奄一息等死的人。 这些人的房租经常由政府福利金代付，因此这类旅店也被当作私营的无家可归者收容所。

④ Charles Bukowski(1920—1994)，出生在德国的美国地下诗人、小说家，1922年随家人移民美国，定居洛杉矶。 他从40年代开始创作，大量描写毒品、犯罪、酗酒、卖淫等丑恶现象，曾在60年代得到萨特等文化名人的高度赞扬。 由于他的散漫风格和不守成规的文学态度，有时候被归入"垮掉的一代"，但他自己并不认同。 他自称受到契诃夫、海明威和范特的影响，其作品绝大多数以洛杉矶为主题。 著有四十多本诗集和《邮局》(1971)、《黑麦火腿》(1982)等六部小说。

⑤ Arthur Edward Pepper，Jr.(1925—1982)，美国爵士乐手，是西海岸爵士乐的领军人物。 著有自传《正直的生活》(1980)，记录了爵士乐的世界以及二十世纪中叶加州的毒品、犯罪亚文化。

利·鲁宾逊①写的《金海岸》[*The Gold Coast*，1988])，摸索了南加州在现实与科学幻想之间那道游移不定的界线何在。 正如戴维·达纳韦(David Dunaway)所指出的，今天几乎没人承认赫胥黎对洛杉矶形成反面神话做出的最重要的贡献。 如果说，《天鹅》一书用笔奇特、极少讳饰地描写了威廉·伦道夫·赫斯特②和马里恩·戴维斯③，并启发威尔斯拍出了《公民凯恩》(*Citizen Kane*，1940)，那么《猿与本质》里那种世界末日之后的野蛮景象则是"描写洛杉矶环境毁灭、人类绝种的科幻电影的前身"——这路电影里包括《人猿星球》(*Planet of the Apes*)、《最后一个人》(*Omega Man*)和《刀锋行者》。[48]

同时，雷·布拉德伯里④的早期科幻作品体现出黑色小说的强烈影响，而影响过他的科幻导师利·布拉克特⑤则在写作时效仿着钱德勒和哈米特⑥的风格。 布拉德伯里的独特性在于，他以前是个"老乡"家的儿子，后来才变成了"低俗诗人"。 他在大萧条期间从威斯康星州搬家过来，加入了"洛杉矶高速"组织(可他却从没学会开车)，在西区可

①　Kim Stanley Robinson(1952—　)，美国科幻作家，作品经常涉及生态问题和社会问题，文学性突出，代表作有《火星三部曲》(Mars Trilogy)。
②　William Randolph Hearst(1863—1951)，美国新闻记者、报业巨头，创立了由12个城市里的20种重要报纸和9种成功杂志、电报新闻机构、广播电台及电影制片公司组成的辛迪加。 他还曾做过民主党的国会议员。 1919年建成的赫氏加州圣西米恩府邸以大量艺术收藏品而闻名，在他身后被捐出，成为公共博物馆。 据说《公民凯恩》这部电影就是以他为蓝本的。
③　Marion Davis，出生在布鲁克林的好莱坞女演员，1937年息影，是与赫斯特相伴三十年的情人。
④　Ray Bradbury(1920—　)，美国科幻作家，巧妙地结合了轻松的幻想和批判社会现实、技术缺陷的思想。 代表作有《火星人年谱》(1950)，英国版书名《银蚱蜢》，曾被改编成电影(1966年)和电视剧(1980年)，讲述人类殖民火星之后与火星土著发生冲突，最后火星的文明毁于贪婪和腐化的故事。 他的作品还有《华氏451度》(1953)、《邪恶来了》(1962)、《狂人墓场》(1990)等。
⑤　Leigh Brackett(1915—1978)，涉猎幻想小说、科幻小说、悬疑小说、电影剧本等多个领域的美国作家，其科幻作品中的固定主人公是 Eric John Stark。 她的第一部作品《死尸无益》(1944)是效法钱德勒风格的冷硬悬疑小说，因此在1946年被霍克斯选中，与福克纳合作把《长眠不醒》改编成电影剧本。 她的优秀作品还有 *The Sword of Rhiannon*(1953)、*The Long Tomorrow*(1955)、*The Ginger Star*(1974)等。
⑥　Samuel Dashiell Hammett(1894—1961)，美国持左倾立场的小说家，1953年因拒绝麦卡锡委员会的传讯而上了好莱坞的黑名单。 第一次世界大战结束后，他曾在旧金山担任过平克顿侦探事务所的探员和广告文案作者。 出版小说并获成功后，成为好莱坞的电影编剧，塑造了著名人物斯佩德(Sam Spade)。 他也在《黑色面具》上发表短篇小说。 著有《红尘》(1929)、《瘦人》(1934)等。

怕的追星狂热中成了个热心成员：

> 我是他们当中的一员：那些奇怪的人。那些好玩的人。那些
> 收集签名和照片的古怪族群。那些夜以继日守候着的人，他们拿
> 别人的梦来过自己的日子。[49]

布拉德伯里在他写的《火星人年谱》（*Martian Chronicles*，1950）里表露了内心的矛盾冲突，既想学着特纳①"西下"探寻新边疆，又痛楚地怀念着美国小镇的风貌。 在某种意义上，布拉德伯里提炼了在洛杉矶住非其地、陷入错乱的中西部人士心底的焦虑，并把它突显为另一颗行星上的一种命运定数。 戴维·摩根（David Mogen）指出，布拉德伯里笔下的火星正是在玄学意义上变本加厉地再现了洛杉矶："强加了幻想的产物……魔术般的允诺和无从发泄的敌意。"[50]

不过，在 20 世纪 40 年代里，整个洛杉矶的文学格局中最有趣的变数大概得算黑人黑色小说的昙花一现。 对黑人作家来说，洛杉矶是个格外严酷的海市蜃楼。 在举办奥运会的 1932 年，年轻的兰斯顿·休斯②来到本市，他的第一眼印象是，觉得"洛杉矶不像个城市，倒更像个奇迹之地，这儿的橘子一分钱就能买一打，普通的黑人老乡住着'好几英里院子'的大房子，虽然正发生大萧条，这地方却好像是让繁荣主宰着呢"。[51]后来到了 1939 年，休斯想在电影制片场体制里找一份工作，这时他才发现，黑人作家唯一能到手的事儿是去润色一些自贬身份的台词，拿棉花地里的黑人生活寻开心。 在电影《南下》（*Way Down South*）的制作过程中尝受屈辱之后，他放言，"事情一旦牵涉黑人，

---

① Frederick Jackson Turner(1861—1932)，美国历史学家，强调在美国历史上开拓边疆的重要意义。
② James Langston Hughes(1902—1967)，美国作家，在四十年的写作生涯中著作等身，于 1926 年发表第一本诗集《疲惫蓝调》。 他是黑人文化运动"哈莱姆复兴"的创始人之一，善于运用爵士韵律和土话来描写城市黑人的生活。 作品有《混血儿》(1935)、《哈莱姆的莎士比亚》(1942)、《街景》(1947)、《麻烦岛》(1949)、《为光荣敲起鼓》(1958)、《黑人降生》(1961)等。

(好莱坞)可能还像是捏在希特勒手里呢"。[52]

切斯特·海姆斯①的亲身经历大致重现了休斯在洛杉矶感到的幻灭，而且更悲惨。大萧条之初，海姆斯由于被控抢劫正在俄亥俄州立监狱服刑。战争开始时，他和妻子琼同往西部，想去追寻一个新的起点，他要给华纳兄弟公司做编剧。尽管海姆斯为《绅士》杂志(Esquire)撰稿，已经是赫赫有名的短篇小说作家(他是第一位著名的"犯人作家")，但他在好莱坞还是碰上了一堵挪不开的种族主义大墙。他的传记作者描述那次事件说，"他很快就被开除……离开了华纳兄弟公司，因为杰克·华纳听人提到他的时候说，'我可不想让这个摄影场里有黑鬼'"。[53]海姆斯被制片公司半路赶走以后，进了被白人洗劫过的种族隔离的国防工厂，当了一名没有技术的壮工，熬过了余下的战争岁月。后来他在自传里回忆道，那是一段滚烫的经历：

> 我那时都三十一岁了，经受着三十一年的岁数所能承受的情感上、精神上和身体上的最大伤痛。我在南方住过，我从电梯井里摔下去过，我被大学踢出来过，我在监狱里吃过七年半的牢饭，我在克里夫兰挺过了大萧条那丢人的最后五年；可我还是全须全尾、手脚齐备、机能健全；我的思想尖锐，我的反应敏捷，而且我也不痛苦。但是，在洛杉矶那般种族偏见的精神侵蚀之下，我变得痛苦万状，满腔仇恨。[54]

海姆斯颇有陀思妥耶夫斯基遗风地把洛杉矶描绘成了一个种族主义的地狱，《如果他叫唤就让他走人》(*If He Hollers Let Him Go*，1945)这部黑色小说技艺精湛，无论跟凯恩或钱德勒的哪部作品相比都不逊

---

① Chester Bomar Himes(1909—1984)，非裔美国作家，1928 年因持械抢劫入狱六年，出狱后做过记者等各种工作，同时开始从事写作，发表了《如果他叫唤就让他走人》等作品。1953 年由于厌倦种族歧视而移居欧洲，余生住在法国和西班牙。1957—1980年间写了一系列以"掘墓人"约翰逊和"棺材"艾德这对黑人侦探为主角的罪案推理小说，通过暴力色情的情节来刻画哈莱姆区的生活。

色。 它以 1944 年的漫漫炎夏为背景，叙述了绝对无孔不入的白人种族主义是如何逼着造船厂的熟练"领工"鲍伯·琼斯走向自我毁灭。 一位批评家曾经特别指出，"恐惧是这部小说的头号主题……在一种巨大的、无所遁形的恐惧造成的致命压力之下，一个人物逐渐堕落的过程"。[55]海姆斯的下一部小说是《孤军征讨》（*Lonely Crusade*，1947），也衬在种族紧张状态下的洛杉矶战时经济那种噩梦般的背景上。 在这个故事里，恐惧吞噬了李·戈顿的灵魂，这个黑人是加州大学洛杉矶分校的毕业生，同时也是亲共的工会组织者。 大多数批评家评价黑色小说经典的时候，都忽略了海姆斯写洛杉矶的两部小说，[56]但这两本书却精辟而又令人不安地分析了阳光之地那副种族主义病态的成因。

44　　　　无论海姆斯的本意有多么不经心，他在《孤军征讨》中对本地"红色阴谋"的漫画式描写还预示着，在朝鲜战争期间将会出现一类"反社会主义的黑色小说"。 好莱坞的审查制度害得一大批效力于黑色电影核心圈子的作家、导演和制片人的事业泡了汤，与此同时，一类通常以洛杉矶为背景的、诬陷他人亲共的劣等传承作品却出现在了 B 级电影①的圈子里（比如《101 盯梢点》[*Stakeout on 101*]），出现在杂货店的平装书架上（如米奇·斯皮兰②写的那些虐待狂外加麦卡锡主义主题的惊悚小说）。 同时，在整个 20 世纪 50 年代里，罗斯·麦克唐纳（即肯尼思·米勒）③继承了钱德勒的模式，苦心写着文笔相当漂亮的黑色侦探

---

　　① B-Movie，最初主要包括牛仔片、黑帮片和恐怖片的电影种类，逐渐演化出更宽泛的特征，包括低成本、没名气的演员阵容、情节刻板而公式化、表演装腔作势、特技低劣、对白平庸、无缘无故地加进色情、暴力情节等等。
　　② Mickey Spillane(1918—)，本名 Frank Morrison Spillane，出生在纽约市的侦探小说作家，作品极其畅销，成功塑造了侦探 Mike Hammer 的形象。 著有《陪审员》(1947)、《少女猎手》(1962)、《最后认罪》(1973)、《海水倒流之日》(1981)、《杀手》(1990)等。 他的作品里有大量暴力、施虐、色情的细节，但其文学风格和主角的强悍个性为他赢得了读者的欢迎。
　　③ Ross Macdonald(1915—1983)，笔名 Kenneth Millar，出生在加州的美国小说家。 他的悬疑小说主角是富于同情心的硬汉私人侦探 Lew Archer，案件常涉及个人历史对当前行为的影响、父母犯罪对孩子的影响以及邪恶的本性等主题。 作品有《高尔顿案件》(1959)、《寒战》(1964)、《孤独的银雨》(1985)等。

小说，通常都描写着南加州海岸线上原始粗犷的美景，与本地企业家那种原始的贪婪形成了尖锐的对比。[57]

20世纪60年代和70年代，黑色小说出现了一次重要复兴，新一代的移民作家和导演重新为反面神话赋予了活力，以小说的形式精心地阐述这种反面神话，构成了一整套全面综述的反面历史。于是（在钱德勒和韦斯特的影响下），罗伯特·汤恩在他的电影剧本《唐人街》和《血洗唐人街》（The Two Jakes）里，才华横溢地总述了20世纪上半叶发生的大规模土地掠夺和投机生意。《唐人街》为20世纪30年代和40年代的黑色小说建立起了一套20年代的谱系，而《血洗唐人街》以及约翰·格雷戈里·邓恩①写的《真心告解》则把它推演到了战后的郊区繁荣阶段；与此同时，里德利·斯科特②拍出了电影《刀锋行者》，巧妙地改编了菲利普·K·迪克③写的小说《机器人梦见电动羊了吗》（Do Androids Dream of Electric Sheep?）里的情节，描绘了第三个千年来临之际让人目眩神迷的钱德勒式的洛杉矶。最近，雷·布拉德伯里在四十年后第一次重拾这个体裁，他写的《死亡是件孤独的事儿》（Death is a Lonely Business，1985）是一本"软心肠的"黑色小说，以一种泰然自若的怀旧作风，回忆起了20世纪50年代的威尼斯海滩——他笔下的景象早至城市更新运动和贵族化转变尚未发生之前。

20世纪60年代的某些作家完成了一桩大事，把洛杉矶的过去和未来用黑色小说连成了一部历史（实际上它开始替代了公共历史），与此并行的是，其他有些作家却重新体验到了一种关涉道德的寒战，同样的寒

① John Gregory Dunne(1932—2003)，美国小说家、电影编剧、自由批评家，是作家Dominick Dunne的弟弟。他曾为《时报》和《纽约书评》写稿，小说作品有《制片厂》、《游戏场》等。他和作家琼·狄迪翁是夫妻，两人合作过很多电影剧本，比如《巨星诞生》（A Star Is Born，1978）和《真心告解》（True Confessions，1981）。
② Sir Ridley Scott(1937—)，英国出生的电影导演、制片人，在好莱坞有大量作品，2002年受封为爵士。主要作品有《决斗者》（Duellists，1977）、《异形》（Alien，1979）、《刀锋行者》、《塞尔玛和路易丝》（Thelma and Loiuse，1991）、《角斗士》（Gladiator，2000）、《黑鹰陷落》（Black Hawk Down，2001）、《天国王朝》（Kingdom of Heaven，2005）等。
③ Philip Kindred Dick（1928—1982），科幻小说作家，著有《少数派报告》(1956)、《银河》(1969)、《暗黑扫描仪》(1977)、《阿彻的转世》(1982)等。

战曾经顺着凯恩和韦斯特笔下那些反面英雄的脊梁骨一路颤抖下去。
约翰·利奇写的《夜之城》立足于同性恋"迷失天使"的观点，捕捉着
这个城市里稍纵即逝的午夜奔忙的形象——"孤独的美国人的世界挤进
45 了珀欣广场"，挤在匿名的性表演和警察毫无来由的残暴举动之间。
但是，就在那个"太阳放弃了，沉入黑暗的、黑暗的海水"，[58]而利
奇最终沿着这道海岸居然找到了某种虚无主义快感的地方，琼·狄迪翁
却只找到了反胃的感觉。纳撒内尔·韦斯特笔下描绘的反面乌托邦最
让她遭受惊扰、神魂不定，20世纪 60 年代的洛杉矶那种道德全面崩溃
的末日景象被她写进了小说《依样行事》（*Play It As It Lays*，1970）和
随笔集《晃荡到伯利恒去》（*Slouching Toward Bethlehem*，1968）。狄
迪翁正处于精神崩溃的边缘，对她而言，这个发生了曼森谋杀案①的城
市已经变成了个手忙脚乱之地，随处可见自贬身份的野心和随心所欲的
暴力行为。她那发自肺腑的嫌恶在若干年后由布雷特·伊斯顿·埃利
斯②旧调重弹，这位 20 世纪 80 年代的作家是被洛杉矶的"襁褓"孕育
长大的。他写的《少于零》（1985）是一部凯恩式的小说，塑造了镀金
时代的西区年轻人，描写出了洛杉矶至今为止最黑暗的一幅景象："如
此饥饿如此欲壑难填的双亲们吃掉了自家孩子的景象……如此暴力而恶
毒的景象，从此以后在很长时期里似乎是我唯一的参照点。等我离开
以后依然如此。"[59]

当年由于《黑色面具》和《美国信使》最先开始发表短篇小说，才
宣告了黑色小说体裁的问世，过了六十年，洛杉矶的黑色小说最终演化

---

① Manson murders，1969 年 8 月 9 日午夜发生在洛杉矶的一起多重谋杀案。曾是
嬉皮士的邪教徒曼森家族的成员受查尔斯·曼森的指使，破门杀害了五个人。由于对这
次屠杀不满意，曼森又在 8 月 10 日亲自带人杀害了一对夫妇。上述七个人全都是无故罹
害。警方在 10 月拘捕了曼森家族的成员，有很多书籍写过本案在 1970—1971 年间的审
讯过程，其中最著名的一本书是《手忙脚乱》（Helter Skelter）。
② Bret Easton Ellis（1964—），被归为 20 世纪 80 年代或称"X 一代"（即出生于
1960 年代和 70 年代）的美国作家，生长在洛杉矶的谢尔曼橡树区，是一名富裕开发商的
儿子。他的小说以娱乐业背景下人物的虚无主义态度、主动堕落的选择、"轻浅的感
动"以及华丽空洞的辞藻赢得了大量读者和褒贬不一的评价。著有《少于零》（1985）、
《诱惑法则》（1987）、《美国精神病人》（1991）、《线人》（1994）、《月亮公园》（2005）
等。讽刺小说《美国精神病人》是他最受争议的作品。

为詹姆斯·埃尔罗伊肆意挥洒的写作，转入了一种谵妄的戏仿。 埃尔罗伊自居为"美国文学的看门狗"。 尽管与他同时期的其他硬汉小说作家，包括阿瑟·莱昂斯①、罗伯特·坎贝尔②、罗杰·西蒙③、T·杰弗逊·帕克④和约瑟夫·万堡，都继承了钱德勒和麦克唐纳的本地草根传统，但是，只有埃尔罗伊的作品才因其中彻头彻尾的狂暴场面而进入了一个不同的层面。[60] 在人们看来，他写的《洛杉矶四重奏》[61] 若非这种体裁的巅峰之作，就该算是它的 reductio ad absurdum。⑤《四重奏》里时而会刮起一阵描写变态行为和流血场面的言辞风暴，让人几乎难以容忍，它力图描绘出一幅隐秘的长卷，讲述性犯罪、邪恶的阴谋以及政治丑闻等等内容，从而绘制出当代洛杉矶的历史图表。 就像邓恩在《真心告解》里表达的观点一样，在埃尔罗伊看来，要数 1946 年那桩让人毛骨悚然的"黑色大丽花"悬案⑥头一个严酷地象征了战后的岁月——这桩本地的"玫瑰之名"⑦掩盖着一种超自然的、更大的玄秘。不过，在建构这么一个包罗万象的黑色小说神话体系时（包括像斯蒂芬·金⑧那样陷入神秘主义），埃尔罗伊冒险抹杀了这一体裁特有的冲突紧张感，因而难免削弱了它的力度。 在他的极端黑暗中，没有留下任何光线，不能投下任何阴影，而且在法庭辩论时老是听人陈词滥调

---

① Arthur Lyons(1946—)，出生在洛杉矶的小说家，从 1974 年开始以 Jacob Asch 为主角写了一系列的探案小说如《伪装》等。

② Robert Campbell，曾参加过朝鲜战争，他的小说就以此为题材。 著有《被抛弃的人》、《在荣誉的阴影里》。

③ Roger Simon，加州的悬疑小说家，电影编剧。 著有《继承人》(1969)、《野火鸡》(1976)、《北京鸭》(1979)、《遗失的海岸》(1997)、《导演叫停》(2003)等。

④ T. Jefferson Parker，出生在洛杉矶的畅销书作家。 著有《小西贡》、《太平洋节拍》、《恐怖之夏》、《刺客之舞》、《毒蛇盘踞地》、《蓝色时辰》、《红灯》、《沉默的乔》等。

⑤ 拉丁文：反证，归谬证法。 文中应指"反面例子"。

⑥ Black Dahlia Murder，是洛杉矶历史上最著名的谋杀悬案，发生于 1947 年 1 月 15 日。 受害者 Elizabeth Short 是一名白人女演员，绰名"黑色大丽花"，她的遇害场面极其残忍可怕。 此案历经六十年未破，引生了无数揣测和创作。 美国人后来也以"黑色大丽花"代指无头悬案。

⑦ 意大利学者艾柯(Umberto Eco)所著《玫瑰之名》是一本悬疑小说，讲述一桩发生在 14 世纪的修道院神秘谋杀案。 这里借此指代"神秘谋杀案"。

⑧ Stephen King(1947—)，美国惊悚小说作家，作品极其畅销，著有《肖申克的救赎》、《绿里》、《黑暗塔》系列等。

地提到魔鬼。结果显得很像里根－布什时代的现实道德结构：由于举目皆是无所不在的腐败，人们已经懒得愤怒，甚至对此都提不起兴趣了。

的确，洛杉矶的黑色小说在后现代时期所起到的作用，可能恰恰是承认现实生活中出现了一种全盘里根化的状况。巴德·舒尔伯格为《萨米为什么跑》的五十周年纪念版写了跋，他在其中坦承，见到自己笔下那些关于贪婪和野心的粗野描述竟已被人还原成了一本"雅皮士手册"，他感到莫名惊诧：

> 我为愤怒揭露萨米·格利克而写的那本书竟变成了一本角色参考书……他们在 1989 年时就是这么读它的。如果他们接下来还要一直这么来用那本书，像一支大军浩浩荡荡地跟着萨米·格利克的大旗，把国旗上方块里的星星都换成巨型美元符号的话，那么，比起 21 世纪的变体来，20 世纪的萨米形象看着顶多只会像一名优秀的童子军。[62]

品钦预见到，黑色小说甚至会起到更糟糕的"压抑的反升华作用"（这是个马尔库塞式的说法，跟此处的语境尤其切题）。他写了本机巧的小说《葡萄地》（*Vineland*, 1990），以加州为中心，描写了"法西斯主义在美国卷土重来"。他在这本书里预见了黑色小说走上迪斯尼的路子，只管把除臭剂和矿泉水卖给舒尔伯格说的那些即将登场的超级雅皮士。在令人难忘的一幕场景里，他写到了新潮少年"购物城一族"普莱尔和切，两人约在好莱坞的"黑色新中心"里见面：

> 正是由于雅皮士趋势如此不管不顾地冲向了某种极端，普莱尔才一心只盼着这整个过程至少就快要循环到头了……"黑色中心"里有个高级的矿泉水摊点"确保泡沫"，外加上"闲适物品生

意"在打折出售庭院家具，"购物城耍笑细颈瓶"那个摊儿上在卖香水和化妆品，还有个"女士与熏鲑鱼"是个纽约风味的熟食摊……[63]

流亡者

秀兰·邓波儿①就住在街对面。频繁往还的旅游车上的导游会指着她的家让游客看，没被指点的勋伯格②就被激怒了。

迪卡·纽林③[64]

在纳粹夺取政权之后、好莱坞展开政治迫害之前，许多年里，洛杉矶都是一些最著名的中欧知识分子的流亡之地。[65]他们穷途末路而且"非常谦虚"（埃斯勒④如此形容他们），刚刚逃离了集中营和盖世太保的魔掌，初来乍到时有个避难所就已经心满意足，几乎别无所求。这个电影群落的富饶弄得他们眼花缭乱。在他们中间，即使是那些穷得连一件衬衣都没有的人，也多半会从制片公司手里拿到所谓的"救命"合约，确保他们能拿到工作签证，每周挣到 100 美元薪水。名气稍大些的人士就加入了圣莫尼卡和帕利萨德等地孤高排外的沙龙，早在希特

47

---

① Shirley Temple(1928—)，出生在洛杉矶，20 世纪 30 年代红极一时的美国童星。成年后投身政治，曾任美国驻外大使、福特政府礼宾司司长等职。

② Arnold Schonberg(1874—1951)，奥地利作曲家，20 世纪音乐发展史上最伟大的人物之一，表现主义音乐风格的开创者。他的早期作品受到勃拉姆斯和瓦格纳的影响，后逐渐倾向于无调性，和自己的学生共同创立了"新维也纳乐派"，为十二音作曲技法的开山鼻祖。他于 1933 年流亡美国，后加入美国籍。著有《和声学理论》、《和声的结构功能》、《作曲的基本原理》等。

③ Dika Newlin(1923—2006)，少年成名的天才女音乐家，曾在加州大学师从勋伯格学习作曲，并将勋伯格的多种著作翻译成英文。她在许多大学里担任过音乐教授，晚年变成了一名朋客摇滚音乐人。

④ Hanns Eisler(1898—1962)，德国作曲家，曾在维也纳师从勋伯格学习音乐，还曾为布莱希特的许多戏剧作品配乐。1933 年为逃避纳粹定居洛杉矶，1948 年由于好莱坞对左翼人士的迫害而离开，先后在维也纳和东柏林住过。他曾为许多电影和戏剧配乐，还写过交响乐、室内乐和艺术歌曲，其中包括《德意志交响乐》（1935—1957）、《好莱坞歌曲集》（1938—1943）等。1947 年与阿多诺合著《为电影配乐》。

勒上台之前，有些电影明星和导演就从欧洲移民过来了，是他们办起了这些沙龙。[66] 尽管大家都承认，洛杉矶确实看着像个"天堂"的样子，然而，许多反法西斯的侨民却是一有机会就离开这里，去了纽约，稍晚更有人回到了饱经战火蹂躏的欧洲的废墟上。 不过，他们撤离"天堂"的举动其实并不算多么荒诞不经。

部分原因是他们自己选择了近亲繁殖般的交往模式，由此导致了自我折磨。 阿多诺①在战争期间住在洛杉矶，他一直在写的日志后来结集成了《起码的道德：受伤生活的倒影》（*Minima Moralia：Reflections from Damaged Life*），在这本书里，他回顾了当时"与世隔绝的状态，由于组成了政见第一的排外团体，（这种孤立状态）日甚一日，其中的成员疑心重重，对那些与自己烙印不同的人心怀敌意……流亡者之间的关系甚至比本地居民之间的关系还要恶意丛生"。[67][阿多诺当然深知自己在说什么；布莱希特认为，社会研究所（即"法兰克福学派"）在洛杉矶的 soirées② 就像一场"在战壕中召开的研究生班讨论会"。[68]]这些流亡者与土生土长的洛杉矶人老死不相往来，主动封闭在自己造就的隔离区里，组成了一个微型社会，像是文化生活的守护者似地墨守着旧世界的成见。

不过，他们的集体忧郁症同时又是因为受到了环境景象的刺激。除了极少数例外，人人都苦闷地抱怨着见不到欧洲式的 *civitas*（拉丁语：城市）——甚至连曼哈顿式的城市景象也没有——见不到城市里的公共空间、成分混杂的人群、历史气氛、抱持批评立场的知识分子。在如此广袤的土地上，却找不到任何角落能符合他们的标准，体现出

---

① Theoder Wiesengrund Adorno（1903—1969），社会哲学家，法兰克福学派的第一代重要代表人物、社会批判理论的奠基者，他的学说受到马克思主义、美学现代主义、文化保守主义、犹太文化和解构主义的影响。 希特勒掌权后他先去了英国，后接受霍克海姆的邀请去了美国，继续进行学术研究。 1941—1949 年间他住在加州，与霍克海姆合著《启蒙辩证法》，其中探讨了以"文化工业"取代"大众文化"的概念，并提出了"文化工业"在欺骗大众的观点。 1949 年后返回法兰克福重建社会研究所。 他精通哲学、社会学、社会心理学、美学、音乐，著述极多，有 23 卷本《阿多诺全集》。
② 法语：黄昏聚会。

"文明的城市状况"。虽然洛杉矶如此浮华奢侈,如此富于魔力,他们却只拿它做个文化对照,对比着法西斯上台之前的柏林或维也纳那种怀旧的记忆。真的,随着侨民们吟唱九月丰饶之歌的声音渐弱,洛杉矶也日益变成了"反面城市",变成了一片郊区戈壁滩的象征。

更有甚者,由于形成了对洛杉矶－好莱坞的批评(这两个地方无可救药地被大多数侨民看成了一回事),就激发了欧洲人重新去理解美国。欧洲人关于牛仔、林白和摩天楼的某些狂想一度被推向了浪漫的极致,现在他们既然亲身体验过了洛杉矶,就需要重新调整一番;相比于美国其他地方,洛杉矶就像一处准乌托邦,而相比于20世纪20年代的魏玛,整个美国也像一处准乌托邦一样。在战火初炽时,社会研究所就搬家到了圣莫尼卡,至少就那些受其影响的知识分子而言,南加州的流亡者最终改变了看法,以便重新理解现代主义造成的冲击。[69]

战争期间,阿多诺在洛杉矶与马克斯·霍克海姆①合著了《启蒙辩证法》一书,过了好多年,他回到法兰克福以后说:"当代思想或是对美国经验的反动,或是对它有所借鉴,哪怕立场相左也无妨,这话可不算夸大其辞。"[70]阿多诺和霍克海姆在洛杉矶积累了"资料",流亡者们认为,自己在洛杉矶赶上了美国最纯粹、最有预示性的时机。对于南加州诞生过程中那种奇特的历史逻辑,他们或是懵然不知,或是漠不关心,听凭自己的第一眼印象自动变成了神话:洛杉矶是个用以窥测资本主义前途的水晶球。面对着他们所窥见的前途,基于见识过启蒙运动的欧洲立场,他们全都更加沉重地体会到了极度的痛苦。[71]

这一碰撞的主要理论代表就体现为法兰克福学派对"文化工业"的

① Max Horkheimer(1895—1973),德国哲学家、社会学家。1922年获法兰克福大学哲学博士学位,1930年参与创办法兰克福社会研究所并一直担任所长,主办了《社会研究杂志》,在此期间对西方马克思主义和批判理论的发展起到了重要作用。1933年希特勒执政后,他把社会研究所先后迁到日内瓦、巴黎、美国,并先后在哥伦比亚大学和加利福尼亚大学工作。1949—1950年他把社会研究所迁返法兰克福,1953年退休。著有《理性之蚀》(1947)、《启蒙辩证法》(1947,与西奥多·阿多诺合著)、《工具理性批判》(1967)、《批判理论》(1967)、《社会哲学研究》(1972)等。

批评。 这些德国人住在洛杉矶那会儿，全力关注着好莱坞以及它的镜像重影"好莱坞！"，于是他们很快就以黑格尔的风格润饰了本地原生的黑色小说里的感受。 他们所描述的"文化工业"不仅是一种政治经济状况，还是一种独特的空间形态，它侵蚀着欧洲城市文化历来占有的分量，从舞台上既赶走了"群众"（具体化身为改变历史的英雄形象），又赶走了抱持批评立场的知识界。 霍克海姆和阿多诺并未明显留意本地飞机制造厂里发生的战时骚动，似乎也并不欣赏洛杉矶中央大道上的黑人聚居区里生机勃勃的夜生活，他们倒是集中精力关注着独家独户住的小小方盒子，它们似乎要遵从着收音机的悦耳声响和《生活》杂志上的广告，把普罗大众的世界历史使命纳入到以家庭为中心的消费主义行为中去。 阿多诺和霍克海姆的著作《文化工业》里有一段著名的开篇部分，描写到太阳升上了好莱坞的山顶：

> 即使是现在，紧挨在混凝土打造的市中心边上，那些比较旧的住宅看着就像是贫民窟，而城市周缘新盖的廊式平房则在炫耀着先进技术和嵌入式设备，可它们却跟世界博览会上的建筑一样结构稀松，像吃空了的罐头一样不久就该被人抛弃了。 即便如此，城市住宅项目的设计目的仍然是要让个人化作永恒，变成据说是独立的个体，住进一套小小的卫生住房里，让他只会更屈从于他的敌手——资本主义的绝对权势。[72]

49

虽说霍克海姆和阿多诺有了这么令人心醉的发现，可他们两位却还算不得是这个美丽新世界的哥伦布和麦哲伦。 早在这群犹太人从魏玛背井离乡地大批抵达洛杉矶之前很久，欧洲那些好奇的观察家们就已经逐年逐月地记下了由电影制片厂和独院住宅构成的这副洛杉矶景象。比如说，在 20 世纪 20 年代末，德语新闻界专事揭露丑闻的首席记者埃贡·欧文·基希（Egon Erwin Kisch）就用他那尖酸刻薄的才智报道了遍布自由雇佣企业的洛杉矶。基希原本靠揭露雷德尔上校事件①而出了名，这件丑闻在第一次世界大战前夕撼动了哈布斯堡王朝，后来，他作为奥地利共产党的一名杰出党员来到了洛杉矶。基希写了本旅行见闻录《天堂美国》（*Paradies Amerika*），语带讥讽地响应着阿达米克的看法，尽情奚落着虚假的景象、投机的狂潮。这个似乎只靠阳光就能活下去的城市并没能打动他，基希发问道："这个好得要命的房地产生意会有个什么结局，是终结在繁荣上呢，还是终结在以破产告终的投机花招上呢？"[73]

过了几年，在"破产"之后，由于举办了1932年的奥运会，世界重新注意到了洛杉矶，注意到了它的生长之"谜"、它的信徒之众；德国地理学家安东·瓦格纳（Anton Wagner）有亲戚住在阿纳海姆的德国老殖民地，他小心翼翼地对洛杉矶盆地进行了地图绘制、摄影和描述。他的著作《洛杉矶……南加州的两百万市民》（*Los Angeles ... Zweimillionenstadt in Sudkalifornien*，1935）是老式条顿学派的一份重要成果；过了四十年后，雷纳·班纳姆②赞扬它是"从人造环境的角度入手，全面观察洛杉矶的唯一记录"。[74]尽管《洛杉矶》这本书充斥着断章取义的伪科学态度和种族主义暗示，它却细致入微地描绘出大萧条早期本市各个地区和周边环境的全景画面。瓦格纳特别着迷于电影布景法则的无所不在，它既渗透了"立面景观"的设计，更渗透了好莱坞想要造就欧洲式"正宗都市环境"的精心却注定短命的企图：

此地，有人想在遥远的西部再造巴黎。好莱坞大道上夜车穿

---

① The Colonel Alfred Redl Affair，1913年5月暴露出来的奥匈帝国间谍案。雷德尔上校是奥匈帝国的军队情报官员，曾担任维也纳军事反间谍组织Evidenzbüro以及军队情报部门的重要领导人，对建立奥匈帝国的情报部门居功至伟。但他奢华成性，而且是个同性恋者，因此受到了沙皇俄国的敲诈，从1903年起当上了俄国间谍，同时还向法国和意大利情报机构提供秘密服务，由情报功臣变成了叛国者。事情败露后雷德尔饮弹自尽。

② Reyner Banham（1922—1988），英裔美国建筑批评家、作家。著有《第一次机器时代的理论与设计》（1960）、《洛杉矶：四种生态的建筑》（1971）等，在后一本书里，他把洛杉矶人的生活体验归结为四种生态模式：海滨郊区、丘陵地区、平原地带和汽车王国，并深入研究了每一种生态模式下特色鲜明的建筑文化。

梭,效颦着巴黎人的林荫大道生活。然而,林荫大道上的生活在午夜到来之前是杳无踪影的;而且巴黎人可以坐在咖啡馆前的椅子上悠闲地观赏街景,这类座椅在本地却杳无踪影……入夜,打着灯光的电影明星照片高悬在灯柱顶上,俯瞰着街上的人群披挂着假冒欧洲款式的优雅服饰——这就直白地表明,美国渴望变得跟本地的美国人不一样……然而,尽管有艺术家、作家和野心勃勃的电影明星,这儿却找不到那种真正属于蒙玛特高地、苏荷区甚至是格林威治村的感觉。汽车和簇新的住宅全都跟那种感觉格格不入。好莱坞缺了那份由岁月打磨而成的陈年光辉。[75]

如我们先前所见,当年门肯那群人在批评洛杉矶时就已经认为此地是在"假冒都市风雅",这般见解已经是种老调子了,而侨民们的写作将会进一步精细阐述它(可以想见,有些侨民就像瓦格纳教授一样手里攥着地图在圣佩德罗离船登岸,然后还要回到第三帝国去当他的学术闲差)。当代有艾柯和鲍德里亚①在南加州经历了"超现实历险",引起了无比巨大的骚动,却只不过是严格依循着这些前辈的路子亦步亦趋。比方说,埃里希·马里亚·雷马克②写了本德文书《天堂里的影子》(*Shadows in Paradise*)讲述好莱坞,就精确地预示了艾柯和鲍德里亚把这个城市视为"幻象"的看法:

　　真和假在这里如此完美地融合在一起,竟变出了一种新的物

---

　　① Jean Baudrillard(1929—2007),法国 20 世纪 70 年代以后杰出的思想家。他的研究结合了马克思主义和符号学、精神分析的理论,几乎推翻了法兰克福学派批判资本主义大众文化的方法,从一个全新的视角来分析高级资本主义消费社会文化的意识形态本质。著有《物体系》(1968)、《消费社会》(1970)、《符号政治经济学批判》(1972)、《生产之镜》(1973)、《象征交往与死亡》(1976)、《仿真与仿像》(1978)等。
　　② Erich Maria Remarque(1898—1970),德国现代著名作家,1929 年出版《西线无战事》,纳粹上台后流亡海外,1939 年到达美国,大部分时间住在好莱坞,后加入美国籍。著有《凯旋门》(1946)、《生死存亡的年代》(1954)、《黑色方尖碑》(1956)、《里斯本之夜》(1963)、《天堂里的影子》(1971)等 11 部长篇小说。

质，就好比铜和锌合成了黄铜，看着活像金子一样。说好莱坞遍
地都是伟大的音乐家、诗人和哲学家，这话毫无意义。这里还遍
地都是巫师、宗教狂和骗子呢。它吞没了每一个人，要是有谁没
能及时自救就会迷失本性，无论他本人是否感觉到这一点。"[76]

　　但是对于多数侨民而言，只要一离开好莱坞大道上巴黎味儿的舞台
布景，本市明显死气沉沉的特点更会变本加厉，让人难以忍受。 据
说，雷马克之所以逃离洛杉矶，就是因为他没法照老习惯享受清晨漫步
之乐。 "空空荡荡的人行道、大街和住宅"太容易让人联想起魔术般
地变出了洛杉矶的那片"沙漠"。[77]至于汉斯·埃斯勒，则斥责了
"这片景致那股可怕的牧歌味道，其实是房地产商的想法造就了它，因
为这片景致本身并不能让人觉出多少寓意。 如果把这儿的水源掐断三
天，豺狼就会重新出现，沙漠里的尘砾也会再度登场。"[78]

　　不过，并不是所有的欧洲人都对这外立面或是它背后藏着的沙漠觉
得格格不入。 阿尔都斯·赫胥黎是侨居海外的英国和平主义者"布鲁
姆斯伯里学派"①的一员，这群人里还包括克里斯多弗·伊舍伍德②、
杰拉尔德·赫德③，一度还有罗素勋爵（他去了加州大学洛杉矶分
校）——赫胥黎就恰好最爱德国人最讨厌的本地风光的特质。 当年赫胥
黎急匆匆地既要逃离战争又要逃离好莱坞，于是就搬家住进了沙漠里的

51

---

　　① Bloomsbury group 或 Bloomsbury Set，从 1904 年到第二次世界大战爆发之前活
跃在伦敦布鲁姆斯伯里区的一个文学团体，由艺术家和学者组成，其中有许多是剑桥大学
毕业生，著名人物有斯特雷奇（Lytton Strachey）、伍尔夫（Virginia Woolf）、贝尔（Vanes-
sa Bell）、福斯特（E. M. Foster）、凯恩斯（John Maynard Keynes）等。 这群人无视英国维
多利亚时期在宗教、艺术、社会与两性问题等方面的虚伪禁忌，在文学、绘画、音乐乃至
于经济方面都有很大成就。
　　② Christopher Isherwood（1904—1986），英裔美国作家，曾旅居德国四年，1949 年
加入美国籍。 他的作品非常关注纳粹崛起时期的社会政治环境中的知识分子问题，著有
《同谋者》（1928）、《诺里斯先生的末日》（1936）、《告别柏林》（1939）等。 移居美国后
的作品有《黄昏世界》（1954）、《孤独的人》（1964）等。 后期转而关注印度教，著有《吠
檀多奥义》（1969）。
　　③ Gerald Heard（1889—1971），又名 Henry Fitzgerald Heard，爱尔兰裔英国历史
学家、科普作家、教育家、哲学家，著述极多。 1937 年他和阿尔都斯·赫胥黎一同移民
美国，教授历史人类学，后定居洛杉矶。

一座农舍，靠近当初的第一处"反面洛杉矶"即"大河草原城"那片废墟。[79]在这儿，他在莫哈韦沙漠的一片沉寂之中探寻着"神性"，同时他的妻子玛丽亚则如饥似渴地盯着《洛杉矶时报》上的占星专栏看，那可是阿多诺最爱取笑的。 赫胥黎和赫德信奉着神秘主义、健康食品和迷幻剂，后来又在20世纪50年代变成了南加州"新纪元"亚文化的两位教父。[80]

要是能知道赫胥黎和布莱希特到底聊没聊过天气一定会很好玩儿。反法西斯的流亡者当中与洛杉矶在精神上最不合拍的，似乎就得数这位柏林剧作家兼马克思主义美学家。 他有一首著名的诗里这样写道：

> 想起了地狱，我明白
> 我兄弟谢利发现那地界
> 特像伦敦城。我
> 没住伦敦却住在洛杉矶
> 想起了地狱，却发现它一定
> 更像洛杉矶。[81]

不过布莱希特那绝望的倦怠中却混杂着古怪的自相矛盾之处。 这一刻他抱怨着在圣莫尼卡住的那所廊式平房"让人太快活，没法儿在里面工作"，可下一刻他却又扬言洛杉矶是一个谢利（Shelleyan）所指的"地狱"。 正如莱昂和菲尔奇所说的那样，"要是设想布莱希特这么个正版欧洲人会在美国的哪家超级市场里采购，或是去考加州的驾驶执照，或是在哪家杂货铺里拎几听啤酒然后就撞上了阿诺·勋伯格"，那可实在是太荒谬了[82]（正相反，是赫胥黎第一个借光了拉·锡耶嘉①那家"全球最大的药店"，靠它卖的酶斯卡灵②打开了"洞见的大

---

① La Cienega，连接着好莱坞日落大道的一条南北走向的大道。
② 这是一种致幻剂。

门")。[83]然而同样古怪的迹象是,《马哈哥尼城》的作者在柏林时颇为看重与流莺和工人阶级来往,可在洛杉矶却没表现出多大兴趣要去探究它的另一个侧面:波伊尔高地的舞厅、中央大道的夜总会、威尔明顿的下等酒吧,诸如此类。 真实生活里的马哈哥尼城向来都是触手可及,同样近在咫尺的还有主要在左翼力量的领导下生机蓬勃的本地劳工运动。 但是,即令有"石油的恶臭"偶尔漫进了布莱希特在圣莫尼卡住的花园里,他却并不真正了解洛杉矶那些"地狱般的"地区都是什么样的,只不过向壁虚构出了那个集天堂与地狱于一身的神话形象。[84]

当然,并不是所有住在洛杉矶的德国人都只顾着沉浸在存在主义的绝望里。 (据布莱希特说)托马斯·曼①住在太平洋帕利萨德②那儿,说自己是个"现代的歌德,寻访着柠檬树的故乡"。[85]勋伯格可能真是对秀兰·邓波儿心怀怨恨,但他也热衷于跟布伦特伍德的另一位邻居乔治·格什温③一起打网球,还深爱着每天清晨如瀑布般涌进书房伴他作曲的阳光。[86]至于马克斯·莱因哈特④则夸口说,南加州会变成"一个新的文化中心……不再只凭风光悦人"。[87]的确有一阵子,比较出名的侨民可以幻想着自己就是好莱坞的欧洲阁下:快乐的白人坐在棕榈树下,靠隐身的仆佣们推动经济运营来养活自己。 但是包括曼和莱因哈特在内,就连这群侨民里晒太阳晒得最黑的那批人也觉悟到了一则事实:在地中海风情似的富庶背后,潜藏着剥削行为和军国主义。

52

---

①　Thomas Mann(1875—1955),德国 20 世纪最著名的现实主义作家、人道主义者,1929 年获得诺贝尔文学奖。 他的作品饱含人道主义精神,继承了欧洲古典文学的优秀传统,并与时代精神密切融合。 著有《布登勃洛克一家》(1901)、《魔山》(1924)、《浮士德博士》(1947)等。 纳粹上台后流亡国外,1944 年入美国籍。 后来麦卡锡主义在美国日嚣尘上,他又迁居瑞士。

②　位于洛杉矶市,与布伦特伍德、马里布、圣莫尼卡毗邻的一个富裕住区,非常安全,罕有夜生活。 二战期间有许多德国侨民都住在这里,其中包括福伊希特万格、托马斯·曼、埃米尔·路德维希等人。 罗纳德·里根也曾在这个区住过很久。

③　George Gershwin(1898—1937),美国作曲家。 曾广泛接触并研究通俗音乐领域的各种体裁风格,写过大量流行歌曲和几十部歌舞剧、音乐剧,在百老汇和好莱坞非常活跃。 作品有《蓝色狂想曲》(1924)、《一个美国人在巴黎》(1928)、《波基与贝丝》(1935)等。

④　Max Reinhart(1873—1943),奥地利著名戏剧制作人兼导演,原名 Max Goldman,主要戏剧活动均以柏林的德意志剧院为基地,执导过多出莎士比亚戏剧。 他也是萨尔茨堡戏剧节的创始人之一。 1940 年加入美国籍。

　　首先，实际上欧洲人个个都在谴责，好莱坞已经把知识界全都变成了无产阶级。魏玛群体和布鲁姆斯伯里群体的抱怨在此回应着已经远去了的作家聚居地的声音（即 1933 年创立的电影编剧行会），回到了一个主题上，也就是我在前文探讨过的洛杉矶小说的核心主题。这些侨民被扔进了一个"完全陌生的愚钝环境，创造性的想法、艺术性和原创性在这儿都不算数，每件事情都得合着电影摄制组和办公室里的拍子"，[88]他们体察到了富裕环境中艺术水准的低落。尽管马克斯·莱因哈特最初还对南加州的文化前景满心欢喜，可他却发现自己就跟工厂里的任何一名工人没什么两样，人家指望他会在制片公司里打卡上班，"1942 年他沮丧地离开这里搬去了纽约市"。弗利兹·科特纳、亚历山大·格里纳赫和彼得·洛尔原本都是魏玛剧院里反法西斯的、才华出众的演员，制片厂的老板却限定了他们只能拿班做势地演一演纳粹领袖。[89]斯特拉文斯基①的重大突破是得着个机会为迪斯尼公司的动画片《梦幻曲》效力，把《春之祭》改编成一组扫帚舞的背景音乐，而勋伯格则去指导制片厂的作曲家们为黑色惊悚片和鬼怪片谱曲制造悬念，否则他也无从露面。[90]早先那群马克思主义者还在德国的时候，都赞颂着集体化的知识生产终于成型，赞颂着作者的消隐，现在他们却痛苦地谴责着布莱希特所谓泰勒化的②"养家糊口的工作"，以及"为无名人物写作"的不足挂齿。[91]照阿多诺看来，好莱坞无疑是一场机械化的大洪水，正在席卷着经典意义上的"文化"概念。（"在美国，你

---

　　① Igor Fedorovitch Stravinsky(1882—1971)，俄国作曲家、指挥家、钢琴家，现代主义音乐的重要代表人物之一。1903 年师从里姆斯基－柯萨科夫学习作曲，随后写了许多芭蕾舞音乐，享有世界声誉。第一次世界大战期间住在瑞士，1920 年起成为法国公民，1939 年后定居美国并加入美国籍，主要住在好莱坞。他的创作基本分为三个时期：俄罗斯风格时期、新古典主义时期、序列主义时期。作品包括《火鸟》(1910)、《彼得鲁什卡》(1911)、《春之祭》(1913)、《俄狄浦斯王》(1927)、《圣诗交响乐》(1930)、《浪子的历程》(1951)、《阿贡》(1957)、《洪水》(1962)、《安魂圣歌》(1966)等。
　　② 泰勒是 19 世纪末的一名美国工程师，他设计出了一套精简的程序，精确计算工作中的必要动作及所需时间，让工人尽快完成工作量，薪资与此挂钩。这就是所谓的"泰勒制度"。1913 年汽车公司老板福特完善了这套制度，发明了依靠非熟练工人在流水线上加工装配通用零部件的大规模生产方式。这种生产方式把工人也物化成了装配线上的一个固定零件。

会……没法回避这个问题，你所植根的‘文化’一词是不是已经过时作废了……”）[92]

其次，无论这些人的具体处境如何，是遗世隐退的（阿多诺）还是被融合吸纳的（比利·怀尔德）①，是遭人遗忘的（亨利希·曼②和曼·雷）③还是遐迩闻名的（托马斯·曼），是靠着慈善捐助苟延残喘的（德布林）还是举家住进帕利萨德的（福伊希特万格）④，这些侨民都很容易受到政治风云变幻的伤害。 他们蒙受着敌意渐浓的公众冷眼，齐聚在这个电影群落里，扮演着自己在洛杉矶的最后一个角色：好莱坞大清洗的替罪羊。 当时冷战的洗脑宣传日渐挟持了整个电影业，他们有十位美国同行马上就要被抓进监狱了（这一代人里还有好几百个上了黑名单），因此，许多侨民决定登上第一班船，返回“旧世界”。 其他人还坚守在此，尽力过得好一点儿，为偶尔一见的黑色电影做编剧或者当导演，在这些电影里含沙射影地指斥着政治镇压和文化镇压的恶疾。

霍克海姆日后回到了 *Modell Deutschland*⑤（他没跟着布莱希特一起

---

① Billy Wilder（1906—2002），出生在波兰的美国电影导演、制片人、作家，本名 Samuel Wilder。 他先是在柏林为电影编剧，1934 年为逃避纳粹去了好莱坞。 他的作品《失去的周末》（*The Lost Weekend*，1945）、《日落大道》（*Sunset Boulevard*，1950）、《公寓》（*The Apartment*，1960）等均获得奥斯卡奖项，擅长机智诙谐地讽刺批评美国习俗。

② Heinrich Mann（1871—1950），20 世纪德国杰出的批判现实主义作家、社会活动家，从 1930 年起担任普鲁士艺术科学院创作协会主席，提倡人道主义精神，反对军国主义和法西斯的强权政治。 1933 年希特勒上台后他流亡到法国。 他是托马斯·曼的哥哥。 著有《垃圾教授》（1905）、《臣仆》（1918）、《穷人》（1917）、《帝国》（1925）、《亨利四世》（1935—1938）等小说，另有几部政论集。

③ Man Ray（1890—1976），原名 Emmanuel Radnitsky，美国 20 世纪著名的前卫摄影家、画家、电影制作人，抽象主义摄影学派的倡导人。 他的早期作品以绘画及拼贴为主，1920 年起与马塞尔·杜尚合作，在巴黎发展出了“雷影照片”（rayograph）和“中途曝光法”等手法，成为他的招牌风格，并切合了达达主义和超现实主义者追求虚无及潜意识创作方式的精神。 除了人像摄影、时装摄影以外，他还拍摄电影，作品有《回归理性》（*Le Retour a la Raison*）、《别烦我》（*Emak Bakia*）等。 他的电影和摄影作品基本上是第二次世界大战以前欧美前卫艺术的写照，在开发视觉新领域方面作出了很大的贡献。1937 年后他又重新投入绘画。

④ Lion Feuchtwanger（1884—1958），德国犹太裔小说家、社会学家、和平主义者，跟托马斯·曼和布莱希特都是朋友，于 1933 年从德国流亡法国，1940 年逃到美国洛杉矶。 他的著作经常涉及犹太人历史，并对当代问题进行了认真分析。 著有三部曲《约瑟法斯》（1923—1942）、《成功》（1929—1940）等。

⑤ 德语：模范德国。

去德意志民主共和国），重新组织起法兰克福学派，开始出版他和阿多诺从 20 世纪中叶的"观察最前哨"做回的笔记中还没出版过的余留片段。 马歇尔计划正在为即将来临的新秩序奠定基础，法兰克福学派的这些人便向新一代的欧洲知识界扼要地介绍了这种新秩序的真面目。"流亡在天堂里"（纽约和洛杉矶）那段甘苦参半的回忆被升华了，他们先发制人地批评起了文化领域向美国模式的转变以及消费社会。 同时，南加州大概已经忘记了自己曾经收留过社会研究所，只除了在 20 世纪 60 年代初意外地接待了法兰克福最出名的回头浪子赫伯特·马尔库塞[①]——他是那代侨民里最后一个抵达西海岸的。

马尔库塞从布兰代斯被招募过来，把自己的哲学纲要停泊在圣迭戈崖岸上加州大学壮丽的新校园里，他十分愿意再投入那场反对激进主义、反对知识界的狂烈风暴，布莱希特、埃斯勒还有其他好几十人在 20 世纪 40 年代末期就是从这场风暴里逃走的。 照巴里·卡茨[②]的说法，马尔库塞度过了一段"快乐的悲观主义年月"，其间他接过阿多诺的"文化崩溃"主题并做了延伸，他指出，一种"民主的集权主义"正在减少出现至关紧要的主观性的机会。 他身边紧挨着的圣迭戈县既是海滨休闲胜地，又是海军基地，无疑，他在这片古怪的风景里为上述宣示找到了充足的证据。

然而，即使是在这个"单向度的社会"里，马尔库塞也欢迎从天而

[①] Herbert Marcuse(1898—1979)，德裔美籍哲学家、美学家、社会理论家，法兰克福学派的一员，深受黑格尔、胡塞尔、海德格尔、弗洛伊德和马克思早期著作的影响，致力于发达工业社会意识形态问题的研究，发展出了批判性马克思主义理论，试图将马克思主义理论结合时代的发展，以呼应从 20 世纪 20 年代到 70 年代不断变迁的历史条件。 他认为技术进步在给人提供自由条件的同时也造成了种种强制性，继而造就了只有物质生活、没有精神生活和创造性的"单向度的人"，应该建立一种理性的文明与非理性的爱欲协调一致的乌托邦，实现"非压抑升华"。 他于 1933 年进入法兰克福社会研究所，1940 年人美国籍，60 年代在欧美被视为"新左派之父"。 著有《黑格尔本体论与历史性理论的基础》(1932)、《理性与革命》(1941)、《爱欲与文明》(1955)、《单向度的人》(1964)、《论解放》(1969)、《艺术与永恒性》(1976)、《审美之维》(1978)等。 他曾相继在马萨诸塞州的布兰代斯大学和加州大学任教。
[②] Barry Katz(1950—)，加州艺术学院教授，曾写过一些专论法兰克福学派的书，其中有《马尔库塞与解放的艺术》(1982)、《外国知识分子》(1989)等。

54

降的"解放力量"：他赞赏灵歌音乐和爵士乐（全都是阿多诺严辞挞伐的东西），支持安吉拉·戴维斯①和黑豹党人，敦促门下弟子把古典马克思主义的福音传播到全加州。[93]他有本事与本地的激进主义力量建立起有机的联系，而这股力量在20世纪40年代却曾对他的大多数侨民同志避之不及。 不幸的是，安逸乡里这最后一位辩证家也觉得，他不单看不惯尼克松那种日甚一日的反共的歇斯底里（圣迭戈的法西斯外围组织出于这种歇斯底里每天都对他发出全新的死亡威胁），而且要命的是，他也看不惯文化工业的注意力游移不定。 顶级的媒体名流先是把马尔库塞推为"导师"（《时代》杂志说他是"造反年轻人的彩衣笛手"②），随即又以害死人的吹毛求疵贬损他的思想是一种落伍已久的旧时髦。

不过，法兰克福学派的马克思主义的幽灵（霍克海姆、阿多诺和马尔库塞）仍在搅扰着南加州，即使他们一度讽刺十足的评论已经退化成了路标式的套话，让后现代派的地中海俱乐部③受益匪浅。 如果说，魏玛的流亡者出现在洛杉矶是一场悲剧，那么，第五共和国④的游客今天的到来就绝对是一场闹剧。 以往的苦闷现在似乎都成了笑话。 本地有位批评家如此看待巴黎最新哲人王的近日到访：

> 鲍德里亚似乎自得其乐。他很爱观察文化清算，很爱深刻体
> 验慷慨陈辞的感觉……他返回法国故土时发现那儿是个离奇精

---

① Angela Davis(1944—)，出生在美国亚拉巴马州的非裔女作家、社会活动家、共产党员。 她受到马尔库塞思想和民权运动的影响，致力于争取种族平等、性别平等以及废除监狱体制的斗争。 著有《女人、种族与阶级》(1980)。 她曾就读布兰代斯大学，在此期间由于古巴导弹危机事件参加集会而结识马尔库塞，后来成了他的学生，追随他到过德国和加州大学读书。 获得柏林洪堡大学哲学博士学位后，她在加州大学任教，并在1980年和1984年两度当上美国共产党副总统候选人。
② "彩衣笛手"是一个源于德国童话《哈梅林魔笛手》的典故，经常被用来评价政治人物，指穿上人以强大而虚幻的诱惑的人，或是开空头支票的领袖。
③ Culb Med，由世界各地极具异国风情的度假胜地组成的团体，由比利时前水球运动员 Gerard Blitz 于 1950 年创办。 此处代指介绍文化人到洛杉矶旅游的组织。
④ 指当代法国。

巧的 19 世纪国度。他回到洛杉矶又感受到了荒谬的欣悦。"在夜间飞越洛杉矶的感觉无与伦比。只有希罗尼姆斯·鲍希①画里的地狱才比得上那种阴间的效果。"[94]

魔法师

如果南加州想要继续迎接由其环境造成的挑战……想要满足她的极度需求……就必须善待那些有能力的、富于创造性的、天赋过人的、受过精良训练的科学人才以及应用学科的人才。

罗伯特·密立根②[95]

加州的南部聚集着人数最众、种类最杂的五花八门的弥赛亚、魔法师、圣徒和先知们,这批人在精神错乱史上颇有名气。

法恩斯沃斯·克劳德③[96]

在 20 世纪 40 年代,并不是每一位名望卓著的洛杉矶知识分子最终都得走进某家电影制片公司的大门。 自从 20 世纪 20 年代中期以来,帕萨迪纳那儿新办起了加州理工学院,它汇聚了许多拿过诺贝尔奖金的桂冠学者,如果合理考虑一下文学声望与科学声望之间的价值换算率的话,与它相比,米高梅公司的著名作家同人集体也只能算是一小块儿奶酪而已。 在加州理工学院的常设教员和访问教员中,有爱因斯坦、密

---

① Hieronymous Bosch(1450—1516),15 世纪后半叶最杰出的尼德兰画家之一,原名 Hieronymous van Aken,又名 Jeroen Bosch。 他被誉为哥特画派大师,善于描绘富于讽刺意味的怪诞形象、描绘原罪和人类道德的堕落,以梦魇般的幻象表达深刻的人性,对西方 20 世纪的超现实主义绘画产生了巨大影响。 他的传世作品有二十余件,其中一些收藏在马德里的普拉多博物馆,包括他最著名的三联画《世俗享乐的花园》。
② Robert Andrews Millikan(1868—1953),美国物理学家、现代实验物理学大师,强调精确测量在物理学进步中的重要作用。 因对基本电荷和光电效应的研究而获得 1923 年诺贝尔物理学奖。
③ Farnsworth Crowder,洛杉矶的一名记者。

立根、迈克耳孙①、冯·卡门②、奥本海默③、杜布赞斯基④、鲍林⑤和诺伊斯⑥诸人,因此,这所学校是西部在重要科学领域即物理学领域达到全国领先地位的第一家研究机构。[97]更重要的是,加州理工学院不仅是座象牙塔,它还推动形成了一项新兴的技术结构,掌握着南加州未来前途的一大关键。 理工学院的航空工程师在他们的风洞里测试着唐纳德·道格拉斯⑦的 DC-3 型飞机⑧的机身设计,理工学院的地理学家在帮加州石油工业界解决技术问题,与此同时,理工学院还有另一群科学家驻守在帕萨迪纳的"干河峡谷"地带⑨,在魔鬼门大坝⑩头顶上的蓝天里做着开拓性的火箭实验,以此推动了空间时代的来临(如今在魔

---

① Albert Abraham Michelson(1852—1931),美国实验物理学家,因发明精密光学仪器如迈克耳孙干涉仪和阶梯光栅等,在光谱学和度量学研究中作出了巨大的贡献,于1907 年成为美国第一个诺贝尔物理学奖获得者。

② Theodor von Karman(1881—1963),匈牙利裔美国工程力学家、流体力学大师,1930 年去美国,1944 年后曾任美国空军司令部科学顾问和北约航空研究与发展顾问。 提出著名的"卡门涡列",其后著有《紊流的力学相似原理》和《紊流理论》等,开创了数学和基础科学在航空、航天以及其他技术领域中的应用。 他研制了第一架打破音障的飞机,设计了超声风洞等,是火箭与喷气技术研究方面的先驱。

③ Julius Robert Oppenheimer(1904—1967),美国原子物理学家,从 1942 年开始主持美国的原子弹研制任务即"曼哈顿计划"。 1947—1952 年担任美国原子能委员会总顾问委员会主席。

④ Theodosius Dobzhansky(1900—1975),乌克兰裔美国生物学家、遗传学家。 对20 世纪的遗传学、进化论及人类进化研究影响很大。 1927 年去美国,1937 年入美国籍。著有《遗传学与物种起源》(1937)、《人类自由的生物学基础》(1956)、《人类的进化》(1962)、《息息相关的生物学》(1967)等。

⑤ Linus Pauling(1901—),美国量子化学家,曾获 1954 年诺贝尔化学奖及 1962 年诺贝尔和平奖。 他提出了共价半径、金属半径、电负性标度等创新概念,对现代化学和凝聚态物理的发展都有巨大意义。 同时他也是分子生物学的奠基人之一。

⑥ Arthur Amos Noyes(1866—1936),美国化学家、教育家。 曾在 1907—1909 年间担任麻省理工大学代理校长。 他擅长物理化学和分析化学,是鲍林在加州理工大学就读时的导师。 著有《化学原理》等。

⑦ Donald Wills Douglas(1892—1981),美国飞机设计师、制造商,1920 年在加州创立戴维·道格拉斯公司,1924 年开始研制著名的 DC 系列飞机,第二次世界大战期间又研制出 B19 轰炸机等机型。 他执掌道格拉斯飞机公司直到 1967 年,随后与麦克唐纳飞机公司合并,成立了如今的麦道公司。

⑧ 这是世界上首次获得巨大成功的民航机,下单翼双发动机,巡航速度 331 km/h,航程 3 400 km,有不同型号,于 1936 年首飞,也是二战时期传奇的军用运输机(即 C-47 和 C-53 型运输机)。 它是历史上产量最大的机种,靠它建立的立体化交通体系根本改变了世界的格局。

⑨ Arroyo Seco,洛杉矶丘陵间的一段地区,分开了市区和帕萨迪纳等靠近圣加百列山谷的地区。

⑩ 帕萨迪纳和"干河峡谷"一带夏季比较干旱,冬季却时常遭到洪水侵袭。 1920 年为此兴建了魔鬼门大坝,拦成了魔鬼门水库。 喷气推进实验室的位置在水库以北 1 英里处。

鬼门大坝建起了美国国家航空航天局的喷气推进实验室）。 加州理工学院和国防部联合起来，实打实地创建起了南加州依托于科学的战后经济。

不过，说到加州理工学院，它自身却主要是乔治·埃勒里·黑尔[①]的杰作，他是天体物理学的先驱、威尔逊山天文台的创始人。 黑尔看见帕萨迪纳一地大量集聚着退休的"剩余"财富，深有感触，便想出一个主意，以天文台、理工学院和亨廷顿图书馆[②]为核心，在周围组建一片开阔的科学－文化三角地（"即使把洛杉矶商会也算在内，天文台也已经数得上是南加州拥有的最大宗资产"，而且他还曾影响到了亨廷顿图书馆的创办）。[98]（在卡内基股份公司的密切协作下）不知疲倦的黑尔还充当主要推手，大力促成了在 1917 年创立国家研究委员会，以此支持威尔逊总统[③]的战争动员。 国家研究委员会是个萌芽中的科学-军事-工业联合体，汇聚了全美国顶级的物理学家、军方首席工程师，还有依托科学的多家企业的领头羊，比如美国电话电报公司和通用电气公司的几位老板。 再说，黑尔以它为范本，还想围绕着加州理工学院创办一个三角地协作体，这个协作体发展到最后就形成了洛杉矶的航天工业。[99]

为了实现自己的梦想，黑尔在国家研究委员会里劝动了一名同仁，即美国的物理学领袖罗伯特·A·密立根，离开他深爱的芝加哥大学，来加州理工学院当校长。 之所以能招募到密立根显然有一个关键原

---

① George Ellery Hale（1868—1938），美国天文学家，自 1892 年开始组建叶凯士天文台并任台长。 1895 年创办《天体物理学杂志》。 1904 年筹建威尔逊山太阳观象台，即后来的威尔逊山天文台，担任台长至 1923 年因病退休。 他在观测研究太阳、制造巨型望远镜等方面都有很大成就，为星系及宇宙学的研究做出了重要贡献。 由于洛杉矶的灯光影响威尔逊天文台的观测，他另外筹建了帕洛玛山天文台，在这里制造了"黑尔望远镜"。 1969 年 12 月，威尔逊山天文台与帕洛玛山天文台合并为黑尔天文台。
② 于 1910 年代末由美国金融家亨利·亨廷顿［Henry Edwards Huntington（1850—1927）］在加州靠近帕萨迪纳的圣马利诺自家产业上捐资创办，这是一家教育及研究机构，除了图书馆以外还设有一个画廊和一座植物园。 亨廷顿图书馆收集了大量珍本书和作者手稿，是全美国收集古本最全的地方。
③ Woodrow Wilson（1856—1924），民主党人，美国第 28 任总统（1913—1921 年），曾获 1919 年诺贝尔和平奖。

因，南加州的爱迪生实验室答应他，要给他配备一间高压实验室，用来进行原子物理的实验。 黑尔和密立根几乎狂热盲目地共享着一个信念，他们认为，科学应该与大企业联起手来。 加州理工学院就是因为执行了他们的政策，才会避开"爱管闲事的国会议员以及其他各种人民代表"，跟"贵胄和赞助人"结成盟友。[100]

帮他们鼓动本地豪门的头号使徒是爱迪生实验室的主管亨利·M·鲁宾逊，他同时还担任着第一国家银行的行长，也是赫伯特·胡佛①的密友(他算得上是胡佛总统的"豪斯上校"②)。 鲁宾逊运用爱因斯坦的理论来研究资本主义，写成一本小书《商业道德中的相对论》(*Relativity in Business Morals*)，从而凭一己之力在南加州推广了科学传播。(有批评家指出，鲁宾逊曾涉足20世纪20年代耸动一时的朱利安石油公司欺诈事件③，从中为自己的论点找到了实验证据)。[101]鲁宾逊像一盆火似地撮合着物理学家和财阀们，他帮密立根和黑尔招徕到本地的六十多位百万富翁(其中有马德、科克霍夫、奥梅尔维尼、巴顿、钱德勒，不一而足)，加盟"加州合作研究协会"，当时这是人员结构最复杂的一个南加州精英团体。

密立根为加州理工学院摇旗呐喊得最卖力，他日渐变成了在南加州宣扬某种特定的科学远景的理论家。 在洛杉矶市中心区的精英集团"加州俱乐部"举办的午餐会上、在亨廷顿大厦摆下的合作研究协会的宴席上，密立根都做过典型的发言，勾勒出两个基本点。 首先，南加

①　Herbert C. Hoover(1874—1964)，共和党人，美国第31任总统(1929—1933年)。 任期内遭遇经济危机，打破了他靠科学潜力开辟美国"新时代"的理想。

②　Colonel Edward Mandell House(1858—1938)，美国政界人物，1911—1919年间成为威尔逊总统的亲密顾问，曾在1914年、1915年两度出使欧洲，谋求阻止第一次世界大战的爆发，后来又参与起草了《凡尔赛和约》、组建了国际联盟。 文中以他代指"总统的亲密顾问"。

③　加拿大人C.C. Julian于1922年成立朱利安石油公司，在圣达菲钻探石油，该公司原有大约4万名投资者。 1927年5月，这家公司由于受到滥发股票、商业欺诈的指控而宣告破产，牵涉无数小股东，成为美国20世纪20年代过度投机风潮的一个象征。 这一事件引得洛杉矶的许多上层人士互相兴讼，腐败内幕被曝光，还引发了一些谋杀、自杀案件。 朱利安石油公司事件是大萧条之前的一个重要前奏，它在20世纪30年代对美国的银行业和法律界造成了深刻影响，也改变了洛杉矶和南加州的政治格局。

州是一个独特的科学前沿，本地的工业界和学术界正在携手并肩地解决一些根本问题，比如远程动力输送问题、利用太阳光制造能源的问题。其次，甚至更重要的是，南加州"今天就像两百年前的英格兰一样，是日耳曼文明最靠西的前哨"，有着"独一无二的机遇"，它所拥有的盎格鲁-撒克逊族裔人口竟能达到"纽约市、芝加哥市或者国内其他任何大城市里现有数量的两倍"。[102]

密立根想凭借科学和商业的力量，在太平洋海岸上再造雅利安人的无上地位，这种想法无疑让他的听众心里暖洋洋的，他们跟他本人一样，也都是塔夫脱-胡佛派的保守共和党人。作为一名正宗的社会达尔文主义者，密立根经常援引（"伟大的思想家"）赫伯特·斯宾塞①的言论，咆哮着抨击社会主义（"即将降临的奴役"）、新政（"政治上的保皇派"）、富兰克林·罗斯福②（"把美国都坦慕尼化了"）③，通常还要骂到中央集权下的经济统治。看着排长队领取救命面包的人们，他夸耀道，"如今在这里，在萧条的美国……普通人的景况远比他在另外任何一个社会时期里都要宽裕许多"。不过，为了亲自支持大萧条期间瘫痪了的科学研究，考虑到加州理工学院需要资金，密立根软化了自己反对中央集权下的经济统治的立场，提倡以军事研究充当一个可以容忍的舞台，好让科学和工业能在这个领域里获得联邦政府的合作投资——在战争岁月里，加州理工学院得到了一笔多达八千万美元的横财。[103]

密立根与伯克利、芝加哥等地比较进步的年轻一代科学领袖们步调完全不一致，是个彻头彻尾的反动分子，在某种重要的意义上，是他限定了科学在结合南加州的经济、文化时所体现出来的一些基本特性——

---

① Herbert Spencer（1820—1903），英国实证主义哲学家、社会学家、教育理论家。他主张减少政府职能、国家实行全面放任，认为自由竞争能确保持续的进步和发展，相信"适者生存"是社会的根本动力。

② Franklin Roosevelt（1882—1945），民主党人、美国第 32 任总统（1933—1945年）。

③ 坦慕尼协会是纽约民主党的实力派组织，成立于 1789 年，由原先的慈善团体发展而成，因总部设在坦慕尼厅而得名。从 19 世纪到 20 世纪初，坦慕尼协会在纽约的政界及黑帮势力中都有盘根错节的影响力，对纽约形成了严密的控制，而且牵涉许多腐败黑幕。

偏执狭隘，只考虑军事用途，逐利而动。美国任何一地都不像洛杉矶这样，能把企业、实验室和教室如此天衣无缝地联结成一个连续统一体，加州理工学院不断地自我复制、开办子公司，从而拉动了公私合营进行研究和开发的巨轮，这项活动最终网罗了喷气推进实验室、休斯飞机制造厂（这是航空电子领域的世界研究中心）、空军的空间技术实验室、通用喷气飞机公司（它是通用电气公司的子公司）、汤普森-拉莫-伍尔德里奇公司①、兰德公司②，诸如此类。

　　但是与此同时，科学在南加州的兴起还引发了另一些古怪的反响。就跟另一处奇特的飞地好莱坞一样，加州理工学院也与中西部的基督教原教旨主义分子发生了龃龉，激得火花四溅。正当阿尔伯特·爱因斯坦在加州理工学院登台讲授其光电方程之际，不过几个街区以外，就有艾梅·麦克弗森正在她的帕萨迪纳信徒面前上演着驱魔的一幕，这种巧合实在寻常不过。在斯科普斯讼案③的论战达到高潮的时候，在加州的布赖恩圣经同盟会正努力想把詹姆斯国王钦定本《圣经》变成学校里的指定教材的时候，密立根插手进来，想让上帝与科学和平共处——"对南加州的好多人（其中也包括巴比特和假内行们）来说，他是世界上最伟大的人"。密立根以"基督教徒科学家"的身份到处周游讲演，借助于广播电台、一轮全国巡回演说和一本书，宣扬着"真正的科学与真正的宗教没有矛盾"。这位美国的科学领袖在 20 世纪 20 年代向原教旨主义的反弹举手投降，此事让专门揭老底的莫罗·梅奥大为作呕，他这样描写密立根的表演：

58

---

　　①　TRW，美国一家大量涉足国防工业的公司，1958 年由汤普森公司与拉莫－伍尔德里奇公司合并而成。它曾参与美国航空航天局的先驱者 10 号、11 号卫星发射计划。
　　②　Rand Corporation，1948 年在圣莫尼卡成立的一家研究机构，得到了美国政府、加州政府、地区政府以及许多基金会和企业的大力支持。主要研究领域是国家安全及公共福利问题。
　　③　Scopes Trial，美国田纳西州的一桩诉讼案件。1925 年 3 月，田纳西州通过法令，禁止公立学校讲授进化论，因为它有悖于圣经里的人类起源之说。1925 年 7 月，公立学校的一名生物学教师 John T. Scopes 由于对学生讲授了达尔文学说而遭到审问，并被判决有罪。这条法令直到 1967 年才被废止。

　　　　他把科学和宗教掺在一起，这两样是如此互为表里，竟能让费城的律师永远也拆不开它们。从头到尾，这位伟大的科学家似乎立场最确切的时刻就是沿着一条超自然的赛道全速飞驰，从原教旨主义直跑到了有神论，而他那玄妙的观察力却能让洛杉矶随便哪个盯着水晶球算命的人都觉得脸上有光……这套把戏无非就是汇齐了哲学警句和神学的诡辩，再涂上蒙昧主义那层阴沉而又鬼气森森的色彩，偶尔还得逐字逐句地引用几句圣诞老人的台词。[104]

　　密立根不断保证着自己信仰耶稣、电子人①和圣诞老人，企图借此平复福音教派的怒气，与此同时，洛杉矶很有势力的"新思想"运动也正热心地要把爱因斯坦和密立根加进"时代大师"的行列中去，与他们为伍的还有诺查丹玛斯②和安妮·贝赞特③。当代的"科学"假装拥有骇人的魔力和神秘的启示性，因此成为整个南加州迷信阶层的鼻祖。在法恩斯沃斯·克劳德写的"小蓝书"经典《洛杉矶：牛皮大王的天堂》（*Los Angeles—The Heaven of Bunk-Shooters*）里，他这样解释科学和迷信为什么发生了"良好共鸣"：

　　　　科学是首席助理弥赛亚，引生了许多教派……从心理学那儿找不到根据的事情，可以求助于自然科学。爱因斯坦、迈克耳孙、密立根和他们那批人正在搞昏纳税人的头……无论是波、振荡、振动、脉冲、电涌等等之中的哪一种，通过类推关系都能帮着解释和谐、缺席治疗、心灵感应、磁疗、振动平衡、招魂术或是其他任何一种让人心生

---

①　科幻漫画《X战警》中的一个角色，有制造及控制电流的能力。
②　Nostradamus（1503—1566），法国占星术士、医师，在当时的法国王室中很有影响，据称还对解除当年法国的大瘟疫作出了很大贡献。真名 Michel de Nostredame。著有韵文预言《诸世纪》（1555）。
③　Annie Besant（1847—1933），英国社会改革家，一度为费边社会主义者、神智学者。

疑窦的奇迹。这等科学教派的力量于是脱颖而出。一名满心敬畏的市民说起处处小山丘下埋藏着成组繁忙的振动器,轻声嘀咕道:"我的天哪,老兄! ——他们不敢泄露机密呢。比赛还没准备好——还不够先进。世界要四分五裂了。这就好比给每人发了一小把铀。无知的人会把握着太大的权力"。[105]

在南加州,物理学和玄学继续在五花八门的奇怪场合里摩肩接踵地碰上面。 克劳德明确认为,公众面对着陌生的新学科比如量子力学和精神分析学时,既感到敬畏又觉得神秘,那些"超级科学家"、炼金术士、神智学者以及更短命的各种教派(精神科学教派、玄学科学协会,诸如此类)就利用了这一点。 到 20 世纪 40 年代才出现了一种羽翼丰满的另类"科幻小说"的环境,在此之前,由于不存在任何一种真正的科学通俗文化,这些教派就填补了懵懂无知与发明创造之间的沟壑,沟通了科学与神学。 然而,此外还曾有过一份格外怪诞的奸情,让最古老的玄学,即邪恶魔术,或称黑巫术,直接瓜葛上加州理工学院以及"美利坚火箭国"的创办者,随即又通过一种特殊的 *menage a trois*①,牵连上某个科幻小说家创办的世界第一教派。

可以在此简略地转述一下加州理工学院与科学论教派的成型之间有何关联(笔者大量参照了拉塞尔·米勒②的说法)。 在 20 世纪 30 年代的某个时候,威尔弗雷德·史密斯③在帕萨迪纳创办了 *Ordo Templi Orientis*④ 的分会"爱之会"⑤。 OTO 本是从德国兴起的魔法师(及间

①　法语:三人姘居关系。
②　Russell Miller,英国著名记者、作家,著有揭露后文所涉哈巴德其人真相的《厚颜无耻的弥赛亚》。
③　Wilfred Talbot Smith(1885—1957),流亡海外的英国人。 他是克劳利于 1915 年在温哥华创办的"爱之会 1 号分会"的成员,20 世纪 30 年代遵克劳利之命到洛杉矶去创办了"爱之会 2 号分会"。 "2 号分会"于 1935 年举行了第一次集会,后来搬迁到了帕萨迪纳。
④　即 Oriental Templar Order,简称 OTO,东方圣殿武士团。
⑤　Agape Lodge,Agape 在《圣经》里专指上帝对人类的爱、人类对上帝的爱、人类之间的爱。 这个词又指圣餐。

谍)的兄弟会，后来聚在了阿莱斯特·克劳利①的魔力下，而克劳利则是爱德华七世②时期臭名最昭彰的骗子，是"英格兰最招人恨的人"。[106]这个"爱之会"有几年都在静悄悄地尽心侍奉着撒旦以及他门下的"伟大的反基督"（即克劳利），同时还用性巫术的娱乐效果悄悄地改变着帕萨迪纳人的心性。 随后，在1939年里的某个时候，洛杉矶有位年轻贵胄约翰·帕森斯③开始资助并领导着"爱之会"，此人同时却是加州理工学院在火箭技术方面的先驱（后来他参与创办了喷气推进实验室）。 白天，帕森斯不是待在加州理工学院的实验室里，就是待在魔鬼门大坝上，跟伟人西奥多·冯·卡门一起做实验，为使用液体燃料的火箭完善着喷气燃料系统；可是到了晚上，他就回到自己那座位于帕萨迪纳"百万富翁区"（即南橘林大道）的大厦，遵照克劳利的远程指令，在他那秘密的OTO"神殿"里上演着各种亵渎神明的仪式（例如让一些孕妇裸身跳过火圈）。[107]

帕森斯不仅是一位举世闻名的火箭先驱、一名秘密巫师，他同时还是一位热心至极的科幻小说迷，经常去洛杉矶幻想及科幻小说协会（简称LAFSFS）参加聚会，听那些作家谈论自己的作品。 1945年8月的某一天，让帕森斯很高兴的是，有个LAFSFS里的熟人来到橘林大道走进他家的大厦时，带来了一位年轻的海军军官，少尉副舰长哈巴德④，这位先生已经是个出名的低俗科幻小说大师了。 由于哈巴德的"魅

60

---

① Aleister Crowley(1875—1947)，原名Edward Alexander Crowley，英国作家、"魔法师"。 就读剑桥大学时开始关注神秘魔法，后周游世界，传闻涉及吸毒、纵欲与魔法仪式，导致他被意大利当局驱逐出境。 1906年他回到英国后参与创办了银星社，乐于自居为"伟大的兽"、"现存最邪恶的人"。
② 英国国王，在位时期1901—1910年。
③ John Whiteside Parsons(1914—1952)，化学工程师、航天技术先驱，喷气推进实验室及喷气飞机公司的创办人之一。 专长在炸药及火箭燃料技术方面，他的研究是20世纪30—40年代美国火箭技术的关键核心。 为褒扬他的科学成就，月球上有一个阴面的环形山是以他命名的。 从1941年起，他成了OTO在加州的头号人物。
④ Lafayette Ronald Hubbard(1911—1986)，美国科幻小说作家、迷信教派的领袖。 有笔名Winchester Remington Colt、Eldron、Frederick Englehardt、Michael Keith、Tom Esterbrook等。 1954年创办"科学论教派"（Church of Scientology，海外又译"山达基派"），吸引了大量教徒并由此获得巨额资产。 晚年寄身游艇，行踪诡秘。

力"，由于他表达了想要演练魔法的渴望，帕森斯就着了迷，欢迎他住进自己家，做了一名巫师学徒。哈巴德对此的回报则是和帕森斯的情妇上床。帕森斯对这一事态大为不快，可又不想公然表露嫉妒，于是就另寻出路，接受了克劳利的勉强监督，着手进行一项邪恶至极的实验，他召来一个真正的"巴比伦妓女"①，想跟她一起在帕萨迪纳繁育出一个名副其实的"反基督"。

"用普罗科菲耶夫的《小提琴协奏曲》作背景音乐"，哈巴德也参加了帕森斯"不可言说的"仪式，为了召唤"荡妇"，这类仪式是不可或缺的，在上演过许多神秘情节（费解的动力故障、神秘的光亮，诸如此类）之后，有人在光天化日之下看见这名"荡妇"走在南橘林大道上。等到帕森斯跟这个年轻女人勾搭上了，哈巴德就带着帕森斯以前的情妇、卷着这位火箭科学家的钱，私奔到了佛罗里达。不必再把后来发生的一连串复杂事件都絮叨一遍了，唯一值得一提的是，帕森斯是个著名的爆炸专家，可他不知怎么一来就在 1952 年的 6 月里把自己和橘林大厦全都炸上了天。这究竟是一场事故、是自杀，还是谋杀案件，人们至今仍然言啄纷纷，争论不断。[108]

同时，哈巴德已经做好准备，要应用这些超自然的表演术和施咒语的技巧，他把全套把戏都用在了帕萨迪纳的 OTO 神殿里，用在了比较实惠的用途上。写作低俗科幻小说只能挣点儿散碎小钱，这让他颇感沮丧，于是他就创立了一门伪科学即"戴尼提"②，最终把它变成了一种羽翼丰满的信仰即科学论教派，其宇宙观都起源于《骇人的科幻小说》（*Astounding Science Fiction*）的字里行间。拉塞尔·米勒以传记体淋漓尽致地揭露了哈巴德的真相，他在书中描写了臭名昭著的神殿会堂

---

①　"巴比伦妓女"是出自《圣经·启示录》第十七章的一个典故，她是基督教里的一个寓言式角色，象征极度的邪恶，直接牵连到"反基督"和"兽"。前文述及的克劳利即以此名称封赠与他共行迷信性仪式的女人，帕森斯也照此效仿。

②　Dianetics，又译"智力论"，字面意思是"穿越心灵"，转意为"灵魂如何透过心灵影响身体"。1950 年哈巴德出版了《戴尼提》（*Dianetics：the Modern Science of Mental Health*），在书中介绍了这种心理诊疗体系。

集会，在1950年"戴尼提"引起第一波迷信狂潮的鼎沸之中，哈巴德让世界见识到了相当于帕森斯的"荡妇"的自创版本：

> 待到夜晚的高潮逼近之际，人头攒动的会堂里可以明显感到一种兴奋和期盼的情绪。最后，哈巴德终于走向麦克风，为信徒们引见"世上最明白的人"，这时观众一片肃静。他说，她名叫索尼亚·比安卡，来自波士顿，主修物理学，而且是位钢琴家。他宣称她新近获得了许多品性，其中包括她能"完整精确地回忆起自己生活中的每个瞬间"，她很愿意在这儿表演一下。

> 有人高喊着："你在1942年10月3日的早饭吃了些什么？"……另一个人问道："《戴尼提》第122页上写的内容是什么？"比安卡小姐张开了嘴，却说不出只字片语……等人们开始站起来走出会堂的时候，有个人注意到，哈巴德马上转身背对着这个女孩高喊道："好吧，哈巴德先生现在戴着的领带是什么颜色的？"世上最"明白"的人拧着脸发疯地想要记起来，她凝望着会堂里充满敌意的黑暗，随即悲惨地垂下了头。那一刻糟糕至极。[109]

尽管暂时遇到了这种挫折，哈巴德还是在20世纪60年代继续向着大批容易上当受骗的嬉皮士叫卖他那份由黑魔法、精神疗法和科学幻想混出来的大杂烩，因此发了大财（而且越来越像个妄想狂了）。 他去世时有两万名信徒聚集在好莱坞的帕拉斯神庙剧院①，五年之后，哈巴德的著作《戴尼提》在畅销书排行榜上卷土重来——这一事实令人胆寒地提醒我们，科学在本地文化中有着怎样的命数。

---

① 位于好莱坞日落大道6215号的一家剧院，可以容纳3 500名观众，1940年9月23日开张。

公社社员

洛杉矶需要一场大灾难的清洗，或是成立一个设路障的公社……

彼得·普莱艮斯①,1972

洛杉矶几乎没什么可让人颠覆的文化传统——尤其没有现代主义的传统。

彼得·普莱艮斯,1974[110]

奥尼特·柯尔曼②在 20 世纪 50 年代的洛杉矶是个文化游击队员，他会在失业者和酒鬼出没的黑人贫民区旅店里住几天，挤进朋友家的车库混几天，在布洛克-威尔夏大厦③当几天电梯工，随电梯驶过一层又一层楼的时候研习着音乐理论。 过了一代人以后，他被神化成了"自从查理·帕克④以来非裔美国人音乐界影响最大的人物"。 在艾森豪威尔当总统的那些年里⑤，他独来独往，是个弥赛亚式的叛逆：胡子拉

---

① Peter Plagens，画家、《新闻周刊》艺术评论家，著有《西海岸艺术》（1945—1970），亦有小说作品。

② Ornette Coleman(1930—　　)，美国爵士乐萨克斯管演奏家、作曲家，无调式"自由爵士乐"的先驱、"比博普爵士乐"大师。 他的音乐强调即兴特点，不过仍保留了摇摆节奏，启发了 20 世纪 60 年代兴旺的前卫爵士乐派，他所倡导的 Harmolodic 和声理论成了自由爵士乐发展所遵循的理论。

③ Bullocks Wilshire，位于洛杉矶市的富裕社区汉考克公园、温莎广场、弗雷蒙广场之间，为布洛克-威尔夏百货公司的产业。 在半个多世纪的时间里，它是时髦优雅的典范，好莱坞的名流最爱在这儿出入。 这座大楼是洛杉矶重要的建筑文物，建筑师为 Donald Parkinson。 1929 年建成时，它是美国最早采用装饰艺术风格的建筑之一。 由于郊区蔓延风潮，它的经营遭遇困难，一度关门停业，后被西南大学（Southwestern）收购。1997 年 10 月，这里被修复成最初建成时的形象，并改成了一家法律图书馆。

④ Charlie Parker(1920—1955)，美国爵士乐作曲家、中音萨克斯管演奏家，别名"非凡人物"，是爵士史上最杰出的即兴演奏家，"比博普爵士乐"即"咆哮乐"的鼻祖。 他也是"垮掉的一代"崇拜的偶像之一。

⑤ 即 1953—1961 年间。

碴，衣着怪异，"跟'酷派爵士乐'①那种干净利落、身着好莱坞高中的校服背心、留着整洁平头的音乐家形象正好相反。"[111]得克萨斯人柯尔曼以及一小群在洛杉矶长大的音乐家（其中有埃瑞克·达菲②、唐·切里③、雷德·米切尔④、比利·希金斯⑤和查理·黑登⑥等人）想要推动的革命是"自由爵士乐"[112]，它几乎"洪流般地"拓展了查理·帕克和狄西·吉莱斯皮⑦首倡于20世纪40年代的自由式即兴吟唱。柯尔曼于1958年推出了革命性的专辑《另一种选择！》（*Something Else!*），当时他们这群人真正是"地下的地下"，本身就处在"硬派比博普"⑧圈子的外缘，而"硬派比博普"圈子则又被洛杉矶白人左右的"酷派爵士乐"场面排除在外。[113]

63

柯尔曼的"地下"处境说明了两个问题，其一是洛杉矶的文化体制对有色人种的歧视（这个体制刚跟查理·明戈斯⑨和巴迪·科莱特⑩发

---

① cool jazz，又名"西海岸爵士乐"，是一种轻描淡写、克制情感的爵士乐，音色柔和，不用或少用颤音，曲风严谨、讲究专业化演奏技巧，很得学院派的欢心，在20世纪40年代和50年代非常流行，特别是在西海岸，尤其风行在洛杉矶地区以及好莱坞的电影配乐中。这个乐派的艺人以白人居多，也有少数杰出的黑人乐手。
② Eric Dolphy(1928—1964)，美国爵士乐手，中音萨克斯、长笛、低音黑管演奏家。
③ Don Cherry(1936—1995)，美国爵士乐手，小号、短号、长笛演奏家。
④ Red Mitchell(1927—1992)，美国爵士乐手，擅长于演奏低音提琴。
⑤ Billy Higgins(1936—2001)，美国爵士乐鼓手，主要演奏"自由爵士乐"和"比博普爵士乐"。20世纪80年代他在洛杉矶开办了一家名为"世界舞台"的文化中心，意在鼓励并发掘新一代爵士乐手。
⑥ Charlie Haden(1937—　)，美国爵士乐低音提琴演奏家，从20世纪50年代末开始与柯尔曼长期合作，也从事爵士乐的作曲。
⑦ Dizzy Gillespie(1917—1993)，美国小号演奏家、作曲家、比博普爵士乐的创始人。
⑧ bebop，"比博普爵士乐"又称"咆哮乐"，是20世纪30年代末开始出现的现代爵士乐，常在乐曲末段以"Be-bop"或"Rebop"音节收尾，模仿人声发出的音响，试图创造出不用乐器的新音乐。它在20世纪40年代后半期把爵士乐分割成了相互对立的两部分。硬派比博普又称"改良咆哮乐"，在20世纪50年代中期人们厌倦了"酷派爵士乐"时卷土重来，乐手多为底特律和费城两地的黑人，且在早期"咆哮乐"大师的乐队中工作过。"改良咆哮乐"的曲风相对激烈紧张且演奏难度较大，风格比较朴实、即兴部分减少、用鼓更多，还加上了基督教福音音乐与"节奏蓝调"的混合因素。
⑨ Charlie Mingus(1922—1979)，美国爵士乐作曲家、低音提琴家、钢琴家、乐队指挥，"硬派比博普"的代表人物，在自由爵士乐兴起之初影响很大。他同时也是反对种族隔离制度的强硬活动家。
⑩ Buddy Collette，"西海岸爵士乐"的代表人物，擅长演奏长笛、黑管和萨克斯管，也从事作曲，与柯尔曼和吉莱斯皮等很多名家合作过。他曾和明戈斯合作创办了传奇乐队"摇摆明星"。

起的音乐家联盟在音乐上分道扬镳),其二是洛杉矶年轻的现代主义者全都面临着困境。无论是在爵士乐领域还是在绘画领域,抽象艺术都遭到了类似的打压。1946年所谓的"比博普入侵"洛杉矶最终铩羽而归,"鸟儿"①被关进了卡马里洛②,与此相比,面对着歇斯底里的冷战思想和庸俗文化的两面夹击,抽象表现主义的遭遇也好不到哪儿去。好莱坞的大规模政治迫害带来了一项副产物,1951年,在世界博览园的县立(老)博物馆里,针对"颠覆性的现代艺术"进行了一场跟风的讯问。

　　一家名为"艺术稳健者"的组织宣誓作证,他们从某些抽象绘画作品中侦察出了一些暗藏其中的秘密防御工事图,市议会的一个调查委员会还指控了画家雷克斯·布兰特③,说他画的一幅海景里隐含着稍作掩饰的锤子镰刀图案,因此含有宣传意图。最后市议会裁决,这名艺术家变成了"不自觉的克里姆林宫的宣传工具",而且此项裁决在后来八年里一直没有撤销。[114]

洛杉矶那代流亡者中的现代主义建筑师(理查德·纽特拉④和鲁道夫·辛德勒⑤),还有同时代比他们略年轻点儿的建筑师(拉菲尔·索里

---

　　① Bird,查理·帕克的诨名。他最初入行时被人称为"菜鸟",后来简称为"鸟儿",这个绰号伴随了他一生。
　　② Camarillo,位于洛杉矶文图拉县的一个小城,这里长年驻有加州精神病医院。1946年夏,查理·帕克为戒除海洛因毒瘾曾在此住院治疗。他在十几岁时因车祸住院而染上了吗啡瘾,后来改用海洛因,毒品问题令他困扰终生并最终因此丧命。
　　③ Rex Brandt(1914—2000),出生在圣迭戈的加州著名水彩画家、美术教育家。
　　④ Richard Joseph Neutra(1892—1970),奥地利裔美国建筑师,1923年移民美国,1926年在洛杉矶开业。他在加州设计了大量现代主义建筑,其中包括住宅、学校等多种类型。代表作有洛韦尔健康住宅(1929)、科罗那大道学校(1935)、研究性住宅二号(1967)、北山医学楼(1968)等。著有《由设计中幸存》(1954)、《世界与住宅》(1962)等。
　　⑤ Rudolph Schindler(1887—1953),奥地利裔美国建筑师,与纽特拉是密友。1920年移民美国,曾在弗兰克·劳埃德·莱特手下工作,后在洛杉矶独立开业。他在1945年独创了"辛德勒框架体系"。代表作有辛德勒住宅(1922)、洛韦尔海滩住宅(1926)等。

亚诺①、格雷戈里·艾恩②和哈维尔·哈里斯③），在冷战初期的遭遇比爵士音乐家和现代艺术家略好一点儿，部分原因在于他们的设计方案属于某个特殊的品种。他们在好莱坞各处山丘上盖起了悦目的穹顶式住宅以及"个案研究"风格的住宅，更能迎合当时的需求，改善了洛杉矶的"暴发户"西区给中产阶级留下的印象。[115]然而，尽管居住类建筑日渐接纳了国际风格，公共住房与此同时却遭到了新一轮的百般刁难——实际上，1952年通过了一条打击"社会主义方案"的条例，宣告公共住房属于非法。

不过总体来说，探索新形式和新准则的年轻一代都被轰走，变成了流浪艺人。那些（比先前更硬的）硬派爵士乐手及其在油画界的志同道合者（纽约的抽象表现主义者承认，比博普爵士乐从根本上影响了他们的作品），那些在艺术界和电影界可能会被划归"晚期超现实主义"的人——也就是说，在20世纪40年代末和50年代长大成人的洛杉矶"颓废爵士乐迷"④那一代人——他们几乎别无选择，只能融入近十年来逐渐萌生的地下文化框架，组成临时的"公社"。

这些五光十色的群体有一个共同特点，他们都很注意批判性地重写与再现自己的亚文化体验——这群人因此就成了洛杉矶历史上最早的一批真正具有"自传特色"的知识分子群体。对于柯尔曼、达菲和本地爵士乐的其他游击队员来说，他们的共同生存基础是洛杉矶黑人当中流行的个性鲜明的西南地区蓝调音乐传统。柯尔曼在得克萨斯州和路易斯安那州无数个备有自动点唱机的廉价酒吧里窜来窜去，高亢地即兴演

---

① Raphael Soriano（1904—1988），美国建筑师协会会员。西班牙犹太裔，1930年入美国籍，曾在纽特拉和辛德勒的手下实习，是"加州现代主义"建筑风格的重要代表人物。他率先在住宅建筑中运用预制钢件和铝件，因此在1986年获美国建筑师协会杰出成就奖。

② Gregory Ain（1908—1988），美国建筑师协会会员。曾在纽特拉和辛德勒的手下实习。他热心于为中低收入家庭设计集合式住宅，在加州最早致力于提高廉价住宅的建筑水准。

③ Harwell Hamilton Harris（1903—1990），美国建筑师协会会员，曾任教北卡罗来纳州立大学和得克萨斯大学，是在加州和得克萨斯一带提倡地域性现代主义的先驱。

④ hipster，指熟悉所有时髦元素、尤其对现代爵士乐感兴趣的人。

唱着沉重的、略带一丝异端味道的蓝调音乐，从此开始了他的音乐生涯，后来他又表演起最新亮相的节奏布鲁斯，把蓝调音乐和摇摆乐结合在了一起。20世纪40年代末的洛杉矶是节奏布鲁斯的录制之都，独立制作室数量最多，而中央大道上令人眼花缭乱的"主干线"则呈现了由爵士乐、蓝调音乐、节奏布鲁斯共同构成的一片壮观场面，在这儿主宰天下的是来自得克萨斯、俄克拉荷马、堪萨斯和路易斯安那各州的音乐家（从这个地区搬到西海岸的战时工厂里去上班的黑人最多）。

然而中央大道上的这幕场景在缓慢地走着下坡路，部分原因在于警察当局很讨厌这些俱乐部里"种族混杂"的状况；同时，黑人音乐家在制作室里也找不到能挣钱的工作。因此，黑人贫民区里年轻的爵士乐手们变得越来越穷，日子越来越难过，他们不断进行反思和实验，企图创造出一种新的强势音乐，让海岸线上的各家夜总会里演奏着的"酷派爵士乐"洗脱种族特征。[116]柯尔曼紧跟着达菲，也在1961年离开本地去了纽约，然后钢琴家兼作曲家霍拉斯·塔普斯科特①便创办了"上帝的音乐家与艺术家上升联合会"（简称UGMAA）以及泛非人士方舟乐队②。在芝加哥，"太阳神"③和罗斯科·米切尔④组织了一些类似的爵士乐团体，UGMAA跟他们一样，也以乌托邦的自治方式在为自由音

---

① Horace Tapscott(1934—1999)，美国爵士乐作曲家、乐队指挥、钢琴演奏家、音乐教育家。他是第二次世界大战结束之后最有独创性的天才爵士乐手之一，与前文所述诸多爵士乐大师都合作过。他在方舟乐队的活动中投入了很多精力。

② Arkestra，是UGMAA的一个分支，致力于免费辅导并引导黑人社群内部的艺术活动，促使黑人形成自我意识、建立自尊。在1965年瓦茨暴动以后，他们开始得到了一些官方的资助。

③ Sun Ra(1914—1993)，原名Herman Poole Blount，杰出的爵士乐作曲家、乐队指挥、钢琴演奏家、电子合成器演奏家。他在第二次世界大战期间曾因拒服兵役而入狱，战后在芝加哥成为爵士乐新人。后来他成为方舟乐队的领袖，同时也是"自由爵士乐"的奠基人之一。1961年他带领乐队从芝加哥移师纽约市，20世纪60年代末又搬到了费城。他自称来自于土星，宣扬"宇宙哲学"，音乐风格神秘多变，在20世纪70年代获得了世界性的声誉，后来又被非主流摇滚乐奉为鼻祖。他最先在爵士乐队里使用两个低音提琴手和电子键盘，大量运用打击乐器，采用"调式爵士乐"的特征，发挥单声部和多声部的自由即兴演奏等。

④ Roscoe Mitchell(1940—)，美国爵士乐作曲家、萨克斯管演奏家，是"创新音乐家进步协会"（简称AACM）的成员，参与创办了"创新艺术集体"（Creative Art Collective）和"芝加哥艺术合唱团"（Art Ensemble of Chicago）。

乐努力斗争——他们力图成为一处表演实验室、成为人民学校、成为本地黑人革命中的文化力量。[117]

艺术界与地下爵士乐相对应的角色是 20 世纪 50 年代末的一个松散随意的合作集体，它是由几十名年轻艺术家围绕着拉·锡耶嘉大道上的菲鲁斯画廊汇聚而成的(不过这群人的理想从来不像地下爵士乐一样激进)，菲鲁斯画廊的主人是爱德华·凯恩霍兹①和沃尔特·霍普斯。 他们是"乱哄哄的一群'垮掉分子'、怪物和'艺术种'"，成了"60 年代洛杉矶繁花似锦的现代主义艺术的种子"。[118]菲鲁斯群体的中坚力量包括比利·阿尔·本斯顿②、埃德·摩西③、克雷格·考夫曼④、罗伯特·欧文⑤、拉里·贝尔⑥和埃德·鲁沙⑦(还有凯恩霍兹本人)，他们全都个人主义太突出，因此很难形成一个特征明确的"洛杉矶学派"，但他们却能为了共同的激情暂时团结在一起。 他们的激情首先体现在渴望帮洛杉矶死水一潭的艺术世界打破学院派的束缚，尽管他们心中构想的达到这一目标所必需的手段各有千秋(比方说，抽象表现主义与特征鲜明的抽象主义这两种主张其实是针锋相对的)。 再就是热爱高速改装跑车和摩托车亚文化的激情，在此基础上产生了传记性的、审美性的同志情谊，这种亚文化自从 20 世纪 40 年代起就开始在南加州逐

① Edward Kienholz(1927—1994)，自学成才的美国前卫艺术家。 早年做过木工和机械工，1956 年在洛杉矶开办"现在"画廊(Now Gallery)，1957 年与霍普斯合作开办菲鲁斯画廊，成为该市第一家前卫艺术画廊。 1960 年他退出画廊的经营，专注于艺术创作。 1973 年，他从洛杉矶搬家去了爱达荷州并终老于此。 他的装置艺术作品一般都取房间尺寸，把假人、家具、骸骨、地毯、摆饰等元件组合在一起，还加上大量"血迹"以形成骇人的暴力场面，启发观众质疑人类生存现状及 20 世纪社会的残暴性。 现代艺术博物馆等机构收藏了他的作品。
② Billy Al Bengston(1934—)，美国画家，1958 年在菲鲁斯画廊举办第一次个人作品展。 1968—1969 年间在全美多家博物馆展出作品。
③ Ed Moses(1926—)，美国抽象派画家。
④ Craig Kauffman(1932—)，生长在洛杉矶的美国画家。 1958 年开始在菲鲁斯画廊多次举办个展，1970 年后在全美多家博物馆展出作品。 包括伦敦泰特博物馆、纽约惠特尼博物馆、现代艺术博物馆等许多世界一流博物馆都收藏了他的作品。
⑤ Robert Irwin，南加州出身的美国艺术家，受到抽象表现主义画派的影响。 他在 20 世纪 70 年代初由绘画转向抽象装置艺术作品的创作，成为装置艺术领军人物。
⑥ Larry Bell(1939—)，美国画家、雕塑家。
⑦ Ed Ruscha(1937—)，美国画家、版画艺术家、电影摄制人。 20 世纪 60 年代初即以绘画、抽象拼贴作品及版画作品而成名。 由于其天主教徒身份，他的作品受到了宗教因素的影响。

步发展起来了。

罗伯特·欧文是埃里克·达菲在洛杉矶多尔赛高中的同学，某次与劳伦斯·韦施勒①对谈时，他反复强调，用在改装汽车上的"乡土艺术"起到了重要的作用，促成了菲鲁斯群体的涌现以及他们最终打造出的"洛杉矶样式"。早先，批评家南希·马默（Nancy Marmer）曾对比过加州南北两部分的前卫人物，她也有同样的看法：

除了好莱坞的背景影响以及泛滥过度的"霓虹灯水果超市"以外，加利福尼亚的多种亚文化还有个特异的结合点，是一种规模虽小却有古怪预示性的艺术实体，如果说它并不总能直接影响到当时的波普艺术，至少也与之有着旁敲侧击的关系。例如洛杉矶的飙车世界，它有少年人制定的规则、巴洛克风格的汽车设计、糖果般明艳的色彩、对高度抛光工艺的执著，也许它更重要的影响是从20世纪40年代开始在本州南部地区繁盛起来的装饰喷漆技术的既成惯例。如果说走运的是改装汽车的形象并不特别重要的话（有个作家曾经称其为"《疯狂》杂志里的魔鬼车"②），那么，改装车技术中操控空气喷枪的手法、"糖苹果的做派"和"饰带"的用法都能多方启发人们的灵感。[119]

摩托车赛手比利·阿尔·本斯顿曾给车体外壳画上了纹章式样的涂饰，在此基础上，演化出了埃德·鲁沙以加油站和停车场为主题的摄影作品集、克雷格·考夫曼的树脂玻璃绘画、拉里·贝尔的极少主义的立

---

① Lawrence Weschler（1952— ），生长在加州的纪实类优秀作家，长期为《纽约客》撰稿，讨论政治及文化话题。著有《奇迹，宇宙》、《流亡的灾难》、《观看即忘却目睹对象之名》、《波斯尼亚的维梅尔》等。

② Mad Magazine Bosch，《MAD》是由 William Gaines 于 1952 年创办的一份美国幽默杂志，以年轻读者为对象，讽刺美国的通俗文化，取笑普通人的庸凡癖好。Bosch 一词在此是一语双关，既指 15 世纪描绘地狱场景的画家希罗尼姆斯·鲍希，又指德国工业家 Robert Bosch（1861—1942），他创办的企业 Robert Bosch GmbH 研发了发动机燃油喷注系统、VE 泵、喷油嘴、火花塞等等重要技术，为汽车工业提供设备及原配件。

方体等作品，在此过程中，本乡本土的汽车文化变成了"冷静的、半技术性的、工业化的美观艺术"，成了 20 世纪 60 年代独门功夫的"洛杉矶样式"。[120]与这一前卫艺术相呼应的，是罗杰·科尔曼①在电影里描绘的"无尽长夏"，是"妙龄女郎"②主题的小说（这本小说是一位好莱坞作家根据真实生活里自己家酷爱冲浪的女儿写成的），是"海边小子"歌曲里的假声吟唱。 这是白人孩子在汽车加冲浪的底子上演化出来的具有催眠效果的乌托邦。

　　凯恩霍兹是个重要的特例。 安妮·巴特利特·艾尔斯（Anne Bart-lett Ayres）指出，凯恩霍兹的"装置艺术发展出了著名的'洛杉矶样式'阴郁的一面"，[121]做成了一种以飙车为主题的黑色作品，与同伴们的波普荣光并辔而行。 他于 1964 年创作了《道奇 - 38 型车的后座》（*Back Seat Dodge -38*），以一幕黑色场景概括了南加州梦——这件作品大大激怒了某位右派的县督导，为此他差点儿想把新开张的县立艺术博物馆给封掉。 凯恩霍兹是个名副其实的飙车党，他"剁开"了一辆 1938 年出产的高速改装车，布置在一条"恋人小径"上，四周的草地上乱扔着废弃的啤酒瓶，还播放着"多情善感"的音乐。 前座上有一对死去的恋人严格取传教士体式相拥着，似乎象征着一段逝去的青春化入了永恒——这相当于在大毁灭发生之后阿瓦龙③和福尼采罗④之间的爱抚。 凯恩霍兹的比喻设定在一个命运多舛的年份上，它预示着最可怕

---

　　① Roger Corman（1926— ），生长在洛杉矶的电影导演、制片人。 擅长于拍摄低成本恐怖片，长期被主流电影界所忽视，但后来由于其作品预示了波普艺术中的多种主题而赢得了崇敬，启发了好莱坞的整整一代电影人。 代表作有 1964 年的《红死病的面具》（*The Masque of the Red Death*）。
　　② *Gidget*，1959 年的好莱坞电影，原小说作者为科纳（Frederick Kohner），由温德考斯（Paul Wendkos）导演，女主演是 50 年代的少年偶像迪（Sandra Dee），讲述一个海滨冲浪少女的甜美爱情故事。
　　③ Frankie Thomas Avalon（1939— ），由少年歌手出道，20 世纪 50 年代到 60 年代初的好莱坞电影明星、少年偶像，常拍摄海滨主题的电影。
　　④ Annette Funicello（1942— ），早年为迪斯尼公司工作，后成为阿瓦龙的电影搭档，也是少年偶像。 他们共同拍摄了一系列海滨电影，其中包括《海滩派对》（*Beach Party*，1963）、《健身海滩派对》（*Muscle Beach Party*，1964）、《比基尼海滩》（*Bikini Beach*，1964）等。 1987 年他们重新合作拍摄了《回到海滩》（*Back to the Beach*）。

的未来。

这种汽车-性-死亡-法西斯的整体概念也出现在洛杉矶的地下电影里,成了一类主要场面。肯尼思·安杰打过一个比方,他说洛杉矶那充满色情意味的改装车就相当于"美国人早年间崇拜的一个偶像,梅·惠斯特①";他曾解说过自己那部"被偷走的"经典作品《改装车小分队》(*Kustom Kar Kommandos*,1964—1965),强调指出,对南加州少年而言,"蕴藏着权力的改装车意味着诗意地延伸了自我的天性"。[122]安杰在整个20世纪50年代和20世纪60年代初都是好莱坞地下电影的带头人,他完全明白南加州的青春期是怎么回事儿。据传闻,这个好莱坞小子"在马克斯·莱因哈特拍的电影《仲夏夜之梦》里扮演过儿童王子,在莫里斯·科斯洛夫(Maurice Kossloff)舞蹈学校里和秀兰·邓波儿结伴学跳沙龙舞",旋即在11岁上开始了制作电影的职业生涯。他也是阿莱斯特·克劳利的热心追随者,沉迷于好莱坞恶魔般的残忍行为、同性恋和形形色色的高速机器。他写了本书《好莱坞巴比伦》(*Hollywood Babylon*),据说是"一本诽谤花名册,相当于对好莱坞的丑闻传奇做了一回现象学研究",而且他还拍摄过两部电影《天蝎座升起》(*Scorpio Rising*,1962)[这部电影里有一个片段启发了20世纪80年代的电影《蓝色天鹅绒》(Blue Velvet)]和《小分队》,表现了摩托帮派和飙车党所推崇的尼采式的色情神话。[123]

菲鲁斯画廊的艺术家与安杰共同构成了洛杉矶的汽车文化现象,托马斯·品钦写的《拍品第49号》(1966)又为它增添了新的一页,描绘了南加州依赖高速公路地图的终极存在方式,而且这本书也开创了一种即兴式叙事风格,有人把它比作乔伊斯,可它听着更像是达菲或是柯尔曼。品钦以前曾在西海岸的航天工业界替人写过技术说明书(他干的都

---

① Mae West(1892—1980),美国舞台剧及电影女演员,作品大胆表现性主题,因此一度成为美国性感偶像。由于她的胸部魅力十足,竟致有一种救生背心是以她的名字命名的。

67

是被迫用色情辞藻去描述波马克导弹①之类的活儿），因此他比菲鲁斯画廊的某些波普艺术家更明白，在南加州，改装车及其制造者们长大成人以后，就变成了洲际弹道导弹以及它们的制造者们。《拍品第49号》极度"去中心化"，不浪费分毫时间来处理其主题的间离（不像琼·狄迪翁写作"洛杉矶汽车读本"《依样行事》时的笔法），而是立刻走上了后现代的路子，他的做法能让当代的任何一名阿尔杜塞信徒②都感到满意。书中描绘的那一种现实具有层层叠叠的巴洛克特色，可最终却只是个单向度的现实（这是在克莱因瓶里体现出的马尔库塞③），"本书里的城市立即变成了一个无边无际的文本，永远应许着意义，最终却只暗示和象征了可能出现的终极现实……恍若一份'印制的线路图'"——或者根本就像一条高速公路。[124]

前卫人士的"无尽长夏"在绘画新作里表现为一种"明快的轻灵感"，可这"无尽长夏"在1965年8月兀然告终了。由于警察滥用权力、由于现有体制中的种族歧视，洛杉矶的中南部地区被激起了一场怒潮，于是有几天一度出现了"街垒公社"（这是普莱恩斯的说法）和"燃烧的城市"（这是韦斯特的说法），洛杉矶的知识分子们经常梦想着这般场面，盼着它是挣脱文化工业获得解放的一幕景象。自从好莱坞大规模展开政治迫害的那段时期以来，其实从政治上最广泛地发动了艺术家

---

① Bomarc Missile，一种地对空导弹，有多种不同型号，可以携带常规炸弹和核弹弹头，理论上专用来截击敌国发射的导弹，避免本土遭到袭击。它得名于这种导弹的两家联合研究机构：波音公司以及密歇根航空研究中心（简称MARC即"马克"）。1957—1971年间，美国、加拿大两国为防御苏联导弹的威胁，曾联合实施一项波马克导弹计划，最多时在美国境内有14处波马克导弹基地，在加拿大有2处。

② Louis Althusser(1918—1990)，出生在阿尔及利亚的法国政治哲学家、结构主义者。第二次世界大战期间应征入伍，曾被俘关入集中营。1948年获得巴黎高等师范学院哲学博士学位并留校任教，同年加入法国共产党。著有《保卫马克思》(1965)、《读资本论》(1968)、《列宁与哲学》(1969)、《意识形态与意识形态国家机器》、《矛盾与多元决定》等。他用结构主义解释马克思主义，反对一切形式的人道主义，包括社会主义人道主义。

③ 克莱因瓶是一个拓扑学模型，1882年由数学家菲立克斯·克莱因发现。它是一个封闭的曲面空间，而且只有一个面，不分内面和外面。这是一个"不可定向"的"二维紧致流型"。与此相关的是马尔库塞著有《单向度的人》。

和作家的事件就要数瓦茨暴动①，还有 1967 年 7 月在世纪城发生的警察袭击反战和平示威者的事件。 品钦写了《走进瓦茨内心之旅》（*A Journey into the Mind of Watts*），真正深刻反思了都市里的种族隔离状况，表示了强烈的同情却并不图人领情；鲁沙画了《着火的洛杉矶县立博物馆》（1965—1968）；舒尔伯格组织起了一间瓦茨作家工作室；反战的艺术家们为日落大道上的"艺术家和平塔"创作了几十件作品；地下的《洛杉矶自由新闻报》活跃兴旺；凯恩霍兹则以装置艺术作品公开谴责了战争[参看他的《便携式战争纪念》（Portable War Memorial，1968）]。[125]

更重要的是，这次造反在洛杉矶中南部地区激发了同仇敌忾的情绪和热忱锐气，从此诞生了本地的黑人艺术运动分支，在这个运动的全景里，五花八门的实践活动包罗万象，既有塔伯斯科特的方舟乐队，又有"瓦茨先知"乐队的说唱诗歌。 伯纳德·杰克逊和阿尔弗雷德·卡农于 1966 年创立了"内城文化中心"②，它发展成一个繁荣的戏剧中心，自己办起了报纸和学校。 旺达·科尔曼③、卡茂·达伍德④、昆西·特 68

---

① Watts Rebellion 或 Watts Riots，1965 年发生在洛杉矶黑人住区瓦茨的一场大规模暴乱，从 8 月 11 日开始一共持续了六天时间。 官方数据显示，在这场暴动中有 34 人死亡、1 100 人受伤、4 000 人被捕、600 座建筑物遭到损坏，大约造成了价值 3 500 万美金的财产损失，主要限于商业资产，住宅遭到的毁坏很有限。 瓦茨黑人聚居区有 99%的居民都是黑人，其余 1%则是西班牙裔和极少数犹太裔小店主。 这里的失学、失业、贫困和毒品问题都是全洛杉矶最严重的，警察的种族暴力倾向也最突出。 瓦茨暴乱的起因是加州高速公路巡警截停了一名违章驾驶的黑人及其兄弟，警察在路边查问时开始有人群聚拢，随后发生的骚动导致司机兄弟二人及其母亲全被警察拘留，就此激发了更严重的大规模骚乱。 最后由国民警卫队在洛杉矶中南部地区设立大范围的警戒线，平息了事态。 暴乱的次年，黑豹党在加州的奥克兰成立。 据认为瓦茨暴动的另一个起因是为了抗议 14 号提案，该项由加州房地产协会提出的宪法修正案实际上废止了拉姆福德公平住房法案。 瓦茨暴乱的模式在美国其他城市也有出现，比如 1964 年和 1968 年的纽约市、1967 年的底特律市和纽瓦克市、1966 年的旧金山市、1968 年的华盛顿特区、1967 年和 1968 年的巴尔的摩市、1961 年的芝加哥和克利夫兰市。

② 简称 ICCC，这是 家在 1965 年瓦茨暴乱的废墟上创办的多种族、多门类的文化活动机构，服务于洛杉矶最贫困的社区居民，由于在舞蹈、音乐、戏剧以及视觉艺术方面的成就赢得了国际声誉。 但是在伯纳德·杰克逊于 1996 年去世之后不久，这个中心即被迫关闭。

③ Wanda Coleman(1946—)，美国黑人女诗人，曾做过杂志编辑、新闻记者、剧作家，获得过 1999 年马歇尔诗歌奖。 著有《浴缸水酒》（1998）、《陌生国度里的土生子》（1996）、《手舞》（1993）、《非洲昏睡病》（1990）、《眼光之战及其他故事》（1988）等。

④ Kamau Daaood，洛杉矶生长的黑人吟诵诗人、教育家、社群艺术活动家。 他的诗歌作品除了成书以外还有 CD 问世。 他和著名的爵士乐鼓手比利·希金斯共同创办了"世界舞台表演中心"。

鲁佩①、科蒂斯·莱尔②、埃默里·伊文斯和欧詹克③等人通过小说和诗歌确立了一套特色鲜明的瓦茨土语，同时梅尔文·凡·皮伯斯④则以其歹徒版的奥德赛史诗《大流氓情歌》(*Sweet Sweetback's Badasssss Song*)首创了一种另类的黑人电影。与此同时，瓦茨节也成了一年一度歌颂团结和反叛的庆典，把文化骨干和黑人社群拉到了一起。

　　然而，洛杉矶的地下文化那个英雄时刻却转瞬即逝。当地有位艺术史学家指出，"60年代那远飞高翔的精神……土崩瓦解而且耗光了"。[126]本地极少能看见爵士乐俱乐部，也没有现代主义画廊或是现代主义收藏家，这就难免导致有一部分前卫艺术力量(包括洛杉矶的《艺术论坛》杂志)在20世纪50年代末和60年代初离开这里，搬去了曼哈顿(还有些人搬去了旧金山，比如实验电影界和诗歌界诸人的情况就是如此)。1966年的学生造反之后，迪斯尼公司的捐资者们搬走了乔纳德艺术学院⑤，在一片与世隔绝的郊区边缘地带重新建起了加州艺术学院，在那里，他们所保有的私人财产可以得到利益最大化。同时，内城的文化机构既找不到资金赞助，也得不到媒体的关注。随即，就在前卫艺术正日趋绝望时，洛杉矶本地突然涌现了企业与艺术的联合体，带来了诱惑。

---

　　① Quincy Troupe(1939—)，美国诗人、表演艺术家、杂志编辑，获得过多项美国国家级文学奖，是加州第一位官封的桂冠诗人。他的诗歌作品包括《跨环：新诗选》(2002)、《合唱》(1999)、《雪崩》(1996)、《气象报告》(1991)、《蛇背独唱》(1979)等。他还著有《迈尔斯：自传》(1989)、《我和迈尔斯》(2000)等。
　　② K. Curtis Lyle(1944—)，生长在瓦茨黑人区的美国诗人。20世纪60年代末赴华盛顿大学教书，与"黑人艺术家团体"(简称BAG)建立了密切联系。著有《电气教堂》(2003)等。
　　③ Ojenke，黑人诗人、表演艺术家。著有《思想如圆锯》、《诗选》以及剧本《乒乓球》。
　　④ Melvin Van Peebles(1932—)，美国演员、导演、编剧、作曲家，早期黑人电影的先驱。他的代表作《大流氓情歌》开创了20世纪70年代的热门电影流派"黑人趣味电影"(blaxploitation)，其特点是以走红的黑人明星扮演都市硬汉，有耸动的犯罪情节、大量打斗及飞车镜头，配以时髦的"放客"爵士乐人物造型和大量灵歌音乐。美国主流社会批评这类电影美化暴力、颂扬黑社会人物。
　　⑤ Chouinard Art Institute，1921年由乔纳德[Nelbert Chouinard(1879—1969)]在洛杉矶创办的职业艺术学校。1961年，迪斯尼兄弟主持将该学院与1883年创办的洛杉矶音乐学校合并，成立了加州艺术学院(California Institute of the Arts)，1971年落成的新校址设在巴伦西亚(Valencia)，主要培养视觉艺术和表演艺术方面的各科人才。

县立艺术博物馆的馆长莫里斯·塔奇曼"（在 20 世纪 60 年代末）想出了个多少有点儿靠不住的主意，让艺术家和企业赞助方都来加入一个艺术加技术的广泛计划"。[127]靠着《洛杉矶时报》王朝的"密西"·钱德勒赞助，塔奇曼把 76 位艺术家"嫁"给了当地的 40 家大企业。[128]结果是在 1971 年办成了一次展览，彼得·普莱艮斯曾说，这次展览是"60 年代艺术的天鹅之歌"——经过了这个里程碑式的转折点以后，就变成了 20 世纪 70 年代末和 80 年代那种由企业主宰的逐利而动的艺术体制。

　　这次展览的目录没有着意介绍哪一件已经做成的作品，只是过渡性地报道了一下以洛杉矶为中心的现代艺术正在经历着一场遂人所愿的转变。它率直而冗长地描述或记录了每一次的尝试，都是想把博物馆级的艺术家和能容忍艺术家傲慢态度的公司撮合在一起……还有，（正当越南战争打得最激烈的时候）艺术家们是如此轻易地与死硬的资本主义以及战争产业结了盟。[129]

20 世纪 60 年代初，"洛杉矶样式"意味着从本土角度去解读本市的批评-艺术策略可能达到怎样的成就，但它后来逐渐分崩离析，只变成了自我称许的粉饰，"假意尊崇着加州这片人间天堂"。[130]克里斯多弗·奈特①在写到 70 年代的时候，说洛杉矶艺术景象的内爆是一种发烧的、波普式的"地区主义"，企图填补由 60 年代的挫折留下的文化真空，而它的基础却是清淡柔和的感伤情调以及"怀疑理智主义"的态度。但是这片"坚定的地方风尚的沼泽地"里并没有生产出"能广泛服众的本地美学"，只出现了为洛杉矶的琐碎出品而设的"可恶的"庆典。[131]

　　爱德华·鲁沙的历程大概是最好的典型，足以代表菲鲁斯那一代艺

---

① Christopher Knight，《洛杉矶时报》的记者。

术家在 20 世纪 60 年代之后的贵族化走向。 虽然他仍说自己是个"地下艺术家"，但他实际上已经变成了一位君临天下的艺术天神，在一幅由肯特·特威切尔①画的五层楼高的壁画上，他那硕大无朋的肖像威严地俯瞰着市中心区。 批评家们曾经指出，鲁沙的演进过程开始于广告艺术，在 60 年代经历过几次暂短的颠覆，最后变成了"一种广告艺术，为自己做着广告，说自己是一种痛恨广告的艺术"。[132]如果鲁沙这类形象如今成了洛杉矶美好生活的标志，挂在了无数公司候见室的墙上，挂在了海滨共管式公寓的墙上，这可能是因为"（他的）本质是心甘情愿的中性立场"（比如爱德华·路西-史密斯②就曾这样指出过）。[133]在温暖的、花里胡哨的洛杉矶景色中，他的口号和商标闪闪烁烁，有些曾经似乎充满讽刺，现在却在安抚人心地宣扬着后现代状况的好处：

> 鲁沙想反映的是许多人心目中典型的加州生活那种梦幻般的状态，他想让人觉得，无论是在想法上、情感上还是在具体事件中，等级制度都已不复存在。 他是加州酷派的精髓。[134]

这个时期，波普艺术不断冷了下来，转而再一次为洛杉矶摇旗呐喊助威，而原有的洛杉矶地下艺术的幸存者们此刻正在清点着阵亡人数：埃瑞克·达菲于 1964 年在柏林的一家夜总会里死于心脏病发作，[135]肯尼思·安杰的私人电影档案于 1967 年遭到偷窃，随后他在一次兰波式的③飞

---

① Kent Twitchell(1942— ）。 洛杉矶是全美国的壁画之都，户外壁画作品逾千幅，而特威切尔则是洛杉矶名气最大的壁画家。 他擅画尺幅巨大的人物肖像，采用照相写实主义画风，通常画的都是自己的艺术家朋友，多数画在高速公路边的大楼侧面，只能在驱车经过时匆匆一瞥。

② Edward Lucie-Smith(1933— ），出生在牙买加的英国诗人、批评家。 1955—1966 年间曾在伦敦做过广告写手和艺术书籍编辑。 著有《热带的童年》(1961)、《告白与历史》(1964)等诗集，《英国艺术 1969—1970》(1970)、《象征主义艺术》(1973)、《当今美国艺术》(1985)、《今日艺术》(1977, rev. ed.1995)等艺术批评著作，主编过《1970 年代的艺术》(1980)、《1980 年代的艺术》(1990)、《20 世纪视觉艺术》(1996)等。

③ Arthur Rimbaud(1854—1891)，法国诗人，对象征主义诗歌及后来的诗歌发展有很大影响，代表作是他在 19 岁时写成的《地狱一季》(1873)。 兰波少时即成就诗名，不久便告别文坛，远离祖国到处漂泊，直到病入膏肓才回国就医，37 岁即去世。 他一生充满流浪、反叛、幻想和神秘色彩的经历成了文学神话。

行中失踪，落入浑朦之境。 当然，品钦继续深陷进自己的"地下"，变成了专写西海岸故事的特拉文①[不过，《葡萄地》(1990)则赞美着两代人之间传承了一种持抵制立场的反面文化]。 凯恩霍兹对20世纪70年代肤浅的艺术局面深为不满，他干脆搬回了爱达荷州的老家。

幸存状况最好的也是在本地的土壤里扎根最深的："瓦茨复兴"运动，另外还有一些受到其榜样激励的黑人族群的艺术运动(包括芝加哥的壁画学派)。 尽管我们将会看到，20世纪80年代企业文化的鸿运当头实际上耗尽了内城社群的艺术根基，但是却出现了说唱艺术，还有更年轻一代的拉丁美洲艺术家、诗人和作家们构成的流亡小分队也来到洛杉矶，涌现出了新的活力。 可以从本地的一桩显著事例中看出共产主义文化价值的持久魅力：最近，又一位植根于得克萨斯蓝调音乐的洛杉矶爵士乐老兵约翰·卡特②，谱写了五卷本权威的黑人版美国历史[《根与民间传说》(Roots and Folklore)]。 由于有了这部著作，由于有了霍拉斯·塔普斯科特、伯纳德·杰克逊以及内城的其他无数文化工作者的顽强坚持，在过去和未来的进步前卫艺术之间，总算保住了一丝脆弱的连贯性。

逐利而动的人

有了如同雨后春笋般涌现的画廊和博物馆,有了盖蒂信托基金会和它亮得就跟奥兹王国的尖顶一样的金钱,有了声名赫赫的洛杉矶节抢去了首场演出的大戏,甚至连布鲁克林音乐学院都不是对手……哦,还

① B. Traven(1890—1969)德语小说家，主要描写异国场景下的冒险故事以及墨西哥乡间生活。 他一生低调，拒绝透露出生地点和真实姓名。 第一次世界大战后以Ret Marcut的名字参加了德国正在兴起的共产主义运动。 20世纪20年代移居墨西哥，以特拉文的名字度过余生。 著有《死亡船》(1926)、《马德雷山珍宝》(1927)、《绞刑犯造反》(1934)、《夜访者》(1966)等。
② John Wallace Carter(1928—1991)，美国爵士乐单簧管、萨克斯管、长笛演奏家，曾与柯尔曼合作。

能有什么别的选择呢？洛杉矶，这嵌在太平洋海岸上的珠宝，真要变成未来一个世纪里艺术的麦加了。就连《纽约》杂志都这么说呢……

琳达·弗赖伊·伯纳姆①[136]

我想着60年代的全力以赴，想着我们熬过来的所有痛苦。

现在我们发现自己就快要沉到底了。

伯纳德·杰克逊（内城文化中心的主任）[137]

　　狄迪翁和邓恩公开抨击着20世纪80年代洛杉矶的几乎每一个方面，就像《少于零》那本书里的平凡主角一样，他们选择了用脚投票。不过，即令本市最有名的作家叛变到纽约去了，也很少有人注意到此事，因为新来了一批杰出人物。加长款豪华轿车一辆接一辆地开出洛杉矶国际机场，源源不断地吐出了从休斯敦来的建筑师、从伦敦来的画家、从纽约来的批评家、从东京来的设计师、从波士顿来的作曲家、从牛津来的历史学家，还有从巴黎来的游方修士。[138]这段时期欧洲大陆和世界各地的知识分子大批迁移到西海岸来，确实会让人比拟起20世纪30年代大规模的好莱坞移民潮。可以预知，"推动"这一波移民潮的因素是多种多样的：既因为撒切尔政府裁削不列颠的大学系统所造成的影响，又因为阳光地带其他地区的建筑委托任务相对减少，如此等等不一而足。然而强烈的"拉动"因素更重要：在设计行业、美术机构和精锐的大学各科系等诸多层面上，文化投资蒸蒸日上——同时电影制片厂也唱响了新的一轮塞壬之歌。再说，这批移民普遍都是彻头彻尾逐利而动的，新一代的设计师、艺术家和专业人士都开始歌颂恺撒——具体到这一回，就是歌颂起了国际房地产资本。

　　大型房地产开发商及其金融伙伴，再加上几个石油巨头和娱乐业的

---

①　Linda Frye Burnham，涉猎表演艺术、社群艺术、女性主义、艺术中的多元文化等多种主题的批评家，主持创办了《高级表演》杂志（*High Performance*，1978）、"18街艺术社团"（1988）、"公利艺术社团"（1995）、"社群艺术网"（1999）等。

大亨，这群人在背后极力鼓动，推行着公私合营的方式以图做成一种文化上层建筑，想把洛杉矶打造成一座"世界城市"。 他们惠顾艺术市场，捐赠博物馆，贴补地区研究机构和设计学校，设立建筑竞赛的奖金，控制了艺术设计和城市设计的小股力量，并影响着大众艺术资本的流向。 他们如此全面地插手高级文化的组织，并不是对老派的慈善事业有多热心，而是因为"文化"在土地开发过程中已经成了一个不可或缺的因素，同时也是不同的精英集团和区域中心展开竞争时的一个关键要素。 换言之，在老式的物质利益驱动下，巨型开发商才会支持从全面的文化意义上重新估价洛杉矶，更确切的是，要确保文化资产被集中在最大规模开发的关键节点上。

这种文化策略的背后有其漫长的历史。 "市中心区的中坚力量"历来都由守旧派的人家构成，领头的是《洛杉矶时报》的钱德勒王朝，这家人把自己祖传的财产都压在了市中心区的房地产上；自从 20 世纪 20 年代以来，这群人面临着一波离心离德的变化，大量投资都沿着威尔夏大道向西迁走了，这些守旧派竭力挣扎着要组建一个复兴的中央商务区，以此为核心把本地区"重新推为中心"。 犹太人在娱乐业、储蓄信贷业和郊区房地产业等环节的获利形成了"西区"自主的权势集团，多年来在不同的时机下，市中心区的守旧派曾试过或是抵制、或是同化他们这股势力。 与此相对，犹太精英们则继续推进着自己的空间策略，在西区集中建起住满了学术、文化机构的大楼。 最近，由于海外资本涌入，老资格的统治阶级之间的双方对立已经被替换掉了一部分，争夺中心地位的竞赛已经汇入了一个野心更大的新地区主义运动，它全力以赴地想跟旧金山和纽约市一较高下。

至晚从 20 世纪 40 年代中期开始，公共文化投资就已经成了"地区之战"中的一项变数，当时市中心区有 25 家势力最大的领袖组成了"大洛杉矶规划合作公司"（简称 GLAPI），想要谋划出一个方略来，"重新聚合"迅速走向郊区化的区域。 他们最初想在班克山上建起一座歌剧院，既能充当改造那片街坊的滩头阵地，又能对抗文化生活向西

72

移动的趋势。 然而，要盖这座歌剧院就需要融资，可直接公开融资的想法却在 1951 年的市长竞选中碰了壁，然后又在 1953 年再度碰壁，尽管这次歌剧院已经变成了一座公共体育竞技场的附属建筑。 此事导致 GLAPI 转而用起了公私合营的策略，不再推行歌剧院计划，改弦易辙地想盖一座综合性"音乐中心"。 为此筹款的同时，还展开了清理班克山、兴建道奇体育场的阵势，其领导权在 20 世纪 50 年代移交到了多萝西·（"芭菲"）·钱德勒的手里，她是《洛杉矶时报》出版人的妻子，是"密西"的婆婆，也是这家报纸社交版上的女皇。

罗伯特·戈特利布和艾琳·沃尔特曾详细地解说过，芭菲企图重新确立《洛杉矶时报》在战后洛杉矶的政治、文化诸方面的重要地位，她着魔似的百般努力，不惜"投诚"去了西区，以求在"山顶俱乐部"的犹太人精英当中为音乐中心找到盟友，这可让具有反犹倾向的各个守旧家族惊惶失措。[139]她的绝招是操纵着储蓄信贷业的暴发户马克·泰佩和霍华德·阿曼森互相怀恨、互相较劲，从中榨到了关键的捐款数额，让音乐中心得以于 1964 年最终剪彩开幕——其中包括多萝西·钱德勒厅、马克·泰佩礼堂和阿曼森剧场——而伴生的副作用则是她最终被班克山排斥在外。 短时期内，市中心区的资产价值似乎得到了振兴，而洛杉矶的高等文化也终于下定决心，手拉手地走到了一起。[140]

但是，好像正是要制衡这座音乐中心，不许它自居为市中心区的文化固着点似的，阿曼森家族和西区的其他赞助人也大量捐助了洛杉矶县立艺术博物馆，仅仅几个月之后它就在犹太区的汉考克公园一带开幕了，自从 20 世纪 40 年代末以来，西区一直在不断申明，自己不单和好莱坞关系密切，还有资格拥有独特鲜明的文化个性。 《艺术与建筑》73 杂志曾经组织过战后的"个案研究"住宅项目，如今也在富裕的西区住户当中为国际风格大兴征战，那份热忱恰如《阳光地带》一度为教区风格的复兴而奔走呼号一般。 约翰·恩特查①从 1940 年到 1962 年间一

---

① John D. Entenza(1906—1984)，主编《艺术与建筑》杂志，其后成为格雷厄姆美术研究基金会主席。 曾获美国建筑师协会授予的杰出贡献奖。

直在担任《艺术与建筑》的主编兼出版人,他一想到威尔夏大道两边都要盖上密斯风格的建筑,好莱坞山的每一寸地方都像拉米斯宣扬的、以河谷帮和帕萨迪纳为代表的工艺美术理想那副强人注目的样子,可真是不寒而栗。 恩特查自己住在圣莫尼卡溪谷的"个案研究"住宅里(这座房子就相当于西区的"枫树之家"),主持着一个当代沙龙,网罗了本地设计界的重量级权威人士,比如彼得·科拉斯诺[①]、查尔斯·埃姆斯[②]和阿尔文·勒斯蒂格[③]。 只要细细读解《艺术与建筑》杂志 20 世纪 50 年代的档案,就会发现,建筑与设计界的现代主义已经彻底变成了西区文化的象征,划分开了暴发户和殷实旧家、犹太人和非犹太人、搬家来的纽约客和世袭老牌的帕萨迪纳人。

在全市 *Kulturkampf*[④]战火遍地的当口,琼·狄迪翁正在提炼着她笔下最阴郁的形象描写,来访本地的英国设计史学家雷纳·班纳姆却在书写着对本市的真心赞美,自从 20 世纪 20 年代的强力推销时期以来,这等好话还是头一回听见。 20 世纪 50 年代英国的"独立小组"促成了波普艺术在 20 世纪 60 年代的蓬勃发展,班纳姆正是该小组里的头号理论家,他曾经定义,波普艺术是个对神圣的艺术传统"既铁面无情又不给缓刑的行刑小分队"。[141]根据这种说法,敢做敢当、只想眼前的南加州,堪称一片受到设计范例的恐怖统治清洗过的土地。[142]包括汽

----

① Peter Krasnow(1886—1979),出生在乌克兰的犹太裔美国画家,1907 年到美国接受艺术教育,1922 年后定居加州,成为此地前卫艺术群体中的一员。 早期作品以描绘城市场景和乡村风光的水彩画居多,也有木刻作品;第二次世界大战爆发后的作品则有点类似蒙特里安的风格,但是其中多出了根据犹太人历史素材提炼而成的抽象图形元素。

② Charles Eames(1907—1978),美国建筑师、设计师、电影摄影人。 1937—1940 年间在密执安州的匡溪艺术学院与沙里宁父子共同进行建筑教学与创作。 他和妻子 Ray Kaiser 共同创办了设计事务所,设计并生产模数化夹合板家具。 他们于 1941 年移居加州,1947 年建成的住家"埃姆斯住宅"全用预制钢件,成为现代主义建筑历史上的里程碑。 "个案研究"住宅也是他们的代表作。

③ Alvin Lustig(1915—1955),涉猎书籍装帧、杂志、广告、室内装修、纺织品等多个设计领域的美国现代主义图形设计师,致力于以优秀设计改善社会生活质量。 最著名的封面设计包括 1941 年的《心灵智慧》(Henry Miller, *Wisdom of the Heart*)、1949 年的《三个悲剧》(Garcia Lorca, 3 *Tragedies*)、1950 年代初的《恶之花》(Charles Baudelaire, *Flowers of Evil*)和《诗选》(Ezra Pound, *Selected Poems*)等,风格从抽象主义向象征主义逐步演变,显示出克利、米罗等画家的影响。 1944—1946 年间一度移居纽约市,在室内设计和工业设计方面实践更多。 20 世纪 50 年代从洛杉矶移民以色列。

④ 德语:文化战争。

车、[143]冲浪板、山麓住宅，还有一些所谓的"洛杉矶建筑"在内，在遭到传统批评家轻蔑的几乎每件事的身上，《洛杉矶：四种生态的建筑》(Los Angeles：The Architecture of the Four Ecologies，1971)都找到了优点。 班纳姆拒不接受以往侨民的评判标准，不肯拿"经典的"都市空间来做比较，他坚称，洛杉矶形态各异的景观及建筑之所以能获得一种"易于理解的统一性"，正得益于这个大都市里的高速公路网络，它"运用的语言是运动性的，而非纪念性的"。 他发现，这个城市的"根本梦想"——"梦想成为都市家园……美满地生活在一片驯良郊区里的了不起的布尔乔亚想象"——是一种"和谐的建筑生态"，他还严厉斥责那些批评家们自命高人一等，并没认真尊重过大众的实际渴望。为了避免任何人误解了他在书里写出的隽语，班纳姆同时还拍了一部BBC的电视纪录片：《雷纳·班纳姆热爱洛杉矶》(1972)。

班纳姆介入的效果轰动一时。 这时出现了一种新的审美气氛，它74 偏爱全部各种的"波普"感受，跃跃欲试地要把历史标准翻个个儿，再加上班纳姆本人写的精彩随笔，一起让《洛杉矶：四种生态的建筑》成为一个转折点，扭转了国际知识界对本市的评价。 人们普遍认为它是讲述洛杉矶的唯一读本，要想评特哈查皮斯①以南的加州地区发生的事件，艺术世界的评判框架始终都借重于该书树立的多项标准——地方性的、无中心的、混杂的。 面对着这番卷土重来的极力鼓吹的新气氛，只有本地的一名艺术批评家彼得·普莱艮斯提出了一种很讲原则的异议，反对把班纳姆的书奉为纶音：

> 进步建筑师那最后一道脆弱的防线被放上了内行的交易台；
> 一位貌似观察细致入微的专家瞟了一眼显然是麦草堆的东西，却
> 宣布它绿意盎然；当此之际，资本主义的不义之财那不可抗拒的

---

① Tehachapis，以东南走向贯穿加州的一条低矮山脉，位于洛杉矶北部，在莫哈维沙漠的边上，它与内华达山脉共同夹出了中央峡谷。 特哈查皮斯以南地区即为南加州，每年超过 300 天的时间是阳光普照的。

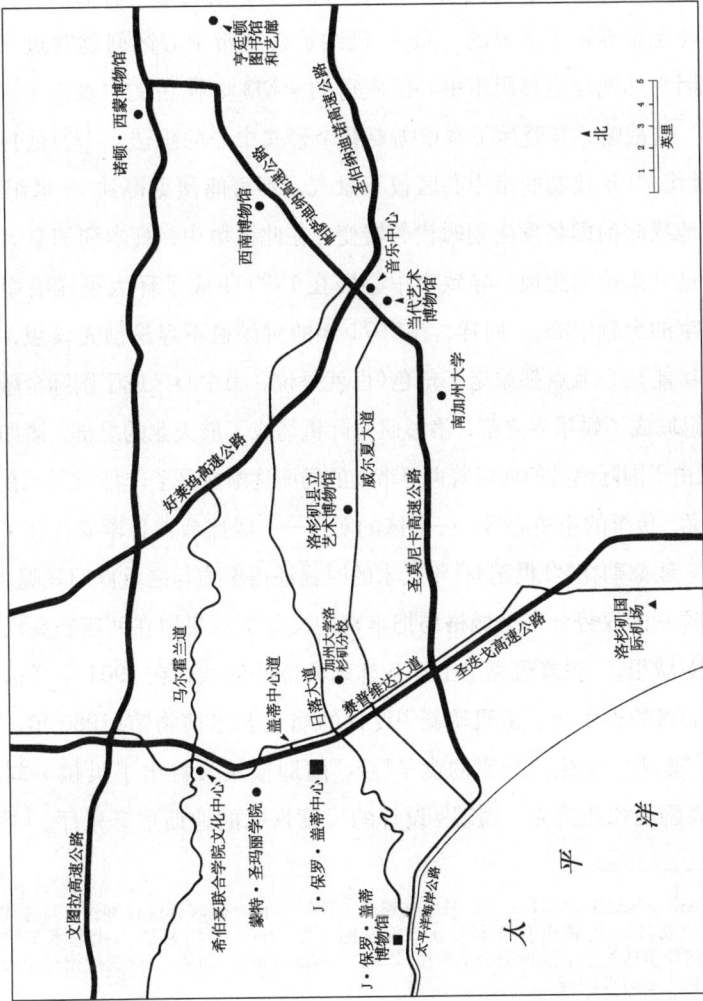

博物馆群落

北

1 2 3 4 5
英里

亨廷顿
图书馆
和艺廊

诺顿·西蒙博物馆

西南博物馆

圣伯纳迪诺高速公路

帕萨迪纳高速公路

音乐中心

当代艺术
博物馆

南加州大学

洛杉矶县立
艺术博物馆

威尔夏大道

妖莱均高速公路

圣莫尼卡高速公路

加州大学
洛杉矶分校

马尔霍兰大道

盖蒂中心大道

日落大道

赛普维达大道

圣迭戈高速公路

洛杉矶
国际机场

文图拉高速公路

希伯莱联合学院文化中心

蒙特·圣玛丽学院

J·保罗·盖蒂中心

J·保罗·盖蒂
博物馆

太平洋海岸公路

太
平
洋

太平洋

魔力就只会加快摧毁它所剩无几的绿色生机。[144]

普莱恩斯酸涩地警告着，班纳姆在意识形态层面上被人擅自滥用了，可他的话却被人置若罔闻，尽管如此，班纳姆的崇拜者们却不得不承认，他至少弄错了重要的一点。班纳姆曾就市中心区问题写过一则短文《因为那就是洛杉矶市中心区应得的一切》，他在文中摈弃了"重新聚合"的战略，并贬斥了本市需要有个形式中心的想法。[145]他只看见20世纪70年代初的市中心区很不景气，不可能预见得到20世纪80年代的地缘政治即将发生划时代的转变，在此语境中，日本和加拿大的资本到这儿来抢购土地，导致市中心区在1990年成了环太平洋沿岸仅次于东京的金融中心。同样，在1971年的时候也不容易预先设想，由于各个功能核心地点都派定了角色（也就是说，市中心区成了国际金融中心、世纪城成了娱乐界之都，洛杉矶国际机场成了航天业的总部，诸如此类），也由于国际精英们面对着世界市场的局面逐渐接受了一种无所不在的地区主义，传统的市中心区——西区的对手——居然会被日渐安抚住了，而芭菲·钱德勒在20世纪50年代末的时候还得努力与之重修旧好呢。

这种新的权势分布地域格局把丰富的文化资源集中在两座狂妄已极的艺术卫城里。顺着班克山上那条林荫大道的轴线，在1964年开幕的音乐中心旁边，盖起了由矶崎新①设计的当代艺术博物馆（1986年，它填满了"贴着'文化'标签的盒子"），随即很快又盖出了贝拉·刘易斯基②舞剧院和弗兰克·盖瑞③设计的尺度恢弘的迪斯尼音乐厅。[146]

---

① Arata Isozaki(1931—)，日本建筑师，1963年创办矶崎新设计室，以新陈代谢主义的设计成名。代表作有日本大分市国家图书馆(1966)、洛杉矶当代艺术博物馆(1986)、佛罗里达奥兰多迪斯尼公司大楼(1990)、京都音乐厅(1995)、俄亥俄州哥伦布市科学与工业中心(1999)等。

② Bella Lewitzky(1916—2004)，俄裔美国芭蕾舞演员、现代舞蹈编舞，在莫哈维沙漠里的社会主义乌托邦度过其童年时期。

③ Frank Gehry(1929—)，出生在加拿大的美国建筑师，原名Frank Owen Goldberg，1947年随家人移居洛杉矶。他被视为当代最杰出的建筑师之一，代表作有洛约拉法学院(1981—1984)、维特拉家具博物馆(1994)、西班牙毕尔巴鄂市古根海姆博物馆(1997)、体验音乐摇滚乐博物馆(2000)、洛杉矶迪斯尼音乐中心(2003)等。他于1989年获得普利茨克建筑大奖。

其他一些举世闻名的建筑师和艺术家，包括迈克尔·格雷夫斯①和大卫·霍克尼②，都在班克山的南麓地带、围绕着洛杉矶公共图书馆卷入了那些私营开发项目。同时，向西16英里，在西林区附近的赛普维达山口③那儿，（"也许是世界领先的建筑师"）[147]理查德·迈耶④正在设计着耗资三亿美元的J·保罗·盖蒂中心：它包括博物馆、图书馆和研究中心，得到了有史以来艺术领域里数额最大的一笔捐款（超过三十亿美元）。在圣迭戈高速公路对面的西林区，可敬的八旬老翁阿曼德·哈默⑤正在酝酿他自己那座妄自尊大的艺术陵寝，而加州大学洛杉矶分校那片捐款过多、建筑过多的校园里，则挤满了欧洲后现代主义的菁华侨民（近年来这群人里包括了鲍德里亚、德里达⑥和詹克斯⑦）。

　　前文提到过，在这全新的文化上层建筑中，大型开发商主宰了每一个层面。例如，市长新近组建的特别艺术工作组由托马斯·马圭尔三世掌管，他是本地区最大的商业开发商，赞助了在本地公共电视台播出

---

① Michael Graves(1934—)，美国建筑师，1960年代"纽约五人"又名"白派"中的一员。1970年代他成为后现代主义建筑的代表人物。作品包括俄勒冈州波特兰大厦、佛罗里达州迪斯尼公司天鹅与海豚旅馆、加州伯班克迪斯尼公司总部大楼、纽约市惠特尼艺术博物馆扩建、丹佛市中心图书馆等。他还设计了大量的家具和日常生活用品。

② David Hockney(1937—)，英国画家，从1961年起长期居住在南加州，由表现主义波普艺术起步，逐渐形成了独特的个人特色，以稚拙风格表达滑稽讽刺意味，笔法纯熟、用色明丽，许多作品都以加州生活场景为主题。他创作了大量蚀刻版画，也有很多摄影作品。代表作有《水花》、《浪子的历程》、《克里斯多夫·伊修伍德和唐·巴查笛》、《克拉克夫妇》等。

③ Sepulveda Pass，穿越圣莫尼卡山的山口，通过圣迭戈高速公路和赛普维达大道把洛杉矶盆地和圣费尔南多山谷连接起来。

④ Richard Meier(1934—)，美国建筑师，20世纪60年代"纽约五人"又名"白派"中的一员。他始终忠实于现代主义的建筑风格，除了早年设计的大量别墅以外，大型建筑的代表作有亚特兰大高级艺术博物馆(1984)、法兰克福装饰艺术博物馆(1984)、巴塞罗那当代艺术博物馆(1995)、加州盖蒂中心(1997)等。

⑤ Armand Hammer(1898—1990)，美国商人，涉足过畜牧业、制酒业、广播业以及石油业，20世纪50年代大量投资在"西方石油公司"。他用一生收集的大量艺术藏品在加州创办了阿曼德·哈默艺术文化中心博物馆。

⑥ Jacques Derrida(1930—2004)，法国解构主义哲学家，长期在巴黎高等师范学校任教，曾在美国霍普金斯大学和耶鲁大学担任访问教授。他的思想在20世纪60年代以后的欧美知识界很有影响，也有很大争议，是后现代思潮最重要的理论源泉之一。著有《论文字学》(1967)、《声音与现象》(1967)、《书写与差异》(1967)、《散播》(1972)、《哲学的边缘》(1972)、《立场》(1972)、《人的目的》(1980)、《马克思的幽灵》、《文学行动》等。

⑦ Charles Jencks(1939—)，美国建筑理论家，后现代主义建筑的鼓吹者，著有《后现代建筑语言》(1977)等当代建筑批评史论。

特别制作的《艺术与文化》节目，还在市中心区的图书馆大楼里收藏着大卫·霍克尼的艺术作品。 南加州最大的住宅建造商伊莱·布罗德在当代艺术博物馆的董事会里是个主事的人，他让加州广场的地价涨了12亿美元。 同时，欧文公司的老板唐纳德·布伦又是本州的头号 *lati-fundista*①，据报道，他"只为他的艺术收藏品活着"。 而在最近，市中心区的日本企业那批新生的精锐食利者也发现，文化能够滋养房地产项目。 秀和投资株式会社②在本地拥有价值10亿美元以上的优质产业，他们向布莱德利市长③提出建议，要捐赠启动性的赞助资金，给洛杉矶造一座"自由女神像"（真正获益的方案是一片解构主义的"钢云"，计划让它靠近市民中心，越过好莱坞的高速公路）。

像马圭尔、布洛德、秀和株式会社这些开发商都是市长和市议员们进行竞选活动的主要捐赠人，他们在政界都很神通广大，能保证市政当局采取的文化政策会让市中心区或西区的项目得到最大的好处，位于这些区里开发地段上的公共艺术部门或者相邻地段上的博物馆则收获到了产业的升值。 社区发展事务局吹牛说，对每个新开发项目都收取了1%的"文化税"，意在促使"建筑环境中的每一个方面都与艺术结合起来"[148]，这项政策实际上起到的主要作用是，变戏法似的补贴了市中心区的开发商，他们花费了大笔钱财来打造强悍的纪念性形式、色调寡淡的沉闷基座、法西斯味道的钢制立方形楼体，其中有一部分成本就由于减免地租或者有利可图的密度调整而得到了补偿。

再说，公共艺术和文化纪念碑甚嚣尘上，直接与之相伴的却是内城大多数地区的文化一片萧条。 林达·弗赖伊·班纳姆指出，熠熠生辉

---

① 西班牙语：大庄园主。
② Shuwa，日本最重要的房地产公司。 截至1988年，该企业拥有价值100亿美元的房产，租金年收益达到1.6亿美元，在美国持有30余座重要的办公大厦。
③ Thomas J. Bradley(1917—1998)，曾在1940—1962年间当过警察，短期做过律师后从政，1973—1993年间连任洛杉矶市的五届市长。 在他的任期内，洛杉矶人口激增、主办了奥运会、成为世界级的大都市，也发生了1992年的骚乱。 洛杉矶国际机场有以他的名字命名的国际航站楼。

的新博物馆和市中心区的时髦阁楼艺术区就像"波将金村①，在美妙纷繁的立面背后掩盖着现实真相：洛杉矶的艺术家们其实正身处绝境，纷争不断，没有职业前途，没有基金赞助，也没有住房"。[149]自从 20 世纪 70 年代末以来，学校董事会对音乐教育和艺术教育的资金赞助就一落千丈，最重要的社群艺术工坊关门大吉，各处爵士乐集会场所也一家接一家地歇业，黑人舞蹈被冷冰冰地关在门外，社区剧场日薄西山，电影界的黑人和奇卡诺人大量失去了基金支持，举世闻名的洛杉矶东区壁画运动也几乎消失得无影无踪。像瓦茨塔艺术中心、内城文化中心、双语艺术基金会这样一些有助于自我定义社群身份的关键动员机构都被迫进行了大幅度的缩减，以求能熬得过"艺术的富足年代"。[150]换句话说，内城已经是个文化空洞了，与此同时，公共、私人的艺术资本逐日大量涌进了西林区和班克山等地。它带来的后果是，黑人和奇卡诺人的文化先驱或是被大量剿灭，或是被迫离开了自己社群的支持者，撤到了大学和企业艺术体制那柄崭新的庇护伞底下。[151]

因此必须认识到，当下呈现出的文化繁荣，以及随之而来的名流-知识分子的大批涌入，其实是更大规模的社会两极分化的副产品，这种两极分化让市中心区得以复苏，西区得以致富，其代价则是内城的大片地带走向了衰败。尽管洛杉矶目前吹嘘着自己能跟纽约的文化界一拼高下，可它却并没有纽约一批接一批激进的波希米亚人和前卫分子创造出来的极其全面的艺术、文学遗产。即便是让人翘首以待的企业文化的"涓滴细流"，也多半没能落在洛杉矶的街头文化身上，没能对其有过什么滋养。1979 年，有人决定把拟建的"洛杉矶现代艺术博物馆"改名为"当代艺术博物馆"，据说，"这意味着它安排展出时将从国际视角出发，而不仅局限在地区范围内"，[152]该举措象征着一次苦心积

---

① Potemkin village：波将金(1739—1791)是俄罗斯政治家、外交家、叶卡捷琳娜女皇的宠臣。在叶卡捷琳娜女皇巡幸期间，他把破败贫穷的小乡村装点成一派繁荣景象的模范村庄，以图邀功请赏。后世便以"波将金村"称呼弄虚作假、欺骗公共舆论的"样板工程"。

80 虑的文化投资"去区域化",结果是花费了大笔艺术基金,想要引进文化(特别是从纽约引进文化),或者诱使名流们搬家到这儿来。 盖蒂家族最近斥资 3 520 万美元买下了一件 16 世纪的艺术品,其作者是不太出名的画家蓬托尔莫①,这笔钱几倍于本市支付给洛杉矶中南部地区和东部地区的年度文化预算。

艺术鸿运当头,大地却焦土一片,面对着这种态势,毫不奇怪,被引进的知识分子觉得自己就像个传教士来到了一片文化的 *tabula rasa*② 上。 由企业出资帮着办起了洛杉矶节,取代了比较平民化的洛杉矶街头演出节,而洛杉矶节的导演彼得·塞勒斯③就代表着正在"重新定义"本市的一批新贵。 他的履历中谦虚地提及,"除了洛杉矶节以外,他还是加州大学洛杉矶分校世界艺术与文化系的客座教授、西北大学的驻校艺术家,正在写一本论述当代表演艺术的随笔集,还打算开始进入电影界,导演他的第一部故事片"。 尽管"本市的大片地区都尚未定型,而且混乱一片",塞勒斯却很爱洛杉矶,因为它那"广袤的地层",因为它是"一段笨拙的青春期……(充满)萌芽时期的能量"。 "当然有那种实在幼稚、未臻完美的感觉,但是……我不认为对此只该哀叹几声——我认为这种感觉很有趣。"[153]

这种屈尊俯就的热情成了 *colon*④ 知识分子特有的标签(塞勒斯刚在洛杉矶住了两年)。 不过,对穷人的文化界寸步不让的艺术精英们同时也开始意识到,阳光地带的每座小城都遵循着自己的暴发户策略,也就是直接从世界市场的货架上收购文化的策略,可这种策略有时候却显

---

① Jacopo da Pontormo(1494—1557),原名雅各布·卡鲁奇,蓬托尔莫是他的出生地。 他是佛罗伦萨画派的后期代表人物,文艺复兴盛期画家萨尔托(Andrea del Sarto)的学生。 他的作品标新立异,开创了"矫饰主义"流派。 代表作有《约瑟在埃及》(1515)、壁画《圣母子与圣徒》(1518)、《基督入葬》等。

② 拉丁语:空白板。

③ Peter Sellars(1957—),美国舞台剧导演,曾任波士顿莎士比亚公司导演(1983—1984 年)、华盛顿特区肯尼迪中心美国国家剧院导演(1984—1986 年)。 他的导演风格新颖大胆,常将历史题材放进 20 世纪美国文化背景中。 他也在加州大学洛杉矶分校教授世界艺术与文化课程。

④ 法语:侨居的。

然难以自圆其说。 最近几年，他们发奋努力，想要找出一种诱人的模式，拿它给"洛杉矶出品文化"贴上商标。 想想1900年代初那会儿，教区风格的复兴曾经出过一臂之力，帮忙掩饰了本地的阶级斗争，像那时一样，现在也有多方在共同努力，想为"后现代的洛杉矶"构建出一种新的、和缓的意识形态，针对现时的社会两极分化现象强调其中魅力无穷、光芒四射的一面，突出申明本市在文化领域的领袖地位。 然而，由于找不出哪个象征符号能像"教区"那样统领全局，制造神话的过程眼下就只好沿着几条不同的路线齐头并进。

　　其中一条途径的典范是塞勒斯的洛杉矶节，它得到了环太平洋沿岸资本的赞助，想展示出洛杉矶作为一个种族文化大集市的一面（尽管并不一定仅限于本土的文化）。 洛杉矶是全世界唯一一个种族多样性接近甚至超过了纽约市的城市（最近对本地学童进行调查的结果显示，共有86种不同的语言），因此多元文化的特色看来显然标志着它新近自命的世界观光之旅。 不过（至今）在很大程度上这还只是一个引进战略，它所关注的焦点是要在多个精英文化机构之间组成一个交互运作网，以便丰富洛杉矶的高档艺术消费者的口味。 前文解释过，这并不意味着必须对洛杉矶本地的社群艺术中心或是形形色色的街头文化有所承诺，各大企业普遍不肯支持这些文化活动，都只认日本戏剧或者欧洲的芭蕾舞。 最糟糕的是，"企业的多元文化倾向"乐于资助引进多样化的外来产品，同时却对自家的后院不闻不问。 因此，当黑人表演艺术家提出抗议，说黑人社群在1987年的洛杉矶节期间"实际上被关在门外"的时候，他们却得到了如下的傲慢回答，"黑人社群已经在多元文化的节目里出现过了，那个节目的表演者是外国的黑人艺术家、古典爵士乐演奏者以及其他一些人"。[154]

　　20世纪90年代的洛杉矶还有另一个重要的艺术徽记，就是由弗兰克·盖瑞设计的解构主义波普建筑，据人们宣扬说，自从廊式平房出现以来，这还是洛杉矶第一次形成了重要的本地风格。 盖瑞的作品具有一种罕见的特质，能把黑色转化成波普艺术，他从两极分化的都市衰败

81

景象中回收利用了一些元素(例如粗糙的混凝土、扣环铁链、空白的后墙,如此等等),用它们明媚轻快地表现了幸福的生活方式(法学院、水族馆、电影资料馆,诸如此类)。 这是一种建筑意义上的点石成金,利用好莱坞中心区或者皮科联合区①这类"不良城市空间",结合起轻快的几何造型和复杂的有形保安系统(我们将在第四章里说到保安问题),尽力寻求最佳结果。 盖瑞说自己的某些设计方案具有"舞台布景"的特点,不足为奇,他与迪斯尼公司的总裁迈克尔·埃斯纳②拉上了一份有利可图的关系,为在佛罗里达扩建的迪斯尼乐园设计了"娱乐建筑",还在班克山上设计了迪斯尼音乐中心。[155]企业建筑的"人性形象"正在改变着洛杉矶的面貌,多处街坊被夷为平地,公共空间沦为私有产业,伴随着这一进程,盖瑞也坐稳了颇孚众望的某种权威宝座,影响了本地区的口味,时或让人回想起以往拉米斯其或是迪斯尼曾经起到的作用。

　　洛杉矶节启迪了"环太平洋沿岸的自我意识",盖瑞则架势十足地要设计出"洛杉矶特有"的综合建筑群,这些全在规划师、开发商和商界领袖们协同努力时的预想之内,他们想要铸就一种"新都市原型",明示本市的官方前景。 由于怒火万丈的私房屋主和环境保护组织对失控的开发项目群起而攻之,同时布莱德利市长也急于维护自己的个人形象,好参加 1986 年的州长竞选,于是他就组建了一个由企业牵头的特别委员会,准备做个"洛杉矶战略规划"。 由于当时刚刚举办过洛杉矶奥运会(它是当前这波推销风潮中的一个重要里程碑),因此,这个委员会居然异乎寻常地集聚了通常离心离德的洛杉矶精英阶层的注意力(其中还首次有了亚洲资本的代表)。 结果形成了一份报告《2000 年的洛杉矶:面向未来的城市》(*L. A. 2000*:*A City for the Future*,1988),它宣告诞生了"一种新的地区主义",力图为巨型开发商和高

---

　　① Pico-Union barrio,洛杉矶的一片中美洲移民聚居区,非常拥挤、贫困,缺乏管理,罪案频仍。
　　② Michael Eisner(1942—),曾在美国广播公司和派拉蒙影业公司工作,从 1984 年起担任迪斯尼公司总裁,用十年时间领导该公司摆脱了经济困境,跻身于全球最大的媒体企业之列。 他于 2005 年卸任。

级知识分子铸就共同的梦想。[156]

有趣的是,这份报告的结语作者是历史学家凯文·斯塔尔①,他提醒读者注意,洛杉矶在 20 世纪 20 年代最后一次呈现出"同心协力的"景象,当时它之所以能建立起一个"市民阶层的共同体",是因为它"具备了一种主导性的制度和一个主导性的族裔"。[157]这份报告明确提出,由于盎格鲁族裔这个 *herrenvolk*②日渐式微——也就是说,这个大都市日益变得多种族、多中心,缺少一个主导性的文化集团——本市就更是空前需要一种"主导性的制度"。 这份报告一方面明白警告大家小心上演"《刀锋行者》里的那种场景"——多种个体文化融合成大众通用的一种语言,带着敌意难消的不祥意味——另一方面则在推崇着"十字路口的城市"那种乌托邦:"一座非凡的首选城市,一个适宜于居住的社群集合体"。[158]尽管它反复指出,想要创造出一个共同的社会基础、将新移民和原住贫民都团结在内的努力已经彻底宣告失败,但是,这份报告中涉及社会公正的内容基本上却只有些许装点门面的低成本项目计划,再就是间或半心半意地提一下,大家还需要做出非常惊人的努力。 这份报告的一大讽刺在于,它强调要靠着合理组织的地区政府机构,在加州环境保护规划以及地区"共同目标"的支持下,"对增长趋势实行管理"。 从表面上看,它把南加州的经济描写成了一个快乐的黑盒子,拉动着永无止境的增长。 它似乎毫不考虑这个永动机内部可能出现什么相互冲突的因素。

过了 18 个月之后,凯文·斯塔尔出版了以自由主义立场记述本市开创历程的史书《物质美梦:20 世纪 20 年代的南加州》(*Material Dreams: Southern California Through the 1920 s*,1990),因此可以说,知识分子异乎寻常地支持了前述报告的思路,对正在走进新千年的洛杉

---

① Kevin Starr,南加州大学历史学教授,著有以"加州梦"为主题的系列著作,包括《美国人与加州梦:1850—1915》、《濒危之梦:加州的大萧条》、《物质美梦:20 世纪 20 年代的南加州》、《梦想延续:进入 20 世纪 40 年代的加州》、《严阵以待的梦想:战争与和平中的加州,1940—1950》、《梦想海岸:绝壁上的加州,1990—2003》。
② 德语:(纳粹德国所鼓吹的)天生优越的统治种族。

83　矶展开了一种专家治国论的乐观设想。 斯塔尔为《2000 年的洛杉矶》那份报告写收场白时提出的论点在这本书里得到了进一步的精心阐述，他宣称，洛杉矶是从沙漠里魔术般地用咒语变出来的，它出自于怀抱梦想的艺术家、建筑师、工程师和法人企业的想象力带来的意志坚定的行为。 尽管他在书中精彩地回顾了某些特殊场景（例如 20 世纪 20 年代的圣巴巴拉、洛杉矶建筑那段乌托邦式的肇端，诸如此类），但是讲到自由雇佣企业时期的洛杉矶时，他却略过了地平线上笼罩着的黑色的阴云。 他没用只字片语说起阶级暴力和种族暴力，因此也毫不提及任何一个历史事件的前因后果，只讲了若干具有示范效应的个人事例，讲他们是如何艰苦奋斗，求得自己的美梦成真。 这本记事著作想要媲美使徒行传那类“吹牛的书”——那类书在 20 世纪初可谓比比皆是——把本地的历史讲成了“商界和工业界的领袖人物”的英雄事迹。 但斯塔尔的关注点显然还不是要称颂前辈，他更想激励他的同时代人以为，自己也同样能够激发“南加州的美梦”。 《物质美梦》想让读者深信，是该书中的英雄们“设计了”这个城市的过去，于是，它便为今天那群逐利而动的知识分子提供了一个妄自尊大的终局：他们可以扬言自己正在设计着这个城市的未来呢。[159]

尾声：葛兰西①对阵《刀锋行者》

> 洛杉矶似乎永远都悬在下列的极端之间：在光明与黑暗之间——在肤浅与深刻之间。简而言之，它所应允的含义永远盘旋在意义的边缘。
>
> 格雷罕姆·克拉克（Grahame Clarke）[160]

---

① Antonio Gramsci(1891—1937)，20 世纪最重要的马克思主义理论家之一，意大利共产党人。 他被墨索里尼政权逮捕，死在狱中。 著有《狱中札记》(1929—1933)。 他提出了“文化霸权”、“有机知识分子”、“市民社会”、“阵地战”等概念，成为当代文化研究、后殖民主义理论中的核心问题。

　　如果你想辨别新一波极力推销洛杉矶的风潮与往昔有何不同，或许可以说，拉米斯那一代人遇上的教区复兴风尚依据了一段虚构的历史，如今关于"世界城市"的喧天鼓噪则全靠一套虚构的未来才能繁荣兴旺。　如果说，往昔的梦幻牧歌讲述了传教士及其幸福的新信徒们的故事，抹杀了一段侵占土地、施加种族暴力的历史，那么，《2000年的洛杉矶》中描绘的如歌的未来和中心城市协会则在先发制人地预防上演电影《刀锋行者》里的场面，有太多的洛杉矶人都在担心，这等场面已经躲不过去了。　在20世纪30年代和40年代，阿达米克和麦克威廉斯曾揭露说，那群极力推销洛杉矶的人站在白人至上主义的立场上，编出了一段伪造的历史，与此相仿，如今持有反对立场的知识分子也必须质疑所谓在掌控之中永远增长的神话。　一如历来的惯例，这种质疑将主要采取游击战的方式，它的战场将是五花八门多种多样的，从加州大学洛杉矶分校直到康普顿①的大街上。

　　加州大学洛杉矶分校已经做了一个勇敢的开始——要不然的话，这 84
家研究机构如今本该跟巴黎更合拍，不会分心给帕萨迪纳或者帕柯依玛②了。　有一群新兴的当代新马克思主义学者（主要是规划师和地理学家）自称为"洛杉矶学派"，他们集中兴趣研究着城市"重构"过程中相互冲突的不同分支，探寻着一种新的"灵活积累的体制"。　在他们的想象中，洛杉矶是一个由不同的空间状态组成的多棱镜，爱德华·索亚③写过一篇随笔《全都汇齐在洛杉矶了》，精辟地概括了这一想象，这篇文章在今天的地位就相当于阿达米克当年那篇著名的《洛杉矶！喷薄而出！》。

---

　　①　Compton，位于洛杉矶县的小城，被认为是洛杉矶中南部地区贫民区的核心，人口将近10万。　这里以"瘸子帮"和"血腥帮"居首的黑帮暴力活动非常猖獗，主要以拉美裔黑帮为主，也有非裔黑帮，犯罪率在加州全境内是最高的。　这里也被看作"内城"社区，文化多样性极其突出，是20世纪80年代"黑帮饶舌乐"小组NWA的诞生地。
　　②　Pacoima，位于圣费尔南多山谷东北角的一片居住街坊，20世纪50年代时，这儿的居民主要在附近的伯班克和格伦代尔工作。　20世纪70年代后，很多白人居民搬走，这个社区变成以西班牙语裔居民为主，从此也是洛杉矶最贫穷、犯罪活动最猖獗的街坊之一。
　　③　Edward Soja，加州大学洛杉矶分校城市规划系教授，后现代城市地理学家，多年以洛杉矶为蓝本研究后工业化社会的城市问题，是"洛杉矶学派"的重要成员，有大量著述。

你在洛杉矶不仅能找到硅谷的高科技产业集团、找到休斯敦那反复无常的阳光地带经济模式,还能找到铁锈地带的底特律或克里夫兰那种影响深远的产业衰退现象和破产的城市街坊。洛杉矶包含着一个波士顿、一个下曼哈顿和一个南布朗克斯,一个圣保罗和一个新加坡。也许其他城市区域全都比不上它,不能如此鲜明生动地体现出都市重构过程中如此复杂的聚合和连接。洛杉矶好像是要试着展示出自己的全部变体,用以表现出资本主义都市化在最近一段历史中会出现的所有变化形式。[161]

"洛杉矶学派"的组成人员主要是加州大学洛杉矶分校规划专业和地理专业的教师队伍,不过其他大学的学者也有参与,20 世纪 80 年代期间,它发展成一个雄心勃勃的研究策源地,能采用互动方式进行案例研究。有许多专著集中探讨着"去工业化"和"再工业化"的辩证关系,探讨着劳工的边缘化、资本的国际化,探讨着住房问题、无家可归者的问题,探讨着毫无节制的开发所造成的环境后果,探讨着增长话语的问题。尽管该学派的成员还没打定主意,自己该效仿的是"芝加哥学派"("芝加哥"是其研究的对象)还是"法兰克福学派"("法兰克福"是其研究的基地),不过实际上,"洛杉矶学派"多少有点儿二者兼顾的意思。一方面,加州大学洛杉矶分校的学者们正在系统调查着洛杉矶,另一方面,他们最感兴趣的还是循着阿多诺和霍克海姆的路数来探究这个大都市,把它当作一处"测试未来的实验室"。他们剖白道,他们自认为正在打造一种示范性的后福特主义理论的框架,研究着 21 世纪的新兴都市学。[162]他们深信本地区是一个可以透视未来的水晶球,为这种信念加油鼓劲的有弗雷德里克·詹明逊①,在他的文章《晚期资本主义的文化逻辑》(Cultural Logic of Late Capitalism)里有一

---

① Fredric Jameson(1934—),西方马克思主义政治批评家、文学批评家、理论家,曾受到结构主义哲学的影响。他的著作除了《晚期资本主义的文化逻辑》(1991)以外还有《马克思主义与形式》(1971)、《政治无意识》(1981)等。

段名言，说班克山是后现代性的"具象的总和"。[163]

"洛杉矶学派"揭露了这个"世界城市"最黑暗的侧面(用加州大学洛杉矶分校的地理学家阿兰·斯科特的话来说，这里是洛杉矶底层穷人"新的狄更斯式的地狱")，从而奚落了《2000年的洛杉矶》中描摹的乌托邦。 不过，由于他们大力宣扬洛杉矶就是未来的范式(即使多少带有几分反面乌托邦的意味)，他们会让历史研究落入目的论，同时又美化了他们想要摧毁的那种现实。 特别是索亚和詹明逊，他们各自为洛杉矶绘制不同的"后现代图景"时雄辩滔滔，于是就成了这个神话里主持仪式的神父。 在这个城市里，任何事情都有可能发生，任何东西都不够安全、耐久、靠得住；在这个城市里，所有事件总在同步发生，资本的机巧主动也在不断造就新的形式和奇观——换言之，他们那种华丽的文风让人想起马尔库塞在《单向度的人》里的夸张言辞。

在这座城市的另一端，在瓦茨和康普顿的黑人贫民区里，还有另一桩事例也能说明，彻底挣脱洛杉矶的意识形态狂想是何等困难，这就是"黑帮饶舌乐"的出现。 乔治·利普西兹①写过一篇引人入胜的《巡游在霸权集团周遭》(Cruising Around the Hegemonic Bloc，1986)[164]，他在文中执意认为，洛杉矶由少数族裔摇滚音乐家、壁画家、霹雳舞者和饶舌乐手所组成的全景，构成了一种"有机的知识界"②，他们推动着一种文化策略，想要形成"由反对派群体组成的历史集团"。 似乎是要证实他的论点，NWA(意为"有主意的黑鬼")乐队及其领衔的饶舌歌手Eazy-E③在1989年出的专辑明显热卖，《出门直奔康普顿》这

① George Raymond Lipsitz(1947—)，美国学者，就"城市边缘地带"或称"杂生状态"问题进行了大量研究，著有《时光通道：集体记忆与美国通俗文化》(1990)。

② 葛兰西在《狱中札记》里提出了"传统知识分子"与"有机知识分子"的相对概念，前者指每个社会中游离于体制外的文人、学者、艺术家，以及部分曾属于前一社会体制内的有机知识分子；后者指作为每一社会经济政治体制内的有机组成部分的那些知识分子，他们为该体制在政治和意识形态上的整合和霸权而存在、汇聚并发生作用。

③ 原名Eric Wright(1964—1995)，出生在康普顿的非裔美国饶舌歌手，黑帮饶舌乐的奠基人之一，1987年组建NWA乐队。 他很早即介入毒品买卖，最终死于艾滋病。

张专辑卖出了 50 万张，《Eazy 干的》则卖出了 65 万张，令法律治安界人士惊愕万分。 这种音乐风格的本意是要为黑人贫民区发出可信的声音（"我们首先是为自己人做这些唱片的"），近来却有人企图对它加以粉饰，NWA 乐队对此颇为不齿，于是"把这个形象推得比任何前人更极端"，"（他们）用荡妇和罪犯作背景，放进了他们那些丑恶、兽性的X 级故事①，这类故事里讲的全都是毒品交易、集体淫乱、对抗警方的事情"。[165]Eazy-E 对此的解释是，黑帮饶舌乐已经充当了洛杉矶的另类新闻媒体：

> 我们告诉大家真实的故事，在康普顿这种地方过日子会是什么样儿的。我们正在（向歌迷）讲述事实。我们就像是记者。我们告诉他们真相。我们自己人听过的谎话太多了，所以真相突兀得就像根一碰就疼的大拇指。

然而 NWA 的报道中最经久不变的一则"真相"是他们自身的贪婪："我们不是为了好玩儿才来做唱片的，我们入这行是为了挣钱。"纽约也有一支饶舌乐队"公敌"，是黑人民族主义的论坛领袖（现在这支乐队已经解散了），他们就跟 NWA 截然相反，除了不择手段地进行财富的原始积累以外，洛杉矶的黑帮饶舌乐手们拒不接受任何一种意识形态。 按理说他们是要揭露街头的现实，"实话实说"，可他们同时也造出了一个毫无批评意图的镜像，梦幻般耀武扬威地显摆着暴力行为、男权主义、贪婪心理。 无论是查尔斯·布科夫斯基还是弗兰克·盖瑞（他也在创造着洛杉矶的"社会现实主义"），黑帮饶舌乐手最怕像他们一样变成名流，落得个被糟改的下场。 NWA 乐队的四周全都是些和蔼微笑着的白人唱片公司总裁和公关人员，而这些黑帮饶舌乐手则挥舞着定制式突击步枪，阴郁地谈论着最近发生的"过路车开枪"事件以

---

① 电影分级标准，X 级电影只许成年人观看，内容涉及性、裸体、暴力情节。

及自己朋友的葬礼——就像这行当里的所有细节一样，这是一种经过"抛光"的影像。[166]

黑帮文化和好莱坞之间明显是在协同配合（这是个老掉牙的模式了），不由让人怀疑起了利普西兹提出的形成霸权反对派的论点。戴维·詹姆斯描写过洛杉矶的另一支黑帮亚文化，即20世纪70年代末到80年代初的朋客场面，他的看法很悲观，认为当代的任何一种文化实践，无论它是多么短暂、多么边缘化，都很难逃脱在"一夜之间"被"霸权媒体"同化、被重新包装的命运。NWA的体验、正在萌芽中的整个有色人种文类不那么精妙的体验，都表明好莱坞正急着要去挖掘洛杉矶的每一片拉美裔住区和黑人贫民区，搜寻所有关于自我毁灭和社群浩劫的耸人听闻的末世意象。如果这些造梦工厂制造起噩梦来就跟制造牧歌一样轻松愉快，那么，纪实现实主义的对立力量又怎样呢（当然，这个疑问让洛杉矶的阶级斗争凌驾于意识形态的图景之上了）？根据洛杉矶的多个案例研究，詹姆斯本人给出的凄凉答案是，如今只有在文化极边缘处，才会闪现反抗的"榜样时刻"，体现为一些转瞬即逝的小冲突，抵制总要变得"不出所料"。[167]

在利普西兹这种葛兰西式的乐观主义和詹姆斯这种法兰克福学派式的悲观主义之间，洛杉矶的反对派文化会有真正的机遇。几乎可以断定，葛兰西一定会指出，如果（像"洛杉矶学派"那样）以一种另类体验的眼光对本市展开根本的结构分析，就只会获得社会力量——在这一具体情况下，所谓另类体验指的就是规模庞大的洛杉矶第三世界，而这个第三世界的孩子们就将是下一个千年里的洛杉矶人。一个多种族、多语言的社会正在浮现，盎格鲁裔在其中变成了走向衰落的少数族群，因此，要插手调停通俗文化时，遇上的结构条件永远都是变动不居的。有谁能说得清，在拉美裔新移民有望获得社会、政治领域的平等地位以前，漫漫前路上的斗争岁月将会如何影响讲西班牙语的内城文化？城中之城是会住满谦恭节俭的新型台湾裔上班族群，是会解体成黑帮征战

88

不休的发条橙子①，还是会产生一种反对派的亚文化（就像纽约市在拉格泰姆时代②出现了犹太激进主义那样）——或者，也许三种情况都会发生？还有，不同族群之间的交界是会成为阻断冲突的分界线，还是会强力带动由多种族的先锋人物领军的某种另类的都市文化？

当然，"跨文化主义"如今是个含混的口号：它既定义着"霸权"文化体制的议程（鼓吹企业赞助艺术及表演活动、由它们在太平洋沿岸构成统一体的设想），又定义着反对派游击队的议程（梦想着来自不同社群背景的穷人艺术家空前地团结一致）。一方面，它留心倾听着从路易斯·阿达米克到戴维·詹姆斯发出的经典警告，说是在文化工业的首都，知识界和文化界的抵制行为即使出其不备，终归也只能陷入四面楚歌；另一方面，它却又回应着乔治·利普西兹的评论，他说，当洛杉矶的街头文化健康地和谐共处的时候，它们就放射出了异乎寻常的温暖清澈的光芒。[168]

注释：

[1] *Los Angeles*，New York 1933，p.319.

[2] 见《魅力》杂志（*Glamor*），1989 年 8 月号。

[3] 同上。

[4] Michael Sorkin, 'Explaining Los Angeles', *California Counterpoint: New West Coast Architecture 1982*, San Francisco Art Institute 1982, p.8.

[5] 特别是菲茨杰拉德写的《最后的大亨》（*The Last Tycoon*），韦斯特写的《蝗虫的日子》（*The Day of the Locust*），以及舒尔伯格写的《萨米为什么跑》（*What Makes Sammy Run*）。

[6] 'The Los Angeles Novel and the Idea of the West', in David Fine, ed., *Los Angeles in Fiction*, Albuquerque 1981, p.30.

[7] 引述于 Mark Winchell, *Joan Didion*, Boston 1980, p.122。

[8] Michael Sorkin（见上）最清楚地解释过，某种"洛杉矶话语"——某种自居为"理解力"的故弄玄虚——是如何被组织成了从"气候"、"世界末日"到"迪斯尼"、"汽车"、"未来"这么一连串可以相互置换的比喻，被加上了"云山雾罩的特性"。

[9] 引文见 Kevin Starr, *Inventing the Dream: California Through the Progressive*

---

① A Clockwork Orange，英国作家伯吉斯（Anthony Burgess[1917—1993]）发表于1962 年的著名反社会主题幻想-哲理小说，描写想象中的英国未来世界里的青少年生活历程，先是暴力、吸毒、纵欲，无恶不作，后来变成了在机械规律支配下失去人性的发条橙子。本文所指的应是其前半含义。

② Ragtime，又名"散拍乐"、"繁音拍子"或"复合旋律"的早期爵士乐，大约起源于 1890 年，盛行于第一次世界大战前后，20 世纪 20 年代后逐渐衰落。

Era，Oxford 1985，p. 85。

　　〔10〕同上，p. 76。

　　〔11〕同上，p. 58。斯塔尔充分利用了前人研究本地文化景观获得的一项成果，即 Franklin Walker，*A Literary History of Southern California*，Berkeley 1950。

　　〔12〕Joseph O'Flaherty，*Those Powerful Years：The South Coast and Los Angeles，1887—1917*，Hicksville，New York 1978，p. 67。

　　〔13〕John Ogden Pohlmann，*California's Mission Myth*，加州大学洛杉矶分校历史系博士论文，Los Angeles 1974，p. 385。

　　〔14〕Starr，同上，p. 86。

　　〔15〕同上，p. 113。

　　〔16〕20 世纪 80 年代，一阵狂热的"传教区复兴风格"的复兴浪潮席卷了南加州，因为上流社会和收藏家们重新发现了拉米斯时代的传家宝。1989 年 7 月 31 日的《商业周刊》报道说，20 世纪初由 Stickley 兄弟公司的工厂出品的一把教区风格的普通橡木长椅，五年前还只值 100 美金，现在却卖到了 2 万美元。在克里斯蒂拍卖行最近举办的一次拍卖中，影星芭芭拉·史翠珊花掉 363 000 美元，买了一只教区风格的橡木餐具柜——以她的趣味而言，她显然属于新一代的"河谷帮"。这种狂热到处势不可当，全靠帕萨迪纳的市议会果断通过了一项法案，才保住了格林兄弟建造的一些最著名的住宅，没被拆解之后分块卖掉。

　　〔17〕美国劳资关系部，'Open and Closed Shop Controversy in Los Angeles'，美国国会参议院档案，第 64 届国会第一次会议，415 号文件，pp. 5，493—495，518。

　　〔18〕达德利·戈登(Dudley Gordon)几十年如一日地领导着一小群拉米斯的忠实信徒，据他说，即使拉米斯的作品在加州已经久未付印，在西班牙却仍是极受欢迎的——西班牙人丝毫不加批评地通盘热爱着"教区神话"。（采访记录见 Lionel Roffe，*Notes of a California Bohemian*，未经发表的手稿。）

　　〔19〕Mayo，p. 137.

　　〔20〕描述艾柯公园这群无伤大雅的波希米亚人的文字见 Kevin Starr，*Material Dreams：Southern California Through the 1920s*，Oxford 1990；又见 Lionel Rolfe，*Notes of a California Bohemian*，未经出版。这份手稿中记录了对杰克·蔡特林所做的精彩访谈，这位年迈的书商追忆了米里亚姆·勒纳扮演的角色(她既是社会主义青年同盟的一名热心盟员，又是爱德华·韦斯顿的模特兼恋人)，她是石油富豪爱德华·多亨尼的私人秘书，大力帮着洛杉矶的年轻波希米亚人在多亨尼的加油站里找工作，照蔡特林说来，这群人甚至还给这位大亨的草坪除过草。

　　〔21〕见 *Laughing in the Jungle*，New York 1932，p. 211；又见 Carey McWilliams，*Louis Adamic and Shadow-America*，Los Angeles 1935，pp. 23—24，32。

　　〔22〕McWilliams，p. 26.

　　〔23〕同上。

　　〔24〕引文见 Carey McWilliams，*Southern California Country：An Isand on the Land*，New York 1946，p. 157。

　　〔25〕*Los Angeles*，New York 1933，p. 327.

　　〔26〕San Francisco Museum of Modern Art，*Painting and Sculpture in California：The Modern Era*，San Francisco 1977，pp. 27—29，93. 实际上并没有哪部历史文献记载过南加州战前的前卫艺术，或是他们与那个时代的社会斗争之间的关系。

　　〔27〕见 Ellen Landau，*Jackson Pollock：An American Saga*，New York 1989，p. 46。波洛克的兄弟桑德进过一个小画室，这家画室的年轻主人曾经师从西凯罗斯，还帮西凯罗斯装挂过壁画。然而，最近为波洛克作传的另一对传记作者 Steven Neifeh 和 Gregory White Smith 却质疑了 Landau 所说的那幅壁画对波洛克的影响。照他们的说法，波洛克在洛杉矶第一次遇见西凯罗斯的时候"奇怪地没被打动"，直等到他们一起在纽约为 1936 年的工会广场劳动节示威活动准备横幅和招贴画的时候，波洛克才折服在他的魔力之下（见 Landau，p. 284 各处）。

　　〔28〕引述于 Erna Moore，'Exil in Hollywood：Leben und Haltung deutscher Exilautoren nach ihren autobiographischen Berichten'，in Spalek and Strelka，eds，*Deutsche Exilliterature seit 1933. Tell 1：Kalifornien*，Bern and Munich 1976，p. 28（本书作者的译文）。

〔29〕 *Louis Adamic*，p.77.

〔30〕见 Carey McWilliams，*The Education of Carey McWiiliams*，New York 1978，pp.119—120。

〔31〕同上，p.119 各处。

〔32〕Robert Gottlieb and Irene Wolt，Thinking Big：The Story of the Los Angeles Times，New York 1977.这本书为描述及分析南加州提供了新的严肃基础。

〔33〕从麦克威廉斯到戈特利布和沃尔特之间，有一部重要作品算是个例外，即 Robert Fogelson，*The Fragmented Metropolis：Los Angeles，1850—1930*，Cambridge，Mass.，1967。这是一本重要的历史研究著作，内容涉及人口统计、规划和权力分析，可惜此书已经绝版。

〔34〕引述于 McWilliams，*Louis Adamic*，pp.80—81。

〔35〕*City of Night*，New York 1963，p.87.

〔36〕*Decline of the Middle Class*，New York 1935，pp.15，21—23，34，342—343，361.

〔37〕'Reuben W. Borough and the California Reform Movements'，手稿，加州大学洛杉矶分校口述历史计划，1968。

〔38〕凯里·麦克威廉斯描写道，那些领取养老金的人"以纳粹突击队高呼'胜利'般的狂暴高喊着'火腿鸡蛋！'每次'付薪担保协会'开始集会的时候，都以高喊'火腿鸡蛋！'来相互致意，而且每人上台发言之前都必须先喊这个口号。如果他忘了喊的话，群众就会高呼'火腿鸡蛋！'直到他也跟着喊起来"。（《南加州乡间》，pp.305—306。）

〔39〕David Fine，ed.，*Los Angeles in Fiction*，Albuquerque 1984，p.7，《前言》。H·L·门肯再次起到了决定性的作用，为黑色小说体裁的登场铺平了道路。他那感伤加讽刺的新闻体文风、他对委婉隐语的不屑一顾、他对地下作家的赞助，这些因素都使他成了黑色小说的教父。他在自己的《美国信使》杂志上率先推出了凯恩和范特写的短篇小说，还创办了《黑色面具》〔后来卖给了埃尔廷·沃纳（Eltinge Warner）〕，发表了哈米特、加德纳①和钱德勒的早期作品。讽刺的是，门肯自己并不爱读侦探小说。（要了解他的影响，参看 Kinsley Widmer，'The Way Out：Some Life-Style Sources of the Literary Tough Guy and the Proletarian Hero'，见 David Madden，*Tough Guy Writers of the Thirties*，Carbondale，Ill. 1968，p.6。）

〔40〕Ron Goulart，*The Dime Detectives*，New York 1988，pp.100—105.好莱坞还有另一些疲惫不堪的文学普罗分子也在用这种情调来写黑色侦探小说，其中包括 John Butler、W.T. Ballard、Frank Gruber、Roger Torrey 和 Norbert Davis。（同上第六章，'The New Wild West'。）

〔41〕Gerald Locklin，'The Day of the Painter；the Death of the Cock：Nathanael West's Hollywood Novel' in Fine，p.68.

〔42〕马洛这个一心复仇的市民角色只差一步之遥就快变成了法西斯妄想狂了。钱德勒的每部成功小说都以马洛厌恶的一个新标靶为核心：黑人、亚裔人、同性恋者、"小滑头"，还有女人更是一成不变的对象。因此，回顾一下铁石心肠的侦探英雄谱系就很有帮助：《黑色面具》在 1923 年出过一期三 K 党特辑，里面开始出现了达利（Carroll John Daly）写的爱国侦探威廉斯（Race Williams），他成了抵制（外国出生的）腐败分子的硬汉战士的原型。（参看 Goulart，pp.27—32；又见 Philip Durham，'The *Black Mask* School'，in Madden，pp.51—79。）

〔43〕*What Makes Sammy Run*？，New York 1940，p.119.本书的第一版只卖掉寥寥几本，却在左翼作家当中引起了激烈的争论，这批作家中有些人认为，格利克这个角色持有"反犹"立场。见 Neal Gabler，*An Empire of Their Own：How the Jews Invented Hollywood*，New York 1988，pp.335—338。

〔44〕"许多左倾的电影编剧和导演理所当然地被黑色电影吸引住了……（这些电影）绝对散发出了生活现实的臭气。要想向观众灌输一种感受，让他们认识到美国社会里不

---

① Erle Stanley Gardner(1889—1970)，美国侦探小说家，多年从事律师业，经常使用 A.A. Fair 和 Carleton Kendrake 这两个笔名。约在 1921 年前后开始为杂志撰写侦探小说，在书中塑造了著名人物形象马森律师（Perry Mason）。

存在完美的东西，比较容易的办法是依靠黑色电影的模棱两可，而不是接手这个体系，然后冒险加进任何颠覆性的讯息。"(Carlos Clarens, *Crime Movies*, New York 1980, pp. 195—196。)至今仍然无法揣度，一部"真正的"马克思主义的好莱坞电影究竟会呈现出怎样一副面目。　或许最接近的候选苗子是杰出的电影剧本《美国的悲剧》(*An American Tragedy*)，这是谢尔盖·爱森斯坦①和艾弗·蒙塔古②于1930年写成的剧本，当时这位苏联导演曾在好莱坞暂住，在此期间麻烦百出。　德莱塞③可能会非常欣赏这个剧本，但是派拉蒙公司见到它"对美国社会的巨大挑战"就被吓坏了，因此枪毙了拍摄计划。见 W. A. Swanberg, *Dreiser*, New York 1965, pp. 369—377。

[45] 黑色电影有一种有趣的惯例，就是把大都会本身当作电影里的主角和明星来塑造(典型地塑造成"裸露的城市"、"分裂的城市"，诸如此类)，外加上拍摄纪录片时经常用到的前卫手段。　因此，1950年代的黑色电影《一日为贼》(*Once a Thief*)就当真把"洛杉矶"列入了鸣谢名单，成为片中的一个"角色"。　(见 Dana Polan, *Power and Paranoia*, New York 1986, p. 235。)

[46] 见《班迪尼等到春天》(*Wait Until Spring Bandini*, 1938)、《去问尘土》(*Ask the Dust*, 1939)、《拉丁红》(*Dago Red*, 1940)，又见他身后出版的20世纪30年代小说《1933年是个坏年头》(*1933 Was a Bad Year*, 1985)。

[47] 见 Art and Laurie Pepper, *Straight Life: The Story of Art Pepper*, New York 1979。　佩珀的父亲加入了阿达米克颇为敬重的圣佩德罗的世界产业工人组织，佩珀在瓦茨区长大，在中央大道上学会了比博普爵士乐，毕业作品是在波伊尔高地吸食海洛因，从圣昆廷监狱光荣退休。　读过他的自传中那种饱经沧桑的经历，就会觉得布科夫斯基的电影里塑造的任何一个地狱中的角色都已相形见色。

[48] David King Dunaway, *Huxley in Hollywood*, New York 1989, pp. 222—223.

[49] 引自 'W. C. Fields and the S. O. B. on Rollerskates'，引述于 David Mogen, *Ray Bradbury*, Boston 1986, p. 5。

[50] 同上，p. 93。

[51] 引述于 Arnold Rampersad, *The Life of Langston Hughes*, vol. I , New York 1986, p. 236。

[52] 同上，p. 371。

[53] Stephen F. Milliken, *Chester Himes: A Critical Appraisal*, Columbia, Mo. 1976, p. 56.

[54] *The Quality of Hurt*, New York 1972, p. 75.

[55] Milliken, p. 75.

---

①　Sergei Mikhailovich Eisenstein(1898—1948)，苏联电影导演，曾做过建筑师和工程师，对电影蒙太奇手法有很大贡献。　执导的电影包括《罢工》(*Strike*, 1924)、《波将金战舰》(*Potemkin*, 1925)、《十月》(*October*, 1927)、《墨西哥万岁》(*Que Viva Mexico*！, 1930)、《亚历山大·聂夫斯基》(*Alexander Nevsky*, 1938)、《伊凡雷帝》(*Ivan the Terrible*, 1942—1946)。　著有《电影感觉》(1942)、《电影形式》(1949)和《电影导演笔记》(1959)。

②　Ivor Montagu(1904—1984)，英国左翼电影导演、编剧、制片人。　20世纪20年代在伦敦参与成立电影协会，将欧洲艺术电影和苏联政治电影介绍给英国知识分子和电影人，曾把爱森斯坦的著作翻译成英文。　他参与制作的电影包括 The Tonic(1928)、Day-Dreams(1928)、Blue Bottles(1928)、Wings Over Everest(1934)、Defence of Madrid(1936)、Peace and Plenty(1939)等。

③　Theodore Dreiser(1871—1945)，美国小说家，自然主义文学先驱。　曾于20世纪30年代末前往好莱坞改编自己的小说。　他的作品擅于描写个人在经济力量、生物本能、社会环境以及个人机遇的压力下成为牺牲品的故事，真实有力，富于同情，掩盖了他在技巧和修辞上的弱点。　著有《嘉莉妹妹》(1900)、《珍妮姑娘》(1911)、《金融家》(1912)、《巨人》(1914)、《德莱塞访苏印象记》(1928)、《堡垒》(1947)等。　他最伟大的作品是1925年发表的《美国的悲剧》，以纽约州一件著名谋杀案为基础，描写一个年轻人在无法抗拒的社会势力诱惑下，企图以杀人来摆脱贫困的故事。本书被誉为"美国最伟大的小说"。

［56］比如说，在法恩(Fine)文选中收录了关于洛杉矶小说的十二篇随笔，其中没有任何一处提到过海姆斯。

［57］见法恩文选第六章，Jerry Speir，'The Ultimate Seacoast：Ross Macdonald's California'。

［58］*City of Night*，New York 1963，pp.93，87.

［59］*Less Than Zero*，New York 1985，pp.207—208.

［60］当然，还有另一类作品也与最早一代的黑色小说分道扬镳了，它们重写了韦斯特笔下的形象，描写了小人物搁浅在洛杉矶-好莱坞-加州梦的空虚之中。 当代这一体裁的最佳代表大概是出生在伯班克①的剧作家约翰·斯特普林(John Steppling)，他讲述了洛杉矶的"低租金边缘地带"零散住着的房客们的破落生活(萨姆·谢泼德［Sam Sheppard］的作品也属于这个体裁)。 对他的作品的评论见 Jan Breslauer，'Chronicles of the Dream Coast'，《洛杉矶周刊》(*LA Weekly*)1990 年 1 月 16 日—2 月 1 日刊登。

［61］《洛杉矶四重奏》总共包括《黑色大丽花》(*The Black Dahlia*，1987)、《大僻壤》(*The Big Nowhere*，1988)、《洛杉矶机密》(*L.A. Confidential*，1990)以及《白人爵士乐》(*White Jazz*，即将出版)。 埃尔罗伊在纽约州伊斯特切斯特镇的一间地下层办公室里写着他那些粗制滥造的"后黑色小说"，此地远离犯罪现场 3 000 英里之遥。

［62］引述于《洛杉矶时报》1990 年 2 月 13 日的报道。

［63］*Vineland*，New York 1990，p.326.

［64］见 Dika Newlin，*Schoenberg Remembered*，Pendragon，New York 1980，p.42。这是一个在 20 世纪 30 年代师从勋伯格的十三岁神童的日记。

［65］法国移民作曲家米约②大为惊异，洛杉矶竟能容得下"艺术家、作家和音乐家的整个世界"。 总共大约有 1 万到 1.5 万名欧洲移民获准定居在西海岸，其中多为专业人士，差不多半数在南加州住过一段时间。 (见 Gerald Nash，*The American West Transformed：The Impact of the Second World War*，Bloomington，Ind. 1985，pp.194—195。)

［66］也有一些"先知先觉的"移民逆潮流而动，比如 1920 年从立陶宛来的犹太裔激进画家鲍里斯·多伊奇。

93 ［67］引文见 Gross，'Adorno in Los Angeles：The Intellectual in Emigration'，《社会中的人文学科》杂志(*Humanities in Society*)1979 年秋季号，p.342。 侨民之间原有的歧见并未被淡忘，反倒被放大了。 尽管勋伯格和斯特拉文斯基双方的友人一再努力把这两人拉在一起，可他们在洛杉矶住了十三年以后才终于同意开口交谈(他们在《创世记》套曲③首演时分别坐在威尔夏埃贝尔剧院④两边相对的位置上)。 (见 Igor Stravinsky and Robert Craft，*Dialogues*，Berkeley 1982，p.106。)

［68］见 Anthony Heilbut，*Exiled in Paradise：German Refugee Artists and Intellectuals in America*，Boston 1983，p.161。

［69］黑色小说对战后欧洲文化(特别是法国和意大利的文化)的影响范围很独特。 凯

---

① Burbank，位于洛杉矶县圣费尔南多山谷东部的一个小城，在洛杉矶市北部。1867 年由于 David Burbank 买下此地而得名，1911 年完成社团化。 从 1932 年至 20 世纪 90 年代末一直是洛克希德公司的所在地。 此地还有许多媒体及娱乐公司的总部，比如迪斯尼和华纳兄弟公司、全国广播公司西海岸总部等。

② Darius Milhaud(1892—1974)，法国新古典主义作曲家，"六人团"成员。 曾在巴西生活过，受到南美音乐的影响。 1940 年去美国，在加州奥克兰的米尔斯学院任教。1947 年回法国，1971 年退休后定居日内瓦。 曾创作过 12 部歌剧，还有交响乐、协奏曲、室内乐等多种形式的作品，音乐语言与形式非常多样化。 作品有《克里斯多弗·哥伦布》(1930)、《玻利瓦尔》(1943)、《大卫王》(1954)等。

③ 从 1944 年开始创作的以圣经《创世记》前十一章为题材的七部分套曲，参与作曲的音乐家包括阿诺德·勋伯格、伊戈尔·斯特拉文斯基、达琉斯·米约、马里奥·卡斯泰尔诺沃-泰代斯科、亚历山大·汤斯曼、恩斯特·托赫和纳撒尼尔·希尔克瑞特等七人(除了斯特拉文斯基以外其余全是犹太人)。 这是音乐史上的一部重要作品，1945 年 11 月 18 日由沃纳·詹森指挥洛杉矶詹森交响乐团进行了首演。

④ Wilshire Ebell Theatre，位于洛杉矶威尔夏大道和琉森大道交角位置上的一家 1 270 座剧院，曾是许多重要演出的首演剧场。

恩比其他人的影响力更大,他促成了一种新型的小说和电影:《邮差总按两次铃》启发了加缪的《局外人》,还被维斯康蒂①在《着魔》②里"剽窃"了,后来又有戈达尔③的重拍版本。(参看 David Madden,‘*Introduction*’,*Tough Guy Writers of the Thirties*,Carbondale,Ill. 1968,p. xvii;又见 Otto Friedrich,*City of Nets*:*Hollywood in the 1940s*,New York 1986,p. 235。)

［70］见 Martin Jay,*The Dialectical Imagination*,Berkeley 1985,p. 123。

［71］见 Gross,p. 344。

［72］Max Horkheimer and Theodor Adorno,*Dialektik der Aufklerung*,Frankfurt 1972:pp. 120—121(本书作者的译文)。

［73］*Paradies Amerika*,Berlin 1948,p. 134。

［74］*Los Angeles*:*The Architecture of Four Ecologies*,London 1971,pp. 236,247. 瓦格纳的文章从没被翻译成英文,现有的图书馆珍藏本中也很难找到《洛杉矶……南加州的两百万市民》。

［75］同上,p. 156ff(本书作者的译文)。

［76］引文见 Hans Wagener,‘Erich Maria Remarque’,Spalek and Strelka,eds,p. 595。

［77］同上。

［78］Hanns Eisler,*Fragen Sie mehr ueber Brecht*:*Gespraeche mit Hans Bunge*,Darmstadt 1986,p. 44(本书作者的译文)。

［79］见他著名的随笔,一篇关于公社生活的警世寓言,‘Ozymandias, the Utopia That Failed’,in *Tomorrow and Tomorrow and Tomorrow*,New York 1956。

［80］见 David King Dunaway,*Huxley in Hollywood*,New York 1990。无论是献身于加州"新纪元"的人还是批评它的人,似乎全都相信,它完全脱胎于 20 世纪 60 年代的"宝瓶宫时代"④。实际上它有一套复杂的亚文化谱系,通过赫胥黎和赫德联系着布鲁姆斯伯里学派以及更早的前拉斐尔派的波希米亚艺术家;此外还有比较本土化的起源,它牵涉到主张雅利安人至上(尤其是强调该种族完美的体能)的"河谷帮",还牵涉到好莱坞的迷信传统(包括很有影响力的阿莱斯特·克劳利信徒⑤的一两种恶魔基因)。

［81］Brecht,‘On Thinking About Hell’,*Poems*:*1913—1956*,Part Three,London

---

① Luchino Visconti(1906—1976),意大利电影导演,"新现实主义"电影的代表人物之一。他出生在意大利贵胄维斯康蒂公爵家族,曾在法国学习拍电影。电影作品除了《着魔》以外还有《大地在动摇》(*La Terra trema*:*Episodio del mare*,1948)、《白夜》(*Le Notti bianche*,1957)、《罗科和他的弟兄们》(*Rocco e i suoi fratelli*,1960)、《豹》(*Il Gattopardo*,1963)、《北斗七星》(*Vaghe stele dell’ Orsa*,1965)、《魂断威尼斯》(*Morte a Venezia*,1971)、《路德维希》(*Ludwig*,1972)、《无辜》(*L’ Innocente*,1976)等。

② *Ossessione*,又译《沉沦》、《对头冤家》。是维斯康蒂于 1943 年导演的电影处女作,根据凯恩的小说《邮差总按两次铃》改编。通常人们都认为这是"新现实主义"电影的开山之作。由于维斯康蒂选择以意大利的贫困地区为拍摄背景,"有辱国体",因而遭到墨索里尼的查禁。第二次世界大战结束后,因为 1943 年拍摄此片时无法与美国联系购买小说版权,此片又在美国境内遭到禁演。直到 1976 年以后,这部杰作才得以在意大利境外公映。

③ Jean-Luc Godard(1930—),法国电影导演,20 世纪 50 年代末"新浪潮"电影的代表人物。他曾在巴黎大学研读人种学,还做过记者,1954 年拍摄了第一部短片《混凝土工程》。1960 年以《精疲力竭》(*A bout de souffle*)成名,此后还拍摄过《蔑视》(*Le Mépris*,1963)、《周末》(*Weekend*,1968)、《慢动作》(*Sauve qui peut*,1980)、《新浪潮》(*Nouvelle Vague*,1990)、《永远的莫扎特》(*For Ever Mozart*,1997)、《我们的音乐》(*Notre Musique*,2004)等片。

④ The Age of Aquarius,指 20 世纪 60 年代和 70 年代的嬉皮士时期以及"新时代运动"盛期的那一段通俗文化时期。由于当时的一首歌《宝瓶宫》里有一句歌词"这是宝瓶宫时代的黎明"而得名。

⑤ 见后文《魔法师》一节译注。

1976，p. 367.

〔82〕同上，1976，p. 280。

〔83〕Dunaway，pp. 285—303.

〔84〕就此话题的探讨见 Patty Lee Parmalee，*Brecht's America*，Miami 1981。

〔85〕引文见 Bruce Cook，*Brecht in Exile*，New York 1982，p. 58。当然，曼是在洛杉矶写成了《浮士德博士》一书。

〔86〕参看 Malcolm MacDonald，*Schoenberg*，London 1978，p. 46；Julian Brand，*The Berg—Schoenberg Correspondence*，New York 1987，p. 458。麦克唐纳指出，勋伯格在加州大学洛杉矶分校是个热门人物，他"也分文不取地私下里教教约翰·凯奇①，'只要他愿意把一生奉献给音乐'。"（p. 45）

〔87〕引文见 Nash，p. 197。20 世纪 30 年代和 20 世纪 40 年代有了欧洲文化的天神们住在洛杉矶，的确从此激发了许多年轻作家和音乐家的灵感。例如好莱坞北区的一名少年由于在 1947 年见到了托马斯·曼，就受到了很大的影响，关于此事见其本人回忆录，即 Susan Sontag，'Pilgrimage'，《纽约客》杂志（*New Yorker*）1987 年 12 月 21 日刊登。

〔88〕Erna Moore，'Exil in Hollywood: Leben und Haltung deutscher Exilautoren nach ihren autobiographischen Berichten'，in Spalek and Strelka，p. 25ff.

〔89〕Nash，同上。

〔90〕与 Kevin MacMahon 的私人交谈。

〔91〕当然，制片厂的写作部门的确是真正的工厂。米尔顿·斯珀林②回忆说："你得去打卡，他们会来回巡视，看大家是不是人人都在打字。编剧楼里会安排一个瞭望哨。但凡看见华纳或者科恩③往这栋楼走过来，就会有人说'他来了'，所有的打字机就都动起来了……他（杰克·华纳）就是不明白，为什么这些人不能一直都在不停地打字。"（见 Neal Gabler，*An Empire of Their Own: How the Jews Invented Hollywood*，New York 1988，p. 324。）

〔92〕'Wissenschaftliche Erfahrungen in Amerika'，in *Stichworte. Kritische Modelle* Ⅱ，Frankfurt 1969，p. 147（本书作者的译文）。

〔93〕见 Barry Katz，*Herbert Marcuse*，London 1985。

〔94〕Leddy，*LA Weekly*，1989，p. 11。

〔95〕*The Autobiography of Robert A. Millikan*，New York 1950，p. 242。

〔96〕Farnsworth Crowder，'Los Angeles: The Heaven of Bunk-Shooters'，in *How 'Wicked' Is Hollywood?*，'Little Blue Book No. 1591'（Haldeman-Julius），Girard（Kansas），未注明日期，p. 18。

〔97〕加州理工学院重组仅仅几年之后，到 20 世纪 20 年代中期为止，本校教师发表物理学重要论文的数量、实验室吸引来的国内国际研究人员总数等诸方面都在全美国所有的大学里拔了头筹。见 Robert Kargon，*The Rise of Robert Millikan*，Ithaca 1982，p. 117。

〔98〕关于招徕橘林大道的"百万富翁区"住户的故事，见 Carey McWilliams，*California: The Great Exception*，New York 1949，pp. 260—262。关于天文台在地区建设方面所起的作用，见 Millikan，pp. 230—231。

〔99〕同上，pp. 92—101。

〔100〕同上，p. 104。

〔101〕见 Guy Finney，*The Great Los Angeles Bubble*（*A Present-Day Story of Colossal*

---

① John Cage（1912—1992），出生在洛杉矶的美国作曲家，从 20 世纪 30 年代末开始成为前卫音乐的代表人物。他质疑音乐的根本定义，认为所有声音都属于音乐范畴，代表作有《想象中的风景第四号》（1951）、《静默（4 分 33 秒）》（1952）等。

② Milton Sperling（1912—1988），美国电影制片人、编剧、导演。其作品有《坦克大决战》（*Battle of the Bulge*，1965）等。

③ Jack Cohn（1889—1956），Harry Cohn（1891—1958）。这两兄弟于 1920 年与 Joseph Brandt 合办了一家电影制片公司，1924 年更名为哥伦比亚制片公司。其中哈里·科恩尤以粗暴无情的经营管理方式而著称，但他的管理使哥伦比亚公司跻身于最成功的电影制片厂之列。

Financial Jugglery and of Penalties Paid），Los Angeles 1929。

［102］ 'Some Exceptional Opportunities in Southern California'，罗伯特·A·密立根档案，加州理工学院，帕萨迪纳，第27—29盒（两份草稿），未注明日期。

［103］Kargon, pp.162—163。

［104］Morrow Mayo, *Los Angeles*，New York 1933，pp.313—315.

［105］Crowder, pp.45—47.

［106］不过，也不能全盘否定克劳利。 在俄国革命期间，他确曾写信给托洛茨基，表白自己赞成消灭资本主义，还提议要亲自负责"从地球上扫除基督教"。 托洛茨基没给他回信。 见Wilson, p.137。

［107］参看Colin Wilson, *Aleister Crowley: The Nature of the Beast*，Wellingborough 1987，p.147；Russell Miller, *Bare-Faced Messiah: The True Story of L. Ron Hubbard*，New York 1987，p.113各处；Frank Malina, 'The Jet Propulsion Laboratory'，in Arthur Clarke, ed., *The Coming of the Space Age*，London 1967，p.67各处。

［108］Miller, pp.116—130。

［109］Miller, p.165。

［110］ 'Los Angeles: The Ecology of Evil'，《艺术论坛》杂志1972年12月第11卷，pp.67—76；又见*Sunshine Muse*，New York 1974，p.139。

［111］Valerie Wilmer, *As Serious As Your Life: The Story of the New Jazz*，London 1977，p.70；又见Barry McRae, *Ornette Coleman*，London 1988，p.16。

［112］有些爵士乐批评家更偏爱纽约，他们经常会忽视洛杉矶这一支地下乐派所起到的火种作用，它推动了由柯尔曼、科尔特兰①、泰勒②和达菲主导的"新潮"音乐。 与此类似，许多人无视现代的"纽约"舞蹈中吸取了很多来自洛杉矶的资源（即从马莎·格雷厄姆③到阿尔文·艾利④诸人）。

［113］见Robert Gordon, *Jazz West Coast*，London 1986，p.183各处。

［114］Peter Plagens, *Sunshine Muse*, p.23.

［115］约翰·恩特查主办的《加州艺术与建筑》杂志赞助了"个案研究"住宅项目，它的时间跨度为1945—1960年，确保了年轻的现代主义建筑师能依照洛杉矶的社会文化理想典范，即单幢独院住宅，盖出了彻头彻尾的实验性建筑。 第一批的六幢房子（设计师有索里亚诺和艾恩等人）展出时，吸引了将近37万名参观者，间或有人把这次展出比作（1913年）纽约市的军械库展览，认为它是现代主义在本地的初次亮相。 1989年，在"临时当代"展馆（即当代艺术博物馆的附属展馆）里不加评点地大规模回顾展出了"个案研究"住宅的发展历程，再次吸引了数万名观众。

［116］讽刺的是，许多白人"酷派"爵士乐手开始学艺时，最早都泡在20世纪40年代中央大道沿线上那一整套音乐文化里，而且在整个20世纪50年代都一直私心偏爱黑人贫民区里"更硬"、"更自由"的声音。

［117］见John Litweiler, *The Freedom Principle: Jazz After 1958*，New York 1984，pp.296—297。

［118］Lawrence Weschler, *Seeing is Forgetting: The Name of the Thing One Sees*，Berkeley 1982，p.42.

95

---

① John Coltrane(1926—1967)，出生在纽约哈莱姆区的爵士音乐家、高音萨克斯管演奏家。 于20世纪50年代中后期与小号演奏家戴维斯(Miles Davis)共同发展了"调式爵士乐"(Modal Jazz)。 他的音乐对当代爵士乐和通俗音乐仍有很大影响和启发。

② Billy Taylor(1921—　)，爵士乐作曲家、钢琴演奏家。

③ Martha Graham(1894—1991)，美国舞蹈家、舞蹈指导。 出生在匹兹堡市，少年时随家人移居圣巴巴拉并在此成名。 她的舞蹈作品经常选取历史、神话题材，参照心理分析学的理论，对现代舞的形成与传播有很大影响。 她有门人无数，"马莎·格雷厄姆舞蹈中心"至今仍在上演她的舞蹈作品。

① Alvin Ailey(1931—1989)，美国现代舞蹈家、舞蹈指导，出生在得克萨斯州，在洛杉矶学舞，曾是马莎·格雷厄姆的学生。 他的作品混合了爵士舞、现代舞和非洲土风舞的元素。 他在1958年成立了自己的舞蹈团即"美国舞剧院"，在他去世后更名为"阿尔文·艾利美国舞剧院"。

〔119〕'Pop Art in California', in Lucy Lippard, ed., *Pop Art*, New York 1966, p.140.

〔120〕Plagens, *Sunshine Muse*, p.120.

〔121〕'Berman and Kienholz: Progenitors of L. A. Assemblage', in Maurice Tuchman, ed., *Art in Los Angeles: Seventeen Artists in the 1960s*, Los Angeles 1982, p.1.

〔122〕引述于 P. Adams Sitney, *Visionary Film: The American Avant-Garde, 1943—1978*, Oxford 1974, p.125。

〔123〕同上，p.93 各处。

〔124〕Clarke, p.142.

〔125〕参看 Thomas Pynchon, 'A Journey Into the Mind of Watts', 纽约《时代》杂志，1966 年 6 月 12 日刊登，又见 Budd Schulberg, ed., *From the Ashes: Voices of Watts*, New York 1967。

〔126〕见 Christopher Knight, 'The Resurrection of John Baldessari', 《洛杉矶时报》1990 年 3 月 18 日刊登。

〔127〕Weschler, p.123.

〔128〕Maurice Tuchman, *A Report on the Art and Technology Program of the Los Angeles County Museum of Art, 1967—1971*, 洛杉矶县立艺术博物馆资料，1971, pp.9—10（论及"密西"·钱德勒的作用）。 1975 年，《洛杉矶自由新闻报》揭露说，塔奇曼和一家卖画给县立博物馆的画廊之间有不道德的金钱往来。 见 William Hackman, 'Seven Artists in Search of a Place to Hang', 《加州杂志》(*California Mgazine*)1986 年 11 月号，p.95、p.108 刊登。

〔129〕Plagens, p.165。

〔130〕同上，p.145。 论及艺术态度的问题时，普莱艮斯这样评价 20 世纪 60 年代前卫艺术的潜力："在洛杉矶艺术的全盛期，即 1966—1969 年间，有一种神话在这片土地上乃至于哈德逊河东岸的某些变节者的头脑里打转转，以为洛杉矶将是 21 世纪的艺术中心……实际情况并非如此，原因有几条……如果艺术只包括艰涩的、隐晦的、永恒的、手工制成的绘画与雕塑，那么洛杉矶就永远没有足够的密度和文化余量能提炼出艺术；这个荣名在 2001 年大概会落到休斯敦和布朗克斯南区去。 如果沃霍尔能有个双生的影子人，他可不会住在好莱坞的低洼盆地里；如果有谁能在西北大道边散落着泰式餐厅加成人电影院的那段路上把一间小小的画室维持十五年，那此人就不会是又一个沃霍尔。"（见 'Ed Ruscha, Serious' in *The Works of Ed Ruscha*, 旧金山现代艺术博物馆，1982, p.39.）

〔131〕见 Knight, 他很赞赏在 20 世纪 80 年代概念艺术兴起时的一位重要人物，即从圣莫尼卡起家的鲍尔德萨里①, 恰恰是因为他抱有"天下一家的世界主义"，拒不接受洛杉矶"褊狭的地方主义"。

〔132〕Harold Rosenberg, 引述于 Peter Plagens, *Ruscha*, p.40. 普莱艮斯在此文中勇敢地竭力维护鲁沙，说他是一位遭人歪曲的君子，"渴望着天真……以求净化海滩的视野"(p.39)。 但是事隔 25 年以后，60 年代的天真还能"天真"吗？

〔133〕*American Art Now*, New York 1985, p.52.

〔134〕同上。

〔135〕见 Vladimir Simosko and Barry Tepperman, *Eric Dolphy: A Musical Biography and Discography*, Washington, D.C. 1974。

〔136〕'Art in Limbo', 《洛杉矶周刊》1988 年 3 月 18—24 日刊登。

〔137〕杰克逊是在斯坦福大学 1988 年召开的一次关于黑人剧场状况的研讨会上讲这番话的。 见 Lawrence Christon, 'Black Theater: Its Decline Since 1960', 《洛杉矶时报年鉴》，1988 年 1 月 31 日。

〔138〕几乎随手列出一个新来者的名单，里面就会包括《洛杉矶时报》的主编和出版人、加州艺术学院的院长、洛杉矶节的导演，还有加州大学洛杉矶分校建筑与规划学院的院长。

---

① John Baldessari(1931—), 加州土生土长的艺术家，曾就读加州大学洛杉矶分校和乔纳德艺术学院等名校，20 世纪 90 年代开始获得多种终身艺术成就奖项，担任洛杉矶当代艺术博物馆董事会成员等多种艺术委员会职务，现任加州大学洛杉矶分校艺术教授。

96

[139] *Thinking Big*: *The Story of the Los Angeles Times*, New York 1977, pp. 306—320.

[140] 洛杉矶从没打算忘掉芭菲的辉煌时刻。 麦克马洪(Kevin McMahon)曾经提到: "多萝西去出席她的音乐中心的开幕庆典时, 穿了一件伊夫·圣·洛朗品牌的白色真丝长裙, 这件长裙现在还陈列在楼下休息室里男士洗手间的旁边。 这件文物穿在一具暗黑色天鹅绒的人体模型身上, 耀眼的射灯光线从头顶上照着它。 它已经发黄了, 看上去很糟糕。"(私人交谈)。

[141] 引述于 Dick Hebdige, 'In Poor Taste: Notes on Pop', in The Institute for Contemporary Art, ed., *Modern Dreams*: *The Rise and Fall of Pop*, New York 1988, p. 77。

[142] 普莱恩斯某次曾说过, "至少对南加州来说, 关键倒不太在于这个地区过去或现在的波普时机够不够成熟, 反倒在于整体的环境气氛本身——从演出生意到航空工业到郊区的戈壁滩——是不是先天就不具备波普的气质"。(*Sunshine Muse*, p. 139。)

[143] 班纳姆早年间曾就 "淫荡的汽车" 这一话题写过一篇随笔, 即 'Vehicles of Desire'(《艺术》杂志 1955 年 9 月号刊登), 这说明他未卜先知或是心灵感应式地与菲鲁斯画廊的艺术家们以及肯尼思·安杰产生了共鸣。

[144] 'Los Angeles: The Ecology of Evil', 《艺术论坛》杂志 1972 年 12 月号, 卷二, pp. 67—76。

[145] *Los Angeles*: *The Architecture of Four Ecologies*, London 1972, p. 201 各处。

[146] 关于市中心区的文化政策有一次引起纷争的探讨, 见 Jo-Anne Berelowitz, 'The Jewel in the Crown: Bunker Hill, MOCA, and the Ideology of Urban Redevelopment', 加州大学洛杉矶分校艺术史系研讨论文, 1988 年。

[147] 《洛杉矶时报》1989 年 5 月 19 日报道。 据说, 迈耶 "仔细考虑过盖蒂中心是不是应该放在一个不太富的区, 而他得出的结论是 '根据它所在地段的不同, 你看待洛杉矶的眼光就会不一样……它属于整个城市'"。(同上)

[148] 见社区改造管理部的小册子。 摄影师兼设计批评家塞库拉(Alan Sekula)说, "房地产体现出波普特征" 的现象在 1980 年代的洛杉矶属于主流文化趋势(1989 年 12 月的采访记录)。

[149] 见 Frye, 同上。 她还指出, 洛杉矶用在艺术方面的人均花销是 1.53 美元, 而纽约则是 8.87 美元, 就连迈阿密都有 5.20 美元。

[150] 同时还出现了一个问题: 由黑人或奇卡诺人-墨西哥人控制的影响力强大的电视频道付之阙如, 比不上由亚裔人或福音教会社群运作的排遣渠道。 讲西班牙语的重要电视台被控制在古巴流亡者的手里, 而黑人只拥有唯一的一家电视台, 它长期以来漠无生机, 后来也被福音教派买去了。 最终结果是形成了大都市里一种赤裸裸的双重 "信息秩序"。

[151] 例如, 南加州的奇卡诺艺术家们越来越依赖于企业赞助商提供资助, 尤其依赖饮料公司和酿酒厂, 这样他们才能巡回展出自己的作品。 记者马丁内兹(Reuben Martinez)发现, 由此造成的常见后果就是他们的作品要受到严格的审查。 (赞助上演了《Mira! 》一剧的)加拿文俱乐部的一名代伯恩哈特(Michele Bernhardt)说: '我们想尽量避免惹到别人。' '现在国内出现了很强的右翼观点, 我们不想上演任何有争议的内容。'"(见 'Toward a Rainbow Culture', 《洛杉矶周刊》1988 年 3 月 18—24 日刊登。)

[152] Berelowitz.

[153] Lizanne Fleming 的访谈('New Kid in Town'), 《帕萨迪纳周刊》(*Pasadena Weekly*)1990 年 2 月 2 日刊登。 再想想塞勒斯这么形容弗兰克·劳埃德·赖特的起居室: "房间里至少有一半墙面上都排满了主题庞杂的大部头著作, 从俄国和苏联的剧场艺术、伊斯兰艺术, 到萨满教和荣格的学说。 一个书架上杂乱塞着戏剧经典和乱七八糟的一堆破旧简装书, 作者包括杰基·格利森①、西德·西泽②和鲁迪·瓦利③"(同上)。

---

① Herbert Jackie Gleason(1916—1987), 出生在纽约市布鲁克林的美国喜剧演员, 在电视、电影和音乐领域都有很多作品。

② Sid Caesar(1922—), 美国电视喜剧演员, 也出演过百老汇音乐剧。

③ Rudy Vallee(1901—1986), 原名 Herbert Prior Vallee, 美国歌手, 在广播电台、电影和百老汇音乐剧中都有出色表现。

[154]《洛杉矶时报》1990 年 2 月 24 日刊登。 洛杉矶节的导演塞勒斯为了公平起见，从此就允诺要提出各个社群都关注的话题。 "在我曾住过的城市里，这儿的种族隔离是最厉害的。 但是当你踏上这个舞台的时候，你就是生而平等的了。"（同上）然而，他并没解释黑人社群应该怎么找到资金支持，好让自己的艺术活动和依赖企业支持的洛杉矶节在比较富裕的种族群体比肩而立。

[155] 采访 Ross Miller, 'The Master of Mudpies'。 说起盖瑞、矶崎新、格雷夫斯以及当今迪斯尼的其他"明星建筑师"的时候，批评家斯蒂芬斯（Suzanne Stephens）评论道："昨天，美国的每个建筑师都梦想着能为明智的开发商设计办公塔楼。 今天，他们都想去给迈克尔·埃斯纳打工了。"（引述于 Leon Whiteson, 'Disney Design', 《洛杉矶时报》1990 年 1 月 25 日刊登。）

[156]《2000 年的洛杉矶》是在美国商业银行公司副总裁的督导下写成的，如今"2000 年合作公司"正在贯彻实施该报告，这家公私合营机构的老板是洛克希德公司的前任总裁。

[157] L. A. 2000，p. 86.

[158] 同上。

[159] Kevin Starr, *Material Dreams*, Oxford 1990. 斯塔尔雄心勃勃地写出了《美国人与加州梦》系列，这是其中的第三卷。 他是当今的班克罗夫特①，无论是在旧金山（他在那儿当过城市图书馆的馆员），还是在洛杉矶（我们已经看到，他把《2000 年的洛杉矶》与城市背景结合起来了），他都很欣赏精英圈子里的名流，在文化两极分化的加州，斯塔尔大概是唯一正牌的"加利福尼亚知识分子"。

[160] 'The Great Wrong Place？：L. A. as Urban Milieu', in Clarke, ed., *The American City*, London 1988, p. 142.

[161] Edward Soja, *Postmodern Geographies*：*The Reassertion of Space in Critical Social Theory*, London 1989, p. 193.

[162] 然而，洛杉矶垄断"未来景象"的地位现在却受到了其他一些"观察前哨"特别是本市最大一个郊区的挑战。 一群学者以加州大学欧文分校为基地，组成了类似的"橘县学派"，获得了洛克菲勒基金会的大笔资助，他们正在研究着橘县地区，它自我标榜是后工业化社会的理想典型。

[163] 这篇随笔的最早版本发表在《新左派评论》（*New Left Review*）146 期（1984 年7—8 月号）上，题为《后现代主义，或晚期资本主义的文化逻辑》。 关于对詹明逊文中涉及洛杉矶的确切相关内容的评论，见 Mike Davis, 'Urban Renaissance and the Spirit of Postmodernism', in E. Ann Kaplan, ed., *Postmodernism and its Discontents*, London 1988, p. 79—87。

[164] 见《文化批评》杂志（*Cultural Critique*）1986/7 年冬季号，pp. 157—177。

[165] Robert Hilburn, 'Rap', 《洛杉矶时报年鉴》1989 年 4 月 2 日。

[166] 前述 Berelowitz。

[167] 参看 Hunt 对 NWA 访谈的描述。

[168] 见他的 'Poetry/Punk/Production：Some Recent Writing in L. A. ', in Kaplan, pp. 163—186。

---

① Hubert Howe Bancroft(1832—1918)，美国历史学家、出版商。 1858 年在旧金山创办了出版公司。 著有 39 卷本的鸿篇巨著《美洲太平洋沿岸各国史》(1875—1900)，是一部百科全书式的美国西部史料汇编，至今仍是很有价值的参考资料。

第二章

权势脉络

是谁在统治着洛杉矶？

> 这儿没有权势集团——只有自以为掌权的人。
>
> 奥蒂斯·钱德勒①[1]

在洛杉矶，一般人的权力观矛盾得古怪。 一方面，老百姓以为，市中心区有个权力无边的既得利益集团在统治着洛杉矶，挑头的是《洛杉矶时报》和若干大银行、石油公司、百货商店，这种想法在民间几乎已成定见。 另一方面，钱德勒傲慢地公然宣称，南加州的权力零散而不连贯，并没有一个主宰一切的霸权中心，某一学派的新闻记者都"主张根本不存在所谓的'彼处'②"，他们也都赞同这个说法。

两派意见都有一部分符合事实真相。 从美西战争③到朝鲜战争，

---

① Otis Chandler(1927—2006)，钱德勒家族出身的报人，老奥蒂斯将军的曾孙。曾执掌《洛杉矶新闻镜报》，1960 年接管《洛杉矶时报》，1980 年退休。 2000 年，钱德勒家族将《洛杉矶时报》卖给了《芝加哥论坛报》的出版商，结束了这个家族对《时报》长达百余年的控制。

② "彼处"是以"他者"为参照的表达方式，意指与普通民众身处的环境相对的权贵集聚地。

③ 1898 年 4 月 24 日—7 月 13 日之间美国和西班牙两国发生的战争，结束了西班牙在美洲的殖民统治，使美国在亚洲和拉美获得了新领土。 1898 年 12 月 10 日两国签署巴黎条约，西班牙彻底放弃古巴，割让关岛和波多黎各，并以 2 千万美元的代价向美国转让菲律宾群岛的主权。

在这半个世纪里，奥蒂斯·钱德勒挟着《洛杉矶时报》王朝，确实辖制着美国最独裁的城市权势集团之一——其实它已经近乎一个军事化机构了。 他们在劳工的尸骨上办起了自由雇佣企业，不许最早移民来的犹太人参加社会登记，听任大型房地产开发辛迪加竞相掠夺这个地区。即使在今天，在老牌保守派已经被东京、多伦多和纽约来的权势更足的玩家们取而代之以后，他们的权势——以及掠夺行为——依然在市中心区残留了重要的遗迹，影响着现在当权的布莱德利政府。

另一方面，哈里逊·格雷·奥蒂斯将军的曾孙强调指出，眼下很难断定"是谁在统治着洛杉矶"，他这话倒是说对了。 各处飞地里在20世纪20—30年代之间蓬勃兴起了娱乐业和航空工业，威尔夏走廊沿线在同一段时期里开始零星出现商业活动，打那时开始，钱德勒体系的权势集团——洛杉矶的黑色小说因它才有了浓重的黑暗色彩——就迅速丧失了它在本地区一家独大的地位。 以犹太裔和西区民主党人为主，出现了一群另起炉灶的人，循着自己决然不同的社会脉络和政治脉络，另立了一个堪相匹敌的权势集团。 最近，地区经济走向全球化，引来了新的参与者和新的权势核心，愈加撼动了旧式的权贵文化。

显然，当代的精英体系呈现出多中心的复杂格局，无论哪一个王朝102 或者大佬先生的粗鲁命令都别想让人随时俯首帖耳。 洛杉矶早就不再是个乡野小镇，"统治阶级的执行委员会"在这里独揽天下，远非散乱的财富和权势组成的网络所能概括。 南加利福尼亚就像别处一样，同样是由私有资本的灿烂群星组织起了政治权势体系，它们起到的作用相当于执掌本地事务的常设政府。 洛杉矶与众不同的一点是，有些倾向在美国其他城市里还只在演进过程当中，可在这里却已经发展到很极端的程度了。

首先，洛杉矶形成精英阶层时，通常会有各种要素在起作用，无论是本地区难以捉摸的地形变化，还是经济基础发生的突然转变，都会导致权势集团发生根本性的重组。 其间，除了有过钱德勒体系严酷的生意法则那一段插曲以外，洛杉矶的精英文化一直都比纽约、芝加哥、费城和旧金山的情况松动得多。 弗雷德里克·贾尔①曾强调指出，每一波新财富的来临都"把自己的方式强加于人，不肯对老旧精英俯首听命"。[2]目前，帝国主义新的变动方向正有利于日本财阀和本部设在曼哈顿的银行，以往这种入侵式的帝国主义曾短暂地全盘效命于贝弗利山一带的垃圾债券大王，这些人新近才刚刚倒了台。

其次，洛杉矶的精英谱系也颠覆了美国的典型排序，本来该由白人-盎格鲁-撒克逊族裔-清教徒（即 WASP）坐大，其后有天主教徒和犹太人竞相争权夺利。 在洛杉矶，非清教徒的精英早期曾经占过上风，在他们被取而代之以后，进入了 WASP 推行排外主义的漫长时代，于是，一度天下大同的洛杉矶就从文化上和统计数据上都变成了大城市中推行地方保护主义和原教旨主义最盛的地方。 特别是本地的社交界和政界都在清除、排挤犹太人精英，陡然促使统治阶级发生了分化，这种情况在全美国大概是绝无仅有的。

第三，本市到 1925 年时就已经表现出了现代发展过程中的蔓延特性，市政当局欲施行集中管理就必须凭借的空间层面因此遭到了削弱，这也预示着 20 世纪 60 年代美国都市发展的总体趋势。 从第一次世界大战时起，市中心区的一批精英自我意识日益强烈，他们一直在竭力阻止权力外泄，想要加强旧有的中央商务区在本地区的核心地位。 唯一的后果是优胜劣败式的地域之战日益升级，因为从世纪城到橘县的金三角，到处都出现了新的中心，到处都有精英群体在挑战着洛杉矶市中心区的那群地产大亨。 再说，这个大都会在政治方面极度分裂，竟甚于诸侯割据式的大芝加哥地区或者波士顿，由于这种分裂局面，权势满满的私人利益才能挟持着地方政府效命于自私的目的，比如设立保税特区。 主张 *ultra-laissez-faire*②的公共选择理论家曾赞美过这种"多个市政当局的竞争市场"，而它却不太可能在整个区域范围内催生出全面整

————————

① Frederic Cople Jaher，美国当代历史学家，专长于社会文化史研究，目前尤其关注美国的反犹历史。
② 法语：超级放任。

104

合的精英组织。

第四，"国际化的阶级构成"最近在洛杉矶完成了一次量的飞跃，超过了其他任何一个北美城市。洛杉矶在 20 世纪 60 年代曾是受WASP 控制最严密的大城市，可它现在却比纽约更能体现出多种族的多样性，既有为数极多的拉美裔体力劳工阶层，又有由日见其众的亚洲投资者构成的食利阶层。在精英层面上，自 20 世纪 80 年代初犹如海啸般袭来的日本资本已经进入了本市的政治领域，成了一群行事谨慎的大玩家。同时，来自中国、韩国和亚美尼亚的大批中产阶级移民，加上以色列人、伊朗人以及其他各地来的人，已经把洛杉矶变成了这个星球上最为动荡不宁的族裔资本主义的中心。

最后，由于洛杉矶极其强硬地阻挠着群众政治，精英阶层要博取利益所需付出的代价就几乎微不足道了，在内城或劳工选区，只需为此付出最低的资助成本或曰"涓滴滋补"。除了在 20 世纪 30 年代末自由雇佣企业碰了壁以后紧接着的那段时期、除了 1965 年的瓦茨暴动时，现代洛杉矶的权势集团从来都无需理睬左翼的重要改革家们施加的压力。这种现象的部分原因是荒谬地承续了 20 世纪初本地进步主义的遗产，那段时期城乡政府当局曾化解了党派竞争，因而压制了市民参与的机会。同时，这种现象也是借着种族势力全力暗箱操纵选区的结果，特别是以奇卡诺人为主的东区，就历史性地冲淡了非盎格鲁裔族群工人阶级的政治影响。最近，非法移民的大潮从墨西哥和中美洲涌来，也进一步拉大了劳工和选民之间的差异。尽管人口统计数据出现了划时代的逆转，盎格鲁裔族群已经变成了洛杉矶的少数族群，但是，在精英阶层制定决策时，最重要的辖制因素却仍是富裕的盎格鲁裔私房屋主（详见第三章），他们在选举中所占的分量反而比往昔更重了。

浮士德式的经济调整、社会渗透、精英阶层的反犹倾向、争夺核心地位、阶级组成结构趋于国际化、极度的政治分裂、内城的权利遭到褫夺——虽然美国的其他城市并没亦步亦趋地效仿这些趋势，却也没有哪个城市做到"像洛杉矶一样汇聚一切力量"（此处借用了本市的官方口

号）。 洛杉矶是美国历史上繁荣局面维持得最长久的城市，它一直都是
"美国城市当中了不起的盖茨比"。[3]借由个人财富的潮起潮落，洛杉
矶创造城市的真正意愿摇身一变，化作一连串的权势集团，按着共同的
"聚敛策略"调理得井井有条，而且，它们以特殊的方式嵌入了加州乃至
于全美国经济范围内更高层的权势集团（到今天则升格到了全世界范围），
因此显得更加与众不同。 再说，产生新的战略、产生新的精英，几乎无
一例外都是由于土地开发引起了政治经济方面的调整。 土地投机中变化
不定的模式有可能左右洛杉矶权势集团的本质，这是一个普遍规律。

在下文的谱系分析中，我按照历史上出现过的土地开发的主导模
式，分出三个阶段的时期架构，据此勾画出对权势精英的代系描述。
首先，从宣告成立"熊旗共和国"①到日本投降，在这一个世纪里——
也就是说，横跨了"天定命运"②的漫长时段——洛杉矶从一个人口不
足三千的不足挂齿的墨西哥村落，变成了一个人口超过三百万的大都
市。 这第一个世纪的统治者是盎格鲁裔，其间的开发目标基本上只限
于大庄园，统治阶级组织起来变成了垄断土地的投机商，他们的终极化
身就是由奥蒂斯将军创立的军事化的权势集团，自从 1889 年以后，它
在几乎长达三代人的时间里一直统治着本市。

然而，到第二次世界大战结束时，洛杉矶的市中心区和西区"增长
联盟"之间发生的分化已经日见其甚，这两个集团在经济、政治、文化
各方面都意见相左，再也谈不上有哪个权势集团能够独称霸主。 该时
代盛行的是"凯恩斯主义③的郊区化"，西区忙着为商用建筑和住宅建

---

① 又名"加利福尼亚共和国"。 1846 年 6—7 月间，加利福尼亚萨克拉门多河谷的
居民为反对墨西哥当局的统治而发起了短暂的独立暴动，于 7 月 5 日宣告成立"加利福尼
亚共和国"，即"熊旗共和国"，国旗的图案在白底上绘有面向一颗红星的一只灰熊。 7
月 9 日，斯洛特将军（John D. Sloat）率部占领旧金山和索诺马，宣布加利福尼亚共和国隶
属于合众国，并以美国国旗取代熊旗。 这次事件又被称为"熊旗暴动"。
② Manifesto Destiny，19 世纪 40 年代很多美国人的一种普遍信念，认为美国凭借
天命，有权利也有责任以武力赶走印第安土著、占据整个北美大陆、在加勒比海和太平洋
上对外扩张、推行民主和自由。 这种信念以及在它支持下的帝国主义政策一直持续到 19
世纪末。
③ 经济学家凯恩斯（John Maynard Keynes）主张，加大政府干预力度，推行政府货
币与财政计划，目的在于增加就业机会、刺激经济活动。

设提供抵押贷款，借机大大扩充了权势，与此同时，属于钱德勒派系的那批保守派则仍执意要改造市中心区的自家祖产。内城战火日炽，促使商界的犹太裔领袖和非犹太裔领袖多少有点儿打算握手言欢了（讽刺性地表现为"自由派的"布莱德利当局冒出头来），尽管如此，直到20世纪80年代，洛杉矶实际上却照旧是个"双头城市"。

过去十年间，本市的土地日趋匮乏，再加上新进场的亚洲投资，这两个因素竞相推动着开始了一段影响深远的老牌精英的重组过程。东京主宰着广阔的环太平洋沿岸"共荣圈"，洛杉矶在这个圈子里只算得上第二号城市，它变得既是主权地，又是殖民地。相形于新的地缘政治和土地经济而言，市中心区和西区之间争夺本地权势的斗争已经不复重要，余下的一个问题是，在2000年的时候将由谁来统治洛杉矶？这仍是个让人好奇的未解疑团。

明媚阳光与自由雇佣企业

诡计多端的东床娇客（19世纪40年代—50年代）

有人会说，在加利福尼亚北部，淘金者的大军残暴地蹂躏了土生土长的*加利福尼亚本地*社群，如此说来，加利福尼亚南部更常见的一种征服武器却是联姻。旧日洛杉矶地区的 *haciendados*① 都是些 *gante de razón*②，他们招来诡计多端的北佬女婿之后都遭到了巧取豪夺，如今，我们多半只有在见到美丽如画的街道名称时（比如皮科、菲盖罗亚、赛普韦达，诸如此类），才会想得起他们的尊姓大名。

19世纪20年代末，墨西哥人占据的上加利福尼亚③成了波士顿的

---

① 西班牙语：大庄园主们。
② 西班牙语：通情达理、谨慎明智的人。
③ Alta California，西班牙后裔这样称呼他们在加利福尼亚北部占据的太平洋沿岸地区。加利福尼亚的南部是半岛、北部是陆地，半岛部分为"下加利福尼亚"，陆地部分为"上加利福尼亚"。

近海殖民地，特别是圣加百列传教区和圣费尔南多传教区，为了争夺它们周围富庶的大片农地，教会和俗世的地主豪门之间一直在开展漫长的拉锯战。　本地大型牧场出产的生皮成了皮革原料，供应给新英格兰地区经过了工业革命的制鞋厂，而北佬商人们则为偏远的加利福尼亚南部海岸运来了各种货品，好歹能赶得上最起码的维多利亚文明标准。　不过，随着快速帆船在卡塔利那海峡中穿梭往来的景象日渐司空见惯，有许多水手都迷上了能在岸上找到的活色生香的多彩生活——尤其是迷上了当一当生意掮客赚点儿钱的机会，这事儿却让本地农场上的老乡们颇为不齿。

"堂"·埃布尔·斯特恩斯是最早上岸的一名北佬水手，而且实际上后来也数他最成功。　他在 19 世纪 20 年代末定居本地，先是出于策略考虑改宗了天主教，随后就做了头号大地主胡安·班迪尼的女婿。他有个马萨诸塞州的同乡"胡安"·坦普尔在洛杉矶开办了第一家商店，此人更是出人意料地娶了曼纽埃尔·涅托的女儿，要知道这位亲家翁可是本州挂头牌的牲畜大王，家里的农场能从圣加百列一直延伸到圣安娜河边。　循着这种联姻路数，另外还有二十来个北佬和一大把欧洲流浪汉也都挖到了斯特恩斯和坦普尔先探到的财脉。　"征服"①前夕，还没等波尔克派出的骑兵②打到这儿来，由于招赘了斯特恩斯，南加利福尼亚的经济已经决定性地汇入了美国体系，银版照片上的斯特恩斯每分每毫的样子都活像是旧约里的一位族长，他是上加利福尼亚的头号富翁，同时也是洛杉矶一带的海外贸易大佬。[4]

尽管生皮贸易日趋衰落，"征服战争"也让牧场经济萎靡了一阵

---

①　1845 年以前，加利福尼亚隶属于墨西哥共和国。　但美国希望把国界向西推进，占领太平洋沿岸。　于是导致墨西哥与美国之间发生战争（1846.4—1847.9），继而美国征服了加利福尼亚。

②　James Knox Polk（1795—1849），美国第 11 任总统（1845—1849）。　他在 1845 年9 月拟与墨西哥就购买新墨西哥州和加利福尼亚州等事宜进行谈判，遭到怠慢后下令美军占领有争议的地区。　1846 年 5 月，他向国会提交战争咨文，5 月 13 日国会批准宣战。1848 年 2 月 2 日，两国签署瓜达卢佩-伊达尔戈和约，墨西哥把现在的新墨西哥、犹他、内华达、亚历桑拿、加利福尼亚诸州的几乎全部土地割让给美国，得款 1.5 亿美元。

子，好在还有淘金热潮带来了数以十万计要吃饭的采矿工人，激发了几乎永无餍足的牛肉需求。牧场上每头牲畜的价格从 2 美元涨到了 50 美元，斯特恩斯以及其他盎格鲁裔的加利福尼亚人随即个个周身上下都泛出了权势和财富的油光。然后，内战爆发，大难临头了：首先，洛杉矶县遭受了一场灭顶的旱灾，山丘间漫山遍野只剩下了牲畜的森森白骨；其次，在南部的圣乔昆山谷里，著名的牲畜大亨兼土地劫掠者亨利·米勒改良了他饲养的牲畜的品种。有一群空想家梦想着要大规模兴建灌溉工程，以图重新振兴南加利福尼亚的经济，可他们却找不到本地的投资。其后，他们的牧群毁了，他们自己也为了争夺土地权属在好几十年里讼事缠身、负债累累，这些大庄园主们开始把不稳自家祖传的产业了。

北方来的皮包客(19 世纪 60 年代—70 年代)

南加利福尼亚靠养殖牲畜而存活的经济面临崩溃，与此形成鲜明对比的是，旧金山此刻正在大发其财，因为沿着康斯托克矿脉发掘到了富银矿，中太平洋铁路公司也办起来了。尽管淘金热本身并没能造就一个确切界定的加利福尼亚统治阶层，然而，由于企业投资开发康斯托克矿脉，由于联邦政府为铁路公司提供资金补贴并划拨土地，旧金山因此便形成了一支独立的资本势力，控制了从阿留申①直到下加利福尼亚的一大片太平洋坡地王国。旧金山的传奇里也有自己的"美第奇家族"，其中包括"罗尔斯顿圈子"、"四大家族"和"康斯托克矿山大王们"，正是这群人在内战结束后进军洛杉矶地区，并重组了这里的经济。

旧金山资本挺进洛杉矶其实分成两步，分别抓住了两个互不相干的机遇。当淘金热初起之际，德国犹太裔商人从西里西亚和阿尔萨斯刚到此地，便开始跟斯特恩斯等盎格鲁裔的加利福尼亚人争夺洛杉矶商界

---

① 属于美国阿拉斯加州，为长达 1 100 英里的弧形群岛。

的控制权。 其中，伊赛亚斯·W·赫尔曼是命中注定要在洛杉矶的镀金时代里当上本地最伟大的金融家的，到 19 世纪 60 年代末，他开办了第一家银行，这些商人家族把南加利福尼亚统一在一个宏大的金融-商业网络里，势力范围横跨西部的大部分地区，控制中心设在旧金山（通常是借兄弟之间瓜分劳工的方式来施行控制），而且连上了纽约、巴黎和法兰克福的国际资本中心。[5]

旱灾导致土地价格暴贬，跌到了每英亩 10 美分（1863 年时，洛杉矶县境内全部土地的总体估价只值 160 万美元），在此过程中，第二批暴发的康斯托克百万富翁和中太平洋铁路公司的富裕持股人乘机谋求自肥，开始收购南部的破产牧场。[6]不同的时代、不同的统治集团之间发生着更替，其间有一个戏剧性的标志，就是在 1868 年对埃布尔·斯特恩斯的产业进行了破产清理。 在艾尔弗雷德·鲁宾逊和（1850 年代著名的摩门教治安员）萨姆·布兰南的率领下，旧金山投资者组成一个辛迪加，重新瓜分了从圣佩德罗到圣伯纳迪诺的广阔疆域。 历史学家威廉·克拉里（William Clary）专门研究过靠着牧场售卖生意发达起来的奥梅尔维尼法律世家，他指出，出售斯特恩斯的产业一事"定下了加利福尼亚未来所有不动产推销的模式。 这是第一次有人开始系统地尝试，在全国上下推销南加利福尼亚的气候以及其他诱人心动的特点"。[7]

在斯特恩斯帝国衰亡后的十年之内，实际上每一次大规模的土地转手都落入了北加利福尼亚利益集团的彀中（只有一个重大例外，即南湾区的多明盖兹牧场）：长滩地区给了比克斯比和弗林特（他出钱买下了胡安·坦普尔的地盘），橘县南部给了欧文和弗勒德（后来又转手给了奥尼尔），卡塔利娜岛给了利克，圣加百列山谷里的一对牧场给了"幸运"·鲍德温，南部的圣克拉拉山谷给了纽霍尔，圣费尔南多的南段给了兰克希姆和范·努伊斯，圣费尔南多的北段给了波特兄弟和麦克莱，还有内华达州来的琼斯参议员变成了圣莫尼卡之"父"。 由于本地至今还没修好基础设施以求维持灌溉，就几乎不可能指望市场力量帮这些广阔的产业再做细分，变成农场。 北方人只好把自己的大农场原封不动地保留给

108

下一代，他们试过养羊，然后由于羊毛价格一路暴跌，他们又试过种植小麦和大麦，以图发家致富。 他们要把圣费尔南多山谷出产的面粉装上船，绕过合恩角，运到利物浦去，这就促使洛杉矶诞生了新兴的海运贸易。

110　　在变卖牧场的过程中出现了一对大投机商，即伊赛亚斯·赫尔曼及其合伙人，前任州长约翰·唐尼，他们在闹旱灾的那些年里始终很精明，在放高利贷，借此终于掌控了优质地产的抵押权。 1871年他们创办了农商银行，它在三十年里都一直是本市的头号金融中心。 即使在1875年，农场主们谋夺银行的控制权时，赫尔曼和唐尼的合作也熬了过来，它象征着一种比较宽泛的族裔共存。 有许多皮包客都是爱尔兰裔（唐尼、奥尼尔、奥梅尔维尼、鲍德温等人都是如此），而且有趣的是，像在旧金山一样，他们好像很容易跟那群德国犹太裔商人结成同盟。 这两个团体容身在本地神通广大的民主党阵营里，而且犹太裔经常加入市政当局的所有机构，从市议会到治安委员会频繁的"正装聚会"一个不落，这跟他们在下个世纪里处处遭人排斥的景况截然不同。（今天，在埃尔·普维布罗纪念公园里有一座小小的共济会博物馆，参观者仍可以在这儿找到成员名单、不同时期的画像和奖状等等大量证据，见证着19世纪70年代里常见的精英混同状况。）[8]

　　根据雷米·内多的记述，为了共同聚敛，新生的统治阶级此时采取的主要策略是首次协同动作，到处游说，要把洛杉矶建设成西南地区最大的铁路中心。 待到牧场经济崩溃以后，拯救经济危局的是拥有塞罗戈多和（靠近死亡谷的）帕纳明特群山银矿区的本市商人们。 由于南太平洋铁路公司在19世纪70年代初把自己的轨道修到了圣乔昆山谷，洛杉矶的领袖们就开始担心，生怕谷地里这些新的终点站会有哪个后来居上，吸走自己赖以维生的金银交易。 银行家赫尔曼和律师奥梅尔维尼率领着南太平洋铁路公司在本地的拥趸，他们把眼光放得更远，希望能让圣迭戈率先中标，入选为洲际铁路在南加利福尼亚的终点站。 南太平洋铁路公司为建成一个探到洛杉矶河边的突出部，极力争抢土地和现金补贴，惹得众人同声谴责，即便如此，赫尔曼和奥梅尔维尼却无视这一切，只管夸耀着紧随这铁马而来的繁荣将呈现出一幅光芒万丈的景象。[9]

奥蒂斯和繁荣吹捧者（19 世纪 80 年代—20 世纪 10 年代）

铁路最初让人彻底失望，它要求人们为它付出得太多，却对新的贸易几乎无所贡献。洛杉矶的人口在 1880 年时有 11 183 人，它足足等待了漫长的七年，等着南太平洋铁路公司修好它穿越新奥尔良的南部支线，在此期间，本地的物产只得取道奥格登，水果类货品都在高高山口上被冷风吹蔫了。直到 1883 年，本地预言家们在想象未来前景时仍然一心只想着纯粹的地方格局。大家照旧说养鸵鸟是一种"出色的产业"，而博物学者约翰·缪尔①则认为，养蜂业是本地区最大的指望。[10]

南太平洋铁路公司在 1883 年建成了日落支线那一截，它的对手圣达菲铁路公司随即也在 1886 年修通线路到了这儿，南加利福尼亚的地理格局和经济格局由此发生了改变。铁路公司为自己新开发的洲际铁路线花了大钱，而且它也是此地最大的土地持有人，于是就要求在洛杉矶县以及毗邻各县的飞速发展中分一大杯羹[11]（南太平洋铁路公司急于炫耀自己新采邑的魅力，为此曾向奥斯卡·王尔德②提出，只要他愿意来访洛杉矶，就为他提供一节专用车厢，还给他配备一辆私用汽车）。他们以一种迄今为止无人敢于梦想的气魄绘制了一幅增长蓝图，基本意图是要改变大牧场主的干旱农业生产方式，转变成依靠支渠灌溉的小片园艺种植。理查德·奥西强调指出，到 19 世纪 80 年代初为

① John Muir(1838—1914)，出生在苏格兰的美国博物学家，1849 年移居美国，1868 年在加利福尼亚定居。他是一位环保主义者，大力主张建立国家自然公园和环境保护区，曾步行探险阿拉斯加，其间发现了以他的名字命名的缪尔冰河。著有《加利福尼亚群山》(1894)等书。
② Oscar Wilde(1854—1900)，爱尔兰作家，19 世纪末英国唯美主义运动的主要代表，"为艺术而艺术"的倡导者。著有《道连·格林的画像》(1891)、《温德米尔夫人的扇子》(1892)、《理想丈夫》(1892)、《莎乐美》(1893)、《认真的重要》(1895)等。

止，铁路公司已经成了"加州科学化耕作产业的最大恩主"。 尤其是柑橘文化看着像一种理想的发展策略：它吸引了几千名富裕的投资者，提升了土地价值，巩固了本地区"地中海风格"的形象，刺激了旅游业，激发了城镇建设，而且最重要的是，它急剧提高了铁路货运的单价。[12]

为了把这一梦想落在实处，铁路公司指令手下的移民处、广告部、土地经纪人、旅游办公室，都和本地的推销势力结成了盟友。 多数美国人都认为洛杉矶是个神秘的地方，随着南太平洋铁路公司和圣达菲铁路公司在 1886 年展开了一场瓜分份额的战争，突然之间，数以十万计的土地投机商和好奇的游客都急着要上这儿来。 圣何塞的《时报信使》抱怨说："普通的东海岸脑袋瓜（现在）把加州想成了个乡下的小地界，它的位置就在洛杉矶的城里和四周围。"[13]

我们在前一章里已经看到，从 1886 年到 1889 年间的繁荣景象只不过是一场由于人性的弱点而引发的昏乱，与 1849 年的淘金热潮并无不同。 当时有位观察家说："看着就好像整个人类大家庭都要到这儿来，'靠天气活着，不断买进卖出边边角角的地块'。"[14]仅在 1887 年这一年里，就有两千名不动产经纪人经手了超过一亿美元额度的土地买卖（这个数字是本地区从前的净值的好几倍），还有六十座新城镇铺开了阵势，其中大多数都分布在相互竞争的铁路线的沿线。[15]虽然这场繁荣在 1889 年兀然崩溃，让许多"一日百万富翁"变得一贫如洗，但它总算在身后留下了分区灌溉的优等基础设施、郊区长途运输公司（有很多旧金山和芝加哥资本在大力支持这些运输公司），还有五万名新居民。

1890 年初，前任英国领事探察了这场繁荣留下的残骸，他注意到，重新开发洛杉矶的主要障碍在于，本地的"港口"即圣佩德罗停锚地的状况太糟糕，完全失修而且缺乏防护屏障。 那儿的条件极其恶劣，特别是在东南风狂吹的季节里，洛杉矶就不得不转道去用新奥尔良的港口（假道日落支线）。[16]历史学家威廉·伊塞尔指出，19 世纪 90 年代的

"自由港之战"①摇唇鼓舌争取联邦津贴用于修缮圣佩德罗港，同时还要反对南太平洋铁路公司在圣莫尼卡修建一个停靠港的计划，正是这场斗争"刺激形成了一群领军人物，他们很快就开始自居为本市天生的领袖阶层"。[17]

自由港联盟的主要组织者当然是奥蒂斯将军，他团结起 19 世纪 90 年代"天生的"统治阶级，与此同时还推动《洛杉矶时报》成了本地区的头号大报（本地的四份日报中只有它毫无疑问是在支持本市的港口）。[18] 许多老一代的"皮包客"，比如兰克希姆、科尔和斯劳森，都站在南太平洋铁路公司那一边，等到自由港赢得胜利以后，他们再也没能恢复已经丧失的权势。比他们到得晚的"皮包客"包括了两群天差地别的初来乍到者。其中一群人是与铁路公司携手合作的专业开发者——比如霍巴特·惠特利、摩西·舍曼、伊莱·克拉克、H·L·威尔科克斯以及诸如此类很多人——他们循着西部的土地繁荣追过来，一直追到了太平洋岸边最偏远的边疆。[19]另一群人则是一批来此避难的东部移民，多半都是名门贵胄，或是因病（比如德怀特·威拉德和哈里·钱德勒都是肺病患者），或是因为事业碰壁（我们已经发现，奥蒂斯就曾想谋求个联邦官员的位置而不可得），都跑到洛杉矶来寻找自己"最后的机遇"。

尽管这群成色混杂的精英并不比一群失意的土地投机客强出多少，但他们却响应着奥蒂斯提出的口号"新开端"，投身于美国历史上最有雄心壮志的城市建设计划。他们毫不客气地立志要用一代人的时间超过旧金山，为此一直让洛杉矶保持着战争动员状态，发动全民展开了自我推销和改善现状的工作。当然，他们的主要盟友依旧是铁路公司，而且他们的共同利益明显是高于一切的，所以即使当自由港联盟还在跟南太平洋铁路公司做斗争的时候，（由同一群人控制着的）商会也没断了与"章鱼"②

113

——————————

① 指洛杉矶商会与亨廷顿、南太平洋铁路公司之间发生的斗争。最后商会获得胜利，维护了洛杉矶的自由港地位，使之摆脱了南太平洋铁路公司的制约。
② 比喻跨国公司之类大型集团，由中心部门控制着许多强大的分支机构。此处是指南太平洋铁路公司。

联手，一起在美国东部推销洛杉矶。双方都认同一件事，要想实现投机商的终极梦想，把南加州的大片庄园牧场分割成小块土地卖出去，就必须建成一套优异的人工基础设施。

批评家们（尤其是旧金山人）嗤笑洛杉矶，居然目中无人、自吹自擂地夸口是"世界上正在兴建的伟大城市之一"，然而只过了二十年，它那种俾斯麦式①的城市意志就同时体现在公共项目和私人垄断事业上，造出了全球第一的人工港口、引水渠以及市内电车系统。我们还看到，同一种铁的意志还将粉碎洛杉矶的工人运动，保证了奥蒂斯组建的"商人与制造商联合会"具备竞争优势，能胜过他们在本地区的竞争对象，即驻扎在工会大本营旧金山的那群对手。持续不断的阶级斗争也增强了布尔乔亚的政治原则。当年属于中产阶级的进步党②（即"好政府同盟"，或称"改良派"③）曾经试过要游离"奥蒂斯城"版本规定的洛杉矶的城市远景构想，由于社会党在1909—1912年间的竞选中戏剧性地赢得战果，他们又被赶回了旧日的阵营（社会党人既利用了工人阶级憎恶自由雇佣企业的情绪，又利用了南太平洋铁路公司决心支持进步党对手的策略）。[20]

照这第三代权势集团的内在逻辑来看，它有点儿类似于美国黑手党在麦金利时代④的模式。相互较劲的"教父"们率领着两个投机商"家族"，高踞在地区权势的巅峰位置上。一边是奥蒂斯和他女婿哈里·钱德勒组成的《洛杉矶时报》王朝。另一边是"太平洋电气公司帮"：伊赛亚斯·赫尔曼和亨利·亨廷顿⑤结成了同盟，还网罗了两名旧金山的百万富翁，克里斯蒂安·德·吉斯内和安托万·波莱尔。[21]从19世纪70年代的 *ancien régime*① 残存至今的主要遗老赫尔曼为了方便打理美国富国银行（即威尔斯·法戈银行），于1890年搬家去了旧金山，不过，即便身在远方，他还是继续主宰着洛杉矶的金融界，直到他于1920年去世。 尤其是他帮着南太平洋铁路公司的继承人亨廷顿，出钱收购了本地区的郊区铁路，合并成了铺设电缆的太平洋电气铁路公司系统。赫尔曼和亨廷顿是西部最富的两个人，他们都讨厌奥蒂斯将军，让我们来猜一猜这两个敌对宗派之间如果全面开战会有什么结局，那倒是蛮有意思的。

　　不过这些教父倒是分享了洛杉矶的下一波繁荣带来的巨大利益，从而保持了和平共处。 奥蒂斯、钱德勒、赫尔曼和亨廷顿——另外再加上好几十个头等资本家（其中甚至还有基督教徒、社会党人约翰·伦道夫·海恩斯②）——都在操纵着供水政策以及落入自己彀中的市政官员，他们全都加入了各个不同的辛迪加，垄断了好莱坞、圣费尔南多山谷和洛杉矶东北部许多地方的土地细分事宜。 正如汤恩和波兰斯基③在电影《唐人街》中所述（他们讲述的历史更像是综述而非虚构），这些手段带来的大笔横财把统治阶级紧密地团结在一起，强化了权势的世系关系（特别突出的是由《时报》-《镜报》组成的帝国），它在今天仍然起着作用。

哈里·钱德勒掌管的城镇（20世纪20年代—40年代）

　　哈里·钱德勒是五十多家公司的董事会成员，1917年奥蒂斯去世以后，他脱颖而出，无可争辩地在洛杉矶的第四代盎格鲁裔权势集团中成为领军人物，当上了"推动战后伟大繁荣之师的大元帅"。[22]的

---

① 法语：旧王朝。
② 此人是加州著名的进步党人、社会改革家。
③ Roman Polanski(1933—)，法国出生的波兰裔著名电影导演，一生佳作频现，获奖无数。 他在1974年执导电影《唐人街》，以此确立了在好莱坞的地位。

确，从许多方面看，20世纪20年代的洛杉矶其实都是一个由着《洛杉矶时报》和"商人与制造商联合会"独断专行的地方，洛杉矶警察局那声名狼藉的"红色纵队"①则在负责取缔街头抗议，把激进分子逮进监狱。[23]这一独裁统治王朝的社会基础是从1900年到1925年间大批涌来的中西部巴比特市侩，他们构成了美国历史上最大的国内移民潮之一。正好在这个时代，出现了横跨大西洋的移民潮，美国多数大都市里因此都多了很多境外出生的人、天主教徒和犹太人，而洛杉矶不属于清教徒的白人人口却在相对缩减。再说，继波菲里奥政权②于1910年垮台以后，大批墨西哥劳工涌了过来，因此新的WASP统治阶层就找到了根本的经济基础。罗伯特·福格尔森（Robert Fogelson）回顾起1920年时的洛杉矶，描述了当时出现的种族分化状况，除了少数族裔和多数族裔的人口比例发生了戏剧化的逆转以外，1920年的状况处处都预示着本市20世纪90年代里的景象：

116　　　　在东部或中西部的多数大都会里，分化情况主要都发生在美洲本土人和欧洲移民之间，而洛杉矶则不然，分化情况主要发生在一统天下的本土白人多数族裔和数量可观的有色人种少数族裔之间。在太平洋沿岸，即使是在四海一家的旧金山，20世纪20年代时也没有其他任何一处比得上洛杉矶，混杂着如此种类繁多的族裔集团，有着如此鲜明的对比、如此断然的人际隔离。[24]

---

① Red Squad，美国警方的情报部门，其活动可以追溯到1886年，专门负责渗透、骚扰、搜集情报。20世纪20年代，红色纵队在美国许多大城市如芝加哥、纽约、洛杉矶等地都很活跃，主要目的是刺探工会组织者和持不同政见者（都属于红色分子），并消灭这些组织。60年代以后，它的监视目标从社会主义活动转向了民权运动，十分注意非裔美国人。随后在反对越南战争的浪潮中，它又重新关注持不同政见者，在约翰逊总统和尼克松总统的任期内得以大规模扩张。1978年美国国会通过FISA法案，限制警察和政府机构的权力，红色纵队在官方正式记录中终止了活动。此后这个词汇经常被用来指称企图打压社会团体或者政治组织的警察机构或政府机构。

② Porfirio Díaz(1830—1915)，1876年成为墨西哥共和国的独裁统治者，期间大量引进外国资本，经济飞速进步，却只肥了少数阶层，改善人民生活的效果甚微。后来由于墨西哥革命爆发，他于1911年退位到法国巴黎避难，并终老于此。

在这一波人口结构及权势的重组过程中，洛杉矶犹太裔的整体社会地位受到了最严重的损害。到了 1900 年代初，包括 19 世纪 40 年代和 50 年代里捷足先登的各大世家在内，犹太裔的精英全都被排斥在公司领导层、法律事务所、慈善机构和俱乐部的门外，而这些机构中有许多就是他们帮着创办起来的。[25]与此同时，以赫尔曼的农商银行为代表（它把 19 世纪 70 年代非犹太裔精英的残部也重组进来了），犹太裔的金融领袖也在日渐没落，他们面临的敌手是在本地稳步兴起的各大银行帝国的分行，领头的是安全信托银行的约瑟夫·萨托里和第一国家银行的亨利·鲁宾逊。保守派的犹太裔听着反犹情绪的四面楚歌越来越响，开始了一次防御性的撤退，缩回到自己与世隔绝的精英文化中去（最突出的代表就是协和俱乐部，此外还有山顶乡村俱乐部）。

面对着钱德勒派系的经济霸权，面对着好斗的清教集团在政界的至高地位，与本地的民主党高层相依相生的天主教徒资本家们也却步了。民主党一度在南加州强悍有力，19 世纪 90 年代正当全盛期时，它的领袖是"自由港"斗争中的英雄斯蒂芬·怀特参议员，而在眼下这个共和党政府一党专断的时期，民主党却退化成了喋喋争吵、成事不足的政治小集团。党内的纷争难以平伏，这暴露出，他们根据不同的宗教信仰、不同的石油利益分成了几个勾心斗角的亚精英团体。因此一边是伊西多·多克威勒率领着原有党内高层中剩下来的天主教徒，从南太平洋铁路公司的"章鱼"时代开始，他就一直在给铁路公司做律师。另一边则是一群威尔逊总统时代的皮包客，他们在 1920 年代初房地产业和石油业的火爆时期搬家到洛杉矶米，满怀希望要重新续上自己中断了的财运。他们的首领是已故总统[①]的女婿威廉·吉布斯·麦卡杜，他被阿尔·史密斯的盛名从纽约市赶了出来[②]，在本地动员的一批选民包

---

　①　指伍德罗·威尔逊总统。

　②　William Gibbs McAdoo(1863—1941)和 Al Smith(1873—1944)。史密斯于 1918 年当选纽约州的州长。麦卡杜曾在 1913—1918 年间出任美国财政部长，此后多次竞选民主党总统候选人，1928 年企图从史密斯手中夺取提名未获成功，后移居洛杉矶。史密斯虽然在 1928 年当上了民主党的总统候选人，但是由于他的天主教背景而落败。

括南方民主党人、前布赖恩党徒①，还有当时正横行整个南加州的三K党。 石油大亨爱德华·多亨尼此际正有"茶壶圆丘"丑闻案纠缠在身②，尽管他是洛杉矶最有名的天主教徒，却极力资助麦卡杜，据猜测大概是因为麦卡杜"推崇石油"的热情要远远高过跟天主教作对的热情。（在1924年的民主党大会上，"坐在楼座上的支持史密斯的党员们每次提到麦卡杜的时候都要不断起哄：'石油，石油，石油'"。）[26]

117

在人人都为石油发狂的20世纪20年代，确实有一群蓝眼睛的酋长盘踞着南加州，他们当中有些人进入了钱德勒派系的统治阶级，在其中构成了一个新阶层，其他人的下场却是住进了圣昆汀③的小单间。[27]但是，在当时极度激化的反犹气氛里，即便是要组织石油投机生意，也得遵循金融界的排外限制性条款，或是参照谁用的是哪只隔离专用的喷泉饮水器。 在最大的虚假推销噱头即朱利安石油公司的发烧期间④，各自为战的股票联营点都按着是否用过犹太人的资金而分得清清楚楚。等这个泡沫吹破了，等桌面底下的欺诈行为被人戳穿，成千上万的投资者破产，南加州陷入了衰退之中，然而不足为奇，诉讼案件却集中火力对准了几名犹太裔的替罪羊，绝不肯循着明显的线索，指向（如我们在上一节中所见）银行家亨利·鲁宾逊和WASP既得利益集团的其他成员。[28]

要说丑闻渊薮，只有市中心区工程建设的红火场面能跟石油热潮较量一番。 等到奥蒂斯-钱德勒-赫尔曼-亨廷顿的辛迪加买光了圣费尔南多山谷的大庄园，当地的庄园主就把自己收获到的资金播撒在了市中心

---

① William Jennings Bryan，曾三度出任民主党的总统候选人（1896年、1900年、1908年）。

② Teapot Dome Scandal，20世纪20年代初在沃伦·哈定总统任期内发生的政府丑闻案件，涉及政府官员向私人石油公司非法出租怀俄明州和加州的土地用于石油开采事宜，"茶壶圆丘"是怀俄明州涉案的一处地名。 事情暴露后举国哗然，许多政府官员因此被迫辞职，司法程序介入，内务部长Albert Fall获刑，哈定政府的形象一落千丈，当政的共和党政权受到了撼动。 "茶壶圆丘"案件代表了大萧条爆发之前的美国政界腐败现象。

③ 圣昆汀是伸向旧金山海湾的半岛，从1852年开始成为加利福尼亚州立监狱的所在地。

④ 见本书第77页脚注③。

区的不动产上。　以他们的名字（范·努伊斯、兰克希姆、圣费尔南多等等）命名的摩天大楼直到 20 世纪 20 年代初都一直主宰着城市的天际线，然后就轮到第四代人把自己在郊区投机中蒙受的损失转嫁过来，开始重新扩张市中心区了。　钱德勒领着若干辛迪加投资了比尔特摩旅馆（与莱茨家族和查菲家族合作）和地铁终点站大楼（与萨托里合作），同时还推动了一些改建项目（大体育场、联合车站、市民中心，诸如此类），结果就是市中心区的产业普遍涨了价。[29]

但是，无论是石油热潮还是市中心区的繁荣兴旺，都尚不足以构成一个坚实的经济基础，让洛杉矶在 20 世纪 20 年代飞速攀升为全美排名第四的大都会区域——至于柑橘产业和电影工业就更指望不上了。　洛杉矶本地原产的财富和商业活动，都不足以支撑起本地区由消费行为、第三产业和银发族共同构成的穷奢极欲的上层建筑。　厄普顿·辛克莱曾经指出，洛杉矶基本上"寄生"在其他地区创造的财富上——它就像斯威夫特笔下的勒普泰岛①一样，好比某种"云中的上流社会"，靠着内陆地带大批涌来的富裕移民和退休者的力量，漂浮在半空中。[30]

钱德勒和萨托里、鲁宾逊等第四代的其他头领都敏锐地认识到，由前几代洛杉矶人形成的房地产行业的增长机制，总须靠着国内其他地方不断把储蓄金转到本地来。　尽管钱德勒麾下的"长年俱乐部"曾在 20 世纪 20 年代大举活动，想要确保富裕的移民和游客们会源源不断地西来，但是精英群体却普遍形成了一种共识，其实洛杉矶最需要的是实业。　《洛杉矶时报》自己也一口咬定：

　　　　洛杉矶已经有太长时间只靠本地的房地产和建设收益作为经济基础。我们需要更多的工厂、全新的产业、更多的跨州贸易，还需要发展外贸。[31]

---

①　勒普泰岛是小说《格列佛游记》中的一个飞行浮岛。

等到《洛杉矶时报》的老板重握权柄以后，自由雇佣企业的势力就开始了东征，以图吸引东部的企业搬到洛杉矶这片"产业自由的阳光之地"来。到 1930 年为止，他们争取到几十家企业在洛杉矶县设了分厂，还创造了将近五万个制造业的就业新岗位。[32]

然而，钱德勒派系的权势集团最终却毁在自己的功绩上。它的每一项重要的聚敛策略——也就是说，重组市中心区的资本、大力推行分厂生产——结果都很意外，反倒削弱或分散了该派系的霸权。例如，钱德勒派系的精英们倒手了大批家族产业，换成了市中心区的房地产，却没能预见到汽车时代带来的离心影响，南加州过早进入了汽车时代，到 1925 年时，汽车的普及已经达到了一定的密度（每 1.6 个人就拥有一辆汽车），国内的其他地区直到 20 世纪 50 年代末才能追得上这个指标。由于市中心区的街车线路胶着在道路通行权的问题上冲突不已，同时，苦恼不堪的通勤者又有机会拥有无远弗届的个人交通方式、远离中央商务区，因此，汽车打破了市中心区对核心位置的垄断，为开发商们创造出天上掉馅饼般的发财机会，他们借机开发出了最早的郊区，还有以汽车交通为核心的购物建筑群。[33]

说真的，一直到 20 世纪 20 年代末，市中心区的势力都不依不饶地纠缠在一场注定要失败的斗争中，想要阻止 A·W·罗斯在威尔夏大道的西侧建起他的"奇迹一英里"项目①。中产阶级朝太平洋海岸边的方向推动着郊区化的进程，传统中央商务区（即 CBD）的功能由此开始分散，顺着威尔夏大道的轴线伸展下去（市中心区在商品零售业中占有的份额从 1920 年的 90% 下降到了 1950 年的 17%），与此同时，中央商务区里的房地产辛迪加体系就崩溃了，而它曾如此有力地凝聚了上一代

119

---

① 在洛杉矶中西区威尔夏大道上的一段，介于费尔法克斯大道和拉布里亚大道之间，大约长达一英里。这一片地区北临拉布里亚公园、东临汉考克公园、南临乡村俱乐部公园、西临贝弗利山，在 20 世纪 20 年代初还是未经开发的牛奶场和农田，开发商 A·W·罗斯看到其潜力，以 54 000 美元购得"奇迹一英里"的土地，在这里开发了威尔夏商业区，与洛杉矶旧城中心的商业区进行竞争。这里的购物条件适于汽车交通，与市中心区的步行购物环境很不一样，对美国各地后来的商业区设计影响极大。

的精英。　正当这个城市的中心开始变得更零散之际，在本地挣钱的一大手段——详细规划及出售郊区边界上的土地——也失控了。　第四代精英现在都自觉地自居"市中心区既得利益集团"，在未来的四十年间，他们将徒劳无益地不断挣扎下去，想把增长因素"重新聚集"在CBD里自家庞大的固定资产投资周围。[34]

工业化进程则以比较微妙的方式削弱着他们的权势。　分厂就相当于20世纪20年代的 *maquiladoras*①：它们通常位于城市边境以外的制造产业区，装配着从东部船运过来的零配件。　除了钱德勒跟唐纳德·道格拉斯②以及华纳兄弟公司略有点儿往来以外，弗雷德里克·贾尔几乎找不出什么证据能说明，本地的资本与外埠的资本之间曾经有过整合：

> 实际上，通常是那些多半把本部设在大西洋沿岸的银行和企业左右着投资的重要来源和方向。（同样）石油工业的半数产品也控制在巨型的全国性企业手里，而在排名靠前的独立公司里，管事的主要都是些新来的人。[35]

"好莱坞"（同时也包括伯班克、环球影城和卡尔弗城③等地的多处电影业飞地）例证了地区经济力量与市中心区扎堆的精英之间的分裂。　说起电影群落，最重要的事实倒不太在于华尔街和意大利银行控制了它的财务，却只在于它的领袖是东欧犹太裔，尽管他们富得天下皆知，政治倾向又很保守，却不能跟钱德勒派系的精英们一起打高尔夫球，也不能把自己家的孩子送进同样的学校就读。　路易斯·B·梅耶④

---

①　原意指墨西哥的装配工厂，特指设于美国边界处的厂家，这样便于从美国运出原料和配件、运回成品。

②　见本书第 75 页脚注⑦。

③　Culver City，洛杉矶县西部的一个小城，是电影、电视制作中心之一，米高梅电影公司和休斯航空公司的所在地。　又译"斑鸠城"。

④　Louis Burt Mayer（1885—1957），出生在俄国的美国电影制片人，米高梅公司的老板之一。　他是好莱坞最有权势的大亨，参与创立了明星体制，主持拍摄了《宾虚》、《大饭店》、《尼诺奇卡》等巨片。

在 20 世纪 30 年代是加州共和党的主席，同时又是全美国薪酬最高的经理人，就连他也被内向的社交圈子排斥在外，而在这圈子里驰骋着的无非只是些中产阶层 WASP 出身的房地产经纪人和二手车推销员罢了。[36]

赫尔曼家族和纽马克家族之类都是属于 *hochdeutsche*① 的犹太裔宗族，他们一开始很看不起好莱坞那些粗俗的暴发户，但是由于社会上的反犹压力，由于电影大亨们的财富能拿来救命，他们也就渐渐妥协了。山顶乡村俱乐部是在 1920 年紧挨着贝弗利山和福克斯电影公司的旁边创办起来的，它是犹太裔新老精英的融汇点，构成未来"西区"势力所需的各种元素在这里首次结合在了一起。尼尔·加布勒是这么解释的：

> 山顶俱乐部里的好莱坞犹太裔也在重新组织着犹太裔社群内部的势力结构。山顶俱乐部不仅象征着德国犹太裔勉强接纳了好莱坞犹太裔，毕竟德国犹太裔的权势在大萧条袭来之际已经处于衰落当中；山顶俱乐部在这两群人之间铸就了一个联盟。[37]

双头城市

后来的事实证明，特区里的制造业经济是奥蒂斯的城镇引进门来的特洛伊木马：早在 1927 年，好莱坞就在雇主分级制度上打开了一个缺口，接受了与工会达成的"制片厂名师协定"；汽车厂和轮胎厂日后都将强制推行国家标准合同和劳动标准。不管怎么说，自由雇佣企业的关门大吉肇始于一场奇怪的市政改革运动，这场运动团结了当时的"政府改良派"和美国产业工会联合会，意欲涤清本市的腐败现象，*同时制订法令，禁止组织罢工纠察队*。尽管"改善美利坚联盟"以及"商人与制造商联合会"中的多个阵营都发出了骇人的警告，说是工会势力的

① 德语：高贵德国人。

扩张会倒推着洛杉矶退化成一片沙漠，好在太平洋战争及时爆发，给本地区带来了真正的工业革命。

虽然哈里·钱德勒和他那帮富豪朋友未必真正搞清楚了"凯恩斯"的名号究竟掩盖着些什么，只是朦胧感觉到了"不列颠社会主义"的幽灵而已，但是，20世纪40年代的洛杉矶经济却以自己独特的时髦方式完成了"凯恩斯化"。首先，地区之间的资本流动过去曾经是南加州的繁荣之源，现在更由于国防拨款演化成了制度，国内其他地方的税收资源被转拨到这儿来，用以养活洛杉矶地区的飞机制造厂和军事基地：据估算，后来那些年里南加州拿到的巨额的地区性补贴资金达到了每年平均170—200亿美元。[38]

其次，辛迪加和开发商们在战前就已经把土地交易拔高到规模经济的水平，它现在也变成了一类货真价实的大规模制造业。由联邦政府担保的抵押贷款、向退伍兵提供的优惠政策、受到保护的储蓄-信贷部门，再加上飞机厂发出来的高工资，都让本地"建造商"的产品有了一份稳定的巨大需求，在圣费尔南多山谷和东南部沿海平地上的雏形郊区里，这些建造商以工业化的方式在收购土地，动工建设。

这些新兴的聚敛组织改变了精英势力的繁衍状况。洛杉矶经济走向军事化，特区里的飞机企业由此跃升为最强大的一支经济势力，它靠着华尔街的资助撑腰，与市中心区的宿命有着历史性的差异。与此同时，在战后住宅革命的过程中，储蓄信贷业所采取的战略立场也让外族和政治圈外人获取机会，形成了新势力。幸运的是，哈里·钱德勒在1944年以八十高龄辞世，并没有身临其境亲眼目睹自己的*旧王朝*缓慢地走向解体。

西区浮现（20 世纪 50 年代）

在复原时期（1944—1947年）里，钱德勒那一代市中心区的领袖开始让位给自己的儿子或是手下的亲信了。自从儿子那辈人在20世纪20年代上大学的时候开始，最煊赫的圈子就一直是诺曼·钱德勒的那群密友：巴德·霍尔德曼（他的父亲是自由雇佣企业的一个带头人，他的儿子则在日后的水门事件里成了个明星）、普雷斯顿·霍奇基斯（他继承了比克斯比牧场）、约翰·麦科恩（他后来当上了中央情报局的局长）和里斯·泰勒（他最后当上了联合石油公司的总裁）。可这些人虽然是19世纪那批洛杉矶推销客的孙辈，自己却并不会亲自动手去设计1950年代的郊区大繁荣。他们在南加州经济结构中所占的地位越来越类似于某种传统的食利者阶层，专心致志地经营遗产，尤其关注他们在市中心区的共同利益。更何况，他们也有那种似乎在二世之后困扰着所有王朝世家的问题，即所谓"疲弱血脉"或称"惯坏了的富小孩"症候，这就让他们一举一动常要依赖着父辈的党羽甚或自己的妻子。

122 　　的确，看看市中心区精英在整个20世纪50年代里处理事务的倾向，实际上混杂了女族长政体和摄政政体的特色。尽管诺曼·钱德勒名义上是王朝的继承人，却一直得跟老父的首席代理人凯尔·帕尔默抢夺权柄（据戴维·哈伯斯塔姆对帕尔默的评价，他是从20世纪30年代到60年代之间"加利福尼亚的政治大老板"），不然就得跟自己野心勃勃的妻子芭菲争权夺利（照哈伯斯塔姆的说法，芭菲千真万确地是靠着从钥匙孔里偷听她的公公跟赫伯特·胡佛做交易，才学会了玩弄权术）。[39]哈里·钱德勒另外还有个老伙计是保安主管阿萨·考尔，他也在和帕尔默以及芭菲针尖对麦芒地争相扮演着"老大哥"的角色。经常帮他撑腰的人包括奥梅尔维尼和迈尔斯的合伙人詹姆斯·林·比比，以及家具商尼尔·皮特里。后来，等共和党的精英群体开始分裂成"旧右翼"和"新右翼"时，石油商亨利·萨尔瓦托里脱颖而出，在最保守的阵营里当上了 *éminence grise*①。

　　这个死硬派的权势集团日益依赖着一个由院外游说集团和亲信们组成的托勒密天体系统②，它在20世纪40年代末和整个50年代采取了三

---

　　① 法语：灰衣主教，原指法国路易十三时期红衣主教黎希留的亲信约瑟夫神甫，转意即为幕后心腹谋士。
　　② 托勒密天体系统亦即地心说，这里意指以某群人为核心组成小圈子。

项重要举措，以图恢复自己日薄西山的霸权。 首先，林·比比和皮特里在商会里掌管着权势满满的交通运输委员会，他们在 1948 年发动了一项计划，要把快速轨道交通织进一片以市中心区为核心的快速辐射路网。 商会的目的是巩固市中心区的交通核心地位，从而保护 CBD 的产业价值——具体到这件事上，就是要抢先抓住圣费尔南多山谷里正在萌发着的零售业机遇，别等着又出现了另一个企业家去重复 A·W·罗斯在 20 世纪 20 年代的壮举，再盖出一组另立山头的郊区购物建筑群。

这项计划名为"马上施行快速轨道交通！"，尽管市中心区的几百名商人以及更远处的圣费尔南多山谷的开发商们都认可了这项计划，可是西区的开发商、边远地带的商业利益代表（包括新开张的克伦肖购物中心的老板）、威尔夏及"奇迹一英里"商会、洛杉矶不动产理事会、长滩和圣莫尼卡之类的独立小城却组成了一个反对联盟，责难它是个"社会主义"计划。 最后，上述郊区统一战线在市议会里达到了勉强多数，推翻了商会的计划——研究这段插曲的历史学家认为，它让市中心区的领导权蒙受了"一次惊人的败绩"。[40]

靠着本地的麦卡锡主义势力帮忙，保守派在 1953 年比较成功，他们在市议会里重新组建了一个惟《洛杉矶时报》马首是瞻、俯首帖耳的政权。 他们反对市政管理方面的革命，指责弗莱彻·鲍伦市长推出的低租金公共住房计划是"悄然蔓延的社会主义"（这次轮到他们来指控别人了），特别计较的是某些局部地带违背了精英们制订的市中心区规划——比如在查维斯溪谷里，或许可能还有班克山。 日后鲍伦将会谴责那个"富可敌国、权势熏天的小集团"——也就是说，钱德勒、考尔、皮特里和林·比比等人——谋划着推出立场偏右的国会议员诺里斯·波尔森，作为他们征讨"社会主义"的带头人。 根据戈特利布和沃尔特的说法，波尔森接受市长提名的关键原因是，钱德勒向他确切担保说，市长"有权坐着卡迪拉克招摇过市，由市政府给他指派司机"。多亏了诺曼·钱德勒的社论版连篇累牍地炮击布尔什维主义和公共住房计划，波尔森才如愿以偿地坐进了他的卡迪拉克四处巡游。 在几年之

123

内，由《洛杉矶时报》推上宝座的市长投桃报李，让市中心区的利益集团摘到了他们真正梦寐以求的果实：1.2万名低收入居民被迁走了，班克山的改造项目和查维斯溪谷里的道奇体育场项目从此步入坦途。[41]

钱德勒、帕尔默、考尔他们一伙人为自己轻而易举地重新把持了市政厅感到欢欣不已，因此在1958年，这伙人拉着自己历来的盟友即奥克兰的诺兰王朝，想在全加州范围内采取行动，阻挠革命。加利福尼亚的保守派共和党人向来眼中的 *bête noir*① 其实倒也未必是民主党，还不如说是自由派共和党人出身的州长厄尔·华伦（1942—1954年在任）统领的政权，它极受大众欢迎，深得劳工阶层的支持，专为吃救济金的人们张目。保守派多少是为了挫败华伦竞选总统的野心，便在凯尔·帕尔默和诺曼·钱德勒的率领下展开了一场运动，推举理查·尼克松以议员身份一举晋升为副总统。[42]

等华伦升迁到最高法院以后，谦逊的共和党人古德温·奈特接替了他的职位，钱德勒-诺兰的联合势力就一心忙着要去修剪奈特的羽翼了。他们的策略是逼着奈特跟威廉·诺兰参议员对换位置，好让诺兰能利用州长官邸这个据说更牢靠的基础，接着在1960年去竞选总统。再者，与诺兰的竞选活动前后脚，他们还发动了一场"工作权运动"，其特点是歇斯底里地指控"沃尔特·鲁瑟②对加州造成的威胁"。这场喧嚣闹腾、狂妄自大的运动意在恢复自由雇佣企业制度，结果却造成了反作用，在"帕特"·布朗③的领导下，民主党获得了历史性的全面胜利，永远葬送了保守派共和党人的统治。

最令洛杉矶市中心区的精英们感到震惊的是，1958年共和党的垮台也标志着西区权势中心的崛起，这支新的势力有意愿、也有能力夺走他们向来独享的全加州范围内的政治影响力。保守派对奈特州长的抱

---

① 法语：讨厌鬼。
② Walter Reuther(1907—1970)，自1946年起担任美国联合汽车工会的主席直到1970年去世。在他的领导下，联合汽车工会成为美国最大的工会之一。
③ Edmund G. 'Pat' Brown(1905—1996)，民主党人，加州第32任州长(1959—1967)。

怨繁多，除了责怪奈特州长"娇惯着劳工"以外，还说他拿西区的储蓄 124
信贷大王霍华德·阿曼森做靠山。 据风闻阿曼森是全加州的头号富
翁，他受人轻蔑的原因除了他的犹太裔血统以外，还在于他是一名"粉
红色的共和党人——太富有，所以当不了一名民主党人，太自由派，所
以当不了一名正宗的共和党人"。 奈特企图罢免共和党人出身的加州
财政主管阿萨·考尔（他是洛杉矶的"老大哥"），让阿曼森来取代他的
位置，这就导致党内两派之间彻底发生了决裂。[43]

　　不过，阿曼森虽然是奈特在财政上的膀臂，但他同时也在悄悄地向
杰西·昂鲁提供财政支持，这位自由派的民主党议员来自于洛杉矶中南
部地区，与西区年轻一代的犹太裔民主党人往来密切。 当奈特遭人羞
辱、被迫把州长候选资格让给诺兰的时候，阿曼森付工资给昂鲁，让他
操控了"帕特"·布朗在南加州极度成功的竞选活动。 这就肇端了著
名的"阿曼森-昂鲁体系"，从此西区的钱财为昂鲁提供了"燃料"（还
有另一位主要赞助人是贝弗利山的巴特·利顿），让他去夺取议长职
位，并且最终控制了议会。 由于"老爹"昂鲁很巧妙地用储蓄信贷集
团的资金来推出民主党一边的候选人，该党表面上属于"自由派阵营"
的成员当中，开始有许多人变成了洛杉矶暴发户的仆从。[44]

　　收买如此权势的金钱是从何而来的呢？ 尽管西区有一部分新财富
是在20世纪50年代末靠着军用航天事业的繁荣挣来的，但是就像此前
几代人的情形一样，占据权势核心位置的依旧是房地产投机生意。 但
是，正如我们已经强调过的，现在的游戏圈子遵循着凯恩斯主义的郊区
化的新规则，制订规则的是美国的联邦住房署和范尼·梅公司①。 有
两个企业家群体从西区总部崛起，脱出了市中心区的权势控制范围，主
宰着20世纪50年代的建设繁荣局面。 其中之一是营建商，主要是20
世纪40年代初来乍到的人，比如内特·夏佩尔、拉里·温伯格、路易

---

　　① Fannie mae，1938年由美国国会创办的一家私营股份制公司，目的是支持大萧条
时期的住宅产业。 它在纽约股票交易市场上通称 FNM，还发行一种同名债券。

斯·博亚尔、雷·瓦特、比尔·莱昂，（后来）还有伊莱·布罗德。 其中之二是储蓄信贷业的大王们，他们从全国各地把抵押资产汇聚到了南加州的住宅营建商的手里。 在 20 世纪 50 年代，这个行业活力无穷，保证金的基数每年增长多达 21%。 本地最出众的公司有阿曼森的联邦住房储蓄公司（全美排名第一）和马克·泰佩的第一特许租赁公司（全美排名第三）。 再者，建设部门和储蓄信贷部门也会同盟友，形成了复杂的组合，其中既有战略盟友之间的组合（例如，泰佩的公司与博亚尔和温伯格的公司结盟，大规模兴建着雷克伍德的郊区），也有营建商将赚得的利润反过头来大量投入储蓄业的情况。[45]

　　"建设与储蓄联合体"得到了繁荣的滋养、得到了联邦政府的津贴，它在西区的这次崛起导致本地区的权势轴心在种族意义和地理意义上都发生了偏转。 在第二次世界大战以前，只有屈指可数的少数几家大开发商是犹太裔（其中最出名的是约瑟夫·托普利斯基），而在战后，多亏有大批犹太裔搬家住到了西区和谷地，开发郊区这一行就真正成了犹太裔的一统天下，无论在建设方面还是在资金方面都是如此。 沃斯潘和加特纳指出："犹太裔营建商取代了犹太裔电影大亨，成了最卓越的企业家。"[46]不过，山顶乡村俱乐部周围聚着的那群电影公司二世传人和电影制片人倒是觉得，与其说这些营建商是自己的竞争对手，还不如说他们是本社群的增援力量。 另外，在犹太裔资本把持的联合银行的资助与整合下，还形成了一个不断发展壮大的运动装产业，再加上建设-储蓄行业和娱乐行业这两极，就构成了本地乡亲经济势力的三脚支撑。 再者，我们在上一章里已经看到，十年来市中心区的建设工程实际上已经裹足不前，与此同时西区的建设繁荣景象却推广了现代主义建筑，让它得以鲜明地标志着犹太裔精英主宰着的西区社群——无论其典型该选山麓宅第，还是该选各家储蓄信贷银行新建的总部大楼，都不要紧。 美国其他城市也可能拥有大批精英人物或是争斗不休的门阀派系，尽管如此，在市中心区和西区老死不相往来的上层阶级之间，在如此多的层面上都出现了如此泾渭分明的局面，却是哪儿也不敢夸口能跟洛杉矶相提并论的。

回应城市危机(20 世纪 60 年代—70 年代)

然而，控制在两大权势集团手里的城市就像个双头的怪兽。恰值 20 世纪 60 年代曙光初绽之际，洛杉矶四分五裂，每人效忠的对象都各不相同。改造市中心区、拓展西区，这两桩事日益显露出了零和游戏的面目，本市真正的领导权很可能要被西区年纪更轻、活力更旺的一代人夺走。何况波尔森麾下的保守派刚刚在市政厅里卷土重来，这时却由于市议会中冒出了越来越多的郊区代表而首次被架空，随即，由于萨姆·约蒂在 1961 年的市长竞选中意外获胜，保守派竟然彻底垮台了。

约蒂在加州政界是个屡败屡战的顽名最著的竞选人，他击败波尔森的办法是极力利用郊区的诸多积怨，从垃圾分类制度("压迫家庭主妇的政策")到过高的税率，一个都不放过。尽管约蒂抨击了《洛杉矶时报》和"市中心区的既得利益集团"，但他这个迅速向右转的民主党变节者却并没跟西区的权势集团拉上明显的瓜葛。他倒是利用了选民们多年来针对精英势力累聚而成的怨愤情绪，以海盗劫掠的姿态赢得了胜利。

为了赢得洛杉矶中南部地区的选票，他在竞选时做出的一大承诺就是要开除洛杉矶警察局的帕克局长，洛杉矶的黑人们一致认定，这位公然自居的白人至上主义者该为警察的恐怖统治负责。不过，约蒂上台后反倒倚势压人给警察局撑腰，还去支持正在白人当中萌动着的抵制民权诉求的倾向(例如，他在 1964 年就曾支持过要求废止加州新通过的住宅法规的运动)。在白人百般压制、寸步不让的整体刺激下产生了一个严重后果，就是 1965 年的瓦茨暴动。当暴动的火势蔓延开来，危险地逼近了 CBD 的南部边界时，当国民警卫队的队伍攻占了社交名流辈出的南加州大学校园时，市中心区的商业领袖们却在凝神揣测着，他们的改造战略可能会遭到何等的损害。

一方面，他们眼前摆着麦科恩委员会①的预测，说是"到 1990 年时，洛杉矶市中心一带的居民将几乎全是黑人，其人口将超过 120 万"，[47]另一方面，他们还面临着一个新的竞争对手，即西区的那个"新市中心"，也就是贝弗利山附近的世纪城建筑群。神经紧张的抵押银行家和承租经纪人开始谈论起大批公司集体变节，搬迁去了西区的问题，他们甚至说起了"市中心区的末日"。这么一种末日景象的言论，紧跟着内城崛起的浪潮，像给保守派过了电似的逼着他们采取行动（雷吉斯·德布雷②有一次说，这是"革命行动逼着反革命分子也开始革命起来了"）。

按照沃尔特和戈特利布的说法，贝金斯公司的丹尼尔·布莱恩特劝服了阿萨·考尔，召集了市中心区好多家最大型的公司，组成了一个审慎的指导委员会，冠名为"二十五人委员会"，其中的成员包括了诺曼·钱德勒、尼尔·皮特里、亨利·萨尔瓦多利、威廉·弗伦奇·史密斯（他后来当上了里根政府的总检察官）、诺曼·托品（他出身于南加州大学）、还有约翰·麦科恩（他担任了暴动事件调查委员会的主席，为洛杉矶警察局在此期间的行为洗刷一番，还把"黑人力量"运动渲染成了个大惊小怪的形象）。"二十五人委员会"的用意在于集合权贵市民组成影子政府，得出他们小圈子里你情我愿的意见，用来向市长和市议会施加压力。（我们在以后的章节里再来研究一下，这些精英提出的市中心区"军事化的"改造计划应该对瓦茨暴动负有何种责任。）[48]

但是这个秘密集团在基本战略上发生了分歧，因而产生了裂隙。

127

---

① John Alex McCone(1902—1991)，美国商人、政治家，担任过原子能委员会主席（1958—1961）和中央情报局局长（1961—1965）。1965 年洛杉矶发生瓦茨暴动以后，他受布朗州长的委任，主持组织了一个调查委员会，即麦科恩委员会，其成员还包括本书提到的阿萨·考尔。麦科恩委员会花掉了大约 30 万美元的税金，在 1965 年 12 月发布了调查报告。但美国民权组织的加州顾问委员会对此报告十分不满，认为它肤浅散乱、对民权运动缺乏认识，而且未能彻底清查警方的玩忽职守行为。
② Régis Debray(1941—   )，法国记者、马克思主义理论家。他在 20 世纪 60 年代与切·格瓦拉密切合作进行革命，赢得了国际声誉，并于 1967 年在玻利维亚被判入狱服刑三十年。他于 1970 年出狱，于 1981 年被法国总统密特朗任命为第三世界事务特别顾问。他最具影响力的著作包括《革命战略》(1970)和《法国知识分子的权力》(1979)。

首先，他们该不该支持约蒂，从而认同种族分化的政策？ 其次，"二十五人委员会"该不该扩大范围，把西区犹太裔权势集团的代表也网罗在内？ 在这两个问题上，目前由诺曼的儿子奥蒂斯正式辖制的钱德勒王朝都打乱了大多数保守派人士的部署。 我们在上一章里曾经看到，奥蒂斯的母亲芭菲长期以来就鼓吹要对西区社交界展开亲善敦睦——顺便说一下，她这个姿态反映出，《洛杉矶时报》日益倾向于全面呼应整个地区的所有富裕集团。 而眼下，钱德勒家族竟去拉拢了自己一度厌恶至极的"西区自由派"，支持黑人市议员托马斯·布莱德利于1969年发动了（不成功的）市长竞选，这可吓住了加州俱乐部的精英以及本宗族内部的约翰·伯奇协会①会员，同时，"二十五人委员会"的其他成员却在为约蒂那恶狠狠提倡种族迫害的竞选运动站脚助威。[49]

　　由于《洛杉矶时报》悄然转向自由派，导致市中心区的权势集团中间发生了政治分裂，开拓了错综复杂的重新结盟之路。 在约蒂的第三个任期里，洛杉矶经历了航天业的第一次衰退，继而经济萎靡不振，此刻在所谓的"马里布黑手党"（指马克斯·帕列夫斯基、哈罗德·威伦斯和斯坦利·欣鲍姆）的领导下，一群杰出的西区犹太裔自由派展开行动，要创造一个更广泛也更富裕的拥趸基础，支持布莱德利再次去跟约蒂竞选市长，好几百万身家的富翁帕列夫斯基坐镇竞选，从纽约请来了政治顾问戴维·加思，他协调组织了一场由好莱坞明星、牧师和犹太教拉比联合上演的媒体闪电战。 与此同时，如保罗·齐夫伦、格雷·戴维斯和尼尔森·赖辛之类的西区民主党头目则在确保财源滚滚不断，通常，只有在关键性的全国竞选或者全州竞选的时候，才会用得上这等财源，而自由派人士和黑人牧师们也在多方努力，组织起了草根阶层。 《洛杉矶时报》发表了一系列谴责性的社论，给约蒂的棺材敲进了最后一根钉子。

---

　　① John Birch(1918—1945)，浸友会传教士，1939年被派到中国，二战中曾为飞虎队做过情报工作，1945年在中国被杀。 1958年，由制造商Robert Welch主持成立了"约翰·伯奇协会"，这是一个极端保守主义的反共组织，鼓吹恢复美国独立宣言中确立的价值及原则，强调责任感与个人自由，要求限制政府权力，在外交事务中持孤立主义立场。

反对布莱德利的势力痛苦万状，指责西区的钱财和钱德勒家的新闻势力结成了可耻的同盟，这才导致了约蒂之败。 中心城市协会①有许多模范会员都觉得，布莱德利即使不像约蒂指责的那样真是一名"黑豹党人"、"社会主义者"，至少也是个"好战分子"，是西区犹太裔民主党的小丑跟班。 一处格外严重的软肋是，新任市长的第一副手莫里·韦纳是个天才的左翼自由派，谣传他是个"政治同路人"。 洛杉矶警察局出于政治目的采取了一次打击风化行动，韦纳在这次行动中被拘留，自此一蹶不振，然而从此以后，市政厅和"二十五人委员会"之间的关系反倒改善了。 接替韦纳的人是来自帕萨迪纳的共和党人雷·里米（此人后来担任过洛杉矶商会的会长），他在市长和市中心区既得利益集团之间铺平了沟通之路，而市长也迅速表明了自己其实是个行事谨慎的稳健派。[50]

精英阶层在全市范围内构成了一个错综复杂的协商集团，它崭露头角，最终压倒了布莱德利团结洛杉矶中南部地区和西区的大众政治。布莱德利选定自己治下的示范工程时，并没在瓦茨地区和洛杉矶东区一带推行社区改造项目，反倒去推动了市中心区的改造计划，从而征服了敌意深重的"二十五人委员会"。② 布莱德利的支持者们盼着他采取激烈措施，解决内城的贫困及失业问题，他们很震惊市长竟然召集了由阿萨·考尔、菲利普·霍利（百老汇商店的老板）和瑞德·施耐尔（普天寿保险公司③的老板）挑头的特别小组，制订出了偏袒公司利益的经济发展及交通远景目标。 到了布莱德利当政的第三年，甚至连亨利·萨尔瓦多利也开始向市长支付献金了（他扶植过戈德华特④和里根），同

---

① 洛杉矶中心城市协会即 Central City Association of Los Angeles（简称 CCA）创办于 1924 年，是一个商界同人组织，代表 450 多家商家、贸易公司和非赢利机构。 CCA 在涉及公共政策的许多议题上影响很大，是市中心区复兴计划的关键推动者。
② 另有学人指出，"二十五人委员会"是由洛杉矶诸个最大型公司组成的委员会，成立于 1952 年。 瓦茨暴动后"二十五人委员会"的影响即告终结，而不是开始。 推动班克山改造计划的势力其实是中心城市协会。 此说与本书说法相左，录之以供参考。
③ 又译"保德信"保险公司。
④ Barry Goldwater（1909—1998），波兰移民富商的后裔，二战末以陆军准将衔退役，是极右翼共和党参议员、麦卡锡党人，极度反共。 1964 年曾任共和党总统候选人。是里根总统的忠实支持者。

时，商会也在对着它过去严词挞伐过的施政计划高唱赞歌。[51]

西区的权势集团将在 20 世纪 80 年代开始疏远布莱德利以及他制订的有利于 CBD 的政策，可他们眼下在刚开始的时候倒是很欢迎新的划分方案，它迫使市中心区的领袖们来跟他们共同协商本市的未来。 尽管自由派的"马里布黑手党"对市政厅的影响迅速减弱，却有美国音乐公司①的卢·沃瑟曼来接替了他们的位置——此人是罗纳德·里根的经纪人，也是好莱坞最后的大亨。 布莱德利在洛杉矶的两大精英文化之间起到了桥梁的作用，象征性的标志是在 1975 年为他本人举办的一次场面壮观的筹款活动，联手主持此事的是沃瑟曼和阿萨·考尔——这两个人平分秋色地扮演着本市的"老大哥"。[52]如果这还算不上一次和解，它至少也是一项圆满的成就。

权势继续蔓生

在沃瑟曼和考尔主持的那次晚餐会上，来宾们身着半正式礼服，仿佛这群精英自己搞了一场"伍德斯托克狂欢"似的，可那却也是最后的欢宴。 从 20 世纪 70 年代末开始，渐渐地，洛杉矶的权势故事听着不 129 再像哈罗德·罗宾斯②写的烂小说那样，讲述着市中心区对阵西区的故事。 当然，旧有的对抗状态依然如故，但是由于 20 世纪 80 年代强悍的经济力量所起的作用，新的权势集团已经涌现，老一代的社会既得利益集团的重要性随之即已急剧缩水。 要想了解过去十五年间的权力格局何等分散，可以参阅罗伯特·戈特利布在 20 世纪 70 年代中期做的专

---

① The Music Corporation of America，即 MCA，由 Jules Stein 在 1924 年创办于芝加哥，最初是一家音乐经纪公司，1962 年开始涉足音乐生意。 现在是环球音乐集团中的一员。

② Harold Robins(1916—1997)，美国畅销书作家，他的小说专门描写性、金钱和权势，为批评家所恶，却受到读者拥戴。 其作品包括《皮包客》(1961)和《贝茜》(1971)，都曾被拍成电影。

揭丑闻的研究（现在他是加州水问题领域里的一位著名权威）。戈特利布出版过形形色色的小册子，还为《洛杉矶时报》写了一部鸿篇巨制的历史（与艾琳·沃尔特合著），他能详细勾画出一张地图，借以说明市中心区和西区的既得利益集团是如何瓜分洛杉矶的权势的，也就是我在上文中探讨过的内容。[53]

要想像明星住家导览那样准确地为 1990 年的洛杉矶绘制出一幅类似的权势分布图，实际上是件不可能的事儿。我们正亲身经历着一个相当罕见的事件（尽管如我们已经看到的，这种事在洛杉矶比在其他地方要常见得多），即一场真正的"自上而下的革命"，因为精英们进行了重组，各处新的权势中心得到了巩固。由于洛杉矶的社会多样性、空间上的多中心特征以及它紧挨在环太平洋沿岸的地理位置，在美国的大城市里，现在可能只有洛杉矶最容易让它的高层人士感受到如此的巨变。

例如，私人大玩家的人数激增，他们积聚的财富总额也发生了飞涨。唐纳德·布伦、马文·戴维斯、小林家族①、唐纳德·川普——更不用提垮了台的迈克尔·米利肯——都是身家上十亿的生意人，每天上班都要做着拆分或者合并资金的生意，涉及的金额相当于各家保守派老宅门里全部遗产的总和。而且，如今在洛杉矶的经济局面大开方便之门的情势之下，"海外"资产也能展开巨额收购行动或者注入新的投资，从而骤然扭转任何一段故事情节的演进（相关证据包括 1976 年秀和株式会社在市中心区登陆时花费的上十亿美金，还有 1990 年川普的兀然登场），来袭的不仅包括日本资本，还有中国、韩国、加拿大和曼哈顿的资本。

如果想去理解目前的权势格局何以如此飘忽不定，最好要考虑到洛杉矶经济的特点，即所谓"后凯恩斯时代"的转型。[54]在这一转型过程中，最戏剧化的一则因果关系是在贫富阶层之间发生了狄更斯式的社

---

① 指以小林茂（Shigeru Kobayashi）为首的秀和株式会社。

会两极分化（我将在下文中就此进行详细论述），不过另外还有三个大规模进程也值得一提。 首先是洛杉矶主要的"大规模制造业"所需的基本原材料——分块的土地——变成了一种奢华商品，本地居民中只有不断缩减的少数人才能消费得起。 其次是出现了新的经济地理关系，让洛杉矶原有的郊区地带变成了自有名号的"外缘城市"。 第三是地区经济走向国际化，于是导致洛杉矶的精英们跟着那些位于新宿区和下曼哈顿的各处大型金融中心亦步亦趋。

130

针对这些划时代的变化，南加州的老牌权势集团是如何应对的？我们目前仍然深陷在这次重组的巨大漩涡里，难以做出一个概略的判断。 为了探讨老牌精英与新现实之间的关系，倒是可以简略地研究四个案例：首先，土地开发行业再次遭到垄断；其次，日本资金在市中心区展开了殖民行动；第三，《洛杉矶时报》企图将其发行范围和影响力重新扩展到整个地区；第四，好莱坞由于新老交替再加上外国人的接管，形成了复杂的格局。

新一代章鱼

在进步党人的眼中，从 1870 年到 1910 年那两代人的时间是加利福尼亚的"黑暗时期"，神通广大的南太平洋铁路公司（也就是弗兰克·诺里斯①笔下描写的"章鱼"）在各大党的幕后进行操纵，从州长官邸到市政厅，处处左右着州政府的政策。 加利福尼亚人曾在课堂上学到，海勒姆·约翰逊②为确保从此不再出现任何私营经济组织左右州政府的情况，于 1910 年领导了进步党的"革命"，在萨克拉门多击退了南太平洋铁路公司。 然而在 20 世纪 80 年代里，又出现了一支隐形的

---

① Franklin Benjamin Norris(1870—1902)，美国自然主义小说家，曾任海外记者，他的代表作就是《章鱼》(1901)，以谷物种植业为背景，生动地描写了加利福尼亚的社会生活，小说中写到了铁路公司与农场主之间发生的尖锐冲突。 按他的构思《章鱼》本该是三部曲，但是由于他的去世只完成了前两部。
② Hiram Warren Johnson(1866—1945)，共和党出身的进步党人，于 1910 年当选加州州长，开始进行政治改革。 他终止了铁路公司左右政府政策的局面，加强了政府对铁路以及其他基础设施的控制。

第三方力量，它大致等同于、甚至超过了南太平洋铁路公司在其鼎盛时期的影响力，而且它和老章鱼一样，在政府的每个层级上都跨越了党派界限，操纵着一切。

这支优势力量就是重新恢复了垄断的土地开发产业。 说它"重新恢复了垄断"，意思是城市开发的重组核心在于投机买卖土地所有权，完全不同于前文描述的 20 世纪 50 年代和 60 年代初那会儿的"凯恩斯主义的郊区化"模式。 在那些日子里，营建商和大发横财的金融家们结成了关键的联盟；土地价格相对比较便宜，很容易就能从成千上万的小果园主和小农场主手里买到。 在开发过程中，不同权势集团之间的根本差别在于资金的来源不同，而非土地的来源不同。

131

我们将在下一章里更详尽地看到，所有变化全都是从越战引生的繁荣时期开始的，当时再也难以找到新的沿海土地用来开发，而那一类土地却正是南加州美梦的原材料。 由此导致的土地价格上涨曾在 20 世纪 70 年代末和 80 年代末两度造成了强烈冲击，严重改变了财富和机遇的分配格局。 土地的相对稀缺还导致了"夫妻店"式的营建商迅速衰亡，紧接着垮台的还有中等规模的开发商。 土地的转手日渐被巨型公司掌控，它们有本事找来银行资金收买沿海平原上残存的少量珍贵地块，或者从遥远的内陆盆地里提供资金支持，兴建全新的居住城或者产业城。

在洛杉矶地区，这类"新一代章鱼"垄断着都市边缘处的开发项目和填补内城"孔隙"的工作，其企业类型分为截然不同的三种，然而它们又是相互勾连的。

首先是屈指可数的若干家大型土地囤积商，其中有一些是 19 世纪大庄园的直系后嗣，他们垄断了南橘县、洛杉矶西南部以及北部诸县的社区和工业区开发。 这些商家包括：老教区①及圣马格利塔牧场集团（这是属于弗勒德-奥尼尔一系的遗产，在 20 世纪 70 年代转手给了菲利

---

① 即 Mission viejo，位于橘县的一个郊区居住小城。

普·莫里斯）；欧文牧场（现在转给了唐纳德·布伦）；Ｃ·Ｊ·西格斯托姆父子公司（他们的豆子田变成了梅萨海岸①一带围绕在南海岸大厦周围的"后现代市中心区"）；沃森土地公司（属于卡尔森"财阀巷"一带的多明盖茨家族的遗产）；还有纽霍尔土地与农场公司（包括圣克拉利塔和溪谷郡的开发商们）。

其次是总部多半设在橘县或者洛杉矶西区的大约十五到二十家"社区建造商"，还有 20 世纪 50 年代的许多家犹太裔大公司，他们驻扎在内陆帝国（即河滨区西部和圣伯纳迪诺诸县）以及羚羊谷里，主宰着兴建过"初级住宅"以后残留下来的边远地界。这些商家包括：刘易斯住宅公司、考夫曼与布罗德公司、拉斯克公司、戈德里奇与克莱斯特公司、沙佩尔产业公司、瓦特产业公司，凡此等等不一而足。这个名单里还应该加上在边远地带开发商业及工业中心的商家：科尔公司、哈根公司、阿曼森商业公司以及另外一些公司。

第三，"加州商界圆桌会议"的许多成员都发现，在这个土地价格 132 扶摇直上、各家公司奇招迭出的时代里，自己手中持有的土地现在变成了最宝贵、最容易变现的资产。于是各种土地密集型产业就得着了机会，能自己挑头当上大开发商：航天业（位于威彻斯特县和国王海滩一带的休斯与萨玛公司、位于圣莫尼卡和长滩的道格拉斯公司）、娱乐业（位于山谷地带的美国音乐公司和迪斯尼公司）、能源业（位于安大略的谢弗伦公司）、交通业（位于福克斯山的太平洋联合公司、位于圣伯纳迪诺县西部的南太平洋公司）——这还只是列出了一小部分名单而已。

不足为奇，南加州获利最丰厚的大型产业依然是土地开发，每年挣得的利润率高达 50%（与此形成对照的是，在上一波繁荣的高峰时期，石油工业的利润率只有 12%—18%）。[55]推进土地垄断这一过程的最好例证可能要数橘县巨大的欧文牧场——"比曼哈顿岛大了差不多五

---

①　Costa Mesa，位于橘县的一个小城，以居住、交通业及轻工业为主。20 世纪 80 年代以后，这里兴建了许多研究大楼、公司办公楼群和购物城，"南海岸大厦"就是其中之一，它是全美国最大的购物中心之一。

倍……（而且是）美国各个重要的大都会区域里最大的一片由私人拥有的不动产"。 尽管这个牧场按规划要用漫漫五十年之久逐步完成私营的城市化（其中的项目包括欧文牧场的"乌托邦"城，旁边紧挨着的加州大学校园，还有全世界最大的办公-科学园区），但是，只需把自己的宝贵土地原封不动地保留着，像酿造上好的陈年红酒那样让它慢慢变老，欧文牧场公司就已经挣到了可观的利润。 于是，随着欧文牧场的土地价格在1988年令人难以置信地上涨了223%，欧文公司从它为每一英亩未开发土地发行的新股中就掘到了63万美元。 公司土地价格上涨带来的这一大笔飞来横财现在引起了法律争议。 1983年，公司正式宣布它的资产总值为十亿美元；现在有一些地产专家认为它的身价已经超过了一百亿美元——这大概就让它的老板唐纳德·布伦成了北美头名富豪，而且会搅得亨利·乔治死不瞑目（他是19世纪反对土地垄断的加利福尼亚名人）。[56]

既然收益激励如此飞涨，达到了妙不可言的程度，土地的珍稀性就驱使着激烈竞争中单打独斗的大地产商们组成了地产业界的高层，他们结成一个共同利益集团，想要永远维持一个有利于增长的政策环境。一方面，当代大多数开发项目的特质就是长时期、分阶段的，这就要求限定土地用途的详细规划必须稳定不变，还要确保州政府会支持建设基础设施。 另一方面，依靠私房屋主群体发动起来的"延缓增长"运动在抵制着新开发项目（这是下一章的主题），开发商们因此也不得不花大钱来组织力量，在政策层面上针锋相对。 各种急迫的要求碰在一起，结果就滋生了一个人数众多的网络，从事着院外游说以及竞选赞助等活动，它所提供的"财源"让政客们比以往任何一段时期都更肥了，无论是南太平洋铁路公司那会儿，还是阿曼森和昂鲁那会儿，全都比不上。

尽管时政记者经常要把开发商腐蚀当今州议院的作用比作1910年以前的"联手腐败"，[57]但是，新一代的章鱼最喜欢的栖居处却在县级单位。 这一级基层政府民主单位有权决定未经社团化、位于增长边缘地带的土地的用途，而且开发商掏出的最大数额的政治献金一般都流到了此处。 因此不足为奇，组成议会大多数的是立场保守、支持开发商的议员们，南加州诸县当中，除了圣巴巴拉以外，每一个县署监管理事会全都控制在他们手里。

洛杉矶县的例子是分量最重的，哪怕其原因只不过是该地的官僚机构无比庞大，它的尺度向来让洛杉矶市也相形失色，而且说到这一点，除了（现已废止的）纽约市财政预算委员会①以外，它也大过了国内其他任何一处的政府机构。 《洛杉矶时报》时常喋喋不休地抱怨，说洛杉矶县还是一副"冰川时代"的过时面貌，既缺乏"基本的牵制与平衡"，也缺乏"凝聚力、奋斗目标、效率性和责任感"。 本县有"五个小国王"——全都是白种人，保守派以三比二占了多数——他们把行政权、立法权和司法权都融为一体施用在自己的封疆上，统治的人口数目甚至超过了底特律。 本地有一个萨克拉门多"财源"体系的典型对照实例，（现已退休的）县长皮特·沙巴拉姆筹措到的政治献金主要都是由十五家大型开发商提供的，他在 20 世纪 80 年代初转账过来几十万美元，用这笔钱选出了他本人的两名翻版，迪恩·达纳和迈克·安东诺维奇，由于当时还有另外三十家开发公司也提供了巨额献金，这两位官员的职位因此就被捍卫得固若金汤。 我们将在下一章里看到，沙巴拉姆手下的多数派巧妙地报答了这些开发商，他们划出了几十万英亩土地，经过详细规划之后推向市场，而规划师和市民团体却极度盼望能保留住这些土地，充当城市空地。[58]

如果可以认为土地开发业是一个地区性的、甚至是全国性的权势集团，凌驾于更加老派、本地色彩更浓的精英群体之上，[59]那么特别引人注目的则是，这些开发商采用了肆无忌惮的手段，慷慨大方地同时哺育着保守派和自由派这两个阵营。 洛杉矶政界有个肮脏的小秘密，那

---

① 1938 年，纽约市议会规定财政预算委员会（the Board of Estimate）为重要的行政管理主体。 1989 年，最高法院宣布财政预算委员会侵犯了一人一票的选举原则。 新宪章废止了财政预算委员会，重新划定选区，改善少数族裔在议院里的代表状况。 市议会从此由财政预算委员会手里夺回了市政预算、规划及土地用途等方面的绝对权威。

就是布莱德利市长也和本地的共和党领袖们一样，极其惊人地大量分享
着开发商的同一笔赞助基金——可南加州民主党最偏向于自由主义的一
翼原本全指望着他去坚持原则呢。 于是这时布莱德利的主要后盾就变
成了欧文公司的布伦，他从财政方面扶植了皮特·威尔逊参议员，而且
也是共和党在全加州最大的捐助人。 同时布莱德利还有另一位后盾理
查德·赖尔登，此人是市中心区的律师-开发商-银行家，于1986年策
动颠覆了加州高级法院中自由派的多数席位。

不过，论起由政界的骑墙做派造成的这类互惠状况，也许最有说服
力的例子要数南加州排在头号的零售业开发商亚历山大·哈根，此人同
时跟布莱德利以及共和党的长官们暗通款曲。 仗着他与市议会的亲密
关系，他抢到大好机会，垄断了洛杉矶中南部地区零售业的搬迁和重新
安置工程；他盖的购物中心享有市政府的补贴，而且警卫森严（第五章
对此进行了详细描述），为他赢得了优渥的回报。 与此同时，待他向迈
克·安东诺维奇主任友好捐赠了2.9万美元的竞选献金以后，他就从安
东诺维奇的管区里买进了从前的西尔斯中心，转天再飞快地卖给了县立
公共工程部，从中挣到了妙不可言的900万美元。[60]

不幸的是，如此这般的事例可以令人作呕地一直添个没完。 它们
例证了在所谓"两党合作"的层面上运转着新型的精英政治，主要原因
倒不见得是开发公司的老板不复身为热心的共和党人，却在于布莱德利
之类的城里民主党人不再代表着普通选民的特殊利益。 当然，在"财
源"汩汩不绝的加利福尼亚，这已经是老套子了。 也许更有意思的是
权势现在的流动方式——是融进了某个联盟，还是勾连了某个人。 从
历史的角度看，大概意味深长之处既在于哈根深深卷入了内陆帝国核心
里的方坦纳政局的小世界，也在于他同时为洛杉矶政局中的两个党派提
供着献金。 比一比固守地盘的老派权势集团，"新一代章鱼"无论多
么缺乏社会凝聚力，却能在各个地区无孔不入。 今天的大开发商操纵
着南加州支离破碎的政治地理格局，其轻易、其熟练，就连哈里·钱德
勒见了也会莫名惊诧。

"共荣"的风险

我们在前一章里曾经看到，关于洛杉矶市中心区的未来前景，猜错了的人可不止雷纳·班纳姆一个。"二十五人委员会"和中心城市协会做了个了不起的设计方案（实际上是 1972 年做的一个总体规划，名为"银皮书"），在布莱德利的任期内由他罩着付诸实施了，其落实之彻底几乎没人敢信。1975 年原有的规划限定条件是限高 13 层，当时只有区区五座高层建筑突破了限高，相形之下，眼前却有将近五十座建筑超过了限高，其中最高的一座是马圭尔·托马斯名下不可一世的 73 层高的图书大厦（不过尚有唐纳德·川普正在扬言，说他打算在威尔夏大道边上盖一座 125 层高的"超级摩天楼"）。然而，由于市中心区已经高上了天，地产投机的赌注越来越大，这就迫使最早加入"二十五人委员会"的许多公司成员都不得不卖掉股票，撤到界外去了，这当中，也包括一些在现金周转上遇到困难的本地区大型银行和石油公司。[61]

一言以蔽之，市中心区只不过是变得太过庞大了，让本地的利益集团很难继续掌得住舵，而重建城中心实际上就开始意味着走向国际化。于是在 1979 年，《洛杉矶时报》报道说，在市中心区的重要产业中，有四分之一都落入了外国资本的手中；过了六年以后，这个数字变到了 75%（有一位权威人士声称其实是 90%）。[62] 就像曼哈顿的情形一样，在 20 世纪 70 年代末领头推动第一波海外投资浪潮的是加拿大的不动产资本，其缩影是总部设在多伦多的"奥林匹亚与约克企业"。这家企业的老板即赖克曼一众人等大量采买摩天楼，堪相比拟的就只有极少数富豪收藏珍稀邮票或是路易十四时代的家具时那般阵势。然而，自从 1984 年以来，他们都跟纽约的保险公司以及不列颠的银行一样，全被淹没在日本资本的海啸里了。

南加州经济今天的"日本化"进程牵涉到许多复杂的因素，其中有两个因素特别突出。因素之一是个古怪的事实，本地区对外大宗出口的头号产品只不过是空旷的空间；运抵圣佩德罗港口的集装箱中，有一多半装满了电脑、汽车和电视，可它们返航的时候却是空空如也。[63]

135

虽然无法精确得知本地区的贸易差额，但是在 20 世纪 80 年代中期，全加州与日本进行的贸易往来总额将近三百亿美元，其中平均有二百亿美元的逆差。[64]这种单一走向的贸易模式既导致本国必需大量提供基础设施，满足进口服务、金融业务以及销售管理等方面的需求，又导致形成了日方将顺差投入再生产的机制。

因素之二是太平洋两岸之间的土地价差，这一要素协同确立了再生产的模式。洛杉矶的土地涨价确实急剧改变了本地走向城市化的经济环境，然而，东京的产业如同中子星一般稠密，跟那儿的产业价格比起来，洛杉矶的涨幅简直就是微不足道。由于当政的自由派民主党不肯按照社会党人反对派提出的要求，去挖一挖日本人在贸易中挣到的横财，借机提高薪资，并采取凯恩斯主义的手段，推动住宅再次涨价，于是贸易顺差产生的盈余资本就流入了股票市场和不动产投机市场，这种情况让人回想起了柯立芝总统时期的美国。从 20 世纪 80 年代中期开始，日本人开始在国际上铺开所谓的 *zaitech*①，也就是运用多种金融技巧来引导现金流从制造业转向投机行业的策略，尤其喜欢专门用在南加州。特别是，"超级日元"在市中心区新的黄金海岸沿线购买摩天楼时，比一比自己在东京最寒酸的楼产，就觉得仿佛洛杉矶遍地都是清仓打折的甩货似的。

然而，日本的既得利益集团也感到，金融技术还带来了一个有害的副作用，它新培植起了一个劫掠成性的亿万富翁阶层——正和我们本地的企业海盗是同一类人——这群人名为 *nottori-ya*，或者叫做"劫掠者"。恶名最昭著的东京劫掠者要数秀和株式会社，在短短两个半月的收购狂欢里，他们花掉了将近十亿美元在市中心区收买新建的摩天楼，让老牌的保守派人士目瞪口呆。他们的战果里包括大西洋富田石油公司总部即阿科大厦的双塔②。而这还只是一段序曲，到 1990 年为

---

① 日语衍生词，"金融技术"，指一家公司用在金融市场上的投资技巧，由此为其靠传统贸易方式获得的利润增值。又称"财富技术"。

② ARCO Plaza Towers，1972 年由 AC Martin Partners 建成，位于洛杉矶的 S. Flower 街。

止，洛杉矶有 25 片重要地区的房地产都变成了不断涨价的有价证券。
与其他彬彬有礼、身着灰色法兰绒、籍籍无名的日本投资人正相反，秀
和株式会社的老板小林茂和他的儿子小林隆司都厚颜无耻地效仿着阿曼
森以及洛杉矶更早几代暴发户的榜样。《商业周刊》委婉地描写道，
"遵循着带礼物来送给新邻居的日本传统"，小林家族向西米谷地的罗
纳德·里根总统纪念图书馆捐赠了一百万美元，也为布莱德利市长那厄
运连连的 1988 年度州长竞选慷慨解囊，还为上一章里提到的洛杉矶市
的"钢云"支付了十万美金预付款。[65]

　　至于布莱德利市长这边，他热烈欢迎着劫掠者及其稍微可敬一点儿
的企业界同胞。亚特兰大市有位酷爱周游世界的安德鲁·杨，即使连
他也算在内，在全美的市政长官里，布莱德利仍然算是最肯把外国资
本拉进自己的联盟最高层里的一位。[66] 虽然自从 1975 年开始进口以
来，谁也记不得市长几曾费心保护过本地制造业的五万个高薪职位免遭
扫荡，可他却一直不屈不挠地推动着游资跨越太平洋的走势，同时还在
谴责着批评日本势力的那些声音带有一股"种族主义"味道。[67] 他治
下的市政府一直把洛杉矶国际机场的起降费用维持在全世界最便宜的价
位上，还极力扩充了进出口设备，为市中心区的外国投资者（特别是秀
和株式会社）提供了突破规划的免税政策和开发权属补贴，他还指示
"正面行动"①去关照侨居的华人银行家（有个案子涉及布莱德利在亨
利·黄②的远东国民银行里非法存放城市储蓄金的事情，牵连他卷入了
一桩丑闻）。[68]

　　奇怪的是，保守派的遗老们居然没怎么大声疾呼地抗议日本人在市

---

　　① affirmative action，以立法或政策方式补偿过去曾经遭受歧视的人群（包括少数
族裔和妇女），保证他们在教育、就业等方面获得平等的机会。
　　② Henry Hwang（1927—2005），中文名字为黄仲元，1948 年去美国，于 1974 年以
150 万美元注册资金在洛杉矶唐人街创办远东国民银行，是美国第一家由华人拥有的银
行，在 1990 年代的资产超过 5 亿美元，连续三年被评为全美"绩优健全银行"。1989 年
他卷入与布莱德利有关的重大丑闻，据说他雇用布莱德利市长担任银行顾问，布莱德利从
银行方面获得贷款，并帮助银行因城市储蓄金生意获利 200 万美元。事发之后布莱德利
辞去银行顾问职务，归还了 1.8 万美元的顾问费，免除了行为不当的指控。

中心区占领了三分之一的产业，也没太反对市政厅逢迎东方人的态度。在日本人针对北美地产的全部投资中，有五分之一流进了洛杉矶（仅1988年的投资就达30.5亿美元之多），WASP权势集团的主心骨们旋即决定不去跟这个"共荣圈"为敌，反倒要亲自厕身其中。 最初阶段是攫取摩天楼的摘桃时期（极端体现为秀和株式会社的诸多收购行动），随后财阀们进入了目前的第二个阶段，与本地的顶级开发商共同开展合资项目，比如三菱与普天寿保险公司在市中心区合建了规模庞大的花旗公司建筑群，又如日本债券信托银行与特朗密尔·克罗公司联手建设了工业城。 与此同时，南加州的不动产被推销到了亚洲，不亚于一度在中西部火热推销的热昏阵势。 南部地区的不动产经纪大户，比如总部设在贝弗利山的弗莱德·桑兹公司，都着意包装了洛杉矶的产业，以图引诱日本的雅皮士们大批量购买——这些日本人就相当于爱荷华州人在今天的翻版。 "我们正在寻找日本的中产阶级买家，因为那儿的中产阶级家里的资产通常都能值上个一两百万美元。"[69]

这些贸易流通以及不动产交易花样百出（至今日本在美国制造业的投资只有一小部分流入了南加州），由此带来的后果是，本市不断增长着的金融活动全都惟东京的马首是瞻（再过几年，大概更准确的说法就该是由洛杉矶、纽约和东京共同组成了一个金融大三角，但是曼哈顿那些充当钱款中心的银行要想在洛杉矶开设分行就不得不因时而动，等着1991年通过政策，完全放开国内的金融流通，与此同时，日本银行却已经在享受着精妙无比的领跑地位了）。 以联合银行为首，日本银行的直接投资多达五百亿美元，再加上还有金融合资的项目，比如太平洋安全银行与三井银行展开了全面合作。 另外，将近十亿美元的县属养老基金都被用来投资买进了混杂搭配的日本股票，洛杉矶市则发行了以日元为主导的债券，市中心区还有大量交易全都在用日元结算。[70]

日益强化的金融联合造成了一个明显的后果，洛杉矶经济的控制权被让渡给了远在六千英里外的权力中心，这种格局带来的后果不计其

138

数。 毕竟，市中心区的"复兴"无非荒唐地纪念了美国在全球贸易战中的失利。 当日本经济看似天下无敌、输出资本的潜力看似无穷无尽的时候，这一赤字逻辑并没让本地的精英群体感到不安。 但是在1990年初，20世纪80年代那种盲目崇信"太平洋世纪"的情绪开始低落，跟着东京股票市场一起，像神风敢死队一样沉到了没膝深。 洛杉矶的领袖们被贸然惊醒，他们第一次认识到，日本经济的膨胀缘于虚拟资本，这种经济的运转过程意外迭生，而靠它所带来的群落优势又究竟是怎么一回事儿。 例如，日本银行最近决定提高它的贴现率，这就导致东京的投资者全都齐刷刷地抛售了迪斯尼公司的股票，转买了日本国内的债券。 结果在伯班克引起了意外的危机和混乱。 洛杉矶的某些经济地带——比如市中心区和好莱坞——全都无可救药地在循环债务的毒瘾中沉溺日深，前述事件只是一个极小的预兆，说明如果东京地产发生了一场全面跌价，或是围绕着日本这个核心发生了衰退，就会无比深刻地影响到本市的这些地区。

左支右绌的《洛杉矶时报》

历数市中心区的保守派，有些人已经大权旁落，只好退休了事，另外还有些人则落魄成了海外资本的附庸；个中惟有《洛杉矶时报》还能提醒人们回想起往昔的荣耀，算是一家始终竭力自我调整、想要适应权势蔓生新格局的传统机构。 我们此前曾经提到过，这个出版帝国在20世纪60年代末转向了自由派立场，与这一变化同时发生的是，它的市场定位转向了上过大学的中产阶级。 《洛杉矶时报》自居为"全国第一家每日发行的新闻杂志"，自20世纪70年代中期起，从圣迭戈到文图拉，它一直在整个南部地区的疆界里追踪调查雅皮士的人口统计数据，针对各个不同地区发行专门修订过的不同版本。[71]赫斯特报系的《先驱观察家报》曾是它的对手，却在1989年11月最终关张，因为这家报纸在此前一年经历过一场不幸的罢工事件，导致发行出了问题，到了这会儿，《洛杉矶时报》似乎是胜利完成了奥蒂斯将军的"天定命运"啦①。[72]

139   不过，"灰色女士"②其实也在为自己遇到的种种问题苦恼着。其一是，钱德勒家族的血脉也在一直疲弱下去。在这十年刚开头时，钱德勒家族的老板奥蒂斯·钱德勒退休了（风闻他更享受冲浪的乐趣，并不喜欢高端金融活动），加州大学洛杉矶分校的前任校长弗兰克林·墨菲本是钱德勒家族的 *consigliere*③，他马上也跟着引退了。芭菲的儿媳"密西"·钱德勒一度接替过芭菲在艺术界和慈善界担当的角色，最近，就连她也退居幕后。这么一来，钱德勒家还留在洛杉矶城里的人就少极了，自从美西战争以来从没这么少过。与此同时，在至关紧要的郊区市场上，巨人哥利亚式的《洛杉矶时报》遭到了报界大卫的迎头痛击。《洛杉矶时报》最早在 20 世纪 60 年代初的对策是干脆买下本区内的每一家竞争对手，但是，现在却有了联邦反托管法案，禁止它再玩这种策略。而今，虽然《洛杉矶时报》资本雄厚、规划周详，它却发现自己在四个区的发行大战里几乎马上就要处处败北了。在迅速开发的富裕的圣迭戈县里，它没能站稳脚跟，击退步步为营的科普利王朝；它也抵挡不住暴发的《每日新闻》，很难护住以前抢到手的圣费尔南多山谷市场，《每日新闻》是杰克·肯特·库克的资产，在《先驱观察家报》关张大吉以后，它已经在整个圣莫尼卡地区与《洛杉矶时报》争夺着该报原有的蓝领读者群。与此同时，在圣加百列山谷的郊区地带刚冒出来一家新的地区性报纸《洛杉矶报业网络》（这是由帕萨迪纳、惠特和科文纳西区的几家报纸组成的一个联盟，属于汤普森和欣格尔顿体系），它声称自己已经逼平了《洛杉矶时报》的发行量和广告收入。[73]

    然而，《洛杉矶时报》真正的越南式泥潭还得数橘县，该县的中位住宅售价是全美最贵的，而橘县保守的《记录报》（以前在圣安娜发行）则葬送了钱德勒家族最出色、最聪明的整整一代人。林登·约翰逊总

---

① 见本书第 135 页脚注②。
② 这是对《洛杉矶时报》的谐称。
③ 意大利语："顾问"，特指黑手党或有组织犯罪集团头目的顾问。

统的亲信汤姆·约翰逊原本任职于得克萨斯州的一家棒球分会，《洛杉矶时报》在1980年招募他来做出版人，其特别任务就是要穿透橘幕。到1989年底，由于他向边界以南倾泻了几千万美元的资金用于市场竞争，却又收益甚微，因此便被"明升暗降"。 琼·狄迪翁披露，《洛杉矶时报》内部有很多人都在抱怨20世纪90年代新就职的"更寒酸、更刻薄的"领导层——即出版人大卫·拉文索尔和主编谢尔比·科菲三世——说他们这些"东部"势力鬼独断专行（也就是说，他们是我在上一章里剖析过的"逐利而动"的典型移民）。[74]

　　但是上述发行大战的根本问题已经不仅牵涉到《洛杉矶时报》的管理能力，也不仅在于新闻娱乐业竞相翻新的包装水平。 狄迪翁采访过《洛杉矶时报》的一些资深编辑，其中一位承认，这家报纸丧失阵地是因为"新近在文图拉、圣迭戈和橘县形成的社群更整齐划一地全是富人，他们对洛杉矶心怀敌意，不肯认同"。 讽刺的是，市中心区的权势旗舰《洛杉矶时报》一度是铁板一块的反动派，行为举止只求中庸，现在，本地区看不惯洛杉矶西区在政治、文化各方面的自由主义倾向而发作的对立情绪却全冲着它去了。 与此同时，郊区也每天都更想要躲开洛杉矶那幅住满外国人的第三世界城市的负面形象。 不过，《洛杉矶时报》谨慎有余、布尔乔亚色彩太浓，它本来就几乎影响不到洛杉矶县里人口多达三百万的拉美裔大都会。 它会时断时续地每月试着出版一次双语插页版面，这种举动只凸显了它是何等缺乏想象力、缺乏胆色。[75]

　　不过，我们不该过分强调钱德勒王朝的第五代人所面临的问题（他们中的大多数人现在都已经卸任了）。 《洛杉矶时报》占据了本地区的权势核心地位是最吊诡的一件事情。 《洛杉矶时报》日益转向自由主义，也趋附着自命不凡的文化人，这就确保它掌握了大都会里的雅皮士之类的读者，让它现在跟东海岸（自由派色彩不那么浓）的《纽约时报》一样，成了西海岸的早餐桌上与卡布其诺咖啡相配的基本菜式。 曾几何时跨越几代人之久，它的社论版都宣扬要动用国帑来抵制"红色威

140

胁"和"社会主义化",而在过去这十年里,它却带领全州,呼吁着要回头采取凯恩斯式的预算与社会投资政策——于是促使它与德克梅吉恩州长①公开发生了尖锐交火(此公是一位保守派的返祖型人物,早几代的钱德勒家人应该会欣赏他的)。 然而,这家报纸正在输掉关键性的战役,没能在这个"超级城市"里组建出真正地区性的新闻市场,与此同时却又和本市增长最快的族群两不相干。 换言之,在这个后现代城市里,郊区日益离心离德,拉美裔聚居区也正在形成当中,此际,《洛杉矶时报》的左支右绌几乎精确地概括体现了统治阶级的霸权遇到的挑战。

转型之中的造钱机器

相形于日趋衰败或是遭到殖民的市中心区各家机构而言,在前一代人的时段里,"镀金小镇"据以影响本地政局乃至于全国政局的力量都获得了难以估量的增长。 由于产联政治行动委员会就竞选资金问题发起了革命,共和党人获益良多;同处这个时代,劳工群体以及其他传统选民阵营都急剧缩减,全美国的民主党都落入了前所未有的处境,只得百般依赖着自由派掌控的好莱坞那个金钱加上梦幻的组合。 在总统竞选期间,民主党有望当选的候选人要前往马里布和布伦特伍德去做掘金朝拜,这已经成了一项重要仪礼,丝毫不亚于爱荷华州的初选或是民主党全国大会本身。 在好莱坞进行的初选一如既往地始终相当于首次"试镜",有时候甚至能起到决定性的作用,总统候选人在做自我推销时得借机面见一些筹款人和媒体界高管,这帮人可是该党最重要的选民。

在本地,从西区的娱乐业和储蓄信贷业流来的金钱汇成了名副其实的涓涓渠水,灌溉着"后现代的政治机器",这架机器的操控手是国会

---

① C. George Deukmejian(1928—),共和党人,加州第 35 任州长(1983—1991),曾在 1982 年、1986 年两度战胜洛杉矶市的布莱德利市长,赢得州长职位。 据说他比加州的多数民主党人保守,而比共和党的右翼偏于自由派倾向。

议员伯曼、韦克斯曼和莱文。《新共和》杂志推举"伯曼-韦克斯曼-莱文有限公司"为全美势力最大的民主党地区集团,在本地、加州和全国的舞台上都同样纯熟地运转着,最有力地标明了西区赢得政治优势的时刻。 他们不同于老式的政治机器,并不靠着赞助资源或是草根干部们。 他们倒是依赖着一种幕后发生的冷聚变,其成因包括山顶乡村俱乐部的金钱、直邮技术①,还有目前在任的国会议员要推动自己的亲信、盟友的事业向上走的意愿。 随着港湾区的传奇政治集团即伯顿体系走向衰落(州议会的发言人布朗就是那个体系里的旧人),伯曼-韦克斯曼-莱文有限公司变成了加州民主党最有潜力推举出王者的集团。 现在它的主要附庸者包括少数派国会议员朱利安·狄克逊和马蒂·马丁内兹、州参议员赫谢尔·罗森塔尔和格雷·哈特,还有议员伯特·马戈林以及市审计官里克·塔特尔。[76]

伯曼-韦克斯曼-莱文有限公司原先是布莱德利政权的头号盟友,现在却日益疏远了市政厅,站到郊区主张"延缓增长"的运动和反感市中心区的情绪那一边去了。 他们当真积极参与着要打倒布莱德利,直到西区的议员泽夫·雅罗斯拉夫斯基在竞选的幕后用上了科克②那套手段,引得《洛杉矶时报》发出了嘘声。 由于有人曝光了国会议员伯曼的(据说很缺乏教养的)兄弟迈克尔写的一份充满种族主义色彩的竞选备忘录,雅罗斯拉夫斯基只好卷起铺盖打道回府。 伯曼-韦克斯曼-莱文有限公司几乎走到了与黑人民主党成员分道扬镳的悬崖边上,由于整个西区的犹太裔既得利益集团都为此焦灼万分,它才不得不退让三分。

此外还有一个集团也在铺设着西区权势的快车道,他们经常会和伯曼-韦克斯曼-莱文有限公司并辔而行,但是偶尔也会有立场明显相左的时候,这就是由马纳特、菲尔普斯、罗滕伯格和菲利普斯组成的集

---

① direct mail technology,通过邮政系统,将广告函件或其他种类的印刷品直接投送到预期消费者或捐赠处的做法。

② Edward Irving Koch(1924—),美国民主党政治家,曾连任三届纽约市市长(1977—1989)。

团——这是个重要的权势核心，却暧昧地装扮成了一家律师合作事务所。查尔斯·马纳特在20世纪80年代接了两位前辈的位置，接替西区的公司律师尤金·怀曼和保罗·齐夫伦，在民主党全国事务中当上了洛杉矶的特使。他从1981年到1985年间担任了民主党全国委员会的主席，并创办了民主党商务委员会，以求让全美民主党的议程与商务圆桌会议的议程结盟得更紧密：这种策略推重财政保守主义，因此在1984年的竞选中加剧了蒙代尔的败势。

马纳特的事务所继续在民主党和大商人（尤其是娱乐业和地产界的商人）之间保媒拉纤，同时事务所里的合伙人都在毫不犹豫、盘根错节地纠集着洛杉矶市民主党内的闻人或是圈内人，一个都不放过。于是在1984年，马纳特联合米基·坎特（此人原本是杰里·布朗①在洛杉矶的主要帮手），主持了蒙代尔在加州的竞选，而且马纳特事务所还派了另一名律师约翰·埃默森（现任本市的首席副检察官）同时去操持加里·哈特的竞选活动。这种"彻头彻尾都让马纳特赢了去"的把戏在1988年再度上演，当时的情况是西方石油公司企图立法批准圣莫尼卡海湾沿岸的石油钻探生意，就此引发了争议。一方面有坎特吹捧着阿曼德·哈默的石油钻探平台是在反抗西区的"精英主义"，另一方面则有他的同事莉萨·施佩希特在代表着愤怒的私房屋主和环保组织，双方都同样自居为正义清廉之师。如今，马纳特和菲尔普斯正在领头为布莱德利市长提供法律支持，保护他别被形形色色的腐败行为以及争权夺利的不同主张给连累了，不过，有人万分怀疑，这家事务所同时还在帮着布莱德利的继任者粉饰装点。[77]

伯曼-韦克斯曼-莱文有限公司的"新自由主义"，以及马纳特和菲尔普斯的"后自由主义"，与以往一样定义着西区民主党势力的集团特色。但是争相筹款的活动主要依靠的还是单个的企业法人或是富裕的

---

① Jerry Brown（即 Edmund Gerald Brown, Jr.，1938—　），美国政治领袖，自由派民主党人，其父 Pat Brown 曾任加州州长（1959—1967），见本书第156页脚注③。他本人在1975—1983年间担任加州州长。

门阀派系。 好莱坞正在进行重要的代际交替，它呼应着洛杉矶市更大范围内的精英重组局面。 最早从这般场面里隐退的是著名的"马里布黑手党"，它曾推动过布莱德利在 1973 年的当选，随后又在水门事件的余波中出钱帮着自由派形成了一股胜利浪潮。 虽然诺曼·利尔[①]还在到处滋事，可他的能量早已集中用在了"捍卫美国方式的人民"[②]那个组织里，这是他为道德上的多数派开出的矫治验方。 同时，在帕列夫斯基和利尔留下的真空里，闯进来了婴儿潮那一代浮华的民主党人，一群可能手持权柄却缺少个性色彩的中间派，这批年轻的制片厂管理层来自于福克斯、迪斯尼和新世界电影公司，曾在 1988 年支持过杜卡基斯。 在他们的左翼有"好莱坞女性政治委员会"，它把 20 世纪 80 年代"少壮派"[③]的部分成员变成了一批好斗的自由派女性主义骨干。[78]

在好莱坞政治世界的另一端，在日本财阀和联邦纳税人的联手赞助下[④]，罗恩和南希携着枯瘪的荣耀住进了贝艾尔居住区[⑤]的一所房子里。 然而，由贾斯廷·达特和霍默斯·塔特尔领衔的著名的"厨房谋士团"却因其成员的去世和老朽而一蹶不振。 即使在 20 世纪 70 年代末它的全盛时期，它也纯属围绕着里根运作起来的一桩风险资本经营事业，作为本地权势集团的影响力非常有限。 讽刺的是，里根联盟中始终在政界最活跃的居然是他旧日的代理人，美国音乐公司的卢·瓦瑟曼，他现在是民主党在好莱坞筹款的好上帝了。

143

---

① Norman Milton Lear(1922—　)，美国著名电视制作人、编剧，持自由派政治立场。 他于 1981 年拿出自己在电视业的部分收入，创办了一个组织，叫做"捍卫美国方式的人民"。
② People For the American Way Foundation，一家基金会组织，提供信息介绍美国的宗教右翼行动及其政治联盟中的政治决策人、学者和活动家，同时也参与 些法律行动，保护美国人的自由与权利。
③ bratpack，20 世纪 80 年代一群炙手可热的好莱坞年轻人，其中的男女演员经常共同参演同一部电影。 又称"新老鼠帮"。
④ 1988 年，罗纳德·里根总统和夫人南希准备卸任，他们在贝艾尔区得到了一座价值 250 万美金的住宅。 《时代》杂志报道说："由大约 20 名友人和投资者组成的团体专门为总统和第一夫人买了这座房子。"
⑤ Bel-Air，洛杉矶市内于 1923 年创建的一处高档居住区，在市中心区以西人约 12 英里处，与贝弗利山和霍姆比山一同构成了所谓的"金三角"。 这里紧邻加州大学洛杉矶分校，从 1923 年起就开始建设门禁社区，居民人口不足一万，绝大多数是非西班牙裔白人。 贝艾尔经常被选作电影、电视的拍摄场景。

瓦瑟曼组织起了最大的民主党阵营，他们在名义上是民主党，实际上却是由娱乐界大佬组成的意识形态对立阵营。一般说来，他们愿意出血的唯一理由惟有顾全了自己制片厂的收支平衡账单。如果瓦瑟曼对着随便哪个候选人那边儿点了点头，这群人大可放心，他已经严格做过账册结算了。尽管他和他的"大维齐尔"①希德尼·欣伯格最关心的是国家政策对娱乐产业的影响，但由于美国音乐公司持有了环球影城，它却变成了整个圣费尔南多山谷里最大的不动产开发商，同时，当它觉得有必要的时候，它也是"新一代章鱼"身上一只活跃的触角。

但是，当这整个权势星群在旋转时，无论是老是新，都只能绕着好莱坞的老主人犹太裔和民主党人打转转，这个模式如今可不再是理所当然的了。跟市中心区一样，好莱坞已经被放上了一张全球拍卖桌。这里是一个"软件"中心，控制着价值 1.5 万亿美元（每年增长 15%）、疯狂演变着的娱乐业集团。《经济学家》杂志估算说，自从 1988 年以来，有将近一万亿美元投放到了此地，扰乱了该行业之后又进行了重组。从本地人的角度来看，这就意味着海外集团买走了五分之四的大唱片公司，九分之四的电影制片公司，还有大量外国资本涌入了独立制作室和所谓的"微型制片工作室"。如果说，像鲁伯特·默多克那个从澳大利亚起家的"新闻集团"之类的媒体劫掠者主要是在搜求被低估了的资产（他们在 1985 年买下了福克斯公司），那么，索尼公司如今拥有了哥伦比亚唱片公司、哥伦比亚制片公司和三星制片公司，像它这样的电子硬件巨人就是要准备迎接千禧年，为此打造着纵向联合而成的娱乐业垄断集团。[79]

在里根和布什执政的时代，日本资本大肆羞辱和贬抑了美国，夺取好莱坞的造梦机器正是他们恰如其分的一个成就巅峰。虽然前任总统在东京演说的时候可以颂扬财阀们为巴比伦城带来了新鲜的清正之风，但是没人能够预测得到，外国人获取产权将会如何影响到制片公

---

① 原意指伊斯兰教国家的总理大臣。

司的政治献金前景，将会如何影响到娱乐产业在全美犹太裔事务中起到的核心作用。 就像市中心区一样，好莱坞正在变成世界经济的一处殖民地。[80]

DARE GA L. A. WO UGOKASHITE IRUKA

这是一句敬语格式的日语，意思是，"谁在统治着洛杉矶？"越来越多新来乍到的人感到好奇而又大惑不解，他们都会提出这个问题，尤其是某些社群在故国眼看着大型的王朝世系依旧大权独揽，就更会有此一问。 虽然说，洛杉矶的一边住着圣公会教派出身的银行家和圣马利诺那些初涉社交界的少女们，另一边则住着山顶乡村俱乐部的常客，这两群人将会在下一代人的时间里继续左右着本地的社会登记处（他们跟 19 世纪 80 年代、20 世纪 20 年代和 50 年代的统治阶级属于同一个人种），但是，真正的权势却已经被吸纳到别处去了。 洛杉矶是地产业、媒体业和技术业的圣地麦加，它的超凡成就正在压倒本地传统的上层阶级，削弱着他们的主权和神通。 这话并不是说，他们就沦为一群乞丐了——其实他们如今还在不断变得更加富有——倒不如说，在新的一轮土地垄断以及全球金融的逐鹿当中，他们正把权势让渡给更加老谋深算的其他既得利益集团，这权势可不只是金钱而已。 尽管官方大肆扬言，洛杉矶将在 2000 年成为"21 世纪的头号城市"，在很大程度上，它却只会是一个专为外来的巨型银行和技术专利总部而设的大集市。 无疑，它也将在城市领域里继续扮演西班牙干线①的角色，听凭世界各地的公司海盗和劫掠者们在这儿啸聚驰骋。 尤其是本地那些斜斜憩在自家安乐窝里的老派 WASP 精英分子，以后在此地游游荡荡时，大概其身份主要是个消费者、买办，乃至于只不过是个繁衍后代的畜牲而已。

---

① Spanish Main，南美洲北部海岸线上靠近加勒比海的一部分，从巴拿马延伸到奥里诺科河。 在殖民时期常有西班牙船只经过这条航线，这些满载珍宝的船只在返回西班牙的途中经常在此受到英国海盗的劫掠，这种情况一直持续到 19 世纪，"西班牙干线"一词因此变成了海盗冒险故事的象征。

注 释:

145
　　〔1〕引文见 Sophia Spalding, '*Power Shift in L. A.*', 未经发表的手稿, 1989。

　　〔2〕Frederic Jaher, *The Urban Establishment: Upper Strata in Boston*, New York, Charleston, Chicago and Los Angeles, Urbana 1978, p.577.

　　〔3〕Kevin Starr, 'An Epilogue: Making Dreams Come True', *L. A. 2000—A City for the Future*, Los Angeles 1988, p.84.

　　〔4〕然而, 这群投机的"北佬绅士"却惹怒了其他一些清教徒的后裔, 比如《起航前两年》(*Two Years Before the Mast*, 1852) 一书的作者小理查德·亨利·达纳(Richard Henry Dana, Jr.), 他鄙视南加利福尼亚"讨厌的海岸", 还有"把良心留在了合恩角另一边"的盎格鲁裔加利福尼亚人。见 Franklin Walker, *A Literary History of Southern California*, Berkeley 1950, pp.22—32。

　　〔5〕见 Robert Cleland and Frank Putnam, *Isaias W. Hellman and the Farmers and Merchants Bank*, San Marino 1965。

　　〔6〕统计数据取自 Robert Cleland, *The Cattle on a Thousand Hills*, Los Angeles 1951, p.159。换言之, 洛杉矶县在 1863 年时占有的财富还不及全州财富的百分之一。

　　〔7〕William Clary, *O'Melveny and Myers: 1885—1965*, 私人印刷, Los Angeles 1966, p.211.

　　〔8〕这并不是说就没出现过具有反犹倾向的精英阵营, 其中最值得注意的是第一代盎格鲁裔的加利福尼亚人, 他们谴责以伊赛亚斯·赫尔曼为首的犹太人在 19 世纪 60 年代取消了他们收回牧场的赎买权。在 1875 年的大恐慌①中, 女婿们的最后堡垒即坦普尔-沃克曼银行破产以后, 这般抱怨以一种丑陋的面目重新出现, 他们说这场恐慌仍然要怪赫尔曼施了诡计。见 Max Vorspan and Lloyd Gartner, *History of the Jews of Los Angeles*, Philadelphia 1970, p.42。

　　〔9〕见 Remi Nadeau, *City-Makers*, New York 1948, 第六章。在 19 世纪 70 年代漫长的衰退时期里, 南太平洋铁路公司几乎找不到本土的投资, 因此四大家族派了一位旧金山资本家迈克尔·皮斯到德国去卖债券, 他同时又是洛杉矶阿拉米托斯牧场的主人。靠着"看不见的手", 洛杉矶的铁路才有机会融进了全国经济, 这只"手"实际上是德国普通投资者的积蓄。(见 Jackson Graves, *Seventy Years in California*, Los Angeles 1927, p.100。)

　　〔10〕参看 *A Southern California Paradise*, Pasadena 1883, p. 53, 又见 John Muir, *Mountains of California*, vol. 2, Boston 1894, p.120。在 19 世纪 80 年代初那段养蜂业的"金色时代"里, 南加利福尼亚的蜂箱超过 5 万只, 主要靠追逐新鲜空气的肺病患者照管它们[见 John Baur, 'The Health Seekers and Early Southern California Agriculture', 《太平洋历史评论》杂志(*Pacific Historical Review*)1951 年第 20 期刊登。]

　　〔11〕在 1918 年时, 单是南太平洋铁路公司就在南加州的五个县里掌握了 2 598 775 英亩土地(其中包括洛杉矶县的 137 463 英亩)。见 California Commission on Immigration and Housing, *A Report on large Landholdings in Southern California*, Sacramento 1919, p.10。

　　〔12〕参看 Richard Orsi, 'The Octopus Reconsidered: The Southern Pacific and Agricultural Modernization in California, 1865—1915', 《加州历史季刊》杂志(*California Historical Quarterly*)1975 年秋季号 LIV-3 刊登; Edna Parker, 'The Southern Pacific Railroad and Settlement in Southern California', 《太平洋历史评论》杂志 1937 年第 6 期刊登。

　　〔13〕引文见 Glenn Quiett, *They Built the West*, New York 1934, p.275。

　　〔14〕George Burton Ward, *Men of Achievement in the Great Southwest*, Los Angeles 1904, p.24。

　　〔15〕参看 Glenn Dumke, *The Boom of the Eighties in Southern California*, San Marino 1944, p.4; 又见 *Industries of Los Angeles*, Los Angeles 1888, pp.11, 23。

①　即 1875 年 8 月由于加州的旱灾而引起的金融恐慌。

〔16〕大不列颠外交部副领事 Mortimer，*The Trade and Commerce of Los Angeles*，London 1890，p.4。

〔17〕William Issel，'"Citizens Outside the Government"：Business and Urban 146 Policy in San Francisco and Los Angeles，1890—1932'，作者授权引用手稿，1988 年。

〔18〕据查尔斯·威拉德(Charles Willard)说，在港口之战爆发以前，《洛杉矶时报》的发行量并不比其他三家竞争报纸领先多少，等到港口之战结束时，它的发行量比其他三家竞争报纸加起来的总量还要多。（*The Free Harbor Contest at Los Angeles*，Los Angeles 1899，pp.102—103.）

〔19〕惠特利在俄克拉荷马州的岩石岛沿线到处建造新镇，威尔科克斯靠托皮卡的房地产发了财，舍曼是凤凰城的头号大开发商，诸如此类。

〔20〕1909 年，社会党的候选人以一线之差没能在选举中赢得市长职位，当地的进步报纸指责沙龙主人和铁路公司与劳工之间媾成了邪恶同盟，发出哀叹说，"我们的同志就算被这么一个组合选上也没多大光荣可言"。据估计，"真正的社会党选民"有 3 000 名（见《常识报》[*Common Sense*]1909 年 4 月 3 日报道。）

〔21〕《伟大西南部的成功人士》(*Men of Achievement in the Great Southwest*，p.33) 一书把他们写成了"洛杉矶四巨头"，虽然其中只有亨廷顿真正住在南加州。亨廷顿和南太平洋铁路公司的 E·H·哈里曼做成了一笔出名的交易，拿他在洛杉矶市内的有轨电车即"红车"系统去交换城市街车系统。

〔22〕见 Robert Gottlieb and Irene Wolt，*Thinking Big：the Story of the Los Angeles Times*，New York 1977，pp.121—126。

〔23〕的确，在 1919—1923 年间，整个加州遍布了自由雇佣企业以后，本州差点变成了由三个右翼出版商主宰的一党天下：钱德勒、(洛杉矶和旧金山的)威廉·伦道夫·赫斯特以及(奥克兰的)诺兰①。主要的政治反对力量来自于共和党内部隶属于进步党的残余分子以及正统基督教的信徒们。关于加州 20 世纪 20 年代统治阶级的精彩群像，见 *California Journal of Development* 16：5，State Chamber of Commerce's Development Association，1926 年 5 月。

〔24〕Robert Fogelson，*The Fragmented Metropolis：Los Angeles 1850—1930*，Cambridge，Mass. 1967，p.83.

〔25〕与此相关的一个例子是由 I·W·赫尔曼的老伙伴亨利·奥梅尔维尼创办的律师事务所，从 1909 年到 1956 年间都一直不肯雇用犹太裔的合作律师。同样的反犹原则在整个市中心区的所有大型律师事务所里都是约定俗成的。见《洛杉矶时报》的系列报道《洛杉矶法律》，1987 年 9 月 28 日刊登。

〔26〕Royce Delmatier，Clarence McIntosh and Earl Waters，*The Rumble of California Politics*，New York 1970，p.207.

〔27〕1988 年时，洛杉矶最顶尖的三处公司总部是阿科石油公司总部大楼、西方石油公司总部大楼和加州联合石油公司总部大楼。

〔28〕见 Guy Finney，*The Great Los Angeles Bubble*，Los Angeles 1929。

〔29〕市民中心的改造工程还特别拯救了钱德勒在日趋衰败的市中心区北部所做的投资。因此《洛杉矶时报》估价只值 25 万美元的旧楼在 20 世纪 20 年代以不止六倍的价钱被卖给了市府当局。见 *Reuben Borough and California Reform Movements*，"口述历史项目"抄本，加州大学洛杉矶分校，1968，p.170。

〔30〕Gottlieb and Wolt，p.146.

〔31〕《洛杉矶时报》1927 年 6 月 9 日报道。

〔32〕参看 Edgar Hampton，*How the Open Shop Promotes General Prosperity in Los Angeles*，Los Angeles 1929；Industrial Department，Los Angeles Chamber of Commerce，*General Industrial Report of Los Angeles County，California*，Los Angeles 1930。麦克罗蒂(John Steven McCroarty)认为，由于战争产业部在 1917 年做的调查，全国上下才发现了洛杉矶的制造潜力。（见 John Steven McCroarty，*History of Los Angeles County*，Chicago 1923，p.355。）

---

① Joseph Russell Knowland(1873—1966)，美国报业巨头、政治家，1915 年开始主持出版《奥克兰论坛报》。

〔33〕参看 Scott Bottles, *Los Angeles and the Automobile*, Berkeley 1987; Martin Wachs, 'Autos, Transit, and the Sprawl of Los Angeles: the 1920s', *APA Journal*, Summer 1984。

〔34〕关于"奇迹一英里"之战，可对照 'The Miracle of the Miracle Mile', in Ralph Hancock, *Fabulous Boulevard*, New York 1949, pp.149—164; 又见 Marc Weiss, *The Rise of the Community Builders*, New York 1987, pp.86—101。

〔35〕Jaher, p.667.

〔36〕在整个 20 世纪 70 年代里，市中心区的加利福尼亚俱乐部、大学俱乐部、洛杉矶乡村俱乐部、帕萨迪纳的山谷狩猎俱乐部都把犹太裔人士拒之门外，见 Jon Bradshaw, 'The Strange Land of Clubs', 《西部杂志》(*West Magazine*)1972 年 8 月 6 日刊登。

〔37〕Neal Gabler, *An Empire of Their Own: How the Jews Invented Hollywood*, New York 1988, p.276.

〔38〕参看加州议会经济发展与新技术委员会，1984 年 12 月 4 日听证会记录，pp.1, 3, 7; 州财政委员会, *The Impact of Federal Expenditures on California*, Sacramento, 1986 年 8 月, pp.2, 4。

〔39〕David Halberstam, *The Powers That Be*, New York 1979, pp.97, 118; Robert Meyers, 'The Big New Tilt in the L.A. Power Game', *Los Angeles*, p.50.

〔40〕见 Sy Adler, 'Why BART But no LART?', 《规划观察》杂志(*Planning Perspectives*)1987 年第二期, pp.149—174。

〔41〕参看 Wolt and Gottlieb, pp.257—270; Thomas Hines, 'Housing, Baseball and Creeping Socialism', 《城市历史杂志》(*Journal of Urban History*)1982 年 2 月号 8:2。

〔42〕哈伯斯塔姆认为，打造尼克松的杰出功绩应该归于帕尔默和钱德勒。他还断定帕尔默与尼克松的私交更好，因为他们都比钱德勒"更少顾及是非"。见 Halberstam, pp.256—263。

〔43〕Lou Cannon, *Ronnie and Jessie: A Political Odyssey*, Garden City 1969, pp.97—100.

〔44〕坎农(同上)指出："阿曼森在商界和政界的手段花样百出，昂鲁又热烈拥抱着权势，这些因素改变了加州的政治体系，填补了(20 世纪 40 年代恶名昭著的院外游说大王)萨米什留下的空白，而萨米什那套又是学会了改革派摧毁南太平洋铁路公司集团时采用的招数。"

〔45〕分析 20 世纪 50 年代繁荣时期的财政状况的工作还刚起步，见 Hyman Minsky, 'Commercial Banking and Rapid Economic Growth in California', in Minsky, ed., *California Banking in a Growing Economy: 1946—1975*, Berkeley 1965, pp.79—134。

〔46〕Vorspan and Gartner, p.235.他们根据"犹太裔商人的私人消息"估计，在 20 世纪 50 年代末，犹太裔建造商承建了南加州半数的新建住宅和购物中心。他们还指出，"犹太裔建造商开始把自己的固定资产投在新银行和储蓄信贷机构里，这个趋势意义重大"。（同上）

〔47〕《洛杉矶时报》1965 年 11 月 4 日报道。

〔48〕Gottlieb and Wolt, pp.457—458.市中心区的精英激进立场在公开场合就化身为"中心城市规划委员会"，其成员与"二十五人委员会"或多或少是同一群人，他们的公开目标是要促进改造进程。

〔49〕关于"典型的老一代既得利益者"如何看待《洛杉矶时报》的"叛变"，见 Meyers, p.50。关于奥蒂斯·钱德勒相应对"加州俱乐部那伙人"的轻蔑，见 Jaher, p.684。

〔50〕关于布莱德利向市中心区的生意人圈子示好的情况，见 J. Gregory Payne and Scott Ratzan, *Tom Bradley: The Impossible Dream*, Santa Monica 1986, pp.137—151。

〔51〕同上。

〔52〕关于"犹太裔的洛杉矶"，希尔(Robert Scheer)写过一系列引发争议的文章，详细描写了发生在沃瑟曼与马里布集团之间的政治筹款之争(《洛杉矶时报》1978 年 1 月 30 日刊登)。

〔53〕见 Gottlieb and Wolt, 'Who Rules Los Angeles?' 第 34 章。

〔54〕我的著作《美国梦的囚徒》(*Prisoners of an American Dream*, London 1986)主要就是在分析里根经济时代结束之后的后自由主义局面，它的成因是全球资本流动以及国

内的社会分化趋势。

〔55〕根据 A. Donald Anderson，'How Real Estate Leaders Plan to Subdivide the Land of Opportunity'，加州大学洛杉矶分校《管理》杂志（*Management*），1985 年秋季刊，p. 20。

〔56〕Diane Wagner，'Lord of the Land'，《加利福尼亚商务》杂志（*California Business*）1987 年 2 月号；橘县《记录报》（*Register*）1989 年 6 月 30 日报道；《洛杉矶时报》1990 年 1 月 21 日报道。

〔57〕例如，可参看 Mark Dowie，他曾讲解过政府发言人威利·布朗（Willie Brown）的支持者组成发生了变化，他原先依靠的是工会及社群团体，后来变成了依赖巨型开发商，比如奥林匹亚与约克公司和南太平洋开发联合公司（'The King of Juice'，《加州杂志》1986 年 2 月号刊登）。

〔58〕见《洛杉矶时报》1986 年 3 月 30 日及 1987 年 4 月 27 日报道。

〔59〕然而我并不是说，精英成员之间必定会针锋相对。 例如，当然有许多老牌的犹太裔住宅营建商仍在西区权势集团中继续扮演着醒目的领袖角色，与此同时，他们又在跟其他开发商展开协同行动。 很奇特的是，开发商这个群体一直趋向于保持团结一致。

〔60〕《洛杉矶时报》1987 年 10 月 7 日及 1987 年 11 月 7 日报道。

〔61〕洛杉矶《商务新闻》1988 年 1 月 11 日报道。

〔62〕参看 Dick Turpin，《洛杉矶时报》1986 年 9 月 21 日刊登；旁证见《全国不动产投资》杂志（*National Real Estate Investor*）1986 年 12 月号，p. 102；较大的估计数字根据 Howard Sadlowski 的说法，见《洛杉矶时报》1984 年 6 月 17 日报道。

〔63〕《洛杉矶时报》1988 年 7 月 6 日报道。 有迹象表明，紧接着排在后面的几项大宗出口产品是废水、废铁和各种各样的原材料。

〔64〕参看《加州杂志》1986 年 9 月号 p. 49、1987 年 1 月号 p. 25。

〔65〕参看《商业周刊》1988 年 7 月 11 日报道、《洛杉矶时报》1989 年 8 月 20 日报道。 《洛杉矶时报》的消息来源报告说，日本人认为小林是在"美国购买社会地位，而且想把买到的地位带回国"。 事实上，小林家族似乎只买到了更多恶名，因为 1989 年有过两起法律诉讼，起诉小林茂的儿子小林隆司殴打了手下的一名洛杉矶雇员，还起诉其堂兄弟对另一名雇员实施了性骚扰。（同上）

〔66〕除了秀和公司以外，还有其他日本企业也给了布莱德利大笔馈赠，其中包括住友、三井不动产、东京银行和尼桑汽车公司（见《商业周刊》，同上。）

〔67〕应该指出，与亚洲人、加拿大人和欧洲人新近在洛杉矶县注入的巨额投资形成鲜明对比，本地"由少数族裔拥有的生意"（也就是说，由黑人、拉丁裔、美洲土著或者亚裔美国人拥有的任何生意）中，排在首位的是格伦多拉城里的一家汽车经销店，然后依次是一家鱼类罐头厂、一家墨西哥玉米卷饼公司、贝里·戈迪的难民汽车城音乐唱片公司。 见洛杉矶《商务新闻》1988 年 3 月 26 日报道。

〔68〕市议会的族群委员会查明，是好莱坞的迈克尔·吴从中拉拢了布莱德利和黄仲元，他的父祖辈是本地华人金融界的著名领袖，他的父亲向好莱坞的政治大老板、加州参议员戴维·罗伯蒂慷慨赠送，据说此举为吴先生获得议员席位铺平了道路。 吴议员眼巴巴地盯着市长职位，正在迅速上升为全加州权势最盛的亚裔政治家。

〔69〕《南加州不动产新闻》（*Southern California Real Estate Journal*）1989 年 4 月 24 日至 5 月 7 日报道，《洛杉矶时报》1989 年 3 月 8 日及 4 月 16 日报道。 日本投资唯一真正让统治阶级大发雷霆的举动是，他们把精英汇聚的里维埃拉乡村俱乐部买下了一半。 日本人和其他亚裔人作为经济盟友很受重视，但在社交平等方面还是受人轻蔑。

〔70〕洛杉矶《商务新闻》1987 年 10 月 12 日报道；《洛杉矶时报》1987 年 12 月 21 日报道。

〔71〕平民倾向较重的报纸〔比如已经解体的《先驱观察家报》（*Herald-Examiner*）〕一般都"受到头条新闻的驱策"，因此更容易遭到电视的竞争。 《洛杉矶时报》的对策是学着《时代》杂志或者《新闻周刊》杂志那样，着重于新闻的内容（在这一点上它比国内的其他报纸都更充实）。

〔72〕南加州现在估计住着将近一百万的加拿大侨民（这是排在墨西哥裔之后的第二大移民族群），因此多伦多的太阳出版公司仔细考虑过《先驱观察家报》提出的收购议案，但是最终回绝了它。

〔73〕洛杉矶《商务新闻》1990 年 2 月 12 日报道；以及 Dan Cook，'Extra! Extra!'，

《加利福尼亚商务》杂志 1989 年 4 月号。

[74] Joan Didion，'Letter From Los Angeles'，《纽约客》杂志 1990 年 2 月 26 日，pp. 91—93，97。

[75] 同上。《洛杉矶时报》一共发行了八个地区性版本，却从来都对满足本地黑人社群的新闻需求不感兴趣。如前一章中所说，各种媒体无论是企业式的还是波希米亚式的，它们在地区的"信息秩序"全都把洛杉矶中南部地区排斥在外。

[76] 《新共和》杂志 1986 年 7 月 7 日，pp. 18—19；《先驱观察家报》1985 年 4 月 28 日及 1986 年 3 月 25 日报道；Michele Willens，'Dance of the Democrats: the West Side Shuffle'，《加州新闻》杂志(*California Journal*)1982 年 4 月号。

149 [77] 《洛杉矶时报》1988 年 8 月 3 日报道。

[78] 《洛杉矶时报》1987 年 3 月 9 日报道；Bill Bradley，'Look Out，Tom and Jane'，《洛杉矶商务》杂志(*L. A. Business*)1988 年 4 月号。

[79] 见《洛杉矶时报》列出的公司产业简况，1990 年 5 月 6 日刊登。

[80] 康隆集团原属以色列，它的新任天主教徒老板帕莱蒂(Giancarlo Paretti)强烈指控说，一个"犹太裔的媒体卡特尔"牺牲了他，此话当然在山顶乡村俱乐部里引起了一阵纷扰。(有迹象表明，洛杉矶往日的另一家犹太裔大买卖即联合银行新近被英国人卖给了日本人，转到了第二代外国东家的手里。)

第三章

本乡原产的革命

有人会说，只有谷地里才出得了这种事儿。从圣费尔南多山谷西头起家的乔伊·皮库斯是洛杉矶市的议员，有一小群"西山混合居住区受害族"一天到晚对她围追堵截。他们递交陈情书、打电话，长篇大论地责怪她，逼得她走投无路，守在她的议员办公室门外埋伏她。他们说她既冷血又傲慢，对他们身处的绝境无动于衷。听着他们那副煽情的腔调，一无所知的旁观者也许会猜想，这群受害者大概是陷进了某种巨大的公共灾难，却又未获赔付：或许是紧挨着一所小学边上掉下了一架飞机，或许是煤气爆炸了，或许是突然披露出有一段拉弗河道①就藏在他们家的后院里，又或许是某种奇怪的、甚至是超自然的玄秘事件（相当于罗德·斯特林②或者托马斯·品钦提到"混合居住区"这个概念时所指的意思）。

事实上，街坊上没人死掉，学校完好如常，污染问题并不比浓烟熏人的山谷里的其他地点更严重，也没发生过第三类接触。确实引得这群受害者大动肝火的是，铁石心肠的皮库斯让他们还像以往一样，住在卡诺加公园③那儿当居民。为了彻底掂量一下他们的怒火燃得有多

---

① Love Canal，尼亚加拉瀑布的一段，20世纪40—50年代，某家化工塑料企业在该地的一段河道中倾倒了将近2万吨用金属罐封装的有毒废料。这附近后来兴建了住宅和小学。20世纪70年代末，部分化工废料外泄，经调查证实，这些废料污染了土壤和水源，导致居民罹患癌症、出现婴儿缺陷、流产以及染色体受损等病症。1978年政府清撤了本地的全体居民，1980年宣布它是国家级危险事故区。拉弗河道事件直接导致美国政府成立了"环境保护署"。
② Rod Sterling（1924—1975），美国制片人、主持人、作家。
③ Canoga Park，洛杉矶的一个分区，位于圣费尔南多山谷中，以农业和农产品加工业为主，也有少量电影制造业。

高，有必要再讲解几则简单的事实，介绍介绍洛杉矶单门独院住家的那类郊区生活：

事实一：像《普里兹家族的荣誉》①里的西西里人一样，洛杉矶的私房屋主爱自己的孩子，但他们更热爱自家产业的估价。

事实二：在洛杉矶，所谓"社区"的意思是里面的住户属于同一个种族、同一个阶层，尤其是住家的估价也得一样。社区标示并没有法律效力——也就是说，在城里触目可见的街牌路标，什么"卡诺加公园"、"霍姆比山"②、"银湖"之类的，都不作数。归根结底，它们只不过是组织完备的街坊四邻或是商人团体想给自己的区段确切规定一种身份，因此从市议员那儿争取来的优惠待遇。

事实三：当今在南加州势力最大的"社会运动"是由富裕的私房屋主发起的，他们按照各种概念化的社区标牌或者地名组织起来，展开斗争捍卫家产的估值，不许外人进入自己的街坊。

于是，在1987年初，有三千多名住在卡诺加公园西段地区、位于山麓地带的私房屋主向皮库斯请愿，希望把自己住的那一带改名叫"西山"。 "西山产业主协会"的成员们抱怨说，自家宅第位于山顶、价值四十万美元，而他们从自己家的院落里俯瞰下去时，却只能去看看普拉特大街东侧平地上只值二十万美元的小破房子。 这些主张隔离的人们含蓄地暗示到道路对面的肤色问题以及房产价格问题，由此哀叹说，卡诺加公园"太差劲了……真像个贫民窟"，而且"我们这个区比较贵……因为我们首先就付了好多好多好多好多钱"。[1]为了进一步煽动西山

①　美国电影 *Prizzi's Honor*（1985），黑色喜剧，涉及犯罪和黑手党话题。
②　Holmby Hills，洛杉矶西区的一个街坊，东邻贝弗利山，日落大道是该区的主要干道。 它和西林村接壤，与贝艾尔和贝弗利山一起构成了"金三角"，是洛杉矶最昂贵、最排外的社区，而霍姆比山在这三者当中又是最富裕的一处，绝大多数住户都可以直接看见整个洛杉矶盆地。 这里住着娱乐业的许多高层人士。

154

去努力形成"社区"，当地的地产经纪人散播着谣言，说是换一下路牌就能让各家的产业马上升值两万美元。

皮库斯是一名非常温和的民主党人，她没有心情去扮演郊区的林肯，把西山从卡诺加公园解放出来。在她的选区里分出了两股势力，一边是影响力很大的开发商，也就是属于沃伊特开发集团的华纳中心，另一边是反对开发（或者说是主张"延缓开发"）的各家私房屋主联合会。由于市检查官正在调查开发商非法提供竞选献金的问题，她特别急着要安抚这群私房屋主。皮库斯给城市交通部打了个电话，西山区便随之诞生了。

然而，就挨在新的西山区的紧东边，还住着另一群私房屋主，他们闷闷不乐地觉得改换路标是场灾难，一下子剥夺了自己也发上两万美元横财的机会。"他们把房产升值的那层奶油都刮走了，甚至都没知会我们一声。（我们）认为每个人都有权被询问一声，愿不愿意被包括在内。"这一小群住在舒普大街和普拉特大街之间的被遗弃的私房屋主无情地追猎皮库斯，于是他们在几个月之后终于也赢得了准入权，打入了排外的西山区俱乐部。不过，皮库斯可能本来就想努力促成亚美尼亚人和阿塞拜疆人握手言欢。当地有位毫不留情的旁观者对此是这么说的：

> 这让最早的那批西山区请愿者愤怒已极，他们显然不愿意看见自己的收获被兑水稀释；他们的"社区意识"带着一种"小就是美"的限定条件。皮库斯倒没被所罗门的困境难倒，她设想这么分割婴儿：宣布新近获得承认的街坊是个"混合居住区"，可以叫做卡诺加公园，也可以叫做西山区，全看每位居民自己觉得哪个名称更合适。……毫不奇怪，这却让谁都不满意——其中最不满意的是混居区里那群一度被轻视、一度被接纳、再度被轻视的居民。[2]

由于皮库斯更改了"社区"的想象边界，她就齐腰深地陷进了西山区命名问题的流沙里，每次为了脱困做个挣扎，都只能让她陷得更深。有些人想为西山区划定绝对狭小的边界，不准外人进来；还有些人则想彻底压倒这种分离论调（"从而让所有产业主全都恢复自己本来的地位"）；皮库斯夹在这两群人之间左右为难，绝望地挣扎着。她想在原有的西山区、"混合居住区"和大受贬损的卡诺加公园区这三个有争议的地区里举行一次"国联"式的合并公投，结果很凄惨，而且还进一步落人话柄，说"她讨厌担负起领导责任"。到了那一天的向晚时分，所有各方都在嘲笑她，政治分析家们计算着她的政治生涯遭到了何等重大的、或许是致命的损害，而且，只要在新闻发布会上提一提"西山区"这个字眼，就足以害得这位不幸的市议员中风了。[3]

阳光地带的布尔什维克主张

要求延缓开发的运动不是一时狂热，这是一场重大的革命。

洛杉矶市议员马文·布劳德[4]

照洛杉矶周边地区的郊区政客们看来，西山区这个弗兰肯斯坦是一种尽人皆知的骇人怪物。他们当中有很多人每天过日子都过得提心吊胆的，生怕会遇见极小型区域之间接二连三的利益冲突会害得自己搁浅——就像乔伊·皮库斯几乎落到的那种下场。我猜，此事又一次例证了南加州是怎样照着过度简化的社会理论在本末倒置。人们设想别处的富裕私房屋主都是为维护现状而相互对峙的壁垒，但是，在特哈查皮斯①以南地区，私房屋主的举止却活像 *sans culottes*②，他们挥舞着狭

---

① 见本书第 104 页脚注①。
② 法语：无套裤党人。

隘的地方观念，好像要尊它充当个断头台似的。　的确，在 1978 年霍华德·贾维斯①组织的抗税运动中，充当急先锋的正是像西山区那群人一样的山谷地区私房屋主：这个划时代的事件推动了新政年代的告终，为推行里根的经济政策铺平了道路。

现在，过了十多年以后，愤怒的私房屋主们新投入的这场斗争比较散漫，然而意义绝不稍减，这一次，他们攻击的标靶是扩大开发的政策。　所谓的"延缓增长运动"货真价实地植根于几百家私房屋主协会中，它从抵触本地用地规定的偶发事件（比如卡诺加公园更改路标的事件）中冒出头来，挑战着今日加州权势最盛的经济利益集团：土地开发产业。　跟此前的 13 号提案一样，新的反抗行动似乎是毫无预警地从杂草丛中砰然蹦出来的。

第一阵轰鸣响起是在 1985 年的 1 月里，当时有个私房屋主联合会 ₁₅₇打赢了一场官司，法庭判决说，洛杉矶市政府从此不许再公然突破本市的总体规划，批准超标的高层开发项目。　有他们这个先例播下种子，就导致 U 提案在 1986 年 11 月成功获得了通过。　《洛杉矶时报》欢呼，这是"一百年来第一次严重挑战了洛杉矶开发增长的伦理"，这项 U 提案把本市的商业开发密度容量削减了一半，并强制通过了一项控制性规划，将增长率限定在 10% 以内。[5] 布莱德利市长在市议会里领导着"鼓吹增长"的多数派，U 提案通过一年以后，这群人里的首席军师，也就是市议员帕特·拉塞尔，十分意外地败给了一匹鼓吹延缓增长的黑马。

与此同时，在洛杉矶的几十处郊区以及边远市镇上，在 1987—1988 年度的选举过程中，由私房屋主做后盾的延缓增长运动到处造起反来。[6] 尽管并没形成整县范围内的一场控制增长运动，但是发生在各地的这些小冲突也引起了限制新建、暂停开发的局面，生成了一份让人

---

①　Howard Jarvis（1903—1986），创办了霍华德·贾维斯纳税人协会，极力推动 1978 年在加州通过的 13 号提案，将财产税削减了 57%，并发起了一场全国性的抗税运动。

过目不忘的平衡决算表。 原本过热的房地产市场对此的反应颇有点儿歇斯底里。 大家估计，延缓增长的运动将致使原本就很有限的土地开发资源更加稀缺，因此就有一大群急于购房的买家冲进了市场：这种自我论证的预言导致洛杉矶县和橘县两地在 1987 年间经历了住宅中位价格的上涨，活像东京的情形一样。

在南加州每一处日益走向郊区化并"鼓吹增长"的边界位置上，土地价格暴涨的唯一结果是刺激人们更狂热地主张增长。 橘县南部本是个支持里根政策的堡垒地区（这一带只有那位半心半意的自由派人士欧文与众不同），由于大庄园主开发商与富裕的私房屋主之间展开了一场痛苦的斗争，致使此地传统的保守党多数派发生了分裂。 原先指挥着"理智增长运动"的领袖制订了严格的"生活质量"标准，用以控制新建的开发项目，他们在 1988 年 6 月的选举中以微弱的预势败给了唐纳德·布伦①以及他那伙大庄园主，布伦等人上演了一幕人人见所未见的、靠恐吓选民来获利的竞选场面（在竞选时强调纳税额会增高、上班行程会变得更远）。 开发商经过了在橘县侥幸取胜的这番磨炼后，就在附近的河滨县不惜代价地打击起了当地羽毛未丰的延缓增长运动（这里有全国增长最快的两处边远郊区，即莫雷诺谷地和艾尔辛诺-特梅库拉区②）。 1988 年 11 月提交的 B 条款本该能够限制河滨县继续开发未经社团化的区域，可惜却以 2∶3 的劣势被驳回了，因为此前鼓吹增长的势力比主张延缓增长的一方多花了 55 倍的钱。 在圣迭戈县，开发商也出钱发动了类似的鼓吹增长的闪电战，排挤掉了深得人心的控制增长的动议。

至于新闻媒体，它们在 1986 年曾描述说，延缓增长运动事实上真是天下无敌，可是眼下它们却又声称，开发商在 1988 年展开的反攻把

---

① Donald Bren(1932—)，出生于洛杉矶的美国地产大亨。 他在 1977 年组织起 34 位投资人购买了欧文公司，1996 年买断这家公司的全部股份，成为唯一持股人。

② Elsinore 和 Temecula 都位于河滨县，近年来日益富裕，在原本属于大庄园的土地上建成了很多高级居住区。

这场运动化作了齑粉。[7]实际上，这场斗争刚开始还仅仅是游击队式的小冲突，几乎没人报道，现在却已经从机动战变成了日趋复杂的阵地战，把法庭、州议会、五花八门的规章部门还有当地政府全都卷进来了，同时民意测验的结果也发生了戏剧性的逆转。 而且，无论从表面上看起来双方力量的均势如何，毫无疑问，关于增长的论战继续划分出了对立的两极，并重新定型了南加州的政治局面。 但是，我们该如何解释那个意义含混的所谓"延缓增长"运动呢？ 在传统的政治势力、社会势力的谱系当中，我们能把这个"运动"放在什么位置上呢？ 要知道，该运动的成员构成可是十分古怪，比如竟有西山区的私房屋主这等人群。

　　某些分析家认为，南加州在 20 世纪 80 年代末出现延缓增长的造反，似乎不过是大略重演了富庶的海湾区诸县在前此十年里曾经上演过的一幕。 首开先河的是 1973 年帕塔鲁马①著名的增长管理实验，此后共有二十多个小城，再加上精心规划的马林县和纳帕县，都迫令居住开发项目进行了调整或者延期。 海湾区算是多少控制住了增长，其严格程度让全国各地的任何一个大都市地区都望尘莫及——这种情况既引起了别处的妒忌，也引得人们批评其结果导致了"郊区拥挤"、土地涨价、工作地点总是远离居住地点。 从这个角度来说，谈到如何保护并调控"美好生活"的话题，南加州只不过才刚刚追赶上了海湾区的先例而已。

　　我们并不否认，海湾区和南部地区确有某些重要的共同特点，但是其间也还有一些关键的差异，区分了它们抗拒增长的不同模式。 首先，南部地区的延缓增长运动彻头彻尾是*私房屋主*的天下，另有一些环境维护论者为其组织工作出谋划策、卫护声援。 尽管这个运动让人想起民粹主义者花言巧语的"社群控制"、"街坊力量"等等言辞，但是几乎无一例外，租房住的人群在该运动中几乎不起任何作用，也很少有人提及他们的利益（除非提出来作为对立面的利益）。 且把"圣莫尼卡

---

　　①　Petaluma，过去是禽蛋生产中心，1970 年成长为成熟的郊区。

人民共和国"①那个奇特的例子撇在一边，此外并无什么对应的实例能
呼应包罗万象的乡土观念，比不上旧金山新近成立的阿格纳斯②联合
会，一方面听凭富裕私房屋主的左右，另一方面又意义深远地网罗了租
客和城市贫民的代表。

其次，与加州北部相比，南加州的用地政策更容易引发尖锐的矛盾
以及阵地对垒。戴维·道尔③和其他研究海湾区经验的学生都发现，在
帕塔鲁马这类环境中，在控制了增长的本地住房市场上，大型开发商时
常垄断了赚钱的有利地位。[8]虽然在南部可以逐例找到这类适应性的调
整，但是人们通常认为增长是一种零和游戏，它引起了恶意丛生的经济
冲突，诱发了选民们的骚动不安。而且它还经常牵涉到巨额的赌注，因
为私房屋主们都努力想要延缓甚至终止那些投资上十亿、分成好几期的项
目。的确，抨击开发进程的话都很有颠覆性——连带着，抨击公司占地
权以及放任自流的城市化发展方向的话也很有颠覆性——这就让乔治·
威尔让大家留心"阳光地带的布尔什维克主张"的警告有了市场。[9]

最后，还存在着意识形态方面的一种重大差异。海湾区的控制增
长政策之所以能够破茧而出，全托赖于该地区独特的传统，也就是体现
在山顶俱乐部、海湾区保护与开发经纪公司、"明日加州"之类机构身
上的贵族化保守倾向。"负责任的环境维护论"成了主宰一切的话
语，开发商及其社区对手这两者都必须在这个语境里明白表达自己的意
见。然而，在加州南部，延缓增长的核心基础却是本地区异常罕见的
历史，也就是说，中产阶级的住家产权构成了他们的利益核心。在白
人特权的岿然堡垒的围护下，产业价值永远在不断上涨着，如果环境维

<hr />

① Peoples Republic of Santa Monica，20 世纪 70 年代末至 80 年代初在圣莫尼卡十
分活跃的一个居民组织，针对开发过快、租金上涨、无家可归等问题展开斗争，这一运动
的中坚力量是住宅租客，也有许多政客参与。该组织一度成功地左右了当地政府，并通
过了一些相关法规。

② Art Agnos，1987 年成功当选旧金山市长，政治上持左翼立场，鼓吹自由主义、
环境保护主义、民粹主义等等。他一度拥护"延缓增长"的主张，但是后来也倒向了地
产开发商的一边。他在 1991 年再度竞选市长职位时失利。

③ David Dowall，美国城市规划专家，1976 年以来一直在都市与区域发展研究所即
IURD 任职。

护论跟这幅景象能合得上拍，它才是一种顺心合意的话语。 无论直接相关的问题是公寓楼的建设、商业的侵扰、校车、犯罪、税收，还是仅仅涉及社区路牌的名称而已，本地的主宰话语永远是保护家园、排外主义——西山区主张分离的那群人就是实例。[10]

换言之，延缓增长运动最关心的是尽量保证私房屋主能够控制得住用地情况以及其他很多环节。 放在南加州郊区社会学的背景下看，这无非是中产阶级最近一次具体表现出了自己的政治主动性，每隔几年，围绕着保护家产价值和居住特权这个核心问题，他们就要间歇式地以这种主动性对自我进行建构和重新建构。 这些变化多端的"运动"是出了名地不稳定，但它们的累积效应却严重地影响到了洛杉矶地区的社会-空间结构的形成。

160

因此，任何时候要想严肃地分析南加州目前的"增长之战"，就必须很小心地研究这一类私房屋主运动的歧路丛生的传统，不受它的假面貌迷惑。 但我也必须警告读者，这就意味着踏入了一座由微观历史构成的迷宫——这是涉及广袤土地的一部晦暗的编年史——它那令人困惑不解的通道有时会把你带到比西山区或曰"混合居住区"更奇怪的所在。 就好比奥逊·威尔斯拍的电影《上海小姐》一样，延缓增长运动的往昔历史变化多端，隐含了不祥的线索，暗示着它在未来的表现。首先，应该为它的最基层组织——私房屋主协会——重新建构起白人至上主义者的谱系。

白人壁垒

"如果我们不能在本地区强制采用限制性合约，那么整个西区都会马上失守，它对我们这个阶层的人来说就一钱不值了。"

20 世纪 40 年代的私房屋主领袖[11]

在 20 世纪的大多数时段，私房屋主协会（简称 HAs）始终是中产阶级这个重要阶层的"工会"。 不过，城市历史学家和社会学家都对其视而不见，它们主要还是个 *terra incognita*①。 论述这一主题的学术著作极其罕见，而且几乎全都只注意最近时期所谓"共同利益私房屋主协会"（简称 CIHAs）轰轰烈烈的发展壮大（仅在加州一地就超过了 1.6 万家），这个组织是与共管式公寓和综合规划开发项目强制性捆绑在一起的。[12] 传统的私房屋主协会组织起了单幢独院住宅的私房屋主，通常在财产结构上有别于"共同利益私房屋主协会"，目前只有土地法的案例研究参考条目里才会提到它。 尽管在洛杉矶以及美国其他城市的郊区边缘地带，它是一个为人熟知的场景特征，可它在社会科学的领域里仍然只是个隐形的主题。

我们且别忙着去查点这种被人忽略的组织在本地最早的实例，好歹先做个粗略的类别区分会很有用处。 某些私房屋主协会建立在公认的共同利益的基础上，大家联合时完全是出于自愿；其他还有很多协会则

161 是由开发商事先组织起来的，强行规定住在同一片开发用地上或是同一个综合规划开发项目里的居民们都要登记加入。 在前一种情形下，私房屋主协会团结一致对抗着任何外来威胁，它的凝聚力强过了那些只想进行自我完善的组织。 在后一种情形下，必须要区分新出现的"共同利益私房屋主协会"和老式的私房屋主协会，前者对住户的共同财产担负起了准政府的日常责任，而后者的创立目的主要是执行该小区具有法律约束力的契约规定。

洛杉矶最早的私房屋主协会是 1916 年创办的"洛斯·费利克斯改进协会"，当时同类私房屋主协会的催生因素都是一种新型的规划开发小区在房产合约中列出的限制性条款。[13] 马克·威斯（Marc Weiss）在《社区营建商的崛起》（*The Rise of Community Builders*）一书中指出，洛杉矶在 20 世纪初叶建成了许多只盖豪华独院住宅的小区，为全美国

---

① 拉丁语：未知的领域。

树立了榜样。 再说，"高端的"营建商大量控制了本地的不动产业，他们利用了规模经济的好处，最擅长的就是在城市边缘地带建设大型的规划开发小区。 房产合约中的限制性条款"同时针对当前以及未来的产业主人，规定了某些行为举止是必须的，某些则是禁止的"，再配上排外的分区规划以及严格的详细规划条款，就构成了"社区营建商借以落实其规划和设计构思的主要手段"。 尽管房产合约中的限制性条款也特别列出了诸多细节，规定了用地地块和住宅设计方案等等，但是这些条款压倒一切的首要目标还是要确保住户的社会阶层和种族保持一致。 "例如，通常私家限定条款都包括像住宅造价必须达到某个最低限价之类的规定，而且如果不是住进来当个家仆的话，有色人种就完全被排斥在外（有时候也排斥非基督徒）。"[14]

到第一次世界大战时为止，各小区的私房屋主协会强制推行着房产合约中的限制性条款（或称限定性合约），帮着界定了洛杉矶西区孤立自守的中产阶级世界。 与此同时，房产合约中的限制性条款还相当于私下通行的吉姆·克劳法令①，围着中央大道上的黑人社区四周建起了一道"白人壁垒"。 私房屋主协会在政治场合初次登台亮相是在20世纪20年代，白人运动以这个手段来遏止黑人想在黑人聚居区以外购买住房的企图。 有些地方还没制定出详细规划合约来合法地把当地的土地连成一整片，那儿的白人业主就团结起来成立了"保安联合会"，制订出厘定种族的"街区规定条款"。 有些街坊既有房产合约中的限制性条款，又有街区自定的种族限制条款。 靠这种方法，本市在20世纪20年代的住宅存量中有95%都有效地遏止了黑人和亚裔人的购买。[15]

社会学家贝茜·麦克伦纳翰（Bessie McClenahan）曾在1929年研究 162

---

① 吉姆·克劳（Jim Crow）是对黑人的蔑称，吉姆·克劳法令通行于19世纪80年代至20世纪60年代，美国南方多数州都以此法令强行维持种族隔离制度，违反者会遭到法律制裁，1896年的普莱西对弗格森一案曾对该法令的一次重大考验，但是最高法院的裁决维护了种族隔离制度。 这一状况一直到第二次世界大战以后才有改善，1963年间举行了一次二十万人进军华盛顿的游行，加速了该法令的终结。 1964年的"人权法案"、1965年的"选举法案"和1968年的"公平住房法案"通过，终止了吉姆·克劳法令的效力。

过南加州大学附近的"大学扩建区"街坊，她描述道，在 1922 年夏天，仅仅一户黑人家庭搬进了巴德朗大道东侧那一片，就引起了当地居民的普遍恐慌，担心起了迫在眉睫的"黑人入侵"以及随之而来的住宅价格暴跌。白人们迅速组成了"反非裔住宅协会"（只限私房屋主参加），努力争取通过一项限制性协议书，排斥有色人种（包括日裔和黑人）进入街坊。尽管后来更名为"大学区私房屋主协会"的反非裔协会也曾出资赞助铺设街道、建设学校，但它的主要目的仍然是要在维尔蒙大街和巴德朗大街之间为白人的临时阵地充当外围防护。[16]

20 世纪 30 年代发生了产业调整，致使中央大道两侧的几百座黑人住房被拆毁，此地过度拥挤的局面愈发严峻。但是，黑人想买住宅时，无论想要偷偷进入哪一个位于边缘地带的居住区，都会迎头撞上白人私房屋主的怒火。当年百老汇商业协会曾经赞助过白人的私房屋主协会，同样，各地商会所起的鼓动作用有时非常关键。在其他一些事例中，私房屋主的保安组织和三 K 党的民团有所重叠，例如，海边有些社区曾在 20 世纪 20 年代和 30 年代发生了一系列不断骚扰黑人的事件，并最终将他们逐出社区（有位历史学家把 20 世纪 20 年代的洛杉矶郊区卫星城说成是"三 K 党的幸运狩猎场"）。[17]白人的私房屋主协会还经常会为蛊惑人心的政治野心充当跳板。"白人业主保安协会"以圣巴巴拉、缅因、曼彻斯特和维尔蒙为边界，覆盖了一大片广阔的居住区，它的前任主席哈里·伯克就以排斥黑人和墨西哥裔作为竞选平台，在本市角逐过五花八门的官职。[18]

美国高等法院最终在 1948 年规定，禁止推行限制性合约，在那之前，洛杉矶白人的私房屋主群体一直都得到了充足的法律支持。加州高等法院于 1919 年率先通过加里案①立下了规则，在 1928 年的韦特诉

---

① Gary Case，1919 年由加州高等法院做出判决，批准业主联合会起诉有色人种身份的业主。如果"非法侵入"的少数族裔业主企图保护自己的住家，三 K 党之类的民团组织就会出面干预。

帕提案(Wayt versus Patee)中又把这一规则扩大到可追加通过① "街区"规定，然后，晚至 1947 年时还再次重申了这一规则。 结果，白人私房屋主就靠着它发动了一百多次诉讼，迎战想买住宅的有色人种（就连海蒂·麦克丹尼尔②和路易斯·比弗斯③这样的好莱坞名流也被排斥在外），而百依百顺的高等法院每隔一阵子就发现，黑人、菲律宾裔、土著美洲人等等都因为想在限制区里买住房而招来了羞辱。 为了免得黑人对新政的仁慈抱有任何幻想，罗斯福的联邦住房署不仅帮这些限制条款撑腰，而且还推导出了一个通用于详规合约内容的推荐格式。[19]

更有甚者，限制政策还是一桩有利可图的生意。 白人的私房屋主想加入哪家 "保安协会" 时就会付捐款，据估计，其中每 20 美元捐款就有 17 美元的油水最后落进了组织者以及与它勾连着的冠名企业囊中。[20]于是，威尔夏县高档的西南区保安协会就为其创始人查尔斯·沙塔克带来了利润优厚的委托项目（此人是共和党领袖埃德·沙塔克的兄弟），同样受惠的还有该协会的主席 W·W·鲍威尔，他的 "优胜保险信托公司" 经手办理了洛杉矶 90% 的限制性契约协议书。 洛杉矶规模最大、名气最响的法律事务所是吉布森-邓恩-克拉彻事务所，它长期代表地产经纪人对抗族裔混居趋势，也因这项服务获得了丰厚的回馈。[21]

战时的住房短缺只不过进一步加剧了种族矛盾。 成千上万的黑人战时劳工从西南各地搬到本市来住，这让洛杉矶的黑人聚居区里早已拥挤不堪的居住街区蒙受了无法容忍的压力。 黑人们试着越过 "白人壁垒"，到远郊或是农村边界处去买个容身之所，这就又引发了私房屋主

---

① 原文是 post facto，拉丁语：事后回顾的。
② Hattie McDaniel，美国著名黑人影星，1932—1949 年间参演过 75 部电影，在《乱世佳人》里扮演黑嬷嬷，因此成为历史上第一位获得奥斯卡金像奖的黑人，1952 年去世。
③ Louis Beavers，美国著名黑人影星，20 世纪 20 年代共拍摄了 130 部电影，其中最著名的是 1934 年拍摄的《仿制生活》(Imitation of Life，又译《春风秋雨》)，合作对手是白人明星克劳黛·考尔白。

的新一轮敌意。 劳伦斯·德·格拉夫（Lawrence de Graaf）评述道，圣加百列山谷是一处恶名昭著的限制政策大本营：

> 住宅的种族隔离政策在 20 世纪 40 年代初那段时期得到了稳步巩固，白人私房屋主们周密地限定，在现有的黑人区以外，有限的住宅供应只能卖给白人居民，他们的做法是以种族限制条款来限定购买人的身份资格。有几个地区里……多家"住宅改善"协会领头发动了强大的攻势，想给所有已落成的居住建筑都配备上这类条款。因此，在 1941 年，圣加百列山谷和帕萨迪纳都对黑人关上了大门。[22]

战争刚刚结束之后那阵子，靠着开发商的支持，本地的商会和私房屋主团体想要规定，圣费尔南多山谷西半边的整个区域里都不许黑人搬
164　进来住。 "亨廷顿公园私房屋主协会"成了一个榜样，它付出了相当大的努力，阻止黑人穿越阿拉米达大道上的"棉花幕"，住进路东侧的白人产业郊区里去。 在西区，势力强大的中产阶级居住协会制订了牢不可破的限制条款，阻挡黑人搬进来。[23]唯一"可以想象的生存空间"①是南部和西南部地区，中低阶层的白人私房屋主们逐街逐巷地战斗着，苦苦地抵抗着居住融合的趋势。[24]

夏洛塔·巴斯是位资深的黑人报纸出版人，她在回忆录中追述了一些已经被人淡忘的斗争经历。 例如，在珍珠港事件的前夜，西杰弗逊区的白人提起诉讼，要求驱逐五家黑人屋主，同时当地的三 K 党就在几个街区以外焚烧十字架，上面写着"把斯劳森留给白人！"黑人在瓦茨这个旧日的铁路小镇上越来越常露面，引得敌意满腹的南加州私房屋主协会激烈反对，这个私房屋主协会的种子后来散布开去，在更靠南的柳溪街和康普顿街上展开的白人抵制运动中成了中坚力

---

① 　德语：*lebensraum*，这个词汇来源于德国纳粹党人的口号。

量。 第 30 街上有一户黑人的家宅被炸掉了（据猜测是三 K 党的作为），在克伦肖区①和南加州大学的校园里有人焚烧十字架，而在东 71 街上，白人私房屋主发生了骚动，抗议把房子卖给黑人。[25]最后，就在 1945 年的圣诞节前，南部地区居民的种族歧视达到了可憎的极点，发生了将在第七章里谈到的方坦纳②的 *auto da fa*③ 事件。

如果说，在朝鲜战争之后，洛杉矶中南部地区白人私房屋主的抵制还在继续野蛮地进行着，不过收缩到了只沿着黑人聚居区的东西两边，[26]其他地方已经逐渐烟消云散，那么主要原因是，南部地区的白人都躲进了圣费尔南多山谷和洛杉矶县东南边界上的新郊区。 虽然高等法院在 1948 年下令禁止使用限制性条款，1950 年又废止了加州外侨土地法，但是，郊区的开发商还是照样排斥黑人、奇卡诺人和亚裔人。[27]再说，在洛杉矶城界以外的郊区人口大量增加（到 1950 年为止，郊区已经汇集了本县的大多数人口），这就为私房屋主的分离论调提供了一个新的平台：这一次，他们想靠着独立社团或者排外的用地详规方案，设立起更加恒久的屏障，帮自己隔开有色人种，隔开没有私人住家的人群。 郊区化的南加州成了一片"都市的海洋"，充满了支离破碎、自我孤立的本地主权小王国，城市研究专著里说到这一点的时候，经常把它描写成未经规划自行增长而导致的"意外情况"，可它实际上却是深谋远虑的成果。 私房屋主行动家与房地产经纪人和开发商再度通力合作，谋划了"留给比弗去应付"④式的战后郊区里种族隔离、阶级隔离的状态。

---

①　Crenshaw 是位于洛杉矶西南部的一个大型居住区，白人居民极力抵制有色人种入住，但是在这里以及相邻的雷莫公园一带，后来形成了美国最大的中产阶级黑人聚居区。

②　Fontana，位于南加州圣伯纳迪诺西侧的小城，曾是一个柑橘种植产业中心，也做过炼钢小镇，详见第七章。

③　葡萄牙语：中世纪天主教宗教裁判所对异教徒的死刑宣判，此处特指火刑。

④　"Leave It to Beaver"是哥伦比亚广播公司从 1957 年 10 月 4 日到 1958 年间、美国广播公司从 1958 年到 1963 年 6 月 20 日之间播出的一部情景喜剧，描写了一个孩子西奥多·"比弗"·克利弗的郊区生活。 此剧现在已经成为 20 世纪 50 年代美国郊区单纯生活的象征。

165 郊区的分离主张

> 遵循雷克伍德计划①的各城成立的市政管理社团是富人针对穷
> 人的叛乱……
>
> 加里·米勒[28]

为什么私房屋主能为大都市的分崩离析扮演强大的代言人角色？要理解这一点，首先就得解释清楚，分离主义运动的基本规则是怎么演化到今天的。 在20世纪50年代以前，少数人创办与世隔绝的社团是个昂贵的游戏，只有屈指可数的特殊利益集团才能玩得起。 一方面，像贝弗利山社团、圣马利诺社团之类的贵族化社团最早意识到，分区规划法规极有可能充当社会藩篱，像铁丝网一样围护着家宅的价值。 另一方面，权势熏天的工业区土地持有人创造出了维农②那种"幻影城市"，靠用地控制的环节来自肥，聚敛了丰厚的计税基数。 但是，在大多数情况下，新增市政服务项目会加重纳税负担，这便致使想要成立社团的私房屋主或实业家们裹足不前。 许多人宁可住在低税率、非社团状况的县属地段里，做个"无端受益者"——这么一来，即便放弃了对本区

---

① Lakewood Plan，雷克伍德是位于洛杉矶东南10英里处的一座小城，1950年开始由"雷克伍德公园公司"在这里兴建住宅开发项目，是美国战后最早的一处规划开发住宅项目。 它在3 500英亩的土地上容纳了17 500户住宅，居民人数超过7万人。 新成立的雷克伍德市议会根据本地水平来制订管理政策、决定预算，同时又继续与洛杉矶县订立合同，以便获得广泛多样的政府服务，比如道路维修、上下水服务以及消防服务等等。这种新奇的安排让雷克伍德新城既控制了本地的市政管理，同时又融合利用了现有的服务体系，将本地服务与县属服务巧妙地结合在了一起，有一份名为《雷克伍德计划》的文件清楚地阐明了这一点。 在加州乃至于美国全境内的许多社区，广泛地参照实施着这份文件。 雷克伍德现有近3万户人家，主要住宅形式为单幢独院住宅。 历史学家和规划专家对这个破土而出的郊区原型进行过多方位的研究。
② Vernon，属于洛杉矶县的一个小城，2000年人口普查时只有25户人家、91人，是加州人口最少的社团化城市，没有黑人、土著美洲人、太平洋岛民，只有一名亚裔居民。 维农进行社团化的目的是要推动铁路沿线的工业发展，该市的建筑类型主要是货仓和工厂，主营纺织业、金属制造业和运输设备制造业。

用地规划的控制权利，总归还算把财务方面的优势放到了最大。[29]

　　然而，朝鲜战争以后，分离的社团获得了新的动力。　"营建商"在此际煽风点火（我们曾在上一章里见识过他们），正在发展壮大的储蓄-信贷业支持着他们大批动工兴建，蛮荒的农庄土地上新长起了几十处郊外社区。　雷克伍德社区位于长滩北边，它比长岛那儿更有名的莱维镇规模大了一倍，而且建成了全国最早的地区购物中心。　雷克伍德的开发商温加特-博亚尔-泰佩公司担心会被长滩吞并，于是就请了法律顾问来做研究，能不能想个办法推行社团化，同时又能省掉无中生有地打造自有的市政府历来所需的常规成本。

　　其结果就是著名的《雷克伍德计划》。　由于洛杉矶县的主管部门生怕郊区的市政建设会导致自己的预算和劳动力都发生缩水，同时也想防止任何形式的都市兼并，因此他们同意，根据本县的规模经济效应制订出折扣价格，允许雷克伍德依此价格与本县订立合同（也就是说，间接受到了全县所有纳税人的资助），购买必备的服务项目（消防、警察、图书馆，诸如此类）。　这么一来，郊外社区重新控制住了详规方案和用地政策，同时却相应规避了旧式城市在公共支出上的负担。

166

　　几年以后议会介入，让《雷克伍德计划》变得更有甜头了。　1956年通过了布莱德利-伯恩斯法案，批准全州各地的地方政府一律可以收取1%的销售税，以备自用。　这就意味着，凡是建成了新生的购物中心或其他商业资产的边缘地区，都能为市政府提供资金支持，政府再也用不着只指望财产税了。　换句话说，萨克拉门多①同意郊区政府可以用销售税的进账而不是累进财产税来付账单，按合同购买各地的县属服务项目——这就直接补贴了郊区的分离运动，其代价则是伤及了中心城市的课税基础。[30]

　　加里·米勒精妙地研究过洛杉矶县里在1954—1960年间照着雷克

---

　　①　Sacramento，加州首府。　此处代指加州政府。

伍德规则新形成的 26 处"极小城市"，他的研究表明，形成社团的推动力不是"市政效率"（这是鼓吹"公共选择"的理论家们宣称的观点），而是利己主义的经济好处。"创造一个极小城市或者搬家过去，不是为了标榜自己有某些独到的公共利益要求，而是为了保护自己的产业不必为了支撑公共服务去承担重负。"有了县政府和州政府的补贴，再加上本地实施控制还能带来其他好处，这种"退场特权"就更是好得变本加厉。极小城市的居民可以从本区排挤掉那批依赖政府服务的低收入人口和租住人口，（借助于服务合同）消除本地萌生的工会、减轻官僚机构要求扩充服务内容的压力，而且也许最重要的是，还可以保护自己的产业不会被用作政府扩展或者资金再分配的资源。[31] 毋庸赘言，《雷克伍德计划》提供了这么一个无比诱人的出路，让人能够借此逃脱正常的市民责任，因而推动着白人逃离了洛杉矶，与此同时，本市也随之更没能力去满足日益增长的低收入人群和租住人群的需求了。[32]

从公共部门里的工会到产业家们，各自不同的利益集团组成了一个灿烂的星系，支撑着南加州的郊区边缘地带走上了雷克伍德的发展方向，尽管如此，主要的社会动力还是来自于组织起来的私房屋主。米勒巧妙地揭示了，早在 20 世纪 50 年代和 60 年代初的郊区社团运动中，已经有一种意识形态初露端倪，它团结起了"中产阶级和上层阶级的私房屋主……聚集在一种反对官僚、反对福利的意识形态周围"，也引导着 20 世纪 70 年代发生的抗税斗争（另外还有 20 世纪 80 年代要求延缓增长的抗议运动）。鼓吹社团化的典型篇章耸人听闻地描写道，"为了给重新分配的服务和官僚们的薪水做补贴，就需要收取高昂的税费"，因此会威胁到人们的家宅。"早在霍华德·贾维斯嚷嚷这个话题之前很久，它就被有意识地推为新型管辖权的理论基础，新辖区可以永远驱除官僚这股恶势力了。"[33]

然而，根据私房屋主各自不同的经济地位，他们在这类分离斗争中扮演的角色也有明显的不同。富裕私房屋主的典型角色是当地社团的领袖，而中层私房屋主一般都是被领导的人——只要他们还不算该社团敌视的群体就好。 富裕的郊区居民在这段时期打的最著名的一仗是，帕洛弗迪①的私房屋主想把自己住的那个半岛变成一个壁垒森严、私营化的居住"城市"聚合体。 在此过程中，住宅的价位似乎直接关系到组织能力。 于是，富庶至极的罗林山②地区就由单独一个强悍的私房屋主协会操纵了当地的社团组织。 多少是为了确保自己周围能有一道由独院住宅组成的保护性壁垒，罗林山的居民们便很支持反对开发的社团，也就是富裕却不太显眼的罗林山地产公司（然而，首先还得特意推开圣佩德罗山一带住着的中下阶层私房屋主）。 因此，罗林山地区和罗林山地产公司合力促成了帕洛弗迪牧场的社团化。 合并专家约翰尼·约翰逊曾成功地诱惑了十几座小城去推行《雷克伍德计划》，他被人请去，依照罗林山的模式，把这家地产公司属下的二十几家争执不休的私房屋主协会合并成了一个联盟。[34]

在这一时代里，每次之所以会出现某个居住社团，几乎都是因为它所吸纳的社区和想排斥的地区之间存在极大的住房价差。 例如，艾尔蒙特③的南区未必能比得上罗林山是个香格里拉般的世外仙境，但那儿的社团允许中等收入的私房屋主参加进来，撇开了附近公寓楼的住户和吃福利的人群。 在其他例子里，住房价格的隔离政策还牵扯到界定社区生活方式的问题。 所以拉哈布拉高地④的社团才让该处的私房屋主协会限制开发，并强行推行了一项每家至少占地一英亩的法令，以确保这儿能保持成一个"为骑马而设的社区"。 其他的极小城市为稳定自己的住房价位，建设了五花八门的各种设施，比如高尔夫球场、海滩、

168

① Palos Verdes，洛杉矶县的一个小城，位于帕洛弗迪半岛的峭壁上，有多处海滩，观看太平洋的海景是它最吸引人的优点。 这里是南加州最昂贵的宁静居住区之一，由一个非政府背景的艺术委员会负责审核所有建筑物的外观形式。
② Rolling Hills，洛杉矶县的一个小城，毗邻帕洛弗迪。 根据 2000 年的人口普查，它是全美国第 21 富的地方。 这里保持着牧场风貌，不设红绿灯，街边有宽阔的骑马道，全部疆域只包括一个富裕的门禁社区，1957 年完成社团化。
③ El Monte，距离洛杉矶市中心大约 12 英里，位于圣加百列山谷的中心地带，适宜商业活动，其外贸区大量吸引了商业和娱乐业以及国际公司。
④ La Habra Heights，属于洛杉矶县的一个小城。

大学以及乡村俱乐部等等。

各地的无数多种"退场选项"都操纵在私房屋主组织以及生意派系的手里，促成了南加州目前所见的不合常理的锯齿形地图。这个过程不断推展——洛杉矶县里遵循雷克伍德计划的人口现在已经超出了150万——其后果之一是，在广袤的都市空间里，居住的隔离状况不断在扩展着。根据1980年的人口普查，洛杉矶县有将近13%的黑人人口，但是在它的82个小城中（包括30个遵循雷克伍德计划的社团），有53个小城里的黑人人口比例只占1%或者还不到。[35]另外，橘县也出现了同样的结果：橘县的黑人住房只占0.6%，而洛杉矶县的黑人住房比例则达到了10%——米勒指出，人们认为橘县"对中产阶级纳税人所起到的作用正吻合了雷克伍德计划中最初的城市设想，只不过橘县的效果更为突出而已"。总体看来，尽管为了建设快速路，现有的黑人街坊和奇卡诺人街坊每年要被拆掉几千户住房，但是在20世纪50年代的一派繁荣景象里新建的住宅当中，非盎格鲁裔只能买到新增住房存量的3.3%。[36]

私人房屋权属的鸿沟自从20世纪60年代以来一直在越拉越宽，与之相辅相成的是，"雷克伍德思路"也激化了县内人口的分化，分开了独户屋主（这群人在低税率的极小城市里占了大多数）和租住人群（他们在税率较高的旧城里占的人口比例越来越高）。"1960—1970年间，县里的私房屋主总数急剧减少，但是，遵循雷克伍德计划的小城还是能继续吸引来私房屋主。"与此同时，在一些历史比较久远的"独立城市"里——比如在惠蒂尔①、卡尔弗城、曼哈顿海滩②、托兰斯③和格伦多拉④等地——私房屋主阻挠兴建集合式住宅、提高新建住宅的底价（或

---

① Whittier，洛杉矶县的一个小城，1887年创建，1898年设城。早年是农业与柑橘种植中心，后并入洛杉矶。
② Manhattan Beach，洛杉矶县的一个小城，位于太平洋海岸线上。
③ Torrance，位于洛杉矶县的小城，以创建者、石油商人Jared Sidney Torrance的姓氏命名。有自然湿地保护区。
④ Glendora，洛杉矶县的一个小城，位于圣加百列山的脚下，始建于1887年，是加州最著名的居住区之一。

用地尺寸）、竞相争做商业中心，靠这些"财政详细规划"手段把自己升格到了贵族阶层。[37]

我们将会看到，20 世纪 70 年代的产业价格暴涨既刺激了抗税运动，也刺激了主张延缓开发的抵制运动；米勒坚持认为，这次产业价格的暴涨与限制扩建住宅、限制提高居住密度的规定有直接关系，而上述限制则都缘于雷克伍德诸城及其较早的仿效者实施了"财政详细规划"。镀金的富裕飞地的产业价格不断上涨，很容易从中心城市和稍穷的郊区那儿把收入较高的纳税人和购物城全都偷走，这就加剧了富城和穷城之间为争夺税收资源而爆发的不断循环激化的冲突。财政详细规划的巨大磁力还吸引着几百家企业离开了洛杉矶的核心地区。1977 年，《洛杉矶时报》报道，洛杉矶市每年被郊区和橘县抢走五十家公司，这个趋势在 20 世纪 80 年代一直持续加剧，有好多家工厂和货仓都搬到了内陆帝国。毫不奇怪，由于事实上存在着居住隔离政策，黑人工人就不能跟着自己的就业岗位一起灵活搬迁，只好失衡地忍受着这一波产业迁徙带来的苦果。[38]

现在来概括一下：雷克伍德计划以及布莱德利-伯恩斯法案让郊区的私房屋主享有了带补贴的"退场选项"，还提供了一个有力的新动机，促使他们去"保护"自家的住房价格以及生活方式，围绕这个目标组织起来。无论其领导人是富裕的私房屋主还是经营企业都没关系，总是要采取社团化和财政详细规划的手段，尽可能放大本地的优势，这难免就导致了种族隔离和收入隔离的情况日趋严重。而且，这类空间重组受到财政利益的驱策，侵蚀了洛杉矶市的纳税基础，因此引得西区和山谷地区这两个富裕业主的汇集地带之间爆发了更加痛苦的零和斗争，还让越来越多的内城人口更依赖于公共服务了。我们在下文就会看到，1978 年在谷地里闹得格外狂烈的抗税运动背后存在着部分逻辑，它将让洛杉矶"抓住的"白人郊区居民和住在雷克伍德类边缘地区的居民相互拉平他们各自的优势。

捍卫丰肥生活

自然轮廓对决着人类日益强大的推土机,往昔历史对决着政治
上的权宜之计,私有山谷对决着公共的快速道路,果园对决着分区详
细规划……个人对决着平民大众……

理查德·利拉德,1966[39]

南加州私房屋主积极行动的历史分成了两段时期。 在我们前文所
探讨的时期里——粗略划分就是从 1920 年到 1960 年这四十年间——私
房屋主协会压倒一切的考虑就是, 如何建起罗伯特·菲什曼所谓的"布
170 尔乔亚的乌托邦", 也就是说, 如何创造出单一种族、单一经济状况的
居住飞地, 让独院住宅受人尊崇。[40]在接下来的时期里——粗说就是
从肯尼迪和约翰逊这两位总统任内的繁荣岁月开始——私房屋主的政治
诉求焦点则是如何捍卫这种郊区梦, 免得讨厌的开发活动(工厂、公寓
楼、办公楼等开发项目)和讨厌的人群前来打扰。 在第一段时期里, 开
发商和私房屋主之间只有偶发的冲突; 的确, 开发商经常靠排外主义这
个共同的诉求煽动了私房屋主。 从物质利益的角度来讲, 私房屋主几
乎没什么理由要反对那种能引起房价上涨的"增长", 除非是在哪个偶
然情况下, 这"增长"会把什么有害的功用倾倒在他们自家的阶前。

1965 年以后, 私房屋主的利益所面对的建筑环境发生了急剧的改
变。 一方面, 山麓、海滩地带那些富裕住户都靠着露天的康乐设施维
持了高水平的生活方式和房产价格, 可是大型开发到处蔓延, 已经威胁
到了这些设施的存在; 另一方面, 传统的独院住家区突然间卷入了建设
公寓楼的热潮。 据认为, 新建的开发项目绝对会威胁到低密度居住生
活那种独门独院的文化。 虽然山顶俱乐部和明日加州俱乐部之流冥顽
不化的保守典型和偏见都让人一肚子不满意, 但是, 业主运动的积极分

子却普遍认可了它们批评环境的言论要点，他们主张，自家四周朝不保夕的露天空地也是值得保护的价值——甚至连他们的小区详规中那种"牧歌式的稀疏感"（又名蔓延状态）也同样值得保护——并不亚于约塞米蒂峡谷①里的岩石堆，也不亚于偏远海岸上的狂野河流。

一般人在事后回顾时都认为，是海湾区发明了这种"新型的都市环境维护论"，与20世纪60年代拯救海湾、保护山麓地带露天空地的运动结合在一起，后来又蔓延开来，发展成了杰里·布朗那个时代②遍布全加州的保护海岸的努力。事实上，在南加州的许多富裕社区里，都有不少人在同样关注着设施条件的恶化，从而形成了殊途同归的牵制增长的力量。例如，到20世纪70年代初为止，从（圣迭戈县的）科罗纳多③和山冈岬④，到圣克莱门特⑤、圣胡安·卡皮斯特拉诺⑥、纽波特⑦海湾区、河滨市⑧、瑞德兰⑨和圣巴巴拉，在诸多"红瓦屋顶"社区的群岛间，用地规划中应实施怎样的环境法规成了一个重要议题，有时甚至会引发激烈的争论。这些老牌富户的休闲胜地和退休中心在兴建时都遵循着限制性合约，采用了西班牙殖民式的建筑风格，里面住着势力显赫的选民们，其中包括退休的海军上将、景观设计艺术家、牧马农场主、教授、游艇主人，诸如此类——他们全都决心把那些捣乱的开发项目轰到别处去。

但是，海湾区那种贵族气的环境论调在南部地区最相仿的实例则

① 见本书第32页脚注④。
② 即1975—1983年，当时执政的加州第34届州长是民主党人 Edmund G. "Jerry" Brown。
③ Coronado，加州圣迭戈县小城，位于圣迭戈海湾西侧的一个半岛上，始建于1890年，是著名的海滩休闲地。
④ Point Loma，俯瞰圣迭戈海湾的一座小山，附近有美国海军潜艇基地。
⑤ San Clemente，加州橘县小城，位于太平洋海岸上，始建于1928年，是著名度假地，附近有国家森林。
⑥ San Juan Capistrano，加州橘县小城，1776年由传教士创建，以教徒 St. John of Capistrano 命名，以旅游业为主要经济支柱。
⑦ Newport，加州橘县小城，位于太平洋海岸上，始建于1906年。以居住及休闲为主，是著名的海滨休闲地和游艇中心。
⑧ Riverside，加州河滨县的县治所在小城，始建于1883年。以柑橘产业闻名，是美国增长最快的城市之一，20世纪80年代人口增长几乎达到三成。
⑨ Redlands，加州圣伯纳迪诺县小城，位于圣伯纳迪诺山谷里，始建于1888年。

是，此地各处的私房屋主在20世纪60年代都加入了一场"拯救"圣莫尼卡群山的运动。 这条著名的山脉包括了好莱坞诸山丘，从马里布的电影制片厂群落一直延伸到格里菲斯天文台①，总揽着地球上最大的一片聚宝盆：雷纳·班纳姆令人难忘地形容过这里独一无二的生态环境，把它叫做"宜人群山之间的丰肥生活"。 几十条河道小溪间由人工种成了一片青葱，稀疏地掩映着几千座错层楼面、双坡屋顶的府邸和仿冒古希腊神庙样式的住宅，里面住着世界级的名流。 但是，正如班纳姆所指出的，这种生态正是毁在了自己的欲求上：一则毁于过度开发以及"铲平山丘"的做法；再则毁于人为的灾难比如山体滑坡或者火灾。[41]如果想要维护此地的生活方式和房价，必须先维护住一种脆弱的平衡，因此毫不奇怪，富裕的私房屋主从自家的"隐秘灌木丛"中现身出来，把若干家私房屋主协会组织成了美国最早、最有势力的联盟。

20世纪50年代初，率先在贝艾尔那片电影制片厂门禁群落里创办起来的"山麓-溪谷私房屋主联盟"就已经发起了征战，声讨着在马尔霍兰大道上呼啸而过的高速改装汽车，游说着要降低分区规划的密度，还鼓动着要规定地块尺寸下限，以图控制山麓地带新的开发项目。 到20世纪60年代中期，这个联盟已经创办了十几家附属的协会（到20世纪90年代时已增加到了50家），还有用地法律专家和规划专家自愿跑来帮忙。 这个联盟相当于一次物种的飞跃，比当时已有的任何一种私房屋主组织都更先进。[42]

再者，当时学界依然认为，南加州私房屋主的典型形象是个使用大功率除草机的粗人，是个在汽车保险杠上贴着即时贴来支持戈德华特②竞选活动的人，而此刻为这一联盟阐发世界观的却是理查德·利拉德

---

① Griffith Observatory，位于洛杉矶格里菲斯公园里的小山上，俯瞰市中心和好莱坞，视线直通太平洋海岸。 这座天文台以捐赠土地及建设资金的捐赠人姓氏命名，于1935年5月14日落成开幕。

② 此人见第162页脚注④。

（Richard Lillard）广受赞誉的著作：《危急中的伊甸园（人类浪子干预其环境：南加州经验）》〔*Eden in Jeopardy*（*Man's prodigal meddling with his environment：The Southern California experience*），1966〕。利拉德是这个联盟的创始者之一，同时也是贝弗利峡谷居民有限公司的第一任总裁，他满怀激情地（偶尔几乎是激烈地）论战着，抨击当时那种机械化的资本主义似乎下定了决心要把自然变成"一片大停车场"，以一次"比战时轰炸还要精确的飞速破坏"来抹杀历史。利拉德用一段精彩绝伦的结语雄辩地概括了本联盟的思想体系，描写了在这场关于洛杉矶前景的斗争中，纠缠不休的对立双方分别遵循着哪种不同的价值观：

172

> 其中一方的结盟缘由是热爱未经损坏的自然、顺应自然、尊重历史、保护立场和保守主义、独院住家的家庭生活、农业、乌托邦理想、现状、个体特性、既有财富、传统义务、私密性以及私人财产，还有怀旧情绪……而另一方的结盟缘由则是专注于开发改造，直接开发利用自然或者改进自然，强调为大众提供重复性的娱乐活动，提倡所有人追逐一切愉快感受的权利不可剥夺，趋奉新奇玩意儿和最新流行举动，崇信力量、机械和进步。[43]

对利拉德和他的联盟来说，伊甸园的最后一道防卫工事设在了圣莫尼卡，包括希尔顿旅馆、蓝天公司、凯瑟尔与库克公司、海湾美洲公司和塔克土地公司等等在内的一群大型土地持有者正在那儿威胁着要"掠夺"赛普维达山口以西的山麓地带。他们要开发利用拉斯弗金斯和特里恩弗一带的丰水地区，目的是要把45万人之众的新居民带进山区里来（其中包括蓝天公司提出了一个噩梦般的方案，"20平方英亩规模的特鲁斯戴尔地产项目"）。然而，要想实施开发项目，首先得落实州属高速公路管理部做的一项规划，切过荒野中的溪谷地带，新修四条快车道，并把圣莫尼卡山脊线上那条风光优美的马尔霍兰大道变成一条四车道、120 英尺宽的高速道路。 私房屋主联盟联络了山顶俱乐部和"圣莫尼卡群山之友"组织，发动了一万户私房屋主来反对这个"神经错乱的"山间高速路计划。 他们请愿要创办一个地区公园，以便永远保留住露天的空地。[44]

由此出现了"圣莫尼卡山区公园协会"，它的第一任主席是富裕的电子工业企业家马文·布劳德，他主持着"山麓-溪谷私房屋主联盟"在布伦特伍德的一家分会，即"克莱斯特伍德山私房屋主协会"。 现在布劳德津津乐道着自己的名头"延缓增长运动的贤人"，率先在洛杉矶市议会里为各处的私房屋主做了旗手。 靠着"山麓-溪谷私房屋主联盟"和圣莫尼卡居民运动的热心支持，他在 1967 年当选市议员，赶走了时髦讲究的第十一选区里有贿案污点的现任议员（这个选区里包括里根总统在太平洋帕利萨德住的奥德索德区），开始长期为西区的溪谷、山麓地带居民做起了利益代言人。[45]

然而，对于经验老到的政客们来说，布劳德的当选只不过是一次意外挫折罢了。 的确，各家公司攫取山麓地段的行为、圣莫尼卡海湾里的近海石油钻探，这些相关问题都曾引起过长期的斗争，由此导致制订城市政策时也开始把环境问题考虑在内，尽管如此，山麓地带的那批私房屋主却仍然被丑化成"坐豪华房车的守旧分子"。 人们普遍认为，圣莫尼卡的"绿色事业"无非就像红瓦屋顶的海滨小镇或者马林县①各村落里主张控制增长的运动一样，都只是富人的虚伪姿态，他们其实是想利用生态问题，让越战年代里的建设增长绕过他们那些奢华的飞地，转道而行。 不过，到 1972 年为止，平原地带的几十处白领社区里爆发了民粹主义运动，因此这第一波的保护主义抗议活动还是得到了声援。可是突然之间，"延缓增长"运动在社会上好像又不得人心了，因此，在政治上也就被置之度外。

---

① Marin County，位于加州旧金山海湾区的一个县，始建于 1850 年，以自然环境的优美、自由主义的政治环境以及极度富裕而举世闻名。

反抗密度

像《家，可爱的家》《我的肯塔基老家》《西部小小灰房子》那些不朽的民谣，都不是为公寓楼写的……从来没人会为了一堆租金收条而歌唱。

赫伯特·胡佛[46]

这是一场短命的前兆性反抗，它的公开议题是"密度"，特别抵制越战的繁荣时期里建设普通公寓楼和共管式公寓的举动，认为宁静街道上单幢独院住宅的一派伊甸园景象就快被它淹没了。虽说郊区居民在1972—1973年间的怒火喷发让很多政治家都吃惊不小，可它的直系先祖其实可以追溯到1956年那么早，当时在谷地有一群私房屋主起来反抗所谓的"西蒙氏再勘测计划"，这项计划差点儿在独院宅第的地块中间攒和进来2 600英亩工业用地。[47]那群私房屋主的做法也跟20世纪70年代一样，联合起来不让人"玷污"自己的生活方式。不过，20世纪50年代时人们还只是单纯关注分区规划的问题，而在20世纪70年代，却意味着私房屋主与开发商和租住人群这两个阵营正在酝酿着一场成王败寇的斗争。

这场斗争更深刻的新诱因是本地区的政治经济状况发生了划时代的变化，加州梦的头上随之笼上了一层意外的阴翳。战后原本由职位优渥、薪资提升、土地价格低廉、公共服务齐全构成了良性循环，这时情势开始缓慢瓦解，变成了目前的恶性循环：社会两极分化、土地价格昂贵、公共设施日趋衰朽。1965年爆发了瓦茨暴动，随后又出现了"奇卡诺力量"的反抗，都已经宣示了非盎格鲁族裔由于被排斥在繁荣时代和体面住宅的圈子外而产生的怨愤不平；1970年以后，在白人居住的郊区地段也开始有新的阶级冲突浮出水面。

174

橘县在 20 世纪 50 年代是住宅建设浪潮的前沿地带，它生动地体现了这一次历史性的转变。1960 年，该县新建的住宅单位中，有三分之二以上都是单幢独院住宅。到了 20 世纪 60 年代的末尾，这个比例却几乎掉了个过儿：有 60% 的新建住宅都是普通公寓楼和共管式公寓。60 年代末，利息税上涨了，便宜的农庄土地再也找不到了，再加上"婴儿潮"那一代比较年轻、比较穷的家庭进入了住宅市场，这些因素急剧扭转了住宅供应的模式。在南加州家庭当中，收入能达到抵押贷款最低标准的户数比例从超过一半锐减到不及四分之一，但是在首次购房时却彻底找不到（按实数计算）价格低于两万美元的房子了——这可是 20 世纪 50 年代成家立户的必备条件呢。[48]

开发产业逐渐变成了前文讲过的"新生的章鱼"，为适应这种结构调整，它综合采用了多种对策。一方面，它对南加州六个县的规划部门施加了巨大的压力，想要发掘位于群山、沙漠和内陆盆地等处的边远处女地，用来建设住宅。[49]虽然"山麓-溪谷私房屋主联盟"关闭了圣莫尼卡西部那片神圣不可侵犯的区域，却有依头顺脑的县属长官们献出了上百万英亩的露天空地作为牺牲，在阿各拉①和拉朋地山（La Puente hills）、康杰欧（Conjeo）、圣克拉利塔②、西米市③和马鞍谷④、圣伯纳迪诺⑤和圣哈钦托盆地⑥、棕榈谷周围的莫哈韦沙漠等处张罗起了步步履险的独院住宅开发项目。然而，开发商在打算盘时却忽略了一点：最早一批住到这儿来的私房屋主将会很有兴致试着去拉起吊桥截断通路，阻挠本地进一步走向都市化，以免日渐丢掉乡下那些令人赏心悦目

---

① Agoura, 位于洛杉矶县的一个小城，原为印第安人聚居地，后被西班牙殖民者占据，地名来自于当地一个大牧场主的名字 Pierre Agoure。
② Santa Clarita, 洛杉矶县内规模排名第四的小城，占据圣克拉利塔山谷的大部分地域。美国联邦调查局把此地列为全美第六安全城市，1987 年成为社团化城市。
③ Simi, 位于文图拉县最东南角上的社团化小城，接壤圣费尔南多山谷。此地建有罗纳德·里根总统纪念图书馆。
④ Saddleback valleys, 位于橘县南部。
⑤ San Bernardino, 圣伯纳迪诺县首府。
⑥ San Jacinto basins, 圣哈钦托山脉中的盆地，位于河滨县西部，设有荒原保护区。

的好处。

与此同时，开发商们还忙着清点本市沿海平地上的独院住宅地带，找出其间的空隙位置，拾遗补缺地盖上集合式住宅，仔细地分别盖出不同的种类，以图从土地价值和市场需求中求取最大利益。针对高端市场，他们引进的社区里盖的都是预先规划过的共管式公寓以及"联排式住宅"（也就是供应中产阶级的长排住宅）；针对低端市场，他们盖成的出租房屋看上去全是绵延无尽的墙面抹灰的"破玩意儿"。[50] 为了调适新增的密度，规划师和政治家们对独院住宅区重新进行了分区详规。在市内一些较老的区里——诸如圣迭戈东部、圣莫尼卡的一部分以及长滩等地——整片街坊里在 20 世纪 20 年代盖的廊式平房全被拆光，新换上了长排连串施工低劣的破玩意儿。这种有利可图的低质集合式住宅项目吸引来了一群私房屋主（主要都是些老年人，名下拥有第二处住房、出租单元或是可以用来开发的地块）和富裕的"理税投资者"，提高密度的做法马上让他们得到了好处。然而，由于在空隙地段上新增建筑的比率太高、原有社区的物理环境条件恶化、交通拥堵加剧、穷人越来越多（有时候少数族裔也越来越多）、税费明显上涨、原有业主的政治影响力减弱，因此，大多数私房屋主都恼火不迭。

公寓楼建设项目和郊区"丧失乡村本色"所引起的怨愤日积月累，终于在 1972 年 4 月和 6 月各地的选举过程中爆发出来了。《洛杉矶时报》的橘县版指出，"愤愤不平的私房屋主和环境维护组织在南部沿海各城以大比数胜出，把目前当政的官员们赶下了台。"在塔斯汀①、布莱亚②、约巴林达③、橘县和富勒顿④，由填建公寓楼引发的郁郁不平

① Tustin，位于橘县的一个居住小城，始建于 1868 年。在 20 世纪 60 年代人口增长了几乎十倍，在 1970—1990 年间人口增长了几乎两倍。
② Brea，位于橘县的小城，始建于 1898 年。以石油和柑橘产业为主，新近吸引了保险业、银行业以及其他类型的白领企业。从 1990 年代开始大量新建居住社区。
③ Yorba Linda，位于橘县的小城，柑橘产地。1970—1990 年间人口增长了五倍。是理查德·尼克松总统的出生地。
④ Fullerton，位于橘县北部的小城，始建于 1887 年，柑橘产地，也有炼油工业。二战后有大量退伍兵移居此地。

经过文火慢炖达到了沸点，在议会里引起了尖锐的争执。在未经社团化的尼古湖市①，居民们呼吁县里的长官阻止密度继续攀升；而马鞍谷的私房屋主协会则在齐心协力地争取联邦基金的赞助，想用这笔钱来研究如何控制密度、保护露天空地。欧文市②出现了"市民联合会"，它预演了 20 世纪 80 年代的延缓增长联盟，团结了私房屋主和环境维护论者，抗议城市当局旧习不改地失信于民，没能履行承诺负起责任，对增长实施管理。最后，在红瓦屋顶的纽波特海滩和圣胡安·卡斯皮特拉诺，勃然大怒的私房屋主赶走了鼓吹增长的市长及其属下。[51]

顺着海岸线再向上行，托兰斯、赫摩萨海滩③和瑞东多海滩④都在全力争取要把自己升格成独立的财政分区，它们都新通过了一些限制性规定，对付公寓楼的建设，此外还有"拯救我们的海岸线"联合会在全力征讨，要让帕洛弗迪牧场市完成社团化，再多设一道壁垒，抵挡公寓楼入侵这个半岛。接下来的几个月里，山麓联盟在洛杉矶境内发起运动，想阻止正在本尼迪克特溪谷⑤里蔓延的"峡谷联合开发项目"，同时，山谷地带还有十几家私房屋主协会在嚣腾不休，抗议本市批准了过度支持公寓楼建设项目的规划修订方案。[52]

在洛杉矶县东部边界上的遥远边地，来自哈钦达高地⑥、钻石栅栏⑦和罗兰高地⑧的几家私房屋主协会团结起来，组成了"朋地山社区

---

① Laguna Niguel，位于橘县的小城。
② Irvine，位于橘县的小城，经过精心规划，从 20 世纪 60 年代以后主要由欧文公司进行开发。1971 年开始社团化。这里一直是美国最安全的城市之一。近年来开始有少数族裔移居，包括美籍华人、美籍韩裔、美籍伊朗裔等。
③ Hermosa Beach，位于洛杉矶县的小城，在南海湾地区内，是当地的三个沿海小城之一。Hermosa 是西班牙语"美丽"的意思。
④ Redondo Beach，位于洛杉矶县的小城，在南海湾地区内，是当地的三个沿海小城之一。第三个是曼哈顿海滩。
⑤ Benedict Canyon，介于电影城和贝弗利山之间的一片地区。
⑥ Hacienda Heights，即庄园高地，位于洛杉矶县的一处社团化居住区，有西半球最大的佛教寺庙 His Lai Temple。
⑦ Diamond Bar，位于洛杉矶县的小城，以 1918 年时牧场主 Frederich E. Lewis 注册的牧场商标"铁栅上的钻石"命名。有 20 世纪 70 年代开始开发的门禁坡地居住区"乡间"，是南加州名声最好的社区之一。
⑧ Rowland Heights，位于洛杉矶县的一个未经社团化的地区，在圣加百列山谷里，从 20 世纪 80 年代起，许多来自台湾和韩国的上中产阶级移民移居此地以及庄园高地和钻石栅栏两地。因此这一带逐渐成为大洛杉矶地区的华人中心。

联合会"，请求主管官员斥退公寓楼的规划，规定开发项目必须划定每户一英亩的用地规格，还要增设休闲娱乐用地（他们的吁求得到了几英里以外拉哈布拉高地私房屋主联合会的响应）。这场抵制高密度的震荡继续向东延伸，先穿过了红瓦屋顶的河滨区和瑞德兰，随即在棕榈泉达到顶峰，那儿的"沙漠之民联合会"在秋季竞选中把抉择交到了选民的手里："卡梅尔对阵拉斯维加斯！"主张延缓增长的议会多数派新当选后，第一步举措就是力主通过了一项严厉的决定，将集合式单元楼的建设工程一律延期 120 天。[53]

南部诸地发生的这等局部冲突在全加州范围内意义都很重大，既因为此时在加州北部各地也同样出现了控制增长的举动，更因为 20 号提案在 11 月份获得了通过，规定由各地的海岸委员会来掌控临海地段的开发。在 20 号提案力争通过的过程中，萨克拉门多的《蜜蜂报》披露说，杰克·克罗斯原先做过杰西·昂鲁①的重要羽翼，现在又针对圣莫尼卡山区的土地持有人说客也就是山麓同盟扮演起了复仇之神，他组织起 34 位重量级的说客，成立了所谓的"消灭生态立法委员会"。[54]面对着私房屋主反声四起的局势，开发业忽然歌颂起了地区政府以及为穷人盖房的行动。超级开发商伊莱·布罗德在《洛杉矶时报》上发表了一篇发人深省的社论对开版文章，提出了一个观点，说 20 世纪 70 年代是"零增长对阵低收入住宅"，他坚持认为，本地区需要"放宽眼界来制定决策……弱化本地偏见的影响"。[55]

然而，1972—1973 年间的洛杉矶市长竞选中却回响着"本地偏见"的不和谐音。尽管布罗德和建筑业工会簇拥着那位鼓吹增长的皮包党昂鲁"老爹"，不过，大多数开发商却紧跟着当政的约蒂市长。当初约蒂在 1961 年乘着谷地的私房屋主厌憎市中心区的那一股怨愤浪潮首次当选，现在他可成了控制增长的重锤。他听过布罗德貌似为工人阶级代言的花言巧语就跳了出来，粗暴地公开抨击本市规划主任卡尔义·

178

---

① 关于此人见本书第 157 页正文。

汉密尔顿的提案，这个提案要推翻一些集合式住宅的小区规划，捍卫各处独院住宅区的利益——约蒂声称，这么做就会造成一个"只有富人才能住得起"的城市。 另一件事也让观察家们惊愕不已，他迫令各家私房屋主协会的主席都去登记为政治说客。 最后，在某次"约蒂年度餐会"上，他"抨击了共产主义者、环境维护论者、反对本市石油开采的人，并在他的演讲结尾处(再一次)抨击了汉密尔顿的规划逆转方案"。[56]

另一方面，在 1967 年那场族裔极端分化的竞选中，约蒂曾有个竞选对手是议员汤姆·布莱德利，眼下他正在向私房屋主们示好，赞成降低密度，并且反对在帕利萨德进行石油开采。 但是，抵制高密度运动的领导层想到要支持一名黑人就觉得浑身不自在，而且他们也担心劳工们倒向昂鲁那一方已经致命地危及了布莱德利的竞选前途，因此倒是宁可自己再去打造一名候选人。 在 1972 年的感恩节期间，五十家谷地和山麓私房屋主协会的代表举行集会，在"抵制石油公司"组织的雪莉·所罗门和(山麓联盟的一个成员)"本尼迪克特溪谷私房屋主协会"的埃利奥特·布林德曼的率领下，共同推举出一位山谷地带出身的年轻议员乔尔·瓦克斯。 靠着山麓联盟的帮助，瓦克斯于 1981 年当选，他挤掉的前任詹姆斯·波特此前卷入了"贝弗利山脊"丑闻，涉及由黑手党暗中操控的卡车司机养老基金所赞助的一项山区土地开发计划。 瓦克斯的驰骋平台是抵制公寓楼、"捍卫邻里街坊"，他吹牛说，自己必将"能够团结起谷地、山区、西区、威尔夏区以及其他地区的私房屋主团体，'让人人都发现他们相互之间存在某些共同点'"。[57]

同时，起初赞成限制增长的布劳德议员则开始竞选县长官的职位，在沿着圣莫尼卡海湾和帕洛弗迪半岛的第四选区里挑战了一名由里根总统任命的官员。 他以热心保护派的面目加入竞选，发动了一群核心拥趸，《洛杉矶时报》说这群人是"中产阶级和上中层阶级，住在沿海的街坊里，觉得很安定，深切关注如何维护并改善自己的周边环境"。布劳德在演讲时说，最近"巨人之友"一案的法庭判决将加州在 1970 年通过的环境质量法案扩大到适用于私人开发者，官方因此就更有权力来执行环境维护论的用地规划方案。 布劳德警告说，开发商的霸权会凌驾于县政府之上，他这警告在谷地和北县得到了独立参选人、新闻评论员巴克斯特·瓦德的声援。 虽然瓦德并不以环境维护论者自居，他却照样和造反的私房屋主在关注焦点上颇有会心，对任何公司利益都不抱什么好感。[58]

到头来，1973 年的选举不太愉快地混杂了正在浮出水面的延缓增长政策所带来的各种后果。 在竞选市长的过程中，约蒂愚蠢地以麦卡锡风格对着共产主义-环境维护论者大发雷霆，这让西区和谷地的很多私房屋主都疏远了他，正是这群人一度为他那种"不过是个朴实的白人伙计"的作风感到心里暖乎乎的。 而昂鲁和瓦克斯的势力都低估了中南部地区黑人选区的团结性，没料到它竟会导致城市政策发生了重组。昂鲁原来的宣传力量十分强大，在初选时却可怜地萎缩到了排名第三，而瓦克斯发出的信号则微弱得几乎辨识不出。 由于布莱德利重新集结起了工会的支持以及获益良多的西区私房屋主，他很顺手地攻克了约蒂在绝境中靠着种族主义的旁敲侧击设立起来的最后一道防线。[59]但是，在布莱德利开列自己亏欠的政治人情账的时候，无论以哪种方式来看，最重要的始终是渴望得到发展的工会、内城的政客们、市中心以《洛杉矶时报》为代表的开发利益集团，他对这些群体背负着强大的义务，而私房屋主和环境维护论者都远远地排在这个人情账单很靠后的位置上。

与此同时，虽然布劳德在竞选政府官员职位时也发动了一场活力四射的战役，但他却几乎没能把富裕私房屋主的福音成功地传播到托兰斯和康普顿这些工业地区去。 巴克斯特·瓦德在圣费尔南多山谷一带稍微幸运一点儿，可结果却是皮特·沙巴拉姆获得任命，抵消了他的胜利，沙巴拉姆也是圣加百列山谷里的一名开发商，以前曾当过职业橄榄球运动员。 由于开发商为他提供了巨额竞选资金，沙巴拉姆开始创办南加州最强大的两个共和党组织之一（另一个是橘县的林肯俱乐部）。沙巴拉姆比竞选对手多花了很多钱，所以在 1980 年就已设法安置了两名亲信安东诺维奇（取代了瓦德）和达纳，构成了三人小组的右翼官员多数派——可以说，这个权力核心广泛地网络了各处郊区小城里的保守派官员，致力于推行偏向开发商的用地政策，鼓吹将大规模交通运输转向私有化。[60]

1972—1973 年间抵制高密度运动的结果很荒唐，简单说来，其结果就是同时在洛杉矶市以及各县范围内都反而让支持增长那一方联盟的力量更壮大了。 第一波延缓增长抗议运动的效果是给开发商和私房屋主全都镀上了一层金，而开发商们翻了两番的竞选献金通常都压倒了主张控制增长的运动。 再说，瓦克斯和布劳德这两派的竞选经历都表明，反对建设公寓楼项目就会疏远了租住群体和少数族裔，这些人（十分正确地）在"街坊保护论"的亚文本中解读出了种族主义的含意。 从他们那个角度来说，私房屋主联合会甚至连山麓联盟在内全都缺乏建立联盟的技巧，可是他们要想改善自己给人留下的那种地方主义眼界褊狭的形象，这种联盟技巧却是必不可少的。

不过，虽说抵制高密度的抗议活动没能在官方安插自己的代言人，可它终归还是深远而持久地影响到了各地关于公寓楼建设的法令。 加州住宅问题的著名权威肯·巴尔（Ken Baar）对土地持有人和地产经纪人当中流行的"自私自利的定见"颇不以为然，他们说，提起目前加州廉租房屋极度短缺的状况，很大程度上要责怪控制租住房屋的政策。 巴尔却坚持认为，其实从 20 世纪 70 年代初开始兴起的"私房屋主反对建设集合式住宅的激烈运动"才导致了集合式住宅的建设项目找不到土地可用。 再说，限制建设公寓楼的规定逐渐被看成和 13 号提案一样，也是一个无法逆转的政治事实，直接关系到私房屋主的"权益"：

> 从政治角度看，无论是议会还是法院都无法硬性规定各地放宽这些限制条款……私房屋主在努力买下了一处自带院落的独立住家以后，很少有谁会愿意看见自己的街坊上新盖起租住房屋。我们的"自由企业体制"内有一种最受珍爱的财产权，不是指

人们有权随心所欲地处置财产，而是指人们有权住进一个不会再盖出集合式住宅的街坊。[61]

轰然巨变

这是中产阶级的瓦茨暴动。[62]

民间有句箴言说，"富人酣梦之际，穷人造反"，这句话在 1976—1979 年间石破天惊的郊区抗议行动中被整个翻了个个儿。由于通货膨胀大规模地重新分配了财富，致使既得利益者而非一无所有的人群揭竿而起，他们投身于这场伟大的抗税运动，也参加了与之气味相投的涉及学校问题、增长问题的抗议活动。在这出戏里粉墨登场的演员当中，有很多人直接分润了有史以来最大的一笔飞来横财。只要稍微想一想南加州沿海地带历史比较久远的郊区里 70 年代末时现成的私房屋主都持什么立场就知道了。

1973 年秋天，南加州的住房价格比全国平均水平便宜 1 000 美元；六年以后，反而贵了 42 400 美元（十五年以后，贵了 143 000 美元）。位于山谷里平坦地段上的住房价格可以说只翻了一倍，然而在山麓或是海滩附近则涨到了三倍甚至四倍的价格。在贝弗利山，住房的中位价格仅在一年之内就涨了 200 000 美元。据报道，以南加州的所有地方平均而论，依据校准过的数据，私房屋主的产权在 20 世纪 70 年代末每年都能涨价 30% 到 40%，而住房价格的上涨幅度几乎比收入的上涨快三倍。由于"人们开始认为居住单元不是用来自住的，更像是投资和投机项目"，买卖住房就成了大众的狂热。在这十年里，新注册了 164 000 份经纪人执照（这就导致经纪人总数到 1981 年为止已经达到近40 万人），而且据报道说，私房屋主们（通过二次信贷）从自己的产权里挖到了上十亿美金的富矿，拿这笔钱过上了更豪华的生活。[63]

181

如果说，1920—1923 年间那场不太出名的德国通货膨胀毁掉了魏玛的中产阶级，那么，南加州在 1975—1979 年间这一场土地的通货膨胀则刚好相反，养肥了数以万计的中产阶级家庭，他们自己做梦都想不到能丰肥到如此地步。不过，南加州的通货膨胀最终几乎跟魏玛一样，导致了严重的忧心焦虑和政治骚乱。私房屋主就像坐过山车一样经历了产业的通货膨胀，它让传统的持家账册乱了套，同时也引起了荒谬的希冀和忧虑。此外，他们发的这笔横财看起来也不太靠得住，同时他们纳税单上的数字激增却是太真切不过了——特别是那些没有收入的退休老人更有这种感觉。[64] 尤其要数圣费尔南多山谷里的住户最着急，因为当地的私房屋主相信自己住的这个区和洛杉矶的市中心区一样都不能算是个纳税群落，他们也盼着能照搬雷克伍德式小城的榜样，对本地拥有控制权。雪上加霜的是，就在逐日上涨的纳税估单送到了他们门外台阶前的同时，遵照法院命令安排校车的问题和一大堆与增长有关的新抱怨也都露了头。1978 年夏天的经济气候动荡不宁，援引私房屋主这股怨气融合的结果，才能解释得清南加州郊区当时出现的罕见的情绪高温，若只用税务危机这一个理由是无法分说明白的。

然而，有必要先来简短回顾一下这股怨气尚未汇聚之前各自不同的来龙去脉。比如说抗税运动，任何一名县属估税员都能证实，长期以来，在战后的郊区，零星出现的抗税运动一直都是一项繁荣病。1954 年底，县里的估税员约翰·奎恩到费尔南多去，想要解释一下税额上涨到 1 000% 的情况，怒火冲天的谷地业主几乎对他动用了私刑。尽管奎恩能证明增税的额度确实反映了产业价格实际暴涨的幅度，但是，出乎意料的反抗情绪却驱使着当地的私房屋陷入了一种自居正义的狂怒之中。[65] 专门研究抗税运动的历史学家克拉伦斯·罗（Clarence Lo）还讲述过其他的类似事例，比如 1957 年圣加百列谷地私房屋主火爆反对了倒霉的奎恩（包括一场罢免战役）、1964 年的监理署风暴、1966 年的纳税人罢工事件。[66]

到了 20 世纪 70 年代初，住在南湾区和圣加百列山谷的愤怒的纳税人想要脱离洛杉矶县却没能办到，而老练的政治观察家们此刻正警告着一场危机迫在眉睫，说是郊区的抗税斗争将会联合起来，尤其是考虑到右翼势力正在全力指挥着抗拒社会性开销的反叛，联合的趋势就更明显。虽然加州的民主党成功地阻止了罗纳德·里根在 1972 年提交的限税提案获得通过（这项提案是 1979 年甘恩修正案①的直接先例），可他们想通过立法为普通私房屋主减税的企图却不幸落空了，也没能缓和抗税斗争对社会预算案的抨击力度。杰里·布朗愚蠢地把州政府的税金赢余囤积了四十亿美元之多，并没用这笔钱来推行被动员起来的选民们所拥护的社会计划项目，结果就把舞台让给了蛊惑人心的霍华德·贾维斯以及由土地持有人（霍华德为其充当说客）、经纪人和土地商在幕后策划的诡计。这位民主党领袖临终一击，企图通过一项"断路开关"法案，为中等收入的私房屋主和老年私房屋主减税，从而给这场叛乱撤火，但是，乔治·德克梅吉恩②领导着共和党打破了他的计划，而此刻私房屋主们正在摩拳擦掌，要抗议自己的财产估价涨上了天。

当然，在这一时刻，遭到多方针砭的"穷乡僻壤的乡下人"——也就是住在圣费尔南多山谷和其他缺乏贵族气的郊区边远地带的普通私房屋主——突然变成了霍华德·贾维斯率领着兵临城下的野蛮大军。不过，贾维斯的"加州纳税人联盟"之所以能让人目眩地成功召集了 150 万人签名支持 13 号提案，主要还是因为他们非常成功地利用了早已有之的私房屋主运动亚文化，特别是在它的核心地带洛杉矶县。罗指出，在抗议行动中的压倒性力量是私房屋主协会，而不是目标单一的减税团体。[67]

"山麓-溪谷联盟"的领袖们还公允地吹嘘说，他们实际上"孕育"了 13 号提案，为它提供了专家意见、基层干部、资金支援、好比中了魔咒一样稳定可靠的选票。联盟里的最大型成员"谢尔曼橡树区③

---

① Gann amendment，里根任州长期间通过的法案，主旨是限制州政府控制下的税收及花费额度、通货膨胀额度和人口增长额度。
② 见本书第 178 页脚注①。
③ Sherman Oaks，位于圣费尔南多山谷里的一处树木葱茏的洛杉矶排外郊区，住有许多名流。

私房屋主协会"是 1976 年最早在谷地发起抗税运动的两个团体之一，而且它的主管人理查德·克劳斯和珍妮·纳佩尔后来也领导了"拥护 13 号提案的加州人"组织。[68]

在罗的理论构成中，"谢尔曼橡树区私房屋主协会"以及其他中上阶层私房屋主的霸权地位是个关键变数，她的理论解释了中等收入人群抗税这个更具阶层意识、更老的传统（尤其以 20 世纪 60 年代初的圣加百列谷山造反行动为代表），最终如何被人挟持利用，接受了贾维斯的"纳税人联盟"宣扬的"向上重新分配、鼓吹商业行为"的思想意识。罗生动地描写了富裕业主们为自己"落空的优势"感到刺痛，觉得自己钱倒是不少，却几乎没什么政治权力，他们名副其实地从山麓屈尊下来，要求恢复由平地的 *menu peuple*① 建立起来的抗税传统：

> 由于中上阶层的私房屋主单枪匹马地赢不了，他们就从帕洛弗迪半岛景色优美的各处山麓开车下来，回头穿过了霍索恩大道②上的车灯阵；从圣莫尼卡群山里那些登过《日落》杂志的美丽住家开车下来，回到塞满了脏兮兮的丰田雄鹰车（Tercels）的文图拉大道上③……在那里，他们跟一群去 K 玛特商场购物的人众在老牌的范努伊斯高中④的礼堂里混在一起，也许感觉到了各自在仪态举止和品味上的微妙差异——他们意识到，自己做出如此巨大的努力正是要逃避这些差异。罗林山居住区和谢尔曼橡树区的居民在群众集会上团结了比自己穷一点儿的人，最终领导起了组织工作，并决定了整个限税运动所采取的形式。[69]

---

① 法语：小人物，普通人，平民百姓。
② Hawthorne Boulevard，位于托兰斯境内。
③ Ventura Boulevard，圣费尔南多山谷里的一条东西向主干道，路南侧多为豪华宅邸，占地宽裕、景色优美，路北侧多为普通公寓。它从谢尔曼橡树区、恩契诺通向电影城，穿过科恩加山口到达好莱坞。
④ Van Nuys，洛杉矶市的一个社区，是圣费尔南多山谷的中心。曾设有雪佛兰汽车的制造分厂。至晚在 20 世纪 70 年代已经成为一片白人中产阶级居住街坊，但是现已变成了以拉美裔为主的社区。范努伊斯高中是一所名校，其历史早至 1914 年。

事实上，当时每个人都准确地意识到，13 号提案既有一层明确的承诺，要降低估税额、确保私房屋主能把自家资产的增值留在衣兜里，同时它还有一层含蓄的承诺，要打消内城人口继续侵袭郊区的威胁。抗税者既积极去唤醒邻人，同时也频繁求助于一种煽动性很强的概念，说是庭园式住家得缴纳很高的税，以便筹措资金来整合公共教育以及其他社会计划，凡此等等都是住在郊区的白人非常讨厌的事情。[70]特别是在山谷地带，抗税运动重叠并交织了集体抵制校车系统的运动。经历了漫漫十五年之久的法律交战以后，法院终于在 1978 年下令，厚颜无耻地实施隔离政策的洛杉矶诸学校必须开始安排校车，运送学生，达到各种族的均衡。由于西区的各所学校早已深谋远虑地花钱资助了象征性的融合措施，因此，校车计划造成的冲击只波及了洛杉矶中南部地区和山谷地带之间的那片地方。

184

波比·费德勒和保罗·克拉克领导着一个蛊惑人心的联盟组织"停车站"，忙于请愿声援参议员阿兰·罗宾斯提出的抵制校车计划的 1 号提案，与此同时，林克·怀勒和保罗·克林议员也领导着一个更强大的民团式组织"力量"，张罗起了一场历时漫长的校际联合抵制行动，谷地里有一多半的白人学生都卷了进来。[71]不过，输送郊区怒火的"万能传动机"依然是谢尔曼橡树区私房屋主协会，它最有效地整合了抗税运动、抵制提高密度的运动和反对校车计划的运动，合成了一种统一的抗议文化。山谷地带的罗贝塔·温特劳布一直都在洛杉矶教育理事会里为白人反抗运动充当代表，他充满敬意地赞扬了谢尔曼橡树区私房屋主协会为对抗教育界鼓吹校车计划的好斗分子所起到的作用："我们从谢尔曼橡树区私房屋主协会那儿学到了我们在政治上的'p's 和 q's'①。"[72]

虽然由纳税问题和校车问题混合而成的"炸弹"把山谷地带炸翻了

———————————

① 出自 1779 年版牛津词典的词汇，即 mind your Pleases and Thank yous，意为"注意举止、保持礼貌"，此处转意为正确得当的行止方式。

天(它引起了多重后果，其中之一是引生了一个偏向私房屋主的新右翼，其主导人物是费德勒、温特劳布和罗宾斯)，但是，该地区还没发生直接的连锁反应。 只要黄色的校车仅限于穿越科恩加山口①而已，住在其他郊区偏远处的白人私房屋主就还不会像为 13 号提案疯魔时那样纠集起来抵制校车。 然而，1979 年，法院开始就一项大都市学校整合计划进行听证，该计划将迫令校车系统覆盖洛杉矶县的全境，以及橘县和文图县②的某些局部。 这就送来了又一阵强风，再次激发了以山谷地带为基地的抵制学校整合的地区性运动。 沿着洛杉矶郊区的边缘地带，从拉米拉达③到圣克拉利塔，到处萌生了一个新的特权阶层，于是"停车站"组织的领袖保罗·克拉克就吹牛说，他手下的会员已经超过了五万人之众。[73]再说，由于贝弗利山、圣莫尼卡和洛杉矶西区现在也都被划为应该开通都市校车的地区，所以，像霍华德·伯曼和泽夫·雅罗斯拉夫斯基这些势力强大的西区民主党领袖，以前都很赞成谷地加入学校整合计划的，如今却突然变了脸。 既然民主党的既得利益集团改换了立场，而布莱德利市长在正式场合下则表现出了"中立"的态度，因此"停车站"组织势不可当的力量就轻而易举地碾了过去，压碎了少数几个仍在作梗的自由派的骨头，成功地控制了教育理事会。[74]

然而，"停车站"组织的胜利却没能真正延缓白人居民逃离公立学校的脚步，也没能阻止他们逃离本市比较老的郊区，其中有些地方现在已经开始有点儿像内城了。 紧挨在城市边界以外——在康杰欧、西米市和圣克拉利塔诸山谷里——从圣费尔南多山谷逃出来的白人避难者正在试着重建 20 世纪 50 年代初的那种郊区伊甸园，有低税率，还有专门

---

① Cahuenga Pass，圣莫尼卡山脉东端的山口，通过好莱坞快速道和科恩加大道将洛杉矶盆地与圣费尔南多山谷连接起来。
② Ventura，位于加州太平洋海岸上的一个县，原来是本土印第安人的聚居地。1782 年西班牙殖民者在此创立"好运城"即 Buenaventura，1872 年它从圣巴巴拉县南部分离出来，设为文图拉县。
③ La Mirada，位于洛杉矶县的小城，始建于 1896 年，1960 年完成社团化。 当年即从只有 100 户人家激增至 8 000 户。

开给"街坊邻里"的(言外之意：白人的)学校。圣克拉利塔的开发商纽霍兰公司对本地居民做了一次调查，"发现那些重新安家在圣克拉利塔山谷的家庭给出的头号理由就是要逃离洛杉矶的公立学校系统"。圣克拉利塔的新居民还着重强调了低密度、露天空地、低犯罪率、大型的住宅和"乡村的感觉"。[75]

但是，开发商们领着白人逃向"更偏远的山谷"，可不是要出资捐助一片满足郊区怀旧之情的博物馆-社区。他们的目标是要迅速推进都市化，获取更多的利益。只要露天空地还足够大，他们就要插进去更多的居住模块和商业模块，对应着土地价格的上涨把各个单元挤得更紧。毫不奇怪，新山谷里的居民——其中有部分人在老山谷里已经是私房屋主协会的活跃分子——发动起来抵制开发，不肯重新身陷城市环境之中。于是私房屋主在全州增长最快的一个小城千橡树区举行集会，抵制由谨慎公司规划的大型山麓开发项目，想要放慢都市化的脚步。类似的斗争也发生在圣费尔南多山谷边缘处的西米山谷和康杰欧山谷，发生在洛杉矶东郊边界处的胡桃树区①和拉哈布拉高地。在圣克拉利塔，彼此重叠着同时发生了一场反对大都市校车计划的抗议活动、一项要求脱离洛杉矶县的抗税提案，呼应着未来十年骚动不宁的序曲，私房屋主协会利用民权组织抵挡着纽霍兰公司的开发策略，发动了一场强有力的延缓增长运动。[76]

从边远山谷地带传来的这些隆隆震响(加上圣克莱门特和河滨区之类"红瓦屋顶"地区兴起的又一轮限制增长运动)[77]让分析家们警觉到，由于13号提案更改了都市化的财政方案、激励了郊区选民，它已经在全州范围内损害了鼓吹增长、鼓吹改善福利的政策。既然已经投票把激进的财产税方案选下去了，为什么郊区居民不能照样把不得人心的增长政策也选下去呢？1980年，加州规划研究办公室发表的一份研

186

---

① Walnut，位于洛杉矶县的小城，多见山坡地形，富裕悠闲，一度是白人独占的地方，现在的居民主体变成了上中产阶级的亚裔移民，主要是来自中国台湾、香港和大陆的华人。

究成果带着一个前瞻性的标题：《反抗增长：13 号提案的余震？》（*The Growth Revolt*：*Aftershock of Proposition 13？*）本州的分析家们发现，在 13 号提案获得通过后的两年之内，已经有大约 32 种控制增长的方法接受了投票表决。 其中有 19 种方法成功通过，"尽管鼓吹增长的一方花的钱更多，其间的花销比例大概是 4：1，还有一次的比例达到了 55：1"。 获得通过的控制手段前所未有地严格苛刻，削弱了当选官员传统上掌握的权力，有利于"现有的私房屋主居民"。 分析家们担忧，这些方法也许会像 13 号提案本身一样横扫全境，它们是否预示着郊区将出现新的骚乱呢？[78]

高楼大厦对决庭园之家

> 本区正在变成一片混凝土丛林。交通、噪音、污染——既糟糕又丑恶——而且情况还在不断糟下去。他们干的事儿就是找准一处好端端的中产阶级街坊，然后一个街区挨着一个街区地毁掉它。
>
> 住在恩契诺①的私房屋主[79]

很难用单独一幅总括式图景来描绘 1980 年代的延缓增长骚动。 它跟抗税运动不同，并没有一个战略性的共同敌对目标，最后也没能得出任何一种清晰明了的胜负战果。 倒不如说，它就像一次私房屋主版本的"春节攻势"②，像一次战线宽广的惊人起义——其中包括游击队的接火、佯攻、正面进攻——它写成了一面让人困惑的比分板，上面记满了进军、失利和无心插柳的后果。 例如，在风暴高潮的 1987—1988 年

---

① Encino，洛杉矶的一个区，位于圣费尔南多山谷南部的中心地带。
② Tet Offensive，越南战争在 1968 年进行的一系列关键战役的总称。 1968 年 1 月 31 日，越南农历新年的第一天，越南共产党在整个南越发起了一次重要攻势，南越军队和美军用了好几个星期才收回失地，越共的主要收获是在政治战和心理战方面的胜利，打破了美国政府此前扬言已经打赢了越战的宣传。

间，控制增长问题在洛杉矶县和橘县将近六十处的地方选举中成了主导一切的话题。其中每一处都有某种稀奇古怪的本地历史与奇特的力量均势交织起来，形形色色的口号从洛杉矶西区的"格伦多拉的骄傲"和"还没变成纽约"（或是圣迭戈的"还没变成洛杉矶"），到蒙特里公园①的"只讲英文"，不一而足，以各种独具本地特色的方式定义着"延缓开发"的内容。[80]

然而，承认 20 世纪 80 年代的延缓增长运动在地域及政治方面的枝蔓丛生，并不意味着要否认还存在某些共同的目标。无疑最有创意的是，私房屋主广泛要求改变独断专行的用地决策现状，把决策权分散到街坊邻里的层面上，这种诉求展现了私房屋主的政治文化从 20 世纪 70 年代初本地区兴起第一轮抵制增长运动时开始的演变。私房屋主协会支持了洛杉矶 1986 年提出的延缓增长动议 U 提案，其中"隐含的议程"正在于此，而且这一点也始终标明了抵制增长的草根团体与承诺"有控制的增长"的政治主张之间有着怎样的意识形态差异。

保守的私房屋主群体怎么会在里根时代开始鼓吹起了结构改革呢，这意味着大规模管制最神圣的一个市场（土地开发市场）是个多少有点魔力的故事。其中重要的一点事实是，"社区规划"原本并非草根阶层提出的要求，倒更像个由洛杉矶市或者各县的官僚部门定期发布的自私的口号。（我们在此的叙述极度缩简，只集中讨论洛杉矶市区里发生的事情。）

上溯到早至 20 世纪 40 年代末，由于大量家庭在战时搬迁，导致洛杉矶的各个社会分区乱纷纷地重新组合过，于是规划者们开始感到苦恼，怎么才能让旧有的居住街坊和新建的边远郊区都能具备比较强的社区特性。他们小心翼翼地指定了大约四百片"街坊邻里"区，希望这样就能阻止正在到处蔓生的混乱无序。出于类似的想法，县属社区服务部在 20 世纪 50 年代初赞助成立了"社区协商会"，以图强化本地特

---

① Monterey Park，洛杉矶县的小城，1916 年完成社团化，是一个零售、批发与商业服务中心。由于 20 世纪 80 年代和 90 年代有大量富裕杰出的华人迁居此地，这里成了美国第一个亚裔人口占多数的城市。

色，并为协调社会服务和慈善活动提供凝聚点。

后来，人们放弃了这种建设街坊的实用主义方法，开始着重加强白人居民控制本地的感受。于是，待瓦茨暴动引得郊区开始关注种族融合问题以后，学校理事会的保守派领导层要推行试验时会先跟街坊上的顾问小组协商，想办法缓颊白人家长。而且在1969年，由于仍然担心"外人"入住白人住区，约蒂市长指派的城市宪章修订委员会提出建议，从法律上承认由30%以上的当地选民投票自我划定的街坊算是一个政府单位，配有推选出来的理事会和政府派驻的执行官（即所谓"街坊官"）。民权团体反对这项提议，因为担心白人街坊会跟城市半脱钩，而且市议会也否决了这项提议，因为担心这会分散自己的权力。[81]

虽然议会不承认"街坊力量"，可是洛杉矶市的规划部主任卡尔文·汉密尔顿（1968—1985年在任）却很欢迎这个想法，以此为基础修订了本市陈旧得无可救药的总体规划。尽管汉密尔顿实际上无非是像学校理事会一样回应着白人私房屋主施加的压力，毕竟他也算做出了"分享民主"的姿态，他成立了由35名市民组成的顾问委员会，帮着更新"社区规划"，最终要用一份新的总体规划把这些"社区规划"结合在内。有好几千人参与了这个民粹主义的规划实验中的某个阶段，其中有些人后来就成了20世纪80年代延缓增长抗议行动的领袖，他们在这次参与规划与土地立法的过程中担任市民顾问，从此学到了个中奥妙。

随着20世纪70年代初抵制高密度的反抗运动在私底下不断酝酿着，人们正在四处传说，汉密尔顿推出的新规划方案中有一条关键允诺，即降低密度，保护独院家庭居住区不受损害。原先的旧规划允许达到曼哈顿那种高达10∶1的密度（换句话说就是未来将有一千万名居民入住），而新的规划由于采纳了本地认可的开发标准，预计将驳回建造公寓楼和商业楼的"过分的"小区规划，从而把密度降低到4.5∶1。再有，预计它还会把高层建筑开发项目分派到散布在本市各处的一系列"增长中心点"的位置上，从而确保西区和山谷地带传统的低密度模式维持不变。

人们认为，新的总体规划宣告了带保安措施的独院住家街坊将与获准兴建的高楼中心和平共处，具体体现了维护环境的意识、体现了有社区参与的规划程序，因此对它非常欢迎，尽管如此，它实际上却从一开始起就形同虚设。　在十多年的时间里，鼓吹增长的市议会多数派顽固地阻挠着规划部门切实去降低各区的密度。　结果，市一级的区域规划图仍与社区规划图多有矛盾之处，而开发商们就可以不做环境评估，一个接一个地引入尺度超标的开发项目，侵蚀到了本该庇护独院家居的地带。随着海外投资在 20 世纪 70 年代末加剧了建筑业的繁荣景象，（建于 20 世纪 30 年代到 50 年代的）旧郊区发现自己被堵在了交通堵塞的正中心，比起新的商业开发项目来黯然失色。　尽管在 1975—1985 年之间有一波大吹大擂的"市中心区复兴"浪潮（新建成了 2 600 万平方英尺的办公空间），但是实际上在西区、南湾区和山谷地带的旧郊区位置上，兴建高楼大厦的速度比市中心区更要快出三倍（大约盖出了 8 600 万平方英尺的面积）。[82]

190

　　结果是洛杉矶的中产阶级核心地带像双面博士"杰克-海德"一样变了脸。　虽然不动产价格持续高涨，但是各处街坊却变得太像曼哈顿，让人不敢相认了。　似乎只在一夜之间，位于恩契诺的文图拉大道从原本由熟食店和废旧车停车场构成的低档面貌摇身一变，成了被日本银行的高楼大厦主宰着的混凝土丛林。[83]住在山坡高处的私房屋主从好莱坞和山谷地带的夹缝之间俯瞰科恩加山口时大吃一惊，发现自己直接看进了北好莱坞和环球影城新盖的摩天大楼的窗口里。　与此相似，霍姆比山和西林村①的富裕居民们惊骇地目睹着，西林大道与威尔夏大道②之间风格奇特的西班牙殖民式的岔路口，变成了好多座造型古怪的办公大楼之间夹着的一个穿风口。　住在圣莫尼卡和太平洋公园③的海滩居民们

---

　　①　Westwood Village，原来是步行购物中心，位于加州大学洛杉矶分校校园的南边、威尔夏大道和西林大道交角的北边。　此地的住宅多为高层公寓楼，是洛杉矶房租最贵的地方之一。　沿着西林大道有大量伊朗人的产业，所以又名"小波斯"。
　　②　威尔夏大道在西林大道之东。
　　③　Ocean Park，位于圣莫尼卡的一个码头、规模达到 28 英亩的海洋主题娱乐公园。　它在 1958 年开幕，是迪斯尼乐园的竞争对手。　当地人认为这是威尼斯海滩景色的一部分。　1965 年，圣莫尼卡官方开始在这里推行一项城市更新计划，公园原有建筑在 1973—1974 年间基本被拆光。　现在太平洋公园的残余只剩一些水下桩子和警示标牌。

尽可以向海岸委员会提出抗议，却发现迈阿密式的海滩终归是蜿蜒爬上了自家的前门台阶，同时排外的国王码头①社区的住户们则目瞪口呆地看着霍华德·休斯的继承人们提出计划，说是要占用附近的一处鸟类保护地，兴建世界上最大的综合开发项目。而在威切斯特②和洛杉矶国际机场周围的中产阶级街坊里，上下班的职员十倍于居民的人数，驾着车纹丝不动地堵在原本寂静无声的家居街道上。

私房屋主们看着郊区那点残存无几的好处被迅速蚕食，再一次被迫起而反抗。曾经满怀信心地参加过汉密尔顿肇始的社区规划顾问议程的那些人觉得最难过。卷入这场论战的一位律师评述道，"许多私房屋主团体发现，他们曾为社区规划做过的一切工作全都付诸东流，这让他们感到既惊讶又困惑而且沮丧。"1978 年，议会发布 283 号议会法案，有气无力地命令洛杉矶必须强迫各区的实施规划遵照全市总体规划，即使到了这时候，布莱德利市长却还在鼓励规划部人员英勇地装病逃避——鼓吹增长的奥维尔·福伯斯也在有样学样。尽管议会规定洛杉矶市最晚必须在 1982 年完成任务，可它该做的新规划到 1984 年时却几乎连四分之一都还没做完。愤怒的私房屋主们对此的反应是，在山麓联盟的率领下，先是上了法院，随即在投票时表明自己的决心。[84]

191　私房屋主苏维埃？

　　　　政治程序辜负了我们。如果人民没有喉舌，你就只好一次又一
　　　　次地上法院、进入立法程序。私房屋主对环太平洋带没兴趣，只想能

---

　　① Marina Del Rey，洛杉矶县未经社团化的一个海滨小镇，周围有很多旅馆和休闲娱乐场所。
　　② Westchester，位于洛杉矶西南的一片街坊，是洛杉矶国际机场的所在地。霍华德·休斯的休斯飞机制造公司属下的工具公司曾在这里开设了一家制造厂，被称为"休斯的卡尔弗城"。

在大街上走动走动。

西区延缓增长运动的领袖[85]

靠着"法律与公共利益中心"的援手，山麓联盟在 1985 年 1 月赢得了划时代的法庭判决，下令洛杉矶市在 120 天的期限内贯彻落实总体规划方案，此前洛杉矶市对这个总体规划方案已经抵制了将近十年之久。法庭还委任规划委员会在议会的监督下，评估所有突破总体规划上限 25% 或更多的项目，包括改造管理部手里捏着的那些市中心区封地里的项目。虽然市政府设法提起上诉，竭力要把落实新规划的时限延长到五年以后，然而，这个裁决终归是陡然促使规划程序发生了一次根本性的改革。[86]

一方面，它暴露出城市总体规划已然破产，另一方面，它也在把持大权的改造管理部历来享有的自治权上打开了一个缺口。规划管理部的政敌们毫不犹豫地利用了这个机会。野心勃勃的规划委员会主席堂·加西亚和市议会里的"龙女士"帕特·拉塞尔联手，挣脱了规划部和改造管理部的领导和控制：汉密尔顿被控违背了公共利益，因而引退，同时改造管理部的主任爱德华·赫尔费尔德受人谴责"滥用职权"，更是直接被开除了事。[87]

布莱德利市长在这个"长枪之夜"①置身事外，因此某家全国发行的规划杂志就开始担心，"谁在控制着这个城市"？[88]圆熟的政客们马上意识到，实际上，被拉塞尔踩在高跟鞋底下的市议会机巧地利用了山麓联盟在新规划问题上的胜利，抓住了一大股新的权利——比如议会能直接跟开发商为了更改密度讨价还价。加西亚委婉地承认："开发商们难免要多花点儿时间跟议会打交道，那就会让议会大厅里的日子过

---

① night of the long knives，1934 年 6 月 29—30 日的夜间，德国纳粹党徒谋杀了以 Röhm 为首的一百五十多名冲锋队领导人，清除了一千余名政治对立者，以便摧毁与其作对的政治力量。这一事件完成了希特勒对政权的全面控制，也导致德国军队彻底落入纳粹的手中。本书此处意指"政变"。

得更有趣一点儿。"当然，他是在暗示着议员们——导致了新规划这场意外之灾的真正罪人——现在所处的位置比以前更有权势，更容易从开发商身上挤出竞选的"燃料"来。[89]

同时，这场政变的两名组织者看起来好像有个更具策略性的目标。他们希望攫取更强大的政治势力来左右规划程序，恰恰是为了确保市议会能够更有效地应对建设增长在政治上造成的消极影响。拉塞尔的选区包括了交通拥堵的洛杉矶国际机场一带，她希望开发商花钱来做交通改善，而加西亚向来鼓吹就用地利益进行"微调性的"斗争，他警告说，发怒的私房屋主会把市议会活活吞下去。再说，加西亚是规划委员会的主任，正该由他负责去劝说私房屋主相信，市政府终于准备要倾听他们的抱怨了。[90]

首先，他指派了堂·沙皮罗律师这位受人尊敬的延缓增长活动家，和自己共同领导一个新组建的市民顾问委员会，来修订本市已经过了时的规划目标综述《洛杉矶构想》。其次，他还采取更激烈的举措，联合了议会里主张"延缓增长"的少数派领袖——马文·布劳德和泽夫·雅罗斯拉夫斯基——来支持"合理限制商业建筑以及交通增长的倡议"，等十万名注册选民签署过这份请愿书以后，它直接就变成了U提案。它的要点是，除了市中心区、好莱坞、世纪城以及文图拉大道和威尔夏大道一带以外，本市的大多数商用土地都要降低50%的建筑密度。它并没答应停止商业增长，只不过许诺让它绕开宝贵的中产阶级居住区。[91]

如果说，加西亚押的赌注是U提案叫得更响咬得不欢，只拿它充当一个无伤大雅的安全阀来平伏业主的骚动，那他可没法让市议会里他的任何一名盟友相信这一点。老牌政客们认为U提案是一轮"公开齐射"，它不仅关系到一场"用地问题的造反"（《洛杉矶时报》报道此事时用了这个头条标题），还关系到雅罗斯拉夫斯基和拉塞尔为了抢夺布莱德利留下的职位而进行的一场权力斗争（估计布莱德利不是夺得州长职位就是退休）。既然雅罗斯拉夫斯基用了私房屋主当作开局的棋子，那拉塞尔回应的招数就是谴责 U 提案在内城"会危及经济发展的机遇"。她的同僚、鼓吹增长的戴维·康宁汉做了她的应声虫，他公开指责"精英们"企图"在低收入的少数族裔地区就增长问题发号施令，可恰恰是这些地方的人们需要增加就业岗位和开发项目"。[92]

《洛杉矶时报》现在奚落起了加西亚"轮流对私房屋主和建造商这两方表示同情"，他的地位因此岌岌可危，只好很快撤回到拉塞尔的阵营里。既然没能被选为延缓增长运动的代言人，他便加入了拉塞尔的行列火上浇油。他们做了一次厚颜无耻的努力，谋划出了一项"社区保护计划"——或用诋毁它的人们更喜欢用的称号叫它"漏洞条例"——企图预先肢解 U 提案，打算另划出 28 片地区不受 U 提案的控制，其中包括位于拉塞尔选区内的庞大的霍华德·休斯中心。等有人质疑这个花招是否合法的时候，拉塞尔和加西亚便聘请了莱瑟姆与沃特金斯律师事务所来当辩护律师，这家事务所早就因为勾结土地开发业而声名狼藉了。后来他们又觉得莱瑟姆与沃特金斯律师事务所好像没能管多大用场，就又使出了更加绝境求生的一招，在一天之内重新分级划定了 56 000 片小块土地——市检察官阻止了这一举动。[93]

《洛杉矶时报》嫌恶地承认，议会里有一群微弱多数派是赞同这些鬼花招的。但是鼓吹增长的阵营无意之间是拿着一支填满弹仓的手枪在跟拉塞尔玩俄罗斯轮盘赌。他们忽略了《洛杉矶时报》的城市评论家萨姆·霍尔·卡普兰提出的警告，卡普兰说，这些人想破坏"相当节制的"U 提案，为此却有可能卷入一场真正的危险："本市各社区的情绪喷涌而出，竭尽全力抵制增长。"[94] 的确，用主张延缓增长的私房屋主以及所有选民对它的蔑称来说，这个"漏洞"伎俩在公众间引起了一阵势不可当的敌对反应。有些选民以前几乎从没注意过用地问题，现在却点头赞许着批评家们的说法，比如西区有个名叫"还没变成纽约"的延缓增长联盟，它的领袖指责拉塞尔及其盟友们"冷酷、蓄意地出卖"、"狂妄自大"、制造出了"我们的人民面临的巨大灾难"。尽管有人如同宣告世界末日般地警告说，U 提案会终止繁荣时期，可在

1986 年 11 月举行的投票中，U 提案仍然赢得了将近 70% 的选票，从而控制了本市，连黑人和奇卡诺人的街坊也不例外。[95]

在 U 提案通过之后不久，加西亚扬言要评估规划战略，受到这一挑战的市民委员会发表了自己的报告。它强烈敦促规划委员会从城市交通部的泥坑里拯救交通规划，废止汉密尔顿遭人怀疑的"中心"战略（它竟宽容到在全市批准了四十片高层建筑密集区），换成"目标明确的增长区"，让它们更有效地汇集商业开发项目，确保中产阶级的居住街坊神圣不可侵犯。然而，这个报告提出的主要推荐意见却是，成立 35 个社区规划理事会为规划委员会充当顾问，把市民参预变成一项制度。每个理事会中有十五名成员，人员构成要在政府指定的人选和直接推举的社区代表之间达到均衡——据说，为了商量出这个折衷模式，规划委员会的内部发生过激烈的争论。[96]

由于各方都亮出了新的立场，顾问委员会的建议就成了各种磋商和诡计竞相拉拢争夺的热点。尽管拉塞尔在 U 提案一事上遭遇了挫败因而受到了致命的打击（她在 1987 年失去了一度"牢不可破的"议员席位，输给了主张延缓增长的鲁思·加兰特），她却和加西亚试图去收买没有民选代表的社区规划理事会的提案，借此把自己塞回到游戏圈里去。[97]主张延缓增长的时新英雄布劳德和雅罗斯拉夫斯基的对策是，给 U 提案的理事会规划方案加上了一则详尽的附加条款：该法令授权市政府审核任何一个达到或超过五万平方英尺规模的项目（这个规模相当于一家普通的超级市场）。最后，在 U 提案的轩然大波里一直多半保持沉默或由代理人出面的布莱德利市长终于有了动作，在 1988 年 4 月就延缓增长运动发表了重要演说。他答应要抑制"小型购物中心的破坏作用"、保护山麓的街坊，他认可了社区参与规划过程的原则，但是说到理事会的人员构成、说到是不是要响应布劳德和雅罗斯拉夫斯基的呼吁，授权市政府详细评估建设环境，他就很有个人特色地开始含糊其辞起来。

然而，对山麓联盟来说，社区规划理事会获得授权才是关键要害。

他们觉得，在软弱无能的规划实践中，持续一代人之久的"社区参预"体验让人痛心，它已经让人深信不疑，必须进行一场彻头彻尾的改革。U 提案的主要功绩是"最终产生了一群市民身份的'规划选民'"；私房屋主联盟拒绝接受"侏儒式的参与模式"，反感只是象征性地委派私房屋主参加顾问委员会，而开发商及其代理人却雄踞在这委员会里导致它头重脚轻。与此相反，他们要求从当地居民中全员推选出社区规划理事会，在市政厅召集会议，并获授予"执行权力"，要想废止它就得在城市规划委员会里获得五分之四的多数票。[98]

　　换句话说，由于二十年来见惯了政界的背信弃义，乔治·威尔所谓的"阳光地带的布尔什维克"被迫开始呼吁创立私房屋主苏维埃。至少从表面上看起来是这么回事儿，这就吓坏了建筑业的经理们，他们的忧虑不完全是无缘无故的。既然山麓联盟提倡由各个社区来掌握用地控制权，它当然是在南加州提出了一个激烈的主张，自从 20 世纪 30 年代的 EPIC 计划①或者"火腿鸡蛋"计划②那时候算起，这是最激烈的一项主张。尽人皆知，20 世纪 60 年代曾有黑豹党呼吁过实施"社群警务"，可它跟和山麓联盟的计划比起来就显得很温顺了，联盟计划由街坊邻里来掌权筛选开发、规范各地的房地产市场。更有一些山麓的 *enragés*③，比如像恩契诺私房屋主协会的杰拉尔德·西尔弗，则认为社区规划只不过预示着依据邮政区号进行划分的联邦分权制："把城市打碎成更小、更容易管理的单元。"[99]

　　但是，不管整个山麓联盟是不是完全意识到了自己的立场具有怎样的意识形态含义，它反正是下定决心要让社区规划这件事情在 U 提案的余波中成为主要议题。[100]拉塞尔的失败结束了鼓吹增长的一方在议会里战无不胜的时代，而私房屋主们就指望着接替她的鲁思·加兰特能率领大家，要求推选理事会。[101]加兰特是位具有"新左派"背景的

---

① 见本书第 46 页脚注①。
② 见本书第 46 页脚注②。
③ 法语：愤激派。

环境规划师，但她得以当选主要还是靠了山麓联盟和本地私房屋主团体的大力支持，她好像是市议会里几十年来最新鲜、最破除陈规的面孔。再说，大家都以为她理所当然会对推选理事会一事万分热心，于是有一次在山麓联盟讨论社区规划问题的会议上，谁都没有留意到，她在整个讨论过程里一直坐在那儿静静地微笑。[102]

她那蒙娜丽莎的微笑背后的含意在几个星期之后就暴露出来了，她和议会的其他成员一起投票通过决议，要求政府指派的规划理事会必须严格遵从议员们的决定。 山麓联盟的一位领导人气呼呼地说："她让我们惊得闭住了气……这根本是帕特·拉塞尔那套把戏又来了。"议会批驳了山麓联盟提出的建立社区主权的过激设想，不过倒也确实勉强分散了规划权，可这些分散出来的权利却只留给了议会自己。 然而，各位议员虽然靠着傀儡式的规划理事会在地区一级上攫取了控制增长的权力，却仍有很大的压力要应对私房屋主冲着商业开发项目爆发的怒火。

到 1987 年夏季时形成了一种妥协架构，西区和山谷地带的议员们借此互相支持着去操纵本市的"临时控制"法规，来安抚选民在用地问题上的不满。 由五十则"临时控制条例"组成了一份疯狂的纲要，要求某些类型的建设项目暂时延期——在小型购物中心、山麓的开发项目、高密度公寓楼、活动房屋宿营地之类的议题上暂时缓解了私房屋主协会的抱怨。 同时，实施这些条例也让（洛杉矶的）私房屋主不再跑去投票，并瓦解了全市范围内的抗议活动，让它蜕变成了各处的小范围请愿。[103]堂·加西亚现在跟市民顾问委员会的头头唐·沙皮罗站在一边，这种情况恰好切合了他的主张：

> 延缓增长运动以后应该避免提出"全市适用的"方案来解决各地的问题，而应该集中精力规划并控制社区和街坊……大砍大斫的方法终止了所有的开发项目，不然就阻挠了单个社区的规划，这种做法只会加剧两极分化。[104]

市议会新推出的封地制度似乎马上就要瓦解洛杉矶的延缓增长运动，把它变成不足挂齿的狭隘地方主义了，但是就在此刻，五千万加仑未经处理的污水出人意料地排进了著名的扇形地带。

亥伯龙因素

> 亥伯龙啊——对那些满怀激情热爱平凡人性的人，对查德威克①和边沁②来说，这地方会让他们多么快乐啊！……怎样保持一个大城市的清洁，不污染河流、不玷污海滩，不破坏土地的肥力，这个问题已经胜利得到了解决。
>
> 阿尔都斯·赫胥黎[105]

赫胥黎回忆到，离第二次世界大战的爆发还差几个月的时候，他和托马斯·曼正沿着圣莫尼卡海湾的南岸漫步，"不可思议地无人搅扰"，全神贯注地谈论着莎士比亚；随即他们突然发现，"无论朝哪个方向看去，视线所及的地方，沙滩上都盖满了白色的小东西，好像是些毛毛虫"。那"毛毛虫"实际上是"马尔萨斯人口理论的废料"——赫胥黎估计那儿有"上千万只用过扔掉的安全套"——通过洛杉矶的下水主管道排放到亥伯龙海滩，又被海水冲回了岸边。赫胥黎没有写下他的著名旅伴对这幕奇异景象的反应，而是把这幕场景与十五年之后的同一片海滩做了个比较："现在沙滩干净了……孩子们在挖沙子玩儿，仔细涂抹过防晒油的日光浴者身上慢慢泛出了棕色……如此等等。"带来这 "幸

198

---

① Sir Edwin Chadwick(1800—1890)，英国医生、社会改革家，终身从事英国的卫生改革工作。他认为应该由地方政府管理公共卫生，鼓励人们自我保健。著有《关于英国劳动人民卫生状况的调查报告》。

② Jeremy Bentham(1748—1832)，英国功利主义哲学家、经济学家、法学家，对19世纪的思想改革有重要影响。他力图把哲学、经济学和法学的一些基本概念转述为伦理学的基本概念，既相信人的自私性，又主张促进大多数人的最大幸福，就此著有《道德与立法原则》一书。

福成就"的是"现代技术的一项奇迹，亥伯龙活性泥炭处理厂"。[106]

　　赫胥黎在这篇随笔里认为，亥伯龙理所当然真是"胜利地解决了"一个由来已久的城市问题，如果不这么理解，这篇文章似乎就是在讽刺卫生保健和阶级差别。 诚然，其他很多作家也曾回想过这类排污工厂的"大峡谷"①带来的"欣悦感受"，三百万人口产生的废水靠它变成了所谓"南加州规模最大的清澈水溪"。[107]因此更合适的说法是，据说洛杉矶有无限的能力控制自然以便进行开发，到了20世纪80年代末本市爆发环境危机时，这种控制力的卓越象征就会变成可怕的反面角色。

　　1987年5月底，"非凡的"亥伯龙工厂发生故障，上百万加仑难以言表的垃圾被冲进圣莫尼卡海湾，既污染了海滩，也点燃了当地居民的怒火。 这还只是上演了由一系列生态灾难组成的悲喜剧里的第一幕；这些生态灾难在1987—1988年间压垮了布莱德利的政府，刺激着延缓增长运动靠常识预感到了末日之灾即将来临。 由于紧随着粪便之后浮现的还有洪水、干旱、有毒废料、地震、烟雾、固体废料等诸多问题，吓破了胆的人们开始投钱给市政厅，因为私房屋主和开发商要想为增长问题对阵一场，实际上先得受制于一套濒临崩溃的基础设施。

　　最开始时，洛杉矶似乎只要向亥伯龙大堤上探进一根金手指就能自我拯救了：花上23亿美元来做翻修。 但是焦虑不安的工程师团队向市长报告说，整个系统濒临崩溃的边缘，而且这话立刻就被捅给了新闻界。 《洛杉矶时报》尖刻地评述道，"规划手续非常马虎，没人最粗略地设想过人口增长与排污系统承载能力之间的关系"。[108]尽管原有的下水主管道尺寸足够大，可以容纳由城市扩展所导致的每年新增一千万加仑的排放流量，但是所有处理工厂的能力都已用尽了。 市长企图指望市民们自愿节水来缓解危机，然而人们对他的用心置若罔闻，特别是在富裕的、"延缓增长"的西区和山谷地带的街坊里，遍地都有游泳池

---

　　① Grand Coulée，位于华盛顿中北部大约48公里长的一条峡谷。 此处指巨大的污水处理管道。

和绵延数英亩的大草坪，就更没人去理会他了。

应急计划是要在洛杉矶河流域的赛普维达盆地里扩建救命的蒂尔曼 199
污水处理厂，这个计划随即撞上了洛杉矶防洪控制系统的监理方，即
"军方工程公司"。 他们警告市政当局，扩建蒂尔曼污水处理厂将会
严重降低赛普维达盆地的蓄洪能力——在这家公司最近巨细靡遗地"重
新研究"本市的抗洪能力时，蓄洪能力是一个重大问题。 蜿蜒流淌的
可爱的洛杉矶河是本市无与伦比的最大优点，可它在 20 世纪 40 年代被
牺牲掉，变成了一条丑陋不堪的混凝土"泄洪道"，以确保定期来袭的
洪水不会危及近处的不动产。 现在"军方工程公司"的研究表明，
"新建开发项目无法预见的水平"不仅产生了无可容忍的排污量，而且
由于多增加了几万英亩的道路表面和屋顶面积，就增加了 40% 的泄洪
量，有可能再次引来末日般的洪灾。 再者，由于各种条件的交互作
用，蒂尔曼污水处理厂新增的排污能力会鼓励山谷地带继续加快增长，
继而又会扩大排污量，从而使蒂尔曼厂更容易发生溢流事故。[109]

继本市的排污、防洪系统已经失效的消息曝光以后，接踵而来的令
人忧心的报告又指出，严重的地下水污染有可能危及 40% 的供水源。
工业溶剂和其他有毒化学物质的渗漏现象已经迫使 150 处水井关闭，官
方公开承认，需要花掉三十年的时间、至少二十亿美元，才能把遭到污
染的蓄水地层冲刷干净。 批评家声称这个评估数字太低，预言说清洁
成本将会高达吓人的四百亿美元。[110]但是不管怎么说吧，水正在变得
越来越紧缺，一场漫长的旱灾让水源之战升级了，相互角力的南加州跟
北加州和亚利桑那州打了起来。 为避免引发当地的生态危机，洛杉矶
已经不再从内华达山脉东麓的莫诺盆地①用管道取水，于是洛杉矶的水

---

① Mono，莫诺湖位于内华达山脉东麓，是一个历史超过 70 万年的盐湖，覆盖着
606 平方英里的疆域。 其东、北、南三个方向都是由火山遗迹造成的低矮山丘，湖边盆地
的湿地环境里生物物种丰富。 这里曾是印第安部落聚居地和淘金者的驻地，现在主要充
当休闲胜地。 1941 年，洛杉矶市政府开始从湖的上游河流中引水供应市区，因此导致
1980 年湖水水位严重降低，威胁到了盆地中生物的生存。 经过多方协商，1990 年开始减
少引水量，湖水水位有所回升。

资源管理部门就坚决主张采用惹人讨厌的最后一招：从中央谷地的农业企业那儿购买采用水配额（它们现在变成了"水源牧场"）。[111]

同时，洛杉矶也快到了执行联邦政府 1970 年通过的"空气清洁法案"的最后期限了。市政府恳请华盛顿方面批准再延期四分之一个世纪，这就承认了它历时三十年的治理空气污染的斗争是打败了，本市至今仍然是发达工业世界里污染最严重的地方。强制推行烟雾控制方法虽然获得了一些来之不易的成果，全加起来却还不够抵消人口增长、汽车保有密度提高所带来的后果。再说，还有住宅涨价的危机迫使几十万名工人从遥远的谷地深处往返通勤，无情地累积着行驶里程，导致了郊区边缘地带的道路阻塞。1988 年 2 月，南加州政府联合会进行的一次研究让人悚然，报告警示说，如果以目前的速度继续增加人口和工作-住房，就将需要投资 1 100 亿美元来新建高速公路，而且也只不过能维持目前的拥堵程度不再加剧罢了。如果不做这项投资，日趋严重的道路阻塞预计会在 20 世纪 90 年代末以前把高速公路上的平均车速降到比马车还慢（时速大约为 15 英里）。还有几千辆运送垃圾的卡车也在降低道路通行速度，本市的固体垃圾必须靠这些垃圾车运到沙漠里或者运到更远的地方，因为在郊区五县的范围里，现有的垃圾填埋能力将在 20 世纪 90 年代初就达到极限。[112]

每一场危机都意味着有更多危机即将来临，市政厅因此就很难假装以为这些危机只不过是互不相干的偶发事件，并不像主张延缓增长的势力早就做过的预言，是由过度开发导致的多米诺式的全盘崩溃。尤其是布莱德利市长被迫蒙受了不断无情加码的压力，必须宣布暂时中止新项目的开发。早在亥伯龙溢流事件发生之前，来自圣莫尼卡选区的市议员汤姆·海登就已经在圣莫尼卡海湾联合起了延缓增长运动和环境维护这两支力量，他们的共同诉求是要严格限制新的建设项目，先行提高污水排放能力。既然 5 月的溢流事件已经证明海登言之有理，他的盟友便又添上了西区的国会议员梅尔·莱文，还有提交 U 提案的布劳德和雅罗斯拉夫斯基，他们一起扬言，要召来环境保护局，拯救海湾。[113]

布莱德利市长迄今仍然无法想象由联邦政府来实施环境监管，这个幽灵像一支猎枪顶在他的头上，逼着他勉为其难地去跟主张控制增长的势力握手言欢(1988年夏天，由于本市没能达到空气清洁标准，联邦政府插手的威胁曾经再度现身)。他在1987年7月开始做出政治上的示好姿态，撤回了市政府反对"西林区之友"决议的意见。延缓增长运动这次重要的法律胜利揭露出本市曾犯过一个错误，没有要求威尔夏大道上新建的一座26层的高层建筑提交环境影响分析报告。市长把他那些鼓吹增长的支持者们吓了一跳，下令所有重要开发项目都要接受环境评估——这正是布劳德和雅罗斯拉夫斯基以前提交的U提案中"追踪"条例的要点所在。[114]

随后，在1987年12月初，官方正式承认排污系统已经濒临崩溃，然后布莱德利大胆推出了自己的十点计划，其中包括根据排污能力每月一度核查新开建设项目的要求(雅罗斯拉夫斯基略略笑道，"我很高兴市长开始按我的路子来想事儿了")。由于本市拥有排污管道占用的土地这一权威地位，核查方案不仅适用于洛杉矶市，同时也适用于签署过排污合同的其他三十座自治城镇。由此导致的一个严峻后果是，既然这些城镇目前向排污系统排放的废水量已经超出了它们的排放配额——包括圣莫尼卡、伯班克和圣费尔南多都是如此——它们就因此面临着全面的增长冰点。开发商和营建商们沮丧地观望着，而一些对布莱德利批评最凶的人，包括汤姆·海登，都站在了他的身边，看起来这仿佛是在预演着一次重大的政治重组。[115]

然而，市政厅不会在一天之内就变出绿色环保的立场(就算有迈克·盖奇的影响也不行，他是一位从生态角度思考问题的副市长)。在1988年的竞选期间，布莱德利背离了自己以往反对帕利萨德石油钻探的立场，这一做法严重败坏了他那份"脱胎换骨地"维护环境的声誉，而且再次惹恼了西区的私房屋主。同时，他的排污核查计划也在市议会里推迟了半年，而他手下那些妒忌的议会成员们全都非常清楚，即使

201

是临时控制也有可能造成无法变更的事实，于是就跟市长拧着劲儿争执着，实际掌权的该是他们这群议员，还是市长委派的市政工程理事会，该由谁来为新开发项目发放配额，该由谁来为单个项目破例开禁。 最后市长只好让步，把权利交给了市议会，而议会先是把那些对他们的感情和钱包而言很宝贵的巨型要害项目划为例外，然后在 1988 年 5 月终于批准了一次为期九个月的试验，实施了"自从第二次世界大战以来最严格的增长限制"。 两年以后，这一"权宜"条例变成了一个修订版本，仍然在起作用，只不过现在说它是"一整套增长管理综合战略中的第一阶段"。[116]

一则"排污条例"可能看起来非常平淡无奇，可它却成了本市战后历史上一个重要的里程碑，或许还有划时代的意义：在这一刻，大繁荣的浪潮终于被逼无奈地把亥伯龙因素考虑在内了。 研究用地问题的专家威廉·富尔顿说，这则条例是由延缓增长活动家发起的一次"让人目瞪口呆的政变"，他们的理想赢得了"主流的、地区范围内的政治合法性"。 由于洛杉矶市的市长变成了"停止开发圣莫尼卡和伯班克的杠杆"，这则条例就在"地区性地控制增长"方面树立了一个先例，因此它倒比 U 提案更加意义深远。[117]

像"还没变成纽约"组织的劳拉·雷克这类延缓增长活动家多半是疑心重重的，习惯了"每天都要冒犯（本市的）精妙规划及法令"，却不敢太相信自己当真赢得了这么一次历史性的胜利，也不认为本市新发作的维护环境的热情有多重大的意义。 不过，布莱德利的市政府亲身经历过一而再、再而三地从政治腐败的危机里自救的历程，日渐变得愿意维护环境了，目前就继续在口头上答应着，会更严格地管理增长，并坚持维护环境的立场。 于是在 1990 年 4 月，市长发布了一份官方的《环境保护初级指南》，令人吃惊地全盘套用了山顶俱乐部的口气，几乎全部增补了以前针对市政厅的主流的生态批评。 这份初级指南回顾了接二连三的危机事件，承认"本市已经达到了极限"，宣称"依靠高技术'迅速整修'的时机是有限的"，并且指出，本市应该扮演"硬汉警察"的角色来维护环境。 初级指南给出了许多听起来颇富战斗性的推荐意见，其中一条是敦促大家全力以赴地展开一场市政行动，支持由"南海岸空气质量管理区"组织（简称 AQMD）提出的"冲劲十足的"《地区空气质量管理计划》。[118]

很多开发商如今都在担心，有了洛杉矶的市府当局在背后撑腰，AQMD 会变成盖世无匹的最强悍的延缓增长的警察。 讽刺的是，十二名受到任命的男性白人政客都答应要执行这项规章制度——按理说他们中的大多数人都该赞成共和党尽量突破限制的主张——从罗斯福实施"蓝鹰计划"[①]那会儿算起，这可是和平时期里施加在地方经济行为身上的最全面的管制。 AQMD 召集的州长理事会里还的确吸纳了延缓增长运动的始作俑者布劳德，这群人面对着联邦政府的最后通牒不得不作出回应，在 1989 年 3 月通过了一项包罗万象的二十年计划，预计要在 2007 年恢复洛杉矶盆地里的空气清新。

洛杉矶有个南海湾工商业综合开发新项目，它的开发商是沃森土地公司，在这家巨型公司的带领下，开发商和产业家们大喊大叫地提出抗议，因为预计要施行的上述规定竟然涵盖了全部各种空气污染，从炼油工厂的气体排放直到腋下除臭剂，无一漏网。 尽管如此造势，其实他们真正热心的却是要推翻 AQMD 在 1990 年初作出的决定，即系统评估盆地里的所有大型开发项目。 AQMD 以史无前例的激烈程度抨击了洛杉矶有史以来最大的一项综合开发项目，即开发商内森·沙佩尔投资二十亿美元打造的巨型怪物，位于谷地北部山麓的波特牧场开发项目，与此同时，牧场项目的代言人——规划委员会的前任主任堂·加西亚和"停车站"行动的前任领袖保罗·克拉克——则在指责 AQMD "对本地

203

----

① 1933 年 6 月，针对美国的大萧条局面，富兰克林·罗斯福总统创办了以刺激企业复兴为目标的政府机构"国家复兴署"即 NRA，颁布行业法规、消除垄断、减少失业、建立最低工资和最高工资标准、确保工人的集体谈判权。 NRA 选定雷鸟形象，设计出了"蓝鹰"符号，象征着团结合作的精神。 任何承诺支持 NRA 的公司或消费者都可以得到蓝鹰徽章，1933 年下半年这个徽章即已遍布全美国各地的每个角落。 1935 年 NRA 宣告解散，"蓝鹰计划"逐渐完结。

区的决策开火宣战"。 开发商、产业家以及鼓吹增长的洛杉矶官员们旋即展开报复，向州参议院提交了一项法案，要求允许商界通过发起倡议以及公民表决程序来否决 AQMD 所做的规定。[119]

在政府的"绿色"派系和私营部门之间，在未经投票即获职位的环境保护管理者和争取地方建设经费的各地政客之间，新近正在打着一场阵地战，它正在重新生成增长政策的表现形式，也在重新生成不同利益方之间你争我夺的激战平台。[120]紧接在亥伯龙事件之后，在义愤填膺的郊区居民和傲慢漠然的开发商及其政治党羽之间的夹缝里，出现了第三阵营——抱有稳健的"增长管理"思想的地区专家治国论者。[121]接下来只需要再看看，住在郊区谷地里的那群私房屋主活动家将要如何应对这种新的事态。

"邻避主义"与一问三不知主义

[珍·]珀斯的"守护公园"组织原来只不过是公园里一小群拎着小粪铲遛狗的爱狗人,现在却发展成了一个吸纳了上千户人家的横跨全市的团体,他们有合格的会计师,也有足够大的号召力,竟能让前任副总统沃尔特·蒙代尔也来支持他们的理想⋯⋯在 11 月里,官方批准了一项初步计划,允许狗狗们可以在指定的时间和地点不带项圈自由跑动。乔尔·瓦克斯议员多年以来一直在自己的选区里跟该组织作对,可他如今也对这项计划投了赞成票。"守护公园"组织的琼·卢克斯说,"他别无选择",她说该组织的一百名成员冲击了议会的一次全体会议。他们在示威标牌上把瓦克斯画成了反基督分子,"三丑角"之一①,又是"狗界的纳粹"。[122]

---

① Three Stooges, 美国 20 世纪 20—30 年代著名的丑角喜剧三重唱组合, 曾于 1961 年拍摄电影《白雪公主与三个丑角》。

虽然洛杉矶的环境危机局势严峻，但是很难找到什么证据能说明，郊区的延缓增长运动明白自己应该承担起怎样的使命。"守护公园"组织在山谷地带史诗般地要争取一个"不用带小粪铲的狗的公园"，说真的，正是他们的故事揭示出，郊区居民当今世界观的本质特征恰好是分不清轻重缓急，把圣莫尼卡海湾排污不畅的历史意义和自己心爱的遛狗公园里珍贵的路虎车挤着乱停的场面混为一谈。20世纪80年代新出现了一个加州短语，最好不过地集中体现了这种掩饰不住的狭隘地方主义气质："邻避"（nimby）。这个短语的意思是"只要别在我家后院干就行"，尽管我们就会看到，有时候最好还是把它翻译成"只要别在我家草坪上干就行"。 204

至于说到圣费尔南多山谷私房屋主的具体情况，20世纪70年代末那些整齐划一的大话题（税收、校车和建筑密度问题）在20世纪80年代末都黯然失色了，现在出现的倒是邻避主义抗议造成的奇特骚动：抗议交通的拥堵、小型购物中心的开发、机场的扩建、学校的选址、鸡尾餐馆的拆除、清真寺的兴建、一个艺术家公园的出现、详规方案和公寓楼建设、道路的拓宽、山麓树木的砍伐、"钻石"车道[1]、为无家可归者提供的拖车住处、马厩的消失、墨西哥玉米饼制作厂的建设等等。[123]

就连富人和名流们也躲不开谷地私房屋主警觉的目光，别想偷偷混进某家戒毒中心，或是躲在灌木丛后面小便。有了湖景台地私房屋主协会守卫着贝艾尔的堂皇宅第，即如前任第一夫人也不得不推翻了一项计划，没能利用这个谷地街坊里某座空置的医院大楼办起南希·里根（戒毒治疗）中心。同样，贝弗利山有一家高档餐厅原本打算在文图拉大道上开设分店，结果也跟谢尔曼橡树区私房屋主协会闹了一场"住家对决小便池"的激烈斗争。私房屋主反对给这家餐厅发放卖酒执照，他们在一次分区规划听证会上细细解说了自己的忧虑："在街上

---

① 为缓解交通阻塞、改善空气质量而为公共汽车和旅游大巴专设的车道，在路面上涂着（或嵌着）巨大的钻石形标记。又称HOV车道。相当于公交专用车道。

撒尿……大家都以为富人不会当众小便或是做出其他什么粗鲁的举动。这真吓人，可这是真的。"针对这么荒谬的断语，这家 *haute cuisine*① 的代表回答说：

> 我们在贝弗利山这儿已经待了 25 年了。我们的来宾有州长、电影明星、总统、总督、王妃和亲王。就算只是暗示一下，说这些人当中会有任何一位坐进自己的奔驰车之前先要在别人家的草坪上小便，这话都是很骇人听闻的……我想，会说这种话的那些人住的街坊都跟垃圾堆似的。我们的卫生间大概比他们家的起居室还要雅致些呢。[124]

205　　再说，遇到要解决城市重大问题的当口，山谷地带的庭园人家就会像"光辉道路"②一样耐心十足而且富于建设性了。讽刺的是，1987—1988 年间覆盖整个山谷地区的一大话题是反对一项提案，它提议修建一条轻轨通勤线路，连接到市中心区。谷地的交通问题如同噩梦一般，集中暴露出了洛杉矶的城市增长面临着的基础设施危机。烟雾弥漫的文图拉快速路由于全国最严重的拥堵情况而 *rigor mortis*③，密密麻麻的交通阻塞让各条大道上的车辆全都堵得纹丝不动，根本来不及分流到居住街道上去。加州交通公司的工程师们曾经提出过警告，如果不能迅速整顿公共交通的话，"这个系统倒也不会崩溃，它可是要爆炸的"。[125]由于交通拥堵的末日景象迫在眉睫，大家也许就期望着，谷地的居民们会欢迎洛杉矶县交通委员会推出的计划，修建便宜的轨道交通。

---

① 法语：高级餐厅。
② Sendero Luminoso，1970 年成立于秘鲁的"光辉道路"组织，根据地设在交通不便的安第斯山区，从事游击战和暴力恐怖行动，认为革命就要以农民为主要力量，进行持久的军事进攻，无情地摧毁城市的议会制度和资产阶级的影响。文中此处提到"耐心"等等是讽刺性的反话。
③ 拉丁文：尸僵，此处意为"死僵僵的"。

　　然而，组织起来的谷地居民首先是"邻避"的私房屋主，其次才是不胜其烦的通勤者。县交通委员会就像此前别的一些外来机构一样，没能弄明白谷地街坊的地形特点，也没能弄明白在那种表面匀整的景象底下掩盖着的激烈的地方主义。计划修建轻轨的路线顺着钱德勒大道延伸，很不明智地穿过了一个正统犹太教社区的中心，该社区抗议说，这条线路将会干扰安息日的礼拜。其他私房屋主团体也支持犹太教哈西德教派的意见，认为修建这条线路是个阴谋，是为了给华纳中心和范·努伊斯企业谋求商业利益，这些商家"只想着开发，开发，开发……不惜牺牲美国梦"。最后，恩契诺私房屋主协会的领导人杰里·西尔弗（他的兄弟鲍伯住在钱德勒大道上）联合了另外一百家私房屋主团体，成立了"全山谷交通联合会"（简称 AVTC），来反对这条轻轨建在*任何一家人*的后院里。[126]

　　交通工程师们在一旁眼睁睁地看着大权在握的交通委员会败给了以百当一的邻避势力，简直难以置信。尽管有民意测验表明，有些未来可能用到这条轻轨线路的乘客非常赞许它的修建计划，可是却没出现过任何一家由通勤者创办的草根组织（西尔弗是这么解释的，"大家不会组织起来为争取什么东西做斗争，只会组织起来为反对什么东西做斗争"）。交通委员会没跟 AVTC 多做纠缠——该组织好比是"守护公园"组织或者"西山"组织的超级大翻版——它很缺乏英雄气概地放弃了这个战场。两年以后，跟私房屋主团体艰难协商过之后，议院宣布了一项"折衷方案"，要把地铁轨道造在钱德勒大道的地底下，比起原先的轻轨方案来，新方案多化的钱不计其数，不过倒是不会再打扰安息日了。[127]

206

　　在圣费尔南多山谷里，私房屋主的抗议活动现在正值一团忙乱，而在更靠东边的圣加百列山谷里，事态更是牵涉到了种族因素，延缓增长政策在那儿起到的作用就相当于日后抵制移民的一问三不知主义。虽然洛杉矶县里这另一处大型郊区谷地大致跟圣费尔南多山谷住了差不多的人（在 1985 年时大约有 1 250 000 名居民），但是，圣加百列山谷里的人口分裂成了不同阶级、不同种族、不同用地特性的复杂的马赛克拼图，分裂成了 28 处各自孤立的社团化自治政体以及无数的县属"孔隙"。 圣加百列山谷一度是全球最大的柑橘种植带，它和圣费尔南多山谷一样，也曾在上一代人那段时期里经受了严峻的增长压力，在帕萨迪纳占着的山谷西段已经建满的一半地方，仅在 1987—1988 年间，土地价格就上涨了 30%，现有的私房屋主协会为捍卫自己的独院居住街坊狂热地坚持斗争，严禁公寓楼的建造商染指玷污它。[128] 与此同时，在迅速走向城市化的东半段山谷里（特别是沿着正在开发中的帕莫纳快速路①边上），20 世纪 80 年代新搬来的居民人数几乎达到 25 万之众，住在郊区的通勤者组织起来，要求延缓开发，保护身边残存的乡村优点。

然而，在整个圣加百列山谷里，延缓增长之类的老套话题已经被无可救药地混进了种族色彩日见其浓的对抗反应。 这山谷里一度是盎格鲁族裔独霸的天地（另外还有墨西哥柑橘种植工人的零星 *colonias*②），现在却变成了一处重要的终点站，那些升迁之后离开洛杉矶东部的奇卡诺人、那些来自台湾和香港的华人企业家、那些穷苦的墨西哥人和越南人，全都被吸引到这儿来了。 一方面，山谷居民的主要意见是，以蓝领工匠和专业人员为主的 25 万奇卡诺人威胁到了盎格鲁裔权势集团壁垒森严的政治统治地位，另一方面，15 万华人中既包括商人和开发商，也有专业人员和普通工人，据说他们引起了过度开发、降低了整个社区的物理环境质量，因此才引起了居民们的埋怨。

蒙特里公园是圣加百列山谷里的一个小城，住着 65 000 名居民，大约位于洛杉矶市中心区以东八英里处，在将近十年的时间里，它一直是白人业主抵制"以亚洲人的面目实行增长"的主战场。 1960 年时，这

207

---

① Pomona Freeway，加州 60 号公路的一段，横穿洛杉矶县、圣伯纳迪诺县和河滨县。 由于它穿过了洛杉矶东部位于圣加百列南部和帕莫纳山谷的多处郊区，就形成了一条重要的交通走廊。 沿着这条路建有许多著名居住区，包括蒙特里公园、钻石栅栏、河滨区、东洛杉矶等等。

② 西班牙语：垦殖地。

个山麓独院居住郊区有60%的居民都是盎格鲁裔，整个20世纪70年代期间，它都在盎格鲁裔、奇卡诺人和日裔美国居民之间维持着一种岌岌可危的三方均势，直到一名和海外银行有来往的精明的地产老板弗雷德·谢想出了个主意，用一份华裔版本的加州梦来推销蒙特里公园。听见一套花言巧语的广告词把这儿说成是"华裔的贝弗利山"，有几千名说国语的台湾人、说粤语的香港人和印度尼西亚人都被诱惑到此地来，到1985年，蒙特里公园就变成了北美第一处华裔人口占大多数的郊区。五亿美元的海外游资把大西洋大道变成了一条尺度超巨、建满华裔企业办公大楼的地带，还用堆积如山的小型购物中心和共管式公寓的建设申请报告淹没了洛杉矶市规划部。[129]

这次大规模的族裔重组诱发了本土论者的对抗反应，具体来说就是成立了RAMP组织（即"蒙特里公园居民协会"），它公开要求延缓增长，特别是要限制新建集合式住宅和商业楼。由于RAMP抵制的多数开发商都是华裔人士，它就整个装扮成了抵制"华裔进一步接管"的主要力量。虽然近来在蒙特里公园是白人占少数、华裔占了多数，可是登记在册的选民还是白人更多，在1986年的选举中，RAMP利用这个事实，一把推开了主张各族裔和谐共处的温和派（两名拉美裔和一名美籍华人），换上了自己的中坚代表。社会学家约翰·霍顿（John Horton）解释说，围绕用地控制问题的斗争很快转变了目标，变成了要"确切定义一个美国社区的组成因素"：

> 1985年，市议会通过了一项条例，规定华裔企业的公司署名栏上必须写有翻译成英文的名称，由此，主张延缓增长的本土论一方首次登台亮相。一年后，在凌晨1：30那个时辰，等到在旁警惕监督的公众回了家，议会里主张延缓增长的多数派就推动着通过了一项决议，支持英语入选为蒙特里公园的"官方语言"。一名更"爱国"的议员甚至提议，当地的警察在执行"其美国职责"时，应该与移民归化署（INS）携手合作。[130]

在巴里·亥奇担任市长期间，蒙特里公园主张延缓增长的一问三不知主义触了底，这位市长以前曾是摩门教的传教士，他敲着桌子指控说：“十亿中国人……正在寻找一块容易着陆的软地面。别处都找不到，只剩下此地了。他们要的是整个山谷地带。”[131]这番指控让他在全国上下臭名昭著。尽管华裔、日裔和奇卡诺人选民在 1990 年 4 月发起了一场“彩虹”运动，终于从议会里驱逐了宣扬“黄色恐怖”①的亥奇，但是，像 RAMP 这类的团体已经遍布在各处的街坊社区里。例如，通过 RAMP 的一名宣传人员的成功游说，在圣加百列、阿卡迪亚还有其他六个面临亚洲移民潮的小城里，保守的共和党私人房屋主领袖组建起了一个圣加百列山谷的“延缓增长联盟”，它的弦外之音依然是排外主义。[132]

1990 年度的人口普查无疑将确切表明，阿尔罕布拉马上就要变成谷地里第二处由华裔占多数的郊区了，这是一个比较老、比较中庸的郊区，它与蒙特里公园就隔着圣伯纳迪诺大道相望。然而，与蒙特里公园不同，这里新搬来的很多居民都是从越南来的比较贫穷的华裔，打工的地方不是阿尔罕布拉的服装店，就是本地大概多达二百家的中餐馆。ROC 组织（即“抵制共管式公寓居民组织”）是 RAMP 在阿尔罕布拉的下属机构，它组织人们抵抗低收入华裔的移民潮，到处发起一项倡议，要彻底禁止在本市兴建集合式住宅。同时，阿尔罕布拉的高贵邻居圣马利诺（约翰·伯奇协会以前就把自己的全美总部设在这里）则采用了一项“卧室条例”②，这样一来，人口众多的富裕华人家庭就很难通过购买房屋的手段融入本地世家富户的生活方式。[133]

年轻的山谷小城钻石栅栏创办于 1989 年，它和圣克拉利塔一样，

---

① Yellow Peril，美国 19 世纪随着华人与日裔劳工的大量移民而产生的词汇，这种担忧还导致美国在 1882 年通过了排华法案。20 世纪 80 年代以后，由于日本和美国激烈竞争产业霸权，这个词汇再度出现。在美亚关系研究领域这是一个重要话题，在低俗小说里也是常见主题。另外，在 20 世纪 70 年代，曾有一个为亚裔美国人争取平等地位的组织也以此为名。
② 这条规定的具体内容应该是限定了同一套住宅中不能有太多间卧室。

也是一个在私房屋主协会的启发下组织起来的延缓增长社团，也一直在激烈辩争着限制公寓楼建设的问题，大概此外还有一个意图，只要不是盎格鲁人种，无论哪个族裔的工人阶级都别想住进来。 说真的，如今在郊区居民的头脑里，把公寓楼和犯罪现象画等号已经是一种下意识的自动反应了，于是，最近来自钻石栅栏的一位议员候选人（受到小卡尔连锁餐厅老板的资助）为抵制集合式住宅大声疾呼道："我不想看见涂鸦、帮派分子和妓女——我想让住在钻石栅栏的每个人都安全。"[134]

不过，如果说圣加百列山谷是南加州唯一一处壁垒森严的白人*防御阵地*，这话就不公平了。 圣迭戈北部和橘县南部是南加州的"未来城市"，建有精心规划的富足社区和科学公园，居民中有95%都是白人，那儿歇斯底里的私房屋主协会在当地商人的支持下，开始对移民劳工宣战了，全不顾统治族裔正好全靠这些劳工才能享受到目前的生活方式。 在橘县、梅萨海岸①、圣克莱门特、恩钦尼塔斯②以及"黄金海岸"边的其他各城，私房屋主们谴责着在公共场合小便之类的恶习，大喊大叫地要警方去打压街角的劳工市场，以及墨西哥和中美洲来的非法劳工在灌木丛中的露宿地。 由于在圣安娜的拉美裔住区与圣迭戈东区之间相距90英里的地段上其实根本找不到低收入住宅，几千名打零工的人及其家人——很像当年俄克拉荷马州的农工移民，只不过现在是20世纪80年代，他们说的是西班牙语——就只好偷偷住进了山脚下的防空洞和临时凑合的灌木丛营地里，身家百万的私房屋主通常会在眼皮底下看见这些破烂住所，如今就一心盼着"移民的杂乱营地"赶紧搬走。

这些事例说明，根本说来，延缓增长的一问三不知主义似乎会逐步导致采取马尔萨斯人口理论的最终解决方案。 于是，西区的延缓增长联盟也就是"还没变成纽约"组织在1987年召开了一次会议，有个团

209

———————

① Costa Mesa，位于橘县的小城，在圣安娜南部的太平洋海岸上，1953年完成社团化。 是交通、居住与轻工业中心。
② Encinitas，位于圣迭戈县北部的沿海小城，1986年完成社团化，以种植鲜花为主业。

体在会上提出，在全州范围内提出一项"回旋空间"动议，要求封锁与墨西哥接壤的边境线，严格限制任何族裔的移民，并强迫施行节育措施。 赞同该动议的人一想到《奥奇与哈里特历险记》①里的那种生活方式会变成政治版本，就被这一夺目的幻景魔住了，似乎并未注意到事态的反讽：延缓增长运动最终的不合理要求会导致建立起一个加利福尼亚帝国。

人民之友

> 普遍现实是，土地价格最高的地方，文明也展现了最奢靡的豪华，旁边紧挨着就是最可怜的穷人。要想见识最不幸、最绝望无助的人们，你不该去那些没装篱笆的草原牧场……你得去大城市，在城里一小块土地的权属就算是财富了。
>
> 亨利·乔治②，1869 年[135]

在《雾月十八》的一段著名篇章里，马克思说法国的小农阶层是"一袋土豆"，天生就没本事大规模联合起来展开利益协作或者社会行动，除非有哪位感召力十足的领袖来发动他们。 照我们前文的叙述来看，南加州的私房屋主也很难逃得过被人这么断言一番。 主张延缓增

---

① *Ozzie-and-Harriet*，广播系列剧及电视系列剧，多年里一直是美国演出历史最长的电视情景喜剧，剧中主角是大型摇摆乐团的领队奥奇·纳尔逊和他的妻子，歌手哈里特。 广播节目于 1944 年开始在哥伦比亚广播公司播出，1949 年换到全国广播公司，最后在美国广播公司一直演到 1954 年结束。 在这十年的广播节目结束以后，又在 1952—1966 年间由美国广播公司播出了电视剧版本。 该剧早期的主题是家庭生活和父母角色遇到的困窘，随着情节中这家的孩子长大成人，故事的重心转向了夫妻生活和抱负渴望等方面的内容。
② Henry George(1839—1897)，美国经济学家，单一税运动的创始人，他认为与国家的富裕相伴而来的是贫困人口的增加，甚至后一种现象更为严重，其原因在于土地涨价只造福了少数人。 他认为收缴土地的单一税就足以满足政府部门的费用需求，甚至可以有所盈余。 他的理论影响到了美国、澳大利亚、加拿大部分地区以及其他一些西方国家的税法，著有《进步与贫穷》。

长的人们极力想变成"阳光地带的布尔什维克",可他们基本上还照样是些乡下土豆,其"天生的"抗议尺度就是分崩离析的"邻避主义";或者,用"居民的工联主义"来形容他们是不是会更贴切? 大众的力量凝聚在一起形成13号提案的时刻以及1978年霍华德·贾维斯的独断专行似乎算是特例了。 山麓联盟有稳定的领导阶层,有完备的程序,只有它打破了以往的模式,不再让单枪匹马的私房屋主协会听凭乖戾任性的个人左右,短暂地与人结盟,随即又难免分裂,重新开始围着自家的后院团团转。 从历史角度看,这却像是个雷打不动的规律。

然而,开发商和地产业界的其他人每天都过得忧心忡忡,生怕有朝一日会重现匪夷所思的局面,让危机事件和领袖魅力碰撞在一起,导致众人投票支持贾维斯修正案的某项摹本以图延缓增长。 为了事先预防那种"雾月十八"政变,他们凭着自己几十年来专擅操纵公共舆论反对环境维护论的本事,谋划出了一个惊人伪善的聪明计谋。 仿照着巨型开放商伊莱·布罗德在20世纪70年代初开出的药方,他们摇身变成了"人民之友",公开抨击"自私的、精英主义的私房屋主群体",说是他们阻碍着增长的红利"涓滴而来",也是他们让社会底层人士没法如愿以偿地住进低收入住宅。

1988年,橘县掀起了一场运动,抵制延缓增长一方推行的A措施,在加州就特定利益进行投票的历史上,这是一个 *déjà vu*[1] 标志性事件。 在新右翼政治顾问林恩·韦塞尔的指点下(对手称呼他"黄鼠狼"[2]),由欧文公司和老教区[3]开发公司赞助,发动了一轮耗资高达250万美元的广告冲击波,还把它假装成由工会和少数族裔作出的群众反响。 鼓吹增长的邮件被密集派送到橘县北部蓝领人士的居住郊区,这些邮件不实地宣称,为了"某些住在县南的精英",北县每户人家都可能要缴纳1 800美元的费用。 几个月以后,河滨县的开发商们在对抗

---

① 法语:似曾相识的。
② 韦塞尔的姓氏发音在英文里与"黄鼠狼"一词谐音。
③ 见第31页脚注①。

"支持由居民控制增长措施"即 B 措施时，再次运用了"黄鼠狼"的策略，推出了"居民支持负责的规划"组织，据说这是"一个基础广泛的联盟，团结了劳工组织、西班牙裔商会（以及）廉价住宅的鼓吹者等等多方代表"。尽管确有一些属于建筑业的工会组织以及少数族裔认可了这个开发商的前锋阵线，可它的经费（至少是其中的 83%）却来自于大庄园主，特别是占地 97 000 英亩的加州牧场公司。如果说，为延缓增长专设的措施原先在各县的民意测验中都大受欢迎，这时却被那些瞄准蓝领选民的恐吓伎俩打败了，其实这种情况也只不过是一种老套计谋死灰复燃而已。早在"黄鼠狼"上场之前很久，（南太平洋铁路公司的）老牌章鱼早就例行公事地给投票表决冠上过"大众对阵精英"的旗号。[136]

再说，就像 1900 年代初那会儿的情形一样，在民粹主义的面目下隐藏着一个操纵大局的超级精英权势集团——具体到当代的情况，就是在全州范围内由开发商、营建商、地产经纪人和银行结成的一致反对控制增长的联盟。我们在上一章里已经看到，这只新生的、更大的"章鱼"在两个党派里、在各级政府的层面上，都油滑地摆布着两党制衡的杠杆。反对阶层混居的开发商、反对工会的建造商、反对多种族混居的经纪人、反对控制租金的土地持有人，他们组成了鼓吹增长的阵营，在加州建筑业基金会的率领下，大肆宣扬着工人阶级和"廉价住宅"面临的困境。尽管他们自诩推动了"负责的规划"，实际上这群人却发动了一场扫荡性的法律攻势，要重新申明私人开放商有权免受任何社团规定的限制——这是他们的第二波战略进攻。不祥的是，向右转的州法院以及联邦最高法院的多数派为这群人充当了强有力的意识形态同盟，他们已经下定决心，要恢复 19 世纪的"绝对财产"原则。[137]

而且，正如 20 世纪初那些糟糕的旧时光一样，劳工团体和民权团体是自下而上地与章鱼结盟的。少数族裔恰巧很不信任那些主张白人地位至高无上的私房屋主，于是就从烤盘上直接跳进了炉火里去支持开发商，正是这些开发商造出了洛杉矶县北部和橘县南部那些千篇一律的边远郊区。 建筑业的多数大老板继续把洛杉矶市区、河滨县、圣伯纳迪诺和橘县等地的劳工联盟锁定为大开发商的疲弱同盟，即便那些大开发商同时正在背后破坏工会也罢。 ［1988 年的一场运动算是个例外，曾让这种沉闷的传统格局耳目一新，洛杉矶县员工的巨型组织"国际服务业员工工会本地分会"（简称 SEIU）与环境维护论者以及谷地的私房屋主团结一致，针锋相对地反击了洛杉矶县北部地区反对工会、鼓吹增长的主管官员迈克·安东诺维奇。］

鼓吹增长的一方势力想让自己代言大众利益的角色合法，就定期举行民意测验，以图证明内城的居民和蓝领工人非常反对延缓增长运动。《洛杉矶时报》在一篇头版报道中解释过某一次民意测验，想要谴责增长是在本市制造种族隔离的新手段，它威胁到了布莱德利市长在西区和中南部地区之间结成的历史悠久的同盟。 实际上，事实远比这种说法更加复杂而含混。 尽管 U 提案被人妖魔化地说成了"繁荣的终结"，黑人和拉美裔的选民们还是衷心认同它，而在其他各次民意测验中，56％的拉美裔和 40％的黑人都表示支持延缓开发。 对橘县和乡间地区做的其他研究也没能证实，不同的阶级就增长问题有什么清晰明确的意见分歧。［138］

在非盎格鲁裔的社区里，租住人群与私房屋主之间有可能确实存在着严重的内部分歧，私房屋主更愿意延缓增长。 但是关键的一点还在于民意测验本身，由于回答它们的提问时只能选择非此即彼的答案（例如，是赞成开发还是反对开发），结果只不过是再度制造了增长之战在思想立场上存在分歧的错觉。 当工作机会和环境质量被人为对立起来的时候，毫不奇怪，穷人，特别是租住人群，都会优先选择工作机会。如果只能二者选其一的话，大多数人也都会选择切掉自己的脚趾而保住腿。 这种可疑的调查方法却是到处都在用，它只不过能找出人们相对更忧急的问题是什么，其实并非真实的民意。

"延缓增长"及其对手"鼓吹增长"也像任何思想体系一样，我们要想正确理解它，除了要思考它所提出的问题以外，还必须去思考它没有提出的问题。 毕竟，富裕的私房屋主在和巨型开发商作斗争时用的是《爱丽斯漫游仙境》式的语言，双方阵营都谋求保持住一双虚设的对立面，以"增长"去对阵"街坊邻里的品质"。 目前权利分配的特征对资本方以及上层中产阶级的居民都很有利，这就是，在20世纪80年代，已经没人再谈起洛杉矶内城区域里那些令人骇异的破败现象和悲惨状况（见下文第五章、第六章），引人注目的核心问题惟有增长对富裕街坊造成的影响。 拮据的私房屋主和租住人群这沉默的大多数在事关增长的权利斗争中都只不过是些小卒子，在市民辩论里并没提到过他们独立的社会利益，比如经济公平与环境保护、工作机会与清洁的空气和水，如此等等。

213　　换言之，如果说延缓增长运动在明面上已经变成了对郊区走向城市化的抗议，那它暗地里则是再次申明了社会特权——这倒很符合洛杉矶私房屋主政治的悠久传统。 讽刺的是，从人口统计数字上看，这一刻盎格鲁裔的中产阶级已经在本市降格成了少数族群，可他们组织起来的社会势力却升至最强，就算已经分化成了"邻避"之类的抗议活动也没大碍。 一般说来，鼓吹增长的政策似乎与阶级政策背道而驰。 不过，我们在下一章里就会看到，在洛杉矶的现有环境中却狂烈地爆发了一场一边倒的阶级斗争，荒谬地把私房屋主和开发商这两群人团结在了一起。

注 释：

　　[1] 见《每日新闻》1987年10月18日报道。
　　[2] Benjamin Zycher，'She Should Have Said "No"'，《洛杉矶时报》1987年9月4日（社论对开版）。
　　[3] 见《每日新闻》1987年11月29日报道。
　　[4] 详见《洛杉矶时报》1988年3月6日报道。
　　[5]《洛杉矶时报》1986年10月12日报道。
　　[6] 根据加州地产经纪协会的统计，从1986年至1988年间，整个加州曾为76种控制增长的措施进行过投票表决。 其中将近半数是由洛杉矶县、橘县和圣迭戈县等地想出来的，其中70%的措施获得了很好的效果（《洛杉矶时报》1988年7月31日报道，又见我汇编的南加州增长措施）。
　　[7] 见1988年11月10日《洛杉矶时报》刊登的夭折讣告：'Decisive Defeats Leave State's Slow-Growth Movement in Disarray'。

〔8〕David Dowall, *The Suburban Squeeze: Land Conversion and Regulation in the San Francisco Bay Area*, Berkeley 1984, pp.139—142.

〔9〕George Will, ' "Slow Growth" Is the Liberalism of the Privileged', 《洛杉矶时报》1987 年 8 月 30 日刊登。

〔10〕当然，这两种意识形态立场——环境维护论者的高尚义务以及本地草根族的排外主义——的结果都是，充分保护了同样的守旧利益。 正如乔治·威尔所说："无论是此地还是别处的'延缓增长'运动都代表着各个既得利益阶层日益强烈的渴望，他们渴望'保守政府'，渴望有法律条文来保护位于精选地点的区位产品的价值。 保守政府是特权阶层的自由主义，这个积极行动的政府保护着良好地段的产业，让它们免受变化和竞争导致的洪水侵袭。"同上。

〔11〕引文见《鹰报》(*Eagle*)1947 年 9 月 25 日报道。

〔12〕见 Stephen Barton and Carol Silverman, 'Common Interest Homeowners' Associations: Private Government and the Public Interest Revisited', 《公共事务报告》(*Public Affairs Report*)1988 年 5 月号，p.5。

〔13〕关于洛斯·费利克斯改进协会，见《洛杉矶时报》1989 年 1 月 26 日报道。 洛杉矶县最早的私房屋主协会可能是帕萨迪纳(大约在 1905 年)创办的干河峡谷改进协会。

〔14〕Marc Weiss, *The Rise of the Community Builders: The American Real Estate Industry and Urban Land Planning*, New York 1987, pp.3—4, 11—12.不过，罗伯特·福格尔森指出，房产合同中的限制性条款通常并非一成不变——这是为了靠公共详规方案去持久推动限制行为。 (见 *The Fragmented Metropolis*, Cambridge, Mass. 1967, p.248。)

〔15〕J. Max Bond, *The Negro in Los Angeles*, 南加州大学博士论文，1936, p.41；又见 Charlotta Bass, *Forty Years*, Los Angeles 1960, p.56。

〔16〕Bessie McClenahan, *The Changing Urban Neighborhood: From Neighbor to NightDweller*, USC, Los Angeles 1929, pp.83, 90—93.有趣的是，麦克伦纳翰专著中的主要话题是，"传统美国街坊以及小型社区"发生了退化，取而代之的只有单纯按照住房价格利益和社会排外态度而聚集的团体，比如反非裔协会的形成就体现了这一点。 (尤其可以参看 p.107)

〔17〕David Chalmers, *Hooded Americanism*, New York 1976, p.118.

〔18〕Bass，pp.95—113.洛杉矶黑人并没有俯首帖耳地听任自己被逐出家园。 早在 1924 年就有报道，黑人私房屋主拿起了枪来保卫自己的家庭。 (见 E. Frederick Anderson, *The Development of Leadership and Organization Building in the Black Community of L.A. from 1900 through World War II*, Saratoga, Calif. 1980, p.70。)

〔19〕Bond, p.41；John Denton, *Apartheid American Style*, Berkeley 1967, pp.60, 69；Weiss, p.151；Anderson, p.69.

〔20〕《鹰报》于 1947 年 10 月 16 日刊登的访谈，采访对象是反限制一方的律师米勒(Loren Miller)和麦克特楠(John McTernan)。

〔21〕见《鹰报》1947 年 9 月 25 日报道；Denton，同上；在整个 20 世纪 50 年代到 20 世纪 60 年代初的那段时期里，身为加州房地产协会的发言人，查尔斯·沙塔克继续在负责组织斗争，抵制居住融合。

〔22〕Lawrence de Graaf, *Negro Migration to Los Angeles*, *1930—1950*, 加州大学洛杉矶分校历史专业博士论文，1962, pp.199—200。

〔23〕科尔(Nat King Cole)是在 20 世纪 50 年代初最早住进老西区排外的汉考克公园那一带的黑人私房屋主。 富裕的白人邻居在他家门前的草坪上焚烧十字架，而且十几年的时间里一律不跟他搭话。 布莱德利市长现在就住在这个街坊里。

〔24〕见《鹰报》1947 年 8 月 22 日及 10 月 16 日报道。 20 世纪 20 年代初，中央大道南边的黑人聚居区在圣巴巴拉大道那儿碰上了"白人壁垒"；后来这条界限在 20 世纪 30 年代移到了维农大道，最后在 20 世纪 40 年代退到了斯劳森大道。

〔25〕Bass，同上，《鹰报》1946 年 5 月 7 日及 1947 年 1 月 20 日、9 月 8 日报道。

〔26〕未来的洛杉矶市长那时的身份还是汤姆·布莱德利警官，当初在 1950 年时就曾有人不许他在雷莫公园购买一处住房。

〔27〕1951 年做过一项研究，想要解决黑人家庭和奇卡诺人家庭的重新安置问题，后来又计划把这项研究换成改造势力鼓吹的公共住房计划，因为"待售的新住宅(仍然)只限于供'白人'家庭购买"。 (见 Robert Alexander and Drayton Bryant, *Rebuilding a City: A Study*

214

of Redevelopment Problems in Los Angeles，Los Angeles 1951，p.58)以圣迭戈县北部的圣达菲牧场①为例(霍华德·休斯②以及各色电影明星都隐居在这儿)，许多奢华的飞地直到 20世纪 70 年代末都保持了种族限制(见《洛杉矶时报》1980 年 6 月 15 日报道)。

[28] Gary Miller，*Cities By Contract：The Politics of Municipal Incorporation*，Cambridge, Mass. 1981，p.9.

[29] 由于本市的纳税人同时为本市和县里的费用付了账，因此他们也充分补贴了未组成社团的区域里的居民和生意。

[30] 1914 年加州率先立法，批准了各县为自治社团提供服务。 关于南加州支离破碎的大都市政治体系的演变，曾有人做过权威的概览，见 Winston Crouch and Beatrice Dinerman，*Southern California Metropolis*，Berkeley 1964。

[31] Miller，p.9.

[32] 同上，p.176。

[33] 同上，p.85。

[34] 同上，pp.87—95，150—151。

[35] 在 1980 年算是比较大的小城当中，以下各地实际上根本没有黑人人口：阿卡迪亚③、伯班克、艾尔蒙特、格伦代尔④(只有 0.06%！)、诺瓦克⑤、托兰斯。

[36] 同上，p.192；Frank Mittelbach，'The Changing Housing Inventory：1950—1959'，in Leo Grebler, ed.，*Metropolitan Contrasts*，UCLA 1963，pp.5—6，19。

[37] 同上，p.159。 人们经常简单地以为，财政详细规划是为了生存下去而做的针对 13 号提案的调适。 实际上它经常是个市政管理意义上的微型帝国，既得利益者的社群靠着它，再一次侵略性地掠夺了本属于一无所有者的资源。

[38] 同上，p.151。

[39] Richard Lillard，*Eden in Jeopardy*(*Man's prodigal meddling with his environment：The Southern California experience*)，New York 1966，p.314。

[40] Robert Fishman，*Bourgeois Utopias*，New York 1987.

[41] Reyner Banham，*Los Angeles：The Architecture of Four Ecologies*，London 1971，pp.100—102。

[42] 见 The Federation of Hillside and Canyon Associations, Inc.，'History of the Hillside Federation：1952—1986'，未标明日期。

[43] Lillard，pp.314—315。

[44] 参看《洛杉矶时报》1972 年 6 月 8 日、1978 年 2 月 5 日报道。

[45] 见《洛杉矶时报》1988 年 3 月 6 日刊登的布劳德生平介绍。

[46] 引述于 Bernard Frieden，*The Environmental Protection Hustle*，Cambridge, Mass. 1979，p.2。

[47] 见 Wesley Jackson，'How Pleasant Was Our Valley?'，《前沿》杂志(Frontier)1956 年 4 月号。

[48] 参看《洛杉矶时报》1972 年 2 月 27 日报道(关于橘县的居住趋势)；1970 年人口普查中《关于大城市及其郊区》的洛杉矶及橘县部分；Max Nutze，*The Suburban Apartment Boom：Case Study of a Landuse Problem*，Baltimore 1968。 1962 年，整个南加州盖

215

---

① Rancho Santa Fe，位于圣迭戈县，未组成居民社团，社区的居民是美国收入最高的人群。 这里设立了限制性条约以求隔绝于世，住宅风格一律采用西班牙式，每户产业的占地面积非常大，因此所有的住宅从街面上都看不见。 社区内街道的宽度限制在双车道以下，一律不设交通标志。

② Howard Robard Hughes(1905—1976)，美国亿万富翁，名下有休斯飞机制造公司和拉斯维加斯的几家赌场，他一度控股环球航空公司，还曾拥有雷电华电影制片厂，晚年隐居。

③ Arcadia，洛杉矶县的一个小城，以重视维护绿色空间、保护环境而闻名。 有著名的圣安妮塔赛马场，二战时曾充当美国境内最大的日裔集中营。

④ Glendale，在洛杉矶县里规模排名第三的小城，位于圣费尔南多山谷东端，毗邻伯班克。

⑤ Norwalk，洛杉矶县的一个小城。

出的公寓楼数量第一次超过了独院住宅的数量。

［49］具体说到洛杉矶县的事例，开发商的影响力最突出地表现在，主管官员厚颜无耻地竭力突破《环境发展指导方针》——由五十名成员组成的市民规划理事会草拟了这份文件，划定了应该优先得到保护的露天空地。颠覆此方针就"解放"了上百万英亩的土地用于开发，晚了一代人的时间才废止了传统的独院住家方式，造成了无法估量的环境破坏，把蔓延问题又向内陆更深处推进了二十至五十英里。

［50］是雷纳·班纳姆让"破玩意儿"一词变得家喻户晓，他指出，这是一个"确凿的症状，说明洛杉矶的都市那部分'自我'企图应付正在出现的前所未有的居住密度，这个密度太高了，田园生活的幻想没法容纳得下"。Banham, p. 177.

［51］《洛杉矶时报》(橘县版)1972年4月13日、7月2日、9月14、10月20日、12月7日报道。

［52］《洛杉矶时报》1972年7月22日、10月19日、12月1日、19日及22日报道。关于托兰斯的情况亦可见此报1973年12月27日的报道。

［53］《洛杉矶时报》1972年11月23日及12月7日报道。

［54］《蜜蜂报》1972年4月19日报道。

［55］《洛杉矶时报》1972年9月23日报道。

［56］《洛杉矶时报》1972年10月19日及26日报道。

［57］《洛杉矶时报》1972年11月30日及1979年3月18日报道。

［58］《洛杉矶时报》1972年10月12日及29日报道。

［59］布莱德利成功的秘诀在于，他既能同时赢得帕利萨德和瓦茨这两头的支持，又能拉拢住历来支持约蒂的大多数谷地私房屋主。(参看《洛杉矶时报》1973年5月31日报道；以及 J. Gregory Payne and Scott Ratzan, *Tom Bradley: the Impossible Dream*, Santa Monica 1986, 第九章。)

［60］有一个例子能说明沙巴拉姆是怎样暗中策划去削弱那些保护露天空地的州立法规，以谋利于一家为他提供政治献金的土地投机商(在本例中就是泛美公司)，见《洛杉矶时报》1979年5月16日报道。

［61］Ken Baar, 'Facts and Fallacies in the Rental Housing Market', 《西部城市》杂志(*Western City*)1986年9月号，p. 57。

［62］我相信，现在已经关张了的洛杉矶《先驱观察家报》某一次报道抗税运动时所用的头条标题就是这句话。

［63］Daniel Durning and Michael Salkin, 'The House as an Investment', 《抵押银行业》杂志(*Mortgage Banking*)1987年1月号；《洛杉矶时报》1978年1月8日及5月21日、1979年9月17日及11月16日、1987年2月15日报道；Alan Mallach, *Inclusionary Housing Programs*, New Brunswick, N. J. 1984, p. 148。

［64］社会科学家分析过抗税运动的选民基础，然而他们却发现，"13号提案赢得支持，主要靠那些被大笔现金红利吸引过来的相当富裕的人"，而不是靠着"敏感脆弱的"低收入居民和租房人群。见 David Sears and Jack Citrin, *Tax Revolt: Something for Nothing in California*, Cambridge, Mass. 1985, pp. 123—124。

［65］见 Frank Sherwood, 'Revolt in the Valley', 《前沿》杂志1955年2月号。

［66］Clarence Lo, *Small Property, Big Government: The Property Tax Revolt*, Berkeley 1990, p. 21. 1964—1966年间的圣安百列山谷抗税运动的领袖是鲁比诺(Mike Rubino)，他出身阿尔罕布拉(Alhambra)，是一位运送啤酒的卡车司机。见《洛杉矶时报》1979年9月27日刊登的采访。

［67］因此在1976年抗税运动刚开始的时候，山谷地区的一份抗税通讯上列出了7家目标单一的减税团体和18家私房屋主协会。稍后的13号通讯上列出了洛杉矶县抗税团体的关键名录，其中包括了12家目标单一的团体和28家私房屋主协会。见 Lo, pp. 53—55。

［68］山麓联盟主席摩尔(Brian Moore)的讲话，加州大学洛杉矶分校，1988；(关于克劳斯的作用)又见《洛杉矶时报》1978年3月9日报道。

［69］Lo, p. 154. 当然，贾维斯不仅靠他那样程式化的"领袖魅力"，还靠着他的社会基础：分布在洛杉矶县和橘县的几十万名土地持有人组成的强悍阶层。同上，p. 172。

［70］像费拉罗(Richard Ferraro)和费德勒(Bobbi Fiedler)之类领头反对校车计划的人都坚持认为，支持13号提案将会反过来削弱校车整合计划的财政基础。见《洛杉矶时

216

报》1978 年 3 月 20 日报道。

[71]《洛杉矶时报》1978 年 3 月 4 日及 11 月 23 日报道。

[72] 引述于《洛杉矶时报》1989 年 6 月 22 日。

[73]《洛杉矶时报》1979 年 1 月 28 日报道。

[74]《洛杉矶时报》1979 年 5 月 3 日及 10 月 7 日报道。 回顾 20 世纪 70 年代末纠缠在一起的抗税运动和抵制校车的运动时，可以明显看出，它们带来的一项主要政治后果是，让洛杉矶和橘县处于共和党权势集团以外的野心勃勃的郊区政客得到了政治上的升迁机会。

[75]《洛杉矶时报》1978 年 11 月 16 日报道。

[76]《洛杉矶时报》1978 年 1 月 7 日及 1979 年 12 月 22 日（千橡树版）、1979 年 6 月 17 日（西米版）、1979 年 3 月 5 日（康杰欧版）、1978 年 4 月 27 日（拉哈布拉高地版）、1979 年 6 月 17 日及 11 月 18 日（胡桃树区版）、1979 年 4 月 22 日及 11 月 8 日（圣克拉利塔版）报道。

[77] 例如，河滨区于 1979 年批准通过了 R 提案，它确立了一条都市绿化带和严格控制的山麓开发计划。 见《洛杉矶时报》1988 年 8 月 3 日报道。

[78] California, Office of Planning and Research, *The Growth Revolt*：*Aftershock of Proposition 13?*, Sacramento 1980.

[79]《洛杉矶时报》1979 年 5 月 31 日报道。 一名当地经纪人就此回应说，在持续十五年之久的高楼开发过程中，位于文图拉大道附近的住宅价格上涨了将近二十万美元。

[80] 参看《洛杉矶时报》1987 年 11 月 5 日报道及（圣加百列山谷版）1988 年 4 月 3 日报道。

[81] 参看《全国城市评论》杂志（*National Civic Review*），1971 年 3 月号和 12 月号（关于宪章草案中的街坊邻里问题）。 修订后的宪章于 1970 年 11 月遭到否决，于 1971 年 5 月遭到再次否决。

[82]《洛杉矶时报》1986 年 10 月 12 日报道；Grubb and Ellis, *Los Angeles Basin Real Estate-1989*, Los Angeles 1989。

[83]“我女儿离家一年以后刚刚回来，她看见沿着大道的开发带来的变化都不敢相信。”见《洛杉矶时报》1979 年 5 月 31 日报道。

[84] John Chandler, ‘Who’s Who：Big Names on the L. A. Planning Scene’,《规划》杂志（*Planning*）1986 年 2 月号，pp. 9—10。

[85] 说这番话的是西区市民联盟的罗森（Ron Rosen），引述于《市中心区新闻》（*Downtown News*）1987 年 7 月 6 日报道。

[86] 山麓联盟的主席摩尔（Brian Moore）说，这场法庭胜利是“半个世纪以来城市规划领域里最有意义的事件”（加州大学洛杉矶分校谈话记录，1988）。

[87] 同上；《洛杉矶时报》1986 年 1 月 21 日报道。

[88]《规划》杂志，P10。

[89] 同上。 尽管布莱德利在这场规划整肃的全过程里表现得像一位格外淡漠的庞蒂乌斯·彼拉多①，《洛杉矶时报》却强调指出，拉塞尔和加西亚这两名“潜在的政治对手若是没被他祝福过就不会采取行动”（同上）。

[90]《洛杉矶时报》1986 年 11 月 21 日报道。

[91] 见雅罗斯拉夫斯基和拉塞尔的文章，《洛杉矶时报》1986 年 4 月 1 日刊登在社论对开版上。

[92]《洛杉矶时报》1986 年 3 月 30 日、10 月 12 日及 10 月 30 日报道。 加西亚无疑也是为了自己与此对立的目的在试探着西区政治的水有多深。

[93]《洛杉矶时报》1986 年 9 月 10 日、18 日、25 日，10 月 2 日、5 日、19 日、22 日，11 月 21 日报道；《先驱观察家报》1986 年 9 月 25 日报道。

[94]《洛杉矶时报》1986 年 10 月 5 日报道。

[95] 参看《洛杉矶时报》1986 年 10 月 24 日及 29 日报道（社论：《否决 U 提案》）；

---

① Pontius Pilate，古代巴勒斯坦南部朱迪亚地方的罗马长官，据说为人残忍。 他在犹太教长老的压力下判处耶稣上十字架，却自认为与此事无关。

《洛杉矶商务新闻》1987 年 1 月 26 日报道。

[96] 参看都市批评家的评论：《洛杉矶时报》1986 年 11 月 23 日刊登的卡普兰的文章(Sam Hall Kaplan)；《先驱观察家报》1986 年 10 月 19 日刊登的惠特森的文章(Leon Whiteson)。

[97] 《洛杉矶时报》1986 年 11 月 21 日写到了加西亚的"妥协范例"：他所欢迎的规划理事会其实只是"他不过半心半意地支持的一个计划"。

[98] 联盟特别希望通过选举来剔除实际掌权的开发商代表机构，议会想依照仲裁委员会的模式来创办这个机构。 参看山麓联盟于 1986 年 12 月发布的新闻稿《社区规划理事会》；又见摩尔 1988 年的谈话记录。

[99] Gerald Silver, 'If you like LA. today, you'll love it tomorrow', 洛杉矶《商务新闻》1990 年 3 月 26 日刊登。

[100] 在山麓联盟全体通过其社区规划理事会提交的方案之前，显然发生过疯狂的争执。 根据联盟主席布莱恩·摩尔(Brian Moore)的说法，"有些保守人士担心联盟会取代被推选出来的理事会"(！)。 (见 1988 年加州大学洛杉矶分校谈话记录)

[101] 拉塞尔的落败让议会里鼓吹增长的顽固势力(包括阿拉托尔、伯恩森、法雷尔、费拉罗、林塞和米尔克-弗洛里斯)与主张"延缓增长"的温和团体(包括皮库斯、布劳德、雅罗斯拉夫斯基、瓦克斯、伯纳迪)势均力敌，还剩下三名议员(吴、霍尔登、莫利纳)的"游离选票"。 应该指出，皮库斯"脱胎换骨地"开始支持延缓增长主张。 见《洛杉矶时报》1987 年 6 月 15 日刊登的分析文章。

[102] 此事于 1987 年 11 月 7 日发生在西区。

[103] 《洛杉矶时报》1987 年 8 月 1 日报道。

[104] 《洛杉矶时报》1987 年 9 月 8 日报道。 然而，沙皮罗却发现自己很难只谈论纯属本地的话题。 两个月后，他组织了一场全市范围的运动，防止本市多个区域接受一项"整学年学校计划"——以前只有内城的学校采用过这项计划的严格方法。 就此计划发生的争议让"停车站"运动和校车之战在山谷地区死灰复燃，其中种族主义的内涵基本保持不变。

[105] 'Hyperion to a Satyr', in Tomorrow and Tomorrow and Tomorrow, New York 1956, pp. 149, 165.

[106] 同上。

[107] Howard Nelson, The Los Angeles Metropolis, Dubuque 1983, pp. 101—102.

[108] 《洛杉矶时报》1988 年 4 月 27 日报道。

[109] 《每日新闻》1987 年 11 月 30 日报道。

[110] 参看《洛杉矶时报》1988 年 2 月 18 日、1989 年 12 月 10 日报道(南加州环境特刊)；《每日新闻》1987 年 11 月 28 日及 29 日报道。

[111] 《洛杉矶时报》1986 年 8 月 14 日报道。 关于加州当时的用水政策的指导报告见 Robert Gottlieb, A Life of Its Own: The Politics and Power of Water, Berkeley 1989。

[112] 《洛杉矶时报》1988 年 2 月 3 日及 8 日报道。

[113] 《洛杉矶时报》1987 年 7 月 21 日报道。

[114] 堂·加西亚从前曾经提过，要反对那些信口雌黄的环境评估，因为这会让市议会掌握更多权力。 见 California Planning and Development Report, August 1987, p.3。 (市议会花了两年的时间才根据"西林区之友"的提案制订出了一项环境评估条例。)

[115] 《洛杉矶时报》1987 年 12 月 10 日报道。

[116] 法律要求开发商必须排队申请加入亥伯龙排污处理系统，并为住宅——特别是小型住宅和低收入住宅——保留了 65% 的排污配额。 参看《城市条例第 165615 条》(1990 年 3 月 16 日修订版)；David Salvesen and Terry Lassar, 'L.A.'s Sewer Moratorium Curbs Growth', 《都市土地》杂志(Urban Land)1988 年 8 月号；《洛杉矶时报》1988 年 5 月 4 日报道。

[117] 《洛杉矶时报》1988 年 3 月 27 日报道。

[118] City of Los Angeles, Board of Environmental Quality Commissioners, State of the City's Environment-Primer, Los Angeles 1990.

[119] 参看 Alan Weissman, 'L.A. Fights for Breath', 《纽约时代杂志》(The New York Times Magazine)1989 年 7 月 30 日；《洛杉矶商务新闻》1990 年 2 月 19 日及 3

218

月 19 日报道；《市中心区新闻》1990 年 2 月 5 日报道。

[120] 还有另一种增长管理办法可以取代某些大权独揽的地方权威机构，这就是依靠全加州或者各地区的交通规划部门的力量。 1990 年 1 月，（来自圣费尔南多山谷选区的）理查德·卡茨议员提交了一项法案，要参照"交通流量标准"来理性控制增长，这种思路很像洛杉矶的排污条例直接把开发权属与排污能力挂钩的做法。 见《洛杉矶商务新闻》1990 年 1 月 20 日报道。

[121]《2000 年的洛杉矶报告》就是这种思想的一个典型例证。

[122]《每日新闻》1988 年 1 月 3 日报道。

[123] 见 Greg Baer，'Slow/Planned Growth Movements in the San Fernando Valley'，未发表手稿，1988 年。

[124]《洛杉矶时报》1988 年 9 月 25 日报道。

[125] Tom Johnson，'Stop That Train'，《洛杉矶杂志》(Los Angeles Magazine) 1988 年 1 月 10 日刊登。

[126] 另一位"靠着讽刺（轻轨）冉冉上升的明星"是"停车站"组织的前任领导人、保守派国会议员费尔德（Bobbi Fielder），"她的注意力已经从小小的黄色校车转移到了银色的地铁车厢上来"。（Johnson，同上）

[127] 我在讲述中略过了争竞不休的各方势力所用的神秘手段和重新结盟的情况。关于整个事态的情况，见 Johnson，又见 Elaine Litster，'The Political Development of the San Fernando Light Rail System'，未发表手稿，1989 年。 又见《每日新闻》1987 年 11 月 29 日报道。

[128] 帕萨迪纳的开发商比延缓增长组织多花钱的比例是 5∶1，尽管如此，他们却惊讶地发现自己在 1989 年 3 月的投票表决中落败了，胜利的一方是 PRIDE（"捍卫我们的环境的帕萨迪纳居民"组织），它提出提案，要求打压集合式住宅和商业楼的建设。

[129]《洛杉矶时报》1987 年 4 月 5 日报道。

[130] John Horton，'Ethnicity and the Politics of Growth'，手稿，加州大学洛杉矶分校社会学系，1989 年。

[131]《洛杉矶时报》1989 年 5 月 27 日报道。 又见《先驱观察家报》1989 年 1 月 26 日报道。

[132]《洛杉矶时报》1988 年 3 月 9 日报道。 在圣加列山谷，领头反对建设公寓楼的副市长布拉兹凯克（Frank Blaszcak）受到指责，说他在市议会某次开会时"侮辱"了一名对手，然后当地的增长之战就采纳了马克斯兄弟公司的弦外之音，见《洛杉矶时报》1989 年 3 月 30 日报道。

[133]《洛杉矶时报》（圣加百列版）1986 年 10 月 30 日报道。 应该说年轻的亚裔移民为阿尔罕布拉带来了好运。 1988 年，老式、邋遢、破败的阿尔罕布拉高中还能继续开办，其中有 54% 的学生都是亚裔，而且该校在数学课程和理科课程上都得到了全国公立高中的最好成绩，连布朗克斯科学高中这么著名的学校也被盖了过去（《洛杉矶时报》1988 年 7 月 17 日报道）。

[134]《洛杉矶时报》（圣加百列版）1990 年 4 月 1 日报道。

[135] 引述于 Charles Barker，*Henry George*，*New York* 1955，p.285。

[136]《洛杉矶时报》1988 年 8 月 2 日、10 月 2 日及 3 日、1989 年 3 月 26 日（对"黄鼠狼"的特写）、4 月 26 日报道。

219 　　[137] 1987 年最高法院的两个重要判决，即"诺兰判决"①和"第一英国教堂

---

① Nollan vs. California Coastal Commission，即"诺兰诉加州海岸委员会案"。诺兰家在加州海岸上租借了一块地产，在夏季把它出租给度假的游人，并对这块地产享有优先购买权。 租期届满时，他们想买下这块地产，并已开始满足前任主人提出的购买条件，比如拆除诺兰家一直租用的廊式平房等等。 为了拆除旧屋并根据自家需要重新建房，诺兰家需要获得海岸委员会的批准。 海岸委员会首先应该在这片地上留出通道，让公众可以走到海滩和这块地产边上的公园，也就是说，要把诺兰家的一部分私有土地变成公共道路。 诺兰家提出反对，委员会予以驳回。 诺兰家先是向文图拉县法院提交诉状，最后一直上诉到美国最高法院，赢得了胜诉。 最高法院认为，该委员会的权限只能用来限制产业的使用方式，而不能用来"攫取"产业。

判决"①，都殃及了加州海岸委员会和各地政府在用地政策方面的权威。 开发商和土地持有人开始针对延缓增长运动在不同的战线上发起了一场名为"SLAPP"（意为"抵制公共参与的战术性诉讼"）的战役。 例如，当"西湖北区产业协会"企图冻结兰氏牧场边上的一个大型开发项目时，开发公司起诉这些私房屋主骚扰自己，靠法庭判决赢得了75万美元。 在多数情况下，居民们的家宅在诉讼过程即 *lis pendens*② 中都被牵涉并冻结，而且有可能会被处以巨额的罚金。 不用说，法院对 SLAPP 一方的依头顺脑正在威胁着任何一种公益行动。 见《洛杉矶时报》1990年4月29日刊登的加尔珀林（Ron Galperin）的文章。

［138］参看《洛杉矶时报》1987年6月21日及1988年8月1日及2日报道；Mark Baldassare，'Predicting Local Concern About Growth'，手稿草稿，加州大学欧文分校，1987；Don Albrecht，Gordon Bultena and Eric Hoiberg，'Constituency of the Anti-growth Movement'，《都市事务季刊》（*Urban Affairs Quarterly*）1986年6月号。

---

① First English Evangelical Lutheran Church of Glendale vs. County of Los Angeles，California，即"格伦代尔第一英国福音教路德教堂诉加州洛杉矶县案"。 1957年，第一英国福音教路德教堂购买了一块土地，开办了一处露营地"路德格伦"，作为残疾儿童的休闲娱乐中心。 这块地位于一条峡谷中的自然溪流岸边。 1978年，一场洪水冲毁了路德格伦营地的房子。 1979年，洛杉矶县通过一条临时法令，禁止在这块遭受洪灾的土地上再盖房子。 随后不久，教堂方面向加州法院提起诉讼。 最高法院于1987年裁决上述法令违宪，说它"剥夺"了这块产业的价值，并认为，当某条政府规定剥夺了一块产业的全部价值时，产业的所有者就有权得到合理的货币补偿。

② 拉丁语：未决案件，悬案。

第四章

洛杉矶要塞

　　洛杉矶西区的各处草坪都经过精心修剪，遍地林立着含意不祥的小小警示牌："枪械以待！"溪谷里、山脚下还有些街坊更富庶，就给自己围上了高高的护墙，装备着荷枪实弹的私人警卫和顶级的电子监视器。 在市中心区，政府公开提供津贴，资助一项"都市复兴"计划，建起了全美国最大的社团化堡垒，以一道尺度恢弘的建筑缓冲地带，隔开了周围的穷苦街坊。 在好莱坞，以其"人文主义"遁迹闻名的建筑名师弗兰克·盖瑞模仿着外籍军团要塞的模样设计了一座图书馆，圣化了围城的景象。 在西湖区和圣费尔南多山谷，洛杉矶警察局在街上设好路障，把穷街坊关在外面，这算他们"对毒品开战"的一步举措。 在瓦茨，开发商亚历山大·哈根介绍了自己重新开发内城零售市场的战略：一座圆形平面的购物城，周围环绕着桩基林立的铁丝网，还在购物城内核处的一座监视塔上布置了洛杉矶警察局的一个分局。 终于，在未来千年的地平线上，一名前任的警察局长摇旗呐喊着，要安设一颗专供执法部门使用的同步卫星"巨眼"，以图遏止犯罪，而其他警察则略为谨慎些，宁愿效仿 20 世纪 60 年代的"园地"计划，那一套善恶大决战似的执法计划虽然陈旧了，倒是照样切实可行。

　　欢迎来到自由派时代之后的洛杉矶，为了保护奢华生活方式，此地花样翻新地变出了新颖的空间压制手段和活动限制手段，无所不在的"枪械以待！"也在锦上添花。 20 世纪 90 年代出现在城市重构过程中的时代思潮、建筑环境里的控制性叙事，就是沉迷于有形的保安体系，同时也沉迷于建筑警示人们认清社会分野的功用。 不过，尽管城市生活的军事化趋势在大街上是如此严冷触目，当今的城市理论却十分奇怪地对此缄默不语，只管争论着电子技术起到何等作用促成了"后现代空间"，或是探讨着城市的多种功能横跨了多中心的大都会"星群"零散分布。 相比之下，好莱坞通俗版本的世界末日故事和低俗科幻作品还更现实主义一点儿，而且在政治上也更有悟性，它们再现了在里根时代社会两极分化的浪潮中，人们有计划地让城市表面逐步变得冷硬的过程。 这些电影刻画着内城变得像监狱一样［《纽约大逃亡》（*Escape from New York*）和《威龙猛将》（*Running man*）］、高科技的警察屠杀小组（《刀锋行者》）、感觉灵敏的建筑物［《虎胆龙威》（*Die Hard*）］、城市里活像南非班图部落的角落［《极度空间》（*They Live!*）］、越南战场一般的巷战［《彩色响尾蛇》（*Colors*）］，如此这般的形象都只不过是根据现有的实际趋势进一步推导出的结论而已。

这类反面乌托邦的景象极其鲜明地揭示出，当今暴君式的居住及商业保安措施已经让残存无几的城市改善、社会融合的希望走向了绝路。 1969 年理查德·尼克松组建的"暴力行为原因调查及预防全国委员会"曾经做过吓人的预言，今天它已经得到了可悲的验证：我们都住进了"要塞城市"，这些城市被无情地分成两半，一边是富裕社群的"堡垒单元"，另一边是警察搏击穷罪犯的"恐怖之地"。[1] 从 20 世纪 60 年代那些漫漫炎夏开始了"第二次内战"，它在城市空间的具体构成中已经成为制度化的一个组成部分。 过去，老式的自由派总想在镇压与改革之间找平衡，他们那种社会控制范式现在早已被换上了全新登场的社会福利的花招，根据零和游戏的公式换算着城市穷人和中产阶级的利益。 在像洛杉矶这样的城市里，在后现代性的恶劣边缘上，人们看到了一个前所未有的趋势，这就是将城市设计、建筑学与警用装备融合在一起，形成了整体合一的综合保安力量。

这一划时代的融合将会深远地影响到建筑环境的社会关系。 首先，市场本身就会偏执地要求提供各种"保安措施"。 "保安措施"成

224

了视收入水平而定的、具备地位属性的货物，买方必须用得起私人的"保护服务"，住在某些壁垒森严的居住飞地里，或者住在有所管制的郊区地带。"保安措施"多少象征着社会声望，而且有时候还决定性地区分开了仅属小康的人家和"真正的富豪"，它更重要的作用并不是保证了你的人身安全，而是在多大程度上保证了让你与世隔绝，包括在居住、工作、消费及旅行环境等等各个环节上隔绝"招人讨厌的"群体和个人，乃至于任何一群普通人。

其次，威廉·怀特在研究纽约的社会交往问题时曾经发现，"恐惧感能自我验证"。社会感知到了威胁，这本身就起到了保安动员的作用，无须等着真切的犯罪率来刺激大家。在街头暴力真正不断升级的一些地方，比如在洛杉矶中南部地区或者华盛顿特区的市中心，流血事件主要都只发生在种族内部或者阶级阵营内部。不过，由于白人中产阶级并不亲身了解内城的状况，他们却在想象中带上了一副疑神疑鬼的眼镜，放大了威胁。有调查显示，在米尔沃基市的郊区和华盛顿特区的内城这两个地方，尽管发生故意伤害罪的严重程度相差了二十倍，可两地的居民却在同样紧张地忧虑着暴力犯罪问题。在这一舞台上，媒体的功能是要掩盖、混淆城市里的日常经济暴力事件，于是才不断抛出犯罪的底层阶级以及游荡街头的精神病患，拿他们当作障眼的妖魔。对年轻帮派杀手的报道耸人听闻，最爱操着聒噪刺耳的种族主义论调，让人想起犯了抢劫罪的威利·霍顿[①]，这些报道煽动起道德恐慌，进一步加强了城市里的种族隔离，并让它显得分外合情合理了。

再者，当代建筑新采用的军事化形式含沙射影地暗示着暴力行为，想象着臆测的危险。在很多事例中，所谓"防卫空间"的象征意义大

---

① Willie Horton，出生于南加州，因被指控犯有强奸、执械抢劫及谋杀罪而入狱。1974年时担任马萨诸塞州州长的迈克尔·杜卡基斯支持采取假释制度作为"改造教育"的手段，实施对象包括犯有一级谋杀重罪的犯人。而威利·霍顿在周末假释期间伺机逃脱，随后又犯下了盗窃、抢劫和强奸罪，再度被捕服刑。在1988年的总统竞选中，竞选双方就执法力度的政策发生了争论，引起了公众的极大关注，共和党的总统候选人布什抓住霍顿案件，反复在竞选演讲中提到此事，以此攻击民主党的总统候选人杜卡基斯，并获得了成功。

致就像一名虚张声势的白人警察一样微妙。 如今，像限定费用的购物城、办公中心、文化城，诸如此类的大型伪公共空间都充满了隐形的标记，警告着底层的"他者"走得远远的。 虽然建筑批评家们通常都很容易忘掉建筑环境起到的隔离作用，但是贱民群体却都立刻读懂了其中的含义——无论是贫穷的拉美裔家庭、年轻的黑人，还是无家可归的白人老太太。

公共空间的毁灭

这场保护城市安全的征讨带来了一个无可规避的普遍后果，就是毁掉了让人能走进去的公共空间。 "街民"一词在当代是个丢人的头衔，这本身就令人痛心地指明了公共空间的江河日下。 为了减少遇见"不可触碰者"的几率，城市改造计划就把一度生机勃勃的步行街道变成了交通走道，把公园变成了无家可归者和穷人的临时栖身之地。 许多批评家意识到，美国的城市已经被成体系地翻了个兜底朝天，或者不如说，是翻了个外面冲里。 核心处集中着新建的巨型楼厦和超级购物城的稳定空间，临街的前立面被剥得光光的，公共活动被归入了各类严格限定功能的局部，而交通则向内转，挪到了由私人警卫凝神注视着的走廊里。[2]

再者，随着建筑的公共领域走向私有化，如影随形的还有同时推进的电子空间重组，比如守卫严密、付费获取的"信息订购"、精炼数据库和收费电缆服务，都在服务着隐形市场中的恰当环节。 当然，所有这些进程都映射着经济的违规现象以及非市场权限的衰落。 与自由主义在都市中的衰退始终相伴的，是或可名之为"奥姆斯特版本"的公共空间走向了衰亡。 人们想起弗雷德里克·劳·奥姆斯特①就会把他看 227

---

① Frederick Law Olmsted(1822—1903)，美国著名景观建筑师，主持设计了纽约市的中央公园(1858—1861 年间)。

作北美的奥斯曼①，同时也是中央公园之父。 在 1863 年发生大规模
"征兵暴动"②即曼哈顿的"公社"浪潮期间，他做了个设想，要利用
公共景观和公园充当社会安全阀，让不同的阶级和种族混合到共同的
（布尔乔亚式的）休闲与享乐活动当中去。 曼弗雷多·塔夫里曾对洛克
菲勒中心做过著名的研究，结果显示出，同样的原则也在激励着拉瓜迪
亚-罗斯福时代③堪称典范的城市空间建设。[3]

　　改革派所设想的公共空间景象如果还说不上是美国城邦的根基，至
少也起到了缓和阶级斗争的作用，可它现在却跟凯恩斯主义的万应灵
药即人人就业的主张一样，早已沦为荒弃的陈年往事。 说到阶级"混
同"的状况，当代的都市化美国倒是不太像沃尔特·惠特曼④或者拉瓜
迪亚时期的纽约，更像维多利亚时期的英格兰。 洛杉矶从前本是个遍地
都有免费海滩、豪华公园以及"巡游海域"的半天堂，可是货真价实的
民主空间如今在这儿却几乎已经绝了种。 在西区，时髦的购物城、艺术
中心和美食街连绵不断，它们欢愉的圆拱屋顶组成了奥兹帝国般的⑤群
岛，而这幕景象反过来靠的则是在社会上整体圈禁住提供服务的第三世
界无产阶级，让他们都住进日趋压抑的黑人贫民窟和拉美裔贫民区。 本市
有好几百万满怀渴望的移民，而城市里的公共娱乐设施正在急剧减少，公
园正在遭到遗弃，海滩被隔绝得更严密，图书馆和游戏场正在关张，年轻
人的普通聚会遭到了禁止，街道也正在变得更加空空荡荡、险象环生。

　　毫不奇怪，就像美国其他城市里的情况一样，由于这场保安攻势以
及中产阶级增强空间隔离和社会隔离的要求，官方政策就抓住了领导

---

　　① Baron Georges-Eugène Haussmann（1809—1891），曾在法兰西第二帝国时期
（1852—1870 年间）主持巴黎的大规模改造工程，他的工作改善了巴黎的卫生、公用事业
和运输设施。 著有《回忆录》三卷，对现代城市规划影响深远。
　　② Draft Riot，美国内战期间为抗议征兵条例的不平等而起的暴乱。 所造成的财产
损失达一两百万美元，人员伤亡达到 1 000 人。
　　③ Fiorello Henry La Guardia(1882—1947)，美国律师、国会议员，出生于纽约，
1933 年当选纽约市市长。 曾在城市住宅及福利改善问题上付出很大努力，深受纽约市民
的爱戴。
　　④ Walt Whitman(1819—1892)，美国著名诗人，出生于纽约市长岛。 著有《草叶集》。
　　⑤ 指小说《绿野仙踪》即《奥兹巫师》中的奥兹帝国。

权。 既然传统的公共空间和娱乐项目事实上都在蚀本运行，政府这就有了借口，把财政资源调拨给由公司选定的优先改造项目。 本市依头顺脑的市政府全力配合着公共空间的大规模私有化，贴补着新建的种族主义飞地（仁慈地称之为"都市村庄"）——在这件事上，市政府居然还很讽刺地自以为代表着自由派白人和黑人这两方的种族联合。 最近关于洛杉矶的"后现代"场景有许多让人眼花缭乱的讨论，可它们却完全忽略了上述反都市化、镇压反叛的傲慢专制的各个侧面。 "都市复兴"、"未来的城市"，诸如此类都属于胜利的光鲜表面，底下掩盖着内城街坊的残酷现状、掩盖着内城的空间关系越来越像是在南非。 尽管东欧的大墙已经倒塌，它们却又在洛杉矶的全境内到处立了起来。

228

下文讨论的主题就是这场新近发生在建筑环境层面上的阶级斗争（有时候它延续了 20 世纪 60 年代的种族之战）。 尽管我列举的这些场面和事例还算不得一份全面的综述，因为那就要求彻底分析经济、政治的动态格局，但我这么做却是为了让读者信服，在里根-布什时代的政治轨道上，城市形式确实遵从着一种打压功能。 洛杉矶以它历来惯有的预示调子，令人忧心忡忡地分类例证了建筑与美利坚警察国之间正在萌生中的勾连关系。

禁城

洛杉矶最早提倡空间军事化的人是《洛杉矶时报》的奥蒂斯将军。他向劳工们宣战，让身边弥漫着一种无情的好斗气氛：

他把自己在洛杉矶的住家叫做"宿营地"。另一处房子则以"前哨"闻名。大家都知道《洛杉矶时报》叫做"要塞"。报纸的员工则是"密集方阵"。《洛杉矶时报》大楼本身比报纸车间更像要塞，设有炮楼、雉堞和岗楼。他在里面储备了五十支来福枪。[4]

273

《洛杉矶时报》的冠饰是一只凶险的巨大铜鹰；在奥蒂斯坐的旅行车的发动机罩上方装着一架火力十足的小型加农炮，用以镇吓路边张望的行人。不足为奇，这般过分地炫示攻击性就引来了切实的回应。壁垒森严的《洛杉矶时报》总部算得上是西海岸自由雇佣企业的大本营，1910 年 10 月 1 日，它在一场可怕的爆炸中飞上了天，这件事被怀疑在了工会的怠工破坏分子头上。

过了八十年之后，奥蒂斯将军的精神又回来了，微妙地渗透了洛杉矶"后现代的"新市中心区：沿着费盖罗阿走廊①，长排连串的摩天大楼从班克山向南逐次叠落，组成了太平洋沿岸的金融建筑群。在极有权势、极难名状的社区改造管理部的庇护下，增加了公共税收来改造市中心区，这个市中心区项目成了北美战后规模最大的城市设计方案之一。改造工程所需的土地几乎通行无阻地被大面积收购、清理，导致土地价格再一次飙升，在此基础上，大型开发商和海外投资（日本的资金越来越多）盖出了一系列造价以十亿美元计、占据整个街区的巨型建筑：克劳克中心、好运旅馆及购物城、世界贸易中心、百老汇广场、大西洋富田石油公司中心、花旗公司大厦、加利福尼亚大厦，如此等等。在新的金融区，历史悠久的街景被拆毁，巨型建筑和超大街区成为头号构成元素，随之还形成了日渐紧凑而且完备的交通体系，于是，人们无微不至地把新的金融区设计成了一个魔术般自我参照的单一超级建筑物，一座极端到白痴程度的密斯式摩天大楼。

班克山和费盖罗阿走廊画地为牢，变成了荒凉孤寂、互不连贯的闹市区，它们也和别处类似的妄自尊大的建筑群一样（例如底特律的复兴中心、亚特兰大的桃树街和奥尼中心，诸如此类），惹得自由派狂烈地抗议它们夸大尺度胡乱组合、败坏街景，抗议他们把中心

---

① Figueroa corridor，位于洛杉矶市中心区的一个社区，驻有南加州大学和博览会公园，是举办奥运会和奥斯卡颁奖的地方。这个地区向来以建筑形式的丰富多彩著称。

区这么多活跃的日常活动全部收编，关进地下广场和私有化的购物城里去。《洛杉矶时报》脾气执拗的城市评论家萨姆·霍尔·卡普兰一直在不知疲倦地抨击着新建的公司城堡存在偏见、反对步行，削平街道立面的行径活像法西斯。照他看来，"密不透风的森严壁垒"与从天而降的"郊区断片"重叠在一起，把市中心区的"生命之河拦腰闸断了"。[5]

不过，卡普兰在极力维护步行者的民主权利时，用的还是抱怨"冷漠设计"以及"精英分子规划惯例"的自由派老调子。他与大多数建筑批评家一样，也责怪城市设计失之疏漏，没能前瞻性地预先考虑好尺度问题，而且植根于洛杉矶阶级斗争、种族斗争的漫长历史，流露出了明显的压制意图。说真的，如果考虑到市中心区新兴的"黄金海岸"与此地其他社会区域、景观之间的相互作用，从这一角度总括来看，"要塞效应"就暴露无遗了，这不是设计上的无心疏漏，而是精心谋定的社会-空间策略。

大致可以简单地说，这种策略是为了实现双重的遏制：既切断了与市中心区以往历史的任何关联，又防止了将来与非盎格鲁裔的城市文化发生任何接触。在改造项目边际线上的每一个地点，这种策略都化身为一道无情的建筑边界或缓冲地带，把新的市中心区定义成了与市中心余下部分针锋相对的一座城堡。许多大城市中心区都兴建过更新项目，其中，洛杉矶无论多么漫不经心，总算还是与众不同地保住了商业核心区里的大多数建筑，它们大约盖在1900—1930年间，多数采用美术学院的风格①。在花掉了大量公共经费以后，各大公司总部和金融区从旧的百老汇-春天走廊②一带向西挪了六个街区，搬到了班克山那片拆掉了居住街坊以后建成的园林地段上。为了强调新建的市中心区的"安全性"，与旧中心相连的全部传统步行通道实际上都被迁移了，

230

———

① Beaux Arts，1671年成立的巴黎国立高等美术学校，开设油画、雕塑、建筑等课程，作品风格强调古典传统。
② 指在百老汇大街和春天大街的路口一带兴建的百老汇-春天中心。

其中也包括著名的洛杉矶空中索道铁路。

这一整套操作背后的逻辑发人深省。 在其他城市里，开发商可能会试着把新旧天际线连接起来，利用老旧的剧场和文物建筑那万分珍贵的宝藏，创造出一段带有贵族气的历史——创造出一个还在用煤气灯的区域，创造出法纽伊市场①或者吉拉德利广场②——好帮中产阶级的居住新区充充门面。 但是，在洛杉矶大兴改造的商人们对百老汇旧中心的产业价值却是这么看的：由于这个地点正好位于公共交通的中心点上，还大量集中着穷困的黑人和墨西哥人，因此该地的产业价值难免会被祸及。 身处瓦茨暴动的余波里，而且眼看着黑人就要威胁到白人权势的关键环节（麦科恩委员会的报告③耸人听闻地详细阐述过这一点），于是众人压倒一切的忧心焦点就放在了恢复种族隔离政策的空间保安措施上。[6]洛杉矶警察局传播着可怕的说辞，说黑人少年全都是危险的帮派成员，就这么怂恿着各家商业机构都从百老汇地区搬家到壁垒森严的班克山一带去。[7]

其结果是，改造项目大张旗鼓地复制了空间关系上的种族隔离状况。 有了港湾高速公路边的壕沟和班克山的高级围栅，新的金融中心才得以隔开四外满满围着的移民穷街坊。 山丘大街紧挨在加利福尼亚大厦的地基边界上，变成了本地的柏林墙，分割开了班克山享受着公共津贴的奢华生活和百老汇活生生的现实世界，现在拉美裔移民把百老汇接收了过去，当作自己首选的购物和娱乐街道。 由于眼下有政治背景的投机商正在改造百老汇走廊的北端（有时候人们把这一段叫做"班克山东段"），社区改造管理部就答应，将在20世纪90年代重新恢复与班克山之间的步行联系，包括恢复洛杉矶空中索道铁路。 当然，这只不过是极度渲染了当前人们反对交通便捷性的偏见——也就

---

① Faneuil Market，位于美国波士顿市，由城市设计师 James Rouse 建于1960年，是一处品尝当地小吃、购买纪念品的封闭市场，也是吸引游客的热门经典。
② Ghirardelli Square，位于旧金山渔人码头，由意大利人 Ghirardelli 创办于1850年淘金热时期，现在以巧克力制作展览中心而闻名。
③ 见本书第160页脚注①。

是说，反对在新旧之间、贫富之间发生的*任何*空间互动，除非是为了
提高品级或是重新开发居住区。[8]尽管也有少数白领人士冒险走进了　231
中央大市场①——这是销售热带产品和新鲜食物的人气最旺的大商
场——但是，山丘街上的古琦（Gucci）专卖店在清点顾客时，可从来不
把拉美裔小店主或是周末才有空闲去逛市场的人也算在内。 在百老汇
广场上或在当代艺术博物馆的门前，偶尔有个贫苦无告的街头流浪汉
晃荡过去就会引起无声的恐慌；摄像镜头开始转动，保安也会紧一紧
腰带。

　　看着老市中心区全盛时期的照片，能看见人群中混杂走着不同年
龄、不同阶层的盎格鲁裔、黑人和拉美裔。 鉴于今日市中心区"复兴
方案"的设计方式，这些不同的族群实际上已经无法共存。 新的方案
不仅故意要像卡普兰担心的那样"消灭街道"，还要"消灭人群"，消
除人行道上和公园里出现的民主的混同状态，而奥姆斯特却相信，美国
正是用这一混同方式矫治了欧洲那种阶级分化状况。 市中心区的超大
尺度建筑活像是伯克明斯特·富勒②在第二次世界大战以后设计出来的
某些狂想方案，它们有心要创建一个供中产阶级工作、消费、休闲的天
衣无缝的连续体，确保你不会窘迫地暴露在市中心区工人阶级的街道环
境上。[9]的确，由堡垒和防护墙、镜面玻璃和人行天桥所组成的集权
主义的符号学，绝不通融由异类建筑秩序、异类人际秩序带来的任何吸
引力或是共鸣感。 就像奥蒂斯那座堡垒式的《洛杉矶时报》大楼里的
情形一样，这是阶级斗争的建筑符号学。

　　为了避免让人觉得太过极端，先来看一下《都市土地》杂志最近如
何描述全美境内的逐利建设程式，它把大规模成片开发、社会的同质性
以及安全的"市中心区场景"一股脑儿连在了一起：

---

　　① Grand Central Market，位于百老汇大街 317 号，是洛杉矶历史最久、规模最大
的传统菜市场，始建于 1917 年。
　　② Buckminster Fuller（1895—1983），美国建筑师、发明家、哲学家兼诗人。 在多
面体穹隆建筑、特种汽车等项目的设计方面都有探索，著名建筑作品有 1967 年加拿大蒙
特利尔世界博览会美国馆等。

如何克服市中心区对犯罪行为的忧惧

创造一个密集的、紧凑的、多功能的核心区。可以把一处市中心区设计并开发得让来这儿游玩的人们觉得它——或它的某个重要部分——很吸引人，是那种"可敬的人"愿意时常来转转的地方……市中心的核心商业区如果是紧凑的、密集开发的、多功能的，就能汇聚人群，为他们提供更多活动……在这个核心区里提供的活动内容将决定漫步在它的人行道上的都会是哪种"类型"的人；在核心区里或者核心区附近安排了办公楼和中等、上等收入的居民住宅，就能确保步行人群中主要都是"可敬的"守法人士。这么一处引人入胜的改造核心区还会具备足够大的规模，能够影响到市中心区的整体形象。[10]

232 虐待狂般的街道环境

以摩门教善恶分明的立场来处理市中心区这片社会缩影时，故意把城市表面做得十分"严冷"来整治穷人的心思表露得尤为厚颜无耻。威廉·怀特做过著名的研究"小型都市空间内的社会生活"，他在其中提出了一个观点，任何都市环境的质量都是可以衡量的，首先要看有没有方便舒适的地方，让步行者可以坐下来。[11]班克山的高级公司区以及萌生中的南园"都市村庄"的设计师们极其热忱地把这一原理铭记在心。本市的政策是要给市中心区的白领居住新区提供津贴，作为其中的一个步骤，本市已经、或者想要拨来上千万美元的国税，用来为这些住区建设迷人的、"柔和的"环境。规划设计师构思出的综合设计内容丰富多样，包括广场、喷泉、世界一流水平的公共艺术品、异国情调的灌木丛，还在希望大街沿线的某条步行走廊上布置了前卫的街道家具。　官方的热心拥趸是这样宣传的，让办公室职员和高级游客们在加利福尼亚大厦的叠落式花园里、在"西班牙台阶"上或者在希望大公园里闲逛或者打盹，这般田园牧歌才最能标明市中心区的"宜居特性"。

与此形成尖锐对照的是，仅仅隔着几个街区，本市展开了毫不容情的斗争，要尽量让无家可归者和穷人觉得公共设施和公共空间"不宜居住"。　好几千名街头游民坚持呆在班克山边上和市民中心等地不走，让设计师创造出来的市中心区生活场景发出了酸苦的味道，与"市中心区复兴计划"努力营造的幻象背道而驰。　市政厅旋即展开报复，发动了形形色色的低限战。①[12]

尽管城市领袖们每隔一段时间就会试着推行一些计划，把穷人全都搬走——把他们运到沙漠边的穷苦农场上去，规定他们只能住在山间营地里，还有令人难忘的一招是把他们羁留在港湾区的废弃渡船上——然而，这些"最终解决方案"都碰了壁，因为各地的议员担心这些无家可归者会被最终安置进自己的选区。　于是城市当局就故意用上了都市冷战的惯用手法，积极筹划着要把无家可归者沿着百老汇东边的第五大街"围堵"（官方用词）在那儿的黑人贫民区里，让这片街坊整个变成一个露天的济贫院。　但是，这种围堵战略孳生出了矛盾冲突的邪恶循环。由于官方让大批绝望无助的人群都稠密地挤进一片狭小的空间，而且连住处都不够多，黑人贫民区里的方圆十个街区就成了全世界大概最危险 233 的地方——统治街面的是一连串可怕的"砍刀党"、"夜行者"和比较普通的掠食者。[13]黑人贫民区里的每一个夜晚都是13号星期五②，毫不奇怪，许多无家可归者不惜一切代价，力求在夜间逃离这个"团伙小子的地盘"，到市中心区的其他角落去找寻比较安全的小巢。　而城市

---

①　Low-intensity Warfare，低限战，指有选择、有限度地动用军事力量而未达常规战争水平，通常针对非国家级对手，多用于平叛、反颠覆、维持和平等类任务，迫使对手遵从军事力量背后的政治实体的政策意图，但有时被其对手视为恐怖行动，比如拉美军政府和保守政府镇压农民和土著人的反抗时就常用这种手段。　本书作者在此用这个术语显然表现出了强烈的立场倾向。
②　西方迷信认为每月的13号和每周的星期五都是不祥的日期，重叠起来就更为不祥。

当局这一方则是拉紧了绞索，增强警力滋扰，精心谋划威慑手段。

最普通的威慑手段却又最让人视若无睹，就是快速交通区里在公共汽车站上新装设的桶状长凳，它的表面极窄，让人坐着很不舒服，更别想能躺在上面睡着。 在黑人贫民区的外围地带上，这种“保险杠式”的长凳被装得到处都是。 另外还有一项发明配得上进吉尼奥尔大剧院①，这就是敢想敢干地在室外大批配装喷洒器。 几年以前，城市当局沿着第五大道的下半段，在地狱的一角上开设了一处“黑人贫民区公园”。 为了确保没人能在这个公园里睡觉——也就是说，为了确保来这儿的人主要都是来买卖毒品和卖淫的——城市当局安装了一套精细的头顶淋洒系统，目的是要在夜间猝不及防地浇湿那些沉睡之中毫无戒备的人。 本地的一些商人立刻仿制了这个系统，要从附近的公共人行道上赶走无家可归者。 同时，餐厅和商场对付无家可归者的办法则是修起装饰华美的围栏，用来保卫自己的垃圾。 虽然洛杉矶至今还没人提出要学着凤凰城几年前的做法，往垃圾里投放氰化物，不过倒是有一家红火的海鲜餐厅花费了 1.2 万美元，装设了终极版的“防备歹妇”垃圾筒：它用四分之三英寸口径的钢杆制成，装着合金锁，上面的长刺凶恶地向外翻转，以图保卫里面的无价之宝，那些腐烂的鱼头和馊臭的炸薯条。

不过，市中心区对穷人开战的正牌东线战场还得数公用卫生间。作为一项深谋远虑的政策，洛杉矶比北美任何一个重要城市都少设了公用卫生间。 遵照洛杉矶警察局的建议（实际上，在市中心区的至少一个改造项目中，洛杉矶警察局就直接坐在设计绘图板的边上）[14]，社区改造管理部用推土机铲平了黑人贫民区里残存无几的公用卫生间。 随后，管理部的规划师们痛苦了好几个月，拿不定主意要不要在设计南园时做一处“独立式公用卫生间”。 社区改造管理部的主任吉姆·伍德

---

① the Grand Guigno，吉尼奥尔是着重表现暴力、恐怖和色情的短剧类型，19 世纪流行于巴黎的酒吧间，由此衍生了同名的吉尼奥尔大剧院。

后来承认，决定不设这个卫生间是一项"政策考虑而不是设计决策"。市中心区的社区改造管理部更偏爱的方案是"准公共盥洗室"——也就是把卫生间设在餐厅、艺术画廊和办公楼里——旅游者和办公楼里的工作人员可以使用这些卫生间，同时游民以及其他没资格的人就被拒之门外。[15]在市中心区，山丘大街以东是一片三不管地带，既没有卫生间，也没有室外的水源供人饮用或者清洗。近日来随处可见的一个麻烦场面是，在市中心区的东界上，沿着洛杉矶河的混凝土河道流淌着的污水沟边，无家可归的人凑在边上洗洗涮涮，甚至在喝沟里的水，其中有许多是年轻的萨尔瓦多难民。

当市中心区权势掮客的路线避不开要交叉到无家可归者和穷工人的生活环境时，比如前文说到的沿着百老汇走廊北部的高级区那个事例，就会设计出特别精密的防范措施，确保不同的人群之间不会有躯体的接触。例如，社区改造管理部请洛杉矶警察局帮忙，为两座新建的停车楼设计了"24 小时顶级保安系统"，这两座停车楼的服务对象分别是《洛杉矶时报》和罗纳德·里根州政府办公大厦。与外面简陋的街道截然不同，这两座停车楼配有精心养护、景色秀丽的草坪，或曰"微缩花园"，其中一座楼还有一个美食庭院和一间历史展厅。再说，两座建筑的交通系统设计都参照了"保密建筑"的模式——那可是私有化的微缩范式——于是白领员工就可以从停车处直接走到办公室，或者从停车处走到各类精品店，几乎没必要在公共街道上露面。特别是百老汇-春天中心，它连接了罗纳德·里根大厦和计划建在第三大道与百老汇大道交角路口上的"中央大广场"，而且因为在停车处添上了绿化和艺术品（一件庸凡的浅浮雕），它又赢得了建筑批评家的热心赞扬。为了吓跑无家可归者和穷人，它还加上了一套大手笔的威慑手段——武装警卫、上锁的大门、保安摄像镜头。

市中心区的街头冷战还在不断升级。听了市中心区的商人和开发商的游说，警方破坏了无家可归者及其盟友的每一次尝试，不许他们造出安全天堂，也不许他们自己组织宿营地。由无家可归问题活动家泰德·海耶斯创办的"正义村"被粗暴地驱散了；后来"正义村"的住宿者企图在威尼斯海滩找到避难所，当地议员（一名著名的环境维护论者）
236 一声令下，他们就全被抓起来，还被赶回了黑人聚居区那片人间地狱。
1987 年的严冬，接连有不少露宿在外的人成为冻殍[16]，为了勉强回应这一事件，市政府曾短期试过开办合法的宿营地，却只捱了四个月就兀然终止，好腾出地方来安排一个运输修理大院。 目前的政策似乎是在玩一场荒谬的游戏，它生吞活剥了左拉著名的嘲讽，恩准富人和穷人都享有"平等的权利"可以将就睡在露天。 城市规划委员会主任向疑虑重重的记者们解释官方规则时说，睡在街头本身并不违法，"只不过不能立起任何种类的保护性遮盖棚"。 为了巩固这项禁止修造"硬纸板共管公寓"的规定，洛杉矶警察局定期扫荡"团伙小子的地盘"，抄没遮盖棚和其他财物，并把胆敢反抗的人都抓起来。 这种玩世的压制手段让大多数无家可归者都成了大都市里的贝督因人①。 他们在整个市中心区里到处出没，用偷来的购物推车装着少数几件可怜的财物，永远在不停地逃来逃去，被官方的围堵政策和市中心区日甚一日的虐待狂街道环境挤在了夹缝里。[17]

扮演"肮脏哈里"②的弗兰克·盖瑞

如果说，当前从公共汽车站的长凳设计以及超巨尺度的建筑设计中可以解读出为保护布尔乔亚所做的探索，那么，它在风格独特的大师那一层面上也能看得到。 近来谁也比不上洛杉矶的普利茨克奖获奖人弗兰克·盖瑞，既能在精心设计都市保安功能时表现得才华横溢，又能厚

---

① 阿拉伯游牧民族，文中借意指居无定所的人。
② Dirty Harry，这是克林特·伊斯特伍德于 1971 年主演的暴力侦探影片的片名，也是片中主角哈里·卡拉汉警探的诨名。 这位超级英雄无视法律规定，惯于使用点 44 口径的手枪，"这是世上最棒的手枪，能整个儿轰掉人的头"。 这部电影以旧金山为故事背景，对后来许多突出表现暴力动作场面的影片影响很大。

着脸皮利用保安功带给人的恐惧战栗。 我们此前看到，他成了20世纪90年代推销新风潮的头等"想象工程师"（从迪斯尼公司的意义上看）。他尤其擅长于充当桥梁，既沟通着建筑与现代艺术，也沟通着含糊激进的旧风格与基本上玩世不恭的当代风格。 所以他的设计直接就是对后现代主义的原则拒斥，而且是它最聪明的升华；他让人怀旧地回想起了革命的构成主义，也惟利是图地歌颂着颓废布尔乔亚的极简主义。 在盖瑞作品中出现的两栖转换和自相矛盾的细微差别主要表现为对双曲线的膜拜，供养着盖瑞式手法的繁盛的手工模式。

不过，正如第一章中指出的，盖瑞最有力的一招可能要数他直截了当地利用了粗砺的都市环境，而且他还炫耀式地结合了都市环境中最粗糙的边际和碎屑，用在自己的作品中，变作强悍的表现元素。 同行们亲切地说他是个"老社会党人"或者"全情投入的街头斗士"，在他最有意思的作品中，多数都绝无浪漫色彩，绝无理想主义色彩。[18]盖瑞不像他那些在20世纪40年代十分热门的前卫导师们，他很少参与建筑的改良风潮，很少参与"为民主而设计"的行动。 他夸口自己力图"比照着现实条件尽力而为"。 有时候，他的作品放射出清冷的光亮，清楚地表明了在压抑、监视和排外之间潜在的关联，而洛杉矶似乎立志要造就的偏执的断片式空间正好也具备了这些特征。

盖瑞在1964年研究过如何在日益衰落的街坊中插入昂贵产业和节约的空间，这是他的新都市现实主义的一个很早的实例。 他在好莱坞设计的丹辛格工作室①很有开拓性，把奢华的品质掩藏在工人式或曰土匪式的立面底下，开创了洛杉矶全部各种"保密住宅"的先河。 丹辛格工作室的门前对着梅尔罗斯街，它在那段糟糕的旧时光里还没被复兴成目前的美食街，工作室的街立面只不过是一大片灰突突的墙，粗糙抹灰的墙面让过路的车辆和天气变化都免不得给它蒙上许多灰尘，于是整座房子就变得很像近邻的色情制片厂和车库。 盖瑞显然是想做出一种

---

① Danziger Studio，建于1965年，是一处独院住家工作室。

"闭关自守的、堡垒般的"设计，带有"哑盒子"的静默气质。[19]

从他在好莱坞设计的美国舞蹈学校（1968年）到"双子座 GEI"（1979年），盖瑞的作品用"哑盒子"和幕墙构成了一个完整的循环。然而，他最有示范意义的设计是在新墨西哥州盖的那个高墙四立的可奇提湖①镇中心（1973年）：在这个方案里，冰蓝色的要塞式围墙严冷可畏，包围着一组完整的建筑群（他在1976年又设计了洛杉矶的荣格学会，以稍小尺度重复了可奇提湖的设计）。以上的每个实例都通过强烈对比造成了戏剧性的效果，一边是要塞般的外观，抵挡着"缺乏魅力的街坊"或是荒漠，另一边则是丰富的内部效果，通过天窗和采光井向着蓝天敞开。换句话说，盖瑞设计的这些围墙复合体或曰"城市"强有力地隐喻着撤离街道、空间向内转，设计界在20世纪60年代的城市骚乱刺激下，做出的强烈反应也都具备如上特征。

1984年，在洛杉矶市中心区的西边界上，在全美国最大的中美洲移民区里，盖瑞设计了洛约拉法学院，旧的疑虑感改头换面地再次登场。由于洛约拉校园位于内城，盖瑞就必须做出一个斩截的选择，或是冒险创造出一片真正的公共空间扩展到社群内部去，不然就得沿用他以往的做法，设计一处安全的防御性飞地。激进的或只是理想主义的建筑师大可以孤注一掷地敞开校园，让紧邻的社群自由出入，在设计中给它一些实实在在的支持。不过，照一位钦佩盖瑞的批评家做出的解释，盖瑞选择的设计思路却基本属于新保守主义，也就是说，这个设计

> 开放，而并不过分开放。南方教育厅和小教堂只对奥林匹克大道暴露了坚固的后墙，再加上伯恩斯大楼没有特色的临街立面，就形成了一段门道，既不禁止人入内，又不过分好客。它跟这个街坊上的其他一切东西一样，就只是呆在那儿而已。[20]

---

① Cochiti Lake，位于圣达菲和阿尔伯克基两大城市之间俯瞰克奇提湖的台地上的小城，湖上可以泛舟、飞伞。

（这段描述在很大程度上是轻描淡写了该校园的禁区特质，包括粗壮骇人的钢桩围篱、金字塔神庙式的大块混凝土建筑体块、僵硬的临街墙面。）

不过，如果说丹辛格工作室自我伪装了一番、可奇提湖和洛约拉那两个方案都做了严密的临街立面来遮挡怒视的话，那么，再看盖瑞为弗朗西斯·霍华德·戈德温图书馆的好莱坞分馆设计的那个巴洛克式的堡垒（1984 年），它绝对是在拿有可能犯界闯入的人寻开心，说他们"装点了我的日子"。它在外观上奇特地混杂了搁浅的无畏战舰和贡嘎·丁要塞①的样貌，毫无疑问是有史以来所有的图书馆里最凶险的一个实例。盖瑞曾于 1980 年设计过保安措施极度严密的美国大使馆驻大马士革办事处，戈德温图书馆受到它的影响，在混凝土块的表面上覆以抹灰做成了高达十五英尺的保安围墙，用釉面砖覆盖着围栏以防涂鸦，下沉的入口处有十英尺钢垛做保护，墙顶各处还颤巍巍地立着时髦的岗亭，夸张着男子汉做派，活脱脱就像是肮脏哈里佩带的点 44 口径的大手枪。

可以预料得到，某些疯狂仰慕盖瑞的人看见这座贝鲁特气质的建筑欣喜若狂，说它是"大方的"、"引人心动的"、"老派的图书馆"，诸如此类。这话根本就是荒腔走板。[21]戈德温图书馆的好莱坞分馆收藏着电影界的重要史料，它的旧楼毁于火灾，因此捐赠者赛缪尔·戈德温基金会极度重视有形的保安措施。盖瑞得到的任务是要设计出一座天生就能"预防野蛮行径"的建筑来。当然，奇怪的是他不肯像大多数建筑师一样，在自己的设计里巧妙地结合进低调的高技术保安系统。他反倒要用一种高调的低技术手段，夸张地突出显示保安功能，把它变成设计方案的主题。盖瑞不用形式来掩盖功能，恰恰相反，他

240

---

① Gunga Din Fort, 1939 年加里·格兰特等人拍摄了著名的冒险史诗电影《Gunga Din》，根据英国著名作家吉卜林[Rudyard Kipling(1865—1936)，1907 年诺贝尔文学奖获得者]的同名诗篇改编，描写印度西北边境上的一名土著奴隶贡嘎·丁极想当一名英军士兵，并在与英国军官共同冒险的过程中以身相殉，最后被追认为英军下士，列名荣誉簿上。贡嘎·丁要塞即为故事发生的背景。

把所有的功能全都亮在外面。 由于观者既有的立场不同，最终从设计结果中感受到的游戏味道或者锐利的诙谐感也就各人程度不同。 戈德温图书馆无情地质疑着邪恶的他者（纵火的人、涂鸦的人、闯入的人），认为这些人就代表着周围的街道和路人。 它以一种狂妄自大的偏执态度冷漠地填满了身边紧邻的环境，这环境确实褴褛破败，其实敌意倒并不太重。

不过，用偏执一词也许有点儿不太合适，因为紧邻的街道就是一片战场。 几年前，《洛杉矶时报》爆炸性地报道了一则肮脏的故事，在好莱坞的这一地区，土地权属都垄断在娱乐界的联合企业以及少数几名大地主的手里，这些人想办法控制了改造进程。 他们计划开发优质地段，提高公共税收，清空好莱坞街头的穷人（从中美洲来的难民越来越多），把这个地区"升级"成一个服务于国际旅游者的光彩熠熠的主题公园，借此获得大笔丰厚的回报，这项计划目前仍在争议当中。[22]按照这种策略来看，戈德温图书馆就跟盖瑞早期设计的高墙建筑群一样，也是以建筑面目出现的重火力点，是升级政策的滩头阵地。 它那高大而明亮的室内空间被围在穷兵黩武的围栏里，长篇大论地讲论着，为了追求"安全"和利益，美国的公共建筑是怎样被名副其实地翻了个底朝天。

酷似圆形监狱的购物城

然而，本地还有其他一些事例，却得靠着"要塞"来重新抓住穷人扮演消费者。 如果说，戈德温图书馆"光芒四射地示范着公共部门与私营部门联手协作的可能性"，那么，开发商亚历山大·哈根建在内城的购物城则是真正的明星榜样。 哈根最初创业时是在威尔明顿的下等酒吧里推销自动点唱机，他靠着向石油公司出售边边角角的地块掘到了第一桶金（后来他又把这些地块买回来盖了小型的购物中心）。 他现在

242

掌握着南加州最大的零售业地产开发帝国，兴建了四十多座购物中心。我们在第二章里已经看到，哈根是个颇有见识的政治捐赠人，与民主党和共和党都往来不断。他从前还最擅长于借政府部门的改造项目为私人牟取暴利——如果你愿意的话，也可以称他是"内城再生之父"。

在全美国的大开发商当中，哈根最早抓住了被抛弃的内城零售市场这一潜在的商机。1965年发生瓦茨暴动以后，一大批大型零售商逃离了洛杉矶中南部地区，而实惠至上的小生意人则被银行的歧视性规则卡住了喉咙。结果，五十万之众的黑人和拉美裔即使只为买点儿日用杂货和处方药，也得跑到遥远的郊区购物城或是附近的白人区里去。哈根推算出，愿意回到内城的零售开发商就能独占极大的销售量。他意识到，由于官方的改造部门好几十年来一直好心忽视了黑人社群，他们的怒火与日俱增，于是进一步的推论就是，他可以诱导市政府提供补贴来重建商业市场。尽管社区改造管理部已经抢先一步收购土地，提供给市中心区身家上十亿的开发商们，然而它在瓦茨已经挣扎了好多年，却吸引不来哪怕一家超级市场，肯在此地按计划投资兴建一座街坊购物中心。哈根发现，布莱德利政府在中南部选区陷入了前所未有的困境，因此，无论是哪家私人机构，如果采取行动解决了"稳定零售租户的问题"，就会得到政府的慷慨回报。他独具一格地提出了个综合解决方案，"侧重于保安系统的设计，并讲求管理策略"，在全国的商业开发业界赢得了赞誉。[23]

哈根开发公司于1979年迈出了第一步，在中南部地区的核心地带拿到了一块地，它位于威尔蒙街和斯劳森街的交角，原本属于西尔斯公司。随后在1983年，改造管理部找到他，让他把瓦茨那儿延宕已久的"马丁·路德·金中心"建完。一年以后，他以1.2亿美元中标，翻修并扩建位于鲍德温山的格伦肖大厦；随后他又拿到了县政府的合同，在紧贴瓦茨南边的柳树溪一带兴建一组购物建筑群。在上述的每一个项目里都有一个必要条件，这就是保证采用自动排除故障的有形保安系统，靠着这一条才能劝动零售商和经销商（以及他们的保险商）前来认

租。 所有这四个购物中心用的都是同一个平面设计的原型，厚着脸皮
抄袭了杰里米·边沁在19世纪做成的著名设计，带经济实惠的中心监
控点的"圆形监狱"。 比方说，且来仔细看看哈根在瓦茨造的活动中
心的布局：

> 马丁·路德·金中心的地段四周环绕着一道八英尺高的铁
> 丝网，完全照搬了在私人产业和排外的居住社区周边位置上常见
> 的保安围篱。入口附近以及整个购物中心内部都装着带动作探
> 测器的摄像镜头。只需轻轻触碰开关，包括停车场在内的整个购
> 物中心就会全都沐浴在四足烛光的明亮光线里。

> 购物中心共有六处入口：三处汽车专用入口、两道后勤大门、
> 一条步行走道。步行入口和汽车入口都装着大门，早上6:30 开
> 门，晚上10:30 关门。后勤服务区位于产业的背后，围着一道六
> 英尺高的混凝土实墙；两道后勤大门一直都关着，由闭路电视进
> 行监控，装有双声道的对讲系统，交卸货时需要从一个保安'观测
> 台'上遥控操作。可能有些闯入者能避开摄像镜头翻越大墙，然
> 而还有从灯座上发射出的红外线光波在探测着他们。

圆形监狱那"不起眼的"观测台既是这个复杂的保安系统的眼睛，
又是它的大脑（在柳树溪购物中心，观测台其实藏在公共阅览处的顶
上）。 观测台里驻扎着购物中心的管理总部和洛杉矶警察局的一处分
局，还有一个调度控制站，监控着摄像镜头和声频系统，并不停地联络
"加入这一保安系统的其他购物中心、警方以及消防部门"。 无论是
星期几，无论昼夜，购物中心至少有四名保安人员在值班：一个呆在观
测台，三个去做步行巡逻。 他们受过专门训练，设在观测台里的警察
分点也会出动洛杉矶警察局的正牌警官为他们充当后援。

尽管保安手段可能看似严密无比，但是，在过去几年里，购物中心的保安问题却升格成了管理层最关注的大事。承保人要先行评估过购物中心的保安操控系统，据此制订出新的政策甚或修改现有的政策，而且在某些情况下，他们还会坚持把保安计划列为投保的一个条件，于是，其他一些并没盖在内城街坊上的购物中心也开始集中关注保安操作系统，在自己的设计及管理策略中把它当作一个必要组成部分。的确，一个强有力的保安计划可以保护购物中心的业主以及管理人员免遭法律诉讼，因而最终能带来丰厚的收益。[24]

不出所料，内城的购物中心变成了金矿，平均每平方英尺出租面积每年的销售额超过 350 美元，而相应的郊区购物中心的销售额大约是 200 美元。[25]何况哈根获得的丰厚回报还有五花八门的其他品种，包括减免税额、联邦政府和市政府提供补助、免费的强烈广告效果、获得补贴的承租户、60—90 年期限的场地租约。 无怪乎他能吹牛说："我们已经证明，在商业领域里只有绿色才是唯一算数的颜色①。 在美国这些被废弃不顾的垂头丧气的内城地区，可以找到巨大的商机，挣到巨额的利润。"[26]

同时，"哈根化"的思路被拓展了，用来在黑人贫民区里修建住宅和购物街。 酷似圆形监狱的购物城，对应着酷似战略小村的住宅。 顺着"马丁·路德 金中心"所在的那条街走下去就是"皇家庭院住宅项目"，它最近重重设防，装上了围墙，强制使用通行证，还开设了洛杉矶警察局的分局。 来访者都要被拦住搜身，而且警方每隔一阵子就会下令，居民们夜间必须呆在自己家的公寓单元里，不许出门。 公共住宅的租户们现在不得不忍受这种丧失自由的状况，这便是"安全"的代价。

---

① 这句话的意思是，无论买家的皮肤是什么颜色，只要能拿出绿色的美元钞票来就行。

从出租警察到机器战警

说到在城市里兴建保安至上的飞地的思路，它最红火的表现是洛杉矶的富裕街坊做出了狂热的努力，要保护自己的家宅价位和生活方式不受损害。 我们在上一章里看到，在城市边界以外新建的豪华开发项目经常会变成堡垒小城，齐整地配备了围墙、门岗管制、私人警察和公共警察的重叠服务，甚至还有只供本社区独用的车行道。 如果没有当地居民的邀请，普通市民根本不可能闯进西顿山①、布莱德伯里②、梦幻牧场③和罗林山等地的这类"小城"。 布莱德伯里设有门禁，住着九百名居民、拥有十英里长的私用道路，它确实非常执著于保安问题，竟至于那儿的三名地方长官连新闻媒体的电话都不肯回，因为"每次登出一篇文章……就让人注意到这个小城，入室盗窃的案件就会增加"。 至于西顿山，因为要执行高等法院的命令在它的大门外建造 48 套老人住宅，这个藏在大墙背后、安全至极的诺曼·洛克威尔④式的画面就痛苦地发生了分裂。 私房屋主协会把持着这个小城的权柄（其中成员包括弗兰基·阿瓦龙⑤、内尔·莱斯利·戴尔蒙德⑥和鲍勃·尤班克斯⑦），在协会的会议上，反对执行法院命令的一方坚持认为，老家伙们的公寓"会招来黑帮和麻醉药品"（原文如此）。[27]

---

① Hidden Hills, 位于洛杉矶县的一个小城，人口不足两千，是一个门禁居住社区，九成以上的居民都是白人。

② Bradbury, 位于洛杉矶县的一个小城，人口不足九百，是一处门禁居住社区，以大型房产为主。

③ Rancho Mirage, 位于河滨县的一个小城，是棕榈泉地区的八个小城之一，1973年完成社团化。 镇上建有贝蒂·福特中心，是历届美国总统都喜欢前来度假的地方。

④ Norman Rockwell(1894—1978), 出生在纽约的美国插图画家，特别擅长于描绘温馨幽默的小镇日常生活场景，广受欢迎。 马萨诸塞州于 1993 年开办了一家大型博物馆，专门展出他的作品。

⑤ 见本书第 92 页脚注③。

⑥ Neil Leslie Diamond(1941—), 出生于纽约的美国著名歌手及歌曲作者。

⑦ Bob Eubanks(1938—), 美国广播、电视明星，主持过很多热门节目，曾在1964 年首次把披头士乐队介绍给洛杉矶。

与此同时，像贝弗利山和圣马利诺之类老牌奢华飞地越来越严格地规定着使用其公共设施的限制条件，利用各色各样复杂而古怪的规定，竖起了隐形的高墙。 圣马利诺可能数得上是最豪华的社区，据说它在全美国是共和党的势力最强大的一个小城（这里有 85% 的人都是共和党人），眼下，它便在周末关闭了自己的公园，不许附近社区住着的拉美裔家庭和亚裔家庭进来。 人们正在讨论一个计划，星期六只许持有居民证的人进公园。 洛杉矶还有其他一些豪华的高级街坊也规定了类似的住户特权，制订法令只允许当地的私房屋主在本街坊的地盘上停车。 可以预料，这种有偏有向的停车规定会在三车位的豪宅街坊里飞快地传开。

于是，影响力足够大的居住区就能把当地的公共空间据为己有，从自己身边隔开大都会的其他部分，甚至可以针对外人强制推行花样百出的本街坊"通行证控制"。 当然，下一步就是狂热地模仿罗林山或西顿山之类的社团化飞地，树起货真价实的高墙。 拉布里亚公园自从 20 世纪 40 年代末兴建以来，就一直连着威尔夏大道，带着点儿曼哈顿下城①的肆无忌惮：这片迷宫面积达到 176 英亩，建有中等标准的联排式出租住宅和高层公寓塔楼，当地的住客混杂了形形色色的都市人，有单身人士、退休者，也有大家庭。 眼下，其主人"森林城市企业"已经做出决定，要用保安围墙圈住整个社区，不许外来的行人再穿越"奇迹一英里"沿线最活跃的这片公共空间，以此作为本地升级战略的一部分。代表私房屋主的一名女发言人评论说，"把社区围护起来是一种普遍趋势"。[28]圣费尔南多山谷里广袤的土地在十年前一度大片开敞，根本没有用高墙隔成的社区，照这种"趋势"的想法，一度只为富人所钟爱的那种社会隔离状况已经变成了普通郊区居民的要求，居住区里的武器装备就得丰富到疯狂的程度。 山谷地带有位头牌建筑承包商布莱恩·温斯托克夸口说，他新建成了一百多处门禁街坊，它们无度地需索着更

---

① 曼哈顿下城是纽约市的诞生地，从殖民时期到现代主义时期的各种建筑风格在这里都有杰出作品。 该地区目前以金融业为主，华尔街、联邦储备银行、证券交易所以及"9·11"之前的世贸中心都在这里。

多的保安措施。"从他们（买家）嘴里问出的第一个问题就是，这儿是不是一个门禁社区。 实际的需求比数是，赞成住进门禁社区和反对住进门禁社区的人数比例是 3：1。"[29]

"门禁邻里"有利于社会控制，在密度较高、收入较低的区段里的土地持有人也注意到了这个优点。 谷地的赛普维达拉美裔住区①里住着的公寓业主们纠集起来，支持警方在 1989 年 10 月推出的计划，要在本地街道上设置路障，以图威慑毒品买家和其他讨厌鬼。 洛杉矶警察局想要征得市议会的批准，永久封闭这个街坊，只许居民进入，同时私房屋主们还资助办起了一个保安站，或曰"查理检查站"②。 一方面，议会打算坚持把这个实验进行下去，另一方面，洛杉矶警察局得到了各地私房屋主的支持，继续在本市其他"战区"设立路障，牵涉到的地方包括皮科联合区的部分地段、威尔夏大道中段的一个街坊、弗农区的核心处围着杰弗逊高中周围整整一平方英里的地面。 听说年轻居民们对街坊隔离所造成的"柏林墙"特色啧有烦言，警察局长盖茨向记者们保证："我们不是要占领这里的领土。 这儿不是巴拿马。 这是洛杉矶市，我们会在这儿依法行事。"[30]

同时，顶级富人则在梦想着高技术的城堡。 像贝弗利山或是贝艾尔区这些地方的私房屋主就觉得，只靠大门和高墙还不够，于是他们就重新设计了住宅本身，加进了复杂的保安功能，有时候甚至有点儿勉为其难。 洛杉矶西区目前兴起了"宅邸化"的狂热风潮——例如，拆除价值三百万美元的住宅，重新修建价值三千万美元的宅邸——它压倒一切的目标倒还算审慎，是要寻求"绝对的安全"。 住宅建筑师们正学

---

① Sepulveda barrio，在 1992 年更名为北山区，是圣费尔南多山谷北端的一个历史悠久的山谷居住社区。 这里是一片工人阶级居住街坊，20 世纪 90 年代初以后，白人居民大批搬走，这儿主要住着拉美裔家庭。 自从 20 世纪 70 年代以来，卖淫、街头毒品交易和黑帮活动很常见。 这个地区的名称来自于早至洛杉矶建城时就住在此地的 Sepulveda 家族，且有赛普维达大道穿越山谷，通向长滩。

② checkpoint charlie，冷战期间于 1961 年 8 月 13 日树起柏林墙后，由美国军方设在柏林墙上的一处门禁，位于柏林市中心的弗雷德里克大街上。 Charlie 是北约代码中代表字母 C 的用词。 在冷战期间，"查理检查站"就意味着隔离状态，在东德居民眼中还意味着通向自由之门。

着驻外大使馆和军队司令部驻地之类的项目照搬着设计秘方。 需求最旺的一个特点是在住宅里藏进一间"反恐安全室"，要进去就得通过滑动的嵌板和秘密通道。 格里菲斯①和他那群宅邸迷的同好们正在加固自己的宫殿，把它建得活像个导弹发射井。

然而，无论是在壁垒森严的宅邸里还是在普通的郊区碉堡里，洛杉矶当今的居住安全其实全靠着贪婪地享受私人保安服务。 从帕利萨德到银湖区，实际上每一个富足的街坊都通过自己本地的私房屋主协会签署合同，选定了私用的警卫；因此，上千户人家的草坪上都展示着"枪械以待"的小小警告标牌。 最近在《洛杉矶时报》星期天版的分类广告中，就有将近一百则广告在介绍待聘的警卫和巡逻人员，尤以专擅为居住区服务的保安公司广告为多。 在过去十年间，洛杉矶县保安服务产业的销售量和劳动力都增长到了三倍（从 24 000 人上升到了 75 000人）。 "当上一名武装警卫要比成为一名理发师、美容师或者熟练木匠都更容易一点儿"，而且，加州的资质法规特别宽松，筛选保安人员时连一个罪名成立的谋杀犯也不会被自动排除在外。 大多数巡逻人员都是少数族裔男性，挣的薪水基本上是最低工资（每小时 4—7 美元，视个人资质及受教育程度而不同），尽管如此，他们的老板却经常是跨国合作的企业，提供着让人眼花缭乱的多种保安产品和服务项目。 正在创业初期的西部技术公司是日本中兴保全有限公司的子公司，它的总裁迈克尔·凯伊解释说："我们不是一家保安警卫公司。 我们出售的是一种保安理念。"[31]（影迷们立刻就能认出，这段话是在学保罗·维霍文②拍的电影《机器战警》里的坏人、消费者全面制品公司的迪克·琼斯吹牛的话："一切都是保安理念……有时候我就是能想出点儿什么，所以我硬气得很。"）

250

---

① Merv Griffith，著名电视节目主持人，有以其姓氏命名的专栏节目。
② Paul Verhoeven(1938—)，著名的荷兰电影导演，擅长于执导极端暴力的大制作科幻影片。 《机器战警》（又名《铁甲威龙》)是他 1987 在美国拍摄的作品。 他的名作还有 1992 年拍摄的《本能》和 2000 年拍摄的《透明人》。

私房屋主协会订立合同的对象是西部技术公司，或是它的主要竞争对手贝艾尔巡逻公司（它属于伯格-华纳保安公司集团，该集团里还包括伯恩斯公司和平克顿公司），他们制订了全套"系统化的"整包合同，其中包括警报装置、监视器控制、值班巡逻、私人护卫队，当然还有不可或缺的"枪械以待"。虽然执法专家们还在争论，这种体系究竟在制止职业犯罪方面能有多大效果，它却无比成功地赶走了无辜的外人。若是有谁想在日暮时分漫步走过一片陌生的街坊，看见这里有武装警卫在巡逻，还立着以死亡相威胁的标牌，他很快就会意识到，所谓"城市自由"的老派观念如果还算不得彻底陈腐不堪的话，顶多也只是流于空谈罢了。

扮演空间战警的洛杉矶警察局

这种全面的城市保安大动员不仅要求把警察功能和建筑环境重叠在一起，而且还依赖着政府部门和私营企业提供的警察服务中逐步形成的劳动的社会分化，由政府部门为私营企业提供必要的支援。《警察局长》杂志指出，像抗税运动、侵犯财产的犯罪增多、中产阶级的安全需求逐渐增加之类，都属于"1980 年代严酷的经济现实"，它们催生了"私人保安与执法部门之间的一种关系同盟"。[32] 私营企业在剥削着一支没有工会组织的低薪雇员大军，于是日渐抢走了劳动密集型的任务（警卫值班、居住区巡逻、在零售店里抓小偷、维护保安通道及检查站、操控电子监视设备，诸如此类），与此同时，政府的执法部门则逐步缩减到只负责监督管理巨型保安系统（保有重罪犯数据库、空中监视、监狱体系、准军事应对恐怖主义和街头骚乱，诸如此类）。这两个部门之间的分界含混不清，最明显的表现是许多街坊上的巡逻任务不一定由谁担当，还有转包监狱管理的趋势也在日渐抬头（另一个也许有利可图的市场是由私营企业负责监管家庭电子监控系统）。

从许多方面来看，这种劳动分化在洛杉矶体现得最精细，因为洛杉矶警察局打破常规地用技术资本替代了巡逻人力。这多少是为了适应本市的松散格局而不得不采用的一种调适措施导致的结果，但它也表明了警察局是怎么看待自己与各社群之间的相互关系的。特别是，照着洛杉矶警察局自我圣化的荒唐说法，因为有巡逻警员的护卫大军在分担着巡逻任务，洛杉矶警察局就比传统的大城市警察局更进步。传奇人物帕克局长最崇拜的是海军的精英部队，他在 20 世纪 50 年代初推行了改革，要把洛杉矶警察局变成一个廉洁的部门，靠无可匹敌的"几个好人"与天生邪恶的城市作斗争。电视系列剧《拖网》①里的星期五警官准确地体现了帕克治下洛杉矶警察局的特质，过分正经地疏远着由愚人、腐化分子和精神病患者组成的全体公民。

技术手段帮着分隔出了这种偏执的*团队精神*。在此过程中，它实际上帮警察确立了一套全新的认识论，新兴的监管措施和应对措施的技术水平十分高超，巡逻警官跟特定社群里的"伙计们"混得烂熟的老招数就此绝迹。这就让人回想起 20 世纪 20 年代，洛杉矶警察局率先装备了配有对讲机的巡逻车，替代了徒步警官和骑警，从此开创了分散的、机械化的警察管制方式。在帕克的治下，洛杉矶警察局一直非常注意借鉴军队的技术装备，他们引进了第一架警用直升飞机，系统地实施空中监管。在 1965 年的瓦茨暴动以后，这一空中部队计划成了警方对付整个内城的战略基础。[33]警用直升飞机是洛杉矶警察局"天空"计划中的一个组成部分，在"犯罪高发区"上空维持着平均每天 19 小时的巡视，与巡逻车上的警员协同作战，飞行密度甚至超过了大不列颠军队在贝尔法斯特执行空中巡查的密度。为了同步推进地面行动和空中行动，几千户住家的屋顶上被漆上了容易辨识的街道编号，让本市的俯瞰图景变成了一张巨大的警察网格。

洛杉矶警察局的空军部队共有五十名飞行员，他们最近又一次更新

252

---

① Dragnet，1951—1959 年间播出的电视系列剧，主角是乔伊·星期五警官。

了技术，配备了法国宇航工业公司生产的直升机，上面装备着未来水准的监管技术手段。他们的前视红外摄像装置是精妙绝伦的夜视眼，只靠一小支点燃的香烟就很容易形成热感图像，而他们三千万支光的探照灯被恰如其分地叫做"夜太阳"，它可以名副其实地把黑夜化作白昼。与此同时，洛杉矶警察局还保有另一支队伍即贝尔喷气机巡逻队，可以在本区的任何地带输送 SWAT① 人员以及全部装备。有时候他们的训练内容还包括在市中心区的高楼大厦上进行突袭演习，预示了好莱坞塑造的更让人毛骨悚然的警方空中威慑的某些形象（比如电影《蓝色霹雳》② 或者《威龙猛将》）。几年前，洛杉矶警察局霹雳特警队的一名资深指挥官在一番机关枪扫射中意外击落了自己的一架直升飞机（这位长官显然在洛杉矶中南部地区参与指挥过那场声名狼藉的血战）。

不过，说到洛杉矶警察局转化成技术警察的过程，最根本的决定因素是它长期以来与军方的航天工业进行了成功的合作。就在 1984 年的洛杉矶奥运会开幕之际，警察局采购了"突发事件在线指挥控制通讯系统"（简称 ECCCS），这是世界上最强大的顶级警用通讯系统。休斯航天公司从 1969 年到 1971 年间首先开始构思了 ECCCS，国家航空航天局（NASA）的喷气推进实验室完善并更新了它的设计，加进了航天科技的元素以及控制任务的通讯装备。市议会在 1977 年 5 月批准了一笔高达 4 200 万美元的额外税收，然后批准由圣莫尼卡的系统发展公司充当头号承包商来建这个系统，花了七年多的时间才彻底完工。

为了隐蔽 ECCCS 的核心设备，用上的保安措施比蒙大拿的战略空军导弹发射井都不差。它的中央调度中心藏在市政厅东端能抗震并有重兵把守的第四夹层和第五夹层里（这里能通到帕克中心的警察五角大楼），协调着洛杉矶警察局的全套复杂线路和应答系统，这些系统运用了数字化通讯手段来消除声道的拥挤，并确保信息的安全传输。洛杉

253

---

① 即 special weapons and tactics，特种武器战略部队，又译霹雳特警队。
② Blue Thunder，又译《过关斩将》。

矶警察局拥有巨量的信息处理资料，收集到的可疑市民数据库还在不断扩充，再加上 ECCCS，就变成了一个中枢神经系统，控制着洛杉矶数量巨大、类型迥异的公共、私人的保安操控手段。

但这还算不得终极的警察中枢。由于本市被黑帮事件刺激得歇斯底里，再加上要跟噼啪海洛因开战，市政府就为警方基金的需索大大敞开了保险箱的门，看来，洛杉矶警察局会继续赢得政界的支持，实施雄心勃勃的投资计划，扩充新兴技术。洛杉矶警察局已经花钱把警员装备到了越南战争和 NASA 的早期水准上，几乎不可避免的，它和其他一些先进的警方部门会想要拿到电子战乃至于星球大战的技术。我们正站在一个时代的开端，要给财产和人群全都打上电子标记——不管你是不是罪犯（例如小孩子也会被打上标记）——并运用蜂窝式和集中式并置的监视系统对电子标记实行监控。说到集中监视系统，前任洛杉矶警察局长、现任的州议员艾德·戴维斯（他是来自瓦伦西亚的共和党人）提议，起用一颗同步卫星，统计本地区像传染病一样蔓延的汽车盗窃案。如果有哪辆做过适当标记的汽车被人偷走，已经在新英格兰地区试用过的电子警报系统就会向警方发出警示；卫星监视系统会在整个洛杉矶的广袤区域里展开地毯式搜查。当然，一颗执法卫星一旦走上轨道，它的作用就会扩充，把其他的监视及控制手段也包罗在内。

说到底，这个提案能否真正落实其实并不太重要，最终更重要的是它所描述的景象，因为它浓缩体现了洛杉矶警察局在二战后固有的世界观以及唐吉诃德式的追求：良民远离街头，自我封闭在极度安全的私人消费领域里；恶人呆在街头（因此做不成合法的生意），被洛杉矶警察局的空间计划像老天爷般可畏地细细审视着。

监狱般的城市

空中监控、警方按网格无休止地搜集数据、集中控制通讯，所有

254 这些因素共同对洛杉矶上演了一轮隐形的"奥斯曼式整治"。 只要控制了天空，就没必要先行清空交火战场再动用加农炮；只要每座建筑上都司空见惯地装饰着监控摄像头，就更没必要在每个街区雇用一名线人。 不过警方还是以非常直截了当的方式重新组织了空间。 我们已经见识过了，由于他们在"保安"方面的特长，他们就成了不可或缺的角色，日益有力地影响着市中心区的规划设计。 但他们还在喋喋不休地游说着，要为执法单位增加用地：人数不断攀升的服刑人员需要扩充收容空间，警方还要开设行政管理机构和训练机构。 在洛杉矶，这件事实际上表现为警方探员操作的一项都市更新计划，它会把洛杉矶市中心区以东的整个凸出地带变成一片宽阔的刑法殖民地。[34]

在市政厅周围半径三英里的区域内，目前有将近 2.5 万名犯人被关押在六所严重爆满的县属监狱或联邦监狱里，这是全国人数最多的一批在押人员——而且还没算上移民归化署拘留中心的容量。 眼下官方忙着要迎接"毒品战争"的挑战（这场斗争将在十年之内让在押人数翻一番），因此正在洛杉矶东部稳步建设一座新的州立监狱，同时也在大规模扩建唐人街附近的县属监狱。 这两项计划都引起了各社群联合会的强烈争议，大家都反对在内城范围里增加更多监狱空间。 然而另一方面，在洛杉矶东部从 20 世纪 70 年代到 80 年代初席卷过工厂倒闭、产业空洞化的浪潮之后，像监狱管理部和县属监狱这些机构以及无数的私营保安公司就成了本地的主要雇主。 现在，各处监狱和县立医院兼南加州大学附属医院正在角力，争着要做东区最重要的一支经济力量。

社群居民与执法部门在用地方面之间存在利益冲突，这种冲突的又一激烈焦点是道奇体育场和警察学院所在的极乐公园的命运。 极乐公园紧挨着古老的"洛杉矶小村"的西北面，到处都是陡峭的山坡和溪谷，一度是个特别吸引游客的热门地段，也是全美国最先推行"城市美化"运动的公园。 警察部门原先占用了 1932 年奥运会的手枪比赛场

（这个场地暂时租给了警察运动及手枪俱乐部），他们通过当地政府耍了一招极老练的蒙骗手法，想办法变成了占有整个公园。尽管"极乐公园之友"组织的律师能证明，警察学院的建设未经权威部门认可，甚至是在非法侵占公共土地，但是洛杉矶警察局却威吓市议会必须认可现状。随后在 1989 年，配着难懂的附加条文发行了一大笔警方债券，同时又有黑帮和毒品之类的危机也在火上浇油，所以警察学院就既有了资金又有了权力把自己在这个公园里的地盘扩大三倍。打个比方，这差不多就相当于旧金山警方要去占用金门公园，或者是纽约市警察局要求拥有半个中央公园。

与此同时，移民归化署则一直想把私人开办的"微型监狱"硬塞进毫无戒心的内城街坊里去。移民官手下那些正规机构里的收押档案早就爆满，于是他们就征募了汽车旅馆和公寓楼，交给私人承包商翻建成附属监狱，用来羁押外国侨民，其中有很多人是寻求庇护的华裔和中美洲人。1986 年新闻界曝光了一家这类的羁押中心，在好莱坞引起了社群骚动，然后在 1990 年初，八名在押女性由一名持不同政见的华人领着大胆逃脱，又一次引起了麦克阿瑟公园街坊一带的骚动。这些女性宣称，羁押中心连最基本的卫生条件都不具备，而且还有男性警卫在女性监房里过夜（该羁押中心位于这片地区的主要购物大街上，是一处装了铁栏的不起眼的店面）。[35]

不过，执法部门想在市中心寻求生存空间，就将导致警察机构无可避免地要冒犯的还不止是社群团体。县属监狱位于市中心的保切特大街上，它计划要新盖两座高层塔楼，增设 2 400 张床位，这可惹火了规划人员和开发商，因为他们正打算把附近的联合车站改造成 组摩天楼群的中心，旁边盖上巨型酒店和办公楼。如果当真扩建了监狱的话，结果就将是游客和犯人们会从面面相觑的高楼里互送秋波。要想解决监狱改建与商业改造之间的矛盾，有一种路数是伪装建筑的外观，巧妙地把监狱空间融进楼群的天际线里去。如果让高楼和住家从外观看去都更像监狱或堡垒的话，那么很讽刺的是，监狱就靠着建筑形式变成了

256

审美对象。 再说，既然后自由派时期的政府更愿意花公家的钱来实施司法打压而不是改善社会福利，监狱建筑也就变成了公共建筑领域里的新天地。 由于全国各地多数地方的办公楼已经过剩，为公司兴建高层办公楼的委托任务就减少了，因此，建筑名家们如今正抢着要设计监狱和警察局这等方案。[36]

257 有一个特别突出的例子称得起是这个正在萌生的建筑类型的旗舰，它挨着市民中心和好莱坞快速路，是韦尔顿·贝克特联合公司在洛杉矶市中心区新建的大都会留置中心。 虽然联邦监狱署管辖下的这座十层高的机构大楼是本市最显眼的新建筑之一，但是，每天有几十万通勤者从它楼前路过，却几乎没几个人会稍微感知到它的功能，哪知道它竟是一个关押—转运中心，官方说，这儿羁押的犯人都是"毒品恐怖组织里的管理层精英"。 联邦判决关进这里的 70% 的案例都牵涉到"毒品之战"。 在好几代人的时间里，这座后现代的巴士底狱都数得上是在美国主要城市的中心位置兴建的最大一座监狱，它看着倒像是风格前卫的旅馆或是办公楼群，充满艺术化的迷人魅力（比如在桥式露台上立着高技术的格栅架），可以媲美市中心区任何一座最新落成的建筑。而它的高档气质还绝不仅限于立面的设计。 监狱的内部设计要贯彻落实一套错综复杂的心理操控计划：窗户上不装铁栏、柔和的彩色图案、监狱工作人员都穿着大学预科生式的鲜艳茄克、天井里的灌木有人精心照管、接待区如同旅馆一样、有九个休闲区配有潜水训练装备，诸如此类。[37] 县属监狱就在几个街区以外，拥挤不堪得令人绝望，贝克特大厦与那个人间地狱形成了对比，从表面上看，它不像是一个拘押处，倒像是为联邦裁决的重罪犯准备的一家会议中心——"出色地"增补了市中心区的保安—设计统一体。 但是，如此强烈关注监狱的审美价值却得付出很险恶的精神代价。 我在一次参观过程中听到某个在押犯对我耳语，"你能想象被锁进一家假日酒店、被人操了心眼儿的感觉吗？"[38]

畏惧人群

当前，建筑设计及警力汇聚的终极目标非常引人侧目地以控制人群为核心。 我们已经看到，在设计购物城和伪公共空间时，对待人群的态度是把他们视为均质状态。 设计师们通过建筑形式、建筑符号的运用树立了屏障，好过滤掉"讨厌鬼"。 他们把筛剩下的人群围护起来，用行为主义的无情手段来引导人群的走向。 用全部各种视觉刺激来诱惑人群，用音乐来麻木人群，有时候甚至用隐形的芳香剂来充塞嗅觉。 这种操作性条件反射的乐曲如果编得好的话，就编成了货真价实的商业交响乐，引领着单独的个人卷入蜂拥消费的热潮，从一处收银台走向另一处收银台。

在外面，在大街上，警察的任务比较困难一点儿。 洛杉矶警察局 258 忠实于自己的阶级斗争经验，总是对某些种类的公众集会深恶痛绝。 早年间它主要致力的事项包括用大棒痛打国际劳动节的示威群众、拘捕罢工者、驱逐墨西哥裔和从俄克拉荷马州搬来的农民等等。 1921 年，警方因为厄普顿·辛克莱在公共场合朗读《独立宣言》就拘捕了他；20 世纪 60 年代，警察局在争夺格里菲斯和极乐公园的斗争中不分青红皂白地打散了恋人约会和家庭野餐。 也许在下意识里，它一直没能从 1965 年 8 月蒙受的羞辱中恢复过来，那次警方不得不把街头暂时让给了一片骚乱作反的黑人贫民区。

无论出于何种原因，洛杉矶警察局(还有各县的警长们)仍然在毫不留情地限制公共集会、限制年轻人的行动自由。 我们将在下一章里详细地审视对洛杉矶中南部地区施行的"锤子行动"以及其他越战型警察攻略的历史。[39]但是，早在洛杉矶警察局和各县警长发动著名的反黑"拖网"行动之前很久，他们就在非盎格鲁族裔的地区广泛实行了青少年宵禁，还在人们爱去的大街上设立了路障来预防"游行"(这种做法直接煽动好莱坞兴起了时髦的升级改造策略）。 至于现在，当然啦，他们正借着各地界上不同的"穿行法规"来封闭整片街坊和住区。 就连镀金的白人青年也只好忍受警方逐步升级的限制个人行动自由的规则。几百万外国人还在想象着，往昔的世界青少年之都总在深夜举办冲浪晚会，期间能有个"妙龄女郎"①亮相，可是现在夜色中的海滩都被关闭了，只看得见配有机关枪的直升飞机和警方的沙滩汽车在四处巡逻。

公共空间同时受到了建筑设计和警方控制的两面夹击，这种情况的一个分水岭是"洛杉矶街头场景节"的兴衰之变。 这个庆典节日始于1978年，在市民中心持续进行两天，最初的用意是要公开宣扬市中心区的复苏，并按照布莱德利市长的心思来举办民主党传统的烤肉聚餐会。 洛杉矶警察局疑心重重。 终于在1986年，由于雷蒙斯乐队②失约没能在庆典上露面，年轻的观众们就开始拆碎舞台。 洛杉矶警察局立刻派出了由150名头戴钢盔的警官组成的方阵，还有一支骑兵小队。在随后的两小时混战中，愤怒的朋克们向警方的骑兵扔出了石块和瓶子，有十五名警官和他们的马匹受伤。 "街头场景节"的制作人是布莱德利手下的一名官员，是他提出"增加马路上的娱乐"应该能够吸引不太狂野的人群。 声望卓著的《市中心区新闻》针锋相对，扬言"街头场景节给市中心区带来了恶名。 它与本地在过去三十年里达到的一切成就公然背道而驰"。 这家报纸要求为"市中心区的声誉"遭受的损害索取"赔偿"。 市长办公室取缔了"场景节"。[40]

它的衰亡表明，在人群问题和空间利用问题上，洛杉矶的官方舆论更有影响了。 重建市中心区已经导致普通人行道上再也看不见社会各阶层的人群混杂活动，从那以来，"街头场景节"（这个名称很讽刺）一直是所剩无几的狂欢场地之一（此外还有受到改造威胁的"好莱坞大

---

① 见本书第 92 页脚注②。
② Ramones，1974 年从纽约市皇后区崛起的传奇的朋克摇滚乐队，引领了纽约市的朋克运动，被公认奠定了朋克音乐的基础，并深刻影响到了后来的乐手，甚至有些乐队给自己取名为"雷蒙斯朋克"。 该乐队于 1996 年解散。

道"和"威尼斯木板路"两个庆典），在这里，多种纯粹声音的对抗交织可以十分兴盛：也就是说，唐人街的朋克、格伦代尔①的光头党、波义尔高地②驾驶低底盘改装车的飙车族、山谷地带的女孩子、码头区的设计师夫妇、斯劳森区的饶舌乐手、贫民窟地区的无家可归者、得梅因区的看闲眼的傻子们，全都可以在相对友善的气氛中融合在一起。

只要还没最终消灭这些残存的正宗公共空间，留住了它们那份民主的陶醉、冒险情绪和不带香味的气息，洛杉矶就还不算被彻底平定了。约翰·卡朋特拍的电影《极度空间》里表现了像外国雅皮士之类感受到威胁的精英们，只要世事依旧，这些五花八门的精英就永远都没法预知几时会爆发反抗事件，也没法预知它会有哪种奇怪的表现。在布什的竞选活动引动的警察执法达到高峰之前一个星期，1988年万圣节的前夜，洛杉矶警察局企图疏散好莱坞大道上和平聚集的十万名酒后狂欢的人。警方的乘骑冲进人群，警察巡逻车也走着之字形开上了马路牙子，把吓坏了的围观者顶在店面的橱窗上。群众中有些人的表现照警方的说法是"完全缺乏对节日精神的敬意"，他们愤怒地展开了还击，乱扔瓶子，还打碎了棕色德比餐厅③的窗玻璃。午夜之前，多半服色古怪的聚众闹事者一直在抢掠店家。第二天早晨的《洛杉矶时报》登载了如下的描写，让人想起了纳撒内尔·韦斯特的文笔：

在一家纪念品商店"冬青酒店"里，抢掠者打碎玻璃，抢走了填充动物玩具、好莱坞明信片、好莱坞三角旗以及饰有"洛杉矶警察局"徽章的垒球帽。[41]

---

① Glendale，位于洛杉矶县的小城，在圣费尔南多山谷东端，有大量波斯裔和亚美尼亚裔移民，其中半数以上的居民出生在美国境外。
② Boyle Heights，洛杉矶东部的一个地区，一直是多种族混居地带，20世纪初时以犹太裔和日裔居民为多，现在则有九成以上的居民是拉美裔。
③ Brown Derby，洛杉矶市一家地标性的连锁餐厅，1926年首次开张，在好莱坞的黄金时代里经常有名流频繁出入。第一家餐厅的建筑外观像一顶棕色的德比郡式样圆顶硬毡礼帽，因而得名。

注 释：

261 　　[1] 见 National Committee on the Causes and Prevention of Violence，*To Establish Justice*，*To Ensure Domestic Tranquility*（*Final Report*），Washington D. C. 1969。

　　[2]"并不一定只有新建的购物中心开发项目才会在开发模式中出现倒置和内向，以及此种过程造成的公共空间特性的含混不清。有种老生常谈认为，现代城市展现出的整体倾向是，它会拆分成多个单一用途的专门化区域——大学校园、产业园区、休闲建筑群、居住建筑项目……其中每个区域都受到奥妙的开发业内规则的控制，并由专家机构负责贯彻实施，这些专家的职权范围确保他们非常熟悉全国范围内的其他类似开发项目，可对自己旁边紧挨着的不相似的地带却几乎一无所知。"（Barry Maitland，*Shopping Malls*，*Planning and Design*，London 1985，p. 109.）

　　[3] 参看 Geoffrey Blodgett，'Frederick Law Olmsted：Landscape Architecture as Conservative Reform'，《美国历史杂志》（*Journal of American History*）62：4（1976 年 3 月号）；又见 Manfredo Tafuri，'The Disenchanted Mountain：The skyscraper and the City'，in Giorgio Ciucci，et. al.，*The American City*，Cambridge，Mass. 1979。

　　[4] David Halberstam，*The Powers That Be*，New York 1979，p. 102.

　　[5]《洛杉矶时报》1978 年 11 月 4 日，X 版 p. 13。又见 Sam Hall Kaplan，*L. A. Follies：A Critical Look at Growth*，*Politics and Architecture*，Santa Monica 1989。

　　[6] 为调查洛杉矶骚乱而成立的州长委员会。*Violence in the City-An End or Beginning?*，Los Angeles 1965.

　　[7] 20 世纪 70 年代初，警方向中心城市协会的成员们通报了一场"迫在眉睫的帮派入侵"。他们敦促生意人"向警方报告本区内出现的任何年轻黑人团体。这些年轻人的岁数介于十二岁到十八岁之间，男女两性皆有。有一帮帮派戴着耳环，另一个帮派戴着帽子。这些人聚集到两人以上时就非常危险，而且持有武器"。（《洛杉矶时报》1972 年 12 月 24 日，I 版第 7 页。）

　　[8] 提高本区品级的做法就等同于"里根化"。社区改造管理部做了一笔全盘交易，要把百老汇走廊的北端变成一架高级消费的"桥梁"，连接起班克山、市民中心和小东京，因此他们花了两千多万美元，诱使州政府在离第三大道与百老汇大道交角处一个街区远的地方兴建了"罗纳德·里根办公大楼"，同时还用六百万美元买通了联邦救济署，把它庇护的无家可归者搬出这个街坊。在里根大楼里上班的三千名国家公仆要充当突击部队，提高第三大道与百老汇大道交角处这个战略性街角的品级，而开发商艾拉·耶林则已经拿到了社区改造管理部给他的好几百万美元的补贴，要把他名下拥有的三座文物建筑（布莱德伯里大楼、百万美元剧院和中央大市场）改造成"中央大广场"。在正文中提到过的"百老汇-春天中心"就成了穿行在里根大楼和中央大广场的"安全通道"。

　　[9] 著名的"可防范空间"理论家奥斯卡·纽曼（Oscar Newman）仔细思考过白人中产阶级与穷困黑人之间的社会差距越来越大这个问题，他坚持认为，应该由联邦政府下令把穷人逐出郊区居住场景以外。不过他坚持说，"把穷人和黑人关进围栏"的做法（原文如此）必须"根据一个严格控制的配额基数"实施管理，不能威胁到中产阶级，要确保他们永远维持社会优势地位（*Community of Interest*，Garden City 1981，pp. 19—25）。当然，这种"严格控制的配额"恰恰是改造机构特别钟爱的一种策略，比如洛杉矶的改造机构，因为他们一直不得不在自己设计的"都市村庄"里容入一小部分低收入家庭或极低收入家庭的住宅。纽曼和改造机构的人都很难相信这些城市工人阶级有本事维持自己街坊的体面，或是在确定公共利益时能有任何意见。正因如此，工人阶级穷人在改造过程中总是"问题"，是"不良影响"，同时镀金的中产阶级则总是代表着"复兴"。

262 　　[10] N. David Milder，'Crime and Downtown Revitalization'，《都市土地》杂志 1987 年 9 月号，p. 18。

　　[11] *The Social Life of Small Spaces*，New York 1985.

　　[12] 下文的讲述大量借用了迭戈·卡多索（Diege Cardoso）的优秀摄影作品，他花了很多年的时间来拍摄市中心区五花八门的街道场景以及人们的生活环境。

　　[13] 20 世纪 80 年代中期，由于嗜啪可卡因开始在黑人贫民区里取代廉价的酒类，自杀率跃升到了几乎每周一例。最近《洛杉矶时报》刊登了一篇封底报道——《哦，那就是黑人贫民区》（1989 年 11 月 15 日刊登）——文中宣称，无家可归者已经变得非常"习惯于街头暴力了"，竟至于"昨天夜间两个相邻的街区里有两个人被残忍地杀害了，而它引

起的注意还远远比不上录制一期电视节目《美女与野兽》"。 不过这篇文章也指出，无家可归者已经开始指望一种"搭档体制"，这样，其中一个人睡着的时候就能靠另一个人充当"哨兵"，警戒可能遭到的袭击。

〔14〕例如，洛杉矶警察局直接左右着"百老汇奇迹"的设计顾问委员会，这个公共基金实体想要对市中心区的部分文物核心区实施升级改造。（见《市中心区新闻》1989 年 1 月 2 日报道）

〔15〕对黑人贫民区居民的采访；又见 Tom Chorneau，'Quandary Over a Park Restroom'，《市中心区新闻》1986 年 8 月 25 日，pp. 1，4。 在南加州的其他社区里，穷人特有的卫生行为被认定为非法的。 新通过的法规特别规定，禁止无家可归、不受法律保护的人在公共场合冲洗"手肘以上的部位"。

〔16〕见《洛杉矶时报》1988 年 12 月 29 日报道，'Cold Snap's Toll at 5 as Its Iciest Night Arrives'。

〔17〕见我写的文章 'Chinatown，Part Two? The Internationalization of Downtown Los Angeles'，《新左派评论》1987 年 7—8 月号刊登。 同样重要的是要指出，尽管在黑人贫民区里盛行吸食嗪啪可卡因（一批非常年轻的无家可归者已经对它上了瘾），这一带却没有戒毒治疗中心，也没有康复计划。 的确，在全市范围内，正值警方预算和监狱预算都在大幅度攀升的同时，麻醉品治疗基金却遭到了削减。

〔18〕"老社会党人"的话是莫弗西斯事务所的建筑师、号称"盖瑞小子"的迈克尔·罗通蒂（Michael Rotundi）说的；盖瑞自己吹牛说："我从大街上找到灵感，我更像是个街头斗士而非一名古罗马学者。"（引述于 Adele Freedman，《进步建筑》（Progressive Architecture）1986 年 10 月号，p. 99。）

〔19〕盖瑞作品的最佳概览见 Peter Arnell and Ted Bickford，eds，Frank Gehry：Buildings and Projects，New York 1985。 也可看看 Institute of Contemporary Art，Frank O. Gehry，An Exhibition of Recent Projects，Boston 1982；以及 University of Southern California，Frank Gehry：Selected Works，Los Angeles 1982。

〔20〕Mildred Friedman，ed.，The Architecture of Frank Gehry，New York 1986，p. 175.

〔21〕Pilar Viladas，'Illuminated Manuscripts'，《进步建筑》1986 年 10 月号，pp. 76，84。

〔22〕见《洛杉矶时报》1987 年 8 月 31 日及 10 月 16 日刊登的法雷尔（David Ferrell）的文章。 洛杉矶规划部的前任主任卡尔文·汉密尔顿曾给《洛杉矶时报》写过一封信（日期是 1987 年 9 月 16 日），他在信里确认证，好莱坞商会"为了自己的目的侵略性地操纵并主宰着决策过程。 在我看来，在规划涉及的大多数地区里，他们只在乎为自己赢得最大的利益，并不想做出一个均衡规划的综合方案来改善好莱坞地区全体市民的状况，让大家长期受益"《洛杉矶时报》1987 年 10 月 7 日刊登的人物特写。

〔23〕见《洛杉矶时报》1987 年 10 月 7 日刊登的人物特写。

〔24〕Jane Buckwalter，'Securing Shopping Centers for Inner Cities'，《都市土地》杂志 1987 年 4 月号，p. 24。

〔25〕Richard Titus，'Security Works'，《都市土地》杂志 1990 年 1 月号，p. 2。

〔26〕Buckwalter，p. 25. 有些长期从事社群工作的人士指出，好多事情都讽刺意味太浓：比方说，同样是这群势力（施行歧视政策的银行、漫不经心的政客、势利眼的保险公司等等）导致了洛杉矶中南部地区零售业的亏本局面，可它们如今却在庆贺着哈根达斯这类有保安头脑的企业重新收复了此地。 市政府一直听凭内城的公共空间和购物街道急剧恶化，只有临街的教堂和少数几家重兵把守的酒馆还能幸存下来，现在市政府却突然拿出了大笔津贴，用来兴建私有化的购物堡垒，然而挣到的利润却流出了本社区。

〔27〕参看《每日新闻》1987 年 11 月 1 日报道。 又见福克斯新闻台 1990 年 3 月的电视访谈节目。　263

〔28〕《洛杉矶时报》1989 年 7 月 25 日，Ⅱ，p. 2。

〔29〕引述于 Jim Carlton，'Walled In'，《洛杉矶时报》1989 年 10 月 8 日，Ⅱ，p. 1。修建高墙的热潮还赶上了好莱坞商会的计划，他们要用围墙圈起李山上著名的"好莱坞标志"的基座，还要安装动作探测器和摄像监控装置。

〔30〕《洛杉矶时报》1989 年 11 月 15 日报道。

〔31〕引述于 Linda Williams，'Safe and Sound'，《洛杉矶时报》1988 年 8 月 29 日，

Ⅳ，p.5。

[32] William Cunningham and Todd Taylor，'A Summary of the Hallcrest Report'，《警察局长》杂志(*The Police Chief*)1983 年 6 月号，p.31。

[33] 以下部分根据洛杉矶警察局的宣传以及采访警方人员的记录(又见 Don Rosen，'Bleu Thunder'，《先锋观察家报》1989 年 5 月 28 日，pp.1，12)。 1989 年 2 月期间，来自北卡罗莱那州布莱格要塞第一特别行动指挥部的反恐精英部队进行了一系列直升飞机突袭演习，并在班克山的摩天大楼上进行了格斗。 "军方拒绝更详细地透露相关部队和装备的情况，也不肯透露这次训练的性质和目的。"(《洛杉矶时报》1989 年 2 月 18 日，Ⅰ，p.23。)

[34] "妈妈"是洛杉矶东区抵制监狱扩建计划的组织，它的领袖奥罗拉·卡斯蒂洛的原话是这么说的："他们好像正在把我们这个区变成一片刑事殖民地。"(见《洛杉矶时报》1988 年 8 月 3 日，Ⅱ，p.1。)

[35] 见《洛杉矶时报》1990 年 1 月 23 日报道。

[36] 除了文中讲到的威尔顿·贝克特公司的例子，还有一个耀眼夺目的地方实例是帕萨迪纳新的警察局—监狱大楼，设计师是"后现代主义"的一名重量级保守派人物罗伯特·斯特恩。

[37] 留置中心显得很积极乐观的《情况说明书》似乎预先考虑到了联邦游客："本机构采用了现代风格的建筑设计，避免了传统监狱的形象特征……改造计划的任务是……针对每名犯人加强密集的短期教育体验，让他们在监督下进行娱乐……任务是要为等候判决的在押犯人提供安全而人性化的照料、监管及控制；要为在押犯人和工作人员维持一种积极乐观的环境……"

[38] 多亏了副典狱长 Lynden Croasmun，我才能在 1989 年 10 月参观了大都会留置中心。

[39] 有可能"锤子行动"只不过是温和地预示了直到毒品之战时才被援用的严峻方法。 另类的新闻媒体多年以来一直在提醒我们，五角大楼在1967年发生底特律暴动①之后谋划出的穷兵黩武的执法计划仍有活力，军方、国民警卫队和各地的执法机构还在精心地照章执行。 《海湾卫报》(*Bay Guardian*)的蒂姆·雷德蒙德解释说，"加利福尼亚是最热心参与全国计划的一个州。 从 1968 年到 1973 年之间，代号分别是'电缆接合器 1 号'、'2 号'和'3 号'的三次重大演习都在加州进行，来自全州各地的警察和军官聚集在圣路易斯·奥比斯波(San Luis Obispo)附近的一家'反恐'特别训练中心，参加研讨会和作战游戏"(1987 年 9 月 9 日，p.17)。 最近有人披露，这些计划有个变种叫做"花园秘密计划"，是为了应急处置密苏里号战舰停泊在旧金山后引发的市民骚动而采取的部分措施(同上)。 研究洛杉矶警察局的学生们普遍相信，早就有了类似的全盘计划来应对黑人贫民区以及拉美裔区发生的市民骚动，而且现在可能还要对一些帮派聚集的地区实施事实上的军事占领。

[40] 参看《洛杉矶时报》1986 年 9 月 22 日，Ⅱ，p.1 以及 9 月 25 日，Ⅱ，p.1；又见《市中心区新闻》1987 年 3 月 2 日，p.12 上再次刊登的"最佳编者按"：'Trouble at Street Scene'。

[41] George Ramos，'Hollywood Halloween：Some Came as Vandals and Looters'，《洛杉矶时报》1988 年 11 月 2 日，Ⅱ，pp.1，8。 又见对目击者的采访。

---

① 1967 年 7 月 23 日清晨发生在底特律市第十二大街(又名罗萨·帕克斯大道)一个贫困拥挤的黑人社区里，是美国历史上最具毁灭性、伤亡人数最多的一次暴动，体现出黑人的绝望情绪。 那个星期天的早上，刑警队突袭这条街上在下班时间非法卖酒的一家小店，以为只会抓到几个酒客，却遇上了 82 个人在此庆祝两名退伍兵从越南战场上回家。虽然众寡悬殊，警方仍然决定拘留所有在场的人，很快引起了围观和骚动。 这次暴动一直持续了五天，并蔓延到城市其他地区。 国民警卫队的介入进一步激怒了暴动人群，恶化了局面。 最后，约翰逊总统派出了联邦军队平息暴动。 据统计，43 人死亡，1 189 人受伤，7 000 人被捕，1 400 座建筑物被烧毁，共造成价值 2 200 万美元的财产损失。 这次事件还加剧了白人和中产阶级黑人逃离市中心区的趋势，目前的市区人口比 20 世纪 50 年代几乎减半，其中黑人占八成以上。

第五章

"锤子"① 与"岩石"②

1989 年 4 月 6 日，这一天大概会因为首次实施了"新款毒品突袭"
而名垂青史。 霹雳特警队荷枪实弹、身着防弹衣，在洛杉矶中南部地
区第 51 街与主大街的交角上勇猛扫荡了一家所谓的"岩石屋"，正当
此时，南希·里根和洛杉矶警察局长达里尔·盖茨就在街对面，坐在一
辆装点着"当权派"纹章的奢华房车里，细嚼慢咽地享用着水果沙拉。
根据《洛杉矶时报》的报道，霹雳特警队从外墙抹灰的小小廊式平房里
捉到了十四名"涉毒恐怖分子"，粗暴搜身，然后铐上了他们，此刻，前
任第一夫人"显然正往脸上补妆"。 上百名邻人在警方设的路障后边挨
挨挤挤，都不敢相信自己的眼睛(嘿！ 是南希·里根。 她来咱这黑人区
啦！)，盖茨局长和一小队神色紧张的秘密特工陪着这位"说'不'"的
大人物③游览了敌人的堡垒，里面的住客这当口仍被按在地板上，哑然
失色，举手投降。 南希身披洛杉矶警察局的专用风衣显得十分迷人，
对着墙上的俗丽壁纸和搜查毒品造成的遍地狼藉蹙额表示厌恶之后，立
即开始用心地细细查看她脚底下那些黑心鬼，她宣告说："这儿的这群
人只靠教育和改造已经不管用了。"这话听在局长大人的耳朵里有如乐
声纶音，他的事业可全靠着这类人的不可救药才能兴旺发达。 "盖茨

---

① "锤子"是本章所述的一次警方反毒行动的代号，在此指代当局的镇压手段。
② "岩石"是毒品的代称，特指固体状可吸食的强效高纯度可卡因。 由于提纯过
程中需要加热，其间加入的苏打会发出噼噼啪啪的声音，因此强效高纯度可卡因又被称作
"噼啪可卡因"。 这种毒品另外还有"摇滚"、"狗食"等译名。 在此引用"岩石"之
名，恰好与指代警方的"锤子"一词形成对应。
③ 文中所用"否决者"一词与"南希"谐音，且讽喻她历来干预官方政策的行为。

在电视镜头切进来的时候相当容光焕发：'我们认为她应该亲眼目睹这个场面，她确实做到了……她是一位非常勇敢的女士'。"[1]

在这沉重的一天里，此际算是个兴奋时刻，即便南希的新闻秘书马克·温伯格在次日就很不高兴地抱怨说，媒体没能好好利用这次拍照的机会。然而，从大幅照片上可以看到，在南加州已经住了快五十年的南希·里根第一次走访了黑人贫民区，而正做梦要当州长的盖茨局长则实施了一次完美的缉毒搜捕。在一场洛杉矶警察局暗中特别情愿输掉的反毒"战争"中，这一次胜利倒是轻而易举。

这里是越南

今晚我们无孔不入地找理由，把他们全都抓起来了。

洛杉矶警察局发言人（1988 年 4 月 9 日）[2]

闪回到去年四月。靠着精英战术小分队和反黑特遣部队做后援，上千名巡逻警官加班展开了"锤子行动"的第一轮攻势，其实施范围是洛杉矶中南部地区从博览会公园到长滩北端总共十平方英里的地界，自从1965 年的瓦茨暴动以来，数这次行动拘捕的黑人青年人数最多。盖茨局长把自己手下的"蓝色机器"散得满街都是，好像是在越战中执行一项搜杀任务似的——而且有好多高级警官刚好也是自豪的越战老兵——逼着上千名不巧撞到枪口上的当地青少年举起手来，就跟当年惊恐万状的越南农民一样。这些孩子不得不屈辱地"亲吻人行道"，或是伸开四肢趴在巡逻警车上，同时警官们则在电脑里查对他们的名字列没列在黑帮成员名单案底上。一共拘捕了 1 453 人；这批孩子被关押在机动车登记中心里，主要罪名只不过是些微不足道的小差池，比如说没交违章停车的罚单，或者是违反了宵禁令。另外还有几百人未受指控，警方却把他们的名字和住址录入了电脑里的黑帮名单，以备将来实施监管。[3]

盖茨其人在这一年的早些时候曾经力促"入侵"哥伦比亚(他曾在1980年把洛杉矶警察局的霹雳特警队借给吉米·卡特,以图解救德黑兰人质),此时他对民权自由派提出的抗议嗤之以鼻:"这是一场战争……我们的怒火越烧越旺……我们想给外面那些懦夫递个消息,那群烂到了根儿的小懦夫们——我们想散出消息去,我们就要来逮他们了。"为了加强语气打个比方,地检处反毒核心小组的组长又加了一句:"这里是越南",可他这话同时又是字真句切地用着本来的语义。[4]

有个小城的市长说,这群"他们"是"从外面跑进我们社团的越共"[5],他指的是当地黑人帮派的成员,他们分成了好几百"伙"相互争斗,同时又松散地结成了两个针锋相对的超级黑帮,即"瘸子帮"和"血腥帮"——凡是看过丹尼斯·霍珀①拍的电影《彩色响尾蛇》的观众现在都会明白,通常区分这两个帮派要看他们的鞋带、T恤衫和印花头巾用的不同颜色("血腥帮"用红色,"瘸子帮"用蓝色)。照着好莱坞不断回锅重炒外带添油加醋的正式版本来看,这些黑帮由形形色色的都市游击队组成,他们拉帮结伙以图出售嚓啪海洛因,还操着储备堪比军火库的乌兹枪和Mac-10型冲锋枪在街头跟警察火拼。尽管典型的黑帮党羽几乎跟高中二年级的学生没多大差别,各地的政客却经常把他们比做"贝鲁特的杀人民兵"。[6]

同样耸人听闻的故事还时常讲到另一个规模更大、更传统的拉美裔黑帮控制区,该黑帮位于城市的另一角,而且在中南部地区这儿也越来越壮大。的确,在20世纪70年代的黑帮恐慌中最引人注目的焦点是,洛杉矶东部有个"维托斯洛科斯"黑帮,它的第三代成员之间,暴力冲突日益升级。然而,当地社群没能指望上警方的鼓动,倒是在神父的率领下展开了一场大规模反击,做父母的居民和黑帮老手们呼吁成立"奇卡诺人联盟",想办法大大减少了东区的黑帮杀戮事件,从1978年的24

270

---

① Dennis Hopper(1936—),美国电影导演及演员,是"公路电影"的代表人物之一。1988年导演了《彩色响尾蛇》(*Colors*)。

起减少到了 1988 年的零发案。[7]最近，拉美裔黑帮之间又兴起了一轮大战，或许可以直接归咎于由嘝啪可卡因生意导致的盟友关系重新洗牌。

如果说当真有任何因素致使 20 世纪 80 年代黑人贫民区里草根战争的致命性甚于东区战争的话，那就应该说是为控制可卡因零售生意而投下的金钱赌注高到了无与伦比的程度。从 1984 年起，"集体淫乱"升级到了一个非常危险的高峰期，与之大致同步的是，嘝啪可卡因这种麻醉品开始像快餐一样容易搞到手，同时可卡因的主要交易路线也从佛罗里达改道，通过墨西哥取道南加州。从 1987 年初开始，主要发生在南部诸多小城以及县级范围内的"涉黑"杀人案件频仍，已经达到平均每天超过一起的高发度。[8]

青年暴力行为是种非常真切的流行病，深深地植根于正在爆发的青年贫困现象（我们将在下文中看到这一点），执法机构和新闻媒体大肆夸张，让人觉得它像某种诡异至极的鬼影。在市检察官办公室多次采取的行动当中，已经不再甄别黑帮世界里谁是确凿无疑的"阔绰赌徒"、"天生杀手"，谁是"自吹自擂"、"渴望加入"的圈外人，检察官办公室估算的黑帮核心成员数目由一万人稳步上升到了五万人。各地媒体进一步把这个数字放大到了七万至八万人，而洛杉矶县警长手下的一群"黑帮专家"则披露说，该郡有十万名"烂到了根儿的小懦夫"的幽灵正在横行肆虐。与此同时，据报道说，由"瘸子帮"和"血腥帮"造成的一次"安德洛墨达毒株事件"①已经感染了从图森②直到安克雷奇③的整个西部，只是还没来得及传染到美国中部地区而已（新近在堪萨斯城和布法罗都有目击事件发生）。[9]

像 19 世纪的游民恐慌或者 20 世纪的红色恐慌一样，当代的黑帮恐慌

---

① Andromeda Strain, 1968 年由 Michael Crichton 写成的同名小说中一种致命的传染病，症候是人体内的血液迅速凝结，因而致死。小说描写这种由外星生物带来的致命传染病以及科学家的对策，曾在 1971 年改编为同名电影。本书里用这个名词指代"致命传染病"。
② 亚利桑那州的一个城市。
③ 阿拉斯加州的一个城市。

变成了一种假想中的阶级关系，一个伪知识和胡乱预测的平台。 不过，但凡能够或多或少地把真切的暴力行为圈在黑人贫民区以内，黑帮战争就依然是让白人郊区居民满足其窥探欲的一桩乐事，他们最贪得无厌的享受就是报纸、电视上那些耸人听闻的报道。 然后，1987年12月，战栗变成了恐惧，在加州大学洛杉矶分校附近的娱乐区即时髦的西林村，南区的黑帮职业杀手在一家剧院门口用枪误杀了一名年轻女性。 西林村势力强大的商人们新近刚刚劝动了洛杉矶警察局加强执行宵禁令，好把有色人种的青年都赶出去，现在就又大喊大叫起来，要求增派警力保护，同时，当地的议员泽夫·雅罗斯拉夫斯基则宣布了一笔巨额赏金用以拘捕"都市恐怖分子"，其实他正好在这个当口要试着向布莱德利市长发起一次科克式的①挑战。

271

新闻媒体对西林村枪击事件的封面报道与实际情况出入极大，再加上警方的应对措施有所偏袒，这就点燃了黑人社群领袖们长期以来在心底文火慢炖着的怨气，他们咒骂雅罗斯拉夫斯基、布莱德利和洛杉矶警察局，因为这些人对黑人街坊上发生的杀人案就没做过同样的迅捷反应。 几个星期之内，议院各部到处都在秘密争论着，警方在各个不同的局部地区做出反应的不同次数、配置警方人员的相应差异。 这场负担重重的争论受到意识形态的限制，只集中关注一个问题，就是要更平等、更有力地发动反黑战争，它意味着，野心勃勃、极端渴望媒体聚光灯的盖茨局长又要回到舞台正中心了。

反黑扫荡者

这是警察的时代。如果我是警长的话，我就会需索无度。

议员理查德·阿拉托尔[10]

---

① Ed Koch（1924— ），1978—1989年间连任三届纽约市市长的民主党人。 文中此处指雅罗斯拉夫斯基准备跟布莱德利竞争洛杉矶市长的职位。

自打传奇的威廉·帕克局长从 20 世纪 50 年代初开始当了家以后，洛杉矶的黑人社群一直认为，洛杉矶警察局是一支红脖子①占领军。所谓的"面具奇观"就上演在 1978 年达里尔·盖茨受命出任局长的前夕，有一名白人退职警察以前曾在第 77 大街的"阿帕奇堡垒"②里干过五年，他戴着面具在当地电视台制作的一套节目里登场亮相，让人不寒而栗地讲述了逐年上演过的病态的种族歧视行为，还有"青骑士们"③冲着普通黑人扣动扳机的快乐。[11]帕克的第三任亲信盖茨接掌了洛杉矶警察局，他嘲笑这些指控，还嘲笑那群听信了此话的"自由派们"。此后不久就发生了警察杀害尤利亚·洛夫的事件，这位三十九岁的黑人寡妇无非是拖欠了自家的煤气费而已。 黑人社群的义愤沸反盈天，于是瓦茨地区的议员马克辛·沃特斯只好提出要求："盖茨局长，我们要你下台！"正当盖茨在一组受了威吓的警察调查委员会面前为洛夫女士尸身上的十二处点 38 口径弹洞辩解之际，几百名黑人牧师恳请卡特政府介入干预此事。 他们请求司法部去调查成体系地虐待有色族群的一套模式，包括"过去十年间曾有超过三百名警察枪击过少数族裔的市民"。 与此同时，"抗议警察施虐联合会"组织（简称 CAPA）则收集到了几万人的签名，呼吁创办一个民间理事会，评议警方的行为。[12]

272

由于有闷声不响的布莱德利市长帮忙，洛杉矶警察局安然度过了这场风暴，看来，布莱德利市长为了实现自己的野心，并不想让白人选民误以为他"反对警方"，因此定会全无举动。 于是盖茨局长就用不着在政治上做出任何交待，只需顾着勇敢奚落黑人社群就行了，他为警方的野蛮行为寻找借口时态度越来越轻蔑、越来越荒唐。 例如在 1982 年，由于洛杉矶警方轻率地实施"扼喉制敌术"而杀死了一些在押的年

---

① 美国南方各州对贫苦的乡下白人的鄙称。
② Fort Apache，美国军队在亚利桑那州白山的阿帕奇印第安人部落所在地设立的骑兵哨所。 文中此处指警察分局，尤有种族主义意味。
③ blue knights，全称"青骑士国际执法人员摩托车俱乐部"，是世界上规模最大、历史最久的执法人员摩托车俱乐部。 1974 年由缅因州的几名警官创立，目前有上万名成员。

轻黑人,他就推演出了一套绝妙的理论,说这些死亡事件是因为受害者身上有种族性的生理缺陷,并非警方滥用武力的结果:"我们可能会发现,在某些黑人身上实施(扼住咽喉动脉以控制犯人)的时候,静脉或动脉不能迅速扩张复原,比在正常(原文如此)人身上用这手法时恢复得慢。"[13]

不过,等到 1987 年,当嘬啪可卡因的风潮全面席卷了洛杉矶中南部地区以后,一些黑人领袖们权衡之下,开始认为警方的不当行为比起贩毒黑帮来还算"稍微少点儿邪恶"。 像都市联盟和南方基督徒领导理事会(简称 SCLC)这些组织都转而认定,黑人社群面临的问题是"治安不足"而非"治安过度",并批判了想去约束洛杉矶警察局的想法。在西林村枪击事件之后兴起了"平等治安"的浪潮,盖茨由此喜出望外地有了个机会,把某些原来批评他的人脱胎换骨地变成了追捧他的进攻性治安手段的人。 人们看到,政客们只不过是在摇动唇舌,盖茨却强有力地回应着中南部地区迫切要求警方增强保护的呼声。 这位局长对媒体宣传独具只眼,多次大肆宣扬过反黑扫荡计划,此刻就发起了其中的首度出击(洛杉矶警察局早已定期进行着扫荡,以便从市中心区的大街上赶走无家可归者)。 他针对"毒品街坊"推行了所谓的"打压涉黑活跃交易计划"(简称 GRATS),由二百至三百名警察进行突袭,执行的命令是"根据嫌疑人的衣着或做出的黑帮手势,截留及审问任何被警方怀疑是黑帮成员的人。"[14]于是,根据草率的"大概理由",比如系着红色的鞋带或者做出举手击掌的动作之类,执法部队从 2 月到 3 月间发动了九轮扫荡,收押了五百辆汽车,拘捕了将近一千五百人。 到了复活节前的星期五,盖茨对 GRATS 行动的功效心满意足,它在很大程度上减少了街头暴力行为。 然而,等他刚刚发表过志得意满的演说,仅仅几个小时之后,一些无赖的瘸子帮成员在中南部地区的某个街角上突袭了一群人,杀害了一名十九岁女性。

歇斯底里的恐慌再度挟制了市中心。 县长肯尼思·韩恩呼吁启用国民警卫队,同时雅罗斯拉夫斯基则宣称,本市正在"与黑帮暴力进行

274

一场战争……其惨烈程度有过于贝鲁特"。[15]盖茨手忙脚乱地指挥着洛杉矶警察局应对各种事件,他宣称,将投入警察局的全部警力储备,执行一次代号叫"锤子"的超级扫荡行动。虽然洛杉矶警察局有位高级资深人士后来承认,这种不择手段的战略其实只是"一个装腔作势的宣传手段",但它却被宣扬为洛杉矶执法部门的"诺曼底登陆日"。[16]就像林登·约翰逊开始升级越南战争的时候曾让海军部队猛攻岘港的海滩一样,动员了上千名警察的第一波闪电突袭让洛杉矶中南部地区发生的这场战争看上去容易得就像假的一样。

黑人政客普遍为盖茨鼓掌喝彩,有些"民权领袖"即便因此处在了殃及黑人青年民权的尴尬境地也在所不惜。不过,州参议员黛安娜·沃森的新闻秘书是这么合情合理地给出解释的:"当你在打仗的时候,为了把斗争坚持下去,民权应该暂且搁置一旁。"另一方面,各地的小老百姓则是警惕万分甚至非常好斗。洛杉矶警察局有位发言人抱怨说:"街坊上的人并不站在我们这一边,反倒花样百出地找我们的茬儿。"确实,全国有色人种协进会数量空前地报告了几百起针对警察非法行动的投诉。[17]黑人社群成员还扬言说,警方正逼着有黑帮嫌疑的人待在敌对帮派的地盘上,用"血腥帮"惯用的颜色去覆盖"瘸子帮"的涂鸦或者反之,还传播着纵火的谣言,就这样故意为黑帮暴力火上浇油。[18]

整个狩猎季节里,洛杉矶警察局都在忙着震慑黑帮成员和噼啪可卡因贩子,因此可想而知,他们快要越过职务权限了。4月5日,他们在亚当大街上枪杀了一名赤手空拳畏缩在一棵小棕榈树后的少年。据称,他当时正可疑地把手探进裤子口袋;更重要的是,他是个"疑似黑帮成员"——这种名号现在看起来似乎是个正当的理由,能据以实施虐待甚至处决了。几星期后,"锤子"部队突袭了将近五百家"岩石屋"中的一家,据说这家店面早在1988年就已经被勒令停业,警方把双筒猎枪的大号铅弹灌进了一名81岁高龄的退休建筑工人的身体。实际上并没找到毒品,有人强烈怀疑警方走错了地方,而受害者的侄女以目击者的身份做证说，他在被枪杀时是举着手的。 洛杉矶警察局只不过回应说，黑帮现在会买通老年人，利用他们的住家来作销售点。 警方没有受到任何纪律处分。[19]

在这一年里，每一起黑帮杀人案都会变成报纸上头版头条报道的暴行，而这两起警方杀人案却几乎无一字提及。 由于大多数黑人政治家族都在为洛杉矶警察局撑腰，民权自由派的声音就非常微弱。 记者乔伊·多曼尼克日后回顾起"锤子行动"肇端的时候就曾发问："洛杉矶的自由派社群曾经自豪地拥有美国民权自由联盟（简称 ACLU）在全国最大的分部，这时候它在哪儿呢……"在过去几十年里，南加州的ACLU 分部始终时常遭到洛杉矶警察局的刺探并充当牺牲品，事实上，它确实声讨了"锤子行动"。 ACLU 的律师琼·豪沃斯的专业特长是为年轻的民权自由派（"一个濒危的族群"）做辩护，她雄辩地揭露了盖茨局长那种兰博式招数的伪善。 但是豪沃斯很快就被调走负责其他事务，同时 ACLU 也把自己的大批力量转去应对"生存权"运动了。 与此同时，另一群卓越的自由派律师曾经非常仔细地做了准备，要根据"锤子行动"中的受害者宣誓做出的证词，对警方发起一场共同诉讼，但是他们突然之间放弃了这个计划。 后来有人披露说，本市最出名的一位"民权"领袖威吓他们，甚至说他们是赤化分子，此人如今大力提倡要让警察站满大街。[20]

既然法律界的对立面都那样噤若寒蝉了，黑帮扫荡者们开始倾倒私酒、增加中南部地区"稻田"里的尸身数目之前，就没什么理由还需要先警觉地张望一下背后。 1988 年 8 月里对达尔顿大街发动了突袭，如果这还不能真算是征讨底层阶级的迈雷村大屠杀事件①的话（这个恶名更适合授给盖茨局长非常钦佩的一次行动，也就是 1985 年费城屠杀"行动"组织成员的事件），[21]无疑它总归是个严酷的征兆，说明了

---

① My Lai，1968 年 3 月，越战美军对越南迈雷村几百名手无寸铁的村民进行了集体屠杀，1969 年由《时代》杂志摄影报道才揭露了此事。

"放纵警察"实际上意味着什么。 西南分局派出88名警察组成了一个连队规模的支队——后来有人指控该分局虐待黑人警官，因此它就从内部土崩瓦解了——从达尔顿大街3900号街区一组公寓楼群的屋顶上从天而降，这片街区靠近博览会公园，离1946年声名狼藉的"黑色大丽花"谋杀案的案发现场也不远。 突袭部队挥舞着霰弹猎枪和大锤，口出种族歧视的恶骂，挥舞着搜查令，后来盖茨局长承认，他们"失控了"。

276　　　居民们……说，他们被警官们拳打脚踢，经历了那些被捕人员所谓的"暴力狂欢"。居民们报告说，警官们用喷漆往墙上刷了标语，比如"洛杉矶警察局一统天下"。

他们还指控警官们把洗衣机扔进浴缸，向衣服上倾倒漂白剂，用大锤斧头砸烂墙壁和家具，还把某座楼上的室外楼梯拽下来了。

这些公寓楼受到的损害无所不在，竟致于红十字会提供了救灾援助，并为无家可归的居民们提供了临时住所——一般只有在发生过重大火灾、洪灾、地震或者其他自然灾害之后，才会提供这类服务。[22]

在西南分局，32名俘虏被突袭吓破了胆，警察逼他们一边学着从20世纪60年代的"安迪·格里菲斯"电视节目里搬来的曲调吹口哨（这曲调显然相当于洛杉矶警察局的《赫斯特·威塞尔之歌》①），一边跑过警察阵，这群警察挥舞着拳头和长管钢制手电筒，组成了交叉火力网。（至少他们没必要面见南希·里根了。）等这些全都熬过去以后，人身和家园遭到了损害，洛杉矶警察局则捉到了两名贩毒小喽罗。 尽管在搜查令里言之凿凿，警方却既没找到被通缉的黑帮成员，也没找到武器，只找到了数量很少的麻醉品，是从两名并不住在本地的少年身上

---

① Horst Wessel(1907—1930)，德国纳粹党树立的烈士，1926年加入该党，后在一场打斗中被杀，据称是社会主义者所为。 纳粹宣传家以他的名字命名了这首歌曲作为该党的颂歌。 又名《旗帜高扬》。

搜到的。　再者，这还是记忆里的第一次，洛杉矶警察局再也无从掩饰了。　达尔顿大街遭到的毁坏如同飓风扫过一般，其严重程度跟警方刚开始时对这一事变的说辞合不上；许多受害者纷纷讲述着同等可怕的故事，达尔顿大街的袭击者们结结巴巴地拿不出个脱身的证词来，证明这些损害是由黑帮造成的。　当污脏的床单桌布尚在微风之中摇曳时，联邦调查局就已经开始调查可能存在的侵害民权的情况，于是，洛杉矶警察局针对 38 名警官进行了纪律调查或称违法调查。　受调查的人当中，包括了西南分局的前任队长托马斯·埃尔弗蒙特——他在这一事变里起到的作用相当于加里少尉①——他被指控命令手下的突袭队员"'夷平'目标公寓楼并'使其无法居住'"，而查尔斯·斯派瑟中士则被指控重申了埃尔弗蒙特在现场发布的命令（"这是一次 A 级搜查——也就是说，把地毯全都掀起来，把室内隔墙全都推倒"）。[23]

然而，"医人者自医"并不是盖茨局长最欣赏的格言。　达尔顿大街突袭事件发生过后刚刚几个月，局长就又一次大发雷霆震唬着外人，明显是要为警方的野蛮行径分辩一番。　拉雷兹案传唤他去作证——姓拉雷兹的是一家奇卡诺人，被另一群警方突袭者打了——随后他告诉记者说，"拉雷兹先生只被打破了鼻子真算他走运"。　拉雷兹讼案的陪审团成员们听说了他这番言辞后勃然大怒，竟把受害者的损失补偿增加了二十万美元，而且下令由盖茨局长自己掏腰包来付这笔钱——这个史无前例的尝试是想让局长为自己惹是生非的做派负责。（布莱德利市长敦促市议会代交了这笔罚金——议会一共要为平息达尔顿大街上的怒火付出三百万美元来赔偿损失。）[24]

与此同时，随着"锤子行动"铁面无情地在中南部地区简陋的街道上一路砸过去，越来越明显的是，这次行动最多不过是抓了些醉鬼、违章驾驶者以及违反了宵禁令的少午（其实只因为警方单挑出非盎格鲁裔

---

①　Lt. Calley, William L.，越战时的美军排长，被判决在迈雷村大屠杀事件中对 22 起谋杀案负有罪责。

的街坊来实行宵禁，这些孩子才犯了法）。 到 1990 年为止，洛杉矶警察局与各县警长协同作战（这些警长们也在各自执行着自己的街道渗透战略），已经抓到了五万名之众的嫌疑犯。 即使排除一定比例的拉美裔在押者，如果考虑到在洛杉矶只有十万名黑人青年，这仍然是一个惊人的数字。 再说，在一些受到极力吹捧的突袭行动中，多达 90% 的被捕嫌疑犯没被起诉就获得了开释——这个无辜受害者的比例并不符合洛杉矶警察局的妖魔化理论，而且让人触类旁通地回想起在越南战争中被夸大了的越共人数。[25]

我们在上一章里已经看到，盖茨局长见到"锤子行动"的震慑效果日见式微，他做出的反应是把扫荡行动制度化，变成一种半永久性的社区占领，"缉毒执法区"就好像是越战时的"战略小村"在都市里的对应产物（实际上局长真心想做的是，把黑帮成员关进"废弃的军事基地，在带刺铁丝网的后面埋上地雷"）。 局长宣称，皮科联合街坊区已经成了"一个货真价实的毒品贩子的跳蚤市场"，因此他在 1989 年 10 月下令，把方圆 27 个街区的一大片区域用路障和警察检查站封锁起来。 下一个月，正当拆除柏林墙的壮观场面隆重上演之际，洛杉矶警察局把设立路障的行动（代号"死胡同行动"）扩大到了山谷里的一处拉美裔住区，随即又在中南部地区的中央大道上延伸得很远。[26]不过，新一轮的升级行动所引起的刺痛与其说是来自于洛杉矶警察局那些看得见的路障，还不如说是来自于本市看不见的法律隔离，此事的鼓动者是洛杉矶市冲劲十足的年轻检察官，詹姆斯·韩恩。

小吉米对阵花花公子歹徒

假装是在捍卫我们的宪法，实际上不断为黑帮行为提供保护，这种行径正在对本市造成致命的打击。

市检察官韩恩[27]

在洛杉矶中南部地区的平原地带，"韩恩"这个姓氏具有神奇的魔力。 在将近四十年的时间里，有位民主党白人肯尼思·韩恩多亏了黑人选民坚定不移的支持，一直都是洛杉矶县监管理事会里的"五小王"之一。 历数洛杉矶的黑人政客，韩恩县长拥有的个人权力罕见其匹（甚至连布莱德利市长都比不上他），为了回报黑人选民，他大力主张政府在黑人贫民区里建设了一系列形象工程，从柳树溪像堡垒一般的购物城（我曾在上一章里描述过这个建筑），直到中央大道上新建的总邮局。 他还整合了全郡总共九万多个行政职位，由此赢得了卓著的声誉，因为黑人街坊如果不为这些行政人员服务的话，就会面临失业的危险。 他永远应和着那些比他老、比他保守的选民们的牢骚，谈到黑帮问题时总是个"鹰派"。 1972 年，垂裆裤子和蓝色印花头巾初次亮相，宣告"瘸子帮"降临到了黑人贫民区的高中里和游戏场上，早在那时，韩恩就有点儿不切题地提出了一份 48 点计划，以图"杜绝……青少年的恐怖行动"——说真的，在所有政客当中，是他最早在20 世纪 70 年代提出，要在内城的十三岁孩子身上施用那些最最繁琐的条款。[28]

詹姆斯·韩恩是他父亲的翻版，全靠着老爸的政治影响（包括自居为南区的保护人）才赢得了本市检察官的位置，为这个职位，他还血战了马奈特·菲尔普斯来自西区的一名亲信（并没用到我们在第二章里见识过的那些卑劣手段）。 他的前任艾拉·赖纳现在当上了县检察官，韩恩和他一样也是个野心勃勃的民主党人，而且比他更年轻，也同样在法庭里扮演一个更强悍的警察，企图在老牌共和党人（比如盖茨局长和前任局长、现任州参议员艾德·戴维斯）的面前反败为胜地控制执法局面。 可那并不意味着年轻的韩恩没有自由派的良心顾虑；事实上，说到起诉恶劣的房东以及其他各种各样压榨穷人的吸血鬼等方面，他的履历十分漂亮。 但是，既然说到当前的政治资本，只有黑帮分子的头皮而非恶劣房东的头皮才算得上是金珠宝贝，韩恩就决心把洛杉矶变成一个模范榜样，破天荒地试着把黑帮分子及其家人一律划定为一个犯罪阶层（毒品沙皇贝内特①和住房与城市发展部部长肯普②从此在全国到处效仿他的做法）。 如果说，盖茨局长因为玩了那些突袭岩石屋和超级扫荡行动的把戏，有时候太像是在扮演着《拖网》剧情里的巴纳姆一角，那么搬用街头流言来说，吉姆·韩恩就是"严肃得像发了一场心脏病"。 尽管他也有自由派的良心顾虑，但他却四处周游，为了建立起美利坚警察国的一套法律基础架构而奔忙，大概在全国大都市的执法官员里数他跑路最多。

280　　韩恩想要找出个开局棋式对战黑帮，就聪明地修订了他老爹以前提出过的"杜绝青少年恐怖行动计划"。 1987 年秋天，他针对"花花公子歹徒瘸子帮——一个尚未组合完备的联合体"提起了一次民事诉讼，让法律部门大吃一惊。 花花公子歹徒帮在瘸子帮亚文化的无数坊间变种当中也算一支，之所以被挑出来，是因为他们离富裕的白人街坊靠得太近——他们就在方圆 26 个街区的卡迪拉克-科宁地区里，位于贝弗利山的紧南边、贝弗利树林的紧东边。 这个花花公子歹徒帮是一群乌合之众，成员是从西区的几所高中（汉密尔顿高中、大学城高中甚至还有帕利萨德高中）冒出头来的黑帮分子，他们在 1981 年前后搬进了卡迪拉克-科宁街坊。 起初他们只不过沿街叫卖大麻，后来在 1983—1984 年间当"岩石可卡因"即噼啪可卡因出现时，他们就转行做起了这类更能赚钱的买卖。 由于卡迪拉克-科宁街坊很靠近罗迪欧大道，是一个驾车进出的理想的毒品市场，它就投合了富裕的白人青年所好，并让花花公子黑帮小子有了个明显的地理优势，胜过了南区的其他帮派。[29]

　　韩恩提出诉讼时并没专门提及哪一个人，只冠之以"1 号至 300 号无名氏"。 他请求法庭发布一条临时禁制令，设下 24 条各自独立的规定，清楚界定了一整套将会触犯法律的行为举止。 这些违法行为中包

---

① William John Bennett(1943—)，起家于纽约市布鲁克林区，1985 年出任里根政府的教育部长。 1989 年由老布什总统（Georges H. W. Bush）委派为缉毒主管，诨名"毒品沙皇"。 他强烈主张对小额持有毒品的罪犯施以刑罚。
② Jack French Kemp(1935—)，洛杉矶出身的共和党人。 1989—1993 年担任美国住房与城市发展部部长。

320

括"两人及两人以上的成群聚集"、"从早到晚任何时段在公共街道滞留五分钟以上"、"在自己家里接待访客不足十分钟"（这种行为方式暗示着在做毒品交易）。 韩恩还要求禁止使用黑帮专用色系，对年轻帮派分子强制实施从日暮到清晨时段的宵禁令。[30]最后，他请求发布一项"通行法规"：在这个街坊的方圆 26 个街区范围里，任何"无名氏"如果不能出示一份由"合法财产主人或雇主"签字的信函，授权他们在此出现，就都将遭到拘捕。[31]

ACLU（即美国民权自由联盟）很快就指出，韩恩把惯常的共同豁免权用反了，也就是说，他要求全体人群共同为黑帮分子的违法行为负责，他这种要求反映了当今南非法庭的理路，"沙佩维尔六人"①被判处死刑只不过是因为他们"参与"了一次私刑折磨线人的聚众滋扰事件。 琼·豪沃斯冷冰冰地评论说，本市检察官开出的药方——一项"衣着法规"、一则宵禁令、藐视警方的罪名，诸如此类——是无视宪法的"虚弱协定"。 高级法院的迪林法官主审这个案子，他也同意 ACLU 的意见，认为驱逐诉讼只有针对指定名字的适当个人才算合乎宪法。[32]

尽管韩恩在法庭上遭到了批评，可《洛杉矶时报》的各个版面上还在继续刊登各方的争论。 ACLU 的新任主席丹尼·戈德伯格是摇滚音乐界的一位著名制作人，同时也是民主党的头号赞助人，他谴责同为民主党人的韩恩变成了个"太过直白地抢着上头条新闻的人"。 窘迫不安的市检察官以牙还牙，抨击 ACLU"在一个被围困的城市里"为了黑帮分子的公民自由"偷偷向错位的观念投降了"。 韩恩坚持说，"无论宪法赋予的哪种权利都不是绝对的"，他还引述了战争时期的先例，实际上是在谴责 ACLU 应该对黑帮暴力的遍地开花负责。[33]

虽然市检察官办公室在起诉花花公子歹徒帮时碰了壁，他们却加倍

281

---

① Sharpeville Six，1983 年 3 月，在南非约翰内斯堡附近的沙佩维尔市进行的一次抗议游行中，该市副市长 Kuzwayo Jacob Dlamini 在骚乱中向示威者开枪，随即被杀，其后几个月中有八人相继为此被捕，其中六人于 1984 年被判处绞刑。 国际社会广泛谴责这次审判证据不足并有种族主义倾向，在多方压力下，这六人获得了减刑。

努力要找出个办法来，好把黑帮分子绳之以法。 1987 年 11 月，他们翻出尘封已久的 1919 年加州犯罪辛迪加法案，起诉一名十八岁的高中辍学生迈克尔·"花生"·马丁，据称此人是圣费尔南多山谷起家的自封"工人阶级雅利安青年"的七人组织的魁首。 人们谴责这项冠名光头党的小小诋毁骚扰了拉美裔移民，它显然在法律上 *in locum*[①] 所有帮派。 犯罪辛迪加法案是个古老的威吓手段，当初颁布它是专为摧毁世界产业工人同盟（简称 IWW）和羽毛未丰的共产党的。 20 世纪 60 年代最后一次有人用它来起诉毛主义进步劳工党的两名组织者却败诉了，大多数记者和民权自由分子都很惊奇地发现，这条法案居然还留在书里，更不用说居然还有哪位起诉人会这么仓促无礼地企图为它招魂。 在这一事件中，明摆着，依照宪法思考就会阻止韩恩，迫使他改用比较平常的轻罪条款来重新起诉马丁。[34]

不过，韩恩终究也算成功表达了自己的意见。 他现在尽可以扬言，自己已经用尽了可行的法律手段，只有议会才有本事解救洛杉矶，脱离"黑帮的围困"。 他的前任、县检查官艾拉·赖纳巧妙地呼应了他的观点，这又是一个渴望爬上更高官位的人。 当初在 1982 年韩恩就职的时候，赖纳就已经预演过了集体负责的法则，他迫使法庭发布命令，让黑帮分子全都跑去清洗涂鸦（无论其中的单独每个人是否该对涂鸦负责），不然就得去蹲大狱。 如今，他召集了一场戏剧性的新闻发布会，宣布他再也不关心改造街头罪犯的工作了，只想"把这等危险的小无赖个个都关进监牢，能关多久就关多久"。 他许诺说，为了达到这一目的，他的办公室在处理涉黑案件时，不会再去恳求再三、讨价还价，只会努力争取最重的量刑，对任何减刑借口都置之不理。 "目的是要利用每一个黑帮分子因罪被捕的时机，不管其罪名有多么微不足道，抓住机会尽可能长久地把他们从大街上赶走。"[35]他也附和着韩恩一起在萨克拉门多[②]

---

① 拉丁语：适用于。
② 加州首府，在此指代加州政府。

呼吁，必须采取决定性的行动。

德克梅吉恩州长手下有一支对付黑帮和毒品问题的特殊反应特遣部队，他们想助韩恩和赖纳一臂之力，建议法律规定，年满十六岁的孩子受审时应该视同成人，在涉及乌兹枪及其他自动武器的案件中要被判处终身监禁，还建议重新开放空置的军事基地，用来囚禁黑帮分子。 加州总检察官约翰·范德坎普也是洛杉矶的一位自由派执法界人士，他呼吁加州政府大量追加资金，支持洛杉矶对付歹徒，还要在莫哈维沙漠里新增 8 000 人容量的监狱，用来关押黑帮犯罪分子。 他还宣称，比起"血腥帮"和"瘸子帮"来，"黑手党在我们面临的问题里已经变成最微不足道的了"，有一群特殊的同文同种的企业家[①]听见了他这番话，那一天就过得兴高采烈。 同时，联邦调查局新任的洛杉矶地区负责人劳伦斯·劳勒刚刚接手了这个饱受丑闻困扰的地区分局，他也保证要首先解决街头帮派的问题，还暗示要开始援用包罗万象的"联邦欺诈势力与腐败组织法案"（简称 RICO），联邦后备队系统已经在援用这条法案，用以抵挡洛杉矶的"瘸子帮"对西雅图的渗透了。[36]

赖纳和韩恩率领手下，为反黑战争全新打制成了滚滚铁轮，洛杉矶的两名民主党人——来自山谷地区的州参议员阿兰·罗宾斯、来自中南部地区的女议员格温·摩尔——也同心协力地推波助澜，但这副铁轮却是个全州一级的"RICO 之子"。 尽管有来自黑沃德区的州参议员比尔·洛基尔警告说，他们提出的法案"会让第二次世界大战中拘禁日裔一事成为合法"，但是由于南加州两党狂热的联手支持，终于通过了"1988 年街头恐怖行动执法及预防法案"（简称 STEP）。 STEP 法案采取的态度跟当初的花花公子歹徒诉讼案一样，裁定加入了某个"犯罪帮派"就是犯有重罪。 这条法律允许起诉"任何积极参加某个街头犯罪帮派的人，其人知晓该帮派的成员涉入了某种黑帮犯罪行为模式，其人蓄意促使或协助该帮派的成员实施重罪行为"。 在解释这条法律的执

---

① 此处指黑手党。

行方法时，赖纳提出，如果一名帮派分子把自己的汽车借给别人去实施犯罪的话，而今就会面临入狱三年的判决——"即使他在这一行动中并无其他参与行为"。 赖纳并未强调指出的是，这条法律的含糊措辞也让人可以据此起诉黑帮分子的父母没给孩子"合理的照料"，没能预防自己的孩子牵扯进犯罪活动里。[37]

1989 年春天（即实施"锤子行动"的第二年），韩恩的办公室试用了 STEP 法案里"坏父母"的条款，骇人听闻地拘捕了一名住在中南部地区的 37 岁妇女，她十五岁的儿子参与了一起黑帮强奸案，此前已经受到了传讯。 在一场精心安排的新闻发布会上，警探和市检查官们大惊小怪地假装发现了黑帮阴谋的恋母情结司令部：

> 权威人士说，他们见到这户人家里无所不在地弥漫着的黑帮气息都目瞪口呆。本市检查官反黑小组的罗伯特·弗伯说："看着活像是当地黑帮的总部。""墙上到处都是涂鸦。"洛杉矶警察局西南分局的警探罗伊·岗查克说："我很疑惑。我不敢相信自己的眼睛。""我效力警察部门前后已有二十年，其间从没见过任何类似的情况。显然这家的母亲同样是问题的一个部分，因为她容忍了这种行为。"[38]

不足为奇，反黑斗争的勇士们贪婪地锁定了这个"瘸子帮妈妈"的形象，以便辱骂住在内城的那群"福利皇后"，据指称，她们养育了一代街头恐怖分子小宝贝。 韩恩的助手罗伯特·弗伯仔细斟酌着她的罪行轻重（"我当然认为她不属于那类忠告咨询能管什么用的妇女"），同时西南分局的警探队长尼克·巴克也保证，要坚持逮捕黑帮分子的父母（"要抓多少就抓多少"），然而正当此刻，人为捏造的歹毒母亲形象却开始分崩离析。 记者们发现她非但不是一个"黑帮母亲"，反倒是个辛勤劳作的单身母亲，带着三个孩子，拼命应付着迎头压来的种种问题。 他们还发现警方在调查她的背景时十分草率，错讹连连。 韩恩的办公室和洛杉矶警察局的反黑小组竞相在黑人贫民区的父母身上援用

STEP 法案，结果只是针对一名无辜妇女勉强再次扮演了像达尔顿街突袭事件一样性质的正义角色。对着新闻界污蔑了她几个星期以后，援引 STEP 法案的指控不声不响地被撤销了。[39]

　　虽然美国民权自由联盟暂时再度介入冲突，谴责利用"头条新闻的审判来为违宪的无效法律辩护"，可是市检察官韩恩却毫发无伤。他 284 的办公室援引 STEP 法案就可以要求加重好几百年的量刑期，同时，模仿着 1912 年的红灯区驱逐法案，新设的驱逐法授权市检察官，可以利用多种手段，比如起诉土地持有人、驱逐租客甚至铲平被怀疑"有毒品危害"的住房等等，来抽干"毒品交易的污水坑"（这就是所谓的"拆除行动"）。住宅与城市发展部的肯普部长曾在全美国推行过一项饱受争议的政策，禁止涉嫌毒品交易的在押人员（不一定必需已经被判定有罪）的家庭住进公共住房，新的驱逐法学了他的榜样，与 STEP 法案协同动作，设下路障划定了"缉毒执法区"，这就意味着，在麻烦重重的洛杉矶中南部地区各处街坊上施行了一项"西岸"①战略。[40]"恐怖行动"的比喻已经变了，因为韩恩和赖纳相继判定了这个社群的各个阶层全都有罪："黑帮分子"，接着是"黑帮父母"，随即还有整个的"黑帮家庭"、"黑帮街坊"，甚至可能还会有"黑帮一代"。

在宵禁令中长大的一代人

　　我想，大家都相信，我们的唯一对策就是多派些警官上街去骚扰人群，为不足挂齿的种种小事抓些人。好吧，部分对策就是它了，没问题。

盖茨局长[41]

---

① 即阿以冲突地带，此处指代警匪冲突。

由于黑帮恐慌症以及相应的妖魔化说辞在协同作用，反毒战争导致的一个结果是，如今南加州的每一名非盎格鲁裔少年都已沦为囚徒。这个地区里大片铺展着豪华的游乐场、海滩和娱乐中心，可它们实际上都禁止年轻黑人和奇卡诺人入内。 例如，在西林村发生了黑帮枪击案以后，有个家住在霍索恩①的黑人警察唐·杰克逊正是想要解释清楚种族隔离实际上是怎么回事，就在下班后领着一群黑人贫民区的孩子走进了这个小村。 他们事先仔细研究过规定，但是不出所料，他们还是照样被截住了，被逼着脸贴地趴在混凝土地面上，还被搜了身。 尽管杰克逊自己就是个警察，但他还是以"扰乱治安"的罪名遭到了拘捕。盖茨局长后来在新闻发布会上谴责他的"挑衅生事"和"廉价的哗众取宠"，其实这等名头用在洛杉矶警察局自己身上倒更合适。[42]另外还有一件事也与此相仿，几个星期以后，在人气很旺的魔法山游乐园，有一辆公共汽车运来了满车衣着光鲜的"青年基督徒"组织的黑人成员，他们颜面尽失地被保安们包围起来，借口查找"毒品和武器"搜了身。这家公园的经理们强硬地捍卫自家搜查"可疑"青年（亦即黑人青年）的权力，说这么干无非是照章办事罢了。[43]最近，有 24 名黑人孩子和拉美裔孩子出门到威尔·罗杰斯州立公园去玩棒球，由于冒犯了某些白人警察自行其是的吉姆·克劳法则而被拘捕。 《洛杉矶时报》报道了这些孩子的控诉，他们如何"度过了可怕的九十分钟，脸被按在马球场上……同时还有一群洛杉矶警察在辱骂并折磨着他们……据说有个警官告诉他们，太平洋帕利萨德区里这个景色优美的公园只'预备让富有的白人享用'"。（全国有色人种协进会和墨西哥裔美国人政治协会就这一事件联手对洛杉矶警察局提起了诉讼。）[44]

正如我们在上一章里看到的那样，在洛杉矶警察局打击破坏团伙的战役中，宵禁令已经成了一种基本武器。 对居民实施宵禁令是有选择的，几乎只针对着黑人和奇卡诺人的街坊。 结果，中南部地区有几千

---

① Hawthorne，位于洛杉矶县的小城，居民中有 18% 的家庭处于贫困线以下。

名年轻人都留下了轻罪记录，可他们的举动若是放在西区就算是合法或是无害的。 再说，即使是在白天，警察也由伯德去职后的加州高级法院授予了*自由处置权*，尽可以随意拦住任何一名似乎想要避开警察的年轻人，搜他的身。 由于卢卡斯法庭还授权警察可以随机设置酒后驾车临检站，议会在反黑立法中也已准许警察随机搜查汽车里的武器——于是神出鬼没的停车搜查行动"可能导致"的自我保护也就近乎绝迹。实际上，现在针对"不受欢迎的人"特别是年轻人，警方无论日夜都有了毫无限制的自由处置权。

　　警方这种"针对行为"最烦人的一个例子出现在市中心区紧西边的麦克阿瑟公园区，洛杉矶警察局的壁垒部队在这个区里针对萨尔瓦多裔的年轻人展开了无情的斗争。 这个贫困的街坊拥挤不堪，里面住着几万名难民，都是从美国在中美洲资助的各个国家恐怖主义地区逃过来的，这里的社工人员痛心地讲述了警方的暴行。 壁垒部队的警察们特别恼火教会方面努力想跟马拉·萨尔瓦特鲁查①的成员合作，这是一个人员众多、组织松散的帮派团体，它的名称从字面上可以翻译成"萨尔瓦多酷帅哥"，但它还有另一个招牌叫做"疯狂骑手"。 1988 年，乔弗雷芭蕾舞团提供了若干个免费名额，让萨尔瓦多裔的年轻人能到当地的一家教会中心去学习舞蹈，当时壁垒部队警告芭蕾舞团说，这些孩子是"本城最凶残的暴徒"，还说教会基本上是帮派的一处巢穴。 芭蕾舞团被吓坏了，就收回了这批入场券。 与此同时，恰巧在 "锤子行动"扫荡中南部地区之际，洛杉矶警察局的"轰击行动"（即 CRASH，全称意为"利用社群资源打击街头流氓的运动"）也发起了新一轮攻势，以图大举清除马拉·萨尔瓦特鲁查的首领阶层。 霍华德·伊泽尔是移民署在西部地区的专员（我们在下一章里还会遇上

287

---

　　① Mara Salvatrucha，简称 MS，20 世纪 80 年代在萨尔瓦多内战期间出现的街头帮派。 许多萨尔瓦多人在内战期间移民到美国，尤以洛杉矶及加州其他城市为最。 为与美国当地的拉美裔居民特别是墨西哥裔争夺生存空间，萨尔瓦多裔成立了 MS-13 组织来保护自己。 MS-13 组织很快就卷入了贩毒和军火生意，还牵涉到强奸、谋杀等恶性犯罪行为。

他），他派出了联邦移民署的八队探员与洛杉矶警察局协同作战，甄别并驱逐黑帮分子。这批移民署探员的头头解释说，只要是黑帮分子就够格遭到驱逐，并不一定非得犯过罪。"如果有个黑帮分子走在街上，而警方找不出罪名，那我们就会出动，只要有谁符合非法居留的标准，我们就据此把他从这儿赶出去。"有 175 名年轻人遭到了驱逐，其中有 56 人被送回萨尔瓦多，重新落到了军事绝杀小分队的手里，命运叵测。[45]

不过，说起警方的控制权造成了日甚一日的独裁影响，最让人不安的赤裸裸表现还是在洛杉矶的各所学校里。盖茨局长推行过诸多耸动视听的"灭敌人数"项目，其中就包括了一项所谓的"学校买卖"计划。美国民权自由联盟的律师琼·豪沃斯描述说，"一直到高中阶段，大家都教导孩子要把警察看成朋友；等到上了八年级以后，'学校买卖'的警察就想把孩子们诱进毒品交易的陷阱里去了"。事实上，年轻的卧底警察遍布各所高中，引诱学生们向自己出售毒品。豪沃斯特别谴责了"利用同辈人的压力来制造麻醉品攻势；在许多情况下，卧底警察（男性以及女性）利用了性欲和个人魅力。出于这一原因，'接受特殊教育的'（即在教育方面有缺陷的）那些学生大概是有生以来头一次有机会接近一位魅力十足的异性，格外有可能遭到诱骗。这项计划属于彻头彻尾的欺诈行为"。其实警方几乎抓不到几个成年的毒品贩子，也几乎没能减少毒品的实际销售数量，这么一来，"学校买卖"计划的头号功效就是让警方很容易以重罪名目抓到人，让盖茨局长在新闻报道中显得像个英雄。[46]

或多或少全亏得警方具备了这种"警惕性"，洛杉矶县里的青少年犯罪每年就要增长 12%。在洛杉矶，每十二名 11—17 岁的孩子当中就有一个会被抓，其中有半数都顶着严重的重罪罪名。再者，岁数稍大的青少年在审判中会被视同成年人，在过去十年里，定罪的比例有了不祥的大幅度攀升，因为检查官们一直以过重的罪名指控嫌疑人，用漫长的刑期威胁他们，借此逼着他们去"恳求警方"，以求换得减轻指控。

公设律师①和民权自由斗士都谴责了这一惯例，它让几千名吓破了胆的 288
穷孩子蒙受了罪不至此的有罪判决。[47]

　　与此同时，STEP 法案、联邦反毒法令以及加州反毒法令导致新增
了大量有罪判决，就此暴露出了事关阶级和种族的可怕偏见。　《洛杉
矶时报》指出：

　　　　根据新的联邦法规，被告人出售 5 克或 5 克以上的僻啪可卡因
　　就要被判有罪，其价值约合 125 美元，获判的刑期至少是五年。然
　　而，如果出售的是"雅皮士可卡因"这种粉末状毒品，则需出售 500
　　克、价值将近 5 万美元，才会被处同等判决。因此，在某次毒品搜查
　　中因持有少量可卡因而被捕的人，跟一个被查实出售了将近百倍
　　数量的毒品的人比起来，被判的刑期还会长出两到三年。[48]

　　这等卡夫卡般荒唐的新式阶级公正有几个例证：在洛杉矶中南部地
区，有个倒霉到家的年轻黑人过去从未被指控过暴力犯罪，如今由于持
有武器被判处终身监禁，并且因为他身上带着 5.5 克僻啪可卡因而不许
假释。　一名 20 岁的华裔男子被判处双倍终身监禁，四十年以后才许假
释，因为他算是某桩联邦探员谋杀案中的从犯，尽管他当时并不在现
场，也不知道将会发生谋杀，法官说他只扮演了"一个次要的角色"。
还有，有个住在鲍德温公园区的 21 岁的奇卡诺人，服用迷幻药五氯酚以
后正迷糊着，跑进一辆卡车后斗里杀死了车上的乘客，警方怀疑他是一
名黑帮分子，于是就指控他谋杀。　最后，洛杉矶警察局有一支精锐的监
视小队，据《洛杉矶时报》披露说，这支队伍实际上是警方的杀手小分
队，有四名拉美裔青年刚刚用一支弹丸枪抢劫了太阳地②的一家麦当劳

――――――――――――

　　①　公设律师的工作是为那些因为贫穷雇不起律师的被告人提供服务，其费用由地方
政府或联邦政府支付。
　　②　Sunland，位于圣费尔南多山谷东北部的一个街坊，是 20 世纪 50—60 年代发展
起来的。　这里的建筑类型主要是中等大小的单幢独院住宅。

店，才一出门就遭到了这支小分队的伏击。警察杀死了其中的三名拉美裔，第四名受了重伤，而且被控谋杀，要他为自己同伴们的死亡负责！[49]

在这种"正义审判"的左右之下，自从 1974 年以来，加州的年轻黑人男性中已经有三分之二的人被拘捕过，一股在押犯人的洪流淹没了各处州立监狱——这个系统本来只能容留 4.8 万人，而今却住进了 8.4 万名囚犯——这些犯人中有五分之四的人沾染了各种嗜癖，其中只有不到一半的人实施过暴力犯罪。由于反毒、反黑战争获得的"胜利"，结果一定会导致入狱人数还要继续大幅度攀升，到 1995 年以前将达到14.5 万人，因此，眼下加州其实正在制造着一枚定时炸弹，有可能造成多重杀伤性后果。由于如今的监狱里缺乏最起码的教育、职业培训或是毒瘾矫治的条件，它们只好不再装作"改造机构"了。[50]其中有些监狱只不过是些安全性极差的库房，关进去的犯人们只能无休无止地收看电视里的体育比赛节目；另外一些监狱，特别是那些专门用来关押从洛杉矶的黑人贫民区和拉美裔聚居地来的黑帮核心人物的监狱，则是奥威尔式的地狱。

这被诅咒的一代人最终的命运是像与世隔绝的南极一样，被关到俄勒冈州界紧南边那片风景如画的红林海岸去。监狱的名字叫做"鹈鹕湾"，让人看着还以为它是一处自然保护区，或是安详静谧的避难所，但是，只要看看里面关押的犯人面临着何等难以想象的与世隔绝以及感官空白，就知道这只是一个残酷的玩笑。记者迈尔斯·科文是这么描写它的：

> 鹈鹕湾经过精心设计,是彻底自动化的,于是犯人们实际上就没有机会面对面地接触到警卫或其他囚犯。犯人们每天有二十二个半小时都被关在自己那个没有窗的小隔间里,这些隔间是用坚固的混凝土块和不锈钢造的,这样他们就找不到任何材料能改制成武器。他们不在监狱工厂里干活,他们没有娱乐机会;他们不能跟其他囚犯混在一起。他们不许吸烟,因为警方认为火柴危险之至。

289

科文采访过的一名官员说，这种与世隔绝是"现代监狱里前所未有的"，它的正当理由无非是"这批犯人全都罪大恶极坏到家了"。 有个狱警仔细地阐述道：

> 监狱代表着街头正在发生的一切……街面上的黑帮和暴力增加了，于是监狱里的黑帮和暴力就增加了。你总得有个地方来搁这些人……正因为如此，像鹈鹕湾这样的地方才必不可少。[51]

黑人的抵制反应

> 我们必须学会，要像反抗白人的压迫一样抵制黑人的压迫倾向。
>
> 厄尔·考德威尔①
>
> 我向你挑战是因为我爱你。
>
> 杰西·杰克逊②[52]

鹈鹕湾是一处配备了高技术的古拉格集中营，它意味着底层黑人罪犯的幽灵开始蔓延，甚至取代了红色恐慌，变成了恶魔般的"他者"，践踏公民自由权的行为则从中找到了合法的借口。 1988 年，乔治·布什利用臭名昭著的电视专题节目《威利·霍顿》③打垮了迈克尔·杜卡基斯在竞选中绝对领先的优势，这就吓坏了整整一代民主党人，他们从此以为，要想延续自己的政治生命，就得比共和党人更加嗜血（例如在1990 年的加州州长竞选期间跑去亲眼目睹死刑犯处决室派上用场）。在加州，韩恩、赖纳和范德坎普都是年轻民主党人想要利用绞刑架来角

290

---

① Earl Caldwell，以报道民权运动而著称的美国记者。
② 见本书第 13 页脚注⑤。
③ 见本书第 270 页脚注①。

逐官位的实例（更名副其实地说是利用了毒气室）。 再说，就像我们以前说过的，比他们立场偏左的人士也没能多么实在地表示过异议。

在1988年的一次访谈中，美国民权自由联盟的琼·豪沃斯悲哀而不是痛心地抱怨说：

> 谈到这个问题，改革论者实际上已经背弃了我们……现在的政策辩论在很大程度上都排斥着左翼人士，完全被控制在里根党人的右翼及其民主党影子的框架里。关于犯罪问题并无改革议程，因此另一种社会经济力量也就没能构成挑战，而它却孕育了正在萌生中的黑帮反面文化。[53]

面对着自由派下台之后重新形成的权势平衡局面，洛杉矶警察局很愿意跟美国民权自由联盟撕破脸。 1988年6月，警方轻而易举地赢得了警察委员会的批准，可以使用活活撕裂人体的洞伤子弹：这恰恰是日内瓦公约禁止在战争中使用的同一种达姆弹，此前由于美国民权自由联盟进行了成功的政治游说，警方才一直得不到手。 在新闻发布会上，洛杉矶警察局的发言人心满意足，告诉民权自由斗士只管去"伤心死吧"。[54]

反黑执法人员想从哲学上证明"锤子行动"、STEP法案和其他侵犯宪法的诸多行为具备了合法正当性，他们只需要像莫伊尼汉①一样鹦鹉学舌地重复某些传统的白人偏见。 由于福利政策的宽纵造成了黑人贫民区里的"家庭破碎"，父母角色的模式日渐式微，黑人中产阶级举家搬迁，这些因素携手造就了一群桀骜不羁的人，严重威胁到了整个社会。 雅罗斯拉夫斯基在学生时期曾为支持麦克戈文而在加州大学洛杉矶分校做过组织工作②，他曾竞选过市长职位，而且日后仍然打算再次

---

① Daniel Patrick Moynihan（1927—2003），民主党人，曾任四届美国参议员及美国大使，是肯尼迪、约翰逊、尼克松、福特四位总统的幕僚。 他曾在一份致尼克松总统的备忘录中说，"种族问题属于可以容忍一段时期的善意忽略"。
② 南达科他州民主党人乔治·麦克戈文（1922— ）曾在1972年竞选美国总统，雅罗斯拉夫斯基参加过他的竞选组织工作，就此步入政治圈。

竞选,有人向他问起"黑帮问题的经济根源",他就咆哮起来,还讲了个肮脏的小故事,说的是黑人贫民区里有个专吃福利饭的酗酒母亲,因为警方抓捕了她那个入了黑帮的儿子,她就开始破口大骂——这个故事 291 的真实性颇可怀疑。[55]雅罗斯拉夫斯基领导着一个议会委员会,负责审核警方的预算,他明确表示,反黑执法人员理当拿到一张空白支票。本市为穷人服务的医疗急救诊疗实际上已经陷于崩溃,有十万人睡觉时没床可躺,婴幼儿的死亡率正在逐步提高,快要接近第三世界的水平,而在这些背景条件下,雅罗斯拉夫斯基却把警方的弹药装备放在了第一位:"制定出一份预算就宣示了优先权,如果我们最优先考虑本市要与黑帮的暴行作斗争的话,我们的预算就应该反映出这一点,而且这场斗争将真正不惜一切代价。"[56]

如此铁面无情地打击青年犯罪的做法,在前几年可能会被认为是白人当中萌生的抵制反应、是掩盖在执法面具下的种族主义,因此被撤销了事。 然而这一次还前所未有地出现了一种"黑人的抵制反应"。 打击底层阶级的战斗具有全新的性质,规模大得吓人,而黑人领袖们都极度支持盖茨、韩恩和赖纳等人的做法。 于是全国有色人种协进会认可了韩恩的打算,对花花公子歹徒帮实施了戒严令,同时影响很大的中南部组织委员会(简称SCOC)——这是教会支持的产业区基金会(简称IAF)在当地成立的分会——也大声疾呼,要求警方对付街头青年时更加强硬。[57]即使是来自瓦茨-柳树溪地区的可敬议员、加州彩虹协会的副主席马克辛·沃特斯,也勉强首肯了警方的扫荡行动和取缔"街头恐怖主义"的法令。

这种趋势横扫全国。 尽管杰西·杰克逊还在继续努力,想要解救包括黑帮核心分子在内的黑人贫民区青年,但其他人却坚持认为,警戒政策已经变成了日常法则。 小说家伊什梅尔·里德(Ishmael Reed)从奥克兰的"归零地"①写来了一篇随笔,他在文中预言道,时钟正在滴

---

① ground zero,第二次世界大战后出现的词汇,起源于军方俚语,原意指由于空中轰炸(主要是核爆)而造成的地面爆炸点,转意指由于地震、流行疫病等自然灾害而遭到最严重破坏的区域,"9·11"事件后世界贸易中心的残迹也被称为"归零地"。 本文此处即指受到严重破坏的地区。

答飞转，黑人工人阶级"把一辈子都耗在愚蠢无趣的工作上，忍受着五花八门的差劲待遇，这样才能养活自己的孩子们"，他们很快就会被逼着开始进攻，抵抗"黑人恐怖主义……残忍的嘁啪可卡因法西斯分子"。 里德把奥克兰东部或瓦茨地区的日常生活比作了海地在独裁军①治下的受压迫状况，耻笑了住在山麓的白人自由派，"这些人在自己的沃尔沃车保险杠上粘着'滚出尼加拉瓜'的贴纸，却心甘情愿要宽待毒品法西斯分子，全不管他们正在掠夺着奥克兰的可敬市民。"[58]

292　　为了拯救美国黑人，里德彻底探讨了对18—24岁人群实施宵禁令的设想，还研究了由黑人社群制定的更加严厉苛刻的青年监管规定。黑豹党的前任宣传部长哈里·艾德华兹曾在1968年奥运会期间组织过著名的"黑人力量"抗议行动，而今他却说，如果不能从街面上永远清空大批年轻人，任何一种手段的功效都靠不住。 目前艾德华兹在加州大学伯克利分校担任社会学教授，还是一位薪资很高的职业体育顾问，他在接受旧金山的一家杂志访谈时，让人不寒而栗地阐明了自己的看法。 记者问他要如何来"转变"一名在街头叫卖嘁啪可卡因的十三岁孩子，他回答说：

　　　艾德华兹：事实上，你做不到。

　　　《旧金山焦点》：那接下来呢？

　　　艾德华兹：你得明白他们是做不到的。城市当局、文化界特别是黑人都得开始行动，从街面上赶走那些人渣。

　　　《旧金山焦点》：就是现在吗？

　　　艾德华兹：这就是说，我们得明白，我们中间有罪犯，如果我

---

① Tontons Macoutes，这个词在海地克里奥语里的原意是"妖怪军"，指海地独裁者弗朗索瓦·杜瓦利埃治下的私人警察力量，它只对杜瓦利埃本人负责，有权折磨、杀戮、敲诈普通公民，暗杀了杜瓦利埃的上百名政治对手。 1971年杜瓦利埃去世后，他的儿子让-克劳德·杜瓦利埃把这支部队更名为国家安全志愿军，实质仍未改变。 在小杜瓦利埃被推翻后，官方宣布解散这支部队，但它仍在私下里继续进行恐怖活动。

们想要保住自己的下一代和以后好几代子孙的话,就得结成一个非常坚固的阵线来反抗他们。即使那是我们自己家的孩子。

《旧金山焦点》:那么,如果你发现自己家的 13 岁孩子在卖瘪啪可卡因,身为父亲你会怎么做?

艾德华兹:把他交给警察,把他关起来。甩掉他。把他关上好长时间。只要法律允许关多久就关多久,尽力延长刑期。我主张把他们关起来,把他们从街上赶走,把他们关进铁窗里。[59]

黑人中产阶级深切地感受到,毒品贩子和黑帮分子会威胁到黑人文化特有的正直与坦诚,于是,家长们对青年犯罪行为极度反感,因此发出了如此怒吼,继而演变成了支持反黑执法者们赶尽杀绝的主张。 这是一个时代的黯淡征兆,里德和艾德华兹之属都曾是激烈主张民族主义的知识分子,可他们现在却公然宣称,唯一的选择是"牺牲"或"筛除"黑人贫民区里的年轻罪犯(亦即"人渣"),才能避免黑人社群四分五裂,而该社群的结构是经过好多代人的努力、抵制着美国白人的种族主义思想才最终英勇创建而成的。 黑人社群里的代际关系怎么会突然变出这么冷酷的预言呢?

革命的流氓无产阶级

293

今天之所以出现了我们哀叹的那些吸毒的、冷漠无情的黑人青年,是因为我们在 60 年代没能保护并珍惜黑豹党人。

索尼亚·桑切兹①[60]

---

① Sonya Sanchez(1934—),美国黑人女诗人,20 世纪 60 年代受到马尔科姆·X 的影响,积极参与社会革命运动。 作品包括《回家》(1969)、《嗯哼,那怎能解放我们? 》(1975)、《老家的姑娘和手榴弹》(1984)等。

该来见识一下洛杉矶的"越共"了。 研究拉美裔住区里的黑帮，这项工作活像一门包罗万象的家庭手工业，最早的成果是埃默里·博加德斯①受到芝加哥学派的启发在 1926 年写成的专著《城里孩子及其问题》(*The City Boy and His Problems*)；但是，谈到洛杉矶中南部地区独具社会学意义的黑帮文化，历史记录却几乎是一片空白。 再说，黑人社群的报纸涉及"黑帮问题"的相关报道彼此重复，讲的却都是白人青年的黑帮故事，说他们如何沿着向南伸展的中央大道黑人聚居区的周边恐吓着黑人居民（见第三章）。 说真的，根据这些新闻报道以及老人们的回忆来看，很有可能最初之所以萌生了黑人街头帮派，正是为了对抗 20 世纪 40 年代末出现在学校里和街头的白人暴力行径。 例如，《鹰报》报道过 1946 年发生在手工艺高中、1947 年发生在山谷地区的卡诺加公园高中、1949 年发生在约翰·亚当斯高中的"种族主义帮派大战"，而弗雷蒙高中的黑人学生们也在 1946—1947 年间一直遭到袭击。 大概因为黑人帮派是从这些学校里的融合—转变之战当中孳生出来的，直到 20 世纪 70 年代，人们还容易认为，黑人帮派主要是以学校为根基的草根类型，并不同于芝加哥黑帮那种精细划分坊间势力范围的路数。[61]

整个 20 世纪 50 年代，由于有"幽灵猎手"之类白人黑帮的庇护，种族主义袭击屡见不鲜，除了保护黑人少年免受其害以外，中南部地区的早期黑帮还在总是敌意重重的新背景下开创了社会空间——它们包括生意人帮、斯劳森帮、角斗士帮、农民帮、公园帮、歹徒帮、瓦茨帮、靴子山帮、鼓动造反帮、罗马二十人帮，可以没完没了一直这么罗列下去。 在 20 世纪 40 年代和 50 年代，成千上万黑人移民挤进了早已拥挤不堪的黑人聚居区的"东区"各个街坊里，受着另住在别处的土地持有

---

① Emory S. Bogardus(1882—1973)，美国社会学学科的重要代表人物。 1911 年获得芝加哥大学博士学位，随即出任南加州大学社会学教授，并于 1915 年在该校创办了社会学系，为美国首开先河。 1931 年他出任美国社会学协会的主席，一生出版过 24 部专著和几百篇文章。

人的辖制，随即，这些从得克萨斯、路易斯安那、密西西比各州的乡下新来乍到的年轻穷人，从驾驶低底盘改装车的黑帮那儿见识了都市社会化造成的"冷酷世界"。 与此同时，就在大街的对面，较为富裕的黑人青年住在"西区"的廊式平房地带，他们模仿着 20 世纪 50 年代在洛杉矶无孔不入的白人"汽车俱乐部"亚文化，学出了个炫耀身份地位的样子。 J·K·奥巴塔拉回忆说，"除了地界这个要素以外，20 世纪 50 年代还有个阶级斗争的因素"：

> 像筋斗帮和斯劳森帮之类黑帮的成员都住在西区，他们家里的钱一般都稍微多一点儿，自以为比东区的伙计们见过更多世面。再说东区人，他们就认为西区的对手都是些势利鬼，有时候会故意进犯人家的势力范围，打断聚会或是其他社交活动。[62]

一方面，沿着东、西区之间这道社会经济分野时常会发生"争吵"，有时候单是两片地界之间的体育比赛也会演变成"争吵"（通常都不会要人命），另一方面，20 世纪 50 年代的黑人帮派还得面对帕克局长治下的洛杉矶警察局无情的种族主义政策（经常是要人命的）。 当初年轻的达里尔·盖茨还在鞍前马后地服侍着伟大的局长的时候，警方对黑人聚居区的政策逐日减少了腐败味道，却变得更军事化、更残酷了。 比如说，在以前诸任警察局长的手下，为了拿点儿进贡的好处，警方只会取缔中央大道上那些嘈杂喧闹、种族混杂的夜间娱乐场所；而帕克可是一位反对"种族混合"的清教徒斗士，在他的治下，夜总会和点唱机下等酒吧全都遭到了突袭，被迫封门关张了。 约翰·道尔芬在维农大道和中央大道的叉道口附近开办了洛杉矶的第一家节奏布鲁斯唱片店，他在 1954 年组织起 150 家黑人商户提出抗议，反对警方继续推动"交织着胁迫和恐吓的战役"，闹得不同的种族之间都没法做买卖。 据道尔芬说，纽顿分局的警察做得特别过分，把他的店封了门，轰走了所有来店里买唱片的白人，还吓唬他们说，"在黑人街坊上闲逛太危险了"。[63]

等到在中央大道上打击过种族混杂的"罪行"以后，帕克局长又声称，有人正把海洛因和大麻卖进白人住的街坊里去，于是，他就在洛杉矶的中南部地区和东部地区发起了自己的"倾巢而出缉毒行动"。他在新闻媒体上指斥，"共产党人鼓动着买卖海洛因和大麻，因为吸食毒品会让美国的道德水准加速恶化"。帕克要求封锁美国与墨西哥接壤的边境，他这个主张预演了盖茨在多年以后要求入侵哥伦比亚的呼吁，同时，拥护帕克的主要报纸《先驱快报》则在呼吁，要对毒品贩子处以死刑。[64]

帕克局长还全力以赴地支持《洛杉矶时报》去讨伐"社会主义的"公共住房（见第二章），他捏造犯罪统计数字，用以渲染公共住房区骇人听闻的"丛林生活"景象——有些批评家觉得，至今仍有人为了某些政治目的也在如此操控着警方的数据。像他的亲信兼继任者一样，帕克局长利用了人们恐惧异族罪案的心理，好让自己永无止境的揽权行为合理合法。他有个已经退休的旧部在 1981 年评说道，为了自私的目的，帕克不断夸大着洛杉矶中南部地区那个巨大犯罪渊薮的幽灵（"所有黑人都是坏家伙"），说是要靠一条人数众多而又勇敢坚定的"蓝线"①才能压得住阵脚。照这种说法，任何人想要削减警方的预算，或者想要质疑帕克的权威地位，都会削弱这条堤防，让黑人犯罪的洪水冲进安宁的白人街坊。[65]比如我们可以想想局长大人于 1960 年初在美国民权委员会面前给出的精彩证词：

这位孔武好战的帕克说，洛杉矶警察局是真正"严阵以待的少数派"，他还坚持说，洛杉矶的少数族裔社群之所以会跟警察关

---

① 本意是指冰球场地中划分防卫区、中场区和进攻区的两条蓝线。此处指警方的警戒线。

系紧张,原因无非只有一个,从统计数字来看,黑人和拉美裔人比白人犯罪的或然性高出好多倍。帕克确实向委员会保证说,"既有的社群(也就是白人社群)认为,警方镇压黑人犯罪时还嫌太软弱"。当帕克继续就拉美裔住区里的高犯罪率发表见解时,他在洛杉矶东区发动了五百多名抗议盟友,他解释说,那儿的居民们离着"墨西哥的野人部落"仅仅一步之遥。[66]

既然"野人部落"和黑帮威胁是两只下金蛋的鹅,无怪乎帕克治下的洛杉矶警察局看待帮派青年"改造"计划的态度基本上就等同于军火工业看待和平治谈或裁军条约的态度。 帕克局长极力反对扩充青少年和讨厌的"社工们"享有的宪法权利,这位严厉的维多利亚时代做派的人"冲着缓刑部的团体指导小组发动了协同进攻",该小型项目是 1943年所谓"阻特装暴动"①引生的产物。 在帕克局长看来,团体指导小组的原罪是,由于他们认为黑帮分子是可以接受社会改造的个体,就"让黑帮行为有了地位"。 与当代的"锤子行动"或者"黑人抵制反应"的花招相仿,洛杉矶警察局在 20 世纪 50 年代和 60 年代初也把青年罪犯划分成了两群人。 一边是仅仅"有过失的"犯人(主要是白人青年),只要青少年法庭对他们施加一下休克治疗就很容易奏效;另一边是"青少年罪犯"(主要是黑人和奇卡诺人)——具体而微地代表了 J·埃德

---

① Zoot Suit Riots, 20 世纪 40 年代初, 由于洛杉矶不同族裔的居民之间存在的紧张关系引起的一场暴动。 1941 年美国投入二战后, 白人青年多去服役, 妇女和有色人种得以进入原先只许白人男性就业的国防工业。 许多白人认为这种情况是仅次于与德军和日军作战的敌对局势。 与此同时, 爵士乐开始风靡。 "阻特装"是墨西哥裔青年在舞会或生日聚会上的一种时髦装束, 也是爵士乐世界的一个组成部分, 它在视觉上挑衅着种族隔离的准则: 社会上不成文的规矩要求有色人种在公开场合不显眼、不作声, 但是阻特装的宽肩窄腰和灯笼裤都很张扬, 尤其是在战时物资紧缺的时候。 洛杉矶政府认为穿着阻特装的年轻人多半涉嫌犯罪及黑帮行为, 白人士兵回到洛杉矶后又与这些青年发生了更多冲突。 从 1943 年 5 月 30 日到 6 月初, 白人水兵和墨西哥裔平民青年在洛杉矶东部地区发生了长达一个多星期的械斗, 即为阻特装暴动。 警方在此期间偏袒军人一方, 因此并不积极阻止事态恶化。 这场械斗严重波及了东区的墨西哥裔街坊和瓦茨的黑人聚居区。 事后成立的民权委员会就此展开调查并提交了报告, 认为引发这场暴动的主要诱因是种族主义, 但是当时的洛杉矶市长 Fletcher Bowron 并不认同这个结论, 他认为这是年轻人触犯法律以及南方白人的错, 与种族偏见并无关联。

296　加·胡佛所谓的"疯狗"——注定要在州立监狱系统里度过他们的一生。 洛杉矶警察局的世界观有个基本点，他们断言说，黑人聚居区里的帮派青年都是些"青少年罪犯"：这群人渣全是改造不好的"死硬"犯罪分子。 况且，由于20世纪50年代末黑人聚居区里开始出现了黑人民族主义团体比如"穆斯林"组织，帕克也开始像胡佛一样认为，黑帮问题和"武力威胁"正在形成一个构架，代表着正在崛起之中的独特的黑人威胁。[67]

实际上，是洛杉矶警察局自己在滥用职权，既刺激洛杉矶中南部地区产生了帮派亚文化，也成就了一则自我证实、自圆其说的预言。 1962年4月，洛杉矶警察局无缘无故地攻击了一家名为"伊斯兰清真寺国土"的组织，导致一名穆斯林被杀害、六人受伤，人们随之认为即将顺理成章地爆发一场抵抗帕克"占领军"的社群起义，实际上这已是在所难免。 于是在1964年5月，加州总检查官斯坦利·莫斯克的助手霍华德·朱厄尔向他提交了一份备忘录，说是"'炎炎长夏'①马上就会降临在我们的头上。 从洛杉矶来的迹象不是好兆头"。 朱厄尔责怪帕克局长激起了种族分裂，并预言暴力冲突将会遍地开花。[68]

同时，黑人心目中的南加州之梦正在破灭，这个梦曾引诱着成千上万移民满怀希望地从西南地区搬到本地来。 黑人青年无权挤进能赚大钱的建筑业和航天业，从1959年到1965年间，他们熬过了一段满腔怨愤的严冬——而这段时期却是白人小子们的"无尽长夏"。 黑人和盎格鲁裔白人之间的绝对收入差距急剧拉大。 在洛杉矶中南部地区，中等收入阶层的人数减少了将近十分之一，而黑人失业的人数比例则从12%飞速飚升到了20%（其中有30%的人住在瓦茨地区）。 尽管两旁栽着棕榈行道树的大街和廊式平房的可爱外表很能蒙骗人，可中南部地区

———————————

① long，hot summer，1958年由保罗·纽曼主演的美国电影，根据威廉·福克纳同名小说改编，描述发生在密西西比州一个小镇上的种族斗争故事，中文译名有《夏日春情》、《漫长的炎夏》等。

的住宅存量却是全然一片荒弃：按照区域规划委员会的说法，这儿是"美国所有城市里最大的萎缩地带"。[69]但是，每当民权组织想为黑人争取机会增加就业或者改善住房时，白人的狂怒抵制都会让这类努力化为泡影，最极端的事例发生在 1964 年，有 75% 的白人投票赞成推举14 号提案，废止拉姆福德公平住房法案①。

不过，那时候跟我们现在的社会两极分化局势还不一样，当时也是民权运动的英雄时代，是为寻求解放战略而展开宏大辩论的英雄时代。 由于穆斯林运动和马尔科姆·X 以强烈的领袖魅力感召着人们，中南部地区的帮派青年开始体现出，黑人力量运动唤醒了一代人。 奥巴塔拉这样描述 20 世纪 60 年代的"新品种"："他们的认识正在发生转变：那些人原先都按着东、西区的分野来看事情，可现在却开始根据黑人和白人的不同而改换了眼光。"由于帮派开始染上了政治色彩，就变成了"露天的教堂，他们的牧师把（黑人力量的）福音传出来，传到了大街上"。[70]

老资格的民权活动家还能记得一件值得纪念的事，当地某家汽车餐厅只许白人开车进去，民权活动家在那儿举行了一次抗议活动，其间白人改装车手大打出手，黑人帮派分子及时赶到，解救了民权活动家们。这个黑帮就是传奇的斯劳森帮，他们的大本营在弗雷蒙高地一带，在当地的黑人解放运动的兴起过程中，他们构成了举足轻重的社会基础。当然，转折点是 1965 年 8 月那个受压迫者的节日②，黑人社群称之为一次起义，而白人的新闻界则说它是一场暴动。 共和党保守派约翰·麦科恩和阿萨·考尔领导了"暴动调查委员会"，尽管该委员会赞同帕克局长所谓的"群氓理论"，也就是说，八月事件是一小撮罪犯的所作所为，但是后人研究麦科恩委员会给出的数据却发现，多达 7.5 万人参加

①　Rumford Fair Housing Act，1963 年由议员 W. Byron Rumford 提交，又名"公平雇佣与住房法案"，禁止在就业、住房问题上根据种族、肤色、宗教信仰、性别、出身国别、血统、年龄、婚姻状况和家庭地位而做歧视对待。
②　指瓦茨暴动。

了这次起义，主要都是平日里感觉麻木的黑人工人阶级。[71]在帮派成员的眼里，这场起义是场"终极帮派大战"，为了反抗可恨的洛杉矶警察局和国民警卫队，以前的对头们捐弃前嫌，相互喝彩了。 科诺特引述了老冤家们的例子，比如说斯劳森帮和从第54街一带起家的角斗士帮，在突破帕克那道无敌的"蓝线"之际，他们相互闪烁着微笑，击掌庆贺。[72]

这种精诚团结的运动在街头和街坊上一直坚持了三到四年。 甚至连洛杉矶警察局自己都像社工人员一样在惊叹，随着黑帮领导层加入了这场革命，各个不同帮派之间的敌意事实上已经烟消云散。[73]斯劳森帮的两名头目，（著名的"军阀"）艾尔普伦蒂斯·"结帮"·卡特①和乔恩·哈金斯成了当地黑豹党的组织者，而第三名头目克鲁克弟兄（又名罗恩·威尔金斯）则创办了社区警戒巡逻队，以此来监督警方的施虐行为。 与此同时，一个老资格的瓦茨帮派在约旦空地即"停车场"一带安营扎寨，它成了一个招募"瓦茨之子"的中心，把大家组织起来保卫一年一度的瓦茨节。[74]

戴着小小扎头巾的街头兄弟姐妹们长年失业，在1965年那个精彩绝伦的一星期里，他们实际上把警察赶出了黑人聚居区，于是，298 不足为奇，黑人力量运动的理论家们在20世纪60年代末认为，如果这群人还说不上是黑人解放运动的急先锋的话，起码也是其战略储备队（奇卡诺左翼组织也很乐于设想，把各家帮派团结成一个斗士般的联合统一团体）。 在这一时期，即1968年到1969年左右，黑豹党人在街头和高中里的信徒暴增，他们似乎一度有可能变成终极的革命帮派。 如今的少年人成群结队地跑去听 Easy-E②唱饶舌音乐，"这和肤色不相干，只跟钱的颜色有关系。 我爱着绿票子呢"[75]——

---

① Alprentice 'Bunchy' Carter，美国黑人活动家，前帮派成员，他和乔恩·哈金斯都加入了黑豹党，都在1969年1月17日被杀，被许多追随者看成是美国黑人力量运动中出现的烈士。
② 美国西海岸当代黑帮说唱乐（即饶舌乐）的重要乐手。

可当年的少年们却挤满了体育场，听斯托克利·卡迈克尔①、拉普·布朗②、鲍比·西尔③和詹姆斯·福曼④畅谈构想计划，如何把"学生非暴力统筹委员会"⑤与黑豹党人统一起来。同一类团结进取的志向还有其他的表现形式，比如"黑人议会"，比如为就"格利高里·克拉克谋杀案"审讯洛杉矶警察局而召开的"人民法庭"，等等。

但是联邦调查局臭名昭著的"对立情报计划"⑥和洛杉矶警察局的公共骚乱情报部却联起手来，以图消灭黑人力量运动在洛杉矶的先锋成员（公共骚乱情报部是一支超级红色小分队，直到 1982 年还一直在监视着每个可疑的组织，从黑豹党到全国教堂议会无所不至）。1969 年 2月，黑豹党的领袖卡特和哈金斯在加州大学洛杉矶分校的校园里被人杀害，几名凶手属于与黑豹党为敌的一个民族主义团体（但是黑豹党的老人们至今都还坚持认为，那些人实际上是受到了警方的煽动），此事发生一

---

① Stokely Carmichael(1941—1998)，非裔美国人，著名社会活动家。他在 1961 年参加了种族平等大会组织的自由乘车运动，1964 年已经成为阿拉巴马州"学生非暴力统筹委员会"的骨干成员。他采取独立派政治立场，因此与其他多数民权运动领袖隔阂日深，于 1967 年 6 月退出了学生非暴力统筹委员会，加入黑豹党，主张以暴易暴。他的继任者是拉普·布朗。卡迈克尔于 1969 年移民到了几内亚，并在那里度过余生，改名叫 Kwame Ture，他的回忆录《革命准备就绪》于 2003 年才得以出版。

② H. Rap Brown(1943—)，美国政治活动家、作家，曾任"学生非暴力统筹委员会"的主席，1966 年起开始和卡迈克尔一起鼓吹黑人力量运动。1974 年入狱后皈依伊斯兰教，改名为 Jamil Abudullah al-Amin。出狱后他在亚特兰大市开了一家杂货店，开始写作，并兼任亚特兰大清真寺社团的领袖。著有《黑鬼死去吧》(1969)。

③ Bobby Seale(1936—)，政治活动家、教育家，最早的黑豹党人之一（1966年），曾在 1973 年竞选奥克兰市长而落败，于 1974 年辞去了黑豹党主席的职务。著有自传《孤独的怒火》。

④ James Forman(1928—2005)，美国民权运动领袖，朝鲜战争中曾在美国空军服役。1961—1965 年担任"学生非暴力统筹委员会"的执行秘书长，在此期间提升了该机构在民权运动中的政治地位。

⑤ Student Nonviolent Coordinating Committee，简称 SNCC，1960 年代美国民权运动的重要机构之一，1960 年 4 月成立于北卡罗来纳州 Shaw 大学的学生会议上，主旨是以非暴力方式抵制种族隔离制度以及其他各种形式的种族主义。SNCC 在"自由乘车"、1963 年"向华盛顿自由进军"、"密西西比自由之夏"以及"密西西比民主党自由集会"等多次运动中起到了领导作用。20 世纪 60 年代后期，在卡迈克尔等暴躁领袖的带领下，SNCC 与黑人力量运动密切联络，并参加了反对越战的斗争。1969 年，在布朗任主席期间，SNCC 正式更名为学生全国统筹委员会即 Student National Coordinating Committee，此后这个组织逐渐衰落，并于 20 世纪 70 年代初最终解体。

⑥ COINTELPRO，实施于 1956—1971 年间，最初是用来对付美国共产党的情报活动，后来发展到专门调查、瓦解美国境内持不同政见的政治组织，对象从马丁·路德·金领导的民权运动、黑豹党、伊斯兰国度组织、SNCC 到三 K 党无所不包，而且不择手段地搞破坏。1971 年，由于联邦调查局的一个现场办公室进了小偷，导致 COINTELPRO 的一些档案失窃并被新闻界曝光，胡佛局长随即于当年内宣布该计划告终。

年之后，洛杉矶警察局的霹雳特警队对黑豹党在中南部地区的各处总部进行了长达一整天的围攻。尽管整个黑人社群愤怒地涌上街头，逼着全面屠杀黑豹党骨干人物的政策勉强扭转了方向，但黑豹党实际上是被摧毁了。

就连《洛杉矶时报》也承认，大批屠杀黑豹党人直接导致了黑帮在20世纪70年代初的死灰复燃。[76]最出众的黑帮新秀"瘸子帮"就是黑豹党原先的超凡魅力孕育而成的后裔，它填满了洛杉矶警察局的霹雳特警队在杀戮之后留下的空洞。关于瘸子帮的最初起源有各种各样的传说，不过不同版本的说法在某些特定环节上倒都是一致的。手工艺高中有个教师唐纳德·贝克尔私人出版了一部小说讲述瘸子帮的故事，书里是这么解释的，第一"批"出产于一片为修建世纪高速公路进行拆迁而形成的社会荒地——这次搬迁住房、打断街坊纽带的创伤行动相当于一次损失巨大的自然灾害。他小说里的主角是个瘸子帮的二代成员，对"帮里兄弟"吹牛说："我老爸就属于最早的胡佛-107号大街瘸子帮，那可是洛杉矶最早的瘸子帮，老牌歹徒到了头了。"[77]其次，根据记者鲍勃·贝克的断言，胡佛-107号大街帮是从一个更老的名叫"大街"的帮派里分裂出来的，这个黑帮里有个真正头号的"老牌歹徒"，60年代末黑豹党的鼎盛时期曾经深深影响了这个青年：

> 他叫雷蒙德·华盛顿，在弗雷蒙高中上学，他太年轻了，还够不上参加黑豹党，但他却把黑豹党主张黑人社群控制街坊的那些言辞听了一点儿进去。等华盛顿被弗雷蒙高中踢出门外，他对华盛顿高中也很生气，在他住的街坊上开始形成了些什么，就在107号大街和胡佛街相交的那一带。[78]

时常有人猜度，瘸子帮之所以得名，是因为107号大街—胡佛大街上那帮人的步态"一瘸一拐"，尽管如此，贝克尔却听一名"老牌歹徒"告诉他说，这个名称最初的意思是"不断前进并继续革命"（缩写为 CRIP，巧合于英文单词"瘸子"）。[79]不管这种解释显得多么可疑，它却最确切地描摹出了 1970—1972 年间瘸子帮各个分部在整个黑人聚居区里的显著壮大。 洛杉矶警察局第 77 街分局曾经发布过一张 1972 年的黑帮分布图（见本书第 346 页图），它标出了由各帮派势力范围分割组成的一铺百衲被，无论是东区还是西区都有扎着蓝色头巾的瘸子帮，其间夹杂着别的黑帮，有些比瓦茨起义还早，一路承传至今。[80] 帽檐帮、奖金猎手帮、丹佛车道帮、雅典公园帮、主教帮，特别是还有强大的皮鲁帮①，它们都是各自独立的黑帮——由于瘸子帮不断施压，它们就结成同盟，组成了用红色手帕的血腥帮。 血腥帮势力格外强大的地方是在中南部地区内核边缘处的黑人社区里，比如康普顿、帕科伊玛、帕萨迪纳和帕摩纳等地，这个帮派主要是因为面对瘸子帮的侵略性登场想要自卫才产生的。[81]

需要强调的是，这还不单是一次帮派复兴，更是黑人帮派文化的一场根本转变。 瘸子帮继承了黑豹党的无畏气概，传达着（从黑豹党的纲领中提取的）武装先锋的思维方式，尽管可能有所扭曲。 在某些事例中，瘸子帮的徽章上仍然画着黑人力量运动的标志，比如在 1972 年的蒙罗维亚暴动或是在 1977—1979 年间的洛杉矶校车危机中都是如此。[82] 但是，瘸子帮太频繁地表现出了黑人聚居区内部的暴力升级现象，其严重程度已经堪比《发条橙子》里的描写（以谋杀来象征地位，诸如此类），这在斯劳森帮当年坐大的时候可是闻所未闻，而且与黑豹党所象征的一切背道而驰。

何况瘸子帮还把极端暴力的倾向和极端自负的野心混在一起，想要主宰整个黑人聚居区。 尽管贝克尔在小说里微妙地勾画出，东区和西区之间一直关系紧张，但是瘸子帮企图像黑豹党前辈一样，称雄于整个一代。 说到这一点，他们跟同时期的芝加哥黑帮"黑人 P 石国度"②一样，完成了黑帮组织内部的一次"管理革命"。 如果说他们刚开始还

300

---

① 以康普顿为基地的黑人帮派，由于最初成立于皮鲁大街而得名。

② Black P Stone Nation，20 世纪 60 年代初首创于芝加哥南部地区，1969 年在洛杉矶落地生根，是洛杉矶极少数从其他城市起源的帮派之一。

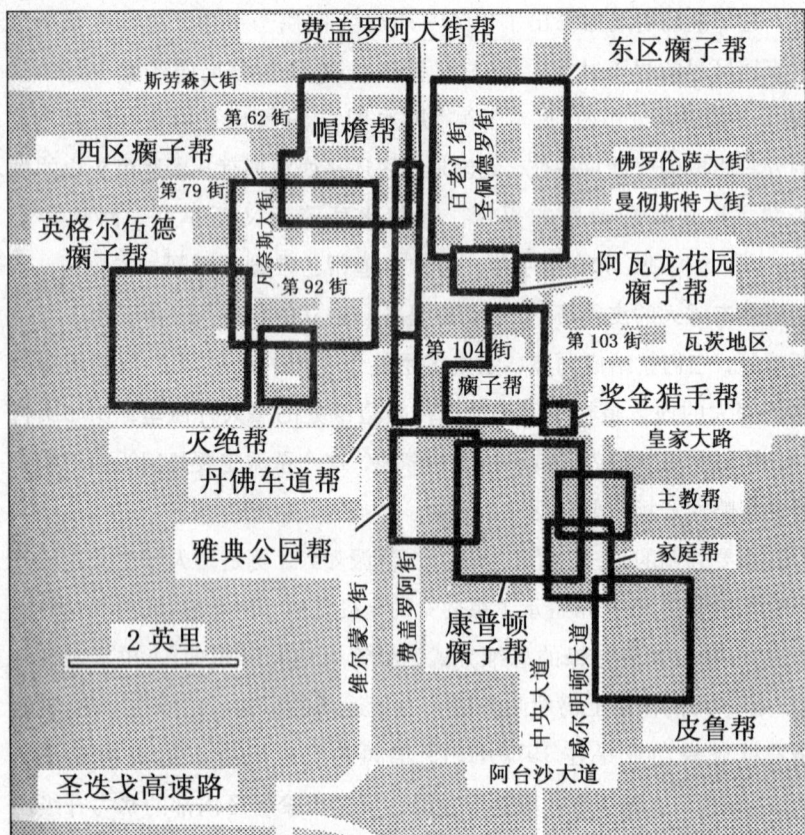

费盖罗阿大街帮

东区瘫子帮

斯劳森大街

第62街

帽檐帮

西区瘫子帮

百老汇街

圣佩德罗街

佛罗伦萨大街

第79街

曼彻斯特大街

英格尔伍德
瘫子帮

凡奈斯大街

第92街

阿瓦龙花园
瘫子帮

第104街

第103街

瓦茨地区

瘫子帮

奖金猎手帮

灭绝帮

丹佛车道帮

皇家大路

雅典公园帮

主教帮

家庭帮

2英里

维尔蒙大街

费盖罗阿街

康普顿
瘫子帮

中央大道

威尔明顿大道

皮鲁帮

圣迭戈高速路

阿台沙大道

只不过为垮了台的黑豹党充当了一个少年替身的话，经历过 20 世纪 70
年代以后，他们已经变成了一个少年信徒和原始黑手党的混合体。 此
刻，洛杉矶中南部地区的经济机遇已经被抽汲殆尽，瘫子帮就成了几千
名被遗弃的年轻人寻求慰藉的最后一处力量源泉。

无妨抛弃掉的青年

> 黑帮永远都不会完蛋的。你打算给我们都找个活儿干么？
>
> 葡萄街瘫子帮的十六岁成员[83]

如果瘸子帮和血腥帮能面对面谈谈的话，他们会怎么议论流血屠杀呢？ 当然，不许恐怖主义分子公开发言，这是"反恐"战术的一种绝对手段——无论把它用在贝尔法斯特、耶路撒冷还是用在洛杉矶。尽管总有人把恐怖主义精确描述成互无关连的男性暴力行为，当局却耗费了无穷精力来保护我们不受它那些"邪说"的影响，甚至不惜以推行审查制度、限制言论自由为代价。 因此洛杉矶警察局才会激烈抵制社工人员和社群组织者们的努力，不许这些人如其所愿地给黑帮分子一点儿机会来讲讲"他们眼里的那一面故事"（而且警察局经常都能得逞）。

1972年12月出现了一次重要的例外机会，当时黑帮枪战和街头殴斗已经达到激烈万分的高潮，南部地区的各所学校里因此第一次横掠过一阵瘸子帮恐慌。 人际关系协商会不听警方的建议，为六十名黑人帮派首领提供了一个平台，让他们来诉说心底的冤屈不平。 到场的官员们震惊地发现，"疯狗们"简略地提出了一整套清晰而连贯的要求：就业、住房、改善学校、休闲设施、由社群控制各地机构。[84]这场华彩乐章的演出表明，尽管黑帮青年们纠缠在族间仇杀和自我毁灭行为中、困在妄想的牛角尖里，但他们却能清楚地感受到，自己降生在其中的环境是一个延宕了美梦、破坏了平等的环境。 再说，在过去十八年间，长期失业的黑人和奇卡诺人帮派首领只要碰到有人允许他们开口说话就一直都在断言，必须为黑人提供体面的工作，才有可能通过谈判终止毒品买卖和黑帮暴力行为，达成一个人道的结局。[85]

那么，就业情势又是如何呢？ 有必要回顾一下，靠着改良主义带来的切实希望，20世纪60年代的革命言论存续下来了。 一方面有黑豹党人在发表演说催眠了大学牛们，另一方面，由于兴起了由黑人、犹太裔和自由派组成的布莱德利联盟，民权政治也获得了新的动力。 何况在越战时期经济过热的鼎盛阶段，大批黑人青年终于开始找到了自己的门路，进到工厂和交通运输业去上班，而黑人妇女则集中在粉领劳动力

302

的较低阶层里。 另外，针对少年人和失业青年，联邦政府提供了一项季节性就业的配额，让人去做"拔草"的临时工，还假装推行了一项培训计划，好在漫漫长夏里从街头清走闲人。

但是，经济改善的错觉没能维持多久。 1975 年是瓦茨暴动十周年，也是布莱德利时代开始以后的第二年，《洛杉矶时报》在那年做了个特别报道，发现"黑人聚居区不是一个活力四射的社区……它正在慢慢走向衰亡"。 面对着数字翻番的失业人群（1975 年是南方黑人的萧条年份）、拥挤过甚的学校、大幅攀升的物价以及不断恶化的住房条件，"萌生了病态的冷漠麻木或是愤怒的挫折感，取代了 20 世纪 60 年代的战斗激情"。 由于警方展开了超级强大的军事化打压，由于黑人社群的激进先锋已经被消灭殆尽，短时期内不会再爆发起义了，于是只剩下黑帮暴力和黑人侵犯黑人的罪行形成了绝望的轮回，《洛杉矶时报》的记者约翰·肯道尔对此曾有过描述。[86]

事隔十五年之后再来回头看，很明显，《洛杉矶时报》以及同时期别的观察者们都没能完全看清洛杉矶中南部地区正在出现的复杂状况。虽然他们非常准确地形容出了整个黑人社群道德江河日下的景况，但是实际上，在多数人的处境稳步恶化的同时，却有数量可观的一小批人正在缓步升迁。 简而言之，洛杉矶的黑人社群日益从内部两极分化了，在公共部门就业的工匠、牧师和专业人员都成功地躲进了市、县、联邦各级官僚机构的壕堑里，而在私营企业就业的半熟练工人阶级则是全军惨重受损，追逐着就业岗位搬去了郊区，又遇上了经济走向全球化在雪上加霜。

304 　　荒谬的是，与此同时还有另一点可能也同样真切，即洛杉矶县的黑人政治领袖也为经济的巨大进步助了一臂之力，并帮忙让黑人社群于事无害地不惹眼。 有些批评家指责布莱德利政府"毁掉了洛杉矶中南部地区"，说这话的人通常忽略了该政府整合公共劳动力的成就。 黑人在公共部门里的就业机会花样翻新，再加上在航天、金融、娱乐产业中留给黑人的专业职位小有改善，就促使黑人的"新西区"出现了显著的繁荣景象：暴发户们住的拉德拉高地和鲍德温山麓区①那些小山顶，还有英格尔伍德和卡森②之类郊区地带整洁的大片土地。

与此同时，黑人社群的经济发展却是满盘皆输。我们已经看到，布莱德利政府决心要遵从中心城市协会制定的改造议程，并不打算担待全国有色人种协进会或者墨西哥裔美国人政治协会。平原地带有将近40%的家庭生活在贫困线以下，这里的工人阶级黑人面临着残酷的经济衰落。为了贴补市中心区的公司复兴建设，吸走了多达二十亿美元的城市资金，同时洛杉矶中南部地区却经历了大幅度的倒退，即便拿到了脱贫援助也无济于事，"远远落在洛杉矶西部和山谷地带的后面，得不到必备的人道服务和就业培训基金"。[87]黑人的小生意既缺乏信用，又得不到市政当局的关注，因此萎靡不振，只剩下酒馆和教堂还开着门。

更悲惨的是，办起工会的分厂经济也垮了台，而它一直都是工人阶级黑人和奇卡诺人寻找体面工作的指望。由于美国产业核心区在1970年代把洛杉矶经济"拔了插头"，重新接驳到东亚地区，因此非盎格鲁裔的工人就一直承受着调整的冲击，充当了牺牲品。从1978年到1982年间，在日本进口产品无孔不入的情况下，在不景气的余波里，工厂关张的浪潮席卷而过，南加州除航天业以外最大的十二家分厂中有十家关张，导致7.5万名蓝领工人失业，这一阶层在1965—1975年间赢得的短暂收获彻底报销。有些本地货仓和工厂还不肯对亚洲的竞争对手低头认输，它们选择了逃进南湾区、橘县北部或是内陆帝国新设的产业园区里去——自从1971年以后，有321家企业都是这么干的。[88]加州议会的一个调查委员会在1982年证实，这种做法导致了中南部地区各个街坊的经济毁灭：自从20世纪70年代初以

---

① Ladera Heights 和 Baldwin Hills 是位于洛杉矶县西南部的两个相邻社区，毗邻英格尔伍德等社区，靠近洛杉矶国际机场和圣迭戈高速公路。均为美国最富裕的黑人居住区，多数住家可以俯瞰太平洋的壮丽景色。

② Carson，位于洛杉矶县，以制造业为主，是加州州立大学多明盖兹山分校的校址。

来，失业人数上升了将近50%，同时黑人社群的购买力则下降了三分
305 之一。[89]

就算东区在20世纪80年代大量恢复了制造业的就业岗位，黑人
从中却几乎一无所获，因为新的产业无一例外只有工资极低的血汗工
厂，极力剥削着拉美裔移民劳动力，生产家具或是非耐用商品如服装
和玩具等等（借用阿兰·里别兹①的术语，我们可以说，在"福特主
义"的废墟空壳里，而今正推行着一种"血淋淋的泰勒主义"）。[90]
工业界已经找不到就业岗位，既影响到了黑人劳动力的社会经济状
况，还影响到了他们的性别处境。黑人年轻女性一直比较能够适应社
区产业的空洞化，她们可以转而从事低层的信息处理工作。然而另一
方面，黑人工人阶级的小伙子却眼睁睁地看着自己在劳动力市场里的
机会丧失殆尽（除非去服兵役），因为曾让父辈兄长找到过一丝尊严的
工厂工人、卡车司机之类的工作岗位，或是由于产品进口而被取消
了，或是挪到了白人住区里，远在巨型都市洛杉矶极大的螺旋分支的
端头上——在圣伯纳迪诺或者河滨县等地，离黑人的住区远远隔着五
十英里到八十英里。

同样，繁荣的郊区服务业也在大举排斥黑人青年就业。我们曾在
第三章里看到了一个让人瞠目结舌的事实，加州在20世纪80年代涌
现的就业及居住的增长热点中，大多数都只住有1%的黑人人口或者
还不到——橘县南部、文图拉县东部、圣迭戈县北部、康特拉海岸
县②，诸如此类的地方都是如此——这标志着一种制度化的种族主
义，可如今大家一般都不承认它有这么严重。与此同时，有些黑人青
年想去争取比较核心位置上的仆役工作，却发现自己在这场比赛里注

---

① Alain Lipietz(1947—)，原名 Alain Guy Lipiec，法国工程师、经济学家、政治
家，是法国绿党成员，曾被选为2002年法国总统竞选的绿党候选人，现任绿党派出的欧
洲议员。他注重分析人类社群之间的社会经济关系，著有《绿色希望：政治生态学的未
来》（1993）等。
② Contra Costa，位于旧金山港湾区的郊区县治，创立于1850年。它的名称在西
班牙文里的意思是"对岸"，因为它的位置在旧金山的对岸。

定要输给新移民，相当重要的原因是，雇主明显认为新移民在劳动中更"温顺"。 结果在 20 世纪 80 年代末，洛杉矶县黑人青年的失业比例始终保持在 45% 左右——尽管该地区一直处于整体增长之中，而且还爆发了又一轮显著的消费浪潮。[91]1985 年对黑人聚居区里的公共住房项目进行调查时发现，在尼克森公园区的 1 060 户人家里，只有 120 个有工作、能养家糊口的人；在普韦布洛德里奥区这个比例是 400 户里有 70 人，在约旦低地区这个比例是 700 户里有 100 人。[92]几年前还有过另一个生动的实例，说明了要找到一个体面的体力劳动职位可有多难，圣佩德罗海岸有工会组织的码头上出现了少数工作空缺，申请职位的五万个人排成了好几英里的长队，其中主要都是黑人和奇卡诺青年。

黑人青年在劳动力市场上的地位逐步恶化是个重大诱因，催生了毒品买卖的负面经济和青年犯罪。 但是事实还不止于此。 黑人工人阶级沦为经济边缘人还有另一个相应的后果，就是内城所有族裔的人群都飞快地重新落入贫困。 在全加州范围内，贫困儿童的比例在上一代人的时间里翻了一番（从 11% 上升到 23%）。 整个 20 世纪 80 年代期间，洛杉矶县里生活在官方规定的贫困线以下或在贫困线左近徘徊的孩子，比例数达到了吓人的 40%。 何况该县最穷的地区永远都是最年轻的地区：在 1980 年的 66 个人口普查分区里，家庭平均收入低于一万美元的人家里，有超过 70% 的家庭平均年龄只有 20—24 岁（其余家庭的平均年龄是 25—29 岁）。[93]一方面富裕私房屋主的政治势力继续确保了在居民间实施种族隔离、确保了纳税资源的再分配方式更有利于社会上层，另一方面，内城青年却成了故意削减社会投资的政策的牺牲品。 "天使之城"默认可以牺牲黑人和棕色人种的青年，认清这一点可以直接依据如下事实：一些用来满足最迫切需求的项目计划被稳步抽走了资源挪作他用——而民选的官员们却几乎没人为此振臂疾呼。

或许最有说服力的是，青年就业计划连续不断地遭受打击，先是由

306

尼克松政府做出了决策，随后得到了里根州长的呼应，要打压"伟大社会"①的社群运动，从市区抽走城市援助金，重新划拨给郊区。"街坊青年社团计划"②遭到了瓦解，在里根治下随即终止了"综合就业及培训法案"③、阉割了就业介绍所，种种行为都标明了这场撤出内城的行动。当前在洛杉矶，年轻人最重要的公共就业机会来自于"洛杉矶夏季就业计划"——这个方案完全属于"火险"一类性质，是已被废止的联邦旧计划的苍白影子而已。很讽刺，就在 1987 年到 1988 年间，正值好莱坞和所有新闻媒体的摄影弧光灯全都把审视的目光聚焦在违法青年就业问题上的当口，市议会削减了夏季就业计划。[94]

307 　　尽管人们普遍认为，比起实施 STEP 法案或者施加漫长的刑期来，提供工作机会能更有效地打压青年犯罪行为，可帮派成员却几乎找不到别的工作。"黑帮青年服务组织"老练的主管查尔斯·诺曼在 1981 年发表议论说："80% 的黑帮成员都只有十七岁或者还不到，如果你手里有工作机会、就业培训和社会机遇，就能拉住他们脱离黑帮。"[95]八年过后，好莱坞出身的头号民主党人、加州参议院的临时议长戴维·罗伯蒂也承认，"13 号提案把内城街坊都搞乱了"，因为该提案否决了诺曼提出的预防黑帮行为的战略开支。[96]最后，随着洛杉矶警察局的预算在 1988 年上升到了四亿美元，市议会才抠门地批准了一项五十万美元的初步计划，为"高风险"的年轻人创造了一百个就业岗位。自从 1980 年代中期以来，敌意迅速浓重，在此气氛中，这项可怜的计划是市政当局给本市估计多达五万名的帮派青年提供的唯一的一根"胡萝卜"。[97]

　　同时，学校系统也在大踏步倒退。从全州范围来看，加州著名的

---

　　① Great Society，约翰逊总统竞选期间提出的政治口号，主旨是通过推行强有力的政府计划来确保社会公正。
　　② Neighborhood Youth Corps，主旨是由非营利机构为贫困青年提供工作机会，培养他们适应劳动力市场对工作经验及教育程度的需求。
　　③ Comprehensive Employment and Training Act, 即 CETA 法案，为帮助贫困、失业、半失业的人群而推行的美国政府计划，颁布于 1973 年。CETA 法案提供联邦政府和地方政府的综合补助款，用以支持公共、私人部门的就业培训计划以及青年计划，比如就业介绍所和夏季青年就业计划等。1982 年，CETA 法案被"就业培训合作法案"取代。

教育体系急剧衰落,平均每名学生摊到的教育经费从全国排名第9位下降到了第33位,或者说,只及纽约市人均教育经费的三分之一。 洛杉矶统一教学区是全国规模第二大的学区,教着60万名学生,这儿的教室比密西西比的还要拥挤,内城高中里半路辍学的学生比例飞速上涨到了30%—50%。 "统一"的叫法纯属用词不当,因为这个学区在很多年来实际上已经分成了黑人、拉美裔和白人各自不同的运行系统。 其后果之一是,如今住在中南部地区的黑人男性这辈子被关进监牢的几率比加州大学左近的居民要高出两倍。 全国有色人种协进会在某个诉讼大案中指斥道,隔离政策仍然无所不在,而且各个学校的不同品质直接反映着各个街坊不同的社会经济水平。 全国有色人种协进会的律师约瑟夫·达夫解释说,何况学校里的种族隔离状况还在进一步分化,因为人们在出租房屋时历来都歧视带孩子的家庭:

> 本市的某些地区里尽是些高密度的廉价公寓楼和比较老旧的大型独户住宅,这些地区都真正成了"孩子的贫民区"。聚集在这些居住区里的学龄儿童一直都让公立学校不胜其累。种族隔离和阶级隔离呈现出了重叠的现象。[98]

教育系统负担过重,既采取了隔离政策却仍水平不均,它提供的蹩脚教育让低收入家庭出身的年轻人在毕业后的境遇还不如在学校里。 在洛杉矶县,据估计有25万到35万名5—14岁的孩子"挂着家门钥匙",从学校放学之后到家长下班之前,都一直没有成年人的照管。 同时,布莱德利政府在紧缩了财政之后提出,要分类安排公共项目计划,事实上也停止了公共休闲设施的建设。 1987年,当局把不足挂齿的三万美元经费分给150家休闲活动中心,用于购买休闲器械,服务于成千上万的贫困儿童。 它还采用了一项原则,按各个公园的不同尺寸、套用一个公式来分配削减后的公园建设预算,同时鼓励各个公园向使用者收费,把公园当作一门"生意"来经营。 由于本市的富裕地区

308

拥有的公园用地和收费设施都远多于其他地区，就导致了公园资源的反向再分配。 结果则是"休闲问题上的种族隔离"，而且内城里的公共空间可悲地每况愈下，因为这儿的公园每天都在走下坡路，没人监管，危象环伺。[99]

也曾有过零星的政治动员，想要解决中南部地区被掏空了经济、社会基础结构的问题，解决一代内城青年日趋贫困的问题。 在瓦茨暴动的那一代领导人当中，只有少数人还在为黑人社群的不幸命运继续惹是生非。 于是议员马克辛·沃特斯和瓦茨劳动行动组织的领袖泰德·沃特金斯向议会施加了真切的压力，想要最终召开听证会，应对当地分厂的关张问题以及经济危困问题（市议会并没相应做出举措）。 虽然相关证据令人痛心地越积越多，非常热衷于给执法部门帮忙的议会却对经济衰落不闻不问，袖手旁观，尽管正是这个因素在推动着犯罪率不断上升。

20世纪60年代的黑人力量运动在洛杉矶幸存下来的骨干分子寥寥无几，他们敦促大家采取更大胆的行动，其中特别活跃的人有"反对警方施暴委员会"的迈克尔·津尊、"和平就业组织"的安东尼·西格彭。 尽管他们顽强争取要在黑人社群内部建立起选区一级的组织，并发展出草根阶层应对"危急需求"的一套议程，但这些努力屡次三番地全都被五花八门的权势集团破坏掉了，其中包括表面上算是"自由派"的民主党。 因此"和平就业组织"奋起斗争，要在全市范围内评估对各处社区施用的军事花费所造成的影响，却相继遭到了从政治智囊群到西区的"伯曼-韦克斯曼-莱文"核心集团发起的连珠炮般的恶意宣传攻势，最终给反掉了。 同时，由于津尊想要大力揭露警方的野蛮行径，帕萨迪纳警方就无缘无故地野蛮殴打了他，打瞎了他的一只眼睛。 这些内城组织的领导人不断在做斗争，没人能批评他们不敢像大卫挑战哥利亚一样以弱斗强。 1986年的芝加哥是由白人在政治领域的无上霸权直接毁掉了黑人聚居区的经济，洛杉矶的情况却不一样，布莱德利当局靠着南区牧师和老朋友的内部小圈子，一直能够有力地震慑局面，阻止黑人抗议运动结成同盟，压制了选民的造反。

由于洛杉矶中南部地区没能动员起愤怒抗议的制衡力量，政府的各个层级实际上都背弃了它。 就连公共舆论也对青年失业和贫困问题装聋作哑，导致几千名街头青年几乎别无选择，只能去应征加入由可卡因卡特尔发起的暗合凯恩斯主义的青年就业计划。 加州大学洛杉矶分校的经济学家保罗·布洛克（Paul Bullock）专门研究劳资关系问题，他对瓦茨问题的开拓性研究很出名，在相隔了近一代人的时间以后重访瓦茨时，他发现，1975 年发表在《洛杉矶时报》上的《瓦茨：十年过后》所描述的恶化景况还在进一步不断恶化，而这个社区绝望的核心正是此地特有的失业状况。 布洛克评论说，瓦茨青年只剩下最后一个合理的选择机会，就是去贩卖毒品——至少按照经济行为要追求效率最大化的新古典主义理论来说是这样的。[100]

噼啪可卡因的政治经济学

"什么才算对呢？ 只要你想要什么，你就有权去拿什么。 只要你想干什么，你就有权去干什么。"

布雷特·伊斯顿·埃利斯①，《少于零》[101]

从 20 世纪 70 年代末开始，从旅游业到服装服饰业，南加州经济的每一个重要环节都经历了重组，其核心是国际贸易和海外投资日趋重要的作用。 我们已经说过，由于亚洲产品的进口导致了工厂关张，本地居民却没能得到代偿性的经济机遇，洛杉矶中南部地区就在这场转型中成了头号大输家。 然而，瘸子帮的那群特种天才倒是有本事把自己安插进国际贸易的领导层里去。 借助于噼啪可卡因，他们在洛杉矶新生

---

① 见本书第 58 页脚注②。《少于零》（*Less Than Zero*）是埃利斯 1985 年的作品，描写一名叛逆的洛杉矶富家少年的寒假生活，在聚会、吸毒的生活故事里塑造了爱情和友情的复杂关系。 该书赢得了批评家的好评而且很畅销，第一年就售出了 5 万本。

的"世界城市"经济中为黑人聚居区谋得了一个行当。

310   瘸子帮忙忙叨叨地做着一份进口岩石可卡因的高利润生意，他们贩卖毒品的市场是个终端消费者两极分化的市场，既有西区的富裕居民，又有街头的穷人，因此瘸子帮现在既是破落户资本家，又是犯法的无产阶级。 这不单让他们在新的竞争法则下必定带着点儿邪恶的意味，而且还用沉甸甸的金编项链、华丽艳俗的戒指给他们身上的领袖魅力加了码。 在一个毒品帝国主义的时代里，他们成了西非"军火国度"的现代翻版，想当初在 18 世纪的奴隶贸易中，那些自私的无赖酋长们扮演着掮客角色，在其他非洲人流血牺牲的同时却大发横财。 与此相反，拉美裔的西区黑帮还在努力追赶效仿着。 他们大宗买卖的只不过是本地出产的毒品，比如迷幻药五氯酚、安非他命和大麻之类，前来惠顾的几乎只有其他的贫困少年，从中赚到的转手差价也比较小，他们跟瘸子帮可没法比，没本钱在身上堆满华丽的服饰或是武器装备。 他们还没能有效地加入到世界市场中去。

现在有些政治经济学家应和着麻省理工学院的查尔斯·萨贝尔①，把某种贸易称为半个地球范围内的"灵活积累"，当代的可卡因贸易就是这种贸易的一个绝好例证。 这个游戏的规则是要根据各国不同的条件对资金实施最严格的控制，还得可互换地灵活安插制造商和销售商。当然，在初级制造商那一端，古柯成了安第斯地区为应付 20 世纪 80 年代由银行造成的"债务萧条"而出现的主要经济品种。 成千上万农民搬家到了"古柯洪流"的前沿地带，比如秘鲁著名的瓦雅加山谷地区，"光辉道路"②的"印加-毛主义分子"在那里日益对他们加强了保护，让他们免受绿色贝雷帽部队③和秘鲁军队的扫荡。 20 世纪 80 年代末，

----

① Charles Sabel 是麻省理工学院的社会理论家及历史学家，专门研究劳工市场及企业的社会学、劳动力学与社会组织等问题。 他和麻省理工学院经济学系教授 Michael J. Piore 在 1984 年合作出版了《第二次产业分化：繁荣的机遇》，讨论重新工业化的问题，探讨了美国企业如何提高能力制造低成本的大宗产品。
② 1980 年代以后出现在秘鲁安第斯山区的农村游击队，以绝不妥协的革命为口号，除了农村地区以外，在城市里也有恐怖行动。
③ 这是美国军方特种部队的代称。

哥伦比亚的霸主们企图雇用劳工，办起自有的辅助性古柯种植场，以确保自家的供应不会中断，同时又能逼迫小农种植者接受买家给出的价格。 然而，跟石油制造业一样，这种战略的关键一环仍然是精炼的过程，集中在哥伦比亚的实验室里，由麦德林卡特尔（或是其对手卡利卡特尔）①亲自监管。

按照普通人的想象，麦德林卡特尔已经取代了黑手党，象征着几如神明的一种超级犯罪阴谋——确实，布什和贝内特说起这等事来，口气经常就像美国正在打一场"星球大战"抵御天外来犯之敌似的。 当然，实际情况永远都是比较平淡无奇的。 华盛顿对着这只看不见的手发起了战争，而它却也在其他情况下神化着这同一只看不见的手。 在此几年之前，《财富》杂志曾经指出，麦德林集团一向出众是由于他们采取了"生意人的思维方式"，因为他们成功地"把走私可卡因变成了一项管理完善的跨国产业"。[102]埃里克·霍布斯鲍姆②特别关注强盗和帝国主义者，他在几年前发表的一番评论中也表达了相同的观点：

> 麦德林投资者的公会只能指望自己、指望亚当·斯密的法则，他们不再自认为是一伙罪犯，愧比那些染指印度群岛投机生意（包括鸦片买卖）的荷兰或英国冒险家，大家组织投机货物的手段基本上都是一样的……这门生意很合情合理地痛恨别人说它是黑手党……这基本上是一桩普通生意，只是被宣扬成了犯

311

---

① 麦德林卡特尔是一个组织完备而松散的毒品走私网络，起源于哥伦比亚市，兴盛于 20 世纪 70—80 年代，头目是埃斯科巴（Pablo Escobar）等人。 到 80 年代中期，输出到美国的可卡因总量中，有 50%都在麦德林卡特尔的控制之下，它每年的赢利在 20 亿美元左右。 麦德林卡特尔与哥伦比亚南部城市卡利附近的毒品集团卡利卡特尔一直有冲突，从 80 年代以来也一直与哥伦比亚政府对峙。 90 年代它的各大头目相继遭到镇压，因此被迫收缩贩毒路线，许多市场被卡利卡特尔接手。 卡利卡特尔由奥莱胡埃拉（Gilberto Rodrez Orejuela）和朗多诺（Jose Santacruz Londono）创立于 20 世纪 70 年代，是哥伦比亚势力最强大的犯罪辛迪加，在它最兴旺时，大概控制了 80%出口到美国的可卡因，但它不像麦德林卡特尔那么嗜好暴力。 有人认为，近年来随着它的多名头目相继被捕，卡利卡特尔的势力已经开始瓦解，变成了化整为零的小型贩毒团伙。

② Eric Hobsbawm（1917— ），英国历史学家，剑桥大学历史学博士，1936 年加入英国共产党，1980 年代曾与《今日马克思主义》（*Marxism Today*）杂志合作，一直坚持共产主义立场。 其著作《革命的年代》等曾在我国翻译出版。

罪——比如哥伦比亚政府对它就是这么看的——而宣扬者,那个美国,却没本事管好自己的事情。[103]

可卡因贸易跟所有处于早期热销中的"平常生意"一样,不得不应对变幻无常的供求关系。 由于卡特尔故意刺激供应,同时农民们也拼命要挤进来种植这种好卖的大宗产品,于是,自从20世纪80年代中期以来,过度生产就成了地方病。 除了卡特尔面对着生产方垄断了独家买主的地位以外,可卡因的批发价格也下跌了一半。 进而,这还致使营销策略和市场结构都发生了变化。 结果是从 *haute cuisine*① 跌成了快餐店,自打1981年或1983年开始(说法不一),麦德林卡特尔选定了洛杉矶当作试验场,在这里大量试销岩石可卡因或称嗑啪可卡因。

在1989年《先锋观察家报》关张之前不久,这家报纸发表过一篇骇人听闻的报道,介绍"洛杉矶卡特尔",它根据执法部门的观点,综述了嗑啪可卡因经济的历史沿革以及组织情况。 照他们说来,从1982年以后,由于联邦政府在佛罗里达南部地区大动干戈地展开缉毒行动,哥伦比亚的各个卡特尔都做出了反应,靠统领着"瓜达拉哈拉黑手党"的米盖尔·加拉尔多(据说就是这位"教父"在1985年下令虐杀了药品监管局的干员"基基"·卡玛莱纳),重新调整了可卡因的运输路线,改道墨西哥。 药品监管局声称,加利福尼亚沙漠里有"上百条秘密的飞机跑道",于是可卡因就靠信使携带或是坐着轻型飞机进入了南加州——据估计到1988年为止已经达到了每年45万磅的总量——负责对可卡因进行储存和批发销售加工的应该都是些哥伦比亚侨民,他们被"绝不作证"的死誓与卡特尔捆绑在一起。 哥伦比亚人本来估计不过几百人而已,可是在1989年却突然变成了一支"入侵军队……上千名壮汉"被组织成了多达"一千个基层小组"(美国国税局的一名官员说,小组里的工人是"到美国来服役的士兵,完事以后就撤出境

312

---

① 法语:高级餐厅。

了")。[104]"入侵"的消息让南加州的居民们惊觉起来,他们开始紧张地留意"可疑的"拉美人,特别猜疑那种很想住进安静的郊区街坊、"礼数周全、衣着整洁的"家庭或者个人。[105]

不管怎么说,洛杉矶的岩石可卡因和粉剂市场上的资金流量似乎比卡特尔的"步兵"人数容易估计一点儿。司法部说洛杉矶是"一个被毒品沾染的现金的海洋"。从 1985 年到 1987 年是噼啪可卡因真正的起飞阶段,其间联邦储备系统的洛杉矶分部收缴的"现金盈余"增长了 2 300%,达到了 38 亿美金——联邦政府的专家指出,这个数字确切指明了古柯违法交易的美金量。[106]1989 年初,联邦政府派出一支小部队执行"冰帽行动",扫荡了洛杉矶市中心区的珠宝交易中心——算是大规模突袭了"La Mina"(即"金矿"),据推测,这里有好几十名亚美尼亚裔移民身份的黄金商人,每年代表麦德林卡特尔洗钱上十亿美元。[107]"金矿"的暴露似乎证实了美国总检察官(现任联邦法官)罗伯特·邦纳早些时候的断言,他说洛杉矶已经超过了迈阿密,成了"全国可卡因供应的主要分销中心"——1989 年 8 月,司法部正式认同了这项宣称。[108]

就在那同一个月里,总检察官索恩伯格向"毒品沙皇"威廉·贝内特提交了卷帙浩繁的三卷本《关于美洲毒品渗透问题的邓恩与布拉德斯特里特基本简介》①,他在其中同样宣称,洛杉矶的涉毒黑帮与麦德林卡特尔结成了亲密盟友,谋划着要用噼啪可卡因的洪流淹没美国的内城。这份报告大量引用了洛杉矶警察局的情报资料,讲述了哥伦比亚人在洛杉矶泛滥作恶、瘸子帮的党羽在全美国泛滥作恶的情形:

> 现在洛杉矶的街头黑帮左右着洛杉矶和其他地方的岩石可卡因买卖,部分原因是他们坚定不移地诉诸致命的暴力手段,来巩固他们在此领域内的交易霸主地位,来阻止作弊行为,来惩罚敌对黑帮的成员……从西雅图到堪萨斯城再到巴尔的摩,洛杉矶

---

① Dunn and Bradstreet 是一家 1841 年创立的信息调查专业机构,本部设在纽约市。

警察局一共划出了 47 个城市,全都是洛杉矶街头黑帮里的违法贩子去过的地方。[109]

313　　华盛顿官方采纳了洛杉矶警察局对洛杉矶街头黑帮的描述,说他们是组织严密的黑手党,与哥伦比亚人实行着共谋(加州总检察官办公室也认同此话),但是这个观点却遭到了南加州大学两名教授的质疑,他们在过去两年里一直在仔细分析着嘁啪可卡因贩子的拘捕记录。 通过研究"洛杉矶县大量滋生黑帮分子的五片地区"里发生的 741 起案例,他们发现,这些所谓的毒贩当中只有 25% 的人真正是黑帮分子。 虽然南加州大学的这个研究小组也承认,他们的数据取自 1984—1985 年间,黑帮的直接作用从那时以来可能已经大大增强,但他们却仍然坚持自己的基本结论:

可卡因销售的爆发让一些街头帮派分子忙个不停,但这绝不受帮派关系的左右。毒品因素根本盖过了帮派因素……黑帮本身的凝聚力很差……似乎很不可能指望这么一群人具备黑手党的特质。[110]

洛杉矶警察局回应了这一研究,代理局长亦即"黑帮—毒品沙皇"格伦·莱文特也承认,在他实施"涉黑活跃私贩计划"期间抓到了七千名嫌疑贩子,其中有 64% 的人不能被指认为帮派分子。 但他否认警察局"夸大了问题的严重性",因为"其中有 36% 都是帮派分子已经很能说明问题了",而且其他被捕者中如果不到大多数,至少也有很多人都是进过黑帮的老人。[111]但是,莱文特修正南加州大学研究结论的这番话——也就是说,帮派分子意义重大的直接参与,还有"进过黑帮"的成年人如果不曾左右局势,至少也扮演了重要角色——似乎还是很吻合南加州大学研究小组的关键结论,即黑帮在毒品分销中起到的作用太

"没条理"了，莱文特的老板盖茨局长以及执法部门的其他多数官员都没法据此给瘸子帮和血腥帮钉上"有组织犯罪网"的标记。

总而言之，中南部地区确实有多个黑帮涉足了毒品生意，但他们在其中只不过充当了小商贩而不是犯罪团伙，通常还要受到老牌贩子的监督，而这些老牌贩子则又要听命于一个隐约难明的批发体系，它是由掮客和卡特尔的代表们组成的。另一方面，由几百个你争我抢的帮派分支和无足轻重的小贩们组织起来的噼啪可卡因贸易有如一盘散沙，这种分散局面既让人误以为他们确如反黑执法者说的那样拥有邪恶势力，同时又让人无法施以决定性的"摧毁"打击。仅在黑人聚居区里，就有几百家互不相干的"岩石屋"获得了专卖特许，根据洛杉矶警察局的估计，其中每家的日流水额都能达到五千美元左右（在发放福利金和社会保险金的日子里则能达到2.5万美元）。这些零售点由于洛杉矶警察局的突袭不断蒙受损失（比如被南希·里根借用来召开媒体野餐会的那一家就是个范例），已经把这算成了一项正常的生意成本。再说，莱文特估计有一万名黑帮分子靠毒品买卖谋生，如果他这个估计多少说对了几分的话，那么噼啪可卡因就真是黑人聚居区里那片垮掉的东区还能指望的最后一个雇主了——其效力堪比几家大型汽车制造分厂或是好几百家麦当劳店呢。[112]

当然，这种"重新产业化"是以疾病和贫困的再分配为代价的。从1984年到1985年间，当25美元一份的岩石可卡因大量涌向洛杉矶街头的时候，医院和警察局的统计数字都记下了这场大洪灾造成的冲击效果：由于可卡因造成的伤害被送进急诊室的人数翻番；公立医院接生的新生儿中有15%被确诊染上了毒瘾；由于贩卖可卡因而被捕的青少年人数增加到了五倍；如此等等不一而足。[113]重要的是要记住，噼啪可卡因还不单是便宜的可卡因——穷人用它来模仿海洋俱乐部和乡村俱乐部的会员们塞进鼻孔的迷人毒品——它还更容易致命。无论它实际上像不像人们以往宣传的那样，是经过科学验证最容易让人成瘾的物质，它总归是奴役其消费者的一种绝对货品，"在折磨着美国一代青少年的所有邪恶毒品中，迄今为止是最毁人的一种"。[114]

314

　　嚓啪可卡因跟海洛因一样，终究会把吸食者逼成小型的毒贩，面对这种由绝望中孳生出来的传染病，唯一应付局面的治疗手段只有监狱。在洛杉矶县，婴儿死亡率不断攀升，县立创伤治疗网已经陷入瘫痪，因此嚓啪可卡因成瘾的人通常都得不到医疗诊治就无足为奇了——而专家们一致公认，接受脱瘾治疗就需要长期住院。因此，市中心区如梦魇般的"团伙小子地盘"即贫民窟地区就汇集了本市最大的一群嚓啪可卡因的瘾君子——其中既有年轻人也有老人——却连一家治疗机构也没有。富裕的帕萨迪纳正在自己西北部的黑人聚居区里打击涉及嚓啪可卡因的黑帮活动，他们效仿"锤子行动"的手段，采用了在露天侮辱性地脱衣搜身、把染上毒瘾的租客逐出门去等等多种攻略，但是他们没为毒瘾患者的康复治疗花费过一文钱。[115]让人郁闷的是，这类事例可以再二再三地不断列举下去，因为矫治毒瘾的问题被塞进了最底下的一只抽屉里，这只抽屉向来专门收藏被略过不提的自由派秘方，被塞在一起的还包括青年就业问题和黑帮咨询服务问题。

315　　与此同时，黑帮分子在冷冰冰的新现实里都变成了坚忍的斯多葛派。嚓啪可卡因的出现让瘸子帮亚文化有了一种几乎无法抗拒的可怕诱惑力。无论在当前还是过去，黑帮现象都不能被简单归结为一个由经济决定的问题。19世纪40年代里，强横的年轻爱尔兰裔搅进了鲍厄里、五点场和天堂巷等地①贫民窟里的现代街头黑帮（有了他们的鲍厄里小子帮②和死兔子帮③就像今天的瘸子帮和血腥帮一样吓人），从那时

---

①　均为当时纽约市黑帮活动猖獗的地区。

②　Bowery Boys，活跃在纽约市五点场地区的北部，是一个敌视新移民和天主教徒的黑帮，其中最著名的成员是Williams Poole，又名屠夫比尔。帮中成员一般是单身男性，出入鲍厄里区的酒馆妓院，身着红色衬衣、黑色背心、黑色宽腿裤、高跟牛皮靴，头上厚施油脂，戴黑色大礼帽。这个黑帮经常与爱尔兰裔黑帮发生争斗。在1863年的纽约兵役暴动中，鲍厄里小子帮大肆抢掠并与敌对帮派斗殴，非常惹眼。到1870年时，它已经分裂成了多个小派系，鲍厄里小子帮随即逐渐解体消亡。

③　从19世纪上半叶开始活跃在五点场的爱尔兰裔黑帮"蟑螂护卫队"中产生的一个分支，而且后来与"蟑螂护卫队"成为争夺鲍厄里区的死敌。在一次"蟑螂护卫队"激烈争吵的集会上，有人往房间中心扔了一只死兔子，部分与会者认为这是个不祥之兆，因此退出会场，并组织起了"死兔子"帮。在当时的俚语里，"死兔子"指非常粗暴、身强力壮的人。这个黑帮有时也被称为"黑鸟帮"。

起，黑帮同盟就一直是被社会遗忘的人的大家庭，它完全是一个团结集体，就像民族热忱或宗教热忱一样，排除了其他情感，把自我厌恶的心情转变成了部族间的激愤情绪。不过，瘸子帮和血腥帮也是里根时代的正牌产物，他们在身上装备了古琦牌 T 恤和昂贵的耐克牌气垫运动鞋，对驾着宝马车疾驰而过的毒品贩子抛送秋波。首要的一点是，他们在形成世界观的过程中敏锐地感受到了西区目前的现实，这里披金戴银的年轻人既傲慢冷漠又贪得无厌，这也是街头暴力特有的形式。年轻人的消费行为失去了控制，没法让梦想中的个人力量和安全保障落在实处，在此大背景下，各个阶级、各种肤色的年轻人全都抓住可以马上兑现的满足不肯放手——即使它铺设的道路绝对通向了自我毁灭也无所顾惜。

几乎没什么理由能让人相信，噼啪可卡因经济或者新的帮派文化会停止发展，无论遭到多么严厉的镇压，无论它是否被限制在洛杉矶中南部地区的范围以内。尽管历来的震中地带都在常年失业的青年住着的黑人聚居区——比如在瓦茨-柳树溪一带、在雅典区，或是在克伦肖所谓的"丛林"那个活像埃舍尔画面①的迷宫里——可是像贝克尔在《瘸子帮》里记载的那类黑帮神秘传说却在不断蔓延开来，蔓延到了黑人中产阶级的住区，把那儿的家长们都快吓疯了，不然就让他们草木皆兵。

同时，中南部地区本身也经历了一场划时代的种族转变（让人惊讶的是，这是一次和平的转变），由黑人住区变成了拉美裔新移民（墨西哥人和中美洲人）的住区，于是此刻 *mojados*② 的孩子们就心怀妒忌地眼巴巴看着瘸子帮王国的势力和恶名，垂涎不已。[116] 由于这批新移民的孩子找不到任何机会能实现社会公正，在洛杉矶最能引起激烈争论的社

---

① Maurits Cornelis Escher(1898—1972)，荷兰艺术家，经常用版画描绘细节逼真而透视关系扭曲的超现实三维奇幻场景。代表作有《高与低》(1947)、《阶梯宫》(1951)、《相对性》(1953)、《画廊》(1956)、《观景楼》(1958)、《上升与下降》(1960)、《瀑布》(1961)等。

② mojados 意为"湿背人"，指非法越境进入美国的墨西哥工人，他们偷渡的主要目的是挣点工钱寄回老家。

会冲突大概就要算他们想往上爬而求之无门了。 1989 年由加州大学洛杉矶分校进行的一项研究表明，贫困蔓延的速度在洛杉矶拉美裔、特别是拉美裔年轻人中间最快，超过了美国的其他城市人群。[117]父母一辈衡量生活品质时，可能还按着故国的标准，参照着蒂华纳或者危地马拉市的铁定配额量，可是，拉美裔孩子们设想自我前景时，却已经受到了洛杉矶的消费文化不断带来的刺激。 他们身处的环境似乎是白人青年的半天堂，可他们自己却被困在没有出路的低薪工作里，同样也在寻找着通往个人权势的捷径和如同魔术般的道路。

于是他们也拿起喷火的枪支加入了地下经济。 某些黑人帮派（尤其是东区的瘾子帮）已经顺应了新移民的野心，接纳了一些拉美裔成员（警方估计这类人至少达到一千名之多），或者允许他们参与贩卖噼啪可卡因。 另一方面，在麦克阿瑟公园区，马拉·萨尔瓦特鲁查黑帮里崛起的萨尔瓦多人就不得不跟第 18 街黑帮的既有势力展开了一场血拼——第 18 街黑帮是人数最多、发展最快的奇卡诺黑帮，眼看着就快变成洛杉矶东区的瘾子帮了。 但同样是在洛杉矶东区，在拉美裔的所有新老住区里，新涌现了无数的小黑帮，因而传统的帮派割据格局正在重新划分势力范围，这类小黑帮更关心的是如何分割地界销售毒品，并不太想学着前辈的样子去占据街坊上的领地。

洛杉矶警察局除去确认了洛杉矶地区的 230 个黑人帮派和拉丁裔帮派以外，还确认了 81 个亚裔帮派，它们的成员人数也在飞速增加。 没爹没娘的柬埔寨船民的野孩子在长滩组成了黑帮，威吓着自己的长辈，偷走了他们深藏密敛的黄金。 菲律宾人的"萨塔那帮"比较偏爱奇卡诺黑帮的风格，而越南瘾子帮的角色模式也十分明显（据说他们都是抢掠好手）。 在帕萨迪纳，一群华裔高中辍学生不愿意一辈子都待在餐馆里跑堂或者做厨子，伏击并杀害了药品监管局整整一车出外办理噼啪可卡因案件的干探，随后又被将近一百名复仇心切的警察消灭掉了。[118]

这些特殊冲突正在激增，逐步贴近了当前时代的恶劣风气。 这是一个后自由主义的社会，退路全都没了，联邦赤字和贾维斯修正案已经严格限定了同情心的额度，而威廉·贝内特之流煽动乌合之众执行私刑的政客们还在实施着"毒品沙皇"的统治——那么，贫困青年白日做梦地幻想着当上亡命之徒、走上"通往权势之旅"，这还有什么可大惊小怪的呢？ 洛杉矶有太多濒临绝境的标志：在内城的每一个角落，甚至在被人遗忘的穷白人的偏僻住区，在行尸走肉的安非他命瘾君子当中，黑帮正以骇人的速度飞快膨胀，警察正变得更狂妄自大，更爱扣动扳机，而整整一代人正在转向令人难以忍受的战场，展开世界末日的善恶对决。

注 释：

[1]《洛杉矶时报》1989 年 4 月 7 日刊登的报道，作者是 Louis Sahagun 和 Carol McGraw。 318

[2]《洛杉矶时报》1988 年 4 月 3 日报道。

[3] "局长的使命感似乎感染了他手下的警官们，其中有好几名警官都说，实施拘捕是因为对方有违禁行为，而这些行为若是放在平常就不打紧。 在圣费尔南多山谷东部，一名目中无人的十四岁孩子穿着一件弗雷德·弗林特斯通式样的 T 恤衫①——他身上可没穿多少别的衣服——冲着一辆路过的巡逻警车'露屁股'之后就被记录在案，成了下流裸露的嫌疑犯。"（同上）

[4]《洛杉矶时报》1988 年 4 月 3 日及 5 月 15 日报道；《先锋观察家报》1988 年 4 月 3 日报道。

[5] 这是阿台沙市②的霍恩（James Van Horn）市长说的话，引述于 Stanley Meisler, 'Nothing Works'，《洛杉矶时代杂志》(Los Angeles Times Magazine) 1989 年 5 月 7 日刊登。

[6]《洛杉矶时报》1988 年 4 月 6 日报道。

[7] 同上，1979 年 5 月 27 日报道；1988 年 11 月 4 日报道。

[8] 同上，1988 年 2 月 29 日报道；1990 年 5 月 4 日报道。

[9] 同上，1988 年 4 月 12 日报道；《纽约时报》1988 年 11 月 25 日报道。

[10]《洛杉矶时报》，1988 年 4 月 3 日报道。

[11] 同上，1978 年 11 月 23 日报道。

[12] 同上，1979 年 9 月 21 日及 10 月 6 日报道；1980 年 6 月 2 日报道。

[13] 同上，1988 年 3 月 28 日报道。 据报道，引起争议的警方扼喉术导致了十五人死亡。

[14] 同上，1988 年 5 月 8 日报道。

[15]《先锋观察家报》1988 年 4 月 3 日报道；《洛杉矶时报》1988 年 4 月 6 日报道。

[16] 同上，1990 年 1 月 14 日报道。

[17] 同上，1988 年 4 月 10 日及 5 月 8 日报道。

---

① Fred Flintstone，广受欢迎的电视剧及电影《石头族乐园》(Flintstone) 中的主人公，该片戏谑性地以石器时代为故事背景，剧中所有人物基本上衣不蔽体。

② Artesia，位于洛杉矶县的一个小城，住有大量印第安人，近年来也有许多华裔居民。

[18] 洛杉矶警察局似乎就乐意看到"黑帮之间的暴力升级"。 1986 年下半年，在"打压涉黑活跃交易计划"和"锤子行动"施行之前十八个月，盖茨局长在"社群青年帮派成员服务中心"（简称 CYGS）强烈抨击了想在各地的四十个帮派之间达成休战协议的企图。 这个小型机构的领导人斯蒂夫·瓦尔迪瓦严阵以待，反手抨击了洛杉矶警察局寸步不让的好战行为，以及它把所有黑帮小子一律叫成"石块杀手"的说法。〔见洛杉矶《前哨报》（*Sentinel*）1987 年 1 月 1 日的报道。〕

[19] 同上，1988 年 4 月 5 日及 5 月 8 日报道。

[20] Joe Dominick，'Police Power：Why No One Can Control the LAPD'，《洛杉矶周刊》1990 年 2 月 16—22 日刊登；我之所以能在文中解读各个事件，多亏了我曾在1988—1989 年间采访过津尊（Michael Zinzun），他创办了"抗议警察滥用职权联合会"，民权自由派最近并不积极捍卫黑人青年的权利，他对此感到十分懊丧。

[21] 1985 年盖茨局长接受哥伦比亚广播公司的"面对全国"节目采访，在节目过程中说费城的古德（Goode）市长是个"英雄"，因为他轰炸了"行动"组织的总部——这一举动的结果是有十几名男女和孩子被烧成了灰，还毁掉了整整一个居住街区。

[22] 《洛杉矶时报》1989 年 1 月 5 日及 6 日、6 月 23 日、7 月 26 日、8 月 8 日及 26日、9 月 2 日（日程概览）报道。

[23] 同上，1989 年 8 月 26 日、29 日及 9 月 2 日报道，又见 Dominick。

[24] 同上，1988 年 12 月 22 日报道。

[25] 同上，1989 年 1 月 13 日、19 日报道。

[26] 同上，1989 年 2 月 19 日报道。

[27] 《洛杉矶时报》1988 年 5 月 2 日社论对开版报道。

[28] 同上，1973 年 1 月 5 日报道。

[29] ACLU 档案，洛杉矶警察局西区分局记录证词，Charles Zunker，West Bureau CRASH and Maurice Malone。

[30] 位于内陆帝国的方坦纳小城（第七章的主题）还想过要规定"帮派专用色系"非法，亏得有位渊博的法律智囊指出，如此一来，美国国旗上三分之二的部分（也就是红色和蓝色的部分）就都会变成非法的。

[31] 见美国国民权自由联盟档案，'People of the State of California vs. Playboy Gangster Crips, an unincorporated association，Does 1 through 300，inclusive. Complaint for Temporary Restraining Order and for Preliminary and Permanent Injunction to Abate Public Nuisance'。

[32] 《洛杉矶时报》1988 年 5 月 17 日报道。 尽管高级法院驳回了韩恩诉讼案"过度宽泛"的诉讼请求，但后来确实又批准他甄别控告了 23 个姓名确凿的"黑帮核心人物"。

[33] 同上，1988 年 5 月 2 日社论对开版报道。

[34] 同上，1987 年 11 月 1 日报道。

[35] 同上，1988 年 4 月 3 日报道；又见 Dominick。 赖纳与黑帮恶行做斗争时表现出无情的热忱，却轻看警方可能犯下的重罪，两者之间反差鲜明。 1989 年成立了警察责任联合会，生动地表明，自 1985 年以来，有十六起案件涉及县警长或警察非法杀害黑人或拉美裔人士，地方检察官全都没有提出起诉。（同上，1989 年 7 月 12 日报道）

[36] 《洛杉矶时报》1988 年 6 月 12 日、8 月 22 日及 9 月 7 日报道。 1988 年 8 月，洛杉矶的美国检察官办公室还指派药品执法管理局（简称 DEA）的探员们去执行了一项反黑特遣任务。

[37] 同上，1989 年 1 月 6 日及 4 月 21 日报道。 根据 Lockyer 的说法，STEP 法案是加州议会通过的第 *80* 项反黑法令。

[38] 同上，1989 年 5 月 2 日及 10 日报道。

[39] 同上，1989 年 5 月 31 日及 6 月 10 日报道。

[40] 同上，1988 年 4 月 2 日、1989 年 1 月 19 日及 2 月 23 日、1990 年 1 月 23 日报道。 肯普对贩毒家庭开战一事有个先例，即前任议员帕特·拉塞尔和市检察官韩恩想出来的"三脚架计划"，要拆除克伦肖地区像迷宫一样的公寓楼街坊，这里是著名的黑帮毒品交易"丛林地带"。 "三脚架"的其中一条腿规定，土地持有人要负责立即驱逐任何因毒品指控而被拘捕的人——这项政策就跟肯普的政策一样，不仅惩罚了全家人，还完全无视在审判前实行无罪推定的宪法要求。（同上，1987 年 2 月 12 日报道）

319

〔41〕《洛杉矶时报》1988 年 5 月 8 日报道。

〔42〕后来，新闻电视网的摄像报道正巧拍到一名长滩的警察正在辱骂杰克逊，由于这一事件，那个声名狼藉的种族主义部门只好进行了一场迫不得已的门户清洗。杰克逊继续随时随地挑战着洛杉矶特有的种族隔离政策，他因此成了黑人的民间英雄。

〔43〕普通的内城年轻人也没什么机会能走进南加州任何一座主题公园去见识见识里面的场面——除了种族歧视是个问题以外，如今普通的四口之家进入五大主要娱乐中心的门票要花 75 美元。（见《洛杉矶时报》日程概览，1988 年 6 月 19 日；又见美国民权自由联盟歧视案例档案。）

〔44〕同上，1990 年 4 月 11 日报道。

〔45〕采访 El Centro 来的 Carmelo Alvarez；Douglas Sadownick，'Tchaikovsky and the Gang'，《洛杉矶时报》一览表，1988 年 6 月 19 日；同上 1989 年 4 月 12 日。

〔46〕对琼·豪沃斯的采访。"学校买卖"还带来了一项病态的副作用，新从其他城市转学到洛杉矶的孩子现在也被怀疑是"线民"，因而一律遭到排斥。

〔47〕《洛杉矶时报》1988 年 2 月 2 日及 4 月 27 日报道；对豪沃斯的采访。

〔48〕《洛杉矶时报》1990 年 4 月 22 日报道。

〔49〕同上，1990 年 4 月 22 日及 5 月 3 日报道。

〔50〕参看奥克兰《论坛报》（*Tribune*)1987 年 3 月 3 日引述的《犯罪案件审判研究计划》；James Ridgeway，'Prisons in Black'，《村声》（*Village Voice*)1988 年 9 月 19 日刊登；又见 1990 年加州初选宣传册中由议会分析家为《1990 年新监狱建设债券法案》提案所写的概要。

〔51〕Miles Corwin，'High-Tech Facility Ushers in New Era of State Prisons'，《洛杉矶时报》1990 年 5 月 1 日刊登。

〔52〕考德威尔的话引述于 Ishmael Reed，'Living at Ground Zero'，《形象报》（*Image*)1988 年 3 月 13 日，p.15；杰克逊的话引述于《洛杉矶时报》1988 年 5 月 18 日。

〔53〕对豪沃斯的采访，1988 年 3 月 16 日。

〔54〕《洛杉矶时报》1988 年 6 月 12 日报道。

〔55〕雅罗斯拉夫斯基在公开会议上受到的质询，1988 年 2 月。

〔56〕《洛杉矶时报》1988 年 4 月 6 日报道。

〔57〕同上，1990 年 3 月 28 日报道。

〔58〕Ishmael Reed，pp.12、13、15。

〔59〕《旧金山焦点》杂志（*San Francisco Focus*)的 Ken Kelly 所做访谈，1988 年 3 月号，p.100。

〔60〕（纽约）《卫报》（*Guardian*)1988 年 5 月 18 日报道。

〔61〕《鹰报》的多次报道，包括 1946 年 3 月 20 日（弗雷蒙高中事件）、1946 年 7 月 25 日（手工艺高中事件）、1947 年 1 月 30 日（卡诺加公园高中事件）、1947 年 3 月 20 日（弗雷蒙高中事件）、1947 年 9 月 25 日（弗雷蒙高中事件）、1949 年 10 月 6 日（约翰·亚当斯高中事件）。应该强调指出，这份不完整的清单只列举了重大事件或者"暴动"。

〔62〕J.K.Obatala，'The Sons of Watts'，《洛杉矶时报》、《西部杂志》1972 年 8 月 13 日刊登。

〔63〕引述于 Sophia Spalding，'The Constable Blunders：Police Abuse in Los Angeles's Black and Latino Communities，1945—1965'，加州大学洛杉矶分校城市规划系，1989 年，未公开出版，p.7。

〔64〕Joseph Woods，*The Progressives and the Police*；*Urban Reform and the Professionalization of the Los Angeles Police*，加州大学洛杉矶分校历史系博士论文，1973 年，p.443。

〔65〕Joe Dominick 引述了帕克局长在 1965 年警告电视观众的话："据估计，到 1970 年为止，洛杉矶大都市区域里会有 45% 的地方都住着黑人；如果你多少还想保护自己家的房子和家人的话……你就必须参加进来支持一个强大的警察局。如果你不这么干的话，等到 1970 年来临之际，愿上帝保佑你。"

〔66〕Spalding，p.11。

〔67〕参看 Robert Conot，*Rivers of Blood*，*Years of Darkness*，New York 1967，pp.114—119(关于"少年犯罪"理论）；又见《前沿》杂志 1958 年 7 月号，pp.5—7(关于团体指导组织）及 1965 年 10 月号，p.9(关于帕克取缔为黑帮提供的咨询服务）；又见

Woods, pp. 494—495, 611(n 159)。

[68] Conot, pp. 97—98；加州咨询委员会致美国公民人权委员会，*Report on California: Police—Minority Group Relations in Los Angeles and the San Francisco Bay Area*，1963年8月，pp. 3—19。

[69] 同上，p. 101；《洛杉矶时报》1972年10月22日报道。

[70] Obatala.

[71] 见 Robert Fogelson, 'White on Black: Critique of the McCone Commission Report on the Los Angeles Riots', in Fogelson, ed., *Mass Violence in America*, New York 1969, pp. 120—121。

[72] Conot, p. 244；由南加州图书馆为社会研究探索计划而组织的项目 'Watts '65: To the Rebellion and Beyond' 中包含一个口述历史项目，正在就这次起义收集目击证人的新证词。

[73] 《洛杉矶时报》1972年3月19日及7月23日报道(上述报道对比了1972年各帮派之间再启战端的时期和瓦茨暴动之后的时期)。奥图尔(James O'Toole)坚称，瓦茨暴动为年轻的男性黑帮首领染上了政治色彩，在那之前，"除了女族长—牧师的组织以外，在黑人聚居区里没有土生土长的政治行动"。他还宣称，黑人选票是由忠实于杰西·昂鲁的中产阶级民主党活动家"从外边打包传送的"。见 *Watts and Woodstock: Identity and Culture in the United States and South Africa*, New York 1973, pp. 87, 89, 91。

[74] Obatala；私人回忆记录。

[75] Eazy-E 的话见《洛杉矶时报》1989年4月2日的日程概览。

[76] 《洛杉矶时报》1972年7月23日报道。

[77] Donald Bakeer, *CRIPS: The Story of the L. A. Street Gang from 1971—1985*, 复印件，Los Angeles 1987, pp. 12—13。

[78] Bob Baker, 1988年6月26日发表在《洛杉矶时报》上的文章。

[79] 同上。

[80] 同上，1972年12月24日报道。

[81] 同上。

[82] 关于疯子帮在蒙罗维亚暴动期间引起的恐慌，见《洛杉矶时报》(圣加百列山谷版)1972年4月2日报道。暴动期间有一名十七岁黑人被白人开枪把眼睛打出来了。在暴动过后七个月，有一名十三岁的黑人孩子在市监狱的牢房里上吊身亡。(同上，1972年11月16日报道。)

[83] 引述于《洛杉矶时报》1988年4月10日报道。

[84] 同上，1972年12月15日报道。

[85] 例如，瓦尔别纳(Luis Valbuena)神父于1988年在帕科伊玛召集主办了"终止拉美裔住区战争"协商会议，在会上，有24支山谷地带的帮派提出要求，要减少警方的骚扰、增加就业岗位和青年休闲设施，以图解决日益严重的少年暴力问题。(见《洛杉矶时报》1988年12月7日报道)

[86] 同上，'Watts, 10 Years Later: A Special Report', 1975年3月23日刊登。

[87] Ron Curran, 'Malign Neglect: The Roots of an Urban War Zone', 《洛杉矶周刊》1989年12月30日—1月5日，p. 2。又见经济公正政策团体向市议会提交的文件，'Policy Memorandum-Economic State of the City', 1990年1月25日，p. 4。

[88] 见 Mark Ridley-Thomas, 'California Commentary', 《洛杉矶时报》1990年1月29日刊登。里德利-托马斯坚持认为，无论是靠建设办公楼还是靠建设购物中心的办法来改造社区，都顶不上一个健康的工业基础。

[89] California, Joint Committee on the State's Economy and the Senate Committee on Government Organization, *Problems and Opportunities for Job Development in Urban Areas of Persistent Unemployment*, Sacramento 1982, pp. 29, 50, 58, 94, 108, 111, 115。

[90] 关于当代产业体制的类型分析，见 Alain Lipietz, *Mirages and Miracles*, London 1987。

[91] 这是由教会资助的中南部地区组织委员会在1988年做出的正式估计。瓦茨地区比其他黑人社区更常接受定期调查，这里16—24岁的失业黑人比例自从20世纪70年代初以来就一直维持在将近50%的水平上。(见加州大学洛杉矶分校劳资关系研究所收

321

集的数据资料）

〔92〕《洛杉矶时报》1985 年 5 月 16 日报道。 这些地区有几百名妇女住户迫切需要工作却没法去上班，因为没人能替她们照管孩子。

〔93〕1983 年洛杉矶儿童问题圆桌会议；Policy Analysis for California Education, *The Conditions of Children in California*，Sacramento 1989。

〔94〕《洛杉矶时报》1988 年 4 月 19 日报道；Paul Bullock, *Youth Training and Employment from the New Deal to the New Federalism*，加州大学洛杉矶分校劳资关系研究所，1985，p.78。

〔95〕引述于《洛杉矶时报》，1981 年 1 月 30 日报道。

〔96〕同上，1989 年 1 月 30 日报道。

〔97〕《洛杉矶时报》1988 年 8 月 3 日报道。

〔98〕同上，1987 年 6 月 28 日、10 月 18 日及 11 月 25 日报道；M.J.Wilcove, 'The Dilemma of L.A.Schools'，《洛杉矶周刊》1987 年 11 月 6—12 日刊登。

〔99〕参看《洛杉矶时报》1988 年 3 月 20 日报道；又见福利（Jack Foley）提交给"维护公园人民大会"的报告，"'Leisure Rights' Policies for Los Angeles Urban Impact Parks"，Griffith Park，1989 年 2 月 4 日。

〔100〕参看 Paul Bullock, *Youth in the Labor Market*，加州大学博士论文，1972 年；*Youth Training*；1983 年采访记录（南加州社会研究图书馆）。 加州大学伯克利分校的社会学家特洛伊·达斯特（Troy Duster）曾经做过估计，1983 年全国黑人青年的失业人数比 1960 年高出四倍。（见 'Social Implicatons of the 'New' Black Urban Underclass'，《黑人学者》杂志[*Black Scholar*]，1988 年 5—6 月号，p.3）

〔101〕New York 1986, p.189.

〔102〕Louis Kraar, 'The Drug Trade'，《财富》（*Fortune*）1988 年 6 月 20 日，p.29。

〔103〕'Murderous Colombia'，《纽约书评》（*New York Review of Books*）1986 年 11 月 20 日，p.35。

〔104〕系列报道 'Cartel L.A.'，《先锋观察家报》，1989 年 8 月 28 日—9 月 1 日刊登。 又见《洛杉矶时报》1989 年 8 月 4 日刊登的司法部 1989 年报告（这是一份《邓恩与布拉德斯特里特基本简介》）。

〔105〕《先锋观察家报》向自己的读者们保证说，"洛杉矶地区住着 6.3 万名哥伦比亚人，他们并不都在可卡因分销小组里干活"——"只有 6000 人而已"。

〔106〕同上，1987 年 8 月 28 日报道。

〔107〕《洛杉矶时报》1989 年 3 月 30 日报道；Evan Maxwell, 'Gold, Drugs and Clean Cash'，《洛杉矶时代杂志》1990 年 2 月 18 日刊登。

〔108〕《洛杉矶时报》1988 年 5 月 15 日及 6 月 12 日报道；1989 年 8 月 4 日报道。

〔109〕同上。

〔110〕引述 Malcolm Klein and Cheryl Maxson，同上，1988 年 9 月 8 日刊登。

〔111〕引文见同上。

〔112〕同上。 警方和媒体大肆夸大了非法毒品业年轻雇员的收入，这就有意无意地让一些想要真正取代镇压手段的就业安置计划灰了心。 现有最详细的研究所依据的基础是对华盛顿特区街头买卖的普查，据此判断，年轻人比较靠谱的收入是每个月挣 700 美元，并不像人们通常所说的每天挣到这个数。 见 Jack Katz，《洛杉矶时报》社论对开版，1990 年 3 月 21 日刊登。

〔113〕同上，1984 年 11 月 25 日报道；1989 年 2 月 13 日报道。

〔114〕引述小说家 Claude Brown，见《洛杉矶时报》1988 年 5 月 17 日。

〔115〕帕萨迪纳《明星新闻》（*Star-News*）1989 年 9 月 17 日报道。

〔116〕自从 1980 年以来，中南部地区的黑人人口减少了 30%，因为有许多人家为躲避犯罪和经济衰退，搬家到了英格尔伍德、内陆帝国甚至回到了南方。 另一方面，拉美裔的人口则至少增加了 200%（现在住在约旦低地各居住区里的玛雅印第安人增加得最快），黑人青年突然在四家主要高中里变成了少数族裔。 例如弗雷蒙高中本来是属于斯劳森帮的地盘，在 1980 年有 96% 的学生是黑人，现在则有 71% 的学生是拉美裔人。（《洛杉矶时报》1990 年 3 月 30 日报道）

〔117〕见 Paul Ong（project director），*The Widening Divide: Income Inequality and*

322

Poverty in Los Angeles，加州大学洛杉矶分校，1989 年 6 月。

[118] 《洛杉矶时报》1988 年 9 月 1 日报道。 奇怪的是，不同族裔之间的帮派之战在遍地黑帮的洛杉矶内城里却一直很罕见。 电影《彩色响尾蛇》讲了个险恶的谎言，它捏造了一个黑人帮派袭击奇卡诺人的情节。 除了 20 世纪 70 年代末曾在威尼斯小城的橡林区发生过一次冲突以外(黑帮成员指责该事件是由洛杉矶警察局唆使的)，这类事情见所未见。 另一方面，黑人青年和亚裔成年人之间的敌意则在不断积聚着。 韩国店主和黑人少年之间发生过流血事件，而在 1988 年 5 月，柬埔寨裔与普韦布洛德里奥住宅区的本地血腥帮之间发生了一场激战。 血腥帮投掷着莫洛托夫鸡尾酒①，柬埔寨裔则还之以 M1 步枪和 AK47 突击步枪的齐射。 (同上，1988 年 5 月 13 日报道)

---

① 指粗制滥造的玻璃瓶汽油弹，常见用法是在玻璃瓶里装上磷、汽油或酒精，点燃瓶口塞着的破布之后投出。 由于发明人是苏联军队的一名人民政委 Vyacheslav Mikhailovich Molotov 而得名。

第六章

全新的告解

有群少年正围着一个消防站，眼看着教皇在里面走出豪华轿车，迅速换进了一辆更名牌的车。 白色的教皇座车提速离开时，金色的轮毂闪闪发光，这群少年在此当口就惊讶得透不过气来："噢呦，就像蝙蝠侠哦！"沿着教皇的出行路线，卖 T 恤衫的小贩在路边吹牛："俺瞅见教皇啦！"一开始这还不算什么，因为在盎格鲁裔街坊或者韩国城一带出来围观的人数并不太多（这些地方倒是有原教旨主义的抗议人群在列队谴责这位波兰裔的"反基督"）。 然而车队一旦拐进了西湖区，也就是美国最大的中美洲裔街坊里，场面立刻发生了戏剧性的逆转。

突然之间，人行道上挤着的信徒多得摞起了 10 到 15 层的人墙，他们恭候教皇光临已经好几个小时了。 从萨尔瓦多或者危地马拉的杀戮之地逃出来的难民们，也就是里根时代所谓的"步兵们"——其中有许多人是世俗活动家或是草根基督教社团（*communidades de base*）的教徒，亲眼目睹了中美洲国家对解放教派①的迫害。 如今，从麦克阿瑟公园到拉浦其塔②，在洛杉矶服装区边缘处的租住街坊里，他们聚集起

---

① the church of liberation，又称 Liberation theology，20 世纪发生在天主教内部的一场自由主义运动，对拉丁美洲和第三世界国家造成的影响最深，相信基督教的福音书要求人们认可穷人的优先权，主张教会要参与政治事务和公众事务、扶助贫民、争取经济平等与政治平等。 该运动的名称来源于耶稣基督能解放受压迫人民的信仰。 这场运动从 1962—1965 年召开的"第二届梵蒂冈大会"和 1968 年在哥伦比亚麦德林市召开的"第二届拉美主教大会"开始，团结穷人在以基督教为主的社区里成立了"草根基督教社团"，研读圣经、为社会公正做斗争。 20 世纪 80 年代以后，罗马天主教会在教皇约翰·保罗二世的治下，批评解放教派错误地支持了暴力革命和马克思主义的阶级斗争，不再支持这场运动。
② La Placita，位于洛杉矶市中心区，在该市历史上一直是说西班牙语的人口聚居的地区。

来汇成了欢呼的人群，那密集程度、那热烈程度，都不亚于教皇在芝加哥市胜利穿过波兰裔美国人街坊时所遇到的场面。 多数盎格鲁裔的天主教徒只待在郊区自己家里，从电视上收看这幕壮观的场面，而中美洲和墨西哥裔的移民则挤向他的身边，同时天使女王圣母村的小小教堂①的钟声也轰然鸣响了。

天主教的复兴？

天使女王村正在变回一个天主教的小镇。 一个世纪以前，在 19 世纪 80 年代的大繁荣时期，天主教统领的洛杉矶淹没在中西部搬家过来的清教徒移民大潮里。 到了世纪之交的时候，推销繁荣的人们吹牛说，它是个"理想的清教徒城市"、"一道抵御天主教徒移民的堤坝"。 这儿的官方人员将近 90%都是主动的清教徒；如同喷火怒龙般的原教旨主义信徒左右着此地的宗教生活，比如"好战鲍勃"·舒勒（他是三 K 党的一名拥趸）和艾梅·森普尔·麦克弗森②。 催生了现代五旬节的所谓"第五次大复活"是从洛杉矶市中心区的一个教堂里肇始的，每隔十年，新教都会在南加州出现一个新的变种，从祈祷教堂③到水晶大教堂④各不相同。 从 1920 年到 1960 年间，每次人口普查都记录到，在美国所有

326

---

① 洛杉矶的名字来源于西班牙语里的"天使"一词，1769 年 8 月 2 日，圣芳济各会的神甫 Juan Crespi 随欧洲探险队到达洛杉矶，为此地新发现的河流命名 Nuestra Senora de Los Angeles de Porciuncula，意思是"小块地面上由天使陪伴的圣母"，1781 年沿着这条河创建的小村则起名为 El Pueblo de Nuestra Senora la Reina de Los Angeles de Porciuncula，意思是"小块地面上的天使女王圣母村"。 在西班牙殖民时期，这个村里的同名教堂是欧洲人在墨西哥边境以北最大的建筑。 又名"拉浦其塔"教堂。

② 见本书第 37 页脚注②。

③ Angelus Temple，位于格伦代尔大道上，是由麦克弗森创办的教派，建筑由 Brook Hawkins 设计，1923 年建成，有一个巨大的拱顶，当时为北美之最。 1992 年被宣布为美国国家级地标性文物建筑。

④ Crystal Cathedral，位于橘县，由 Robert H. Schuller 及其妻子创办于 1980 年，信条是"发现需求并满足之，发现创伤并治愈之"。 它的教堂建筑由著名建筑师菲利浦·约翰逊设计，主体用了超过一万片矩形玻璃板。 Schuller 本人拥有代表该教堂的电视节目"Hour of Power"。

的最大型城市里，洛杉矶本地出生的白人清教徒比例最高。[1]

现在摆锤又晃回去了。 20世纪80年代初，洛杉矶的大主教管区一跃成为美国最大的天主教圣会，超过了芝加哥。 据估计，大主教管区有340万教区居民（每星期都增加1 000人），其中在洛杉矶、文图拉和圣巴巴拉各县，"各种教派领圣餐的全体教徒"至少占了65%（根据1980年的统计数据）。 也就是说，跟排名第二大的宗教团体相比（在洛杉矶县这就是指后期圣徒教派①），天主教徒与别种教徒的比例是20∶1。 的确，无论是圣公会还是长老会的全国教徒总数都比不上这个大主教管区的人数，说到这一点，全美国只有四个清教徒教派的总人数超过了这个数字。[2]

再说，洛杉矶大主教管区占地8 762平方英里，横跨3个县，有300个教区、3 400名神甫、12 000名俗众职员，是一个影响广泛而深远的机构实体，比得上加州无论哪个最大型的企业或是小城的市政当局。它管理着全州规模排名第二的学校系统（仅次于洛杉矶统一教学区），有275家小学和71家高中，注册学生人数达到314 000名。 它经管了十处墓地和五所学院，还有十六家大医院，每年收治患者超过一百万人次。 另外，大主教管区还是全加州最大的土地持有人之一。 除了拥有教堂、教区长管区和停车场以外，它还通过手下的七家特许企业中的一家（罗马天主教大主教有限公司）在本地控制着九百多块小片地产，价值好几十亿美元。[3]

然而，大主教管区还不单是规模庞大，它还有一点更重要的特质，其战略地位具有多方面的意义。 在传统道德规范与现代个人主义角力时，地处南加州郊区的教堂长期以来一直都是梵蒂冈处境最艰难的前沿阵地。 在全球天主教以及全美国天主教都在走向"拉丁美洲化"的地缘政治中，洛杉矶的大土教管区日前仍是一处交锋前沿。 在南加州，由于拉美裔移民人数增加、家庭规模扩大这一势不可当的趋势，引生了

---

① 即基督教新教摩门教。

328　一项副产物就是天主教的复兴（魁北克人称之为"摇篮的报复"）。 在上一代人的时间里，从种族出身因素看，大主教管区里几乎有三分之二的居民都是墨西哥裔和中美洲裔，仅在 20 世纪 80 年代就新增了超过一百万的拉美裔天主教徒。 不过，这个大主教管区里依然住着数以十万计的富裕盎格鲁裔居民。 第一世界和第三世界如此戏剧化地混在一起，便把此地变成了一处实验场，教会小心审慎地试探着在这儿实行种族融合以及权利分享。 同时，在布拉沃河①以北，天主教徒和说西班牙语的好斗的福音派教徒之间相互争竞的利害关系不断升级，而大主教管区正是一个主战场。

此外，说到在 2000 年来临之际形成了"后盎格鲁时代"的、多种族的洛杉矶，大主教管区也是一支重要的推动力量。 它尤其在以下三方面起到了重要的作用。 首先，马奥尼大主教②的领导方式很有闯劲。 他才 53 岁，因此到 2011 年他退休之前，很有可能一直都要待在圣维比阿纳大教堂里。 虽然偶尔也能见到他发表言论抨击中美洲的压迫行径，但他的主要公共形象却定格为通过道德对抗方式来反对两性平等。 这位野心勃勃的大主教祝福"援助行动"、谴责"安全性交"，在全美国的"生存权运动"中成了一颗冉冉上升的明星，同时也是梵蒂冈的强硬派最欣赏的人。 早年间曾有一些进步人士很支持过他，让大多数这类人灰心的是，这位农工工会昔日的战士、加州农业劳工关系理事会的第一任主席，也开始越来越尖刻地跟组织起来的劳工作对，让一场涉及天主教掘墓工人工会的小规模争吵不断升级，竟发展到在全加州范围内全面对抗劳工运动。 而今他在教会里的批评者和崇拜者都把他比做已故枢机主教麦金太尔③，在冷战时期，麦金太尔的专制统治曾让这

---

① Rio Bravo，位于 1845 年划定的美墨边境上的一条河，美国人称之为 Rio Grande 即"大河"。 起源于科罗拉多圣胡安山脉，流入新墨西哥州和得克萨斯州到达两国边境。 "布拉沃河以北"即指美国境内。

② Roger M. Mahony，出生于好莱坞，1985 年 7 月 16 日由教皇约翰·保罗二世委任为大主教，1991 年被教皇升任枢机主教。

③ James Francis Louis Cardinal McIntyre(1886—1979)，1948 年 2 月 7 日被任命为洛杉矶大主教，1953 年升任枢机主教。

个大主教管区透不过气来，导致了自由派天主教徒大批离去。

其次，马奥尼的精神权威与世俗领袖的经济影响共同构成了一个天主教权势集团，严重影响到了本市的政策和用地决策，顶多不过是行事还算谨慎。 理查德·赖尔登是个投资银行家、土地开发商、城市委员、大主教管区律师、马奥尼的亲密朋友，他的 *éminence Grisé* ① 引得人们特别怀疑，教会统治层与本市由开发商和银行家们组成的"隐形政府"在互相影响。

第三，教会在本市说西班牙语的地区主力组织着社群生活，它在所难免地为拉美裔争取权力起到了核心作用。 当新、旧现状在社会、政治领域进行重新结盟时，它将是一方主要权威。 不过，教会内部也在不停地争论着，应该采用哪一种权力方略。 一方面，马奥尼在 1987 年推出了"拉美裔援助计划"，再加上得到主教称许的社群团体也在推进多种不同主题的运动，这就提供了合法的渐进途径，让拉美裔能有机会提升自己在教会内部和社会上的地位。 另一方面，路易斯·奥利瓦雷斯神父②率领市中心区的天主教圣母圣心孝子会会员以及耶稣会的神甫们，代言着解放教派主张的"穷人优先选择权"，强调要采取直接行动帮助受压迫者，即使为此要公然挑战俗世法律也在所不惜。

尽管马奥尼和奥利瓦雷斯之间的争执肇因于本地的具体环境，但是许多天主教徒却深信，这一争执反映出了全球范围内的利害争端——已故的彭尼·勒诺③就说，这是"在解放教派与万民拯救教派信徒之间……为当代教会的灵魂而做的斗争"。[4]不足为奇，萨帕塔④的肖像和桑迪诺⑤

329

---

① 法语：幕后操纵。

② Father Luis Olivares，墨西哥移民后裔，致力于为穷人争取权益，特别支持农场工人和新移民的利益。 他在 1976 年创办了街坊联合组织（the United Neighborhood Organization），它至今仍是洛杉矶东区影响最大的社群组织。 奥利瓦雷斯神父在 20 世纪 80 年代接掌拉浦其塔教堂即天使女王圣母教堂，1990 年卸任。 他在 1985 年宣布该教堂是收留非法移民的避难所，这项政策被他的继任者取消。 他于 1993 年去世。

③ Penny Lernoux（1940—1989），美国记者、作家，关注拉美裔、贫困及教会问题。

④ Emiliano Zapata（1879—1919），佃农出身的墨西哥革命家，于墨西哥革命期间在自己管辖的地区里领导土地改革运动，后被政府诱杀。

⑤ Augusto César Sandino（1895—1934），尼加拉瓜革命军事领袖。

的语录挂在奥利瓦雷斯那张朴素的办公桌上头，而教皇约翰·保罗二世的画像则在大主教那张优雅的写字台上方微笑着。 正是由于本地势力与国际势力的交互作用，也就是街坊组织行动与教会地缘政治在同一时期的异军突起，才让这个大主教管区变成了南加州大概最有魔力的机构。

世界边缘处的传教区

作为"举世遗存至今最古老的复杂组织"在本地的分支，大主教管区今天首先需要在自己独一无二的历史语境中确立自我定位。[5] 洛杉矶的天主教遗产被保存在圣费尔南多·德·雷伊教区的档案收藏里，就放在圣费尔南多·德·雷伊小镇外，离里奇·瓦伦斯①自小生长的地方只隔几个街区。 这份档案丰厚得出人意料，不仅收录了尘封发霉的洗礼名册和教区账簿，还收录了多亨尼大图书馆②的部分藏品以及价值连城的教会珍宝，包括在 20 世纪 20 年代的"基督徒起义"③期间由逃命的主教们携出国境的墨西哥教会的传家宝。 这份档案浸透了让人惊异的巴洛克气息，在好几十年的时间里，一直让大主教管区的历史案卷保管人弗朗西斯·韦伯阁下为之辛勤劳作不已。

330   不幸的是，韦伯阁下的个人努力虽然能放满整整一只书架，主要却只不过是长篇累牍地记录了各种奇闻逸事而已，还经常来回重复。 身为已故枢机主教麦金太尔的宠臣和辩护士，韦伯阁下公开质疑目前掌权的大主教表现出的"拉美裔倾向"，奉献了自己的大半辈子来描摹早期

---

① Richie Valens(1941—1959)，墨西哥裔美国人，最早的西班牙语摇滚明星，在好莱坞星光大道上留有签名星星，因车祸丧身。
② 即圣约翰神学院的爱德华·多亨尼纪念图书馆，始建于 1932 年，主要收藏该校的藏书以及多亨尼夫人的珍贵书藏品，包括古腾堡版本的圣经。
③ Cristero Revolt，1926—1929 年间，墨西哥天主教徒为了反对政府从 1917 年以后为了抵制罗马天主教影响而颁布的反对宗教、压制神职人员的多项法令，与墨西哥政府发生了武装冲突。 最终这场冲突在美国大使的调停下通过外交途径得以解决。

加州教会的理想图景。 虽说圣芳济各教区当初推行的强制劳工体系就相当于奴隶制（加州的印第安人领袖最近就这么提醒过教会方面），可韦伯阁下是个领头呼吁追封塞拉神父[1]为圣徒的人，他却要捍卫想象中的这么一幅图景：温和的传教士，加上手底下那群幸福的新信徒。 这幅图景可不是从他的档案资料里来的，更多倒是来源于海伦·亨特·杰克逊[2]在19世纪80年代写的著名小说《雷蒙纳：一部罗曼司》，这部小说让好几代旅游者和洛杉矶的白人居民都把历史真相给搞混了。

教会仍然倚赖着"传教区神话"以图纾解它的现状与历史之间的矛盾，这也并不是什么巧合。 尽管教会是最早在南加利福尼亚殖民的机构（当年波旁王朝的官僚们之所以要创立小小的俗世洛杉矶村，目的就是要对付圣芳济各的宗教势力日甚一日的威胁），但是，教会从未彻底实现过本土化。 迄今为止，它仍然保留了一股传教前哨的味道（"在西方世界的边缘地带"），它的上层人士都不是从本地的多数社群出身的。 在18世纪和19世纪，主宰加利福尼亚教会的是加泰罗尼亚人打造的王朝（加利福尼亚教会在1853年分成了南北两部分）：塞拉（来自马略卡）、阿列马尼[3]、阿马特[4]和莫拉[5]。 整个20世纪，从1903年任命了托马斯·科纳蒂主教[6]到目前的大主教马奥尼掌权，现代的大主教管区的领袖已经换成了爱尔兰人或其美国后裔。 墨西哥裔或拉美裔至今职位升得最高的是两名在任的助理主教，胡安·阿祖伯（1971年得到委任）和阿尔曼多·X·奥乔亚（1986年得到委任）。

---

① Junipero Serra(1713—1784)，加州的西班牙传教区创始人，他最初在墨西哥城带传教，1769年在圣迭戈创办了加州最早的传教区。 1988年9月25日教皇约翰·保罗二世宣布封赠他为"蒙主恩宠的"。

② 见第30页脚注①。

③ Joseph Sadoc Alemany(1814—1888)，出生在西班牙的多明我会教士。 1840年移居美国，1850年被罗马教会委任为上加州蒙特里地区的主教，1853年被任命为旧金山大主教管区的第一任大主教。 1885年退休后返回西班牙直到去世。

④ Thaddeus Amat y Brusl(1810—1878)，自1853年后一直担任蒙特里地区的主教直至去世。 他创办了洛杉矶最早的多家学校。

⑤ Mora y Borrell(1827—1905)，1878年接任蒙特里地区的主教。

⑥ Bishop Thomas Conaty(1847—1915)，1903—1915年担任洛杉矶市蒙特里地区的主教。

由于拉美裔的教区居民在大主教管区里一向没什么势力，他们早就受惯了花样百出的视而不见、家长作风和妥协迁就。1917—1947年间在任的大主教约翰·坎特韦尔①和他的手下的许多神父都是利默里克人②，由于倡导向西班牙语人群进行现代传道而赢得了官方的赞扬。在20世纪20年代和30年代初，他庇护了流亡的墨西哥主教们（其中有段时期他收容的主教和大主教居然多达36人），并创建了50个新教区来接纳墨西哥移民。他率先在东区举办了一年一度从瓜达卢佩圣母教堂③走到拉索莱达教堂④的"圣体游行"，在许多年里，这个节日对该社群来说一直跟"五月五日节"⑤同等重要；他是北美第一位到瓜达卢佩的圣处女神殿去朝圣的传教士。他对治下50万名墨西哥裔教区居民的态度独特，既始终如一地表现出谦恭俯就（人称他为"上帝的简朴的人"），又严阵以待地阻止该社群转向民族主义的进取方向。[6]

331

20世纪20年代，大主教管区成了"基督徒起义"的一处重要后援基地：在这场起义中，天主教徒农民听了教会的鼓动，在墨西哥中部高原上到处展开了游击队活动。对阵双方在这场内战中都毫不留情，基督徒刺杀俗世的学校教师、炸毁旅客列车，同时"反基督"（即卡莱斯总统⑥）的部队则处决着神父们和他们手下的农民信徒。基督徒起义在1928年的失败让坎特韦尔大主教更加坚定了立场，厌恶民族主义的革

———————

① Archbishop John Joseph Cantwell(1874—1947)，自1917年后一直担任蒙特里地区的主教，1936—1947年升任洛杉矶市大主教。

② Limerick，位于爱尔兰西南的一个港口城市。

③ Our Lady of Guadalupe，位于瓜达卢佩小镇的圣母教堂。

④ Mission Nuestra Senora de la Soledad，意为"孤独圣母使团"，教堂位于索莱达小镇上的同名教区，始建于1791年。

⑤ Cinco de Mayo，西班牙语的意思是"五月五日"，这是墨西哥的一个全国节日，为纪念1862年5月5日墨西哥战胜法国远征军而始创。另外，1808年5月5日西班牙的查理四世被拿破仑废黜，他的弟弟被封为西班牙国王约瑟夫一世，此事在拉丁美洲的所有西班牙殖民地点燃了独立运动的烽火。"五月五日节"在美国的兴起可以回溯到20世纪60年代末的奇卡诺学生运动时期。许多墨西哥裔美国人把这个节日看成是宣传墨西哥文化遗产的一个重要方式，也有许多非墨西哥裔人士参加这一庆典。

⑥ Plutarcho Elias Calles(1877—1945)，1924—1928年间任墨西哥总统。他创办了国家革命党即PNR，后更名为制度革命党PRI。他在1926年签署的卡莱斯法令是引发"基督徒起义"的直接导火索。在政治生涯后期，他日益转向右翼并同情法西斯主义。1936年他被墨西哥政府驱逐到了美国，1941年才得以回国。

命墨西哥。 当索诺拉①在 1934 年发生了放逐神父的又一轮风潮时，他组织起了洛杉矶史无前例的大规模示威：四万人组成了壮观的游行队伍，其中有许多人是基督徒起义的难民，高唱着圣歌《基督王永生》②，在游行中高举横幅，谴责"墨西哥市和莫斯科的无神论政权"。[7]

坎特韦尔游说美国代表墨西哥天主教徒介入事态（华盛顿当局确实也把军队调到了边境上），当时有些批评家从他的举动中同时嗅出了石油和熏香的味道。 石油业界的百万富翁爱德华·多亨尼是大主教管区最慷慨的捐助人，曾经兴建了圣约翰神学院，他既是由教廷封赠的伯爵，也是洛杉矶最富有的天主教徒。 在美国历史上，他最值得被人记住的大概要数他付出的 10 万美元贿赂，这笔钱在 1921 年的"茶壶圆丘丑闻"③中把前任内政部长福尔④送进了大牢。 不过，多亨尼还是最早涉足坦皮科油田⑤的投机商，而他的投机合伙人哈里·辛克莱则是墨西哥最大的外国个人投资商。 如果基督徒起义取得胜利或是海军展开登陆行动的话，他显然能捞到些个人的好处。

坎特韦尔的政见绝对是坚定不移的。 "本地天主教行动"组织在整个 20 世纪 30 年代里重振旗鼓，还为弗朗哥和墨索里尼鼓掌喝彩，同时庄重礼仪军团⑥也公开谴责了好莱坞电影界的道德沦丧。[8]大主教管区发行的杂志《泰定》（*Tydings*）说了无数的刻薄话来诋毁新政以及被指为赤色的本地进步政治力量。 结果，洛杉矶的天主教会同时跟新政拥趸、知识分子、犹太裔社群和产业组织代表大会的行业工会代表们全都绝交了——而它本来在与占了上风的本地清教徒进行 *Kulturkampf*⑦ 时

332

---

① Sonora，墨西哥西南地区的一个州。
② Viva Cristo Rey，这是墨西哥基督徒起义中的一句口号。
③ 见本书第 148 页脚注②。
④ Albert Bacon Fall(1861—1944)，1912 年被新墨西哥州选为美国参议员，1921 年被哈定总统任命为内政部长。 他因"茶壶圆丘"丑闻在 1923 年辞职，1931 年被判犯有"阴谋欺骗政府"罪而入狱服刑。
⑤ 位于墨西哥东部的一处油田。
⑥ Catholic Legion of Decency，创立于 1934 年，主旨是要跟道德败坏的电影做斗争。 虽然没能直接影响到各家电影制片公司，但它动员了教众去抵制某些电影。
⑦ 德语：文化斗争，原指 19 世纪末时俾斯麦与天主教会的斗争。

就已经节节败退。

枢机主教麦金太尔的真心告解

坎特韦尔开倒车的统治持续了漫漫 30 年，众人盼着此后能由一名自由派人士来接替他，然而 1948 年，教皇庇护十二世把弗朗西斯·麦金太尔指派到洛杉矶来，于是这个希望就落了空。麦金太尔是"美国教皇"即纽约市大权独揽的枢机主教斯佩尔曼①属下的重臣，斯佩尔曼的传记作者把他刻画成了"一个想法卑劣、睚眦必报的人"，说他采用了"盖世太保的招数"来整治纽约市大主教管区里支持劳工的神父们。"送麦金太尔到西海岸去的那班火车被纽约市的神父讥讽地叫做'自由列车'，这些神父能摆脱掉他都高兴极了。"[9]

麦金太尔在 1953 年当上了美国西部的第一位枢机主教因而超凡入圣，他利用自己不断膨胀的权势，迫害着教会高层里有点儿自由派嫌疑的人士。于是，看见明尼阿波利斯的詹姆斯·香农主教居然胆敢批评起了麦卡锡主义，麦金太尔就攻击他是"一个刚冒头的异教徒"，纠缠不休直到逼他辞职为止。[10]他还把斯佩尔曼的全套手段都用在了洛杉矶，压得中间意见全都静默无声，还发动了大主教管区去抵制南加州的任何一项自由主义举措。他的杂志《泰定》成了麦卡锡主义的讲坛，跟赫斯特报系和约翰·伯奇协会②的小圈子学来了大肆叫嚣污蔑对手是共产党的把戏，变得特别恶名昭彰。[11]

然而，麦金太尔这名冷硬的圣战斗士只不过是在走着斯佩尔曼之流已经走得熟滥了的老路。他的个人天赋其实更适合当一名神职企业

---

① Francis Joseph Spellman(1889—1967)，1939 年接掌纽约市大主教管区，1946 年由罗马教廷指派为枢机主教，是 20 世纪中期在美国职位最高的罗马天主教神职人员。他的对手有时称他为"美国教皇"。

② 见本书第 161 页脚注①。

家，由他兴建的学校和教堂之多，打破了以往的所有记录。 在接受神职之前，他曾在华尔街工作过，而他对生意的敏锐、他对劳工关系的冷酷无情，都决定性地帮着他在纽约市教会总部里迅速爬升。 在战后洛杉矶飞速建设郊区的全盛时期，每星期搬家过来的（主要是盎格鲁裔的）天主教信徒能达到一千人之多，此刻麦金太尔就把自己的辖区变成了一家巨型开发公司——他成立了隶属于大主教管区的七家重要法人机构，还有由"特许的"承包商和供应商组成的附属网络。 他还成功地击退了公共教育领袖们，为自己酝酿中的教区学校体系争取到了免税待遇。 约翰·格雷戈里·邓恩①描写战后洛杉矶天主教会的小说《真心告解》里，正是把这位麦金太尔写成了 *éminence Grisé*②——这位独裁者精神空虚（被自己手下的神父们封为"空心陛下"），却有十分精明的商业头脑，在政界的人脉很广。[12]

在墨守成规的 20 世纪 50 年代，麦金太尔那绝不含糊的独裁主义实际上是无往而不胜的。 然而，由于在 1962 年召开了第二届梵蒂冈大会③，由于教皇约翰二十三世④推出了现代化计划（名为 *aggiornamento* 即"赶上时代"），顽固抵制改革进程的麦金太尔却发现，自己只不过统领着美国主教中一批人数日见其少的保守的少数派。 比较年轻的神职人员感染到了第二届梵蒂冈大会和 20 世纪 60 年代的社会抗议浪潮的双重魔力，开始质疑麦金太尔的独裁统治，反对他那反动的政治立场。[13]

引发争论的一个特殊诱因是麦金太尔为洛杉矶警察局长威廉·帕克

333

---

① 见本书第 57 页脚注①。
② 法语：灰衣主教，指法国红衣主教黎塞留的亲信约瑟夫神甫，转意为幕后操纵者。
③ the Second Vatican Council, 1962—1965，即罗马天主教会召开的第 21 届全世界基督教团结大会，由教皇约翰二十三世召开，一直开到教皇保罗六世继位以后。 它的公开目标是进行教会的精神革新、反思教会在现代世界应有的地位。 这次大会邀请了新教徒和东正教教徒代表作为观察员出席，还倡议欢迎俗世人众参加圣餐仪式和教会服务工作，在"进步"和"保守"群体之间引发了激烈的争论。
④ John XXIII（1881—1963），1958 年 10 月 28 日接替去世的教皇庇护十二世即位教皇。 有许多人认为他是"历史上最受爱戴的教皇"，2000 年教皇约翰·保罗二世封赠他为"蒙主恩宠的"，这个头衔仅次于圣徒封号。 许多新教组织也十分尊重他，比如英国的圣公会和路德教派都尊他为"教会改革者"。

撑腰，洛杉矶的黑人对帕克恨之入骨又怕得要命，可大主教待他却是爱若珍宝。帕克是本地政府里权势最大的天主教徒，是麦金太尔所景仰的独裁主义美德的化身。当1965年的瓦茨暴动牵涉到了警方的种族歧视行为时，大主教站在帕克那一边，谴责暴动者"不是人，差不多是畜生"。《泰定》的政论专栏作家乔治·克雷默也添油加醋地说，关于警察滥施刑罚的报告只不过是一个"老掉牙的共产党谣言"。某个以黑人居民为主的教区里有位年轻的威廉·迪贝神父，他就此被激怒了，抨击麦金太尔一辈子都"对种族偏见默不作声"，还呼请教皇把他调走。虽然迪贝马上被停了职，他的观点却得到了一个名叫"争取种族平等天主教联合会"（简称CURE）的特殊团体的响应。[14]

这还只不过是一些开场式的小冲突。1968年，麦金太尔把大主教管区分割开来，笨手笨脚地企图粉碎教士当中的自由主义。圣母圣心天主教堂（Immaculate Heart of Mary）有个极受尊敬的教学社团，在60年代中期卷入了意义更为重大的社会问题论战，包括民权运动和反战运动。虽然麦金太尔最初的公开指责主要是在集中批评该社团的成员想穿俗世衣服、想采用新的教学方法等等实验，但是从来毋庸置疑的是，真正惹恼他的却是这批人的社会激进主义立场。大主教得到了右翼政治势力的喝彩，于是就从大主教管区的各家学校里驱逐了该社团的成员。转而，两万五千多名愤怒的教区居民联合签名向教皇发出了一份请愿书，恳请他插手保护这个社团。最后，圣心教堂的三百名修女——也就是该社团的大多数成员——决定，宁可自己组成一个世俗的组织，而不愿听从麦金太尔的命令。

由于圣母圣心天主教堂的整肃行动，由于大主教管区壁垒森严地反对第二届梵蒂冈大会改革礼拜仪式和教会结构之类的举措，麦金太尔就根本不可能与进步的天主教徒在共同基础上达成任何妥协。大主教越来越孤立——他活像是个香蕉共和国里严阵以待的独裁者——因此便日趋偏执地使上了监视、压制的手段。诺兰·戴维斯（Nolan Davis）描写了他这种行为造成的可悲后果："有好几十名修女和神父开始完全脱离宗教生活，一个地下教派开始迅速激增。 对既有教会的捐赠减少了40%"。 麦金太尔的手下一直控制着一个精密而高效的侦探网，他发起了还击，派神父、阁下和其他忠实于他的信徒们身上藏好了录音机，伪装之后走进地下天主教徒的家里去。 只要抓到了哪个神父在指导自由派的教众，大主教就会得到报告。 好几十位持不同政见的神父和修女从自己的教区里被赶走，其中有些人被放逐到了麦金太尔最心爱的西伯利亚——橘县。 一位来访的意大利耶稣会修士写信给罗马说，"洛杉矶的神父们……在充满恐怖气氛的环境里工作着"。[15]

最终，一支反对力量与奇卡诺力量运动结合起来，横扫了加利福尼亚。 轮到他们来抗议教会总部的大权独揽和傲慢态度[16]、抗议教会总部一直支持越南战争了，作家兼律师奥斯卡·阿科斯塔①（也就是著名的"棕色野牛"）这时率领着东区好斗的天主教徒，决心要以非暴力的公民对抗行动来反对麦金太尔。 1969 年的圣诞前夜，"奇卡诺人天主教徒"②的一百名成员从拉法耶特公园向着圣巴西尔教堂进军，要去参加在那儿举行的午夜集会，这座教堂位于威尔夏大道的一段豪华的延长路段上，是麦金太尔花了四百万美元盖起来的"样板"居民区教堂。[17]抗议者要求在大主教管区内给予奇卡诺人平等发言的机会，同时还要求彻底公开揭露教会总部在财政上的独断专行。 当游行者开始在教堂的台阶上祈祷守夜时，为麦金太尔充当礼宾员的下班警长们动手打人了。 在接下来的混战中，发出了一次警察战斗警报，召来了防暴特警。 正当"教堂前廊下的场面……满是拳头挥舞、推推搡搡、尖声大叫、又踢又踹"的时候，大主教领着其余衣着考究的会众们"唱起了圣歌《来吧，所有信徒》（*O Come, All Ye Faithful*），想要盖过抗议的声浪"。 尽管有很多人被捕，尽管遭到了警察的毒打，抗议者们却在

335

---

① Oscar Zeta Acosta(1935—1974)，美国律师、作家、政治家、奇卡诺运动激进分子，著有《棕色野牛自传》(1972)、《蟑螂人起义》(1974)。 他在去墨西哥旅行的历程中神秘失踪。
② Catolicos por la Raza，20 世纪 60 年代末由克鲁兹(Ricardo Cruz)在洛杉矶创办的奇卡诺人反对教会当权派的组织，历时不久但影响深远。

圣诞节那天集合了更多人马重新登场，还组织起了一道愤怒的哨兵纠察线。 再看麦金太尔那一边，他把示威者比作"冲着基督十字架闹事的乌合之众"，做出了一副独裁者狂妄自大、至高无上的姿态，在教堂广场上的老教堂里安排了一群忠心耿耿的特殊奇卡诺人，祈祷着上天宽恕这些示威者。[18]

但是，严格说来，圣巴西尔教堂事件的所谓胜利却让大主教付出了惨重的代价。 大主教管区接连发生公开争执，并清洗了反对派，因此陷入了困惑和消沉之中。 麦金太尔本人已经年过八旬，再也维持不住他那传统的暴烈统治。 首先就连梵蒂冈也对他的寸步不让感到厌倦了，而且还很不高兴让两败俱伤的斗争公之于众。 圣巴西尔教堂的打斗事件发生之后不到一个月，麦金太尔屈服于教皇保罗六世的压力，宣布退休。 他的继任者是来自弗雷斯诺的主教蒂莫西·曼宁。

安静的人

身为坎特韦尔大主教的宠臣，从科克县的巴林杰来的曼宁细瘦结实，操着一口软软的爱尔兰口音，他升迁得很快，1946 年刚满 36 岁时就当上了美国最年轻的主教。 然而，在接下来的四分之一世纪里，他被遮在麦金太尔的影子底下萎靡不振，先是当助手，随后又当参事，直到 1967 年才得到任命，亲手执掌了圣乔阿昆山谷的主教教区。 人们常说他的个性"谦和"或者"与世无争"，与专横、褊狭的麦金太尔形成了强烈对比。 再说，曼宁不像自己的前任，他真心同情那些持不同政见的人，这是因为他在爱尔兰的独立战争中度过了童年，亲身体会过黑棕色人①的残暴无情。 他当上大主教以后最先做出的一个举动就是支持年轻天主教徒的要求，认为他们有权凭自己的良心去反对越南战

---

① Black-and-Tan，爱尔兰人对英国人的轻蔑称呼。

争——这种举动要是放在麦金太尔眼里就得逐出教门了。

曼宁来上任的时候带来了一项改革计划，想要清除麦金太尔晚年造成的损害，重新赢回内城教区居民和神职人员的信心。　他直接抛弃了麦金太尔那种名流般的生活方式，把自己的住所搬离了威尔夏大道一带，搬回了位于黑人聚居区的圣维比阿纳大教堂。　他鼓励大主教管区的神父们创办一个磋商会议，赶上第二届梵蒂冈大会的改革步伐，并积极参加由阿尔弗雷德·沃尔夫拉比①领导的南加州各宗教派别议会②，从而做出了（被麦金太尔嘲笑过的）泛基督教主义的姿态。

最重要的是，他还开始补救中南部地区和东区的各个教区里出现的放任忽视现象。　他对郊外教区征收了一项轻税，用这笔钱来做一件已经拖延太久的事情，就是改善、整修内城的教堂和学校。　麦金太尔以前一直强硬地坚持推行"美国化"，而曼宁则在东区的教区学校里引入了双语课程，在说西班牙语的群众中间推广圣餐仪式，并扩充了《泰定》的报道范围，开始关注黑人和拉美裔的事务。　1971 年 2 月 9 日，他提名厄瓜多尔出生的胡安·阿祖伯担任洛杉矶的第一位拉美裔（助理）主教。

不过，改革 *anciens regimes*③ 不会这么容易，也不会这么和平，尽管《洛杉矶时报》在 1972 年初宣称，曼宁已经"在南加州复兴了教会，风闻他是全美国在社会进步方面表现最突出的天主教官员之一"，但这话却和现实多少有点儿出入。[19]悭吝的麦金太尔在每张支票上都要亲自签字，1973 年升任枢机主教的曼宁跟他不一样，对管理事宜或是商务都不拿手。　结果，大主教管区的行政大权便移交给了他那位保守的教区总神甫，本杰明·霍克斯阁下，后者就实施了"横扫一切的权

336

---

① 　Rabbi Alfred Wolf(1915—2004)，毕生致力于跨越种族和意识形态差异团结人民的信念。　1949—1985 年担任威尔夏大道犹太寺庙的拉比。　1969 年带头创办了"南加州各宗教派别议会"，团结了犹太教、基督教、穆斯林、印度教和佛教的领袖们。

② 　Interreligious Council of Southern California，成立于 1969 年，最初的成员包括天主教徒、新教徒和犹太教徒，很快又吸收了伊斯兰教徒和其他宗教派别。　该团体的宗旨是：1.促进各种宗教派别之间的相互理解与尊重；2.共同关心社群、国家与世界问题；3.致力于解决影响整个南加州宗教界的问题；4.从道德上引导大家就影响宗教界的问题达成共识。

③ 　法语：旧王朝、旧政体。

力"，变成了某种"影子枢机主教"。[20]最重要的是，虽然他对郊区征税，虽然他任命了一位拉美裔助理主教，可曼宁还是没能止住内城天主教会从 20 世纪 60 年代就已经开始的失血——黑人和拉美裔信徒都在流失。

真正的问题仍在于多方分权与大权独揽之间的矛盾。东区天主教徒盼望的实质性收获可不仅限于墨西哥街头乐队的追星族。但是，曼宁本人对爱尔兰裔和墨西哥裔之间的关系看法浪漫，因此他很难赞同拉美裔人士在教会里提出的迫切要求。1948 年在麦金太尔就职时，他发表过一场著名演说，倒是呼吁要结成"凯尔特-加利福尼亚人"的宗教团结——"混合了绿色和棕色、雨水和阳光①，完美结合了两种传统信仰"。[21]在接下来的四十年里，他固守着自己心底这种"传教神话"，既然多种文化的熔合"完美无缺"，他就看不出一直由凯尔特人来领导这个大主教管区能有什么不妥，而在他的最后一年任期里，这个大主教管区的居民将近 70% 都是拉美裔。尽管他出于策略考虑任命了阿祖伯，他却激烈地痛斥"必须有种族领袖"的理论，还保守地任命了一名白人到洛杉矶的黑人教区去做代理主教。即使亲眼见到了新教福音派赢得东区的生动证据，他照样信心十足地向一名采访记者保证，"所有拉美裔都是真正的天主教徒"。不过，这位枢机主教偶尔一不小心还是会承认，他仍然认为洛杉矶"是一个海外传教区……，是西方世界的边缘"。[22]

曼宁既首鼠两端又大权独揽，他监管的并不是一段真正的转型期，而是一段政权空白期（或者照《洛杉矶时报》上他的讣告里的说法，"低调的空隙"）[23]。也许他最大的错误是没能为他治下迅速扩大的拉美裔教区创造出一套磋商构架。第二届梵蒂冈大会所倡导的改革有个关键要素最遭麦金太尔反对，这就是创立教区议会，以图实现"分担责任"的新目标。在曼宁推行"改革"五年之后，洛杉矶仍然泥足深陷地

① "绿色"和"雨水"指爱尔兰裔，"棕色"和"阳光"指加州拉美裔。

337

呆在原地，本地只有 12% 的教区创办了议会，而全美国所有顶级大主教管区的相应比例数字则是 72%。 而且，在已经创办了议会的少数教区里，也到处都有人批评这些议会的特点是缺乏代表性、爱听奉承话。[24]

拉美裔人士得到提拔的步调是如此蹒跚，这在大主教管区和整个西南地区都惹人发火了。 1970 年，拉美裔神父们组织起了 PADRES（这个简称是从西班牙语翻译过来的，意思是"宗教、教育及社会事务神父联合会"），以图游说人们更关注拉美裔问题。 来自圣迭戈的里奥·马厄主教在 1978 年宣布要组成一个新的主教管区，其中包括了河滨县和圣伯纳迪诺县，主要都是奇卡诺人，此刻人们开始盼着能从南加州的三名拉美裔助理主教中选出一个主教来——胡安·阿祖伯、洛杉矶的曼纽埃尔·莫雷诺和圣迭戈的吉尔·查维兹（他在圣伯纳迪诺当执行代理主教）。 传言非常倾向于阿祖伯，他是这三人当中最年长的一个，曼宁曾在 1971 年的同一天里同时提升了他和威廉·约翰逊主教，而约翰逊主教自从 1976 年以来一直在掌管着橘县的主教管区。

与枢机主教曼宁磋商之后，罗马教廷却决定把新的主教管区赏给了菲利浦·斯特拉林，他是个只会说一点点蹩脚西班牙语的盎格鲁裔，此事点燃了炸药包。 在新墨西哥州的拉斯·克鲁切斯附近，PADRES 和 338
"姐妹教友会"碰上了，包括圣达菲大主教罗伯特·桑切斯和埃尔帕索主教帕特里西奥·弗洛雷斯在内，有 150 名拉美裔神父联名写信给梵蒂冈派驻华盛顿的教皇代表，即大主教让·雅杜①，抗议任命斯特拉林的决定"侮辱了全加州以及全美范围内说西班牙语的社群"。 在内陆帝国，"社群联合议会"的阿曼多·纳瓦罗组织了一系列群众示威，表达了"痛苦、声讨和义愤"，同时还有一些杰出的集会演说家呼应了这种情绪，比如西萨·查维兹②、州参议员鲁宾·阿亚拉和主教查维兹等

① Archbishop Jean Jadot(1909—)，1973—1980 年出任教皇保罗六世派驻美国的代表。

② Cesar Chavez(1927—1993)，美国劳工运动领袖，1962 年创办全国农业工人联合会(UFW)并一直担任主席。 该组织的主要成员是奇卡诺人和菲律宾裔农业工人。

人。 11 月间，在瑞德兰镇召开了一次加州天主教高层人士的秘密会议，会上有 15 名拉美裔俗世代表会晤了枢机主教曼宁和其他几位主教。 他们要求，以拉美裔为主的主教管区要派驻拉美裔的主教，选择候选人时要同时考虑（比较进步的）宗教社团成员和普通神父，还要求允许俗世人士参与提名候选人。 玛利亚·吉伦是从科罗纳的圣爱德华教区来的一名拉美裔代表，他后来说，那群高级教士的回复"推脱逃避、戒备重重、百般勉强、含糊其辞、陈词滥调……种族偏见的丑陋思想占了上风"。[25]

与此同时，在整个教区学校系统里，拉美裔和黑人家长都在不停地抱怨，说教会总部不肯打压校长和教师们的种族歧视及体罚行为。1982 年，在曼宁退休之前三年，长期困扰着天主教学校的危机在里维埃拉山镇（Pico Riviera）爆发了。 自称"争取基督徒平等权利家长会"的 77 名家长对圣希拉里小学的校长厄本·莫林·莫利塔修女和大主教管区提起了三百万美元额度的诉讼，声称他们对墨西哥裔学生有系统地施行了歧视以及身心虐待。 他们声称，被告对他们的孩子施以老拳、整天在孩子的嘴上贴着胶带、把孩子的头撞在墙上、当胸把孩子拎到半空中、骂孩子"骗子、畜生、傻瓜、不可教也"如此等等。 他们还对更高级别的权威人士包括枢机主教曼宁本人提交了请愿书，但是都被置之不理，结果，学生总数中超过八分之一的人都由家长做主退学了。[26]

被漠视的拉美裔天主教徒并没有全都去加入某个抗议团体比如"奇卡诺人天主教徒"，也没有全都去起诉大主教管区，他们却是不声不响地用脚投了票。 由美国天主教协会里的西班牙语系书记处做的调查显示，20 世纪 70 年代有大量拉美裔成批迁走；在洛杉矶用西班牙姓氏的天主教徒中，大约有五分之一的人在这十年里转而皈依了其他教派。（在 20 世纪 70 年代和 80 年代，全美国"流失"了十分之一的拉美裔天主教徒，天主教社会学家安德鲁·格里利（Andrew Greeley）形容这是"空前高比例的神职人员的失败"。）[27] 而胜利的一方则是福音教派的各家机构——尤其是"上帝会"①和比利·格雷罕姆②做派的"拉美裔基督徒"组织（Latinos Para Cristo）——他们为闷闷不乐的西班牙语系天主教徒提供了比较有特色、比较照顾情绪的宗教服务内容，他们的牧师与大多数天主教神父绝然不同，自己本来就是拉美裔。尽管我们会看到，教会如今也声称要在今后努力消除拉美裔不满情绪的根源，但是，新来的西班牙语系移民们中改宗为福音教徒的比例仍然居高不下（15%—25%），而天主教内部也有一些主教发出警告说，在下一代人的时段里，天主教会即将失去半数的拉美裔信徒。[28]

马奥尼之谜

1978 年在瑞德兰镇会晤抗议者的高级教士中，有一位是任职于弗莱斯诺的年轻助理主教，罗杰·马奥尼。马奥尼生长在圣费尔南多山谷，这个地方在 20 世纪 40 年代和 50 年代仍是个半农业地区，他跟着父亲手下饲养家禽的农场劳工们练熟了西班牙语。后来，他从华盛顿特区的天主教大学拿到了一个社会工作的学位，随即当上了美国农场劳工问题天主教特别主教委员会的秘书，在农场劳工联合会刚开始做英勇斗争的那段时期③，他为教会方面在圣乔阿昆山谷充当耳目。眼下，加州的宗教精英和政治精英们都感受到了拉美裔群体的要求带来的压力，由于他会说两种语言，而且深入了解山谷地区的社会状况，这些条

---

① the Assemblies of God，世界上最大的新教教派，成立于 1914 年，信奉保守的新教神学。2004 年时，该教派在全世界共有大约一千五百万名教徒、二十三万余所教堂，仅在美国就有一万两千多所教堂。它最大的分部设在巴西。

② William Franklin Graham, Jr.（1918—　　），福音派新教徒，手下有"比利·格雷罕姆福音传道协会"。他在全球旅行中传道，1949 年在洛杉矶曾一次向 35 万名听众讲道。著有《宁静事主》（1952）、《燃烧的世界》（1965）。从艾森豪威尔总统开始，美国历任总统几乎都曾和他一同在公开场合露面，这已经成了一项政界传统。

③ 这次运动发生在 1965 年，西萨·查维兹率领 UFW 的成员，与位于德拉诺的下圣乔阿昆山谷镇的葡萄种植园主进行了艰苦的斗争，他在该地区组织劳工开展罢工运动的历史可以回溯到 20 世纪 40 年代。

件帮他飞快地走上坦途，在教会里迅速升迁。 他从 20 世纪 60 年代末开始就与曼宁枢机主教保持着密切合作，成功地当上了弗莱斯诺慈善与社会工作的领导人、助理主教(1975 年)、州农业劳工关系理事会的首席主任(1975 年)，随后又当上了斯托克顿的主教(1980 年)。 由于他刚满 42 岁就已经爬得很高，有了自己的辖区，有谣言说，马奥尼甚至会在 50 岁以前争取抢到城里的某个主教管区，比如圣迭戈或是萨克拉门多。

341　　1985 年，坊间开始到处谣传曼宁马上就要退休，这时有许多人猜度，罗马教廷终将回应拉美裔的请愿，指派圣达菲的大主教桑切斯或者圣安东尼奥的大主教弗洛雷斯来接替这位枢机主教。 自从曼宁在十五年前就任以来，尽管大主教管区把橘县分出去了，可它的规模还是翻了一番，由 150 万人口达到了 300 万，因为不断有大批说西班牙语的移民搬家到这儿来。[29] 参照拉美裔的统计数字来看，大规模调整教会领导层一事似乎已经拖延得太久了。 1986 年初，曼宁退休，而梵蒂冈却宣布委派马奥尼出任北美最年轻的大主教(时年 49 岁)，此刻，拉美裔失望了，这种失望原本可能导致另一波大规模的搬迁或是抗议浪潮，好在这位新任高级教士的声望起到了部分作用，从而缓和了局面。

尽管马奥尼照样是个凯尔特族，也承续着同一个老牌的族裔王朝，但他同时又能说一口流利的西班牙语，在整个事业生涯里都努力照顾着农场劳工和拉美裔工人阶级。 他和西萨·查维兹一起游行过，因此也号称是大力捍卫移民权益的人，曾一再勇敢对抗过移民署。 他领导着为西班牙语裔创办的主教委员会，人们觉得他对拉美裔天主教徒的总体态度是既复杂又同情。 再说，马奥尼与麦金太尔的传统截然不同，他直言不讳地宣扬裁减核武器，领头分发了 1983 年那封著名的美国主教致教区信徒的和平信。 不足为奇，教会内外颇有些观察家认为，在马奥尼的身上体现出了一种创新精神，他看待社会大问题的态度如果算不得激进，至少也属于自由派(在此十年前，另有一些人也是这么看待枢机主教沃伊太拉①的)。

实际上,马奥尼就职时不仅是一名昔日的反战分子,同时也是一名立场坚定的原教旨保守派、一名教皇统治制度的卫士。 他公开声明教会的教条"绝对不容商量",在自己的斯托克顿主教管区里严格限制了教育和研讨活动。 除非经过他的明确批准,禁止任何一种"外来的"宗教派别发表演说。 刚当上洛杉矶的大主教之后不久,他就学着梵蒂冈当代宗教裁判所的首脑人物即枢机主教拉津格②传播的言论,鹦鹉学舌地对美国天主教大学里的学术自由恶语相加。 天主教大学的查尔斯·柯伦神父是一位杰出的道德神学家,曾反对过梵蒂冈发难计划生育,马奥尼挑出他来,声称此人已经"受到了学术自由的强大风气……的过度影响。 因此教会就比以往更有必要拥有牢靠的权威机构"。 彭尼·勒诺曾报道过,在另一个场合里,马奥尼向美国天主教大学提出建议说,他们"如果只在自己内部讲讲,或者只对少数几个好朋友讲讲的话,就可以持有异议。 希望修改教会教育的人是不准公开表示异议的"。[30]

有证据表明,委任马奥尼一事是个复杂的举措,是梵蒂冈想要重组美国教会高层的策略之一。 耶稣会有一位社会学家托马斯·里斯专门研究美国的主教区,他说,自从 1980 年以来,在教皇代表雅杜被整肃以后(这位雅杜由于任用的自由派人选太多而挨了骂),梵蒂冈已经重新亲自把持了委任环节。 美国的教会高层这个实体当然不再容人置喙,"许多教会观察家们"觉得,挑选马奥尼显然是要他帮一个"保守的"

342

---

① 即教皇约翰·保罗二世(1920—2005),波兰裔,出生时的名字是 Karol J. Wojtyla,曾参加过第二届梵蒂冈大会,1967 年由教皇保罗六世委任为枢机主教,1978—2005 年任教皇。 在他统治期间,天主教会在发达国家里一直在走向衰落,而在第三世界国家却得到了发展壮大。 他宣扬保守的价值观,反对同性恋、安乐死、堕胎和避孕、人体克隆等等,但是赞成进步理论,主张各种宗教派别和平共处,受到了世界各地教徒和俗众们的尊重。 本章开头提到的教皇就是指他。
② 即教皇本笃十六世(1927—　　),牛干德国的巴伐利亚,出生时的名字是 Joseph Alois Ratzinger,1977 年由教皇保罗六世委任为枢机主教,2005 年接任教皇。 在接任教皇之前他已经是梵蒂冈最有权势的人物之一,与前任教皇关系密切,与其在各方面的立场、观点也很相似。

集团撑腰，这个集团的成员都是最近刚刚得到委任的主教们，包括波士顿的枢机主教劳①和纽约的枢机主教奥康纳②（都在 1984 年得到任命），还有费城的枢机主教贝维拉夸③（1987 年得到任命）。 根据里斯的说法，马奥尼有洛杉矶起家的大主教贾斯汀·里加利在背后撑腰，因此能在幕后强烈影响到美国教会高层的任命，这位大主教里加利执掌着梵蒂冈外交学校，同时也是为教皇撰写发言稿的人。 可以料想得到，既然罗马教廷的支持能把马奥尼提拔进洛杉矶的圣维比阿纳大教堂，也就能保证提名他加入声望颇隆的教会团体，包括"主教大会"和梵蒂冈关于和平及移民问题的各个议会。 另一方面，美国的各位主教则认定马奥尼和梵蒂冈官僚以及神学压制势力是同路人，于 1986 年和 1987 年两度遏制了他的野心，阻挠了他入主天主教会全国主教理事会（简称 NCCB）办公室。[31]

　　然而，要想免得引起误解，就不能说马奥尼只不过是梵蒂冈的马屁精，或者说他是卷土重来的麦金太尔（尽管最近时常有人拿这两个喜欢独掌大权的人做比）。 当代教会中的意识形态逆流远比 20 世纪 50 年代的情况要复杂许多。 例如，沃伊太拉对自由企业的谴责直接挂上了他狂暴的反共倾向，可同样的言论却会把麦金太尔和斯佩尔曼都卷入"马克思主义者"的丑闻。 在整个 20 世纪 80 年代期间，里加利和拉津格曾空降过几名罗马的克隆样本到美国主教这个级别上，马奥尼跟那批人还不一样，他虽然对教皇忠心耿耿，却彻头彻尾是土生土长的美国教会高层产物。 一方面可以说，他支持罗马教廷的强硬分子攻击了美国的自由派宗教人士，因此时常招人怨恨，另一方面，他也孜孜不倦地投身于推动和平、参与国际事务（他被推选为处理国际事务的主席）和维护"生存权"等等特别宗教行动，因此受人景仰。

　　尽管如此，总观马奥尼在 1985 年接受委任时的全部表面特质，说他是

343

① Bernard Francis Cardinal Law(1931—)。 2002 年辞去波士顿枢机主教职务，由教皇约翰·保罗二世提升到梵蒂冈的罗马教廷任职。
② John Cardinal O'Connor(1920—)。 1953—1979 年曾在美国海军中担任神职。
③ Anthony Joseph Cardinal Bevilacqua(1923—)。 出生于纽约市布鲁克林区的移民家庭，曾在该区担任神职长达三十余年。 2003 年从费城枢机主教的职位上退休。

个"社会自由派兼宗教学说保守派"可就太轻率了(最近时常有人用这个公式来形容天主教的政纲)。 现在有许多美国主教在和平及经济公正等关键问题上都站在了民主党的左翼,以"自由主义"来衡量,马奥尼偏向右翼,更接近波士顿的枢机主教劳这样的老牌保守派而不是第二届梵蒂冈大会的进步派们,比如密尔沃基的大主教威克兰这等人。 即使他在劳工问题和移民问题上做出了"极端自由派"的姿态,他毕竟仍然强调尊重权威、要求抗议应有度,因而与其他人略有差别。 虽然他经常批评移民官,可他还是坚持要服从法律,反对实施"避难所"策略。 由于他长期支持农场劳工的立场,他接受杰里·布朗①的任命,加入了农业劳工关系理事会(简称 ALRB),而此后他就对劳工们的战略越来越挑剔苛刻,而且,尽管"西班牙语主教协会"已经认可了 1975 年进行的联合抵制葡萄及生菜的行动,他却表示反对。[32]他是一位精明老练的政治家,在梵蒂冈、天主教会全国主教理事会和俗世政权之间走着钢丝,就像 1978 年的沃伊太拉一样,1985 年的马奥尼仍是一个有待更准确定义的谜。

拉美裔援助计划

　　大主教马奥尼搬进圣维比阿纳大教堂一年以后曾做过一次全方位的努力,想要扫清自己长期以来在东部教区里招致的积怨。 1986 年 5 月,他宣布实施"拉美裔援助计划",人们喝彩该计划体现了大主教管区的立场转移,从过去偏心传统的盎格鲁裔权势核心,猛然变成了关注本地新形成的拉美裔多数人口。 援助计划中结合了雄心勃勃的福音传道计划和社会激进主义,同时也微妙地保持着独断专行的基本传统,它不仅在经历过曼宁时代观望踌躇的教会总部里展现出了一种新的活力,而且还有可能极大地强化教会在政治、社会生活中影响洛杉矶人

---

　　①　见第 180 页脚注①。

344　口规模最大的一个族裔的作用。　不过，正是由于曼宁曾在后半段任期里小心谨慎地在东部各个教区反复做过实验，这个巨大突破才能得以实现。

　　有必要先来简略地讲讲马奥尼推出拉美裔援助计划之前的序曲。东部各个教区都获得批准，可以在助理主教阿祖伯的细心监督下，引用拉美裔更好理解的宗教仪式和教理问答。　模仿西班牙的先例成立了热情的福音学习小组（这类活动在西班牙激发法西斯主义者展开了"天主教行动"），宣扬一种"改宗体验"（即 *cursillos de Cristianidad*），并在西南部地区迅速传播开来。　用耶稣会的一名奇卡诺教徒的话来说，"改宗体验"就像人气极旺的天主教夫妇恳谈会①一样，让拉美裔天主教徒找到了"不会羞于热烈表露情感的"宗教社群，去"抗衡那种源自北方、比较阴郁甚至冷漠的天主教教义，它正左右着北美的天主教教义"。　继而，"改宗体验"的广受欢迎还为 20 世纪 70 年代撼动现状的"灵恩复兴运动"②铺平了道路，让它得到了官方的接受。　曼宁和阿祖伯心情紧张地认可了这项新兴运动，但有许多老派的神父都反对它，认为它采用了骇人听闻的"非天主教"做派。[33]

　　灵恩运动参照五旬节强调圣经经文、个人献身和狂欢庆典的特色，影响深远地小心改进了天主教圣餐仪式。　虽然灵恩运动在 20 世纪 70 年代和 80 年代初同时横扫了盎格鲁裔的教区和拉美裔的教区，但它的精神中心还是在洛杉矶东部地区，据估计，有六万名拉美裔的灵恩教派信徒加入了 140 个说西班牙语的"祈祷社团"。　玛丽琳·克雷默以前做过"上帝会"的牧师，她在 1972 年改宗为天主教徒，创办了"传教区灵恩教派"——这个组织以洛杉矶东部地区为基地，针对说西班牙语的

---

　　① 又名"婚姻知心营"，是天主教会为辅导已婚夫妇改善关系而开办的周末活动计划，在世界各地都有分支机构，现在新教机构也参与了这项活动。
　　② Charismatic Renewal movement，在 20 世纪 60 年代和 70 年代，天主教、新教、东正教等各个教派普遍对圣灵的超自然奇迹即"灵恩"（包括预言和神奇治愈现象）重新发生兴趣，产生了灵恩复兴运动。　但是各个教派的运动分化得很厉害，所以很难作为单一的运动进行审视和评判。

新教团体，战斗在宗教战争的最前沿。《洛杉矶时报》曾有位记者报道过该组织每月一度在旧奥运体育场里举行的巨型集会，让他大吃一惊的最主要原因是，它很像传统的原教旨主义团体。"除了这个宗教团体的管理方式有所不同以外"，东区的灵恩教派复兴运动"很容易就会跟五旬节的仪式弄混了"：与会者"一边唱歌一边拍手摇摆，他们高举起手祈祷的同时哭泣着，他们在布道过程中高呼哈利路亚，他们偶尔还用圣灵充满的口吻说话"。[34]

灵恩教派的成功唤醒了成千上万蛰伏的或立场含糊的拉美裔天主教徒，受到这一成功的鼓励，教会总部允许洛杉矶东部各个教区都可以照样围绕着社群议题组织起来。就像其他许多设在大城市的大主教管区一样，洛杉矶对在教区—社区内进行自助的"产业区基金会"（简称IAF）模式已经有了一些经验。产业区基金会的创办者是索尔·阿林斯基①，他在芝加哥市领导过一些著名的街坊运动（比如伍德劳恩组织②和"后院"委员会③），这些运动推展到全国范围的派生产物就是产业区基金会，这是他在20世纪40年代和50年代里与枢机主教斯特里奇④联手创办起来的，他们经常靠年轻神父们来做社区组织工作。阿林斯基更早前还创办过一个"社区服务组织"（简称CSO），它从20世纪50年

①　Saul David Alinsky(1909—1972)，出生在芝加哥市的社会活动家，1939—1972年担任产业区基金会主席，对主流的自由主义持严厉批评态度。1964年芝加哥发生种族暴动后，他用自己的组织技巧积极解决城市黑人聚居区的问题。著有《激进分子法则》(1971)，阐述了自己的社会活动准则。

②　The Woodlawn Organization，20世纪60年代芝加哥市伍德劳恩街坊出名好斗的抗议组织，与其南邻芝加哥大学展开了长期斗争，最终为本社区争取到了"黑人自己做主"。它没能阻止该社区在70年代的衰落，不过最近大力协助重建了新的伍德劳恩街坊，并继续为社区居民提供服务。

③　全称为The Back of the Yards Neighborhood Council，是由阿林斯基和米根(Joseph Meegan)于1939年在芝加哥市创办的，至今仍在运作中。它创立了所谓"阿林斯基组织学派"模式，由外来的组织者与当地领袖合作，依靠组织而非个人的力量，主要利用社区现有的社会机构创办民主组织，给人机会表达自己的需求和忧虑，进而采取直接行动，争取改善现状。他们努力与罗马天主教会和激进的劳工联合会携手合作。20世纪50年代，他们主要关心如何维护街坊，向银行施加压力以获得抵押资金进行改建项目，使社区内九成以上的住房得到了改善。现在他们主要致力于向社区居民提供经济发展机会和就业机会，帮助了越来越多的拉美裔和黑人。

④　Samuel Alphonsus Cardinal Stritch(1887—1958)，爱尔兰裔美国人，1940—1946年担任芝加哥主教，1946年被提升为枢机主教。

代起就在洛杉矶东部地区影响很大，培训了不少骨干成员（其中特别值得一提的有西萨·查维兹和多洛雷斯·休埃塔①），还抵制歧视行为、操持选民登记。[35]

20世纪70年代，尼克松终止了消除贫困之战，为了应付由此产生的局面，在天主教全国主教理事会成立后涌现了一批新的社群组织者，他们效仿产业区基金会的作风，决心细致划分自助运动，区别对待城里的穷人和乡下的穷人。 由于这些主教在全国范围内或挽救、或重新启动了各地的反贫困组织，他们也在各个内城地区为教会重新建设起了一套重要的政治基础。 在这些新团体中，给人印象最深的大概要数圣安东尼奥的"公共服务社区组织"（简称COPS）。 它跟以往大多数"阿林斯基式的"团体不同，是在现有的教区结构基础上建成的单一联合体，几乎不带多少脱离天主教会的自治味道。 在主教们发起的"人类发展战役"以及产业区基金会的支持下，"公共服务社区组织"指挥了极其成功的选民登记，阻止了当地商会把该市变成血汗工厂的天堂，还努力争取把联邦政治集团提供的津贴直接分发到各个街坊。

阿祖伯被曼宁派去实地考察"公共服务社区组织"，他回来的时候已经变成了一个热心拥趸。 他宣称，这是一个完美的战略，能把久已疏远教会的东区各个教区重新团结起来，同时，它既巩固了天主教的社会价值观，又加强了奇卡诺人的政治影响力。 最初有20个教区联合起来（尤其突出的是路易斯·奥利瓦雷斯神父主管的拉索莱达教区），成立了"联合街坊组织"（简称UNO），在产业区基金会从芝加哥派来的老手彼得·马丁内兹的指导下，这个羽毛未丰的组织开始在夜间和周末开办培训工场，训练出了150名草根领袖，这是它最早的一批骨干分子。

跟全国受到阿林斯基构想影响的其他类似团体一样，"联合街坊组

---

① Dolores Huerta(1930—)，出生在新墨西哥州的著名劳工运动领袖，1962年与西萨·查维兹共同创办全国农业工人联合会，组织了长达五年的葡萄园工人罢工。 她还成功地游说通过了农业劳工关系法案，是美国首次通过这类法案。

织"体现了激进与保守兼有的某种奇特的哲学："激进"的一面在于它集中关注草根运动，其组织方式与当权机构极端对立，而且不接受表面交易或是竞选承诺；"保守"的一面则在于它通常避免与进步组织结联盟，它极度推崇"家庭价值"（在这方面与灵恩运动不谋而合），而且它每次只从自己的议程中挑出一个"能赢得了的话题"，他们的议程既强调天主教的道德准则（例如反对向高中学生提供避孕咨询服务），也强调为本社群争取权利和经济生存机会。再说，有许多活动家都曾试图与"联合街坊组织"或是它的姐妹组织共同协作却触了礁，他们抱怨说，"联合街坊组织"把自己的形象设定为草根民主政治，可它有时却抗不过产业区基金会的顾问和教会领导人的幕后机谋。[36]

　　首先是多亏了奥利瓦雷斯和他的教区成员们投入了旺盛的精力，"联合街坊组织"的精彩起点是在 1977—1978 年间高调反对东区的汽车保险业实施歧视性的费率，这在一个公共交通很差劲的城市里正是坊间的"生存话题"。他们发起大规模示威活动，进行了冲劲十足的政治游说，促使联邦贸易委员会展开了一场调查，并且大幅度降低了当地的汽车保险费率。受到这次胜利的鼓舞，"联合街坊组织"——据称到 1980 年初为止已经有九万多户人家加盟——发动了几场新的战役，想要争取拿到住房维修资金、新建超级市场、改善东区的各所学校。1980 年 6 月，在一次直接借鉴阿林斯基榜样的典型运动中，"联合街坊组织"有一千三百名成员挤进了某个学校董事会的会场，抗议当地学校差劲的教学质量和不称职的管理。在一片白热化的竞相嘶喊中，"联合街坊组织"的主席格洛丽亚·查维兹控制了会场，强迫董事会成员们只能以"是"或"否"来回答听众们精心准备好的问题，同时还用记分板给他们的回答打分。

　　无论以这一事例为代表的多次对抗行动是否产生了直接后果，总归是有力地鼓舞了"联合街坊组织"和教会方面的士气。照那位热心的阿祖伯主教的说法，"联合街坊组织"的第一轮行动

广泛团结了俗世人众、神父和修女们，这是我们过去从来都
做不到的。它让很多人反回头来积极参与教会事务，因为他们觉
得，这是我们第一次没吩咐他们必须做某件事，而是问他们，"你
关心什么问题？你需要些什么"？[37]

348　　无论是灵恩运动还是联合街坊组织，如果只靠自己的力量，既无法
克服曼宁时代的经济停滞，也无法补救麦金太尔留下的苦涩后果，不
过，他们在各地赢得的胜利让马奥尼有了胆量，敢在东区的教众面前戏
剧化地登台亮相。 在他就职后的第二天，他发动了美国有史以来雄心
最大的天主教基层民意测验。 普通的拉美裔天主教徒第一次和盎格鲁
裔教徒一样受人请教，共同为大主教管区设定目标。 在一年时间里，
共有7万名群众参加了教区会议或地区教士会议，还有32万人在调查
问卷上回答了大主教管区应该有怎样的"使命"（答卷时既可以用英语
也可以用西班牙语）。 结果之一就是找到了一个新的焦点，要为麻烦缠
身的年轻人和贫困家庭提供咨询和社会服务，这项建议在1986年11月
召开的整个大主教管区的教士会议上获得了批准。

与民意测验接踵而来的就是"拉美裔援助计划"，它是在联合街坊
组织的支持下仔细策划出来的，参与的几百名成员都曾参加过最初的东
区会议。 大主教承认"越来越多说西班牙语的人都被边缘化了[原文如
此]，而且疏远了教会"，同时他又声称，"全国别的主教教区都没专
门做过如此确定、如此具体、如此全面的计划，服务于说西班牙语的人
群"。 援助议案包括派遣特别工作组去处理黑帮暴力问题和非法移民
的住房问题；为挂钥匙的孩子们提供日间看顾，还要在东区各个教区里
多派一些拉美裔的年轻神父；在晚间开放教区学校讲授英语和公民权课
程；还有一个广泛而彻底的传道计划，包括派遣志愿者走进大主教管区
里的每一户拉美裔家庭。[38]

能够形成一支联合力量来发动援助计划（即"86年庆典"），这本
身就是破天荒地承认了拉美裔在大主教管区里新占的社会分量，同时

也让大主教本人格外引人注目。 洛杉矶历史上最大的一群纯种拉美裔挤进了道奇体育场,跟着录音机里传出的教皇祝福,跟着墨西哥超级明星洛拉·贝尔特伦①表演的牧场音乐,一起欢呼雀跃。 正当五万名景慕者高呼着"罗格里奥! 罗格里奥!"②之际,马奥尼戏剧性地在体育场的内场亮相了,身边护卫着一队服装华丽、五彩缤纷的骑手。 大主教向他的拉美裔教区居民们提出,要喂养他们的"精神饥渴",这让人想起了面包和鱼的寓言③。 "你们当中有很多人离开了自己的家园来到这里。 你们当中有很多人甚至离开了自己的国家。 现在洛杉矶就是你们的家,天主教会就是你们的家,而我就是你们的牧羊人。"[39]

为了再给拉美裔援助计划加码,马奥尼在 12 月宣布,梵蒂冈批准了他的提名,任命林肯高地圣心教堂的阿曼多·X·奥乔亚阁下担任圣费尔南多山谷的助理主教。 在地区委派的助理主教组成的新机构里,现有的五名主教中有两名是拉美裔(奥乔亚和阿祖伯,分别主管圣费尔南多和圣加百列山谷地区),还有一名是黑人(卡尔·费希尔,他主管港湾区)。 看来,在一年多的时间里,马奥尼好像已经发动了大主教管区里的"改革新思维"④,让成千上万的基层天主教徒共同参与设定目标,将联合街坊组织之类的社群运动形成制度成为官方政策,而且最激进的是,他还表明自己把"优先选择权"给了说西班牙语的内城。 的确,《洛杉矶时报》和其他媒体都指出,"富裕的天主教徒"都感到了焦虑,比如有钱的汽车商罗伯特·A·史密斯就担心,新任的大主教"眼光狭隘"地只看见拉美裔穷人,可能会避开大主教管区里原有的盎格鲁裔权力掮客。[40]

不过,实际上拉美裔援助计划远不如它给人的第一印象那么激进,影响也没那么深远。 仔细查对一下就能发现,它答应在教区内提供咨

349

---

① Lola Beltran(1932—1996),墨西哥最受欢迎的天才歌手。
② 马奥尼的名字是"罗杰",这个名字用西班牙语来叫就变成了"罗格里奥"。
③ 圣经新约中讲述基督在旷野里讲道,用五个饼和两条鱼喂养教众,见马可福音
6:31-44《耶稣给五千人吃饱》。
④ 原文是 perestroika,指 1980 年代苏联经济界及政府机构内部进行的改革。

询服务却半途而废了，因为制度创新还远远不够，这类创新手段的实例有斯特拉林主教正在圣伯纳迪诺创办的"草根基督教社团"之类机构，还有专门培训神父说西班牙语的"全国牧师计划"（这是马奥尼帮着起草的），1987 年有人鼓吹，该项计划是服务于西班牙语人群的最早一种"传道手段"。[41] 而且，援助计划也没能完全解决"职位危机"——也就是神父人选短缺的问题——因此，大主教管区很难往内城的各个教区委派比较年轻的拉美裔神父或是黑人神父，替换日渐老去的盎格鲁裔神父。在全国范围内，就数洛杉矶的每名神父照管的天主教徒最多（纽约市的神父人均照管 835 名教徒，洛杉矶则是人均照管 2 151 名教徒），而且也没有任何迹象表明这种短缺会得到缓解。除非能找出办法吸引到更多的拉美裔人士去读神学院，不然，结果就可能会出现一种奇怪的种族不匹配的新局面，因为流亡的越南神父或者华人神父顶替了退休的爱尔兰神父，接管了以拉美裔居民为主的各个教区。[42]

最能说明问题的是，援助计划虽然说得天花乱坠，却没做到重新分配权力。1985—1986 年间对大主教管区进行的重组实际上只让大主教进一步集中了控制权。有位心存不满的观察者说，道奇体育场的那次集会体现了"教皇的毛主义"，再加上"咨询"活动，都掩护着马奥尼无情地重新集中了权柄，这本是麦金太尔在他 20 世纪 50 年代的全盛时期里很爱干的事儿。首先，马奥尼重新亲自掌管起了大主教管区的商业活动，曼宁曾把这一控制权让给了本杰明·霍克斯阁下，这位"影子枢机主教"在 1986 年听从马奥尼的话退休，不久之后就去世了。洛杉矶和其他几处大主教管区一样，合法拥有教会资产的主人是大主教，而非大主教管区——这个事实确保了大主教会亲自管理，比如麦金太尔和马奥尼都对自己的教区、员工和承包商们拥有超级的商业管辖权。

同时，马奥尼还在重新建立一整套稳固的指挥链。虽然有不少人表扬他在教会总部组织起了一个内阁，详细划定了手下各位助理主教各自管辖的选民分区，可他的管理作风连一丝分享权力、移交决策权的意思都没有。 他的属下一律是在公众眼里行事温和的顺从副官，无论在公开场合还是在私下里都极少直言不讳。[43]另一方面，大主教却是一位势力满满的政治家、一位独裁的老板，他显然对自己的掌权能力津津乐道，而且还没有"繁琐手续"或者资金来源和资产平衡问题来干扰他弄权。[44]在两次互不相干的访谈中，接受采访的两位神父恰好持有完全相反的意识形态观点——其中一位是"自由主义者"，另一位是"保守派"——他们全都认为马奥尼的用权、用人手段完全等同于麦金太尔的做法。 其中的一位辛辣评说道："旧王朝完了。 旧王朝万岁。"[45]

麻烦百出的神父

　　闪回到 1987 年的教皇巡视之旅：教皇在市中心区的圣维比阿纳大教堂稍事停留，对拉美裔居多的人群用英语说了只言片语，然后马上动身去了环球影城，把卢·沃瑟曼①和另外 150 名媒体经理人痛骂了一顿，斥责他们腐蚀了道德价值观。 人们对他没说西班牙语明显感到失望，而新闻界的一些人则十分惊讶前来欢迎教皇的盎格鲁裔教众居然这么少，大声发问，他是否明白洛杉矶天主教面临着的族裔转换有何重要意义。

　　万一圣父心里的主意实在有点儿含糊的话，好歹还有个激进的路易斯·奥利瓦雷斯神父驻扎在洛杉矶天使女王圣母天主教堂（或叫它的常用名"拉浦其塔教堂"），他于几天前在《洛杉矶时报》的社论对开版上发表文章，联系了历史背景来评说教皇的到访。 奥利瓦雷斯指出，"无论是精心策划还是正好凑巧"，教皇的到访让人集中关注起了"拉美裔人士与教会之间的重要关系"，而恰在此刻，（在联合街坊组织及其姐妹组织的领导下）洛杉矶大主教管区里的拉美裔社群正围绕着最低工资和入境

352

---

① 　见本书第 163 页正文。 文中此处以他代表电影界大亨。

努力等等关键问题发起了运动。奥利瓦雷斯引述了约翰·保罗和马奥尼最近发表的声明，他们都表示要坚决与穷人及非法移民站在一起，奥利瓦雷斯坚持认为，虽然指望这两位中会有哪一位将在诸如离婚或堕胎这种"多数裁定原则"性质的议题上做出让步是个"不现实的期望"，但是，他们对社会公正问题的态度却会决定拉美裔教众的未来：

> 如果拉美裔人士能当面看到教皇约翰·保罗二世透露出一个迹象，表明教会确实真心关切那些影响到他们生活的问题，而且他愿意为此立即用上教会的权力，那么毫无疑问，拉美裔就会设想自己在深爱着的教会里能公平地获得领导角色，担负起责任。[46]

如果说这次奥利瓦雷斯神父所用的言辞还算微妙，对自己的精神领袖时而赞美、时而小心提醒，此前他却早已由于言辞生硬而出了名，他的言辞让对公共形象极度敏感的洛杉矶教会总部感受到了地震般的困境。就在教皇到访的前一年，他曾宣称："如果教会为了存在下去最好是跟富户豪门结盟的话，我就敢断定，教会不该再继续存在下去了。"[47]

自从奥利瓦雷斯在 1981 年担任了拉浦其塔的神父（这是天主教圣母圣心孝之会的传教区），他就把这个古老的广场式天主教堂变成了本市自由派展开社会实践的重要基地，同时也是中美洲难民们很爱去的一个熙熙攘攘的市民中心。这个教区有着全国最大、最穷的宗教集会。在一个普通的礼拜日里，会有 1.2 万名教区成员按时参加持续一整天的弥撒日程，由于人满为患经常会扩到院子里去，同时还有另外 10 万名左右的"选民"会偶尔造访教堂，来参加婚礼或者 15 岁女孩成人社交舞会①、民族节日和游行、家庭咨询服务、政治集会。奥利瓦雷斯公开轻

---

① 原文为 *quinceañera*，即拉美裔女孩为标志成年而举办的 15 岁生日庆典。首先要在教堂里做弥撒。女孩身着粉红色正式礼服，由父母、祖父母、七名女伴以及女孩自己决定人数的多名侍从陪着到达教堂，弥撒结束之后女孩把捧花献在圣母的神坛前。然后还有舞会，可以在女孩家里举行，也可以租用宴会厅举行。这种庆典在 20 世纪 70 年代末特别流行。它起源于法国旧俗，通过西班牙人传入美洲。

蔑"把穷人都说成罪犯"的法律条文，他敞开大门提供避难所，收容非法移民和政治难民，允许几百名无家可归的人每天夜里睡在他的教堂长凳上，还宣布教堂的地界是街头小贩们受到滋扰时的"安全区"。　长期以来，奥利瓦雷斯神父一直都是移民官、市中心区的商人和洛杉矶警察局的眼中钉，到了 1987 年，马奥尼枢机主教计划以"中立派立场"自上而下地解决西班牙语"城中城"的问题时，他碰到的头号讨厌分子就是奥利瓦雷斯神父。[48]

　　奥利瓦雷斯神父开玩笑般地提到自己的助手迈克尔·肯尼迪神父时，以完美的革命礼节称之为 *mi commandante*①，听他说这话让人很难想象，拉浦其塔的神父一度还是个平步青云的神职官僚，是邓恩在《真心告解》里描写的野心勃勃的"阁下"之流人物。　不过，奥利瓦雷斯发迹于圣安东尼奥的西班牙裔地区，读过由盎格鲁裔管理的学校和神学院，才当上了天主教圣母圣心孝子会传教区的司库（这个社团主要在美国的拉美裔社群里开展工作），因此他一直在全神贯注地用心管理文件，并在富裕的盎格鲁裔天主教徒中进行募捐。　像马奥尼一样，由于遇到了西萨·查维兹手下那些罢工的农工，他的人生发生了"一次天翻地覆的彻底转变"。　但是，马奥尼是在山谷区的劳工斗争中起了斡旋作用，因而迅速爬到了高层，而奥利瓦雷斯却因此重新脚踏实地并且"良心发现"了。　1974—1975 年间，他积极参加了全国农工联合会抵制葡萄生产的运动，这也正是马奥尼反对的同一场运动。　我们在前文已经看到，20 世纪 70 年代末他活力十足，在洛杉矶东部地区协助创办了联合街坊组织，并把他的拉索莱达教区变成了联合街坊组织里战斗性最强的一处分部。

　　同时，中美洲的危机，特别是危地马拉和萨尔瓦多的神父们越来越活跃地为社会公正战斗在最前沿的事态，开始对保守的洛杉矶大主教管区造成了深远的影响。　例如，《泰定》杂志在好几代人的时间里一直

---

　　①　西班牙文，意为"我的司令"。

都对共产主义和革命民族主义大肆咆哮，而今却在 1981 年 3 月尖锐地指责即将上台的里根政府，因为它计划全面援助萨尔瓦多的军政府。[49]在麦金太尔时代，大主教管区的教规中有一条基本内容是传统冷战中将左翼视同妖魔的做法，这时也开始分崩离析。 在这一背景下，奥利瓦雷斯率领着天主教圣母圣心孝子会以及耶稣会的"司令们"，在中美洲的激进教会组织与洛杉矶大主教管区里的拉美裔之间起到了最重要的传导作用。 奥利瓦雷斯访问过设在洪都拉斯的萨尔瓦多难民营，组织人群为纪念殉教的大主教罗梅罗①举行过守夜仪式（罗梅罗成了奥利瓦雷斯特别崇拜的英雄），支持了正在萌芽的反干涉运动的主张，而且在 1984 年，虽则右翼势力以死相威胁，他还是在拉浦其塔招待丹尼尔·奥尔特加②参加了一次引人非议的早餐会。

随后，1985 年 12 月，奥利瓦雷斯和手下的神父们把自己挑战里根政府的移民政策、外交政策的行为制度化了，他们献出了拉浦其塔，充当大主教管区里的第一个避难天主教堂，并宣布禁止移民署的干探入内。 奥利瓦雷斯和移民署的地区长官霍华德·伊泽尔之间的公开舌战越来越激烈，伊泽尔指控奥利瓦雷斯"鼓动非法行为"，企图"把美国变成……一个第三世界国家"。 而奥利瓦雷斯则痛斥伊泽尔"利用国内的反移民情绪，还为偏见和种族主义火上浇油"。[50]

尽管大主教马奥尼几乎毫不掩饰自己对伊泽尔的蔑视，但他还是坚决不肯认可奥利瓦雷斯提出的避难所动议。 当时确实没有几个外人能明白，由于教会总部在 1986—1988 年间帮着执行了"移民改革及控制法

354

---

① Oscar Arnulfo Archbishop Romero(1917—1980)，萨尔瓦多的天主教神甫，1977 年被任命为萨尔瓦多大主教。 1979 年军政府上台后，他亲眼目睹了无数侵犯人权的暴力行为，为内战中沦为牺牲品的穷人和被害者大声疾呼，并劝信美国总统卡特提出警告，说美国提供的军事援助会进一步加剧不公正及压迫现象。 罗马教廷和萨尔瓦多政府都指责他，1980 年他在弥撒中发放圣餐时被人开枪暗杀。 他的去世最终引起了国际社会要求萨尔瓦多进行人权改革的呼吁。 1997 年，教皇约翰·保罗二世举行仪式，祝福大主教罗梅罗并封他为圣徒，追赠"上帝之仆"的头衔。 英国圣公会也非常尊崇他。 1989 年曾有人拍摄过他的传记影片《Romero》。
② Daniel Ortega(1945—)，曾是尼加拉瓜游击队领袖，1979—1990 年间担任尼加拉瓜总统。 他信奉马克思主义，但他的革命理想遭到了美国和美国支持的游击队的反对。 1990 年他在总统竞选中意外落败而下台。

案"（简称 IRCA），大主教管区已经相当分化了。虽然马奥尼和其他主教们一样，也正式批准了一项教会"平衡法案"——其内容是要协助当局贯彻实施"移民改革及控制法案"中的特赦规定，同时要保护那些不符合特赦规定的人们的权益——但是，教会总部的全班人马却都在处理特赦申请。实际上，移民社群中有人发出了日渐强烈的警告，说天主教慈善协会移民与民权分部（简称 ICD）事实上正在为移民署充当膀臂。当移民与民权分部的主席伊丽莎白·克里斯尼斯到移民权益联盟来参加一次会议时，她厚着脸皮带来了一名移民署官员作为自己的客人，这时，与会的其他人当然都骇然了。墨西哥裔美国人法律保护及教育基金会（简称 MALDEF）受人敬重的代表林达·王因此说，天主教慈善协会是该联盟的一名"勉强成员"，大家都觉得它是"拒绝改变的……陈腐机构"。[51]

奥利瓦雷斯执掌的教区里到处满是非法劳工，而他本人又是努力争取移民权益运动的领袖，因此，奥利瓦雷斯从一开始就反对"移民改革及控制法案"，指摘天主教全国主教理事会没能阻止它制订成文（"这些主教们本来能阻止这项法律，但是他们没这么做"）。[52]他还进一步批评各地的天主教慈善协会低估了申请者的人数，没能忠告移民们如何保护自己规避这项法律中"举家驱逐"的制裁性规定。由于教会经手的特赦申请几乎有一半都被移民署驳回了，奥利瓦雷斯就发动了一批关注此事的神父，"弥合在教会答应要做的事情和它有时候又不当真做的事情之间的差距"。[53]拉浦其塔发誓要展开"强有力的协同行动"，让所有人都获得特赦，或者说要完成法令中最难实现的部分，于是它开始组织市民公开抗议。在林肯高地召开的一次新闻发布会上，奥利瓦雷斯披露，他雇用了非法劳工，因此已经犯了法，而且他还敦促其他人也照此办理。

355

　　主的指令很明显。在《利未记》里，上帝说："和你们同居的外人……你们要看他如本地人一样①。"听到福音在呼唤公正，我们

---

①　见《利未记》19:34，本书里的英文用词与《圣经》英文本中略有出入。

发现自己不能遵从现有的规定,照那么去看待雇用非法劳工的问题。今天我们和这些人站在一起……为法律排斥的人们提供衣食和住处。[54]

次年,拉浦其塔接二连三地组织了抗命行动。 1987 年 12 月,在宣布成立避难所的两周年纪念日,好斗的圣迭戈区助理主教吉伯托·查维兹成了奥利瓦雷斯和肯尼迪的同伴,他们共同举行了一场仪式,重申反对"移民改革及控制法案",也反对美国向萨尔瓦多提供军事援助。 该教区再次承诺要为非法移民提供避难所,同时还有三百人签字保证不跟"移民改革及控制法案"合作——查维兹说,这是"一种真爱的标志"。 那年晚春,在特赦归档最后到期的前夜,有几百名示威者佩带黑色臂章,聚在拉浦其塔"举行哀悼,因为这个政府正在拒绝给予他们工作权"。 随后在 9 月,奥利瓦雷斯、肯尼迪再加上波伊尔高地的多洛雷斯教区的格雷戈里·波伊尔神父(波伊尔高地已经开办了大主教管区里第二大的正式避难所),共同在《洛杉矶时报》的社论对开版上发表了一篇文章,挑衅政府来拘捕自己。 "当法律压倒了人权的时候,就绝不能遵守法律了……我们公开地帮助、煽动和容留那些没有合法身份的人,其程度之严重确实已触犯了法律。 福音让我们别无选择。"[55]

移民署的地区长官伊泽尔差点儿气疯。 他在报纸上对着这些教士狂呼乱吼,下令立案调查他们自己供认的违法犯罪行为,甚至还提出要他们为早前发生的一起意外事故受罚,那次有一群愤怒的萨尔瓦多难民由于特赦申请遭到驳回,就打破了市中心区的联邦政府办公楼的窗户。随后,移民署的众干探闯进了橘县的一座天主教堂,从人群中粗暴地拘捕了没有移民证的教徒,至此,伊泽尔究竟是如何看待各个天主教堂避难所的现状的,他的态度也就尖利地表露无遗。

马奥尼被逼得左右为难。 在美国的现代历史上,居然会有某个联邦机构如此傲慢地冒犯天主教众的尊严,这类事情如果不是闻所未闻，至少也是极其罕见的（考虑到教会在全国范围内实施"移民改革及控制法案"时帮了大忙，其中的讽刺意味就更是格外浓重）。另一方面，奥利瓦雷斯正在为穷苦的非法移民发起民权运动，这又让大主教管区开始忧虑起了"双重权力"的幽灵，担心在高度集权的教会总部之外还会比肩出现一个草根阶层的解放教派。马奥尼认为如此挑战他的权威是不可饶恕的，因此第一次与橘县通常属于右翼的麦克法兰主教联起手来，逼着伊泽尔公开道歉（突袭事件遭到了政客们的批评，伊泽尔因而吃了瘪）。随后，马奥尼精心措辞，宣布大主教管区的每名成员都必须遵守这片土地上的法律（等到后来大主教亲自为"拯救行动"摇旗呐喊的时候也就把这套谴责置之脑后了）。至于那三名目中无人的教士，他们手下的教区居民刚刚举行过一场持续一星期之久的团结斋戒活动，说明了他们的深得人心，马奥尼特别提到他们说："我见过了他们，批评了他们采取的政策和他们的行为，而且我还指示他们，身为洛杉矶大主教管区的成员，他们必须遵守大主教管区的政策和指令。"他还"强烈劝阻"内城其他教区加入避难所运动。[56]

有许多拉美教士由于立场激进曾挨过梵蒂冈的骂，奥利瓦雷斯现在的处境就和他们很像，他的所作所为属于典型的拉美做法。他承认马奥尼的权威地位，同时连眼睛都不眨一下地继续顶着移民署的全面监视，对抗着移民法。奥利瓦雷斯坚持自己在纯属种族、政治问题上的一贯立场，为穷苦非法移民的权益做斗争，这就暗中挑战了马奥尼的"拉美裔援助计划"的可信度。这个计划是要真心努力为拉美裔的权益做斗争、为"穷人的优先权"做斗争，还是只想牵制新教造成的威胁？面对着移民们得不到特赦这种不断恶化的局面，大主教管区会担负起重任，领导他们为经济、政治权利做斗争吗？如果大主教最终不得不做出选择，他是会放逐奥利瓦雷斯，还是会跟他一起抵制不公正的法律呢？

356

非神圣同盟

在接下来的一年时间里，从 1988 年的夏末一直到 1989 年秋，大主教的行为举止令人失望，仅仅四年以前，大家还相信他会为社会公正而
357 战呢。众人出乎意料地爆发了批评，并不是因为大主教不出人们所料地处罚了奥利瓦雷斯，而是因为大主教管区雇用的工人当中的工会代表，这是个老问题了。

虽然自从 19 世纪 90 年代以来，天主教会就一直在支持着美国工会运动①中偏于保守的一派，可它自己的劳工记录却是恶名在外。尽管从法律角度看，教会是由无数的单个法人机构组成的，但人们普遍认为教会是一个完整划一的机构，是全国最大的私人雇佣单位，雇用着教师、医院工人、管家、低薪的服务业员工。单个的主教教区即使在口头上标榜着工会原则的理想，实际的运作模式却像一家自由雇佣企业，这种情况已经成了定式，而不是例外。我们此前曾经提过，麦金太尔在从业之初为斯佩尔曼枢机主教担任大总管的时候，职责之一就是负责破坏有组织的运动；他曾破坏了纽约市掘墓工人的罢工，这件事可真在那个大主教管区里变成了一则阴郁的传说。[57]

与此形成对比的是，马奥尼刚来洛杉矶时很受欢迎，被看成是劳工们的老朋友、维护临时工权益的斗士（即使在他支持农业工人的记录中有些地方说不清）。例如，在 1986 年天主教劳动节②的早餐会上，他向洛杉矶县劳工联盟的领袖们发表了雄辩的演说，说是很有必要投入更多

---

① 美国最初组织工会是在 19 世纪初，主要目的是集体与雇主谈判工资、工作时间、工作条件。直到 20 世纪 30 年代，由于缺少法律支持，工会在与管理方谈判时一直处于不利地位。1935 年通过了"全国劳工关系法案"（即瓦格纳法案）后，联邦政府才允许雇员们组织、加入或帮助工会。由于美国经济状况的变化，制造业工人人数不断减少，自从 20 世纪 50 年代以来，工会会员的人数就一直在减少。1954 年的劳动力中有34.7%的人是工会会员，而 1995 年这个比例只有 14.9%。
② Catholic Labor Day，每年 9 月的第一个星期一。

力量，组织起低薪阶层比如家庭服务人员。次年，一场英勇的战役暂时团结了拉浦其塔教堂、联合街坊组织、教会总部和一些较为激进的工会力量，在这场战役中，大主教和爱德华·肯尼迪参议员一起参加了在神殿礼堂①举行的一场群众集会，要求大幅度提高最低工资。"谁也不该接受这么低的工资，都不够让全家人达到体面的人类生存基本水平。"[58]

　　1988年7月，当马奥尼还沐浴在这场战役曳出的道义余晖中时，服装及纺织工人联合工会②的组织者通知他，大主教管区雇用的140名掘墓工人中，已经有120人在工会抗议书上签了名。这些掘墓工主要是来自墨西哥和中美洲的移民，他们很不满意最低工资的额度（每小时6—7.85美元，而旧金山大主教管区的最低工资则是每小时15美元），同时也很不满意自己的人寿保险最近"撤销"了一部分内容条款，何况他们还少拿了圣诞节奖金。组织者们相信，掘墓工人的困境是马奥尼忽略了的"旧王朝"遗留问题，他们向这些工人担保说，教会总部定会真诚地进行磋商。

　　然而让他们大吃一惊的是，马奥尼却以麦金太尔式的傲慢作风对这份抗议书嗤之以鼻。"我跟工会打交道已经太久了，知道你们是怎么让大家签字的。你们召很多人来开会，摆上好多吃吃喝喝的，然后就把人聚拢了让人家签字。"[59]虽然他在公开场合勉强承认，工会有权秘密进行代表投票来调查工人关心的问题，可他的法律代理人却马上开始质疑全国劳工关系理事会有没有权限来过问教会雇员，并警告理事会不要"非法"介入宗教事务。全国劳工关系理事会走的是里根路线，已经大举撤出了形形色色的正规非赢利部门，它接受了大主教管

358

---

　　①　Shrine Auditorium，位于洛杉矶市中心的一座大型剧院，建于1925—1926年，可容纳六千余人，曾是全美最大的剧院建筑，这里举办过很多非常重要的娱乐界颁奖活动，如奥斯卡奖、艾美奖、美国音乐奖等。
　　②　Amalgamated Clothing and Textile Workers Union，1976年由美国服装工人联合工会和美国纺织工会合并而成。20世纪30年代，服装联合工会为会员们争取到重大的改进措施和福利待遇，包括合作建设住房、提供银行服务和安全保障计划等等。1933年它被纳入美国劳工联合会，1935年退出劳联，成为产业工会联合会的发起成员之一。

区似是而非的论调，说掘墓工人像神学家和主教们一样，都属于"宗教工作者"。

尽管加州仲裁部在 2 月举行了一次投票选举，但是由于瓦格纳法案①中的保护条款已被废止，于是马奥尼就可以威胁说，如果全国劳工关系理事会来操办这次选举就是违法。他用"优惠加薪"收买了掘墓工人，甜言蜜语地哄骗他们组成了天主教雇员协会（相当于公司联盟），另外还威胁说："你们所有的薪水、福利和工作条件……都会在协商过程中丧失、变动、被削减。"教会总部甚至雇用了专会破坏工会组织的声名狼藉的卡洛斯·赖斯特洛珀（郡劳工联盟评选他获得"没心肝奖"，）他为教会总部散发传单"陈述道，反对工会的选举就是支持大主教的选举"。[60]

尽管有人旁敲侧击地发表言论反对工会，还有人公开威胁说这群工人会沦为牺牲品，大多数掘墓工人却还是在 2 月举行的代表选举中投票赞成联盟的命令。虽然工会组织者盼着能进行友好协商，马奥尼却大发雷霆，不肯承认选举的合法性，他的举止大变，更像是山谷地区的生菜农场主或是南方的纺织品大亨，绝非人们认定的洛杉矶拉美裔穷人的牧羊人。他谴责"大肆诬蔑我正直人格的人身攻击"，指责工会"与天主教恶意做对的极其刺耳的花言巧语"，还指责工会制造了"一种充满危险和胁迫的气氛"。马奥尼发誓要在第三方的仲裁下推翻选举结果，他把自己的怒火发泄在了三名掘墓工人的头上，据信，是这三个人最早开始煽动了这场有组织的运动。其中有一位是扎卡里亚斯·冈萨雷斯，尽管他事实上已经为大主教管区工作了将近三十年，还是接到了一纸简短的通知："鉴于你不适合于天主教墓地这一神圣部门的工作及使命，你被解雇了。"联合工会的组织者克里斯蒂娜·瓦斯克斯曾再三

---

① Wagner Act，即"全国劳工关系法案"，用以保护美国私营部门劳动者的权利，确保他们可以组织工会，与雇主集体谈判工资、工作时间、工作条件，参加罢工以及其他各种联合行动。这项法案还规定创办了一个联邦机构，即"全国劳工关系理事会"（简称 NLRB），负责调查、裁决不公平的劳动关系。反对派一直企图通过立法来修正这一法案，1947 年通过的"塔夫特-哈特利修正案"开始危及瓦格纳法案。

企图打破与马奥尼之间的坚冰，看见了这些"针对穷人的报复"简直喘不过气来。[61]

三名工会好战分子成了牺牲品，此事让整个劳工运动集中注意到了大主教管区反工会的姿态具有多少不断扩大的意味。紧张的县劳工领袖和州劳工领袖们至此一直在观察着侧翼不断升级的冲突，他们不敢相信，只为了几个工资太低的掘墓工人，马奥尼就会冒险牺牲他们之间的交情。现在，加州劳工联盟的执行书记约翰·亨宁（他的儿子帕特里克是天主教劳工协会的主席）不得不提醒大主教，他有"道义责任……承认工人选择的工会并跟他们谈谈条件"。县劳工联盟的书记威廉·罗伯森在选举过后几周内一直在给教会总部打电话做调解，这些电话全都没有得到回音，他现在写道，联盟"并不想跟马奥尼开战……但是大主教管区眼下的态度似乎堪比商人与制造商协会冷冰冰地对待男女劳工的那种鄙夷态度"。没过几个月就证实了马奥尼的鄙夷态度有多冰冷，或者说至少证实了他那坚定不移的高傲态度，他打破了两代大主教保持至今的传统，拒绝参加天主教劳工协会每年一度举办的劳动节早餐会和群众集会。他给彼得·亨宁寄去一封精彩的信件，在信里形容天主教劳工协会是"一幅可笑的漫画……一个心怀敌意的反天主教联盟……让人完全无法接受，丝毫不值得挽回"（就在两年前，他还为了组织穷工人前去演说过）。[62]

尽管工会领袖们在接下来的六个月里常说要采取"调停步骤"，但是，马奥尼对他们伸过来的橄榄枝却弃若敝屣。当大主教管区认可的第三方仲裁人表示支持2月那次有利于工会的选举结果时，教会总部抨击他们"违反逻辑的论证"，而大主教则"发誓永远不跟工会合作"。[63]为了坚守这一誓言，他打破过去达成的协议，发起了一场新的战役，想施加压力逼着支持工会的掘墓工人改变主意。这些掘墓工人担心马奥尼可能当真不会依法跟他们谈判，因此，在1990年2月进行的第二次代表选举中，大多数人都向大主教管区低头认输了。

当然，事情到了掘墓工人这儿还不算完。《洛杉矶时报》专门报 360

道劳工问题的资深记者哈里·伯恩斯坦（Harry Bernstein）就曾指出：
"马奥尼大主教执掌着天主教在全国最大的大主教管区，他的举动在某
种意义上鼓励了反工会的势力"。[64]再说，大主教显然是想让整个大
主教管区都保持一个"没有工会的环境"，把"雇员咨询理事会"实际
上变成公司联合会制度，收纳他手下那些低薪的"参与教会计划的工作
者、传教使徒和教士们"。[65]同时，进步的天主教徒见了他的举动都
目瞪口呆，他们倒是从其他角度来理解马奥尼何以突然对劳工运动起了
反感。其中有些人责怪他太虚荣，还有些人宁可说他的誓不妥协全得
怪立场保守的富裕捐赠人，这群人组成的"百万美元俱乐部"对他的影
响越来越大，起到的作用就像是他的非正式俗世内阁。

外人听说有这么个核心小圈子还是因为大主教本人在 1989 年间说
漏了嘴，当时他是为了分辩自己有正当理由收受一架价值 40 万美元的
喷气式直升机当作礼物。有人批评说，如果用这笔钱来帮助难民和
无家可归的穷人岂不更好，马奥尼回应此话时宣称，他没动用过大主教
管区的任何资金。他说，帮着出这笔钱的人们"去年每人至少给了大
主教管区一百万美元，有些人给的还不止一百万。"虽然个人捐赠者都
是匿名的，大主教还是披露说，他的"好朋友"兼顾问理查德·赖尔登
组织了这些捐赠活动。

人们都说，赖尔登继承了大主教管区里某个显赫的俗世地位，坎特
威尔在位期间曾由石油大亨多亨尼享有这一地位，而麦金太尔在位期间
则是企业律师乔·斯科特。[66]赖尔登是个无比出色的权力掮客，就像
只蜘蛛一样穿行在洛杉矶的每一个精英圈子里，他大概很像约翰·格雷
戈里·邓恩笔下的人物。他是一名保险业律师、是一名投资银行家，
还赢得了一个投机买家操盘手的名声（主要涉足超级市场的产业），而且
是"洛杉矶市中心区最精明的土地投机商之一"。《先锋观察家报》
曾因披露市政府和发展商之间的幕后交易而名声大噪，该报记者托尼·
卡斯特罗（Tony Castro）揭露，赖尔登卖给社区改造管理部一片地，挣
了一大笔钱，随后又马上支付了一笔 30 万美元的无息贷款，让布莱德

利市长用这笔钱参加 1982 年的州长竞选（布莱德利后来任命赖尔登进了休闲公园委员会）。 卡斯特罗强调指出，赖尔登成了属于民主党自由派的布莱德利的"最大的献金人"，此事显然是不合适的——因为他"在很大程度上是一名里根派的共和党人"。[67]

带有"社会自由派"色彩的马奥尼在 1978 年重组教会总部时，首先采取的步骤之一是保留了由赖尔登和麦金奇组成的触目的共和党集团，乍一看上去，这也真够古怪的。[68] 不过，赖尔登和马奥尼结成同盟一直都使双方获得了许多互惠的战略利益。 赖尔登帮着世俗影响力在大主教管区里爬到了巅峰，同时，他与通常待人冷淡的大主教拉上了密切关系，这种关系在他的很多投资领域里也是价值连城的通货。 而霍金斯退职后大主教正在努力争取重修大主教管区的捐赠基础，同时还要帮一帮银根紧张的梵蒂冈，他就被引进了赖尔登的快速道，结识了融资合并的经营者、市中心区的开发商、后保债券的劫掠投机商。

赖尔登和马奥尼过去还曾共同经历过一阵"猎鸟"的狂热。 马奥尼在幕后推动了加州在 20 世纪 80 年代的司法倒退，废黜了自由派立场的高等法院多数派，首当其冲的是首席法官罗斯·伯德①，这整个故事以后再讲。 至少众所周知的是，马奥尼对伯德在高等法院裁决堕胎合法时所扮演的角色很不齿，同时还因为她在过去担任州属农业专员时被人指为"情绪不稳定"而鄙夷她。 当年还在斯托克顿的时候，他就公开抨击了大法官，因而撼动了布朗当局。 至于赖尔登，他（伴着农业综合企业）冲在最前面，成功地促使罢免了伯德和她手下自由派的法官格罗丁、雷诺索，让"大马尔科姆"·卢卡斯②率领着现在这批主张执行死刑的保守多数派坐上了法官席。

然而，我们却不该把马奥尼与赖尔登这对密友（或是 *bêtes noires*）③之间的步调一致夸大成某种阴谋。 如果说，赖尔登在大主教管区里的

---

① 这位法官的姓氏 Bird 的英文意思是"鸟"。
② 'Maximum Malcolm' Lucas，加州高等法院第 26 任首席法官。
③ 法语：黑色野兽，极其可怕的东西，眼中钉。

优越地位提醒人们，环伺在教会总部周围的世俗权力集团已经卷土重来（《真心告解》的影子再度浮现），却很少有人能看得清楚它切实的外在特征和影响力，就连教会进步派们也做不到这一点。 这么说就足够了：既然大主教故意疏远了洛杉矶的劳工运动，他就下定了决心要突出强调他和赖尔登以及其他身价百万的天主教赞助人之间的关系。 与此同时，关于大主教管区从道义出发应该优先解决哪些问题，他也同样做出了事关命运的选择。

马奥尼加盟"诊所捣毁军"

362　　教会总部在 1989 年受到了质问，需要对一大堆有争议的话题做出明确表态。 不单是教会雇员要求承认工会，代表穷苦非法移民和艾滋病患者进行的干预也在逐日增多，这些热切的呼吁都让教会烦扰不宁。一方面马奥尼公开谴责工会"反天主教"，然而同时奥利瓦雷斯及其同仁们则一直在抗争内城新出现的社会紧急状况。 不出所料，移民"改革"的后果只不过是驱赶着没拿到特赦的工人们更深地陷入了一种超级剥削的"黑色经济"，变成了家庭劳工、街头小贩、临时工和无家可归者。 1989 年初，拉浦其塔和多洛雷斯传教区联合了移民权益团体，帮那些在街头扫荡中被洛杉矶警察局和郊区警察分局抓去的工人做辩护。3 月底，奥利瓦雷斯的两名耶稣会"司令"肯尼迪神父和波伊尔神父召开了一场新闻发布会，提供了生动的证词，揭露了违反劳工法规、雇用童工、雇佣工资普遍低于工资底线等等情况，甚至给出了雇主的姓名和地址。 他们警告说，由于穷人的经济状况已经恶化，噼啪可卡因成瘾的问题以及街头暴力只会进一步升级。 拉浦其塔的人一致认为，团结穷人必须成为大主教管区压倒一切的最迫切的关注焦点。[69]

　　与此同时，各教区的教士和天主教会的俗世雇员们则猛然省悟到，逐日迫近的艾滋病正在威胁着内城。 因为洛杉矶中南部地区和东部地区是全加州贫困问题和滥用毒品问题最集中的地方，人们便想到，此地极可能是这种能毁灭世界的病毒迅速传播的中心。　由于正是大主教管区在西班牙语人群的文化和慈善事业两方面同时占据了核心地位，公共卫生工作者们就认为，在这场搏击传染病的战斗中，它是一个教育前线。　包括港湾区—中南部地区的黑人助理主教卡尔·费希尔在内，许多修女和教区神父都欢迎美国主教协会在 1987 年 2 月做出的通告，"含蓄地允许"普通人试着使用安全套这种保护措施来防范艾滋病，从而准许教会机构加入到由全科医生协同进行的全民总动员当中去。

　　然而，马奥尼既不打算承认拉浦其塔教堂强调指出的穷人的危急状态，也不打算容忍大主教管区下属的各个机构加入阻挡艾滋病屠杀洛杉矶贫困街坊的最后决战。　在决定性地选定需要优先处理的问题时，他选择的是禁止堕胎、保护梵蒂冈的正统教义（由此可以推导出，还要保住梵蒂冈的欢心），而不是非法移民和艾滋病患者的生存权正在面临的危机。　马奥尼纠集了教会高层中的其他保守人物（包括圣迭戈县的主教马厄以及橘县的主教麦克法兰），利用"罗伊诉威德讼案"①的明确 *dénouement*②，发起了一场天主教的 *jihad*③，他们的主要标靶是"过度宽纵的"天主教政客和自由派的俗世人士。　尽管从表面上看，马奥尼和其他保守的高级教士似乎只不过是在回应着草根阶层的"生存权"运动，可是事实上，梵蒂冈长久以来就一直在敦促着美国的教会高层以道德之锚的面目主动出击。　1989 年夏天，反堕胎运动的攻势逐步升级，强硬派因此发现了一个极有诱惑力的契机，借此可以申明自己的领导权，可以集中讨论一个在高层内部毫无争议的议题，从而扭转天主教全

363

———————

　　①　Roe vs. Wade，1973 年 1 月 22 日由美国最高法院做出最后裁决，是最高法院一项划时代的案例。　由 Jane Roe（原名 Nerman McCorvey）等人联名起诉达拉斯的地区检察官 Henry Wade，要求允许 Jane Roe 合法堕胎。　最高法院颁布了著名的"罗伊-威德法案"，判定禁止堕胎的法律侵犯了宪法赋予人们的隐私权，推翻了所有地区性法律禁止或限制堕胎的规定，允许在全美实现堕胎合法化。　它被视为过去一百年间美国历史上最重要的两个判决之一，同时也是最高法院的历史上最有争议的判决之一。
　　②　法语：结局、解决、判决。
　　③　意为讨伐异教的运动，圣战。

国主教理事会的整个议程。 真真切切的，马奥尼以否决科伦神父自由言论权的同一种精神，在6月2日发布通告，告诫他治下由三个县构成的大主教管区里的天主教公职人员说，"'主张堕胎合法化'的民选官员或委派官员都不算天主教的人"。 只要身为天主教徒，无论属于民主党还是共和党、是自由派还是保守派，政客们都无权发表个人意见，只能遵从为废止合法堕胎的法律而奋斗的"道德诫命"。 有几位天主教徒出身的民选官员挑战了大主教，包括来自洛杉矶中南部地区的加州参议员黛安娜·沃森在内，都认为大主教威胁到了他们"不受个人宗教偏见的左右采取行动"的宪法义务，尽管如此，多数人却都保持了困窘的沉默。[70]

马奥尼既然先发制人地让天主教徒政客们更难认同堕胎合法化的主张（虽说他忍住了没像圣迭戈的马厄主教后来那样，呼吁直接进行处罚），他就要通过新闻界把此事公之于众。 在那个月底《洛杉矶时报》的社论对开版上，他敦促读者们"反省这一事实：本国每年由于堕胎导致的死亡人数相当于在一次核攻击中损失了一座底特律规模的城市"。[71]照大主教的意见来看，因此，多数人企图通过立法维护"选择权"的做法，就像要求每年有权在一群无法自卫的少数人头上扔一颗核弹一样违背道德。

364　　　几个月过后，诡辩变成了合谋，兰道尔·特里①和大主教结成盟友，一起积极筹划着要把洛杉矶县和橘县的计划生育及女性保健门诊部全都关张了事。 在阿纳海姆举行的某次"拯救运动"集会招来了许多原教旨主义者和道德多数派，马奥尼站在讲台上劝诫五千名当代的圣战斗士，要升格他们的正义讨伐，让各地的堕胎诊所做不成事。 "合法堕胎每年毁灭的生命超过150万，面对这种公然违背道义的行为，想依靠公民加以违抗是个不足为奇的反应。"[72]虽然大主教以前不肯关照

---

① Randall Terry(1959—)，美国保守派宗教极端分子，"拯救行动"组织的发起人，反对堕胎、同性恋、婚外情和单身母亲等。 由于采取了一系列激烈行动而多次被捕入狱。

献出拉浦其塔教堂当作避难所的行动，也不愿认可奥利瓦雷斯神父展开的公民违抗运动，现在他却跟特里坐在同一条板凳上，不吝谀词地赞颂着捣毁诊所的人们具备"精神勇气"，把他们比作 20 世纪 60 年代的民权运动先锋。 尽管马奥尼的真心狂热无可置疑，他把堕胎等同于核战的真诚信念也无可置疑，但大主教管区里确实有一些嘴尖舌利的人指出，如果他去团结奥利瓦雷斯就几乎在梵蒂冈得不到几分，可是祝福"拯救运动"的旗帜则无疑会让他在罗马教廷的记分板上得分晋级。

有人觉得，载着胎儿生存权的时髦花车同时也是梵蒂冈"反美主义者"的特洛伊木马，这种怀疑由于马奥尼同时扮演的另一个角色而愈发变本加厉，天主教全国主教理事会在 1987 年针对艾滋病的流行发布了一份文告，枢机主教拉津格对此事怒不可遏，马奥尼为此便充当了急先锋。 马奥尼附和着梵蒂冈的大审查官对这份文告的批评，审查了在洛杉矶发布的版本，禁止分发全科医师关于"安全性事"的推荐意见。在罗马教廷的压力下，天主教全国主教理事会在 1988 年下令撰写一份增补文件，阐述关于艾滋病的立场；马奥尼被任命为起草委员会的主席。 这份文件在 1989 年 11 月获得通过，题为《呼唤同情：对获得性免疫缺损/艾滋病危机的回应》，它谴责使用安全套是犯罪，因为这会"促使人们发生道德上不可接受的行为"。 马奥尼封杀了"宽容的"选项，不许教会机构去解说安全套的防病作用，结果是让美国教会退出了全国公共卫生事业。 大主教宣称，"安全性事既是谎言又是欺诈"。[73]

在洛杉矶，内城青年面临的危险最大，这儿的卫生工作者怒不可遏，奚落着马奥尼的"拉美裔艾滋计划"。① 可敬的教士艾尔伯特·奥格尔② 是

---

① "拉美裔艾滋计划"与"拉美裔援助计划"的英文拼写基本一样，只多一个字母 S。
② Rev. Albert Ogle，1977 年在故乡爱尔兰被任命为牧师，1982 年得到拉古纳海滩的圣玛丽圣公会教堂的资助移民美国，在这个教堂赞助下，他与洛杉矶大主教管区进行了长达二十年的合作，为好莱坞周边地区的无家可归青年服务。 他就艾滋病拯救及诊治计划进行了大量工作，与东洛杉矶的二　教区、圣加百列山谷区都有合作。 他担任艾滋病服务中心的执行主任，还在帕萨迪纳为"社区住房服务"组织进行咨询工作，为洛杉矶中南部地区和圣加百列山谷区的低收入人群提供托儿计划。 2001 年他被任命为河滨县圣乔治教堂所属教区的教区长。

英国圣公会的一名牧师，过去曾与大主教合作过，想要创办"南加州各
365 宗教协作艾滋病理事会"，他描画了拉美裔街坊上的悲惨后果：

> 现实情况是，由于教会画地为牢地待在一个反对计划生育的
> 死角里，我们教区里的年轻人正在受到病毒的感染，将要发病、死
> 亡并感染其他人……天主教教会正在杀害年轻人，那可不是一种
> 站在生命立场上的姿态。

助理主教卡尔·费希尔看来也赞成奥格尔的话。费希尔很痛苦地
反对马奥尼的意见——大主教是绝不宽容异端邪说的，因此费希尔就更
是勇敢——他解释道："我在长滩区的大约九所收容所里照看着正在死
于艾滋病的人。我不相信信息保密……对延缓艾滋病的传播能起到帮
助作用。"[74]

被遗忘的人们

虽然这群饥饿的萨尔瓦多孩子清清楚楚地看见附近有一辆黑白两色
的巡逻车，里面就坐着个警察在啜饮咖啡，他们却还照样细细翻拣着第
七街老市场外放着的一筐烂蔬菜。旁边有个白人老酒鬼正在破口大
骂，他们则像外科医生一般灵巧地分解着这堆垃圾。有些还能吃的胡
萝卜和甘蓝菜被抢救出来了，等这群孩子撤走的时候，其中一个孩子踢
起一棵蔫生菜，把它非常精确地踢进了中央大道上一家酒吧的门道。
其他人欢呼起来。萨尔瓦多得分。

成千名中美洲和墨西哥的少年人在1987年的移民改革浪潮中来到
了洛杉矶，这些孩子都一样，既找不到工作也找不到栖身之地。他们
睡在废弃的建筑和公园里，睡在桥底下，甚至睡在通向洛杉矶河的排洪
沟里，这些 *olvidados*（或称被遗忘的人），用尽了自己全副的街头技艺，

只求能在洛杉矶活下去，有许多人说，这个城市甚至远比墨西哥城、巴西利亚联邦行政区或者圣萨尔瓦多市更加残暴，至少确实是更加铁石心肠。 有的人没有朋友、饥肠辘辘，低头屈从了麦克阿瑟公园一带兴旺的嗻啪可卡因买卖和少年卖淫生意的诱惑。 其他很多人紧紧抓住教士扔过来的救命绳索不放，这些戴眼镜的教士全都操着可笑的 *tejano*① 口音。 在这个狗地方②，几乎只有在拉浦其塔这一处，还能找得到睡眠、尊严和团结。

但是，自从 9 月以来，在拉美裔住区里到处都有谣传说，奥利瓦雷斯就要走了。 真的，就在万圣节以前，他解释说，依照天主教圣母圣心孝子会团既有的轮换政策，他将在新年里被委派到其他地方。 "我不抱怨，我很明白这件事就要发生……我唯一关心的是，处理非法移民和难民的部门会怎么样，这些苦人来到拉浦其塔，是因为他们时不时地认为这儿是自己唯一的出路。"[75]这是一次平级调动，可是熟悉大主教管区的人几乎没人真心相信，奥利瓦雷斯只不过是被"轮换"的。 更靠谱的原因是马奥尼冲着天主教圣母圣心孝子会团新来的上司嘀咕了些什么——大概差不多类似于亨利二世对托马斯·阿·贝克特③的抱怨话吧。[76]

然而，奥利瓦雷斯向来都是忙于组织行动，顾不得垂头哀叹，他首先关心的是如何确保拉浦其塔这个反抗社群能继续生存下去。 在媒体面前，包括在《洛杉矶周刊》的鲁本·马丁内兹面前，还有在他的教区居民们面前，他都反复说着几乎是苏格拉底式的话："如果这个部门完了，我真的必须说，这主要得怪我，因为我没把它建立在一个牢固的基

366

---

　① 指得克萨斯州的人说的西班牙语。
　② 原文是 pinche lugar，在西班牙语里 pinche 是一个相当于英语中 fuck 的词汇，也有悲惨、可怜的意思。
　③ Thomas à Becket（1118—1170），12 世纪中叶英国国王亨利二世的枢密大臣，后任坎特伯雷大主教，因反对亨利而被谋害，1173 年被教皇亚历山大三世追封为圣徒。 当时罗马教廷正在大力推行格列高里改革运动，提出自由选举神职人员、教会财产不可侵犯、神职人员不受世俗法庭的裁决等等要求。 而亨利二世则力图促成由国王严格控制教会，因此二人矛盾激化，贝克特被宫廷骑士长用剑砍死在坎特伯雷教堂里。

层基础上。"[77]在另一次谈话中，拉浦其塔的耶稣会教士迈克尔·肯尼迪神父说到了这一失败，他认为，没能应对新移民生存危机的不单是教会总部和各处盎格鲁裔的富裕教区，还有联合街坊组织在洛杉矶东部地区控制的核心地带。只有拉浦其塔和波伊尔神父掌管的多洛雷斯传教区向无家可归者敞开了大门："我们得到的一个教训是，在这个大主教管区里只有穷人才肯帮穷人。"[78]

在拉浦其塔，随时都能听见人们不肯恭维联合街坊组织实际上起到的作用，尽管奥利瓦雷斯在创办它时扮演了英雄般的角色。有谣传说，在东洛杉矶原来的 27 个教区里，只有 5 个教区还在积极参加联合街坊组织的活动，而且由于组织者的做派越来越像官僚，因此基层的参与也在不断缩减。虽然在圣加百列山谷地区、圣费尔南多山谷地区和洛杉矶中南部地区，那些比联合街坊组织更年轻的姐妹组织——"东部山谷组织"（简称 EVO）、"社群努力山谷组织"（简称 VOICE）、"中南部地区组织委员会"（简称 SCOC）——吸引来了数万名新的支持者，他们集中关注的问题却局限在相当狭窄的范围内，只包括道德问题和执法问题：增加警察巡逻、加强反毒执法、限制销售酒类、清除废弃车辆、取缔户外的"涂鸦博物馆"（因为这是"一种邀请黑帮跑来的信号"）、禁止在高中提供避孕咨询，诸如此类。[79]产业区基金会所属的四家组织想要略过不提前些年严峻的社会公正要求（最低工资、保险、保健，诸如此类），同时也想减少与新移民穷选民的直接接触。最近，他们靠着洛杉矶警察局、一家超市连锁企业和几家广播电台的支持，组织了一次反对黑帮暴力的游行，其中并没有哪怕一张布告、一条横幅提到了青年失业或者贫困问题。

目前还说不清楚，联合街坊组织及其姐妹组织变得偏于保守、变得遵守法律秩序，是否应该归咎于教会总部施加的压力，或者是否应该归咎于拉美裔社群内部发生的有倾向性的两极分化，归咎于新移民与资格比较老的、自己家有住房的奇卡诺下中产阶级之间的分歧。反正现在更难想象，怎么才能以内城的"关键需求"为核心，重新点燃大面积的

368

民众反抗，本来在 1987 年成立最低工资联合会那会儿好像都能预见到问题获得解决了。

同时，在拉浦其塔以外的自由派教会圈子里，在各个教派团体、天主教学院体系和教区的俗世人众当中，到处都有人坚信，教会总部正在游移不定首鼠两端，而 1986 年的拉美裔援助计划已经是泥菩萨过河自身难保。有人说，马奥尼长期以来与天主教全国主教理事会和梵蒂冈政策都离心离德，让教会总部后患无穷地迷失了方向。还有人哀叹，1985 年的咨询计划曾把满足内城青年的需求列为优先考虑的问题，却缺少人力和物力来解决此事。所有人都意识到，赶走奥利瓦雷斯可能是个致命的打击，再也别指望能在圣维比阿纳大教堂与解放派教士解决本市穷移民问题的计划之间形成一种制衡或是达成 *modus vivendi*①。[80] 教会正陷于困顿之中，在世界各地为自己未来的前途到处奋斗着（对于当代可能具备的民主精神，教会的抵触情绪远甚于克里姆林宫），人们担心，在马奥尼的领导下，大主教管区可能会后退到麦金太尔时代那种绝不宽容的、教皇权力至高无上的僵化模式中去。

注释：

　[1] 参看 Mathew Ellenberger，'The "Middle Westerner" in the *Day of the Locust*：an Examination of Their History in Los Angeles and Their Role in Nathanael West's Novel'，《南加州期刊》(*Southern California Journal*)1983 年秋季号，p.236；又见 Gregory Singleton，'Religion in the City of the Angels：American Protestant Culture and Urbanization：Los Angeles，1850—1930'，加州大学洛杉矶分校历史系博士论文，1976 年，pp.5，143，161，180，213，253，307。又见 Sandra Frankiel, *California's Spiritual Frontiers*，Berkeley 1987。

　[2] *The Official Catholic Directory 1990*，Wilmette，Ⅱ.1989；*California Almanac*，1988—1989 edition，Novato 1987；Bernard Quinn, et al., *Churches and Church Membership in the United States 1980*，Atlanta 1982.美国的人口普查并未收集涉及宗教门派类别的数据，因此对教派的归属以及成员资格的限定有各种不同的说法，出入很大。

　[3]《洛杉矶时报》1983 年 8 月 6 日、1985 年 7 月 7 日、1985 年 2 月 17 日报道；Nolan Davis，'The Archbishop in Motion'，《时代-西部杂志》(*Times-West Magazine*)1972 年 3 月 12 日刊登。

　[4] Penny Lernoux, *People of God：The Struggle for World Catholicism*，New York 1989.

---

　① 拉丁文：妥协、权宜之计。

[5] Thomas Reese，*Archbishop*：*Inside the Power Structure of the American Catholic Church*，New York 1989，p. vi.

[6] 由于大主教管区让墨西哥裔觉得在教育和就业问题上都没什么前途，这就致使20世纪30年代正在萌生的墨西哥裔美国知识分子阶层疏远了教会。 相形之下，新教徒的教会，特别是卫理公会派的教堂，则靠自己的政策赢得了声誉，教会培训墨西哥裔青年，帮他们脱离农业找到就业岗位，还提供了稀缺的大学奖学金。 见 Singleton，pp. 173—174；又见 Carlos Muñoz，*The Chicano Generation*，London 1989，第一章。

[7] 《泰定》1934年12月14日报道。

[8] 庄重礼仪军团在20世纪30年代的杯葛行动迫使制片厂的大亨们在公开、私下场合里都与教会高层达成了妥协，这种妥协在战后时期导致审查制度扩大到了政治领域和性范畴里（例如，卓别林的《凡尔杜先生》就被当作"非美"影片遭到了禁演。 米高梅公司的路易·B·梅耶把接受审查变成了一则必备的优点，他不仅在审查过程中遇到问题就去找斯佩尔曼枢机主教磋商，而且还跟他交上了朋友，成了个狂热崇拜者（"在梅耶的书房里，来访的客人迎面第一眼就能看见一幅斯佩尔曼身着红色法衣的巨大肖像"）。 见 Neal Gabler，*An Empire of Their Own*：*How the Jews Invented Hollywood*，New York 1988，pp. 285—286。

[9] John Cooney，*The American Pope*，New York 1984，pp. 78—79，88—89，321.

[10] 见 Davis。

[11] 见 Davis；又见《洛杉矶时报》1979年7月17日发表的讣告。

[12] John Gregory Dunne，*True Confessions*，New York 1980。"麦金太尔是个谜。他会跪很长时间，显然是在热诚地祈祷，但是等他站起身来，他想要鼓足的优雅气质就全从他身上流走了"。（Cooney，p. 78）

[13] 麦金太尔反对普及圣餐仪式，尤其反对在本地群众中举行仪式。 照他说来，"〔会众的〕活跃参与经常会让人分心"。（James Hennesey，S. J.，*American Catholics*，Oxford 1981，p. 312）

[14] 参看 Davis，也可参看 Robert Conot，*Rivers of Blood*，*Years of Darkness*，New York 1967，pp. 106—107。

[15] 见 Davis。

[16] 耶稣会里研究加州拉美裔问题的头号专家是艾伦·菲盖罗阿·德克神父（Father Allen Figueroa Deck），他对战后在麦金太尔管辖下的大主教管区十分不满，因为它更倾向于美国化，放弃了"少数族裔教区居民"——也就是讲外语的、特定种族的会众，先前的欧洲移民里常有这等人。 "正当西班牙语的登场势头更强劲的时候，几乎没人记录过放弃少数族裔教区居民的做法……"（*The Second Wave*：*Hispanic Ministry and the Evangelization of Cultures*，New York，Paulist Press 1989，pp. 58—59）

[17] 《洛杉矶时报》1969年12月26日报道。

[18] 见 Davis。

[19] 同上。

[20] Reese. p. 109.

[21] *Days of Change*，*Years of Challenge*：*The Homilies*，*Addresses and Talks of Cardinal Timothy Manning*，Los Angeles 1987，p. 29.

[22] 《洛杉矶时报》1975年8月29日、1985年7月7日及8月23日报道，又见 Davis。

[23] 1989年6月24日《洛杉矶时报》上刊登的曼宁讣告。

[24] 《洛杉矶时报》1975年8月29日、1983年8月8日报道。

[25] 《洛杉矶时报》1978年8月24日、9月18日、11月11日报道。 主教斯特拉林从此就一直在加班加点地工作，以求赢得自己的主教管区的支持。 在南加州的各位主教当中，是他率先发动了草根基督教社团支持拉美裔参与教堂事务。 据《洛杉矶时报》报道："拉美裔活动家说，圣伯纳迪诺主教区已经变成了草根基督教社团的演示场——由世俗主管掌管着没有领地的各个自治区。 这个主教区还著称于率先培训了拉美裔的俗世工人、拥护和平与公正事务。"（1985年5月20日报道；又见1984年1月21日报道）

[26] 《洛杉矶时报》1982年5月6日报道。

[27] Andrew Greeley，'Defection Among Hispanics'，《美国》（*America*），1988年7月30日，p. 62。 格里利强调，福音教派的独特胜利靠的是拉美裔"不断升迁的中产阶级，新教宗派让这些人既有了能归化成美国人的途径，又有了一个支持社群，在弃绝旧

370

日教派的时候可以在这儿愉快容身"。 他补充说，拉美裔的改宗新教徒在抛开自己的旧教派时，多半也会放弃民主党立场(同上)。（又见 Richard Rodriguez，'A Continental Shift'，《洛杉矶时报》1989 年 8 月 13 日刊登）

［28］《洛杉矶时报》1982 年 5 月 6 日、1987 年 11 月 21 日报道。

［29］在全美国范围内，拉美裔不但成了天主教信徒中人数最多的族裔群体，而且到 2000 年为止，如果移民模式保持不变、新教的改宗引诱也没有增强的话，他们将会达到绝对多数。 另一方面，新教方面则坚持认为，多达 80% 的拉美裔与教会方面的往来并不积极。（《洛杉矶时报》1980 年 2 月 2 日、1985 年 5 月 20 日报道；《洛杉矶商务杂志》1989 年 5 月 1 日报道）

［30］《洛杉矶时报》1986 年 8 月 15 日报道。 在同一时期，马奥尼还联合了立场保守的波士顿枢机主教劳，反对詹姆斯·普罗沃斯特神父获得美国天主教大学里的职位，这位神父是全国"最受尊敬的教会法律专家"之一——见 Lernoux，p.240，又见《洛杉矶时报》1986 年 10 月 17 日报道。

［31］Reese，p.30；又见宗教新闻服务部对里斯的书做评时解说拉格利目前权力的文字。（《洛杉矶时报》1989 年 7 月 22 日报道）

［32］据报道，马奥尼很"惊讶"教会内部竟会消极看待他反对采取联合抵制行动的态度。 他呼吁达成"所有党派之间的休战协定"却无人理睬。（《洛杉矶时报》1975 年 8 月 28 日报道）

［33］见 Allen Figueroa Deck，S.J.（Society of Jesus），*Second Wave*：*Hispanic Ministry and the Evangelization of Cultures*，New York，Paulist Press 1989，pp. 67—69；又见 Bishop Raymond Pena 的演讲，'Opening the Door to Life in the Church'，《起源》杂志(*Origins*)全国中心文件服务部，19 卷 12 号(1989 年 8 月 17 日)。

［34］《洛杉矶时报》1983 年 8 月 8 日报道；又见 Deck，p.69。

［35］关于"社区服务组织"的简史及其创办者罗斯(Fred Ross，他就是《愤怒的葡萄》里描写的流动劳工营地的政府主管)，见 Sanford Horwitt，*Let Them Call Me Rebel*：*Saul Alinsky，His Life and Legacy*，New York 1989，pp. 229—235，262—263，and 520—522。 查维兹和休埃塔在 1962 年辞职，转去圣乔阿昆山谷组织农工，社区服务组织也就随之瓦解。

［36］虽说联合街坊组织的野心无人可比，不过，在 20 世纪 70 年代末那段时期里，大主教管区里还涌现了其他一些有趣的社会实践团体。 在圣费尔南多山谷里以黑人和拉美裔为主的帕科伊玛地区，有六个低收入教会团结起来，组成了"尊严地满足每一需求"团体(简称 MEND)，组织社会工作和自助活动——阿瓦隆中部地区的"圣十字中心"也采用了这种模式。 与此同时，宗教社团和神学院的学生们正在回到洛杉矶的内城地区，既充当"传教士"(比如在拉美裔为主的波伊尔高地那儿的"圣言会"的情况就是如此)，又充当社工人员。

［37］Neal Pierce，'Power to Hispanics'，《洛杉矶时报》1979 年 5 月 17 日刊登；以及同上，1978 年 10 月 11 日及 1980 年 6 月 11 日报道。

［38］《洛杉矶时报》1986 年 5 月 28 日报道，又见 Frank del Olmo，'Latino Community，With Church's Help，Is on Move'，同上，1986 年 6 月 12 日刊登。

［39］《洛杉矶时报》1986 年 5 月 28 日及 6 月 12 日报道。

［40］同上，1986 年 2 月 17 日报道。

［41］同上，1987 年 11 月 21 日报道。

［42］同上，1989 年 3 月 1 日报道。

［43］同上，1988 年 1 月 14 日报道。

371

［44］"必须为形成一个统治体系说点儿什么"(这是马奥尼的话)。 见 Paul Ciotti，'The Plugged-In Archbishop'，《洛杉矶时代杂志》1989 年 12 月 17 日刊登。

［45］根据教会的法规，主教在自己的主教管区里实际上就相当于君主。 他们把立法、司法和执法权都整合在一起，神父议院和牧师议会可以向他们提出建议，但是他们完全可以置之不理。 见 Reese。

［46］Luis Olivares，'Pope Can Reach Latinos If He Shows the Church Cares …'，《洛杉矶时报》1987 年 9 月 14 日刊登。

［47］同上，1986 年 7 月 7 日报道。

［48］《洛杉矶时报》1986 年 7 月 7 日及 1989 年 6 月 19 日报道。 奥利瓦雷斯沿袭了

一种历史悠久的传统。 在 20 世纪 30 年代大规模放逐墨西哥工人期间，拉浦其塔经常充当避难所，有几次还遭到了警方的突击搜查。

［49］见《泰定》1981 年 3 月 7 日报道。（洛杉矶的重要天主教大学）洛约拉·玛利蒙特（Loyola Marymount）的神学教授迈耶斯基修女（Sister Mayeski）赞许地说：“拉丁美洲的诸位主教和传教士正在教育我们，世界并不是分成两个阵营，共产主义站在一边，资本主义和基督教站在另一边”。

［50］《洛杉矶时报》1986 年 7 月 7 日报道。

［51］同上，1987 年 1 月 12 日报道。

［52］同上。

［53］《每日新闻》1988 年 4 月 29 日报道；《洛杉矶时报》1987 年 12 月 1 日及 1988 年 5 月 4 日报道。

［54］同上。

［55］芝加哥的《这些天来》杂志（*In These Times*），1988 年 11 月 9—15 刊登。

［56］同上；Reuben Martinez，《洛杉矶周刊》1989 年 12 月 22—28 日刊登。

［57］Cooney，p.321。

［58］1987 年的工资集会。

［59］《洛杉矶时报》1988 年 10 月 8 日报道。

［60］同上，1989 年 3 月 17 日及 4 月 4 日报道。

［61］同上。

［62］同上，1989 年 6 月 28 日报道。

［63］马奥尼致《洛杉矶时报》的信，1990 年 1 月 28 日；又见 Ciotti，p.54。

［64］1989 年 12 月 19 日报道。

［65］马奥尼，同上。

［66］见斯科特的讣告，《泰定》1958 年 3 月 28 日，p.7。

［67］Tony Castro，'How Politics Built Downtown'，《先锋观察家报》，1985 年 3 月 10 日刊登。

［68］《洛杉矶时报》1986 年 6 月 13 日报道。 沃德洛（William Wardlaw）为赖尔登和麦金奇监管着大主教管区的法律事务。

［69］《洛杉矶时报》，1989 年 1 月 13 日及 15、2 月 18 日及 25、3 月 24 日报道。

［70］同上，1989 年 10 月 11 日报道。

［71］同上，1989 年 6 月 2 日及 22 日报道。

［72］《先锋观察家报》，1989 年 8 月 12 日报道。

［73］《洛杉矶时报》，1989 年 11 月 4 日、13 日及 12 月 5 日报道。

［74］同上。

［75］引述奥利瓦雷斯的话。

［76］奥利瓦雷斯部分证实了这种怀疑，他勉强承认自己在天主教圣母圣心孝子会团的上司“确信马奥尼想让他走人”，并以此回绝了奥利瓦雷斯想要延长任期的申请。（见 Dave McCombs，'The Final Days of Father Olivares'，《市中心区新闻》1990 年 3 月 12 日刊登）

［77］Martinez，《洛杉矶周刊》（作者原稿）。

［78］访谈，1989 年 9 月。

372　［79］女议员马克辛·沃特斯曾在 1988 年担任过杰克逊运动的加州部主席，她谴责联合街坊组织和“中南部地区组织委员会”竭力想授权警方展开大规模的电话窃听。 她尤其怪罪这些组织里属于产业区基金会的白人组织者。 沃特斯暗示说，这些建议都是由于白人组织者的天真无知才获得了通过。 她解释了为什么警察难免要扩大规模滥用窃听权，为什么少数族裔无疑会首当其冲地遭到窃听，她说，“有时候我们属于少数族裔社群的人只好教那群白伙计学会这种事儿。”（Ruben Castenada，'Community Organizers Bring New Clout to Urban poor'，《加州期刊》（*California Journal*）1988 年 1 月号，p.25）

［80］1990 年 7 月，由于得知奥利瓦雷斯神父得了非常严重的艾滋病，拉浦其塔沉浸在哀痛之中，他显然是几年前在萨尔瓦多的一次输血过程中被感染的。

第七章

堆放梦想碎片的垃圾场

不同地理位置带来的不同心理感受泄露出了人们的阶级偏见。 时髦的《洛杉矶周刊》上刊登过"洛杉矶最佳"指南，"十佳"之一是圣莫尼卡高速公路靠近贝弗利山的罗伯森大道出口匝道：空气从此摆脱尘雾变得清朗，真正的西区天堂徐徐展现。 依照雅皮士绘制美食地图的思维方式来看，一旦远离了奢华生活地带，景色马上就按对数级数开始萎缩。 因此费尔法克斯区①相当于近处的东区，而市中心区就是遥远的地平线，四周环绕着籍籍无名的少数族裔餐馆区。 西区的住户们顶多是含含糊糊地有点儿熟悉帕萨迪纳、克雷蒙特、瑞德兰等地那些WASP富人的僻静老牌住地，对他们来说，东边界上的圣伯纳迪诺高速公路（即10号州际公路）只不过意味着通到棕榈泉和亚历桑那沙漠那儿去的快速路而已，他们在这条路上飞驰而过，把车窗整个儿摇起来挡住烟雾和尘土。 圣伯纳迪诺县和河滨县的西边这一大片"内陆帝国"留给他们的印象全然模糊不清。

少数几位现代作家曾冒险去过那一带，其中便有琼·狄迪翁，在她去圣伯纳迪诺县旁听谋杀案庭审的半路上，她发现这里的景色"稀奇古怪而且不自然"：

> 一道三四英尺高的挡土墙下，柠檬树林低低的，这样你就能直接

---

① Fairfax，位于洛杉矶市中心，北邻梅尔罗斯，东邻拉布里亚，南邻威尔夏，西邻贝弗利山，是一个多族裔、多文化聚集的地区。

看进那茂密的树叶中去,过分青葱、不合时令地闪闪发亮,是噩梦般的绿叶子;剥落的桉树皮上积了厚厚的灰,蛇类最爱在这里繁殖。石头看着都不像是天然的,却像是某次没人提及的大灾变留下来的碎砾。[1]

这"没人提及的大灾变"有个主要的副产物是方坦纳小城,距洛杉矶以东 60 英里处,峡谷大道的脚下堆积着地质的碎屑和社会的碎屑,方坦纳就耸立在这等碎屑上。 它跟洛杉矶西区或者橘县那种昂贵地带绝然相反,是一个强悍的蓝领小镇,各地的长途卡车司机都很熟悉它(1946 年地狱天使①就诞生在此地)。 在方坦纳, "名品生活"只意味着有一辆装了定制床铺的彼得比尔特卡车②, 或是有一辆全铬车身的哈利肥猪③。 黑人、意大利人、山地的穷人、斯洛文尼亚人、奇卡诺人,在方坦纳共同拼成了嘈杂喧闹的工人阶级文化的万花筒,圣伯纳迪诺县里的那群卫道士和中产阶级吹鼓手为此早就一直对方坦纳冷眼相加,让它顶着一份远扬的恶名。

然而方坦纳不只是"本县最粗野的小镇"。 它的个性里那种与生俱来的粗野源于一段精彩纷呈、极具象征性的当地历史。 自从方坦纳立城以后, 75 年一路走来,就日新月异的加州梦而言,这里堪比垃圾场或乌托邦的景象交替着此消彼长。 方坦纳的 10 号州际公路上每年都有上百万游客和通勤的上班族驱车而过,他们偶尔会瞥一眼路边破败不堪的住家后院和荒弃果园,很难想象曾有过多少希望和幻想搁浅在这片地方。

一开始是在 20 世纪初,方坦纳的形象是杰弗逊式牧歌在现代的翻

---

① the Hell's Angels, 美国第一个也是名气最大的摩托车俱乐部,以飞车滋事、贩卖毒品等行为声名狼藉,是"暴走族"的始祖。 后逐渐向合法组织方向转化,目前在美国、加拿大、欧洲、南美洲和南非有二百多家活跃的分会。 参看专门介绍"地狱天使"的书: Hunter S. Thompson, *Hell's Angels: The Strange and Terrible Saga of the Outlaw Motorcycle Gangs*。
② Peterbilt, 最早版本的重型拖挂卡车, 20 世纪 30 年代出产,至今仍是此类产品中最优质的品牌。
③ Harley hog, 一种名牌摩托车。

版：一个世外桃源般的社区，小型家禽养殖场主和柑橘农场主住进铺设好电线的廊式平房里，自给自足地过日子。 随后在 1942 年，社区突然经受了改造，灌进了在西部推行罗斯福式产业革命的梦想。 亨利·凯泽[①]那股普罗米修斯般的能量在一夜之间把方坦纳变成了一个强悍无比的战争工厂，是太平洋海坡上独一处的钢铁生产综合体。 20 世纪 80 年代初，经过同样残酷的飞速转变，工厂关张，连工人带机器设备都降格成了废品。 然而却有第三版方坦纳像凤凰涅槃一样从凯泽小镇的废墟上重新站起来，人称它为"负担得起的郊区"。 在南加州广阔都市区域的崭新经济图景中，越来越多的普通人为了应付贷款利息，每天要花三个小时乃至于更长的通勤时间跑去上班，于是，方坦纳就成了南加州正在萌生中的劳动力的新住处——同样身份的还有它在圣伯纳迪诺县"西头"的那些姐妹社区。

如果说，本地的景致和文化都变化多端，这一特性已经渗透进了南加州独具一格的社会本体中，那么，方坦纳就是本地区的缩影。 方坦纳是完全被人凭空设想出来的社区，两度被创建起来，两度被推销出去，然后又被翻了个底朝天，重新变成一片梦幻般的绿色原野。 它那反复的重建既留下了创伤，也记下了地区资本与国际资本、制造业资本与地产业资本之间不断变幻着的交互影响。 不过，尽管有些理论家不断宣扬着"超现实"或者"没有深度的当下"，历史却不会被彻底磨灭，即便在南加州也是如此。 目前的开发商想把方坦纳重新包装成一块空地的形象再卖出去，他们的坚定努力面临着一大挑战：在沙漠边缘处种树为生的半乌托邦地界上，来自宾夕法尼亚州的工厂工人们把这儿的文化彻底变了个样儿，形成了圣伯纳迪诺的文化，而炼钢生产则留下了大量人为的残渣废料。 从这一点来说，方坦纳的故事具备了一种寓

---

①　Henry John Kaiser(1882—1967)，美国工业家，主营道路建设工程等类项目，是胡佛大坝、旧金山-奥克兰大桥等项目的主要建造者。 二战期间他的公司致力于制造舰船、飞机和军用汽车等军需品。 战后他的企业在炼钢、铝业和建筑业等行业里都非常成功。 1938年他为自己雇用的工人制订了一项预先付账的健康计划，深刻影响了医疗保障事业的发展。

意：它关系到那群住在郊区的加州工人阶级的命运，他们仍在洛杉矶银河系的遥远边际处坚守着自己早已褪色的梦想。

方坦纳农场

这正是他们时常谈论的那种地方。十英亩标准地块……富饶、肥沃。上面种着200株纤细的胡桃树，尚只是树苗而已，不过倒很茁壮。四围沿着地边儿都漂亮地排列着高大优雅的桉树，透过这些树，可以瞥见圣伯纳迪诺高起的丘顶。

她说："只要钱够多，这儿真是棒极了。"他说："至少，我们的钱足够起步了。我们先尽量省出钱来付了定金，再在城里多住些日子。以后还会有钱再盖一间带车库的小房子，我们就能有个自己的地方来度周末、过假期了。"

就这样，快得出乎预想，他们梦中的乡野之家就已成真。每个周末，每个假日，都能看见他们在方坦纳农场，忙着种些东西、培植胡桃树、看着作物一天天生长。而他们的农场也充分报答了他们的深情厚谊。胡桃树是前所未有的茂盛。莓子丛和水果树是前所未有的丰收。每个星期他们都从自家农场上随身带些收获回去。

然后终于有一天，他们可以按着早已定好的计划动工去盖农场之家了。这座四面伸展的宽大房子到处都开着窗户。一片宽阔的绿色草坪，前面种着树，后院配上了2 000只小鸡，养兔场里养着240只纯种新西兰白兔，而且只为了好玩，还在围栏里养了俄国母鸡、北京鸭和火鸡……

于是，今年的头号大事就是，他们搬过来住了。每个星期光是卖鸡蛋就能挣到四五十美元或者还不止。他们养大的兔子总有人抢着要买。胡桃树很快就要挂果了，累累果实又能让农场每年多挣到两千美元净利润。在整个方坦纳，数这个农场耕作得最精细，数这对夫妇过得最快乐，而且事实证明这是如此容易……因为他们找到了自己的方坦纳农场。

方坦纳农场的广告,1930 年。[2]

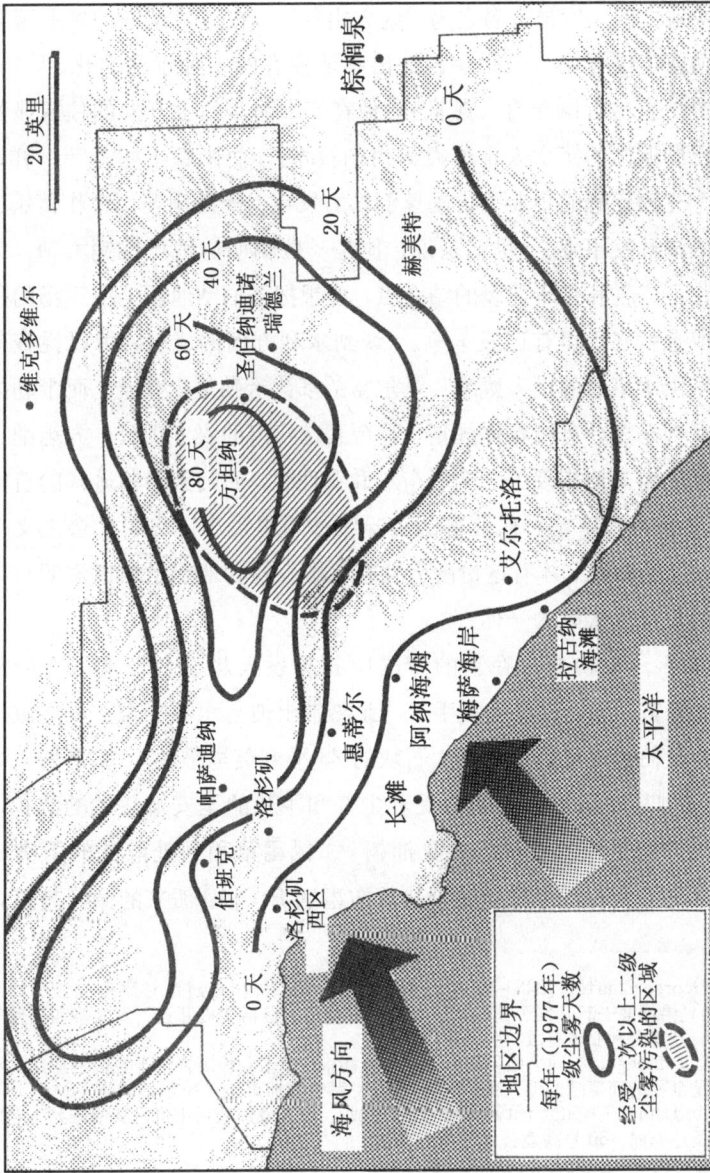

尘雾常之都方坦纳

方坦纳农场公司的创始人是 A·B·米勒，他是圣伯纳迪诺的承包商，也是一位农学家。 人们今天几乎遗忘了米勒，从帕默纳延伸到瑞德兰，两地之间一度被人名之为"南方山谷"，在这片富庶的农业聚居地，米勒曾英雄般地与人联手创造出本地独有的一种特殊文化。[3]一般人大概更容易听说乔治·查菲①，他在安大略小镇上开发的住区显然影响了巴勒斯坦的犹太人定居点采用的技术。 而米勒正如查菲一样，也是一个充满幻想的企业家，投身于水力发电、灌溉园艺、合作营销、规划社区的开发事业。 也就是说，他是一位精明的地产推销大师，完全把握住了广告和基本建设的结合点，要想把圣伯纳迪诺尘土飞扬的平原点石成金就必须得有这般本事。 谈到水利方面的成就，可以说查菲和洛杉矶供水事业的巨人威廉·马尔霍兰都让米勒望尘莫及，而米勒的独到优点则是充分进行整体规划、整合五花八门的农业项目，方坦纳正是靠这些才惊人地实现了一个小布尔乔亚理想，回归到杰弗逊式的自治状态里。 此外只有洛杉矶北部的莫哈维沙漠里赍志以终的社会主义乌托邦"大河草原城"才有这份凌云壮志，雄心勃勃地想把城市文明与自给自足的生产方式融为一体。

1906 年，米勒看出在新的帝国山谷里投入建设会带来巨大的利润，为此兴奋不已，于是他接手了"亚热带土地与水源公司"没能做成的项目：圣伯纳迪诺西边满布大石块的 28 平方英里平地。 扇形的方坦纳-库卡蒙加②冲积平原不断经受着尘暴和干热的圣安娜热风的洗掠，大部分地方仍是满目荒凉，只见油树③、鼠尾草和到处散乱的野李子树，1851 年，同样的景象也曾迎接着布雷厄姆·杨④派来的摩门教拓荒

---

① George Chaffey(1848—1932)，加拿大工程师，曾担任过洛杉矶电气公司的总裁。 他和兄弟威廉一起开发了南加州最大的一片地区，包括艾提旺达、安大略和高地等诸多小镇，在澳大利亚也有成功的开发项目。

② Cucamonga，有同名山谷和库卡蒙加牧场市，库卡蒙加山谷位于圣伯纳迪诺县和河滨县，是重要的葡萄酒产地，属于内陆帝国。 库卡蒙加市位于圣伯纳迪诺县，于 1977 年合并 Alta Loma、Cucamonga 和 Etiwanda 而成。 库卡蒙加牧场市也是莫哈维路、老西班牙路、圣达菲路、66 号高速公路的交汇点。

③ greasewood，又名黑肉叶刺茎藜。

④ Brigham Young(1801—1877)，美国宗教领袖，摩门教的重要人物之一，1844 年摩门教的创立者史密斯(Joseph Smith)被暗杀后，他成为该教的精神领袖，并率领教众迁移到盐湖城定居点。

者，他们要建造定居点，把圣伯纳迪诺建设成临着太平洋的沙漠之窗。米勒找到了洛杉矶的大银行家们筹得资金，着手修建了一套庞大的灌溉系统(假道利特尔溪流引来巴尔迪山上的雪水)，还种上了五十万棵桉树苗，防风固沙。到了 1913 年，他的方坦纳公司已经可以开始破土动工，在山脚大道(一条旧马路，后来很快归入著名的美国 66 号公路)和圣达菲大路之间盖出一片城镇来。太平洋电气铁路公司的总裁保罗·舒普既是米勒的朋友又是他的赞助人，在方坦纳公司的揭幕烧烤会上，他许诺说，很快他那些红车①就会运来几千名日间游客，估计还会有小农户到方坦纳来找工作。[4]

当时其他一些著名的灌溉新住区——比如帕萨迪纳、安大略、瑞德兰等地——都拿到了柑橘种植特许权，变成了追逐阳光而来的东部富人投资的天堂，因而繁荣昌盛起来。"新奇士柑橘"采用的合作经营模式后来深刻影响了赫伯特·胡佛时期自行组织资本构成的方式，它为新搬来的人们提供了一整套产品服务网络，有同样的商标、同样的劳动力资源和一整套全国营销组织。[5]另一方面，如果有谁想在南加州种植橘子、柠檬和鳄梨，享受田园牧歌般的生活，就得准备充足的启动资金(1919 年的时候至少需要四万美元)，还要有其他的收入来源用以维持经营，直到自家的果树开始结果。[6]种植者们得设法平稳度过四季之间青黄不接的时段，还要时而消化掉霜冻损伤作物的成本，这同样也需要完备的资金能力。几千名柑橘农场主投资准备不足，只听见妖女唱着山麓遍地黄金的颂歌而倍受诱惑，却在几个季度过后就耗尽了自己毕生的积蓄。[7]

按照米勒的构想，方坦纳既可以取代瑞德兰之类高贵的柑橘新住区，也可以取代圣加百列山谷东端投机性较强的新住区。构想中的方坦纳前所未有地同时容纳了工业化种植园(方坦纳农场公司)和杰弗逊式

---

① Red Car，连接洛杉矶县、橘县、文图拉县、圣伯纳迪诺县和河滨县等地的有轨电车和街车，属于太平洋电气公司，在 20 世纪 20 年代达到极盛，1961 年退出运营。

的小片农地（由方坦纳土地公司来做详细规划）。 方坦纳农场公司是一个面向未来的范例，展示着一种垂直统一管理的、科学运作的、公司化的农业生产模式。 最早投入此地的是洛杉矶市的垃圾，从 1921 年到 1950 年，每天都有敞篷垃圾车沿着铁路线把垃圾运过来。（订到垃圾处理合同就有大钱可赚，米勒为此只好大把贿赂市议会成员，因而在 1931 年引发了一场市政丑闻。）每天多达五六百吨的垃圾喂肥了 6 万头肥猪，让方坦纳农场公司经营的养猪项目跃居全球第一。 等到肥猪们长足了分量，就用船运回洛杉矶等待宰杀，于是循环回收的垃圾居然生成了本地区所需大约四分之一的火腿和熏肉。 同时积攒的粪肥也价值不菲：这些肥料或是拿去给米勒的柑橘林施肥（这也是全球最大的一片柑橘林），或是卖给邻居的农场。 方坦纳农场公司甚至从餐馆垃圾里拣到了银器，把它们重新卖掉也小小地挣了一笔。[8]

与此同时，方坦纳公司正忙着把米勒王国余下的地盘详细规划成标准的小型农场。 米勒抱着一种大规模生产销售的雄心壮志，显然预演了日后亨利·凯泽的举动，他把推销对象精准地定位为中等阶层，这群人以前在南加州最走厄运的土地、石油投机买卖里充当了炮灰，现在正打算躲到乡下去。 他设计的"负担得起的"方坦纳农场牧歌只需给付小笔的半年期款项，另外再配上大量投入人力，自行建设。 空地的价格是 300—500 美元（1930 年可以用这个价钱买到占地 2.5 英亩的最小规模的"起家农场"），等你住进方坦纳以后就有机会自己做出选择，是要种葡萄还是要种胡桃树（方坦纳农场公司一直在大批量培育着上百万株幼苗）。 买家起初可以先造个周末的"度假农场"（从洛杉矶自己开车过来或是乘红车过来只需花费一个小时的车程），逐步加建生活用房，方坦纳公司为此提供了一整套的待选方案，从周末小木屋到最高级的"迷人的、红瓦屋顶的西班牙殖民式农场建筑"，应有尽有。 现在各个种类的建筑实例在整个方坦纳地界上仍然随处可见。

然而，要想指望这全部努力能够独树一帜地做到资金自给，却要遵循米勒的模式，即除了期待果树（胡桃及各种柑橘类）或葡萄园的收获以外，还要饲养家禽，同时还得依靠方坦纳农场公司的工业化规模经济养成的低成本支持项目（肥料、树苗、水源、动力）。 搬到这儿来的住户只盼着尽快兴建鸡舍，以便带来稳定收入。 之所以发明出这种闻名遐迩的"母鸡-橘子联合企业"，既是为了帮助小型果树种植场平稳度过霜冻和头寸不灵等等倏忽无常的难关，也是为了确保方坦纳公司自有的设备能挣得到租金。 柑橘地带的生活方式原本只许富裕人家染指，有了米勒模式，在理想状况下，这般生活方式就该能惠及持有中等养老金的退休老夫妇、心仪乡村生活的年轻家庭、辛勤劳动的移民们。[9]

　　米勒的梦景卖得不错，连大萧条初期的那些岁月也撑过去了。 到1930 年为止，方坦纳公司已经详细规划出了三千多片居住园地，半数地块上的住户都完全定居在这里，其中有一些是从匈牙利、南斯拉夫和意大利迁来的移民。 1919 年打头阵的十户家禽养殖场已经增加到了九百户，本地区从此变成了西部最大的家禽中心。 同时，方坦纳农场公司也已经逐步组建起一支全时劳动力队伍，共有五百名墨西哥人和日裔工人——堪比密西西比三角洲上最大的棉花种植园。 20 世纪 30 年代初，米勒与芝加哥起家的斯威夫特家族合资，买下了圣乔阿昆山谷里历史悠久的米勒及勒克斯家畜王国（这家姓米勒的人并不是他的亲戚）。 共和党州长罗尔夫十分欣赏米勒在加州农业领域里日见夺目的成就，欣赏他努力把加州变成一个正宗"农业综合企业"的贡献，因此指派米勒担任了加州农业协会的会长，而且由于这一职务，米勒还在加州大学当上了一名校董。

　　就算方坦纳农场公司本质上只不过是被包装成了半乌托邦，只不过是一个推销手段极其高明而且过甚其辞的地产公司，可它的历史意义仍然相当重要，因为它是在两次世界大战之间"回归土地"运动在南加州最惊人的一个典范。 方坦纳原本只不过是一处配备了灌溉系统、符合自耕农理想的定居点（查菲的安大略小镇和社会主义者的"大河草原城"都是先例），但它在发展中逐渐生出了许多符合弗兰克·劳埃德·

384

莱特的"广亩城市"规划的特性，以及 20 世纪 30 年代的反城市化实验的特性。 只需翻看一下以前方坦纳农场公司的广告册页，你就会震惊地发现，米勒提出的目标在意识形态方面非常符合亨利·乔治①提出的计划——尽管它只是无意得之——丘奇（Giorgi Ciucci）说，是亨利·乔治的计划启发莱特做出了广亩城市的方案："节省人力的电气化、普通公民获得土地的权利、城市与乡村的结合、社团管理而非政府管理、所有人都有机会成为资本家。"丘奇辛辣地评论说，"莱特的理想城市要想付诸实现，只有采取迪斯尼乐园或者迪斯尼城那种古怪荒唐的形式"，[10]如果此言不虚，那么米勒这种符合广亩城市理想的、比较实际的版本虽则短暂，毕竟也是当真存在过。 如此说来更加讽刺的则是，牧歌般的方坦纳农场公司后来却被亨利·凯泽的"恶魔工厂"抢了风头，而且最终被连根拔除了。

创造奇迹的人

"创造奇迹的人"来到了方坦纳。

1942 年的报纸头条[11]

1946 年，等约翰·冈特②跑遍了全美国 48 个老牌州以后又过了两年（"我理想的全天日程是，整个上午都耗在第一国家银行，下午则耗

---

① Henry George(1839—1897)，美国经济学家、社会改革家，单一税运动的创始人。 他为正统的李嘉图地租论赋予新意，把报酬递减律和边际生产力论用于土地问题，认为所有人都有权利用自然资源进行劳动，不劳而获的经济地租应该由国家全部征收。他主张取消其他捐税，实行征收经济地租的单一税制。 著有《我们的土地与土地政策》(1871)、《进步与贫穷》(1879)及《社会问题》(1883)等。 除了经济学界以外，他的理论对英国首相劳合·乔治、作家萧伯纳和革命家孙中山都有影响。

② John Gunther(1901—1970)，美国作家、记者、《芝加哥每日新闻》和全国广播公司(NBC)派驻海外的记者。 他最畅销的著作是 1936 年的《欧洲内部》，后来又相继发表了《亚洲内部》(1939)、《拉美内部》(1941)和《美国内部》(1947)等一系列"内部"著作。 他的作品以时政为主题，收录大量第一手资料，反映了社会生活和政治生活的多个侧面。

在工业组织大会"），他出版了《美国内部》（*Inside USA*），这本书卷帙浩繁（979 页），惠特曼式地记述了他对二战刚结束时美国政治图景的扼要印象。[12]冈特在他那一代新闻记者当中是最有读者缘的，在他看来，第二次世界大战也跟美国革命战争和美国内战一样，根本改变了美国的国民性格。他以汹涌而至的"美国世纪"为立足点，留意于如何区分进步倾向和反动倾向、如何区分梦想和向后看。虽说记者后辈们靠着集体努力，最终加倍拓展了他的深刻研究（也就是说对整个美国政治世界的研究），可他描写整整一代公众人物的敏锐辛辣的笔法却是后无来者。毫不奇怪，在美国政治生活的泥沟底上，冈特突出描写了密西西比州的议员们、新泽西州的黑格政治集团①，还有国内另外一些法西斯主义的具体化身。与此相对，在他心中的美国新万神殿最顶尖的位置上，冒出头来的是"合众国最重要的工业家……里奇蒙和方坦纳的缔造者"，亨利·J·凯泽，甚至胜过了冈特永远的最爱——华伦州长和斯塔森州长。[13]

过了 45 年之后，强大的凯泽王国已经土崩瓦解，冈特对凯泽推崇备至的颂扬就需要一些解说了（他在书里用了整整一章来描写此人）。[14]冈特和他同时代的许多评论家一样，基本上都认为凯泽具体例证了罗斯福提倡的宗旨，把自由企业与明智的政府干预结合在一起。从 20 世纪 30 年代到 40 年代，凯泽一直是个英雄企业家，被冈特拿来与 19 世纪的帝国缔造者比如中央太平洋企业的"四巨头"相提并论，不过，凯泽还不像老式的"铁路海盗"，他"具备了强烈的良知和社会意识"。他终身都是登记在册的共和党人，热心地支持新政。"说到劳工，尽人皆知凯泽跟他们关系很好。他希望能把自己的成本核算到每一英寸，而且他从来都要先跟劳工订好了合约以后才会有所举

———

① Frank Hague(1876—1956)，美国政治家。1917—1947 年间一直担任新泽西州泽西市的市长，创立了全美国最强大的城市政治集团之一，被指控贪污、政治独裁、胁迫市政人员。据估计，他去世时身价高达一千万美元，尽管他的市长年薪不超过八千美元，而且他也没有其他合法收入来源。他最著名的语录是"我就是法律"。

动。"[15]想当年，凯泽只不过是个小镇推销员，在工程业和制造业方面都没受过任何正规训练，尽管如此，到了20世纪40年代中期，凯泽已经成了解决战时经济问题的一位了不起的魔术师：他有许多生产功绩堪比爱迪生和福特，其中包括大批量生产的四天就能造成的"自由船"①。凯泽体现着由战争激发出来的高生产力、高薪酬的经济精神，日后的经济历史学家将把这种精神称为"福特主义"，而他甚至比福特本人更有代表性（福特代表着更早的一个独断专行的工程师资本主义时代）。不过，用"凯泽主义"一词来形容劳工和管理阶层在战后达成的社会契约其实更为切题：

> 归根结底，生产有赖于劳动者的生产愿望……想要获得健康、有活力的工业，就必须具备以下条件，首先，要有健康的劳工运动，其次，还要有社会保障、社区保健、医院收治计划以及体面的住房。"败坏一个工会就是败坏你自己。"《凯泽信条》[16]

凯泽还是一位西部英雄。华尔街骂他是"经济领域的反基督分子"、"娇生惯养的新政宠物"，可他在洛基山脉的西侧却很受欢迎，被看作自学成才的开拓型资本家，在几乎完全没有胜算的情况下，战胜了威廉·詹宁斯·布赖恩②所指的"黄金十字架"[17]③。在 A·G·梅泽里克之类的西部经济国家主义者看来，凯泽是一种"新型工业

---

① Liberty ships，第二次世界大战期间美国制造的货船，象征着美国战时的工业产出，是世界上生产数量最大的船只型号，廉价而简易，主要负责穿越大西洋将北美物资运往欧洲盟国。1945年后停产。经历战争幸存下来的自由船有很多参与了战后的货运，"自由吨位货船"是指1万吨位的货船。

② William Jennings Bryan(1860—1925)，美国政治领袖，他提出过多项政纲，包括缴纳所得税、参议员大选制度、赋予妇女投票权以及推行禁酒令等，都对美国政治历史产生了巨大影响。

③ cross of gold，1896年7月8日布赖恩在芝加哥召开的民主党全国大会上发表的著名演说的题目。民主党主张将美元的比价与银价挂钩，反对与金价挂钩。这个演说的名声鹊起是由于结尾的高潮部分："站在我们身后的是本国及全世界的生产大众，支持着我们的是各地的商业利益、劳动利益和劳动者利益，因此我们要这样回答某些人提出的遵从黄金标准的要求：你们不能把这副荆冠强压在劳动者的额际，你们不能把人类钉死在黄金的十字架上。"

家"，是"粉碎了托拉斯的第二次新政"的具体化身，还是"西部独立工业化"的先锋。[18]事实上，凯泽先是在20世纪20年代汽车热的时候靠着腐败的铺路生意小小积攒了一笔资产，然后在30年代，他靠着重大生意项目（有时候是偷偷摸摸做成的）以及政治盟友的力量，变成了一名工业巨人。 20年代末，凯泽成了传奇的阿马德奥·贾尼尼①的宠儿，贾尼尼是意大利银行的创建人（后来又创办了美洲银行），还是西部一大独立金融家。[19]有了贾尼尼撑腰，凯泽事实上率领起了合作修建胡佛大坝的几家建设公司组成的联盟，还成了六大公司②在华盛顿的政治说客。 在首都，凯泽雇用技艺高超的新政"操盘手"汤米·科克伦在白宫代言自己的利益，同时还和权势熏天的内政部长哈罗德·伊基斯③结成了特殊的私交。[20]

最重要的是，凯泽和贾尼尼以及其他本地盟友都有足够高的悟性，能意识到西部的经济开发打开了一扇无与伦比的"机会之窗"，它来自于1935—1936年间"第一次"新政的政治危机。 公道地说，实际上是加州出身的首位总统赫伯特·胡佛启动了太平洋海坡上的工业化运动，因为是他授权修建了胡佛大坝和金门大桥。 不过，西部（以及南方）生意人的巨大商机却始于从1935年的银行业法案到1941年的租界法案之间的空白期，当时白宫与华尔街之间的关系达到了20世纪里的冰点。 包括曾在1933年支持过富兰克林·德兰诺·罗斯福的许多大人物在

---

①　Amadeo Peter Giannini(1870—1949)，出生在加州的意大利裔银行家。 1904年创办意大利银行，1924年从行长职位上退休。 1930年他把意大利银行和其他几家银行合并起来，组建为"美国银行全国信托与储蓄协会"，这家银行直到他去世时 直是全世界最大的由私人控股的商业银行之一。 1927年他向加州大学捐赠150万美元，设立贾尼尼农业经济基金会。 他去世后，大多数资产都捐赠给了一家医学研究基金会。

②　Six Companies，参与建设胡佛大坝、深谷大坝以及其他一些大型工程项目的几家建筑工程公司组成的合资企业，由六家公司为了联合投标建造胡佛大坝而在1931年6月发起组成，包括爱达荷州的莫里森-努森公司(10%股权)、犹他州的犹他工程公司(20%股权)、俄勒冈州的太平洋建桥公司(10%股权)、加州的贝克特尔公司及凯泽公司(30%股权)、加州的麦克唐纳与康公司(20%股权)以及俄勒冈州的J·F·谢伊公司(10%股权)。

③　Harold LeClaire Ickes(1874—1952)，美国政治家，曾在芝加哥做过新闻记者和律师。 他原来是共和党人，1912年参加了进步党，1916年又回到了共和党。 1933年被罗斯福总统任命为内政部长。 第二次世界大战期间他掌控了美国的燃料资源。 1946年他在杜鲁门总统任内辞职。

内，东部的金融资本家都开始转变立场，反对新政，因此在政治和金融两方面，凯泽、贾尼尼、得克萨斯州立场中立的石油家、摩门教徒银行家（领头的是六大公司的合伙人兼美联储新任主席马里纳·埃克尔斯）等等都成了罗斯福当局的支柱，免得民主党在全国范围内受制于纷扰不断的劳工运动。[21]在《罗斯福时代》（*Age of Roosevelt*）这本史诗著作里，作者阿瑟·施莱辛格①描写了在20世纪30年代末支持过（反托拉斯的）"第二次"新政的利益集团：

> 其中包括南方和西部的"暴发户"代表，比如杰西·琼斯②、亨利·J·凯泽和A·P·贾尼尼，他们……十分厌恶纽约那群食利阶层的心理状态，希望政府能强制降低利率，进而为各地的开发提供资金。这批人代表着新产业，比如通信业和电子业[还包括好莱坞]……这批人代表着像西尔斯-罗巴克公司③之类极度依赖消费需求的生意。而且这批人还代表了像约瑟夫·P·肯尼迪④之类在新地区和新产业里都有涉足的投机商。[22]

现代的"阳光地带"之所以能够诞生，在很大程度上就是因为这个"第二次新政联盟"得到了政界的报答。联邦政府资助了上十亿美元（这是从全国各地调过来的净税额），在加州、华盛顿和得克萨斯铺排开

---

① Arthur Meier Schlesinger(1888—1965)，美国历史学家。曾任哈佛大学历史学教授(1924—1954年)，1928年起担任《新英格兰季刊》主编。他专门研究殖民地历史，著有《殖民地商人与美国革命，1763—1776》(1918)、《独立序曲：不列颠新闻战，1764—1776》(1958)。他还著有社会历史著作《城市的兴起，1878—1898》(1933)、《美国人的政治与社会发展，1865—1940》(1941)等。

② Jesse Holman Jones(1874—1956)，曾任美国商业部长(1940—1944年)，是木业巨头、银行家、得克萨斯州的百万富翁。1932年被胡佛总统任命为重建财政公司(简称RFC)的成员，1933年任该公司总裁，它与其他企业合并后，他在1939年被任命为联邦信贷部的部长。由于他与商界的密切关系，他在罗斯福政府里的地位独一无二不可撼动，第二次世界大战期间，他是华盛顿最有权势的人物之一。1945年后他退出政界。

③ Sears Roebuck，属于西尔斯公司的一家零售企业。

④ Joseph Patrick Kennedy(1888—1969)，曾任美国驻不列颠大使(1937—1940)，是肯尼迪总统的父亲。在银行业、造船业、投资业和电影业都很成功，特别是在地产业发了大财，曾任证券交易委员会主席。著有《我支持罗斯福》(1936)。

了一整套工业基础设施。 重大的建设项目合同包括旧金山海湾大桥、马雷岛上的海军基地①、邦纳维尔大坝②、深谷大坝③、沙斯塔大坝④，凯泽公司从中分润了将近 1.1 亿美元，激发了自己的飞速扩展。 早在珍珠港偷袭事件之前很久，凯泽就已经和贾尼尼以及一小群精挑细选的西部工业家(其中包括唐纳德·道格拉斯⑤、斯蒂文·贝克特尔⑥和约翰·麦科恩⑦)在共同商讨着，应该采取什么策略，争取最大限度地发挥本地资本在战时经济中起到的作用。 凯泽认识到，由于这场太平洋战争的爆发，此前尚未实现工业化的加州经济面临了空前的需求，他提议，改进底特律式的装配流水线方法，彻底改变商业运输船只的生产方式。 尽管批评者最初对这种想法讥笑不已，认为只会"挖沙铺路的工人"不可能把握精湛的造船工艺，但是由于凯泽有亲近的新政高层人士撑腰，他就成了美国历史上最大的造船商。 四年之内，从他位于里奇蒙、波特兰和范库弗(华盛顿州)等地的几处巨型船坞里，开出了美国海军三分之一的商用船只(其中有 80%是"自由船")，同时还有 50 艘"微型航空母舰"式的飞机运载舰船：他总共造出了将近 1 500 艘船。[23]

凯泽在里奇蒙造好了 747 艘船，在那儿为战后的资本主义创立了社会、技术方面的榜样模式。 为了简化焊接工序，巨大的舱面船室在装

---

① MINS，美国在太平洋海岸上建造的第一处海军船坞，主要为美军太平洋舰队服务，位于加州索莱诺县，旧金山东北大约 25 英里处。

② Bonneville Dam，哥伦比亚河上的主坝之一，60 米高、820 米长，由美国工程公司建于 1933—1943 年间，是罗斯福新政时期最大的水利发电项目之一。

③ Grand Coulee Dam，168 米高、1 272 米长，位于哥伦比亚河上，建于 1933—1942 年间，是全世界最大的混凝土大坝之一，也是美国发电能力最强的水利大坝(6 465 兆瓦)。

④ Shasta dam，位于加州北部萨克拉门多河上，高 183 米，长 1 055 米，建于 1938—1945 年间。 是全世界最大的混凝土大坝之一，它的蓄水湖沙斯塔湖的面积达 119 平方公里。

⑤ 见本书第 75 页脚注⑦。

⑥ Stephen Davison Bechtel(1900—1989)，工程师、建筑商人，1919 年加入其父的西部建筑公司，后来接任总裁(1936—1960 年)。 1931 年参与了胡佛大坝的建设工程。他在 1946 年创办了贝克特尔公司，是世界上同行业里最大的一家企业，在全球建造了许多动力厂和炼油厂。

⑦ John Alcx McConc(1909—1991)，工程师、商人兼政府官员，统一钢铁公司的总裁(1929—1937 年)，1938 年创办了贝克特尔-麦科恩工程公司。 曾任原子能委员会主席(1958—1960 年)、肯尼迪总统手下的中央情报局局长(1961—1965 年)，在 1962 年的古巴导弹危机中起到了很大作用。 离任后担任了国际电话电报公司的总裁(1965—1973 年)。参见第 160 页脚注①。

配时先是底朝天，然后再吊装到预定的位置上去，这个做法把历来要花六个月的造船周期缩短到了一个星期。 由于缺少熟练的技术工人，凯泽"从冷饮店侍者和家庭主妇当中训练出大约三十万名焊工[仅在里奇蒙一地]"。[24]但他真正的天才则体现为，他专注而系统地研究着一个问题，想要尽量避免由于工人生病或换岗而造成的时间损失，从而维持劳动力的高产量——其他签订了军方合同的商人正是在这一环节上遇到了噩梦。 回头再说1938年，当时凯泽正竭力要赶在最后期限之前完成

388　深谷大坝的建设，他做了个实验，签约让自己手下的工人加入了由西德尼·加菲尔德医生①首倡的预付款保健计划，从而把间接的医药成本变成了可以预估的直接工业投入。 这个"永远健康计划"后来是凯泽传奇里最有生机的一部分，工会帮着对它做了调整，让里奇蒙人数众多的劳工都参加进来，同时公司还积极插手兴建战时住房、组织休闲娱乐、合理改善过度拥挤的公共交通（凯泽从纽约市原来的第六大道电车公司买进了一批车辆）。[25]

　　可是，凯泽的里奇蒙船坞却面临着一个危险的瓶颈：钢板材料的持续短缺。 西海岸一向只是东部工业的一处殖民地，总是以高额差价输入钢材（每吨6—20美元）；现在，战时经济已经走向白热化，无论是东部工厂提供的材料还是铁路的运力都指望不上，太平洋船坞所需用到的高成本钢材没法得到充足供应。 虽然美国钢铁公司的本杰明·费尔利斯②扬言，"从绝对经济公平的角度来看，让太平洋海岸组建大型钢铁工业还不如让纽约自己去种橘子"，[26]但是由于战时的原料短缺，这

---

　　① Dr. Sidney Garfield，1933年他在莫哈维沙漠办起一家12床医院，为穿越沙漠修建洛杉矶供水管道的几千名工人提供医疗保健服务，但是不久就面临破产。 凯泽和他达成交易，为大约五千名工人提供预付款事故诊疗服务，每人每天付费5美分。 随后加菲尔德很快在工地附近多建了两处医院，配备了医护人员。 五年后，凯泽说服加菲尔德为深谷大坝的大约15 000名建设工人实施了类似的医疗服务计划，这位医生还创办了以自己的名字命名的医疗协会，进行这方面的实践，为凯泽的"永远健康计划"开创了先例。

　　② Benjamin Fairless（1890—1962），原名Benjamin Franklin Williams，美国工业家，被人收养改姓Fairless。 他是一名市政工程师，曾任中央钢铁公司的总裁长达17年。 他在20世纪30年代加入美国钢铁公司并任高层领导，随即在几十年间带领该企业进行现代化改造并扩大了企业规模。

家企业只得制订计划，在犹他州的煤田上新建一家综合工厂，用来开采含铁矿石。 不过，美国钢铁公司坚持认为，战后的西部市场将证明，这家工厂新增的额外生产能力纯属多余，因此它要求国防部的生产公司为它出这笔建设成本。

凯泽提出了独具个人特色的大胆建议来回应此事，他想从政府借钱，利用胡佛大坝的发电能力，自己在洛杉矶地区兴建一家利用海水动力的钢铁企业。 东西部两方势力都从一开始就认为，这是西部脱离大钢铁公司的独立宣言，它在匹兹堡激起了极大的愤怒，同时也在加州引发了极大的狂热。 结果，华盛顿方面批准由美国钢铁公司来经手政府在犹他州日内瓦市兴建的工厂，同时又通过重建财政公司向凯泽提供了1.1 亿美元贷款，希望这样一来就能让双方都感到满意。[27]然而，不知是由于珍珠港事件引发的歇斯底里情绪影响到了实际举止，还是由于大钢铁公司的私下游说（梅泽里克相信是后一种情况），战争部坚持要求凯泽的工厂必须位于内陆离海岸线至少五十英里处，"远离日本人可能发动的空袭"。[28]许多人认为，限定这一位置其实是想让凯泽的工厂在战后无法转入生产竞争。 根据常规经验来判断，一家综合工厂需要铁矿石、煤炭和炼钢生产共同组成的"三脚架"来支撑，如果只靠铁路运输才能赢利运营的话，它就只有一条"腿"的力量。 位于南加州的海水发电厂在战后市场上幸存下去的机会微若游丝；而设在内陆的工厂如果只能依靠从好几百英里以外用船运来的铁和煤炭，根本就违反经济逻辑。[29]

但是凯泽深信，"只要穿上了工作服，就只需要等待时机而已"，他才不肯灰心丧气。 他考虑到，新的炼钢技术和采矿技术会大量节约成本，而且加州市场会在战后出现巨大的需求（大钢铁公司严重低估了这一点），这些因素都能帮他转入和平时期的生产，赚到大钱。 他接受了战争部提出的苛刻条件，自己派出工程师队伍去寻找一处合适的内陆地点。 他们的眼睛很快盯住了方坦纳。

豪华战争宝贝

> 从生猪到生铁！
>
> 方坦纳钢铁公司将造就一个新世界！
>
> 凯泽公司的口号,20 世纪 40 年代[30]

珍珠港事件之前曾有过一段小阳春,那时节,方坦纳永远的宿命似乎就是生产肥猪、鸡蛋和柑橘了。当地人忙着谈说一年一度"母鸡赛会"的热门选手,或是为"死亡谷"(即山谷大道)飞快攀升的死亡率而忧心不已,与此同时,方坦纳农场公司的广告专家们则在吹牛,1940 年的人口普查"证实了方坦纳是合众国最顶级的农业社区!"[31]A·B·米勒现在跟巨人斯威夫特及其公司合了伙,在加州的农业生意圈里、在保守的内陆帝国政界更是权势空前强大。随即,寒流应时而至,死神打倒了方坦纳的多名缔造者:先是米勒(1941 年 4 月),几个月后接着就是头牌生意人查尔斯·霍夫曼、创建供水系统的威廉·斯泰尔,还有方坦纳农场公司的柑橘科主管 J·A·麦格雷戈。[32]

随着这一代先驱人物的去世,随着人们逐步认识到加州很快就会变成太平洋战争的补给场,加州的推销派在 1941 年春展开了一场仇外宣传,鼓吹方坦纳是个理想的战时工业生产地点。接替米勒主管方坦纳农场公司的人是 R·E·波伊尔,他和地方长官 C·E·格里埃、国会议员亨利·谢泼德一起,甜言蜜语地哄着方坦纳人相信,他们"符合真正美国准则的……爱国义务",就是要创造出新的"农业与[战争]工业的合作关系"。[33]但是,为时六个月之久的强大广告攻势再加上吹嘘爱国之心的夸夸其谈,却连一家军工厂或是飞机制造厂都没能引出来。倒是等到每天有人在长滩和好莱坞上空"目击"了日本飞机以后,由珍珠港事件带来的歇斯底里情绪就推动了一阵突兀的狂潮,人人都搜求起了"安全的"内陆住址。 在1942年新年伊始的几个星期里，方坦纳农场公司每天卖出两个农场，买家全是从洛杉矶逃来的忧急的难民。[34]即便是大力提倡在内陆帝国推行军事工业的格里埃长官也不得不承认，方坦纳将要"通过本地的家禽生产，为战争胜利作出巨大贡献"。[35]随即就从奥克兰的凯泽总部传来了兴建巨型钢厂的爆炸性消息。[36]

由于没能获准在潮起潮落的海岸边兴建工厂，凯泽就被吸引到方坦纳来了，此举有两个不同的原因。 一则，眼前就有个现成的优势，即米勒已经完成了基础设施建设，再则，凯泽手下的工程师及其军方同仁还发现了更多的优点：利特尔溪流能提供廉价的动力（现在因为兴建了博尔德大坝①更是变本加厉），靠近圣伯纳迪诺和科尔顿这两个重要铁路道场造成了绝佳的铁路联结，另外还有在这半沙漠地带最重要的一点，就是有一套成本低廉的自主供水系统。[37]本地的政府当局软弱无力，控制不住未经社团化的方坦纳地区的权属，这也被看作一个有利因素。 圣伯纳迪诺县是个"贫穷的农业县"，极罕见地拥有宽阔的疏散道路，这儿的官员们单纯不通世故，盼着出现任何一种工业投资，凯泽显然非常乐意跟他们打交道，如果有必要还能威胁震慑他们，他可不情愿去面对别处更有权势、自信十足的政府官僚。

另一方面，凯泽本人也被米勒的乌托邦迷住了。 像在里奇蒙的时候一样，他认为社会工程学与制造工程学同等重要，养母鸡、种柑橘也许便能削弱阶级斗争。

他看出在乡村社区里进行建设是有好处的。钢铁厂的工人们业余有机会饲养小鸡或者种植园地。凯泽相信这些"业余农场"创造出了一种比较宽松的气氛，会让工人们更满意。在东部的钢铁小镇上可别想看到这种情形[于是，相形之下这就算是个优点]。[38]

---

① 即胡佛大坝。

在 A · B · 米勒葬礼的周年纪念那一天，在方坦纳镇西几英里外，
392 凯泽在从前的一家米勒农场上破土动工，他的推土机真就名至实归地赶
走了生猪。[39] 曾参与修建过深谷大坝和里奇蒙工地的熟手们负责监
督，建筑突击队以惊人的速度不断推进。 到了 1942 年 12 月 30 日，煤烟
带来的酸味已经悬浮在柑橘林上空，当地的电台广播员切特·亨特利在
主持节目时告诉听众，亨利·J·凯泽太太扳下开关，点燃了 1 200 吨级
的巨型鼓风炉，为了向她致敬，这只炉子是以她命名的，叫做"大贝
丝"。 后来在 1943 年 5 月又举办了一场安排更精心的庆典，庆祝第一炉
钢的出炉。 凯泽身边挤满了好莱坞明星和一流的军乐队，他以独有的夸
张做派宣布，方坦纳正在开始"太平洋时代"，"为西部开辟着一个伟大
的工业帝国"。 成队的柴油机卡车开始穿梭往返，把方坦纳出产的钢板
不惜迢遥地运送到里奇蒙和圣佩德罗那几处急等钢材的船坞里去。[40]

占地好几平方英里的宽阔厂区是南加州的"豪华战争宝贝"[41]，
它似乎是拔地而起，而方坦纳人还没来得及估量一下，这件事究竟对自
己小小的乡村社区造成了多大影响。 或许是因为转变得太快，或许是
因为爱国舆论起了作用，史料记载中没出现过抵制工厂建设的抗议活
动。 凯泽的发言人向居民们担保说，工厂"可以在一片橘林当中盖起
来并保持运转下去，同时也不会对果树造成丝毫伤害"。[42]然而，到
了第一年的年底，让人忧心的反面证据开始显现。 方坦纳最初选用的
炼钢煤炭含硫量太高，产生的酸雾导致树苗枯萎、树叶也发焦了。
1942 年秋天，住在工厂对面的农场主们最后一次从自家的果树上收获
到了葡萄柚。[43]米勒的伊甸园从此开始走向了末日，同时，本地区大
范围的污染问题也就此肇端。

就在方坦纳人眼睁睁地看着自家果树枯死的同时，圣伯纳迪诺县那
群过度乐观的官员也被凯泽打破了幻想，他们本以为这家工厂会为县里
带来一大笔税收横财呢。 1943 年 7 月，凯泽公司收到了常规税率的评
估单，可是公司马上驳回了县里开出的账单，警告说他们"可能被逼着
关闭工厂"。 尽管记者们大大嗤笑这一威胁显然荒谬绝伦，说这家价

值 1.1 亿美元的簇簇新的工厂不可能关张，可官员们却被吓坏了，言听计从地大幅度降低了评估价，只保留了原价的一小部分。[44]他们这一让步就开了个先例，凯泽的手下高管们每次预料到会增税的时候，就会抗议工厂的经济活力因此遭到了削弱。结果，圣伯纳迪诺县就这么眼看着本地的头号潜在税源变成了一家只完成净税义务的单位（了解到这一事实就会明白，为什么再过了一代人之后，地方官员居然会对工厂的关张无动于衷）。

专家们曾经预测，要在方坦纳进行钢铁生产，所面临的主要困难是如何组织供应原材料，他们说对了。凯泽可以到本地的采石场去购买石灰石和大理石助熔剂，但是他别无选择地只有建立自己的开矿网络，才能获取铁矿石和煤炭。虽然地质学家向凯泽担保说，近旁的莫哈维沙漠在三百英里半径区域里就蕴涵着大量铁矿石，足以满足凯泽工厂几个世纪的需求，然而，要想开采这份富得流油的沉积矿产，就需要花费大量投资，铺设铁路、改良采矿技术。一开始方坦纳的矿石供应来源于凯尔索附近的瓦尔肯矿区；战争结束后，凯泽的公司在河滨县开发了大型鹰山联合企业，有自备的铁路线和 500 名采矿工人。炼钢用的煤炭是供应最匮乏的一种原料，不得不跑到 800 英里以外犹他州的普莱斯去买过来（1960 年凯泽的方坦纳公司转变了方向，开始从新墨西哥州的新矿区收购煤炭）。总体来看，方坦纳是在用全国最昂贵的煤炭来冶炼低廉的铁矿石：这种模式导致该公司的熔炼成本远远高过了其他的综合性工厂，连美国钢铁公司设在犹他州的煤田厂都比不上。[45]

尽管如上所述背负着供应成本的沉重负担，到 1944 年为止，凯泽公司的炼钢效率还是超出了所有人的期许，他用这些钢材建造船只的吨位数还是超出了所有人的大胆梦想。他同时还在熔炼铝材、装配轰炸机、调制混凝土，甚至制造着燃烧弹的"粘酱"①，空军兵团每天都按

393

---

① 燃烧弹里用镁粉、硝酸钾、汽油等混合而成的填充料，外面包裹沥青层，呈胶状。

日程用他的产品去点燃东京和大阪。 当他的名望达到巅峰的时候，有许多人在谣传，他会成为罗斯福竞选第四个总统任期的最佳副手人选。同时，凯泽与新政的盟友关系也让他名下的各家公司飞速扩展，变成了头等私营企业，而且他的经营完全不像加州的飞机制造业，彻底摆脱了华尔街和东部大银行的控制（如果他不向政府借钱的话，他的老盟友贾尼尼也能照着美国银行的信用贷款最高额度借给他单笔数额最大的资金）。[46]由于凯泽的船坞和炼钢工厂、铝业工厂都获得了成功，他受到鼓舞，通盘构思了一个大胆的协同扩展计划，要闯入战后的医疗保健、设备器械、住房建设、飞机制造和汽车制造市场。 在凯泽发表的战时演说中，他很自豪地为罗斯福当年提出的四大自由加上了第五项"自由"："丰裕的自由"。[47]

他具有出类拔萃的预见能力，意识到了由于工会力量日益壮大（他对此是赞许的），由于战时获得的生产力进步，这两项因素终将共同导致大众消费者的革命，落实新政早已做出的承诺。 他还预料到，由于战时状况压抑了人们对住房和汽车的需求，被迫存款汇成了巨大的储蓄额，刺激形成了一种爆炸性的市场状况，因此，像他这样的独立企业家就有可能借此抓到百年不遇的商机，去跟《财富》500强一较高下。 关键要看你能以多快的速度恢复生产并进行重组，看你有多大的本事拿出最新型的产品，满足美国人自1939年举办纽约世界博览会以来始终不变的梦想。

出于亨利·J特有的狂妄心态，他企图同时扩展到所有的市场领域里去。 他在实验性航空工业里冒险的经历很短，只不过曾听任患有强迫症的霍华德·休斯去深入研发他们那个超级飞机的原型，声名狼藉的"云杉鹅"①。[48]另一方面，在大批兴建的住房市场上，凯泽却获得

---

① Spruce Goose，休斯H-4型大力神飞机的绰号，历史上只造过唯一的一架，由于二战时期金属原料短缺，飞机的主体用桦木板制成，翼展极长，是当时的技术奇迹。 凯泽和休斯最初构思这个机型是为了供美军使用，设计运载能力为750名全副武装的士兵或两辆谢尔曼型坦克。 但是它直到1947年才造成。 1947年11月2日，霍华德·休斯亲自驾机从长滩起飞，达到了130公里的时速。 国会否决了军方使用这种机型的提案，这就成了"云杉鹅"唯一的一次起飞。 尽管如此，它深刻影响了20世纪末的一些飞机设计，比如洛克希德公司的C-5银河型飞机和安东诺夫的An-124、An-225型飞机。 休斯去世后，这架飞机几度易手，最终从1993年起固定放在俄勒冈州的"常青航空博物馆"展出。

了扎实的成功。 长达二十年的时间里，他一直在为自己手下的筑坝工人和造船工人兴建住房，甚至还为整个社区环境做过总体规划。 他还跟一些影响力极大的思想家探讨着全国性的住房危机，比如他曾联络过诺曼·贝尔·格迪斯①，1939 年世界博览会上著名的"未来世界"展馆就是此人的手笔。 日本投降之后不久，凯泽就戏剧性地宣示了一场"住宅革命"：这是"美国对共产党和法西斯分子所谓成就的回答"。他估计，在刚刚停战的这段时期里，每年将有一百万人搬到本地来定居，为此他在南加州开动了"一条长度将近一百英里的现场装配流水线"，从此起步在威切斯特、北好莱坞和帕诺拉玛市的地界里盖出了上万家预制式住宅。 凯泽手下的工程师们对普通建筑材料的极度短缺不屑一顾，用玻璃纤维板、钢材、铝制压条和石膏板进行发明创造，与此同时也"运用里奇蒙方法"来训练建筑工人的大军，凯泽很快就让这些建筑工人组成了工会。[49]

尽管凯泽出品的住宅可能是战后"商品房建设"的一个非常重要的例证，却只不过是其主人穿插性地露了一手罢了。 亨利·J 的真正野心是要在东部大企业自家的地盘上向他们发起挑战。 不幸的是，他决定向底特律和匹兹堡同时开战。 他"攻击着美国最危险、最惹人注目的一架风车"，[50]改装了密歇根州柳溪市的一家大型轰炸机厂，创办了凯泽-弗雷泽汽车公司。 与此同时，他率领方坦纳钢铁公司直接与大钢铁公司争夺起了西部市场的控制权。

过去西部只有一位资本家曾经如此胆大包天地企图入侵东部：就是20 世纪 20 年代末的贾尼尼。 当时贾尼尼一时冲动要在华尔街上争得一席之地，结果是 J·P·摩根报复性地突袭了由贾尼尼的银行控股的泛美公司，让他暂时失去了在自家银行里的职位[51]（摩根公司有一位

395

---

① Norman Bel Geddes(1893—1958)，美国设计师。 1918 年起担任大都会歌剧院的舞美设计，后来做过无数工业设计，还设计过几家剧院及其他建筑。 在 1939 年的世界博览会上，他为通用汽车公司设计了展馆，取名为"未来世界展示"。 他的自传在他去世后的 1960 年才获出版，题为《夕阳中的奇迹》。

主管告诉贾尼尼，"不管对错，你在这儿就是听吩咐办事"[52]）。 因此，贾尼尼站在凯泽的战后计划一边做他的盟友正是个恩怨分明的好主意，他介绍凯泽结交了底特律资本家当中的逆子约瑟夫·弗雷泽，同时还全力以赴地为方坦纳钢铁公司再筹资金。

最近马克·福斯特（Mark Foster）为亨利·J 写了一部学术性传记，重新说起了凯泽-弗雷泽联盟的"崩溃"。 由于工人们担心战后会失业，也担心汽车业的大制造商将展开敌对行动打击工会，汽车工人联合会就恳请凯泽来改造柳溪市的装配流水线，用以生产汽车（原计划等日本投降之后就关闭这家工厂）。 凯泽和威利斯-大陆公司的前任老板弗雷泽联起手来，在工会的鼓励下，他领着手下的工程师们想要再现里奇蒙的奇迹。 接管柳溪市一年之后，他们造出了十万辆汽车，还令人感佩地重新组建了一个全国代理销售网。 1947 年出现了一股凯泽-弗雷泽冲击波，迪尔伯恩公园和克莱斯勒总部大厦的经理办公套间里有很多人都为此神经紧张起来了。 但是，凯泽的新公司既要对付大型汽车公司投资动辄几十亿的分厂扩建计划和新车型变化，又要对付整个地区全面投资不足的局势，因此在亏空里泥足深陷。 就在这个节骨眼儿上，贾尼尼去世了，华尔街驳回了凯泽提出的报价，弗雷泽也辞职了。 柳溪市的工厂在 1954—1955 年间垂死挣扎重新进行了改造却没能成功，此后工厂卖给了通用汽车公司，模具都用船运去了南非，凯泽企业一直在那儿把组装汽车的活计干到 20 世纪 70 年代。 虽然在接下来的十年时间里，凯泽继续在托莱多的威利斯-大陆分厂里制造吉普车，然而，西部进犯底特律的势头总归是完结了。[53]

既有大钢铁公司苦苦相逼，凯泽-弗雷泽公司又面临着相当严重的财政困难，相形之下，方坦纳却是一个毫无瑕疵的全面成功。 紧接下来是针对钢铁短缺、劳资关系失调等问题的整顿时期（1945—1946 年），多亏了凯泽与美国产业工业联合会之间的老交情，方坦纳没被狼狈地卷进全国钢铁行业的罢工浪潮。 凯泽钢铁公司扩展后打入了新的产品市场，尤其是涉足了建筑业，因此它在钢铁短缺时期里全速前进，甚至还曾短期向欧洲出口过产品。 但是，一旦钢铁业的罢工浪潮平息下来，供应能力开始追上了需求水平，方坦纳固有的后勤保障问题和财政问题似乎就意味着厄运临头了。[54]

幸运的是，凯泽手下的冶金专家没靠着柳溪市的设计团队，自己在方坦纳实现了某项技术突破。 亨利·J曾性急地早早许愿，他的工程师们可以大幅度降低煤炭用量、提高鼓风炉的效率，从而降低煤炭因素导致的高成本，他这个允诺的确兑现了。 同样，凯泽矿山的工程师也在鹰山率先发明了新的采矿技术，把铁矿石的成本降得很低，甚至远低于东部的平均水平。 到20世纪50年代中期，方坦纳已经跃居国际炼钢先进水平的行列，从日本到其他原材料成本高昂的国家，到处都有钢铁大王在热切地研究它的经验。[55]

一个比较棘手的问题是，他为建设方坦纳向重建财政公司（简称RFC）借过贷款，这笔钱该如何偿还。 由于共和党在1946年重新把持了国会，凯泽的新政盟友们成群结队地离开了杜鲁门总统的政府，这么一来，凯泽在政界就孤立无援了。 人们断定他靠着战时签订的造船合同牟取了暴利（他斥责这纯属诽谤，是他在东部的业界敌手散布出来的谣言），于是他在国会大受攻击，因此就没能动员重建财政公司给他在1942年的贷款打个折扣，也没能再次争取到贷款。 尽管得到了一些口头上的声援（《新共和》杂志谴责重建财政公司对西部"自主建设钢铁工厂、挣脱东部控制的努力"背信弃义），商会也做过无数决议，可是凯泽已经用光了自己在政界的"人情"。 战时资产管理部把犹他州日内瓦市的工厂拍卖给了美国钢铁公司（它是*出价最低*的投标方），工厂每1美元的成本只卖出了25美分的价钱，这可往凯泽的伤口上又洒了一把盐。[56]

如果在这岌岌可危的时刻钢铁的需求放缓了，方坦纳可能还得挣扎些时日。 不过，横跨美洲大陆的石油管道建设工程带来了一笔巨额生意，凯泽钢铁公司这就有了价值连城的宝贵抵押品，同时朝鲜战争的突然爆发也救活了西海岸的造船工业。 贾尼尼家族也提高了凯泽的信用等级，凯泽听从他们的建议，公开出让了钢厂的股份。 在《洛杉矶时报》的继承人诺曼·钱德勒（他在凯泽钢铁公司当上了一名主管）和老朋友约翰·麦科恩的率领下，洛杉矶的商界精英们合力购买了原始股，亨利·J 这才能在 1950 年凑钱还上了重建财政公司的贷款。[57]

吸纳私人资本的渠道越来越多，而且南加州的市场繁荣程度也超出了所有人的预想，凯泽钢铁公司因此得以扩展，并且进行了花样百出的投资。 经由战后的两次扩建，新增设了一台鼓风炉，还创办了新工厂来制造镀锌铁皮、钢筋和钢管；在鹰山新开了一家技术非常先进的铁矿石处理厂；1959 年，布朗州长站在亨利·J 的身旁，为一台顶级碱基氧气炉（BOF）的开工致词。 凯泽钢铁公司有八千人的劳动力队伍，未来还计划把生产能力再翻一番，尽管它在全国范围内还是个侏儒，可在本地区已经算个巨人了。 1962 年，凯泽钢铁公司采取了一项举措，大幅度降低了自己的产品价格，"迈出了一大步来涤清'洛基山脉以西价格偏高'的套话"。 事实上，东部的钢铁产品已经从市场上全被赶跑，只剩下了方坦纳和日内瓦市的美国钢铁公司，共同垄断着太平洋海坡。[58]

同样让人安心的是，凯泽钢铁公司似乎继续维持了最明智的劳资关系。 虽然在 1959 年漫长的钢铁工人罢工期间，方坦纳也关门歇业了，没能像 1946 年那样置身事外，但它接受了钢铁工人联合会提出的一项利润分享计划，答应在改革技术时要经过集体磋商，这便打乱了大钢铁公司的阵脚。 他们先是创办了一个有公众委员加入的三方委员会，研究本厂的劳动规定与工会自治指南手册之间有何矛盾之处。 随后在 1963 年，公司和工会举办了相当热闹的庆典，正式推出了划时代的"长期分享计划"（这项计划大致以所谓"斯坎伦计划"①为基础），其中列

①　Scanlon plan，四种常见利润分享计划中的一种，历史最悠久、应用最广泛，该种计划考虑到劳动力成本在产品销售价格中所占的比例，并奖励劳工储蓄，因此最适用于劳工密集型企业。

出了很多复杂的计算公式和规定，目的是为了公平地弥补迅速提高生产率对工人造成的损害。这项计划最早的支持者包括了学院派劳资关系专家中的精英人物，还有两位未来的劳工部长（戈德伯格①和邓洛普②），"长期分享计划"成了肯尼迪政府新边疆时代集体磋商的典范，很快就被照本宣科地援引在每一本劳资关系教科书里。[59]

这就是方坦纳的凯泽钢铁公司的黄金时代，在战后西部的大烟囱经济领域，它就是旗舰。无论是甲板上的船长，还是甲板底下的船员们，谁都没能看见前方飘浮着的经济冰山。

方坦纳的种族屠杀

从南方来的白人构成了方坦纳人口的大多数。他们带来了
自己老家社区的习俗、带来了那些煽动仇恨情绪的宗教派别……
奥戴·肖特③,1946 年被方坦纳的民团成员杀害[60]

第二次世界大战刚开始的时候，从美国西南部的"尘碗"地带④逃到本地来的几百名难民还在果园里干农活，照他们看来，凯泽钢铁公司 398 算是给"愤怒的葡萄"之类的故事演示了一个美满的结局。圣伯纳迪

---

① Arthur Joseph Goldberg(1908—1990)，美国政治家、外交官、最高法院法官，在罢工谈判和诉讼中经常支持劳工组织的利益。 1961—1962 年间担任肯尼迪政府的劳工部长，被约翰逊总统要求辞职，改任美国驻联合国代表(1965—1968 年)。
② John Thomas Dunlop(1914—2003)，美国经济学家、劳资关系仲裁人，1975—1976 年间出任美国劳工部长。主要关注劳工市场、工资体系和产业组织问题。除了短期担任政府职务以外，他长期执教于哈佛大学。
③ O'Day H. Short 是住在方坦纳的一名黑人，当地的白人居民以武力威逼他和家人搬离这里，随后肖特家的住房被烧成灰烬，肖特夫妇和两个孩子均被杀害。世人普遍认为这一典型案件代表了无数以种族差异及宗教差异为借口、针对劳工运动的恐怖行为。
④ Dustbowl, 20 世纪 30 年代北美连年干旱，继而发生了严重的尘暴，祸及科罗拉多、堪萨斯、俄克拉荷马、得克萨斯、新墨西哥等州，是美洲大陆历史上最严重的环境灾难。西南部大平原的三分之一、面积达到大约五千万英亩的一片地带从此被称为"尘碗"。 刚在西南部大平原上定居了一两代的农民遭受了巨大打击，导致居民大量外流。"尘碗"的历史结束于 20 世纪 40 年代。

诺山谷里的所有工人都跑去建设工厂，导致农业劳工发生了短缺，直到
1943 年引进 bracero①，还没人肯相信这种人力短缺已经迫在眉睫。 凯
泽原以为自己可以用里奇蒙方法来组织方坦纳的劳动力队伍：靠着东部
雇来的专家在现场监督指导建筑工人，"用十天的时间教会他们炼
钢"。 但是他低估了工艺知识和口传身授的分量，这些炼钢必备的知
识只在钢铁工人世家的圈子里传来传去。 于是，他跑到宾夕法尼亚、
俄亥俄和西弗吉尼亚等州境内各处建有钢厂的山谷里，到处紧急呼吁，
招募那些还没参军的炼钢专家到方坦纳来工作。[61]

可想而知，五千名钢铁工人及其家属对本地的田园生活造成了毁灭
性的影响。 方坦纳和圣伯纳迪诺县西部现有的空置住房很快就住满了
人（不断搬来的军人家庭也在让圣伯纳迪诺县的西部改头换面）。 方坦
纳和邻近的居住区比如市场区、布鲁明顿和库卡蒙加等地几乎没什么分
区详规条例能控制得住混乱的局面，于是到处都盖起了五花八门的临时
简易房。 最早在鼓风炉边找到职位的工人大多住进了一片偷工减料的
拖车营地，亲切地叫它"凯泽村"。 来得稍晚的人就多半只好不用汽
车。 原先定居在方坦纳农场公司的住户受到了很大压力要把地产卖给
开发商和投机商人。 也有些人把自家的养鸡棚改建成了小隔间，出租
给单身工人——这种粗陋的居住方式在整个 20 世纪 50 年代仍然随处
可见。[62]

尽管方坦纳各区保持住了米勒时代的迷人风韵，特别是各个红瓦屋
顶小村，它们的村中心顺着山势、自己建起了装饰艺术风格的剧院和繁
华的商店，虽说这些地方依然如故，可是顺着飞箭高速公路和山脚大道
看去，沿路那些时常显得狂野喧闹的点唱机酒吧和路边旅店却造成了迥
异的气氛。 邻近的市场区声名狼藉——据猜想，钱德勒的小说《长眠
不醒》中埃迪·马斯的赌场就开在这个地方——它是一个大门四敞的赌
博中心，也是洛杉矶的暴徒巢穴（它在 20 世纪 90 年代再度赢得了这般

---

① 指合法入境干农活的墨西哥短期合同工。

名声，成了内陆帝国的噼啪可卡因黑帮之都）。同时，从工厂开出来的卡车队伍车轮滚滚永不停息，再加上方坦纳小镇的地理位置紧挨着 66 号公路（而且如今还挨上了 10 号和 15 号州际公路），让方坦纳变成了卡车运输的一处重要的地区中心，四周边界上到处遍布着熙熙攘攘人来人往的全天候加油站和咖啡馆。[63]

20 世纪 40 年代的新兴城市方坦纳不再是个清一色的社区，再也没有统一的文化结构。它倒是呈现出一片多姿多彩却并不和谐的"大杂烩"（bricolage）式全景，包罗了种植新奇士橙子的农民、养殖斯洛文尼亚小鸡的农场主、赌徒、黑帮成员、长途奔波的卡车司机、在工厂上班的移民农夫、合法墨西哥短工、（附近军事基地的）空军军团人员、搬家到这儿来的钢铁工人及其家属。方坦纳同时又是黑人争取权利的激战前线，黑人家庭努力申明自己的小小要求，想争取到一个农场之家或者一个工厂里的职位。尽管在太平洋战争即将结束之际，圣伯纳迪诺山谷的西端洋溢着阳光普照、欣欣向荣的乐观气息，但是，私底下却有冥顽不化、歇斯底里的种族歧视之声甚嚣尘上。终于，就在 1945 年的圣诞节前，暴行发生了。奥戴·肖特、他的妻子和两名年幼的孩子被人残暴地杀害，随后官方对此事件的遮掩更是火上浇油，于是至少以加州黑人的眼光来看，方坦纳已经无可救药地被判定了，它比梅森-狄克逊线①还要靠南很多。

讽刺的是，柑橘地带上有极少数几个地方允许黑人自己建立社区，方坦纳早已跻身其中。在整个 20 世纪 40 年代的每个星期里，洛杉矶黑人的进步报纸《鹰报》都在显著位置刊登广告，兜售着"方坦纳地区阳光普照、丰产水果的地段"。[64]中央大道的黑人聚居区里，居民人满为患，他们受制于限制性条款（即"洛杉矶的吉姆·克劳法则"），没

①　Mason-Dixon line，美国马里兰州和宾夕法尼亚州之间的分界线，1763—1767 年间由两名英国天文学家梅森（Charles Mason，1730—1787）和狄克逊（Jeremiah Dixon，1733—1779）划定，因而得名。这条界线被看作美国南方和北方之间的分界。文中的意思是方坦纳的种族问题严重到接近最保守的美国南方地区的程度。

法搬家住进像圣费尔南多山谷之类的郊外社区，对他们来说，方坦纳的诱惑一定大极了。况且，凯泽的里奇蒙船坞是黑人劳工在西海岸的最大雇主，人人都盼着他新开的钢厂同样将是个不在乎肤色差别的雇主。方坦纳的现实是，基线大道旁边岩石嶙峋的冲积平原被含混其辞地称为"方坦纳北区"，黑人被隔离在这片地界上，在某种意义上形成了柑橘带里的黑人聚居区。同时，工厂里限定了黑人和奇卡诺人只能去最肮脏的部门上班——去侍弄炼焦炉和鼓风炉（这种状况直到 20 世纪 70 年代初都始终没变过）。

奥戴·肖特在洛杉矶本来就已经是一位著名的民权活动家，他率先挑战了方坦纳在居住领域里的种族隔离，1945 年秋天，他在方坦纳镇的兰道尔大街上买了块宅基地。肖特搬来住的时机恰好切合了三 K 党在整个南加州死灰复燃的时刻，主张白人地位至高无上的极端分子动员起来，剑拔弩张地对付着退伍的黑人士兵和奇卡诺士兵。12 月初，一群有三 K 党之嫌的"民团队员"拜访过肖特，命令他赶紧搬家，免得陷他的家人于受害的险境。肖特坚持自己的立场，向联邦调查局和县里的警长报告自己受到了威胁，同时还在洛杉矶的黑人报纸上发出了警报。警长却没有为他提供保护，而是派手下警告肖特搬家，别让他一家老小遇上任何"令人不快的事情"。方坦纳商会正急于限定黑人只住在基线大道北边，提出条件由商会出钱让肖特搬走。他拒绝了。[65]

过了几天，在 12 月 16 日，肖特家的房子被一场"凶猛异常"的地狱之火化为灰烬。邻居们报告说听见了一声爆炸，随后看见地面上的"火团"，这家人从自己的房子里奔逃出来，遍体被火。肖特的妻子和年幼的孩子们几乎马上就断了气；肖特并不知道家小的死讯，在极度痛苦中多煎熬了两个星期。根据某种传言，在肖特过世前，地区检查官残忍地让他知道了家人的不幸结局（后来有人指责地区检查官违反了医院的方针，没有保护肖特免受更深的伤害）。[66]

当地报纸低调报道这一悲剧事件的做法极其罕见，它引用地区检查

400

官的意见说，这场火灾是个事故。[67]显然是迫于全国有色人种协进会和黑人报纸的压力，质询验尸官的程序终于开始了(1945 年 4 月 3 日)。"与此类案件中的标准惯例相反"，地区检查官杰洛姆·卡瓦诺不同意让目击证人提供证词，证实民团警员威胁过肖特一家。 卡瓦诺倒是引述了自己在医院里询问肖特的笔录，"在记录里，病人再三说，他伤势太重、心情太烦乱，没法做出陈述，但是在不断施压和建议之后他终于做出让步，说'就他注意到的情况来看'，火灾好像是一场事故"。 方坦纳的消防官勉强承认自己没有确凿的证据，不过猜测这场大屠杀可能是由于煤油灯爆炸引起的。 既然陪审团在听取验尸官证词时对民团威胁的背景情况完全懵然不知，他们就据此裁决，肖特一家死于"一场起因不明的火灾"。 警长拒绝展开纵火调查。[68]

方坦纳的黑人社区中有不少人"自己就亲身被'德克斯'·卡尔森副警长劝诫过，让他们去劝劝肖特一家滚出去"，这些人全都"毫无异议地否认'事故'推定"。 方坦纳最著名的黑人居民是《黑人城横行者舞会》的作曲者谢尔顿·布鲁克斯①，他要求进行一次全面的纵火调查。 急公好义的 J·罗伯特·史密斯为内陆帝国办了份黑人报纸《三县快报》，他谴责官方掩盖了"集体谋杀"——响应这一指控的还有肖特的朋友，洛杉矶《鹰报》的发行人约瑟夫和夏洛塔·巴斯夫妇。[69]

洛伦佐·鲍登领导的全国有色人种协进会洛杉矶分会雇了一位著名的纵火罪案专家保罗·T·沃尔夫来仔细审查所有证据，然后，此案一度成了闹得全美国满城风雨的一桩著名刑事案件。 他注意到，据说引起火灾的煤油灯被复原之后实际上毫发无伤，同时他却发现了触目的证据表明，有人故意泼洒大量煤油浸透了肖特家，这才引起了凶猛无比的

---

① Shelton Brooks(1886—1975)，美国流行音乐作曲家。 由他作词作曲的《黑人城横行者舞会》(*Darktown Strutter's Ball*)是最早的爵士乐经典作品之一，1917 年 1 月 18 日发表，1 月 30 日由正宗狄克西兰爵士乐队(Original Dixieland Jass Band)录制成同名唱片，可能是最早的一张爵士乐商业唱片。 作者的灵感来自于 1915 年旧金山举办的太平洋-巴拿马博览会上的一次舞会。

爆炸。他得出结论说，"毫无疑问，这场火灾的诱因是纵火"。与此同时，《三县快报》发现，警长最初提交的火灾报告从档案里"神秘地"失踪了，而《鹰报》也彻底质疑了据说由肖特向地区检查官卡瓦诺做出的证词。圣伯纳迪诺和洛杉矶出现了大规模示威活动，几十家本地行业工会组织、进步的犹太人组织以及民权团体都响应了全国有色人种协进会的呼吁，要求由加州的自由派总检查官罗伯特·肯尼针对"方坦纳的私刑恐怖行动"展开一场特别调查（肯尼也是冈特最喜欢的一个人）。天主教多种族团结大会的领导人丹·马歇尔指出，"谋杀是种族歧视的必然结果"，同时共产党领袖佩蒂斯·佩里则说，肖特案是"加州历史上曾蒙受过的最大耻辱"。[70]

　　然而，肖特家的屠杀案很难天长日久地引人注目。总检查官肯尼成功地在加州暂时取缔了三K党，可他却没试过要为肖特案重开调查，也不想揭露圣伯纳迪诺官员以官方身份做过的掩饰。全国有色人种协进会的洛杉矶分会本是这场斗争的急先锋，它很快就转移关注焦点，投入一场新的战斗，忙着反对洛杉矶中南部地区的住宅歧视政策去了。[71]托洛茨基派的社会主义工人党在1946年的整个春季里都忙于自己党内的宗派主义之争，不过倒是利用了肖特案这一重要武器来跟肯尼及其共产党支持者对骂（肯尼是民主党推举的州长候选人）。[72]最后，随着抗议声浪慢慢退去，民团赢得了胜利：黑人继续在基线大道以北多住了一代人的时间（也在炼焦炉边多干了一代人的时间），至于肖特一家的遭遇，像白人至上主义的所有牺牲品一样，被人正式遗忘了。[73]

　　不过，战后初期的方坦纳发现自己终归很难避免臭名远扬。新闻界也许确实是略过了肖特案，却大张旗鼓地报道了格温德林·沃利斯的谋杀审判——这名方坦纳本地警察的妻子自首说，她枪杀了丈夫的情人鲁比·克拉克，一名年轻美貌的方坦纳学校教师。当时正在上映琼·克劳馥情调的无数好莱坞电影开始说教，批评战争时期的道德观和两性平等的主张，此刻，沃利斯的审判就汇聚了针锋相对的各种价值

402

观，彼此辩驳不休。 为了论争格温德林有没有正当理由杀掉鲁比，姑娘们和自己的妈妈斗嘴，丈夫们和自己的妻子吵架，甚至据说有人竟为此离了婚：人们说鲁比是个"诡计多端的单身职业女性"。 让人惊讶的是格温德林·沃利斯在 1946 年 3 月被宣判无罪，这个判决在全国上下既引起了愤怒也引来了庆贺。 在圣伯纳迪诺的法院里，她"被感同身受的妇女们围住了"——其中大部分都是像她一样长年受苦的家庭主妇，她们在这一出真实生活肥皂剧的推演过程中都成了仰慕她的追星族。[74]

最后，1946 年还是"地狱天使"最早的核心组织开始渗透进本地区的一年，此事永远固定住了新的方坦纳那副野蛮的形象。 据传闻，"地狱天使"的始创者是复员回家的轰炸机飞行员，他们直接就是从海勒的《第二十二条军规》那本书里跳出来的，不肯返回头来重过沉静的市民生活。 不管事情真相如何，这个拿方坦纳当大本营的帮派肯定参加过恶名昭著的摩托车暴动，一次是在霍利斯特(1947 年 7 月)，一次是在河滨县(1948 年 7 月)，由于白兰度在电影《飞车党》①里的表演，这些暴动都名垂史册了("这[部电影]是摩托骑士们对《太阳照常升起》的回答")。[75]美国摩托车协会遭到舆论围攻时，谴责这批人是"百分之一的歹徒"②，"地狱天使"的骨干从此就把这句话标在了自己的荣誉徽章上。 1950 年在方坦纳召开过一次"百分之一分子"大会，"地狱天使"组织正式创立；"方坦纳伯都"分会成为"母"分会，拥有惟我独尊的权威地位，有权批准组建新的分支机构。 方坦纳的一名"天使"成员简洁地解释了该团体的创立理论："这个世界看我们都是混蛋，我们看他们都是混蛋。"

尽管伯都分会在整个 20 世纪 60 年代里一直顶着违法机车王国之

---

①　*The Wild One*，又译《野小子》、《野性骑手》或《狂野的人》，1953 年摄制的好莱坞电影，由马龙·白兰度主演。

②　原话的意思是美国的摩托车手有 99% 属于该协会，全都是循规蹈矩的好人，"地狱天使"这批歹徒是不在协会中的 1%。 从此 1% 符号成为以"地狱天使"为代表的暴走族的标志，有许多摩托车手以此作为文身图案。

都的名头，但是，"天使"组织内部的权力日甚一日地转移到了索尼·巴杰掌管的极端暴力的奥克兰分会那儿去，巴杰还领着这个组织卷入了一流的毒品交易。[76]亨特·汤普森（Hunter Thompson）是这么形容的："伯都的'天使'们犯的错误属于迪克·尼克松（总统）式的经典错误，'升'得太快了。"关于他们的衰落有两个不同版本的故事。根据旧金山分会的纳粹书记、迷幻药瘾君子"滑行弗兰克"的说法，毁掉伯都的是电影工业的诱惑和一个名叫杰里迈亚·卡斯特曼的吹牛律师，他劝说这帮人相信，他们单靠出售"地狱天使 T 恤衫"就能发财。[77]

这个故事的另一个版本说，是警方的镇压把他们从街头清走的。403 随着一起强奸案和两起暴力殴斗案耸人听闻地遭到曝光，伯都的"天使"成了洛杉矶警察局长威廉·帕克的眼中钉，他临时组织起一队执法干员，要粉碎这个分会。他们在摩托车手最爱走的路线上比如太平洋海岸高速公路和山脊路等地设立了警察临检站，借此造成了"极其无情的压力，致使极少数坚持穿着彩色制服（即'天使俱乐部'的特制夹克衫）的家伙一举一动只好更像难民，不像是个歹徒，而这个分部的名声也就因此一蹶不振了"。到 1964 年汤普森探访奥克兰分会的巢穴之际，方坦纳这个"伯都分会地盘上的核心地带"基本上已经恢复了宁静。塞尔·米尼奥①拍电影时要拍摄一个非法摩托车手的场面，本地的"天使"们"甚至凑不齐足够的人数"："有些人下了大狱，还有人退出了，最拔尖的很多北上去了奥克兰。"[78]然而，尽管伯都分会衰落了，它却从来没有垮台。等汤普森讲述的故事过去了一代人的时间以后，"天使"的母体仍然藏在方坦纳的堡垒里，由于它与另一个帮派发生了一场暴力冲突，引起了很大的麻烦，人们只好取消了原定在洛杉矶市中心区举办的一场重要的摩托车展（其时为 1990 年 2 月）。[79]

---

① Salvatore Mineo, Jr.(1939—1976)，美国演员兼戏剧导演。

工厂小镇的日子

如果埃布尔能在方坦纳赢得提名,在麦克唐纳手下当上负责公关的主要部门领导,那将绝对是一场心理胜利。

约翰·赫林[80]

经历过20世纪40年代那段喧嚣夹杂着暴戾的转型之后,方坦纳安定下来,走上了年轻工厂小镇的轨道。 朝鲜战争带来的繁荣让凯泽手下的劳动力几乎增加了50%,也刺激了从东部来的又一轮移民浪潮,传统的炼钢工人家庭因而在社会上更重要了。 这家公司新投入了更多力量,组织员工们打发闲暇时间,同时工会也在社群里扮演了更活跃的角色。 工厂里错综复杂的工艺亚文化群体与各个族裔自行组织的团体交叉作用,生成了你争我斗的小圈子和各自不同的上升渠道。 与此同时,在工厂与社群交互作用这一幕看着眼熟的社会景象上,还重叠着方坦纳独特的生活方式,它既源于米勒的遗产,也因为方坦纳位于洛杉矶大都会与莫哈维沙漠的交界处。 虽然本地人仍然开玩笑说,方坦纳只不过是阳光晴朗的阿勒奎帕①而已,它却慢慢变成了一个独具一格的工人阶级社区。

我并不否认方坦纳住着很多阿勒奎帕人(或是约翰斯顿市人、或是匹兹堡市东区人)。 蒙山谷移民浪潮的结果就是美国钢铁工人联合会(简称USW)的2869地方分会抢到了主宰大权。 例如,曾在20世纪70年代初担任过地方分会主席的迪诺·帕帕维罗就是1946年从阿勒奎帕市搬来的,因为他父亲担心琼斯-劳林钢铁公司会在战后出现衰退。 宾

---

① Aliquippa,美国宾夕法尼亚州西部的工业城市,濒临俄亥俄河。 它在1909年美国钢铁工业飞速扩张时得到迅速发展,但是大多数工厂在20世纪70年代和80年代都关闭了。

夕法尼亚州的钢铁工人普遍相信，凯泽公司身处繁荣中的加州，不会受到衰退的影响。 给帕帕维罗当副手的是目前担任方坦纳学校理事会主席的约翰·皮亚察，他当初先是从宾夕法尼亚州的约翰斯顿市来到了圣伯纳迪诺县接受帕顿的训练，想去莫哈维荒野里做一名"储槽操作工"。 当他正在 66 号公路上搭便车要去好莱坞的劳军联合组织的时候，一个广告牌吸引住了他，上面大肆宣扬着凯泽钢铁公司开张的消息。 等战争结束以后，他发现自己在伯利恒市被困在一个被解雇再被雇佣的轮回里，显然永无出头之日，好像在资格升迁的梯级上绝不可能再前进半步。 他招呼了一批同是从约翰斯顿来的工人，向着方坦纳一路进发，因为凯泽公司的广告上说，它是年轻工人寻求机遇的一片新天地——他最初住进了一家改建过的养鸡棚。[81]

这群年轻的蒙山谷移民很快就发现，在方坦纳的工厂或工会里也像在阿勒奎帕或者约翰斯顿一样，个人要想得到升迁，就必须依靠自己所属的种族和工作集体的忠诚感情。 本地历史最久远同时也最显眼的种族要数斯洛文尼亚人。 这个社群的核心是一群小有积蓄的俄亥俄州煤矿工人，他们在 20 世纪 20 年代来到方坦纳，进了养鸡农场当工人，给"斯洛文尼亚人全国慈善社团"创办了一家兴旺的分会，有一间很大的会堂和养老院。 他们有些人的孩子也在工厂里干活。 虽然西弗吉尼亚的"走鹃"和俄克拉荷马的农夫都只结成了非正式组织，可他们在工厂里和社群里构成了特色鲜明的亚文化群体。 不过，最终只有"意大利之子"的本地分会才在 20 世纪 60 年代和 70 年代孕育出了一整批骨干级的工会领导人——它吸引了像帕帕维罗和皮亚察这类适应城市、雄心勃勃的年轻钢铁工人。

20 世纪 50 年代和 60 年代初，美国钢铁工人联合会的南加州分会主席是查尔斯·史密斯，他和心腹死党比利·布伦顿领着南加州分会，为国际会长唐纳德·麦克唐纳充当了最忠实的后盾，尽管如此，2869 地方分会及其在蒙山谷里移植的分会却成了滋生怨气的温床。 凯泽公司里有许多工人很不满意史密斯和布伦顿把持了地方大总管的权柄，能越

406

过工人们直接去讨价还价，全不顾 2869 地方分会是本地区让人望尘莫及的最大一家工会组织。 1957 年这群普通会员选出全美反麦克唐纳运动（即"公平主张委员会"）的本地发言人汤姆·弗莱厄蒂担任了 2869 分会的主席，生动地表明了自己的不满。 等他们未经工会批准自发举行过几场罢工之后，凯泽公司的管理层要求麦克唐纳介入事态，强迫本地分会"解除其契约义务"。 国际总会不得不对 2869 分会实施了"管理"，罢免了弗莱厄蒂和他那批追随者。[82]

虽说眼前靠着国际总会的警察手段正式恢复了方坦纳内部的"法律秩序"，可反对派只不过是被赶到了地下而已。 到了 1963—1964 年，由乔和明妮·卢基什带头，"公平主张运动"的老成员有了新伙伴，因为更年轻的一代工人对新近推行的"进步果实"计划痛恨不已，认为它导致了工资水平上的不平等待遇。 负责管理执行该计划的九人委员会实际上无视 2869 地方分会和方坦纳的存在，宁可找个比较适意的棕榈泉度假胜地径自去开会商讨，这就往普通会员的伤口上又揉了一把盐。结果，"1964 年夏天，情况急剧恶化，导致这群会员派出纠察队包围了工会会堂。 他们在标语上写着：'美国钢铁工人联合会亏待了劳工组织'、'同工同酬'"。 在这一刻，工厂申诉委员会的前任主席罗纳德·比托尼开始联合各个对立派系团体，参加了 I·W·埃布尔组织的全国造反行动，沃尔特·鲁瑟也在背后为埃布尔撑腰。 约翰·赫林记述了埃布尔战役的成功历程，他在文章里说，方坦纳既是"麦克唐纳在劳工管理协作方面的成功精华"，又是他在西部权势问题上的阿喀琉斯脚踵。 1965 年 2 月 9 日是投票日，在对面的俄亥俄州和莫农加希拉各山谷①的核心地区，有几万名支持埃布尔的钢铁工人紧张地驻足观阵，盯着两千英里以外的方坦纳会如何投票。 埃布尔在 2869 地方分会获得

---

① 莫农加希拉河穿越西弗吉尼亚北部，到达宾夕法尼亚州的西南部，在匹兹堡汇聚了阿勒格尼尼河形成俄亥俄河。 莫农加希拉河的沿岸有许多工业企业，其中包括好几家钢铁厂如霍姆斯特德工厂等。 莫农加希拉山谷靠近匹兹堡市，曾在 1794 年发生过威士忌叛乱事件。

了 2 782 票对 1 965 票的决定性胜利，就此宣告了旧王朝的终结。[83]然而，与此同时这也警示人们留意，普通会员对"教科书模式"的收益共享计划严重不满。 在接下来的几年时间里，凯泽公司的许多工会会员将会冷淡埃布尔的"改革派"管理层，就如同他们曾经冷淡了麦克唐纳的专制集权一样。

正当 2869 地方分会努力争取要加强本地工会控制收益共享计划的力度时，凯泽公司与小镇之间的关系则循着一种古怪至极的路数不断演变。 虽然方坦纳是凯泽"公司小镇"的一个原型，可它本身却并不是这么个"公司小镇"。 1952 年方坦纳完成社团化的时候，工厂被划在了小城边界以外自成一体，是个低税率的"乡村孤岛"。 凯泽公司对本镇的预算并无直接贡献，因此它就无法一意孤行地施加财政影响，而东部的钢铁厂商通常都会迷倒当地政府，对其施加财政影响。 凯泽公司的大多数管理层人士也从不住在方坦纳左近。 这儿不像伯利恒市或者约翰斯顿市，本社区里没有哪片社团化郊区或是由乡村俱乐部控制的区域，能显示出管理方强大的社会势力和政治势力。 经理们宁可从瑞德兰、河滨县和安大略市之类高贵的红瓦社区小镇通勤往来；倒不如说，在方坦纳君临天下的主体是山顶上巨大的工会礼堂。 本地的商户和专业服务人士都比较直接地依赖于人，得指望着蓝领主顾和邻居们的善意才能日子好过。 尽管劳工从没直接控制过方坦纳的政府，但结果是，本地政府更愿意与工会搞好关系。

虽说凯泽公司没直接施加控制，可它照样无孔不入地影响着社群生活。 工厂所在地远离大城市的五光十色，所以大家要组织闲暇时间就只好围绕着上班地点。 弗农·皮克在 20 世纪 50 至 60 年代担任过凯泽公司的职工主管，他操办的那套公司娱乐项目算是密西西比以西地区内容最丰富多彩的。 在 20 世纪 50 年代保龄球风靡那会儿，工厂内部的社会结构被生动地印证为凯泽公司内部六个保龄球联会的人员构成。不苟言笑的"钢铁工人联盟"里有"热金属"与"冷轧"两队在比赛，"方坦纳联盟"里有白领人员的"抢球手"和"办公室人员"两队在耗时光，而"姑娘联盟（原文如此）"里则有"华丽小鸡"队和"皮奈特"队比肩而立。 方坦纳也像其他钢铁小镇一样，为星期五晚间的"烟民聚会"洋洋自得，通常会有半打内行和几十名票友在工厂的保龄球俱乐部里进行训练。 工厂组办了五花八门的狩猎与枪支俱乐部，"走鹃"和俄克拉荷马农夫们在里面特别活跃，还有其他一些人加入了超级红火的钓鱼俱乐部。[84]

不过，蓝领的方坦纳还能享受到其他一些娱乐项目，按照东部钢铁小镇上更严格的等级制度来说，那些项目一般都该是经理阶层的特权。高尔夫在某些生产部门里很热门，工会活动领袖们经常出现在高尔夫的球道上。 其他钢铁工人玩网球，做司仪，收藏奇石，与本地出色的戏剧社团一起排练，甚至还在好莱坞兼职当起了特技替身演员。 还有人驾着运畜车、高速改装赛车和摩托车去飙车，或者就只是消磨了整个周末开着自己的破旧沙滩车犁过莫哈维沙漠。[85]无论他们选择哪一种业余爱好，关键在于，方坦纳想要改头换面，跟俄亥俄诸山谷里那种落后的钢铁文化拉开距离——比较讲究平等，思想比较开明（至少对白种工人来说是这样）。

拆倒大贝丝

方坦纳的工厂有潜力与世界上任何一家工厂展开竞争。（1980年）

在一个居住山谷的中心里没法靠熔炼钢铁赚钱。（1981年）

埃略特·施奈德，钢铁工业"专家"[86]

就像古往今来的每一场衰落及倒台一样，凯泽钢铁公司也积攒了许多讽刺性的事实。 讽刺之一是，美好前景开始从方坦纳溜走的时刻并不是在某次不景气的历程中，而是在越南战争带来的繁荣如日中天之际。 市场迅速膨胀，凯泽公司却被排斥在外。 讽刺之二是，尽管凯泽公司的高层经理们在最后时日会苦闷地抱怨说，华盛顿在日本人投入竞争的关头背弃了他们，然而，这家公司在同一场竞争中却在贪婪地通敌，徒劳无益地企图完成重组，变成一家钢铁原料供货商。 凯泽公司名副其实地坐在了自家企业的炸药堆上。

凯泽钢铁公司在 1959 年点燃了自己的第一座碱基氧气炉，其后，在几乎长达 15 年的时间里，它始终忽视了工厂的现代化改造。 既然它已经勉力从匹兹堡的手里抢到了西部市场，就忘了还得在竞争中警惕地回头四顾。 与此同时，亚洲和欧洲的钢铁企业则在全面换用碱基氧气炉，引入连续铸造法，靠这些技术革命获得了迅猛的进步。 凯泽要迎战自己往昔的臣属同时也是主要的竞争对手日本人（最早的那批日本工厂都被凯泽生产的"粘酱"在 1949 年化作了齑粉），所用的却是珍珠港时代的技术，包括陈旧不堪的开膛式熔炉、老式的钢板铸造法、年资长达 35 年的旧鼓风炉、恐龙般古老的严重污染的煤焦炉。 尽管凯泽抗议过日本钢铁业享受到了州政府的"不公平"补贴，可这几乎无法解释它自己的投资项目为什么没能保持技术现代化（直到 1969 年为止公司一直都有盈余）。 如果说凯泽钢铁公司居然听任自己一度令人敬畏的技术领先地位付诸东流，个中的原因是，凯泽公司不像想法比较单纯的日本人，它是故意分散了自己的现金流，用到其他一些敛财途径上去了。

事实上，方坦纳和其他五十多家凯泽分公司是一票费而不惠的遗产。 20 世纪 50 年代中期亨利·J 退休去了夏威夷，随后凯泽工业公司就演变成了一个家族控股公司，在产品制造业里亲自涉足得越来越少。此时公司的指导原则转向了保守的商业管理，并不想大胆解决技术问题。 基于这种基本属于食利者的立场，由于凯泽铝业一直是家能产出高盈余的公司，它就成了家族的心肝宝贝。 凯泽工业公司的远期规划焦点是，怎么才能联手其他的大型产品出口商，把铝制品卖到太平洋盆地国家去。 日本人对钢铁的需求量在 20 世纪 60 年代初开始大幅度攀升（这是由国内市场引领的第一波"福特主义"扩张势头产生的后果），

410

此刻凯泽钢铁公司的大股东凯泽工业公司更看重的却是通过提供原材料来应对这一需求，并不在乎其中还暗藏着一层意义：日本将来参与国际竞争的能力借此获得了提高。 尤其是对凯泽钢铁公司来说，这就注定了一次致命的转变，公司用于工厂现代化改造的预算告吹，这笔钱被拿去购买了澳大利亚的铁矿场和不列颠哥伦比亚的煤矿，以供出口。 鹰山也花了一大笔钱进行了改造，加建了一家精密的矿石加工厂，处理出口到日本去的铁矿石。 于是，早在美国钢铁公司并购曼哈顿石油公司那件大丑闻发生之前好几年（这家公司以"现代化改造"的名义从自家的基层钢铁工人手里榨取了并购资金），凯泽钢铁公司就已经在挪用技术革新资金进行重组，向自己的主要竞争对手出口资源，同时还听任自己的工业厂房变得一片荒芜。[87]

越南战争启动了日本的出口攻势，急剧改变了环太平洋沿岸的经济关系。 1965 年进口的日本钢铁产品攻占了美国西海岸市场的十分之一，待到战争结束时，加州将近半数的钢铁产品是亚洲制造的，它也被正式纳入了日本钢铁产业划定的"国内市场"范围。 凯泽钢铁公司向日本出口铁和煤炭，从中挣到了高额利润，结果只能眼看着这些原材料变成了丰田汽车和盖摩天大厦用的工字钢，被回敬过来。 连美国钢铁公司在日内瓦市开的工厂一起算上（美国钢铁公司只对东部工厂集中实施了现代化改造，因此这家工厂至今还都用的是开膛炉），凯泽的方坦纳公司的生产能力只能勉强满足西部市场的一半需求，而且供应能力还很难增加，因为只凭他们的技术水平，无法与进口钢材比拼成本。 这么一来，日本人以及越来越多的韩国人和欧洲人就能坐收渔利，把越战繁荣引发的西部钢铁需求增长全盘扫入囊中。 卡特政府在大钢铁公司的压力下运用了所谓的"扳机价格机制"①，却只不过恶化了西海岸的景况。 扳机价格定得太低，阻挡不住日本的进口，而东部的扳机价格调得比较高，实际上又鼓励了欧共体的生产厂家把钢铁产品全都倾销到

① 扳机价格指可容忍的最低价格下限。

411

加州去。[88]

与此同时，凯泽自吹自擂的劳资和平共处关系也开始冰消雪融。经年累月之后，工人与经理人之间的关系定格在本行业的常规水平上——20 世纪 70 年代从大钢铁公司招募来了心狠手辣的经理人，于是局势每况愈下。而且，"长期分享计划"中复杂至极的计算公式仍在继续导致不平等的薪酬待遇，这件事在 1964—1965 年间本已点燃了抗议的怒火。一直列名较早的激励计划的工人的工资涨得很快，只参加普通储蓄计划的工人却老也涨不了多少工资（这种趋势还在工会内部加剧了几代工人之间的紧张关系）。再者，"长期分享计划"带来的回报似乎也很没道理，并没跟个人在劳动中付出的实际努力挂上钩。[89]

面对着普通会员的又一波不满情绪，刚刚当选的 2869 地方分会主席迪诺·帕帕维罗在 1972 年 2 月发起了一次罢工表决。结果导致了长达 43 天的罢工，除了 1957 年的两次自发罢工以外，这是在该厂历史上第一次由"本地问题"引起的罢工。帕帕维罗看清了进口产品将对工人造成威胁，他希望能用罢工当作一个安全阀，借此释放出积聚已久的紧张气氛，为新的一轮劳资缓和铺平道路。他得到了公司的鼓励，在全厂范围内发起了"质量圈"运动①，挣扎着想要提高生产力，达到竞争水平。尽管工人们齐心协力做出了几百项改进，经理层却自行其是，拒不执行董事会的现代化投资计划，这家工厂要想得救可全靠它了。况且，2869 地方分会的优先考虑事项向来就不大符合国际总会的目标。美国钢铁工人联合会在本地区的主席乔治·怀特还像历来一样，很在乎凯泽公司的创新会对大钢铁公司造成什么影响，他反对"质量圈"打破现有格局，树立先例伤及劳动法规。再说，方坦纳的普通412 会员也站在他那一边，这批会员苦于长期的罢工，担心得之不易的年资

---

① Quality Circle，台湾译为"品管圈"，又称"质量小组"，由日本石川馨博士于 1962 年所创，是一种由企业基层员工进行自主管理、全员品管、持续改善最佳效果的管理活动，它的有效实施可以帮助企业创建品质文化、提高工作效率、提升运营绩效，进而增加企业的竞争能力。

待遇和分工清晰的工作任务都会保不住。1976年，按照"长期分享计划"的一贯精神力主合作的帕帕维罗败给了一名主张加强对抗的竞选对手。[90]

1976年这一年的确是个恶兆频现的年头。钢铁生产的利润已经彻底告吹，凯泽钢铁公司全靠着原材料出口这一项的利润才能维持净赢利。而今终于启动了长期搁置的现代化计划，想要彻底换用碱基氧气炉和连续铸造工艺，不过，公司这么做只是因为成堆抱怨扑面而至，说该厂是本地区的头号污染源。自从20世纪60年代以来，方坦纳已经货真价实地一跃成为南加州的空气污染核心，而在公众的心目中，凯泽钢铁公司释放出的巨大的酸性烟缕已经牢不可破地关联着内陆帝国的烟雾危机。[91]（见本书第429页地图）

实际情况更是相当复杂：凯泽公司在1972年罢工期间拍摄过一些航拍照片，当时工厂正值彻底关门停业，可是照片显示出，空气污染毫无消弭的迹象。[92]再说，仍有很多老钢铁工人深信，是开发商们故意营造了忧惧凯泽公司释放污染的情绪，这些开发商认为，要想在库卡蒙加-方坦纳地区建设住宅，这家工厂总归是个巨大的外在负面因素——无论它是否正在散发烟尘。既然圣伯纳迪诺县的西端落在了洛杉矶和橘县的"都市阴影"里，可供开发的地产业价值就越来越容不得工厂这个付薪水的角色，它在本地算是头号雇主。关于污染问题的论争难免反映着各方互有歧异的物质利益。一方面，开发商和环境保护主义者结成了奇怪的联盟，都要求在方坦纳展开一场规模浩大的清洁整顿，另一方面，凯泽公司的工人则跟自己的经理层站在一起，抗议清洁成本太高。一位老钢铁工人是这么议论此事的："见鬼吧，那道烟雾就是我们的繁荣啊。"[93]

结果，凯泽被迫与南加州空气污染控制管委会签署了一份承诺政令，要花费1.27亿美元用于污染减排。这笔钱超过了现代化改造预算的半数还多呢。[94]部分出于这一原因，从1975年到1979年间贯彻实施"现代化"的过程中，工会被迫同意开展痛入骨髓的人员厘选。生

413　产量被无情地削减了，因为包括开膛炉、冷焊厂、钢管厂和冷轧厂在内，比较老旧的设备都被废弃了，最早投入使用的碱基氧气炉也难逃一劫。另一方面，厂方又觉得更换那批效率低下、污染严重的煤炭炉的代价过分昂贵，就没去动它们。在悄然无声的痛苦中，方坦纳开始失血过多，丧失了未来。四千名比较年轻的工人因为资历太浅遭到了解雇——这些都是各家各户的儿子、兄弟，还有少数是女儿。公司安抚说，采用新技术就能重振产品价格的竞争力，2869 地方分会这才部分接受了大批解雇的计划，只当为了拯救工厂和钢铁工人社群必需做出如此牺牲。[95]

最后，在 1979 年 2 月 9 日一场精心安排的典礼上，凯泽钢铁公司的新头头马克·安东尼启动了现代化的先进设备，宣布这家公司"重新效命于西部的炼钢事业"。[96]但是事实残酷地证明，新技术让人很失望——2 号碱基氧气炉、连续浇铸机和最先进的排放控制系统全都让人失望。启动成本蹒跚攀升，超出了预算，而陈旧的煤炭炉还在释放污染，工厂只好继续纠缠不清地对抗着本地的空气质量监控部门以及联邦政府的相应部门。情况不断恶化，自吹自擂的现代化升级计划也近乎破产，于是安东尼被撤职，小埃德加·凯泽亲自来掌舵，还有凯泽家族的投资银行即波士顿第一银行的银行家们出面为他出谋划策。尽管公司的公关专家在交口颂扬着"凯泽魔法"重新回来积极参与管理工作，大多数工人却仍然有点儿怀疑。[97]很多人认为，亨利·J 的孙子只不过是个"花花公子"，他更感兴趣的是自己的玩具，比如丹佛野马队①，并不在乎能否保住加州萎靡不振的钢铁工业。[98]

随着凯泽家族的真实策略逐步暴露出来，不信任感开始四处猛烈蔓延。多年以后，小埃德加对一名采访者坦白说，尽管他的所有承诺都是另一套话，可是事实上，他父亲在 1979 年派他到方坦纳去是当清算人的：

---

①　Denver Broncos，美国著名橄榄球队。

我们都热泪盈眶了。我知道那是什么意思。没有旁人看到，可我知道自己得去干什么……把钢铁公司的绝大部分了结掉。我卖掉了钢铁公司的很多部门。我上任的第一天就是浪子回头。等到方坦纳的30%劳动力都下岗以后，我也只好辞职了……那可真不是好玩的。[99]

凯泽家族实际上是在跟全球第五大钢铁企业即日本钢管公司①谈判。[100]凯泽家的人希望日本人能接手方坦纳，同时他们自己则要重组凯泽钢铁公司，为日本钢管公司充当原材料供应商。或许，该公司长期以来偏重原材料而非钢铁产品的取向必然导致这一结果。但是让奥克兰惊惶失措的是，日本钢管公司并没有如其所愿地吞下诱饵。这家巨型日本企业倒是自己组织了工程师代表团，对方坦纳展开了细致的技术考察，随后礼貌地回绝了凯泽公司的提案。[101]

等到凯泽钢铁公司花光了现金，它的股票也在所有的交易所里一落千丈，他们就慌乱草率地拟出了第二份合并交易案，提交给了总部设在达拉斯的LTV公司②。由于遇上了沃尔克-里根时期的衰退③，美国的钢铁产业被推入了1930年以来最严重的危机中，谈判因此再度告吹。[102]我曾在第五章里讲解过，一阵亚洲进口产品的台风横扫了西海岸的分厂制造业。正像亨利·J在第二次世界大战之后挣扎着要还清重建财政公司的贷款时那样，方坦纳的命运全靠着铁一般的生存意志，就在这个非常时刻，凯泽的继承人伸手去拉财务降落伞的开伞索了。他们放弃了向来珍爱的偏重于原材料供应的重组目标，让路给筹划中的

414

①　Nippon Kokan KK，日本钢管公司创办于1912年，是钢铁、造船、重型机械制造领域的大型垄断企业，总部设在东京，在富山、川崎、新潟、横滨等地设有多家工厂，在境外许多国家设有子公司和办事机构。
②　LTV，又译林-特姆科-沃特公司，创办于1961年，几年之内就闯入全美前十五家大公司之列。它以军火生产为主业，属下的钢铁公司在克里夫兰设有工厂。
③　Paul Adolf Volcker(1927—　)，美国经济学家，在卡特和里根两任总统手下均担任美国联邦储备委员会主席(1979年8月—1987年8月)。他领导下的美联储在经济不景气时仍坚持执行紧缩银根的政策，造成了1981—1982年间的短期衰退，不过同时也成功地把通货膨胀率从两位数下降到一位数并维持至今。

凯泽钢铁公司清盘计划。

为了确保方坦纳暂时还能继续漂浮在水面上吸引潜在的买家，同时也为了拉高股票价格、稳住惊惶万分的股东们，凯泽家人卖掉了澳大利亚的矿石储备、不列颠哥伦比亚的煤矿、利比里亚的矿石船运分公司。[103]小埃德加在1981年辞去首席执行官的职位，此前他已经兑现了诺言，"把钢铁公司的绝大部分了结掉"了。[104]新上任的管理团队虚张声势了几个月，说要"征战"一番拯救鼓风炉，然后就宣布，鹰山的矿山和方坦纳的炼钢厂都要次第关闭，而那批经过了现代化改造的装配设备将被打包出售，这可让过去曾在裁员中逃过一劫的工人们目瞪口呆。2号碱基氧气炉和连续浇铸机煞有介事地"重新效命"还没满两年，就都被注销成了废品，2.31亿美元白扔了。[105]

2869地方分会鼓足余勇来做最后的抵抗，可怜的是它没有多少朋友也没有多少资源。它走出了绝望的一步，想在工资和劳动条件上做出让步，以此换取就业保护的保证，但是公司方面对这个提议很漠然，随后国际总会也全盘否决了它。[106]恐慌的会员们眼看着又有两千张粉红色的辞退通知小纸条准备就绪，于是本地分会便抓住最后一根救命稻草，提出了一项雇员出资收购计划，即"雇员持股计划（简称ESOP）"。[107]不列颠钢铁公司长期以来就一直很有兴趣要在西海岸为自己的未加工钢板找到一个稳定的市场，这时发出信号说，它打算考虑实施合并，只要方坦纳的工厂接受"雇员持股计划"并完成重组。2869地方分会留住凯尔森集团①当顾问，派出代表到萨克拉门多去游说布朗州长和民主党的领袖们。[108]然而结果是，凯泽公司寸步不让地坚决抵制"雇员持股计划"，吓跑了不列颠钢铁公司；同时杰里·布朗与加州商务圆桌会议新达成了 *entente cordiale*②，因此由政府出面代表方坦纳进行干涉的指望也就化为乌有了——提到此事，或许该说政府要去

---

① Kelson Group，一家资产管理公司。
② 法语：谅解协定。

代表加州任何一家挣扎度日的重工业厂家。

与此同时，圣伯纳迪诺县的领导人则在不停地争论，凯泽钢铁公司的关张究竟意味着什么。多年以来他们一直夸耀着凯泽公司每年都为本地经济输送将近十亿美元，现在丢了这么大一笔工资来源颇让人焦虑难耐。但是，他们想到不断上涨的房地产价格就很高兴，同时又能除掉本县的头号环境污点，所以先前的忧惧就得到了平衡。结果，除了支持工会的民主党国会议员乔治·米勒以外，本地的精英人士和政客们全都袖手旁观。

既然本地的权势集团如此怠惰，大概 2869 地方分会只剩下了唯一的指望，就是联合起方坦纳和其他所有受到类似威胁的工厂和社群，比如伯利恒的梅伍德工厂、通用汽车公司的南门工厂、美国钢铁公司的托伦斯工厂，共同展开一场火力充足的社群劳工运动，阻止工厂关张。[109]不幸的是，在南加州的多家大烟囱工厂里，工人之间从没形成过相互沟通或者相互支持的传统。再说，国际工会组织和县里的劳工联盟都比较反对由普通会员或本地工会发起任何一种运动，生怕会危及自己的特权。1983 年，"反对关闭工厂联合会"终于成立，可惜这种初级的联合阵线出现得太迟也太微不足道了，挽救不了方坦纳。顶多无非是部分幸存者挣扎着爬上了一艘救生艇："钢铁工人老职工基金会"，靠它帮着工会会员们去应付方坦纳和伯利恒两地苦涩的残局。

肆无忌惮的求婚者

> 凯泽钢铁公司走到这一步悲惨境地的历程是一出美国的悲剧。
>
> 《福布斯》杂志[110]

正当 2869 地方分会徒劳无益地指望着高层人士大发慈悲之际，凯泽

钢铁公司就像尤利西斯的妻子佩内罗珀一样：绝望地忍受着上百名肆无

416　忌惮的求婚者的追逐。虽然其他钢铁企业都很不愿意吸纳方坦纳进入自己的企业运营体系，然而，公司劫掠者可不少，他们迫不及待地想要一下子挖空这家公司全部的财务储量。由于凯泽钢铁公司卖掉了海外的矿藏资产，它暂时平齐了资产折现力——有人估计，这笔钱几乎多达十五亿美元。[111]华尔街有许多分析家都相信，工厂的价值被低估了。他们推测，如果有人能精明经营的话，可以把工厂的现代化核心部分重新改装成利润很高的"小型工厂"，加工进口的钢板或者本地的零料。[112]

　　一方面，新上任的首席执行官斯蒂芬·吉拉德一直为了出售问题与凯泽家族争执不下（他是七年里的第六任 CEO），另一方面，绝望的工会会员和股东们则在翘首期盼旧金山的投资商斯坦利·希勒，据谣传，他代表着亿万富翁投资者丹尼尔·路德维格和盖斯·法隆。希勒提出的每股 52 美元的出价让凯泽家族感到满意，但吉拉德仍不肯放手至今估计还有 4.3 亿美元的现金储备，谈判因而中止。工会相信其"雇员持股计划"的构想能引得希勒集团感兴趣，于是就支持凯泽家族联络了其他大股东，把吉拉德的决定搁置一旁。[113]然而，到 1982 年 3 月吉拉德与希勒恢复对话时才发现，原先估计淘汰钢铁设备需要 1.5 亿美元的销账成本，现在确认的数额却将近 5.3 亿美元，其中包括 1.2 亿美元的雇员遭散成本。失业劳工随时会就医疗保健和福利问题提出付费义务，这似乎让希勒集团觉得格外可怕，他们突然在 3 月 11 日撤出了战场，让工会会员和股东们都大惊失色。[114]

　　公司敏捷地采取行动，把自己主要的炼钢设备资产都当成零料拍卖，据此申请冲销纳税项目：这一下垂死挣扎彻底杜绝了借助于雇员持股计划起死回生的丝毫希望。[115]1983 年 10 月底，鹰山铁矿的最后一炉矿石被炼成了钢；下个月，从一度多达九千人之众的劳动力队伍里剩下来的八百名工人骨干把剩余的钢板冷轧加工成了盘条、薄板和钢片。12 月 31 日那个星期六，下午四点，凯泽钢铁公司的方坦纳工厂寿终正寝。[116]

凯泽公司的几千名工人及其家属都在哀悼加州工业的旗舰沉没，此际，凯泽钢铁公司那笔被低估的资产周围游来了一群身穿灰色法兰绒套装的鲨鱼，如今它再也不会为运营赤字每个月失血1 200万美元了。率先动手的是从明尼阿波利斯来的公司劫掠者欧文·雅各布斯——他在生意场上以"清算人欧弗"①著称——希勒退出以后，他成了打头的大股东。[117]凯泽钢铁公司的经理层害怕他会简单粗暴地"肢解"公司，因此举棋不定，想接受俄克拉何马的投资商J·A·弗雷茨提出的竞标价。随后，正如《福布斯》杂志后来报道的那样，"默默无闻的不速之客蒙蒂·里亚尔突然冒了出来"，他像个公司界的屠夫卡西迪②似的，挥舞着瓦赫特尔-利普顿-罗森-卡茨律师事务所的高效率招牌，横冲直撞。里亚尔最初登场时，把自己装扮成一名科罗拉多州煤炭大亨（虽然他的地界上从没真正出产过一吨煤），他靠吹牛挤进了接管凯泽钢铁公司的游戏里，号称能以凯泽公司在犹他州和新墨西哥州的几十亿吨高等级煤炭储备为核心，对公司进行利润丰厚的重组。

雅各布斯和弗雷茨并没意识到、甚至根本没费心去找的东西，正是里亚尔直接编来骗人的那套鬼话。就在里亚尔调兵遣将包围住凯泽公司的五亿美元资产净值的那个当口，他自己名下的"珀马集团"本身的流动资产还比不上方坦纳那群退职钢铁工人坐在里面大发牢骚的小酒吧。《福布斯》杂志说，"珀马集团甚至付不起自己的复印账单。当地有一家复印店正在追索这家公司，要它一次性付清一笔1 200美元的欠费账单，珀马公司花了12个月分期还账。"这也没关系：那位弗雷茨贤兄轻信得出乎想象，他被里亚尔打动了，认下里亚尔做合伙人，跟自己五五分账（"里亚尔这个姓和微笑是押韵的"）。1984年2月，他们出价1.62亿美元的现金、2.18亿美元的优先股，盖过雅各布斯，拿

417

————
① 欧文名字的昵称"欧弗"又恰好是黑人俚语中"警官"的意思。
② Butch Cassidy，美国历史上的一个真实人物，是在西部拓荒时期专做银行及火车劫案的著名抢匪头目。1969年的美国电影《虎豹小霸王》（*Butch Cassidy and the Sundance Kid*）讲述了他的故事。

到了凯泽钢铁公司的控股权。

方坦纳工厂最有活力的部门马上标价 1.1 亿美元卖给了一家大财团，财团成员包括长滩的一名商人、日本巨型的川崎钢铁公司，还有巴西的淡水河谷公司①（这笔售价恰好等于凯泽公司在 1942 年从重建财政公司借贷的数额）。 这家大财团给自己取名叫加州钢铁产业集团，全力以赴要展现新的全球化经济的运作方式，它从凯泽公司的工人当中雇佣了一些残余下来的非工会成员，在日本人和英国人的监督下，对巴西进口的钢板进行冷轧加工，在本地市场上与韩国进口的产品展开了竞争。鹰山被遗弃了，它的铁矿比巴西铁矿离方坦纳更近五千英里，此刻却照样被划作一片巨型垃圾场，正在萌芽中的内陆帝国郊区地带造成的无法降解的固体废料都被扔在这儿。

方坦纳正在努力学习这些古怪的经济辩证法，此刻，仅仅十个月前还出不起自家复印费的里亚尔则在与弗雷茨全力争抢公司的控制权，还把总部搬到了科罗拉多。 他为接管公司筹措资金的办法是独具一格的：他喊了个令人难以置信的夸张高价，把自己另外持有的煤炭储备卖给了凯泽钢铁公司，而凯泽几乎根本不需要这批煤炭。 这两次背靠背的衡平购买行为造成了巨大的破坏。 等劫掠者们带着战利品跑掉以后，原有的 5 亿美元现金储备缩水到了 50 万美元。[118]何况公司还绝望地无端背上了可恶的新债务。 各大商业媒体都在庆贺公司劫掠者们做出了贡献，帮助经济变得"更有倾向性、更绿色"，只有《福布斯》杂志的两名记者看着弗雷茨和里亚尔不花自家一文钱就抢掠到了凯泽钢铁公司，从这个故事里看出了一种异样的寓意：

> 弗雷茨上演了一场不花钱的、20 世纪 80 年代的经典接管好戏。凯泽钢铁公司以 3.8 亿美元易了手。这笔钱是从哪儿来的？不是从

---

① Campanhia Vale Rio Doce Ltd，简称 CVRD，是矿业巨头，全球三大铁矿石出口商之一。

实行接管的那些人兜里掏出来的。弗雷茨集团公司用花旗银行出借的1亿美元和凯泽公司自己的6 200万美元现金,向凯泽公司的股东们付出了每股22美元的股价,并向他们支付了30美元[票面价格]的优先股剩余价格。于是,靠着别人的1.62亿美元,加上以凯泽钢铁公司优先股形式出现的价值2.18亿美元的纸片,弗雷茨就接管了这家公司。很自然,弗雷茨以酬金和开销为名抽取了好几百万美元,因此他的净现金投资一文不值。

[为了买下弗雷茨的产权]里亚尔把流动资金为零的资产卖给凯泽公司,换得了土地和现金……仅仅18个月前弗雷茨还曾估算过,珀马公司的资产只值6 500万美元,凯泽公司却为这同一笔资产支付了7 800万美元。何况,由于太阳能卫星公司[的煤炭合同]这次只被估价到1 220万美元左右,里亚尔手里的煤炭资产的价值必定涨到了6 580万美元——实现了65%的增长……尘埃落定之后,弗雷茨得手了2 000万美元的现金、可以拿到500万美元的准现金……还有凯泽公司价值1 500万美元的土地……不过,里亚尔并没委屈自己。他去年拿到了240万美元的薪水。[119]

里亚尔恃强凌弱的掠夺行径最终激起了凯泽钢铁公司优先股持股人的反击,他们与布鲁斯·亨德利结成了同盟,此人远近闻名最善于帮助危难中的公司进行残局交易(他以前曾精挑细选地处理过埃里-拉克万纳铁路公司和威克斯公司的残局)。[120]亨德利在1987年逼着里亚尔以首席执行官的身份靠边站,他想牺牲凯泽公司的旧部工人,以此为代价来挽救公司股东的资产。亨德利从弗兰克·洛伦佐①那儿借来了一页章程,让凯泽钢铁公司照搬第十一章规定的程序,好去清算工人们的权益。

想当初在1983年的关门停业期间,工人们好歹还能感到一丝安 420

---

① Francisco A. Lorenzo(1940—),美国卸任航空公司主管、企业劫掠者、恶意并购航空公司的行家,有人称他是"美国最可恨的人"。

慰，因为有人向他们保证说，凯泽公司现金充裕，跟东部某些破产的炼钢企业不一样，它总会有能力来清偿债务的。 四年过去了，六千名出离愤怒的老雇员眼看着亨德利取消了自己的医疗保险项目和追加养老金，同时还把他们的部分养老基金负担转嫁给了联邦政府的退休福利保付公司（Pension Benefit Guarantee Corporation）。 为了平复工人们的愤怒，亨德利提起了诉讼，要求收回凯泽公司的 3.25 亿美元储备，据指控这是被弗雷茨和里亚尔借收购过程"偷走"的。[121] 又过了三年，就在我写作本书的时候，大部分利益仍然没能收回，形形色色的法律诉讼陷在司法僵局里，逐渐偃旗息鼓，而几千名下岗的钢铁工人及其家属仍在忍受着更加漫长、出人意表的艰难处境。

改造建设的海市蜃楼

开发方坦纳高于一切。

最新官方口号

方坦纳迈向经济大灾难。

头条标题，1987 年[122]

即使在 1983 年"里根繁荣时期"刚刚起飞的时候，从日内瓦市（犹他州）到拉克万纳市（纽约州），从费尔菲尔德市（阿拉巴马州）到扬斯顿市（俄亥俄州），全国各地的钢铁小镇照样在走向绝境。 阿勒奎帕市在 20 世纪 40 年代和 50 年代曾有过那么多人搬来方坦纳，它也在受打击最烈的阵营里。 琼斯-劳克林厂区属于 LTV 公司，规模极大，占地长达七英里，它的关张以及两万名工人的失业就相当于一场核灾难。 三分之一的人口搬走了；至于那些留在原地不动的人，超过半数人在企业关张四年以后仍然一直没能找到工作。 救世军成了镇上的头号雇主。1986 年曾有个研究项目调查过阿勒奎帕的三百户人家，结果表明，有

59%的人家想填饱肚子都很困难，有49%的人家日常开销欠着账，有61%的人家看不起病。[123]

1988年的感恩节，我去霍姆斯特德①向工会烈士献花圈，一路上开车穿过山谷时，我几乎看不出任何改善或是新的希望。沿着俄亥俄河上下多少英里的地域范围里，大工厂的围墙被拆除队的工人扒光了，露出了管道系统和机器设备锈痕斑斑的内腔。阿勒奎帕市中心紧紧地嵌在陡峭的山谷里，每座建筑的窗户上都盖着百叶板，空寂得堪比西部任何一座鬼城。昔日曾有上万名阿勒奎帕人每天川流不息地走过工厂大门去上班，如今这儿只剩一座被荒弃的单坡顶房子，还有一些警戒哨卡的褪色标记，宣告着"公正堡垒"的所在，这里曾经进行过一场徒劳无功的运动，当地的工会会员守护了工厂两年时间，想要拯救它免遭破坏。

按照任何标准来判断，方坦纳都理应遭受到和阿勒奎帕市一样的命运。在20世纪70年代初和70年代末做的各种研究证实，本镇有将近半数的人为凯泽公司工作，将近四分之三的人全靠这家工厂才能拿到工资支票。[124]不过，工厂于1983年12月最后关张时，方坦纳却是个繁荣的小镇，并不是鬼城。紧挨在破产的工厂小镇旁边，由中产阶级通勤者构成的一个新社群正在迅速成型。在工厂苟延残喘的最后那几年里，人口开始爆炸：1980—1987年间，从3.5万人增加到了7万人，预计到2000年时将达到10万至15万人。正当凯泽公司在冷轧处理最后一批钢板之际，方坦纳市长西蒙接受了《洛杉矶时报》的采访，他为本市新确立为南加州居住前沿这一繁荣景象雀跃不已。"没人能料得到

___

① Homestead，位于宾夕法尼亚州西南部，1880年设镇。1892年在这里发生了长达143天的钢铁工人罢工，对立双方分别是美国钢铁工人全国联合会和卡内基钢铁公司，这是美国历史上最严重的罢工事件之一。公司老板卡内基（Andrew Carnegie）在1892年春天宣布要降低熟练工人的工资，美国钢铁工人全国联合会的顾问委员会因此拒绝签署新的劳动合同。厂方把罢工工人关在门外，宣布在钢铁厂里取缔工会。公司方面从著名的平克顿侦探事务所雇用了三百名丁探来维持工厂生产，并在7月6日与工人发生了一整天的武装冲突，导致11人死亡，几十人受伤，由宾夕法尼亚州政府调集了国民警卫队才平息了事态。此后厂方未经工会合作就恢复了生产，参加罢工的熟练工人被开除，换上了没有技术的移民工人，自此匹兹堡市在几十年的时间里都很少发生劳工运动，而卡内基在全国拥有的大多数钢铁企业都把工会排除在外。"霍姆斯特德事件"代表着高度机械化的钢铁工业领域中工会运动的大幅度倒退现象。

这儿会发生些什么。 凯泽公司关门的时候，每个人都以为本镇完蛋了，可事实并非如此。"[125]

方坦纳的循环改造始于20世纪70年代中期，当时以执行市长杰克·拉泰勒为首的一小群本市土地持有人和城市官员意识到，居住改造是一项有利可图的替代性项目，没必要还去指望凯泽钢铁公司及其蓝领工人那份日薄西山的财运。 方坦纳不像阿勒奎帕市，它有双重优势可以依附着繁荣发展中的地区经济成为外缘，而且还能用到一件适合于社区改造的利器——加州的改造法。 这项法律是在20世纪40年代末由自由派议会创立的，它允许各个城市在损毁区域里兴建公共住房，到20世纪70年代为止，它已经完全被人反着用了。 一则用它在旧金山和洛杉矶的市中心区大规模实施"穷人搬迁"，再则由于现在对"损毁区域"的解释很宽泛，以至于从棕榈泉到工业城，各处富裕小城和工业飞地都在援引这项法律，兴建豪华的百货商店、会议中心、高尔夫锦标赛球场，建设费用则是来自于从普通资金流动过程中代扣的"增值税"。

方坦纳对改造战略还有独特的即兴发挥，它为开发商们打造了一扇开敞的、有时该说是"金色的"大门。 拉泰勒和其他诸位小城之父发愁自己能力不够，没法跟西边的库卡蒙加牧场市展开竞争——那个"绿野城市"是凑了几座人烟稀少的农业小镇混起来的。 他们想最终变成橘县那样，所以开手就采用了波多黎各式的做法。 为了弥补强悍的方坦纳的"形象问题"，同时也为了在内陆帝国的土地抢购大潮中让它显得优点突出，他们曲解了改造法，好为大型开发商提供"创造性的融资方法"：税金增额融资①和免税债券，主动放弃城市用费，大量返税，再加上方坦纳独一无二的由改造委员会直接投资股本的做法。 申请程序和审批程序得到了彻底改进，变得快捷至极，以便加速本市范围内各

---

① 即 TIF 制度，将每年产生的财政税收增加额度用来担保发行公债或用作资本投入，以偿付城市改造地区的公债或者私人部门资本投入所产生的本金及利息，从而适度投资城市更新计划。

项工程的破土动工，它雄心万丈地要做"开发商最好的朋友"。

在方坦纳开创局面的改造项目是西拉大道的街面整修，它开始于1975 年，造价非常昂贵——许多人会说根本没必要这么昂贵。 本地报纸喜欢说戴维·威纳是"方坦纳开发商的头头"，他争取到了免税融资和销售税折扣，要新建四座综合购物中心。 稍后，方坦纳改造委员会(简称 FRA)开始连根拔除 10 号州际公路以南的葡萄园，用来建设西南工业园区。 但是，从橘县和洛杉矶西区起家的大型开发商们已经在安大略市和库卡蒙加牧场市涉足太深，所以不肯考虑移师方坦纳，除非事态显然表明凯泽钢铁公司注定要完蛋了，工厂小镇的责任可以推卸一空。

方坦纳的第一个巨型项目于 1981 年启动，这就是南山脊村项目，位于 10 号州际公路以南的茹鲁帕山改造区里，这片扩建区的设计规模将在2000 年达到 9 000 户人家。 南山脊村项目的开发商是从亨廷顿海滩起家的"创造社区公司"，它邀请方坦纳市的领导们游览了橘县南部著名的总体规划小镇欧文镇，诱使他们动了心。 开发商劝说想出名想得要发疯的方坦纳人相信，只要本市愿意提供充足的基础设施和财政支持，就能在方坦纳的南端位置上开发出一个很像欧文镇的项目。 西蒙市长后来回忆说，"小城之父们极想做成这个项目，他们都能在舌尖上舔到它的滋味了"。 他们眼前飞舞着方坦纳变成欧文镇模样的幻象，所以就跟"社区创造公司"签署了一份长期协议书，保证方坦纳改造委员会将负担基础设施的大部分建设成本，而这一般都是由开发商付账的。[126]

1982 年，在南山脊村破土动工一年以后，方坦纳吞并了该市北边一片满布漂石的巨大三角地，这片地紧挨着当时还在建设中的 15 号州际公路。 15 号州际公路穿越了圣伯纳迪诺县西部、河滨县和圣迭戈县北部，它完工后成了全国增长最活跃的走廊之一(沿着这条走廊有个繁荣小镇"加州牧场市"，坦米库拉①的凯泽开发公司兴建了这个占地 10

423

_____

① Temecula, 位于河滨县，是内陆帝国的南部重镇，离圣迭戈更近，近年来成了一处顶级富裕居住区。 它是加州唯一仍保留原有印第安地名的小城，同时也是重要的葡萄酒产地，还以当地的高尔夫球场和热气球旅游著称。

万英亩的项目）。 仅在圣伯纳迪诺县西部一地，预计就将搬来 30 万新居民。[127]方坦纳坐落在 15 号州际公路和 10 号州际公路（即圣伯纳迪诺高速公路）的战略交叉点上，极紧密地联接着这一片迅速扩大的通勤者居住区。 北方坦纳项目区包括了老方坦纳的"穷人区"（该区的地价很讽刺地火暴飞涨），它是加州最大的改造项目（占地 14 平方英里），网罗了一系列要按总体规划实施建设的社区。 其中最大的一个社区是价位奇高的"世袭村"，直接叫板库卡蒙加牧场市的美景园，还有维多利亚村，它的开发商是从洛杉矶西区来的 BD 联合公司（B 和 D 分别指理查德·巴克利和约瑟夫·迪罗里奥），而且方坦纳改造委员会也有大量持股。 方坦纳改造委员会想在下一代人的时间里在方坦纳北部新增1.8 万户人家，其中"世袭村"将为 4 000 户人家提供住宅。[128]

到了拆迁队聚拢过来拆除大贝丝那会儿，方坦纳的领袖们已经想方设法在南山脊村和方坦纳北区的规划图上新添了 2 万户新住家，价位都在 6 万美元以上。[129]凯泽钢铁公司才关张了四年，方坦纳的生地价格已经翻了一番。[130]这一非凡成就博得了全国上下的交口赞誉，很多人都在谈论着堪为楷模的"方坦纳奇迹"。 例如，《洛杉矶时报》对凯泽公司关张造成的影响及其在本地导致的 15% 的失业率轻描淡写（它把失业率错报成了 9%），这样才好强调该市通过改造战略赢得的"光明未来"。[131]记者们不加评点地重述着城市官员的宣称，说方坦纳很快就能靠着飞速上扬的课税基数以及它在不同开发项目中的持股红利而发一笔财。 当年凯泽公司的劳资关系曾经成了一则教科书典范供人研究，同样，现在方坦纳的复兴也被当作一个实验室范例到处传扬，它证明了里根政府宣扬的观点，说是在后工业化时期转型到以服务、金融、房地产业为基础的繁荣景象的过程中，去工业化只是一种短期的、次要的代价。

在方坦纳的 *redux*① 期间，最早表明并不真是万事大吉的症状是，

---

① 法语：回归，恢复。

待工厂停业以后，白人至上主义者的煽动行径以及种族暴力事件急剧增多。 仅 1983 年这一年间，本地约有二十多名三 K 党徒从他们藏身的石缝底下爬了出来，开始在高中散发传单、公开集会，甚至提议要给方坦纳警方"帮忙"。 看来，三 K 党的复兴对光头党青年的外围多少有点儿感召作用。 1984 年 10 月发生了一场野蛮袭击，有个 20 岁的黑人萨松·戴维斯在方坦纳的主要大街即西拉大道上遭到三名光头党徒殴打，后来从胸部以下瘫痪了。 这三个白人青年中有一个人的母亲在方坦纳警局当调度员，由于圣伯纳迪诺县的地区检察官拒不起诉这几个白人青年，黑人社群就被惹得更加光火了——这是欧戴·肖特事件的幽灵重现。 （对霍华德海滩事件[①]在本地的这个先例，方坦纳开发部主任内尔·斯通只能报之以哀叹，"形象问题一直是我们的主要问题"。）[132]

此后很快冒出了更糟糕的问题。 1986 年的圣诞节前，方坦纳泡沫破碎了。 城市财政主任埃德温·勒克梅耶遭到指控挪用公共资金、把市属车辆卖给了自家的亲朋好友，因此只好辞职。 六个月之内，一桩接一桩的辞职、起诉事件浪潮迭起，致使某家报纸声称，"警方探员和审计员出入市政厅的场面几乎就像档案员露面一样司空见惯"。[133]减员名单上列有城市财务主管、车辆调配场主管、改造主管、开发主管，随后又添上了执行市长、非官方的方坦纳改造委员会的前任主席杰克·拉泰勒，正是他主导设计了"第三版的方坦纳"。 由于有人曝光了大开发商对他的馈赠，拉泰勒的地位就维持不住了，市议会逼着他辞了职。[134]

1987 年 8 月，阿瑟·杨国际公司的本地办事处发布了一份针对方坦纳市的独立审计报告，让市政厅里的士气低落进一步演变成了人心惶惶。 杨氏报告的内容是毁灭性的：方坦纳改造委员会处在一种"混乱无序的状况中"，本市已经濒临破产的边缘。[135]杨氏公司的分析发

---

① Howard Beach，纽约市皇后区西南部的一个街坊，西边与布鲁克林区接壤，主要居住人口是意大利裔，也有少数犹太裔，是黑手党活跃的地区。 1986 年 12 月 20 日，三名黑人在这里遭到一群本地少年袭击，其中一名黑人被汽车轧死。 此事触发了纽约市的种族紧张状态，并引起了全国的注意。

425 现，为了吸引开发商，方坦纳改造委员会已经抵押了方坦纳的未来。由于本市 60% 的课税基础都在改造区里，而且还有义务要帮着开发商付账或者给他们打折，因此政府就再也没钱来满足本地日趋增长的人口的需求了。 新添的郊区人口增加了教育系统和公共服务设施的负担，却没剩下多少税收收入来应付此事。

拉泰勒一直说南山脊村是个市政金矿，然而，仅此一地就危机丛生地要把方坦纳拖进破产的深渊，因为方坦纳改造委员会欠了"社区创造公司"一笔本金还没偿清，眼看着每天都多欠人家一万美元的新增利息。 官方的估计是，到 2026 年协议期满时，为了偿还南山脊村的债务，将要花掉的税金总额高达 7.5 亿美元。[136]看来这笔本金大概是永远都还不清了。 方坦纳就像个微缩版本的墨西哥或者玻利维亚似的，它是个负债国，被橘县和洛杉矶西区的债权人兼开发商抓在掌心里。既然本市分出了一部分收到手的郊区产业税用来还债，就只好厉行节约（具体体现为人满为患的学校、水准低下的服务），同时还得向最近搬来的郁闷居民们征收特别费用（比如在南山脊村就是这么做的）。 另外，也找不到其他办法向现有的商业企业多收城市费用，因为方坦纳改造委员会为新建购物中心的老板们大打折扣，少收了销售税和市政费。

杨氏报告还耸动视听地详细阐述了财政管理不善的情况，毁了市政厅的声誉，本地记者见到这份报告发布之后就壮了胆子，从方坦纳改造委员会的档案中搜求丑事，周密查实了该委员会让人无法置信的大肆挥霍。 终于，《方坦纳先驱观察报》的记者马克·古特格鲁克（Mark Gutglueck）详细地揭露出，五花八门的改造项目究竟是怎么把本市变穷了。[137]例如，早已开在西拉大道边上的夫妻店就绝对拿不到改造资金，因为方坦纳改造委员会的政策更偏爱超级连锁店 K 玛特的经营方式。 有个典型的事例是，方坦纳改造委员会为了引诱全国木材公司进驻戴维·威纳新建的一家购物中心，给了它免税补贴，还少收了多达 75 万美元的一笔税金，尽管这家购物中心本身也能享受到返税的补贴。最后本市获得的净收益是一大笔税收赤字，再加上历史悠久的方坦纳商家奥尔五金店的关张大吉。[138]

与此相仿，古特格鲁克还披露了在南山脊村一事上，执行市长拉泰勒和改造委员会的律师蒂莫西·萨博（杨氏报告指责他多收了一些费用）不顾本市检察官的强烈反对，听凭"社区创造公司"为所欲为（后来他们又骄纵过 1090 有限公司）：公司方面向方坦纳改造委员会索要的债务利率高得吓人，不按合同准时建成新学校也能得到谅解，诸如此类。再说，他们还屡次三番地允许开发商更改该社区的详细规划，不断降低住宅品质和当地娱乐设施的质量。继而，开发商又用"中人佣金"、礼品馈赠和享用湖边度假胜地的待遇喂饱了官员们（比如规划主管内尔·斯通就入彀了），而西蒙市长喜欢称之为"方坦纳的贝弗利山"的南山脊村则陷入了悲惨的境地。[139]一位在那儿工作的规划师说它是"配有双车库的兔子窝，既没有合适的学校也没有公共服务项目"。[140]苦不堪言的南山脊村居民本来就在抗议，不足为奇，杨氏报告和古特格鲁克的揭露性报道更为他们火上浇油，这些居民要求延缓未来的进一步增长，罢免议会的多数派，还要求在本地区创立一套选举体系。[141]

考虑到方坦纳突然暴露出来许多极其严重的问题——本地官员的受贿行为，它背上的债务负担之重比得上安第斯组织①，过一千年都别想变动的课税基础留置权，基本服务设施的准备资金不足，居住人数与就业岗位的数量之间越来越不匹配，诸如此类——如此说来，选民们的抗议声浪竟被压了下去就显得很奇怪。凯泽公司的关张导致 2869 地方分会一度组建起来的政治基础大规模瓦解，再加上新搬来的通勤市民也几乎没有时间、没有精力来注意本市的契约问题。结果，增长联盟虽然少了几位进监狱或被赶走的头领，还是轻而易举地驱散了发难之众。[142]南山脊村鼓动起来的罢免运动轻易落败，同时，延缓增长的要

①　Andean Group，模仿欧盟模式成立的组织，包括玻利维亚、哥伦比亚、厄瓜多尔、秘鲁和委内瑞拉五个国家，它们都属于拉美自由贸易协会。这个组织的主旨是通过经济合作及社会合作来促进成员国的发展。它的前身名为"安第斯协定组织"（Andean Pact, 1969—1996），创办国之一智利于 1976 年退出。

426

求也无伤大雅地变成了 45 天之内暂时冻结建设许可批复。 议会的确让方坦纳北区的几个开发项目缩小了规模，也对杨氏报告提出的两百条建议做过空口应付。 不过还得数西蒙市长对这一危机的反应是最典型的症状（那时正有人在调查他在某个改造区里非法参与个人投资的问题），他单是鼓动着方坦纳人"只要保持微笑就好"。[143]

从那时起，小城之父们一直力求在变化多端的、有时是相互对立的风向之间保持观望、见风使舵，规避破产的命数。 这群乡巴佬最后还是回头做了项目股东，正是这些项目在 20 世纪 80 年代初让方坦纳落入了玻利维亚式的局面。

首先，他们百般探寻着商业上的某种 *deus ex machine*①，想靠补偿性税收来弥补自己的财政赤字。 西蒙市长为回避法律问题跑到加拿大去度假，在此期间构思出了自己的宠石项目②，他想引来哪个几十亿美金级的投资商，在方坦纳兴建加州版本的埃德蒙顿超级购物城。[144] 由于唐纳德·川普和文莱苏丹都没回应他这项投资计划，本市就转过头与亚历山大·哈根公司结成了团队，哈根公司是南加州最大牌的购物城建造商，他们计划在方坦纳南部地带建起一座购物-娱乐综合城。 就像南山脊村的情况一样，哈根公司计划在 1995 年完工的"方坦纳帝国中心"被描绘成一副恍如橘县的光辉景象，兜售给了本地的官员们："这是方坦纳对南海岸广场购物中心③的回答"。 为了免得有哪个方坦纳人停下来细想想，这家购物中心只凭着西尔斯公司撑腰，竟想跟有古琦

428

---

① 法语：解围之道。
② pet-rock，20 世纪 70 年代的时髦游戏。 加州有个广告经理人达尔（Gary Dahl）从墨西哥的某处海滩上买来光滑的小石头，画上动物面孔，包在细刨花的襁褓里，安放在小纸盒里的草褥上以单价 4 美元的价钱出售，还附有微型说明书《宠石训练手册》，讲解如何养育、训练这枚石子并与之玩耍。 许多人像对待活的宠物一样珍爱这些石子，甚至成组购买，组成石子家庭或石子乐队。 这种时髦风尚只持续了半年左右，止于 1975 年 12 月，而达尔在此期间已经借此成为百万富翁。 本书用此典故的意思是讽刺西蒙市长苦心追求一个虚妄无聊的目标以图自利。
③ South Coast Plaza，1967 年在加州橘县南部创办的豪华购物城，是加州销售流水最高的购物城，每年的总利润超过十亿美元。 它的可出租建筑面积将近三十万平方米，是美国最大的购物城之一。 许多著名豪华商店比如第五大道萨克斯、梅西百货等等都在这里设有定点分店，更有很多著名奢侈品牌在这里设有专柜。 据蒂梵尼公司的统计，它在南海岸广场分店的销售量是全美国分店中最高的。

专卖店和尼曼-马库斯店①撑腰的全美最富的地区性购物中心去一拼高下，这主意可有多荒唐，因此哈根公司就慷慨捐助了正在争夺市议会两个空缺席位的全部十名候选人，以此来麻痹所有反对意见。[145]（最近，哈根开始收回他先前的允诺，想在购物城的一半用地上盖起豪华住宅，而不是商业建筑）[146]

与此同时，方坦纳的领导人则想彻底限制开发公寓楼、限制开发低收入家庭单元住宅楼，借此洗清本市那种蓝领住区、"犯人公寓"的形象。[147]修订版的方坦纳总体规划甚至没强调前一版规划中最基本的部分即"起步居所"，却去推崇更昂贵的"上升期居所"或曰第二居所。[148]然而，想推销方坦纳"新面貌"的人马上大受其窘，因为1988年老方坦纳遇到的问题又重现了。全美国有上百万名电视观众亲眼看到，在马丁·路德·金的诞辰庆典上，司仪神父们不得不靠着120名警察的护卫走过西拉大道，同时到处都有小群小拨脾气暴躁的方坦纳三K党徒在高喊着，"三K党万岁！白小子万岁！"随后，犹太人自卫联盟针锋相对地组织了一场"消灭三K党"集会，更是招来了恶议连连的坏名声。[149]

方坦纳的升级改造运动还撞上了对方坦纳重新实施工业化的计划。有一组方坦纳规划人员企图强调本地的单一居住特性，与此同时又有另一组规划人员把球踢出了界外，支持危象四伏的工厂建设和货仓建设，人们准确地感受到，其间将会萌生矛盾。方坦纳为承包人提供了全加州最快的工业开发规程，确保提出申请六天之后就可以开工建设，用不着像在别处那样普遍需要等上九个月的时间。[150]愤怒的私房屋主们指出，听任密集的居住开发项目羼上缺乏监管的工业开发项目——其中有许多是高污染项目——就像是把水和油搅和在一起。这个观点在1988年得到了生动的印证，南山脊村附近发生了一起化学物品泄漏事件，随即只好疏散了这儿的1500多名居民。[151]

①　Neiman-Marcus，美国得克萨斯州达拉斯市的著名豪华商店，1907年创建，号称"世界上最奇特的百货商店"。也制作一些奢侈产品。

429

不过，终极的讽刺却是方坦纳向凯泽钢铁公司的残渣余滓即凯泽资源公司热烈示好。 凯泽资源公司手头剩下了长达一英里的矿渣山和七百英亩遭受污染的荒地，它和拉斯克-安大略工业公司合伙，精明地耍了个花招让方坦纳去为清污工程付账。 凯泽资源公司先是羞答答地在跟安大略市、库卡蒙加牧场市调情，随即又突然调转了方向，飞吻给那些提倡把未经社团化的方坦纳西区（即"美景牧场"）变成独立镇治的人，于是引得方坦纳的官员都陷入了妒忌的狂怒之中。 结果，债务缠身、举步维艰的方坦纳终于追着凯泽资源公司和拉斯克公司谈成了一份谅解备忘录，保证拿出 1.9 亿美元的公共基金，用来改造原本属于凯泽钢铁公司的地块。 特别是，方坦纳还将协助清理至今仍在扩散中的土壤污染和地下水污染，这是长达四十年的炼钢生产遗留下来的财产，它取代了凯泽公司的煤焦炉释放出来的烟云，成了圣伯纳迪诺县环境灾难最新的象征符号。 至于凯泽资源公司和拉斯克公司，它们将接受方坦纳的合并，同意开发一片高技术工业园区。 然而，凯泽资源公司提案的核心装点却是一则荒谬绝伦的环保笑话：靠凯泽钢铁公司残存至今的处理设备来治理污染，用的是从硅谷输入的被污染过的废水。[152]

那么还剩了些什么呢？

这里很俗气，非常非常俗气。不过，我可能也该感恩不尽了。有人告诉我说，以前情况还更糟呢。

新搬到方坦纳的通勤居民[153]

吃屎见鬼去吧。

原先住在方坦纳的"本地小子"这么回答

经历过如此繁多的项目计划、丑闻和突兀的动荡之后，如今的方坦纳是个什么样儿呢？ 随便找个起点，先去看看它那狂野西部式的、未经社团化的边缘地带。 跟着涂成消防车红色的肯沃斯 K600A 型 "食蚁兽"，眼看它把长挂双列冷冻车厢里的货物倒进 10 号州际公路樱桃街出口外的 "卡车镇" 地界上，这地方就紧挨在关门歇业的凯泽工厂的南边。 方坦纳地区开办了 120 多家各不相干的卡车运输公司，卡车镇正是它们的中心加油站兼绿洲。 午夜前后，卡车镇真是繁忙到了极点，等待加油或停车泊位的车辆经常要一直排到州际公路那儿去。 全美国最大的卡车停靠站就在安大略市，只需要往西再走几英里，但是司机们都很讨厌那边 76 号工会的私家警卫队和发馊的馅饼。

就像人们常说的那样，樱桃街明显是 "在佩科斯河以西"[1]，而且在这儿要想做成任何一种买卖也更容易。 咖啡馆的柜台边挤满了幽灵般的人形，活像阿波麦托克斯[2]之后李将军手下的士兵：形色瘦削、胡子拉碴、目光空洞、沉默寡言。 电话亭那儿还多几分生气。 雇主和司机为行车日志和副驾驶的问题争执不休；夫妻组合为了家事吵架拌嘴；中间人和搬运工为了装卸量的差池喋喋纷争；非法机车骑士沿街兜售着 "老太太" 和 "黑莫利"（其实都是安非他命）。 樱桃街的路边总有些违法却很热门的活动。 高速公路巡逻队最近刚刚关闭了 10 号州际公路在附近的休息区，它此前的用处只不过是个姑娘和蠢蛋才会光顾的免下车餐馆，只有大清早开着丰田车去上班的人和坐温尼贝戈车[3]的游客才会迈进门槛。

包括已经完成社团化的方坦纳北区和里亚尔托、包括樱桃街地区，现在整个方坦纳的边缘地带已经变成了南加州的瓦雅加山谷。 长期以来它一直是 "全球安非他命之都"，最近这儿的美沙酮实验室又走了多样化，大规模生产着 "冰毒"（晶体状的安非他命吸食粉末）和 "哑嘎嘎"

---

① 佩科斯河的源头在新墨西哥州，河流走向靠近得克萨斯州界，19 世纪后半叶，人们用 "佩科斯河以西" 来指代狂野西部的粗犷疆域。

② Appomattox，美国地名。 1865 年 4 月 9 日，在弗吉尼亚州阿波麦托克斯镇的法院大厦里，美国内战中南军一方的罗伯特·李将军率领北弗吉尼亚军团，向北军的尤利西斯·格兰特将军投降，南方各州组成的美利坚联盟国解体，南北战争就此结束。

③ Winnebago，温尼贝戈族印第安人目前主要居住在威斯康星州和内布拉斯加州。爱荷华州森林市有一家 "温尼贝格工业公司"，它制造的休闲车用该部落的族名当做商标。

（安非他命和嚼啪可卡因混合而成的吸食粉末）。 在绝大程度上这算是某种草根出身的毒品爱国主义：小镇上生长的好哥们造出来的美制毒品成瘾，由摩托车帮派和违法犯禁的卡车司机连成了整个心脏地带的巨型销售网络。 从自由企业经济的角度看，这还是个堪称教科书的范例，说明了小型企业如何在恐龙型的重工业垮台之后填补了它余留的空白。 如今能称得起方坦纳头号输出产品的可能该数安非他命，而非钢铁。

无可否认，方坦纳仍在运出很多钢铁，即便那座大贝丝自己早在多年以前就已经化作废料也无妨。 就在樱桃街上，多国合资组建的加州钢铁产业集团继续把巴西出产的板材加工成五花八门的产品，用于供应本地市场（尽管日本人和越来越多的韩国人在主宰着价格高端的结构用钢品种）。 钢铁工人联合会最近试图在加州钢铁产业集团里发展组织，可这场运动却以灾难告终。 无论是因为害怕再度失业，还是因为怨恨国际总部在八年前没有拉兄弟一把，2869 地方分会的老会员们轰动一时地在加州钢铁产业集团里投票把工会选下了台（选票比例是 88％对 12％）。

往昔的大钢铁厂本身看上去就像是德累斯顿和广岛，或者可能最合适的比方是，就像是 1945 年 4 月的东京，长达三个月的时间里，用凯泽公司制造的"粘酱"做成的火焰弹集中轰炸了这座城市，把它烧得只剩下了主要建筑物的钢筋混凝土残桩。 趁火打劫的人早就把工厂拣得干干净净，没剩下任何值得回收的金属——其中有一些被重新造成了丰田汽车和现代汽车，在 10 号州际公路上呼啸而过。 与此同时，当年隔着 30 英里就能看见的高耸入云的大烟囱也已崩坍了，只有鼓风炉的混凝土支架尸骨尚存。 绕着凯泽资源公司戒备森严的外围地带，土地被租给了一连串"夫妻老婆店"式的垃圾场，他们现在已经收不到凯泽公司的废料，就高高兴兴地动手去压扁切碎废旧汽车。 这整个场面看着就像是电影《疯狂麦克斯》①：由工业界食腐动物和金属秃鹫组成了

---

① *Mad Max*，又译《冲锋飞车队》、《迷雾追魂手》等，1979 年由乔治·米勒导演、梅尔·吉布森主演的澳大利亚电影，后来又拍成了两部续集。 这部科幻动作片以未来时代为背景，充斥暴力和飙车场面，营造了一个荒凉的暴力世界，充满疯狂的侵略性，是描写世纪末另类人物的经典作品。

世界末日后的社会。

路对面，躺着方坦纳农场公司的影子。荒草丛中掩映着一个幽魂般的葡萄酒-养鸡农场，但它那年逾八旬的主人还是让它原封不动，他还记得，1971 年纽卡斯尔的大瘟疫杀死了方坦纳的上百万只鸡。几英里外，在方坦纳南部，屈指可数的几家养鸡农场勉强维持着，而且对自己的运营展开了现代化改造：靠近雅茹帕和帕珀的角落有个惊人的自动化养鸡厂，用传送带运转着，只需要一个人就能轻松照料 25 万只母鸡。可结果是鸡粪堆成了山，养鸡厂只好用推土机推开农场四周的鸡粪。附近住着的通勤房主不再觉得鸡屎是种沾染了浪漫意味的诱惑，他们正在挨家挨户传递请愿书，要关掉这家从米勒时代成功地幸存至今的农场。等到抹去了小鸡、肥猪和果园的最后一缕痕迹以后，方坦纳与它的农耕历史之间就只剩了一线联系，即本地的几千只狗。我们说的不是郊区住户豢养的精心修剪过爪尖的狗，而是看家护院的老式狗：喜欢咆哮的、半疯的、迟钝的、友善的、毛发蓬乱的、巨大的、可笑的方坦纳的狗。

可能方坦纳人均摊到的废旧小汽车也是地球上最多的。狂热追捧者认为，附近的南加州汽车拍卖场是世界第八奇迹。让我印象更深刻的是，有这么多汽车被拆散了架或正濒临解体，而它们全都精心点缀在普通人家的院子里，如同传家宝一般。我猜这副景象对方坦纳的新形象很不利，但是过了一会儿，这种垃圾场般的感觉就能让你喜欢起来（至少在我身上的效果是这样的）。在方坦纳地区——或者不如说在还没取名叫"世袭村"或者"鹰顶经理人之家"的那些地方——拼凑成景象的都是些星罗棋布的、通常无法收藏（也无法高贵起来）的碎片：从狄迪翁说过的那些匍匐的大漂石，到鬼域般的果园里生锈的黑烟罐，到山脚大道上古远至柏玛剃须膏时代[1]的汽车旅店的名字（比如"肯大吃

434

---

① Burma-Shave-era，1925 年，奥德尔父子（Clinton and Allan Odell）开始用小型的路边木制广告牌来推销自己的产品柏玛剃须膏，很快获得了极人的销售成功，全盛期在全美国境内立起了七千个柏玛剃须膏的广告牌。它们在大萧条时期和二战时期为人们带来了许多幽默快乐，但是在 20 世纪 50 年代末，高速公路的出现让这些小牌子丧失了观众。一度换用新的广告牌后，1963 年，柏玛剃须膏广告牌的历史宣告终结。

店"之类的）。 就连方坦纳发生的犯罪行为也带着一种随随便便的超现实色彩。 例如，这里有过疯子杀死了几百棵桉树，还有下流电话大王博比·吉恩·斯泰尔（即"费尔顿博士"），他供认，在过去的 23 年里打过五万通淫秽电话。

也许，"费尔顿博士"在方坦纳山谷大道边的暖衣饱食里逛得太远，也太自在了（山谷大道跟 1941 年时一样，仍是一条"死亡之路"）。就在樱桃街以东，林荫大道边千篇一律地都是些沉闷的成人书店和二手卡车店。 不过，稍稍靠近西拉大道一点儿，就有一家"乡风淳朴费里尼店"造成了越来越强烈的 *mise en scene*① 的感觉。 某个街角上有个倒霉的牛仔正竭力想把自己戴得很旧的斯泰森毡帽卖给一家流浪吉普赛人的族长——或者，这家人是不是 1990 年前后才到这儿来的俄克拉何马农夫？ ——他们从用皇冠巴士改装成的房车里鱼贯而下。 这家人刚刚离开了附近的贝艾尔汽车餐厅举办的星期六跳蚤市场。 市场里有个从石英镇②来的大红脸、浑身跳蚤的沙漠汉，正为几只"打折"的玻璃碟子和一只古董洗脸台跟圣费尔南多山谷来的三名超市口袋妇③讨价还价。 一群本地小子身穿"枪支与玫瑰"帮派乐队的 T 恤衫，正听另一个头发斑白的沙漠典型人物讲述着自己最近遭遇外星人的故事——这一位看着活像个死亡谷斯科蒂④似的。 一名"耶和华见证人会"的会员⑤身穿栗色运动夹克，在一旁招人腻烦地喋喋不休。

---

① 法语：布景。

② Quartzite，亚历桑州西部小镇，因为附近山里的石英矿而得名。

③ bag lady，大城市里无家可归的妇女，因为她们用超市的大口袋装着自己的全部家当而得名。

④ Death Valley Scotty(1872—1954)，美国探矿者，声称自己在死亡谷里找到了金矿。 在百万富翁约翰逊（Albert M. Johnson）的支持及赞助下，他在死亡谷里兴建了斯科蒂城堡，至今仍是此地最能吸引游客的胜地。 死亡谷位于加州东南部与内华达州毗邻的群山里，长 225 公里，干旱酷热，地势险恶，1849 年冬，一支淘金队伍在横穿该谷时几乎全军覆没，死亡谷由此得名。 目前这里是爱德华空军基地和太空实验室的所在地。

⑤ Jehovah's Witness，耶和华见证人会，兴起于 19 世纪、传遍世界许多地区的千禧年主义教派，继承 19 世纪基督降临末世教派的传统，以末世预言的消息吸引信徒，宣扬说在世界末日的哈米吉多顿善恶决战之后，除了见证人会的信徒以外，神将摧毁地面上的所有人。 1872 年拉塞尔[Charles Taze Russell(1879—1919)]开始宣讲他的教义理论，1884 年创立锡安守望台（Zion's Watch Tower），几经易名后，于 1931 年改称耶和华见证人会。 20 世纪 90 年代末，耶和华见证人会已有超过五百万名信徒，遍布 232 个国家。

离这儿一个街区以外的那副场面更让人难以置信：那边有个马戏团的废旧物品堆放场。 在散了架的碰碰车和弗累斯大转轮之间，散落着几座一度闻名、如今已经关门歇业的南加州娱乐公园的怀旧碎片（迪斯尼公园还没出现以前，这些娱乐公园都不收门票或者只收 1 美元）：梭鱼公园、贝尔蒙海岸公园、太平洋公园，如此等等。 从一辆拖挂卡车的背后突然探头露出了童话里的石头大象和伏地猛扑状的狮子，它们曾经站在东湖（林肯）公园的塞利格动物园的大门口，迷倒了东区的好几代孩子。 我试着想象，要是有哪个土生土长的曼哈顿人突然发现纽约市公共图书馆的石头狮子被扔在新泽西州的哪个垃圾场的话，他又当做何感想。 我推想，看见了塞利格动物园的石头狮子也许就能体会到，南加州毫不挂怀地总括评价过了自己那段远去的童年。 逝去的几代人就跟这里的诸多碎片一样，都被开发商的推土机清除干净了。 要是这么说的话，他们唯一恰当的终局正该了结在这儿，在方坦纳——在这个堆放着梦想碎片的垃圾场。

435

注 释：

[1] Joan Didion, *Slouching Towards Bethlehem*, New York 1968, p. 5. 她对方坦纳地区的反应是一种先兆，预示了她在二十年后对这儿的萨尔瓦多式的景象会有多么深恶痛绝。

[2] "……然后他们就找到了方坦纳农场公司"——1930 年的广告册页，方坦纳历史协会藏品。 方坦纳农场公司的总部设在洛杉矶市中心区的圣斯普林街 631 号。

[3] 至少这是地理学家给这片山间盆地起的名字，盆地范围包括了帕默纳山谷、奇诺山谷和圣伯纳迪诺山谷，也包括了河滨盆地和巨大的库卡蒙加扇形地带（见 David W. Lantis, *California: Land of Contrast*, Belmont, Calif. 1963, p. 226）。 现在所谓的"内陆帝国"还宽泛地包括了佩利斯山谷和圣哈钦托盆地。

[4] 见 Karen Frantz, 'History of Rural Fontana and the Decline of Agriculture', 打字文稿，未注明日期，藏十方坦纳公共图书馆。

[5] 见 Richard Lillard, 'Agricultural Statesman: Charles C. Teague of Santa Paula', 《加州历史》杂志（*California History*）1986 年 3 月号。

[6] 到 1895 年为止，河滨县大概是美国"人均最富裕的小镇"。 见 Vincent Moses, 'Machines in the Garden: A Citrus Monopoly in Riverside, 1900—1931', 《加州历史》杂志 1982 年春季号。

[7] 见 Charles Teague, *Fifty Years a Rancher*, Santa Paula（私人印刷）1944。

[8] 见《方坦纳先锋新闻报》（*Fontana Herald-News*）二十五周年纪念特刊，1938 年 6 月 10 日出版。

[9] 见 Frantz。 有位巴恩霍德先生至今仍住在紧邻樱桃街东边、1927 年盖的方坦纳农场上的廊式平房里，照他说来："一千只小鸡和两英亩半土地还不能让人过上好日子。米勒的宣传不真实，很多方坦纳人特别是在大萧条期间都需要艰苦挣扎才能生存下来。"

（访谈，1989 年 6 月）

[10] Giorgio Ciucci, 'The City in Agrarian Ideology and Frank Lloyd Wright: Origins and Development of Broadacres', in Ciucci, et al., *The American City: From the Civil War to the New Deal*, Cambridge, Mass. 1979, pp. 358, 375.

[11]《方坦纳先锋新闻报》1942 年 7 月 31 日报道。

[12] *Inside USA*, New York 1946, p. xiv.

[13] 同上，p. 68。

[14] 不过，从 1951 年修订版的《美国内部》中可以看出，冈特对凯泽的醉心明显已经淡了许多，而且写凯泽的那一章被删削成了简短的一节。

[15] 引述于 'Life and Works of Henry Kaiser'，同上，pp. 64, 70。

[16] 同上，p. 70。另一方面，凯泽是等到自己从有利可图的新政合同中拿到了最大的好处以后，才开始资助劳工的。早先在建设胡佛大坝期间，他和合伙人有计划地侵犯劳动标准、健康条例及安全法规。1931 年，由于发生了一连串骇人听闻的生产事故和蒸汽喷发造成的死亡事件，世界产业工人组织领导着建坝工人进行了罢工，随即被六大公司制服了。见 Joseph Stevens, *Hoover Dam: An American Adventure*, Norman 1988, pp. 69—78。

[17] Gunther, p. 64。

[18] A. G. Mezerik, *The Revolt of the South and West*, New York 1946, p. 280.

[19] Mark Foster 最近为凯泽写了传记（*Henry J. Kaiser: Builder in the Modern American West*, Austin 1989），这本书让人失望的主要原因就在于，它分析凯泽与贾尼尼之间的关系时没有新意。

[20] 同上，pp. 58—59。

[21] 参看 Marquis and Bessie James, *Biography of a Bank: The Story of Bank of America*, New York 1954, pp. 389—392；Arthur Schlesinger, *The Age of Roosevelt: The Politics of Upheaval*, Cambridge, Mass. 1960, pp. 121, 297, 411。1934 年贾尼尼在最后一刻代表罗斯福出手干预，买断了厄普顿·辛克莱竞选州长的高昂叫价，收买了民主党的选票。〔见 Russell Posner, 'A. P. Giannini and the 1934 Campaign in California'，《加州历史杂志》（*Journal of California History*）1957 年 2 月号 34 页。〕尽管贾尼尼没能让辛克莱赢得补选，但他后来仍起到了关键作用，在 1936 年为罗斯福赢得了加州的支持。然而，他从 1938 年起就缩减了对新政的支持，因为他感到自己的夙敌尤金·迈耶和财政部长摩根索领头形成了一个"犹太人政治阴谋"的权力集团。见 Julian Dana, *J. P. Giannini: Giant in the West*, New York 1947, pp. 315—317, 322—323。

[22] Schlesinger, p. 411.

[23] Gunther, pp. 71—72；Foster, 第五章，'Patriot in Pinstripes—Shipbuilding', pp. 68—89。

[24] Gunther, p. 71。

[25] 凯泽采用的扩充工资协定或称综合工资协定的模式中包含了一部分医疗协定（由于形成规模经济而拿到了折扣），这种模式潜在地影响了 20 世纪 40 年代末由美国产业工会联合会与工业巨头们最终达成的集体协商体系。

[26] 引文见 Mezerik, p. 265。

[27] 当然，杰拉德·纳什断定方坦纳的建设"由政府付了大部分花销"是大错特错了。（见 *The American West Transformed: The Impact of the Second World War*, Bloomington, Ind. 1985, p. 28）

[28] 同上，p. 264。

[29] 见 John E. Coffman 硕士论文中的探讨，John E. Coffman, 'The Infrastructure of Kaiser Steel Fontana: an Analysis of the Effects of Technical Change on Raw Material Lo-gistics', 加州大学洛杉矶分校地理系硕士论文, Los Angeles 1969, pp. 1—2, 5, 25—29。

[30] Frantz, p. 25；《方坦纳先锋新闻报》1943 年 1 月 7 日报道。

[31] 同上，1941 年 1 月 14 日及 21 日报道。

[32] 同上，1941 年 4 月 18 日（米勒的讣告）、5 月 16 日及 9 月 19 日报道。

[33] 同上，1941 年 6 月 6 日报道。

[34] 同上，1958 年 5 月 29 日（战争时期的回忆）。

[35] 同上，1942年1月2日及30日报道。前一年秋，方坦纳人曾热烈讨论过家禽饲养在国防事务中起到的关键作用。（同上，1941年9月19日）

[36] 当地报纸在1942年3月6日报道了计划建厂的消息（同上）。

[37] Frantz, p.26.

[38] 同上。

[39] 《方坦纳先锋新闻报》，1942年4月3日及10日报道。

[40] 参看《商务周刊》1942年11月21日报道；《方坦纳先锋新闻报》1942年12月30日、1943年1月7日及14日报道。圣佩德罗的加州造船厂主管是凯泽的老伙伴斯蒂文·贝克特尔和（未来的中央情报局局长）约翰·麦科恩。

[41] Gunther, p.72.

[42] 同上，1942年4月3日。

[43] 对巴恩霍德一家的采访，这家人早先住在凯泽工厂对面的樱桃街一带。又见Frantz, p.27.

[44] 《方坦纳先锋新闻报》，1943年7月22日报道。

[45] 《钢铁杂志》（Steel Magazine）1944年9月25日报道。另一方面，由于过度昂贵的铁路运输价格和匹兹堡本地的垄断性附加税，加州周边形成了非正式的关税壁垒，凯泽钢铁公司早就学会了利用这一有利条件。

[46] James and James, p.468.

[47] 见1942年12月10日《方坦纳先锋新闻报》上刊登的小亨利·J·凯泽对其父观点的引述。

[48] 见Foster, pp.1—2, 179—182。

[49] 《方坦纳先锋新闻报》，1946年2月26日及9月19日报道；Foster, pp.132—134。

[50] Gunther（1951年修订版），p.47。

[51] 见Julian Dana，A. P. Giannini：Giant in the West，New York 1947，第四章《泛美巨人》（'Transamertcan Titan'）。

[52] Dana, p.163。

[53] 参看Gunther, pp.73—74；又见Foster, pp.142—164。

[54] 《钢铁时代》（Iron Age），1948年10月7日刊登。

[55] 参看Coffman；J. S. Ess，'Kaiser Steel—Fontana'，《钢铁工程师》（Iron and Steel Engineer）1945年2月31日刊登；又见C. Langdon White，'Is the West Making the Grade in the Steel Industry?'，《斯坦福商业研究丛刊》（Stanford Business Research Series）1956年8月号。

[56] 同上，pp.102—103；又见Mezerik, p.266。

[57] 同上，pp.103—105；James and James, pp.493—494；又见Robert Gottlieb and Irene Wolt，Thinking Big：The Story of the Los Angeles Times，New York 1977，p.244。

[58] 参看Neil Morgan，Westward Tilt：The American West Today，New York 1963，p.29；又见凯泽钢铁公司《年度报告》，1959年及1965年。

[59] 关于这项协定的发展历程，见William Aussieker，'The Decline of Labor-Management Cooperation: The Kaiser Long-Range Sharing Plan'，IRRA第35期年鉴学报，pp.403—409。关于教科书中对该项计划的典型称颂，见James Heney, ed.，Creative Collective Bargaining，Englewood Cliffs, N. J. 1965；又见Herbert Bltiz, ed.，Labor-Management Contracts and Technological Change，New York 1969。

[60] 引述于《鹰报》1945年12月20日报道。

[61] Frantz, pp.27—30；《方坦纳先锋新闻报》，1943年8月12日报道。

[62] 采访记录，受访者是早就住在这儿的巴恩霍德一家、退休钢铁工人约翰·皮亚察和迪诺·帕帕维罗，还有我自己的家人（1941—1949年间住在方坦纳）。又见《方坦纳先锋新闻报》1942年12月31日报道、1943年7月22日及8月12日报道；又见1955年5月29日刊登的回忆报道。

[63] 同上。

[64] 见南加州社会研究图书馆收藏在档案中的任何一份《鹰报》。

[65] 参看《鹰报》1945年12月20日报道；Charlotta Bass，Forty Years：Memoirs from the Pages of a Newspaper，Los Angeles（私人印刷品）1960，pp.135—136；又见《战

437

斗报》(*The Militant*)1946 年 2 月 2 日报道。

[66] Bass，同上；《战斗报》1946 年 2 月 2 日及 3 月 23 日报道。

[67]《方坦纳先锋新闻报》1946 年 1 月 3 日报道。

[68]《鹰报》1946 年 1 月 3 日报道；《每日世界》(*Daily World*)1946 年 1 月 2 日报道。

[69] Bass，同上；《鹰报》1946 年 1 月 17 日及 31 日报道；《战斗报》1946 年 2 月 2 日报道。

[70]《每日世界》1946 年 2 月 6 日及 14 日报道；《鹰报》1946 年 2 月 7 日报道；《战斗报》1946 年 2 月 11 日报道。

[71] 从 1945 年日本投降到 1946 年秋天之间的这段时期里，洛杉矶经历了又一轮白人抵制民权运动的高潮：白人高中学生发起了骚乱，警察无缘无故地开枪射击，南加州大学的校园里有人焚烧十字架，法院通过一项裁决支持限制性合同条款，然后在 1946 年 5 月 7 日，中南部地区发生了一次三 K 党炸毁黑人住家的事件。见《鹰报》档案；又见 Bass。

[72]《战斗报》1946 年 3 月 23 日报道。

[73] 然而方坦纳的民权运动还在继续推进。例如，1949 年初，非裔卫理公会派主制教会①派驻方坦纳的几名牧师控告本地的一家咖啡馆在便餐台上歧视对待他们。（见《鹰报》1949 年 1 月 13 日报道）

[74] 见《方坦纳先锋新闻报》1946 年 3 月 14 日报道。

[75] Hunter Thompson，*Hell's Angels：A Strange and Terrible Saga*，New York 1966，p. 90.

[76] 关于奥克兰分会的崛起，相关内部人员的讲述见 George Wethern(with Vincent Colnett)，*A Wayward Angel*，New York 1978。

[77] Frank Reynolds，*Freewheelin' Frank*，New York 1967，pp. 7，110—111(向 Michael McClure 讲述的内容)。

[78] Thompson，pp. 59—62. 汤普森有一个有趣的说法，说是在伯都"天使"身上用过的骚扰手段预演了警方在 20 世纪 60 年代针对和平运动推行的"清街"计划(p. 60)。

[79]《洛杉矶时报》1990 年 2 月 15 日报道。

[80] John Herling，*Right to Challenge：People and Power in the Steelworkers Union*，New York 1972，p. 207。

[81] 1989 年 5 月在方坦纳的钢铁工人老职工基金会采访迪诺·帕帕维罗和约翰·皮亚察的记录。

[82] John Herling，pp. 198—212。

[83] 同上，pp. 207—211，265—266，280。麦克唐纳的一名支持者这样概括 2869 地方分会的联盟从本质上就是离心离德的："不满情绪蔓延开来，因为按照共享计划拿工资的工人和按照激励计划拿工资的(老)工人拿到的薪酬是不一样的。此外还因为九人委员会没请教过本地的工会领袖们……本地的领袖只不过拿到了上头的大小子们发下来的一份决议。"(p. 212)

[84] 见凯泽公司 20 世纪 50 年代人事部门的一份剪贴册，它是迪诺·帕帕维罗在 1985 年拆除工厂的时候从垃圾堆里拣回来的。工厂社团的大部分历史记录都被毫不顾惜地丢弃了。

[85] 同上。

[86]《洛杉矶时报》1980 年 9 月 6 日及 1981 年 11 月 4 日报道。

[87] 凯泽钢铁公司《年度报告》，1961 年、1963 年、1964 年、1966 年及 1971 年。

[88] 参看凯泽钢铁公司 1980 年《年度报告》里的回顾分析(表 10-K)；又见《洛杉矶时报》1977 年 7 月 31 日、1978 年 4 月 24 日、1979 年 2 月 9 日报道。

[89] 见 Aussieker，pp. 403—409。

[90] 1989 年 5 月采访迪诺·帕帕维罗的记录；又见 Aussieker，pp. 405—406；《洛杉矶时报》1972 年 2 月 2 日、1972 年 3 月 28 日报道。

---

① 简称 AME，即 African Methodist Episcopal Church，1816 年由 Richard Allen 主教创办于宾夕法尼亚州的费城。

[91]凯泽钢铁公司《年度报告》，1976年、1977年；《洛杉矶时报》1976年12月25日报道。

[92]1972年由凯泽钢铁公司发行的小册子《然而烟尘如故》。

[93]《清单》，1989年5月在方坦纳钢铁工人老职工基金会进行的采访；又见《洛杉矶时报》1978年5月30日报道。

[94]凯泽钢铁公司1980年《年度报告》（表10-K）。

[95]《洛杉矶时报》1980年9月6日及10日报道。

[96]《洛杉矶时报》1979年2月9日报道。

[97]《洛杉矶时报》1979年9月27日报道。

[98]1989年5月采访帕帕维罗和皮亚察的记录。

[99]《洛杉矶时报》上的采访，1985年8月4日刊登。

[100]凯泽钢铁公司1979年《年度报告》。

[101]凯泽钢铁公司1980年《年度报告》（表10-K）；《洛杉矶时报》1979年10月24日及11月22日报道。

[102]参看凯泽钢铁公司《年度报告》；又见《洛杉矶时报》1980年9月报道。

[103]《洛杉矶时报》1979年6月2日报道。

[104]凯泽钢铁公司1981年《年度报告》。

[105]《洛杉矶时报》1981年11月4日报道。

[106]《洛杉矶时报》1980年8月27日及1982年2月13日报道。

[107]"雇员持股计划"（ESOP）导致2869地方分会分裂成了极端对立的多个派系，主席弗兰克·安林和拉尔夫·肖特各领一方针锋相对。该分会在1982年4月的最后一次选举由安林勉强胜出。（《方坦纳先锋新闻报》1982年4月8日报道）

[108]见Aussieker, p.408；《洛杉矶时报》1982年8月14日报道。

[109]在1979—1983年间的沃尔克-里根衰退时期里，加州的钢铁生产部门削减了将近两万个就业岗位，美国钢铁工人联合会在加州的会员也减少了41%。见Anne Lawrence, 'Organizations in Crisis: Labor Union Responses to Plant Closures in California Manufacturing, 1979—1983', 加州大学地理系，Berkeley 1985, pp.55—57。

[110]Allan Sloan and Peter Fuhrman, 'An American tragedy', 《福布斯》（Forbes）杂志1986年10月20日刊登。

[111]关于这笔现金储量的累计依据，见《洛杉矶时报》1979年10月18日、1980年9月6日、1981年11月4日报道。

[112]同上。

[113]《洛杉矶时报》1982年2月5日报道。

[114]《洛杉矶时报》1982年3月16日报道。

[115]《人民世界》杂志（The People's World）1984年1月7日报道，文中对税法竟会致使关闭工厂如此"有利可图"大为惊异。"毁掉西部唯一一家基本'综合工厂'所获得的净利润，可能超过了这家企业自从第二次世界大战结束以来从运营中挣到的利润总和。"

[116]《方坦纳先锋新闻报》1984年1月2日报道；《洛杉矶时报》1985年8月4日报道。

[117]《洛杉矶时报》1983年5月27日报道。

[118]《太阳报》（Sun）1988年1月18日报道。

[119]Sloan and Fuhrman, pp.32—33；又见《洛杉矶时报》1987年9月25日报道。

[120]《洛杉矶时报》1987年2月9日报道。

[121]《洛杉矶时报》1987年1月27日、2月9日及13日、1988年8月10日及31日报道。2869地方分会的前任主席安林对亨德利的管理水平表达了如下意见："我就没见他干成过什么事，除了赔钱。"（《太阳报》1988年1月18日报道）

[122]《太阳报》1987年8月19日报道。

[123]见'Horse Dies in One-Horse Steel Town'，《洛杉矶时报》1986年9月1日刊登。

[124]《洛杉矶时报》1971年1月30日、1978年6月23日（"城市经济研究协会"的研究报告）及1985年9月1日报道。凯泽公司的工人中，有3 200名住在方坦纳（本地

439

人口数字为 21 000 人），2 600 名住在市场区-圣伯纳迪诺，还有 3 200 名住在内陆帝国的其他地方。

［125］《洛杉矶时报》1985 年 8 月 15 日报道。

［126］见 Joe Bridgman，'Southridge Village：Milestone or Millstone for Fontana?'，《太阳报》1986 年 2 月 16 日刊登。

［127］《1988 年圣伯纳迪诺县总体规划修订本》。

［128］《洛杉矶时报》1985 年 9 月 1 日报道；《太阳报》1986 年 1 月 23 日报道。

［129］参看《南山脊村详细规划》，方坦纳改造委员会，未标明日期。

［130］《洛杉矶时报》，1988 年 9 月 25 日报道。

［131］《洛杉矶时报》1983 年 12 月 30 日报道。

［132］《洛杉矶时报》1985 年 8 月 15 日报道。

［133］《洛杉矶时报》1987 年 6 月 24 日报道。

［134］《方坦纳先锋新闻报》1987 年 12 月 14 日报道。

［135］Arthur Young International，Inland Empire Office，*Management Audit of the City of Fontana*，六卷本，1987 年 8 月 18 日（方坦纳图书馆藏公用复制本第一卷）；《太阳报》1987 年 8 月 19 日报道；《方坦纳先锋新闻报》1987 年 8 月 19 日报道。

［136］《太阳报》1986 年 2 月 16 日报道；订正过的债务估算见 1987 年 9 月 5 日报道。实际上，方坦纳改造委员会跟开发商做生意的时候非常"不正规"，竟至于它从没费心精确记录或报告过自己正在积攒的债务。阿瑟·杨公司的审核员指出："尽管改造委员会拥有高额衡平能力，但是对其债务的确切总数却未做出最终估价……不能断定该委员会的全部金融债务，是因为委员会里没有足够的保管记录和存档文件，结果缺了一些档案文件，要想确定委员会向各家开发商做出的允诺所涉及的美金数额，这些文件都是必不可少的。"（p. Ⅱ-7）

［137］《方坦纳先锋新闻报》，1987 年 9 月 15 日、10 月 26 日及 29 日报道。

［138］同上，1987 年 10 月 26 日及 29 日报道。又见《太阳报》1986 年 8 月 17 日报道。

［139］同上，1987 年 9 月 15 日报道；又见《太阳报》1986 年 2 月 16 日报道。

［140］1989 年 9 月采访方坦纳前任规划师"P. C."的记录。南山脊村能不能最终完工很成问题；官方说第三期工程"进了炼狱"。（见《方坦纳先锋新闻报》1990 年 1 月 9 日报道。）

［141］因为开发商们没盖出急需的学校，方坦纳学校理事会也提起了诉讼。

［142］1989 年 5 月，约翰·皮亚察强调指明了工会基层政治人员的解散流失。

［143］《太阳报》1987 年 9 月 18 日报道。

［144］同上，1987 年 8 月 13 日报道。

［145］《方坦纳先锋新闻报》1988 年 11 月 1 日报道。

［146］同上，1990 年 1 月 9 日报道。

［147］关于"形象问题"见《太阳报》1978 年 8 月 13 日报道。

［148］《方坦纳先锋新闻报》1987 年 12 月 8 日、1988 年 10 月 26 日报道。

［149］同上。

［150］同上，1988 年 8 月 24 日报道。

［151］同上，1988 年 10 月 26 日及 12 月 13 日报道。

［152］参看《方坦纳先锋新闻报》1988 年 11 月 3 日、1989 年 1 月 11 日及 4 月 19 日报道；又见 1990 年 1 月 16 日报道。

［153］《洛杉矶时报》1989 年 8 月 6 日报道。

440

附录 报刊杂志译名对照

《美国》（*America*）

《羚羊谷新闻报》（Antelope Valley *Press*）

《艺术论坛》（*Artforum*）

《海湾卫报》（*Bay Guardian*）

《黑色面具》（*The Black Mask*）

《黑人学者》（*Black Scholar*）

《商业周刊》（*Business Week*）

《加利福尼亚商务》（*California Business*）

《加州历史季刊》（*California Historical Quarterly*）

《加州历史》（*California History*）

《加州期刊》（*California Journal*）

《加州杂志》（*California Magazine*）

《常识报》（*Common Sense*）

《文化批评》（*Cultural Critique*）

《每日新闻》（*Daily News*）

《每日世界》（*Daily World*）

《市中心区新闻》（*Downtown News*）

《鹰报》（*Eagle*）

《方坦纳先锋新闻报》（*Fontana Herald-News*）

《福布斯》（*Forbes*）

《财富》（*Fortune*）

《前沿》（*Frontier*）

《魅力》（*Glamor*）

《卫报》（*Guardian*）

《先驱观察家报》（*Herald-Examiner*）

《先驱快报》（*Herald-Express*）

《社会中的人文学科》（*Humanities in Society*）

《形象报》（*Image*）

《这些天来》（*In These Times*）

《钢铁工程师》（*Iron and Steel Engineer*）

《美国历史杂志》（*Journal of American History*）

《加州历史杂志》（*Journal of California History*）

《城市历史杂志》（*Journal of Urban History*）

《洛杉矶商务》（*L. A. Business*）

《洛杉矶商务新闻》（Los Angeles *Business Journal*）

《洛杉矶杂志》（*Los Angeles Magazine*）

《洛杉矶时报》（Los Angeles *Times*）

《洛杉矶时代杂志》（*Los Angeles Times Magazine*）

《洛杉矶周刊》（*LA Weekly*）

《管理》（*Management*）

《战斗报》（*The Militant*）

《抵押银行业》（*Mortgage Banking*）

《民族》（*Nation*）

《全国城市评论》（*National Civic Review*）

《全国不动产投资》（*National Real Estate Investor*）

《新左派评论》（*New Left Review*）

《新共和》（*New Republic*）

《纽约书评》（*New York Review of Books*）

《纽约时报杂志》(*The New York Times Magazine*)

《起源》(*Origins*)

《瞭望》(*Outlook*)

《太平洋历史评论》(*Pacific Historical Review*)

《帕萨迪纳周刊》(*Pasadena Weekly*)

《人民世界》(*The People's World*)

《规划》(*Planning*)

《规划观察》(*Planning Perspectives*)

《警察局长》(*The Police Chief*)

《进步建筑》(*Progressive Architecture*)

《公共事务报告》(*Public Affairs Report*)

《记录报》(*Register*)

《旧金山焦点》(*San Francisco Focus*)

《前哨报》(*Sentinel*)

《南加州期刊》(*Southern California Journal*)

《南加州不动产新闻》(*Southern California Real Estate Journal*)

《明星新闻》(*Star-News*)

《钢铁杂志》(*Steel Magazine*)

《太阳报》(*Sun*)

《时代-西部杂志》(*Times-West Magazine*)

《论坛报》(*Tribune*)

《三县快报》(*Tri-County Bulletin*)

《泰定》(*Tydings*)

《都市事务季刊》(*Urban Affairs Quarterly*)

《都市土地》(*Urban Land*)

《村声》(*Village Voice*)

《西部杂志》(*West Magazine*)

索　引

（页码为本书的边码）

图书在版编目(CIP)数据

水晶之城：窥探洛杉矶的未来/(美)迈克·戴维
斯(Mike Davis)著；林鹤译. —2版. —上海：上
海人民出版社,2018
(都市文化研究译丛)
书名原文：City of Quartz：Excavating the
Future in Los Angeles
ISBN 978 - 7 - 208 - 15476 - 6

Ⅰ. ①水… Ⅱ. ①迈… ②林… Ⅲ. ①城市史-研究
-洛杉矶 Ⅳ. ①K721.9

中国版本图书馆 CIP 数据核字(2018)第 225141 号

责任编辑 吴书勇
封面设计 胡 枫

水晶之城
——窥探洛杉矶的未来
[美]迈克·戴维斯 著
林 鹤 译

出 版 上海人&大版社
    (200001 上海福建中路 193 号)
发 行 上海人民出版社发行中心
印 刷 上海商务联西印刷有限公司
开 本 635×965 1/16
印 张 34
插 页 4
字 数 463,000
版 次 2019 年 1 月第 2 版
印 次 2019 年 1 月第 1 次印刷
ISBN 978 - 7 - 208 - 15476 - 6/K · 2789
定 价 108.00 元

都市文化研究译丛

《识字的用途：工人阶级生活面貌》

[英]理查德·霍加特

《当工作消失时：城市新穷人的世界》

[美]威廉·朱利叶斯·威尔逊

《裸城：原真性城市场所的生与死》

[美]莎伦·佐金

《漫长的革命》

[英]雷蒙德·威廉斯

《透过电视了解城市：电视剧里的城市特性》

[英]彼得·格林汉姆

《规划世界城市：全球化与城市政治》

[英]彼得·纽曼、安迪·索恩利

《没有郊区的城市》

[美]戴维·鲁斯克

《城市秩序：城市、文化与权力导论》

[英]约翰·伦尼·肖特

《正义、自然和差异地理学》

[美]戴维·哈维

《下城：1880—1950 年间的兴衰》

［美］罗伯特·M·福格尔森

《水晶之城：窥探洛杉矶的未来》

［美］迈克·戴维斯

《一种最佳体制：美国城市教育史》

［美］戴维·B·泰亚克

《文学中的城市：知识与文化的历史》

［美］理查德·利罕

《空间与政治》

［法］亨利·列斐伏尔

《真正的穷人：内城区、底层阶级和公共政策》

［美］威廉·朱利叶斯·威尔逊

《布尔乔亚的恶梦：1870—1930 年的美国城市郊区》

［美］罗伯特·M·福格尔森

《巴黎，19 世纪的首都》

［德］瓦尔特·本雅明